DEVOCIONAL EN UN AÑO®

para la familia

365 historias que aplican la Biblia a la vida diaria

VOLUMEN 2

TYNDALE HOUSE PUBLISHERS, INC.

CAROL STREAM, ILLINOIS, EE. UU.

Visite Tyndale en Internet: www.tyndaleespanol.com y www.BibliaNTV.com.

TYNDALE, el logotipo de la pluma, *En un año*, el logotipo de En un año, *The One Year* y *One Year* son marcas registradas de Tyndale House Publishers, Inc. El logotipo de The One Year es una marca de Tyndale House Publishers, Inc.

Devocional en un año para la familia volumen 2

© 2019 por Keys for Kids Ministries. Todos los derechos reservados.

Originalmente publicado en inglés en 1989 como *The One Year Book of Family Devotions, Volume 2* por Tyndale House Publishers, Inc., con ISBN 978-0-8423-2510-3. Corregido y actualizado en 2000. Todos los derechos reservados.

Las historias fueron escritas por: Katherine Ruth Adams, Brenda Benedict, Judi K. Boogaart, Carol J. Brookman, Daniel A. Burns, V. Louise Cunningham, Brenda Decker, Jorlyn A. Grasser, Jan L. Hansen, Ruth I. Jay, Dean Kelley, Beverly Kenniston, Nance E. Keyes, Phyllis I. Klomparens, Sherry L. Kuyt, Agnes G. Livezey, Deborah S. Marett, Hazel W. Marett, Sara L. Nelson, Mary Rose Pearson, Raelene E. Phillips, Victoria L. Reinhardt, Phyllis Robinson, Deana L. Rogers, Catherine Runyon, Lynn Stamm-Rex, Tom VandenBerg, Charlie VanderMeer, Geri Walcott, Linda M. Weddle, Barbara J. Westberg y Carolyn E. Yost. Las iniciales de los autores aparecen al final de cada historia. Todas las historias han sido tomadas de *Keys for Kids*, una publicación de Keys for Kids Ministries, antes conocido como Children's Bible Hour, Box 1001, Grand Rapids, Michigan 49501.

Diseño: Lindsey Bergsma

Traducción al español: Patricia Cabral (Adriana Powell Traducciones)

Edición en español: Keila Ochoa

Las citas bíblicas sin otra indicación han sido tomadas de la *Santa Biblia*, Nueva Traducción Viviente, © 2010 Tyndale House Foundation. Usada con permiso de Tyndale House Publishers, Inc., 351 Executive Dr., Carol Stream, IL 60188, Estados Unidos de América. Todos los derechos reservados.

Las citas bíblicas indicadas con NVI han sido tomadas de la Santa Biblia, *Nueva Versión Internacional,*® NVI.® © 1999 por Biblica, Inc.® Utilizada con permiso. Todos los derechos reservados mundialmente.

Para información acerca de descuentos especiales para compras al por mayor, por favor contacte a Tyndale House Publishers a través de espanol@tyndale.com.

ISBN 978-1-4964-3848-5

Impreso en Estados Unidos de América
Printed in the United States of America

25   24   23   22   21   20   19
7   6   5   4   3   2   1

PRÓLOGO

EN SUS MANOS TIENE UN AÑO COMPLETO de encantadoras historias, todas tomadas de *Tesoros para niños*, una revista de devocionales publicada por Children's Bible Hour. Por años, Children's Bible Hour ha ofrecido, sin cargo alguno, *Tesoros* para cualquier familia que solicitara un ejemplar. Su notable ministerio dirigido a las familias ha sido muy apreciado a lo largo de los años, y la editorial Tyndale tuvo el orgullo de presentar *Devocional en un año para la familia*. El libro tuvo tan buena acogida que ahora Tyndale presenta este segundo volumen de las muchas historias de *Tesoros para niños*.

La historia de cada día provee una ilustración contemporánea de la lectura bíblica del día. Después de cada historia, hay una sección titulada: «¿Y tú?», que anima a los niños a que apliquen la historia a su propia vida. Luego, hay un versículo para memorizar, tomado usualmente de la porción bíblica. Muchos de estos versículos han sido tomados de la Nueva Traducción Viviente de la Biblia, pero, en otros casos, se ha usado otra versión por motivos de claridad. Cada devocional termina con una «clave», que es un corto resumen de la lección del día.

Estas historias están dirigidas a familias con hijos de ocho a catorce años. Los niños pueden leer y disfrutar estas historias por su cuenta, pero esperamos que usted las use en un tiempo devocional que incluya a toda la familia. Así como los diversos relatos bíblicos enseñan lecciones valiosas sobre la vida, las historias de este libro les hablarán no solo a los niños, sino también a los adultos. Son sencillas, directas y concretas y, al igual que las parábolas de Jesús, nos hablan a todos en términos que podemos entender. Al igual que las buenas historias, se escribieron para compartir, así que úselas de base para que la familia comparta y crezca en el Señor.

Este libro incluye un índice de versículos bíblicos y un índice temático. El índice de versículos bíblicos es útil para localizar una historia relacionada con el pasaje al cual quiere que su familia le preste atención. El índice temático está disponible porque en cualquier familia surgen, espontánea e inesperadamente, ciertos temas: enfermedades, mudanzas, la llegada de un nuevo bebé, etcétera. Esperamos que use el libro fielmente todos los días, pero los índices están disponibles para que no esté limitado solo al formato de lectura diaria. Siéntase libre de usar cualquier historia en cualquier momento que se relacione con una situación especial en su familia.

PONERSE EN FORMA

DE LA BIBLIA:

Timoteo, si les explicas estas cosas a los hermanos, serás un digno siervo de Cristo Jesús, bien alimentado con el mensaje de fe y la buena enseñanza que has seguido. No pierdas el tiempo discutiendo sobre ideas mundanas y cuentos de viejas. En lugar de eso, entrénate para la sumisión a Dios. «El entrenamiento físico es bueno, pero entrenarse en la sumisión a Dios es mucho mejor, porque promete beneficios en esta vida y en la vida que viene». Esta declaración es digna de confianza, y todos deberían aceptarla. Es por eso que trabajamos con esmero y seguimos luchando, porque nuestra esperanza está puesta en el Dios viviente, quien es el Salvador de toda la humanidad y, en especial, de todos los creyentes.

Enseña esas cosas e insiste en que todos las aprendan. No permitas que nadie te subestime por ser joven. Sé un ejemplo para todos los creyentes en lo que dices, en la forma en que vives, en tu amor, tu fe y tu pureza. Hasta que yo llegue, dedícate a leer las Escrituras a la iglesia, y a animar y a enseñarles a los creyentes.

1 TIMOTEO 4:6-13

*Ejercítate
espiritualmente*

RYAN ENTRÓ DESPUÉS de trotar varios kilómetros. Su rostro estaba cubierto de sudor.

—Lávate, Ryan. La cena está lista —dijo papá.

Después de la cena, Ryan anunció sus planes para la noche: correr otra vez y ejercitarse. Papá frunció el ceño.

—Le has dedicado más que suficiente tiempo al entrenamiento para la competencia de atletismo —dijo—. De hecho, hijo, has descuidado tus otras responsabilidades.

—Sí —agregó su madre—. Estoy preocupada por tu vida espiritual. ¿No ibas a dedicarle más tiempo a leer la Biblia este año?

Ryan miró al suelo.

—No hay nada de malo con querer tener un cuerpo fuerte, ¿verdad? —preguntó en voz baja.

—Para nada —respondió papá—. Pero un cuerpo sano es solo una parte de una persona completa. En la Biblia, Pablo escribió con frecuencia sobre correr en carreras y entrenar nuestro cuerpo.

—¿En serio? —Ryan levantó la mirada, los ojos bien abiertos con interés.

—Sí. Le escribió a Timoteo que el ejercicio físico es importante, pero el ejercicio espiritual es lo más importante —respondió papá—. En la misma medida que trabajas para estar físicamente en forma y desarrollar tus músculos, así también debes trabajar en tu andar por el camino de Dios para desarrollar tu vida cristiana. Necesitas practicar cosas como la lectura bíblica, la oración y compartir con los demás acerca de Jesús. Eso requiere trabajo duro.

Ryan reflexionó en lo que le había dicho su papá. Asintió y sonrió:

—Está bien, papá —dijo—. Trataré de equilibrar mis deberes, los devocionales, la ayuda en la casa y la pista.

¿Y TÚ? ¿Hay alguna actividad especial que te ocupa demasiado tiempo? Tal vez practicas deportes, miras televisión o tienes una mascota con la cual pasas tus ratos libres. Quizás pasas mucho tiempo con tu mejor amigo. Hagas lo que hagas, no descuides tu tiempo con Dios. *L.S.R.*

PARA MEMORIZAR: El entrenamiento físico es bueno, pero entrenarse en la sumisión a Dios es mucho mejor, porque promete beneficios en esta vida y en la vida que viene. *1 Timoteo 4:8*

2 DE ENERO

DIOS SIGUE SIENDO EL MISMO

DE LA BIBLIA:

Tu eterna palabra, oh SEÑOR,
se mantiene firme en el cielo.
Tu fidelidad se extiende a cada
generación,
y perdura igual que la tierra que
creaste.
Tus ordenanzas siguen siendo verdad
hasta el día de hoy,
porque todo está al servicio de tus
planes.

SALMO 119:89-91

Dios nunca cambia

PAPÁ NOS ABANDONÓ. Sin motivos ni excusas, pensó Andy. Me pregunto por qué lo hizo. Su mamá trataba de ayudarlo a comprender, pero él sabía que ni ella lo entendía realmente.

Un día, su mamá dijo:

—Nuestra casa es demasiado costosa, Andy. Nos mudaremos a un departamento. Será un cambio grande, pero nos acostumbraremos.

Mudarse no era algo que Andy hubiera planeado. Siempre y cuando pudiera quedarse en el mismo vecindario e ir a la misma escuela, podía aparentar que las cosas seguían igual. Pero ahora, ¿tendría una nueva escuela y compañeros nuevos?

El día de la mudanza llegó y, con él, todos los cambios que Andy temía. Lo único que no cambió fue la iglesia a la que iban, pero hasta sus miembros actuaban de una manera distinta.

Un día, en la escuela dominical, el señor Robinson llamó a Andy para que recitara los versículos a memorizar.

—Yo soy el SEÑOR y no cambio —citó Andy—. Malaquías 3:6.

El señor Robinson asintió:

—Aunque el mundo entero parezca de cabeza, Dios siempre es el mismo —dijo—. Dios nos ama y estará con nosotros, de la misma manera que estuvo con Abraham en sus viajes, con Daniel en el foso de los leones y con Jonás dentro del gran pez.

Mientras Andy escuchaba al señor Robinson, se dio cuenta de que Dios había estado con su pueblo durante los cambios que ellos habían sufrido. Andy susurró una oración silenciosa, solo entre él y Dios: «Gracias por quedarte con mamá y conmigo. Me alegro de que seas el mismo que cuando papá estaba con nosotros. Por favor, ayúdame a recordar que, aunque las cosas cambien, tú nunca cambiarás ni te irás».

¿Y TÚ? ¿Te desanimas cuando llegan los cambios? La Biblia da muchos ejemplos de personas que tuvieron que aprender sobre el cuidado de Dios durante las épocas de cambios. Dios promete cuidarte en los momentos difíciles de la misma manera que cuidó a esas personas. *P.I.K.*

PARA MEMORIZAR: Yo soy el SEÑOR y no cambio. Por eso ustedes, descendientes de Jacob, aún no han sido destruidos. *Malaquías 3:6*

—**MIGUEL** —**LO LLAMÓ MAMÁ**—. Te dije que te levantaras hace un rato largo. Anda, ¡date prisa! ¡Pronto nos iremos a la iglesia! —Soñoliento, Miguel abrió los ojos. ¡Le costaba tanto levantarse! Apoyó un pie en el piso; luego, el otro—. Miguel, ¿estás apurándote? —lo llamó mamá desde el pasillo.

—Sí, estoy apurándome —respondió Miguel, pero no se dio prisa para nada. Se puso la camisa y los pantalones y, luego, se dejó caer nuevamente en la cama. De hecho, cuando mamá volvió a ver qué hacía, se había quedado profundamente dormido.

—No te quedará otra opción que irte a dormir más temprano. —Su madre suspiró y lo despertó nuevamente.

Al día siguiente, era el cumpleaños de Miguel. Ni bien Miguel escuchó que su papá y su mamá se levantaban, él también saltó de la cama. Se puso la ropa tan rápido como pudo y bajó corriendo la escalera para abrir su regalo.

—Mmm —dijo mamá—. Qué curioso que nuestro dormilón se haya levantado con tanta facilidad esta mañana, pero no ayer.

—¡Hoy es un día especial, mamá! —dijo Miguel, observando el gran paquete que había sobre la mesa.

—Los domingos también son días especiales, Miguel —contestó ella.

—Así es —dijo papá—. ¿Sabías que, en algunos países, las personas tienen que adorar a Cristo a escondidas porque es ilegal? A veces, nos olvidamos de que ir a la iglesia es especial.

Miguel miró su regalo de cumpleaños. Sabía que sus padres estaban en lo cierto. Decidió sacar la cinta que envolvía el regalo y fijarla sobre el tablón de anuncios.

—Esto me recordará que el domingo también es un día especial —dijo.

¿Y TÚ? ¿Te cuesta levantarte para ir a la iglesia? Trata al domingo como un día especial. El sábado, acuéstate temprano, de manera que, el domingo, estés preparado para servir y adorar a Dios. *L.M.W.*

PARA MEMORIZAR: Este es el día que hizo el Señor; nos gozaremos y alegraremos en él. *Salmo 118:24*

3 DE ENERO

¡HORA DE LEVANTARSE!

DE LA BIBLIA:

Me alegré cuando me dijeron:
«Vayamos a la casa del Señor».
Y ahora, aquí estamos,
de pie dentro de tus puertas, oh Jerusalén.
Jerusalén es una ciudad bien construida;
sus murallas compactas son impenetrables.
Todas las tribus de Israel —que son el pueblo del Señor—
peregrinan hasta aquí.
Vienen a dar gracias al nombre del Señor,
como la ley requiere de Israel.
Aquí están los tronos donde se emiten los juicios,
los tronos de la dinastía de David.
Oren por la paz de Jerusalén;
que todos los que aman a esta ciudad prosperen.
Oh Jerusalén, que haya paz dentro de tus murallas
y prosperidad en tus palacios.
Por amor a mi familia y a mis amigos, diré:
«Que tengas paz».
Por amor a la casa del Señor nuestro Dios,
buscaré lo mejor para ti, oh Jerusalén.

SALMO 122:1-9

El domingo es un día especial

4 DE ENERO

LA VIEJA MANSIÓN

DE LA BIBLIA:

Cuando llegaron, Samuel se fijó en Eliab y pensó: «¡Seguramente este es el ungido del SEÑOR!».

Pero el SEÑOR le dijo a Samuel:

—No juzgues por su apariencia o por su estatura, porque yo lo he rechazado. El SEÑOR no ve las cosas de la manera en que tú las ves. La gente juzga por las apariencias, pero el SEÑOR mira el corazón.

Entonces Isaí le dijo a su hijo Abinadab que caminara delante de Samuel. [...] De la misma manera, Isaí le presentó sus siete hijos a Samuel. Pero Samuel le dijo:

—El SEÑOR no ha elegido a ninguno de ellos.

Después Samuel preguntó:

—¿Son estos todos los hijos que tienes?

—Queda todavía el más joven —contestó Isaí—. Pero está en el campo cuidando las ovejas y las cabras.

—Manda llamarlo de inmediato —dijo Samuel—. No nos sentaremos a comer hasta que él llegue.

Entonces Isaí mandó a buscarlo. El joven era trigueño y apuesto, y de hermosos ojos.

Y el SEÑOR dijo:

—Este es, úngelo.

1 SAMUEL 16:6-12

No juzgues por la apariencia

—¡NO VEO LA HORA DE CONOCER la vieja mansión! —exclamó Alicia. Ella y sus padres iban camino a visitar a la abuela y al abuelo White, quienes se habían convertido en los cuidadores de una gran finca. Durante el viaje en auto, Alicia habló sobre su día de escuela.

—Hay una niña nueva en mi clase y su ropa es muy fea.

—Alicia, no deberías juzgar a las personas por sus apariencias —le respondió mamá.

Varias horas después, papá estacionó el auto en una entrada descuidada. La maleza había desplazado al césped y los maceteros estaban vacíos.

—¡Parece un basurero! —exclamó Alicia.

Pero cuando sus abuelos los llevaron adentro, Alicia no podía creer lo que veía. Los pisos de madera brillaban y la escalera en espiral trazaba una curva desde el vestíbulo hasta la planta alta.

—Esto es muy bonito, pero ¿por qué afuera está tan feo? —preguntó ella.

El abuelo sonrió.

—Este antiguo lugar está siendo restaurado, pero la empresa que contrataron para trabajar afuera no puede comenzar hasta el próximo mes. Por eso hay tanta diferencia entre el interior y el exterior.

—Como el interior y el exterior de algunas personas —dijo mamá, mirando a Alicia—. Como esa niña nueva de la escuela. ¿Acaso no pensaste que no valía la pena conocerla por cómo se viste? El corazón de una persona es mucho más importante que su apariencia física.

Alicia echó un vistazo a la casa y luego miró afuera, al jardín de la entrada. No quería reconocerlo, pero su madre tenía razón.

—La semana que viene tomaré tiempo para conocer a la niña nueva —le dijo a su madre.

¿Y TÚ? ¿Alguna vez has rechazado a las personas por la ropa que usaban? Recuerda: Dios dice que lo que hay en su interior es lo que cuenta. ¿Serás amigo de un compañero o compañera de tu clase a quien se excluye por su aspecto exterior? *L.M.W.*

PARA MEMORIZAR: Miren más allá de la superficie, para poder juzgar correctamente. *Juan 7:24*

ERA HORA DE MEDIRSE OTRA VEZ. José estaba ansioso por ver cuánto había crecido. Desde hacía cuatro años, papá marcaba su nueva altura en la puerta de su armario.

—Cuando tía Carmen vuelva a casa del campo misionero —dijo José—, ¡se sorprenderá al ver cuánto he crecido!

—Cuatro años hacen una gran diferencia —estuvo de acuerdo su papá.

José recordó el día que tía Carmen se había ido al campo misionero. Él acababa de pedirle a Jesús que fuera su Salvador. Tía Carmen se había sentido muy complacida. Cuando fueron a despedirla al aeropuerto, lo abrazó.

—Cuando vuelva a casa, prácticamente serás un hombre —había dicho ella—. ¡Voy a orar para que, además, llegues a ser más como Jesús!

Y, ahora, tía Carmen estaba por regresar. José sabía que ella notaría el crecimiento físico. Pero ¿vería también su crecimiento espiritual? Decidió preguntarle a papá al respecto.

Papá sonrió.

—Es una buena pregunta —dijo—. Ahora, veamos. Sé que solías tener un temperamento terrible. ¿Crees que ahora estás dominándolo mejor?

—Le grité a Natán la semana pasada —confesó José—. Pero, luego, le pedí perdón.

Papá asintió.

—Yo diría que eso es un avance. ¿Y qué me dices de esos muchachos que has estado invitando a la escuela dominical? Creo que has avanzado en ayudar a otros para conocer a Jesús. ¿Cómo andas con los estudios bíblicos? ¿Sabes más sobre Dios de lo que sabías cuando tía Carmen se fue?

José asintió.

—Sí. He aprendido un montón en la escuela dominical.

—Entonces, tía Carmen debería estar complacida, como lo estoy yo —dijo papá.

¿Y TÚ? ¿Has hecho un inventario para ver si has crecido espiritualmente? ¿Pasas tiempo con Dios, aprendiendo acerca de su Palabra y hablando con él? ¿Eres más simpático, amable y cariñoso de lo que solías ser? *R.I.J.*

PARA MEMORIZAR: En cambio, crezcan en la gracia y el conocimiento de nuestro Señor y Salvador Jesucristo. ¡A él sea toda la gloria ahora y para siempre! Amén. *2 Pedro 3:18*

CRECER EN AMBOS SENTIDOS

DE LA BIBLIA:

Entonces la forma en que vivan siempre honrará y agradará al Señor, y sus vidas producirán toda clase de buenos frutos. Mientras tanto, irán creciendo a medida que aprendan a conocer a Dios más y más.

También pedimos que se fortalezcan con todo el glorioso poder de Dios para que tengan toda la constancia y la paciencia que necesitan. Mi deseo es que estén llenos de alegría y den siempre gracias al Padre. Él los hizo aptos para que participen de la herencia que pertenece a su pueblo, el cual vive en la luz.

COLOSENSES 1:10-12

Crece espiritualmente

6 DE ENERO

EL TESORO INAGOTABLE

DE LA BIBLIA:

Las enseñanzas del SEÑOR son
    perfectas;

    reavivan el alma.

Los decretos del SEÑOR son
    confiables;

    hacen sabio al sencillo.

Los mandamientos del SEÑOR son
    rectos;

    traen alegría al corazón.

Los mandatos del SEÑOR son claros;

    dan buena percepción para vivir.

La reverencia al SEÑOR es pura;

    permanece para siempre.

Las leyes del SEÑOR son verdaderas;

    cada una de ellas es imparcial.

Son más deseables que el oro,

    incluso que el oro más puro.

Son más dulces que la miel,

    incluso que la miel que gotea del
    panal.

Sirven de advertencia para tu siervo,

    una gran recompensa para quienes
    las obedecen.

SALMO 19:7-11

La Biblia es valiosa

—HOLA, MAMÁ, ¿qué es lo que huele tan bien? —preguntó Christa mientras dejaba sus libros escolares sobre la mesa de la cocina—. Es como el olor del jardín trasero cuando las lilas están floreciendo.

Mamá sonrió.

—Tienes razón, Christa. Una amiga del trabajo me regaló un frasco de perfume para mi cumpleaños. Se llama: "Lilas". Su esposo trabaja en la empresa de cosméticos donde lo hacen; por eso, ella consigue perfumes con descuento.

Christa levantó el frasco.

—¿Puedo ponerme un poco?

—Claro —dijo mamá.

Durante las semanas siguientes, de vez en cuando, Christa percibía el olor a lilas y sabía que mamá había estado usando el perfume nuevo. Un día, Christa y su madre estaban en una tienda, buscando un vestido nuevo para Christa.

—Mamá, mira —dijo Christa mientras pasaban junto al mostrador de los perfumes—. Hay un frasco de «Lilas».

—¡Es cierto! —Mamá se detuvo y miró el exhibidor.

—¡Mira el precio! —exclamó Christa.

—¡Caramba! ¡No tenía idea de que costara tanto! —gimió la madre de Christa—. ¡He estado usándolo casi todos los días! Si hubiera sabido lo caro que es, lo hubiera reservado para ocasiones especiales.

Christa sonrió.

—Mi maestra de la escuela dominical nos dijo que la Biblia es así —dijo—. La mayoría de las personas tienen una Biblia, pero no se dan cuenta de lo valiosa que es.

—Tienes tanta razón, Christa —coincidió mamá—. La Biblia es más valiosa que el perfume caro. Pero lo maravilloso de la Biblia es que podemos usarla todos los días, ¡y nunca se nos acabará!

¿Y TÚ? ¿Eres consciente de lo importante que es la Biblia? ¿Te das cuenta de que explica cómo puedes tener vida eterna? ¿Sabes que te da las pautas para vivir tu vida? Dale gracias al Señor porque te ha dado la Biblia. Estúdiala y encuentra los tesoros incalculables que hay en su interior. *L.M.W.*

PARA MEMORIZAR: Tus enseñanzas son más valiosas para mí que millones en oro y plata. *Salmo 119:72*

—¡MIRA, MAMÁ! Traigo una solicitud para trabajar en la escuela, barriendo y haciendo cosas por el estilo. —Teo estaba tan entusiasmado que no podía parar de hablar. Este sería su primer empleo—. ¿A quién puedo poner para las referencias? —preguntó.

Mamá sugirió a los Ferrintino, pero Teo pareció avergonzarse un poco.

—El otro día, me metí en la fila delante de la señora Ferrintino en la tienda —dijo él—. Fingí que no la había visto, pero creo que ella se dio cuenta.

Un poco decepcionada, mamá propuso al señor Valdez. Teo tuvo que explicar que el señor Valdez lo había descubierto burlándose de un niñito.

—Intentaba parecer fuerte delante de otros chicos —reconoció.

—Teo —dijo su madre—, me parece que estás entendiendo lo importante que es tu conducta. Guarda la solicitud por ahora. Es la hora de cenar.

Después de la cena, papá leyó Hechos 16.

—Qué interesante —dijo mamá—. Parecería que, antes de que Pablo se llevara a Timoteo al viaje misionero, pidió referencias.

—Claro —dijo Teo—, y apuesto a que Timoteo se alegró de que los hombres dieron un buen informe sobre él. ¡Sería emocionante ir a un viaje misionero!

—Desde luego que lo sería —coincidió mamá—. Imagina qué hubiera pasado si hubieran dicho: "Tim es un muchacho bastante bueno, pero lo vimos burlándose de un niñito".

Teo se rio; sin embargo, rápidamente se puso serio.

—Tienes razón, mamá —dijo—. A partir de ahora, estaré pendiente de mi conducta.

¿Y TÚ? ¿Te sería difícil conseguir buenas referencias sobre ti? Las cosas poco amables que haces pueden afectar lo que otros opinan de ti. Pídele a Jesús que te muestre las cosas que dejas de hacer que podrían dañar tu testimonio ante los demás. *P.R.*

PARA MEMORIZAR: No permitas que nadie te subestime por ser joven. Sé un ejemplo para todos los creyentes en lo que dices, en la forma en que vives, en tu amor, tu fe y tu pureza. *1 Timoteo 4:12*

RECIBIR UN BUEN INFORME

DE LA BIBLIA:

Pablo fue primero a Derbe y luego a Listra, donde había un discípulo joven llamado Timoteo. Su madre era una creyente judía, pero su padre era griego. Los creyentes de Listra e Iconio tenían un buen concepto de Timoteo, de modo que Pablo quiso que él los acompañara en el viaje. Por respeto a los judíos de la región, dispuso que Timoteo se circuncidara antes de salir, ya que todos sabían que su padre era griego. Luego fueron de ciudad en ciudad enseñando a los creyentes a que siguieran las decisiones tomadas por los após- toles y los ancianos de Jerusalén. Así que las iglesias se fortalecían en su fe y el número de creyentes crecía cada día.

HECHOS 16:1-5

Todas las acciones son importantes

8 DE ENERO

LAS OLAS VIOLENTAS

DE LA BIBLIA:

Queridos amigos, con gran anhelo tenía pensado escribirles acerca de la salvación que compartimos. Sin embargo, ahora me doy cuenta de que debo escribirles sobre otro tema para rogarles que defiendan la fe que Dios ha confiado una vez y para siempre a su pueblo santo. Les digo esto, porque algunas personas que no tienen a Dios se han infiltrado en sus iglesias diciendo que la maravillosa gracia de Dios nos permite llevar una vida inmoral. La condena de tales personas fue escrita hace mucho tiempo, pues han negado a Jesucristo, nuestro único Dueño y Señor. [...]

Cuando estos individuos participan con ustedes en sus comidas de compañerismo —las cuales conmemoran el amor del Señor—, son como arrecifes peligrosos que pueden hacerlos naufragar. Son como pastores que no tienen vergüenza y que solo se preocupan por sí mismos. Son como nubes que pasan sobre la tierra sin dar lluvia. Son como árboles en el otoño, doblemente muertos, porque no dan fruto. [...]

Estos individuos son rezongones, se quejan de todo y viven solo para satisfacer sus deseos. Son fanfarrones que se jactan de sí mismos y adulan a otros para conseguir lo que quieren.

Pero ustedes, mis queridos amigos, deben recordar lo que predijeron los apóstoles de nuestro Señor Jesucristo.

JUDAS 1:3-4, 12, 16-17

Aprende lo que dice la Biblia

BRYAN ESTABA VISITANDO a sus abuelos en Florida. Le gustaba estar al aire libre, en el sol, principalmente cuando pensaba en el frío y en la nieve que había en su casa de Minnesota. Lo mejor de visitar a sus abuelos era que vivían cerca del mar y que podían ir a la playa caminando desde su casa.

Una noche, Bryan y su abuelo jugaban a lanzarse la pelota. Había viento y podían escuchar que las olas golpeaban contra las rocas, a pesar de que estaban a un par de cuadras de distancia.

—Nunca había escuchado que las olas sonaran tan fuerte —dijo Bryan.

—A veces, se ponen muy ruidosas —dijo el abuelo—. ¿Te gustaría ir hasta allá y verlas?

—Por supuesto. —Después de que Bryan dejó a un costado el guante y la pelota, él y su abuelo caminaron hasta el mar—. ¡Guau! ¡Mira esas olas! —exclamó Bryan. El agua chocaba contra la orilla y lanzaba sus gotas muy alto en el aire.

—Es divertido observarlas —el abuelo estuvo de acuerdo—. Pero la gente que vive aquí tiene miedo de que el agua se lleve parte de la tierra de sus jardines. Las olas pueden ser bastante destructivas. Bryan, ¿sabías que la carta de Judas, en el Nuevo Testamento, habla sobre las olas? Usa las olas para describir a las personas que enseñan la falsa doctrina. Judas dice que los que tuercen y cambian lo que está escrito en la Biblia son como las olas violentas del mar, que destruyen a las personas que creen lo que ellos dicen.

—Me alegro de creer en Jesús —dijo Bryan—. Y me alegro de ir a una iglesia donde se predica la verdad.

¿Y TÚ? ¿Alguna vez has observado las olas que chocan contra la orilla? Recuerda, las olas violentas son una metáfora de los falsos maestros, quienes usan palabras que suenan como si fueran de la Biblia. Aprende qué dice realmente la Palabra de Dios para que no seas engañado por las «olas violentas». *L.M.W.*

PARA MEMORIZAR: Pero ustedes, mis queridos amigos, deben recordar lo que predijeron los apóstoles de nuestro Señor Jesucristo. *Judas 1:17*

KENDRA ESTABA AYUDANDO a su madre a hacer unas figuritas de cera para la feria artesanal.

—Sigue trabajando en las figuras mientras la cera aún está caliente —la animó su madre—. Recuerda que es más fácil darles forma cuando la cera está blanda.

Kendra asintió, pero, poco después, sonó el teléfono y salió corriendo a atenderlo. Era Beth, su mejor amiga de la escuela. Mientras conversaban, Kendra perdió la noción del tiempo. Cuando por fin colgó el teléfono, ¡habían pasado más de quince minutos!

Al volver a la sala, Kendra levantó su figurita. La cera se había endurecido y era casi imposible formar la figura que ella quería. Dándose cuenta de ello, su madre le dijo:

—Eso me recuerda algo que hemos hablado anteriormente, Kendra: la importancia de dejar que Dios te moldee a la manera que él quiere. Cuando las personas se hacen mayores, a menudo, se vuelven frías y difíciles, como acaba de pasar con la cera. Entonces, suelen tener menos interés en aprender sobre Dios.

Kendra asintió lentamente con la cabeza.

—¿Sabes, madre? Yo también estaba pensando en eso. Beth acaba de contarme que su vecino, el señor Jackson, está muy viejito y no se siente bien. Recuerdo que el abuelo nos contó cómo le dio testimonio al señor Jackson durante años y años. Supongo que todavía no ha aceptado al Señor. —Kendra hizo una pausa y miró la cera fría y dura—. Yo no quiero ser así. Quiero dejar que Dios me moldee ahora, mientras todavía soy joven, y durante toda mi vida.

¿Y TÚ? ¿Tienes preguntas acerca de ser cristiano? ¿Acerca de Dios? Quizás piensas hacer esas preguntas más adelante, cuando seas mayor. Recuerda, cuando seas mayor, podrías perder el interés en aprender de Dios. Aprende todo lo que puedas mientras eres joven. *R.E.P.*

PARA MEMORIZAR: No dejes que la emoción de la juventud te lleve a olvidarte de tu Creador. Hónralo mientras seas joven, antes de que te pongas viejo y digas: «La vida ya no es agradable». *Eclesiastés 12:1*

9 DE ENERO

LAS FIGURAS DE CERA

DE LA BIBLIA:

Gente joven: ¡la juventud es hermosa! Disfruten de cada momento de ella. Hagan todo lo que quieran hacer, ¡no se pierdan nada! Pero recuerden que tendrán que rendirle cuentas a Dios de cada cosa que hagan. Así que dejen de preocuparse y mantengan un cuerpo sano; pero tengan presente que la juventud —con toda la vida por delante— no tiene sentido.

No dejes que la emoción de la juventud te lleve a olvidarte de tu Creador. Hónralo mientras seas joven, antes de que te pongas viejo y digas: «La vida ya no es agradable».

ECLESIASTÉS 11:9–12:1

Acepta a Jesús ahora

10 DE ENERO

NUNCA MÁS

DE LA BIBLIA:

Pues no vivimos para nosotros mismos ni morimos para nosotros mismos. Si vivimos, es para honrar al Señor, y si morimos, es para honrar al Señor. Entonces, tanto si vivimos como si morimos, pertenecemos al Señor. Cristo murió y resucitó con este propósito: ser Señor de los vivos y de los muertos.

¿Por qué, entonces, juzgas a otro creyente? ¿Por qué menosprecias a otro creyente? Recuerda que todos estaremos delante del tribunal de Dios. Pues dicen las Escrituras:

«Tan cierto como que yo vivo —dice el SEÑOR—,

toda rodilla se doblará ante mí,

y toda lengua declarará lealtad a Dios».

Es cierto, cada uno de nosotros tendrá que responder por sí mismo ante Dios.

ROMANOS 14:7-12

Debes rendir cuentas ante Dios

«HEMOS ESTADO VIGILÁNDOTE. Acompáñanos».

Un escalofrío recorrió la nuca de Manuel. La mujer que le había hablado señaló a un hombre que estaba cerca, el cual se puso al lado de Manuel.

¿Dónde está Carlos?, se preguntó Manuel. El tomar unas cuantas barras de chocolate fue idea de Carlos, pero había desaparecido sin dejar rastro. De repente, unos pensamientos cruzaron por la mente de Manuel mientras caminaba con la cabeza gacha entre los dos guardias de seguridad.

En una habitación pequeña, la mujer dijo severamente:

—Abre tu chaqueta y coloca todo sobre la mesa. —Luego, le hizo toda clase de preguntas: su nombre, su dirección, su escuela, sus padres y amigos. ¿Había hurtado en tiendas antes? ¿Estaba solo en la tienda? Sin parar. Manuel pensó que nunca acabaría.

—De acuerdo, Manuel. Llama a tus padres —dijo la guardia finalmente.

—Ay, no, por favor —protestó Manuel—. Nunca más volveré a hacerlo...

—Llámalos —lo interrumpió la mujer.

Cuando Manuel oyó la voz de su madre en el teléfono, trató de no llorar mientras le explicaba la terrible cosa que había sucedido.

—Voy para allá —dijo su madre. Cuando llegó, Manuel no pudo mirarla a los ojos. Mientras volvían en carro a casa, ella le habló con gentileza:

—¿Por qué, Manuel? Tú eres un chico sensato. —La tristeza que había en su voz lo hizo sentirse horrible—. Hoy me has entristecido mucho, hijo, y lo que hiciste me obligará a castigarte. Pero quiero que sepas que también lastimaste a Dios.

—Lo sé —dijo Manuel en voz baja—. Por favor, perdóname. Nunca más volveré a hacerlo. Lo prometo.

¿Y TÚ? Cuando sabes que has herido a tus padres, ¿te cuesta mirarlos a los ojos? Así como tienes que rendir cuentas ante tus padres, también tienes que hacerlo ante Dios. Confiesa las cosas malas que hayas hecho. Pídele a Dios que te perdone y que te ayude de la forma que le agrade a él. *P.I.K.*

PARA MEMORIZAR: Es cierto, cada uno de nosotros tendrá que responder por sí mismo ante Dios. *Romanos 14:12*

A ÉRICA LE ENCANTABA ENTRETENER a sus hermanitos, Arturo y Justo. «Siéntense —les decía—, y les voy a leer». Los inquietos niños se sentaban tranquilamente mientras Érica les leía libros y les mostraba las coloridas ilustraciones que había dentro de ellos.

Un día, Érica le llevó un libro a su madre.

—Este libro dice que los ponis son las crías de los caballos. ¿Las crías de los caballos no se llaman "potrillos"?

La madre asintió.

—En realidad, los ponis son un tipo de caballo pequeño —dijo—. Son más pequeños que los caballos normales, incluso cuando crecen. Quienquiera que haya escrito este libro cometió un error. Probablemente haya querido escribir que los ponis *no* son las crías de los caballos. Me alegro de que analices lo que lees. El solo hecho de que algo esté en un libro no significa que sea cierto.

—Luego, la madre le dio un recipiente a Érica—. Horneemos unas galletas —dijo.

Siguieron con sumo cuidado las indicaciones pero, cuando probaron la primera tanda de galletas, Érica y su madre hicieron un feo gesto.

—Estas galletas no tienen buen sabor —dijo Érica.

—Me parece que tienen demasiada sal —dijo su madre—. Me extrañó cuando las mezclamos, pero supuse que el libro de recetas estaba bien.

—Supongo que los libros de recetas pueden tener errores como los libros infantiles —observó Érica.

—Tienes razón, Érica. Debes tener cuidado con cualquier libro escrito por personas —dijo su madre—. Cada vez que leas, una buena idea es preguntarte: "¿Es esto verdadero o falso? ¿Está bien o está mal?". Solo hay un libro que no tienes que cuestionar.

—¡Yo sé cuál es! —dijo Érica—. La Biblia.

Su madre sonrió.

—Correcto —coincidió.

¿Y TÚ? ¿Crees todo lo que lees? Recuerda que la gente puede cometer errores. El único libro en el que puedes confiar plenamente es la Biblia porque cada palabra que hay en ella fue inspirada por Dios. *S.L.N.*

PARA MEMORIZAR: Pues la palabra del SEÑOR es verdadera y podemos confiar en todo lo que él hace. *Salmo 33:4*

11 DE ENERO

PONIS Y GALLETAS

DE LA BIBLIA:

Debido a su gloria y excelencia, nos ha dado grandes y preciosas promesas. Estas promesas hacen posible que ustedes participen de la naturaleza divina y escapen de la corrupción del mundo, causada por los deseos humanos. [...]

Debido a esa experiencia, ahora confiamos aún más en el mensaje que proclamaron los profetas. Ustedes deben prestar mucha atención a lo que ellos escribieron, porque sus palabras son como una lámpara que brilla en un lugar oscuro hasta que el Día amanezca y Cristo, la Estrella de la Mañana, brille en el corazón de ustedes. Sobre todo, tienen que entender que ninguna profecía de la Escritura jamás surgió de la comprensión personal de los profetas ni por iniciativa humana. Al contrario, fue el Espíritu Santo quien impulsó a los profetas y ellos hablaron de parte de Dios.

2 PEDRO 1:4, 19-21

Piensa en lo que lees

12 DE ENERO

EL PECADO SECRETO

DE LA BIBLIA:

Cuando ustedes siguen los deseos de la naturaleza pecaminosa, los resultados son más que claros: inmoralidad sexual, impureza, pasiones sensuales, idolatría, hechicería, hostilidad, peleas, celos, arrebatos de furia, ambición egoísta, discordias, divisiones, envidia, borracheras, fiestas desenfrenadas y otros pecados parecidos. Permítanme repetirles lo que les dije antes: cualquiera que lleve esa clase de vida no heredará el reino de Dios. [...]

Los que pertenecen a Cristo Jesús han clavado en la cruz las pasiones y los deseos de la naturaleza pecaminosa y los han crucificado allí. Ya que vivimos por el Espíritu, sigamos la guía del Espíritu en cada aspecto de nuestra vida.

GÁLATAS 5:19-21, 24-25

Nunca hagas lo que está mal

—¡RÁPIDO! Alguien viene —susurró Brian, el amigo de David. David oprimió el botón del control del reproductor de videos justo a tiempo.

Papá entró en la sala, tomó el diccionario y se fue.

David sabía que no debía volver a encender el reproductor de videos. La película que había traído Brian tenía escenas violentas y malas palabras.

Después de cenar, Carolina, la hermana menor de David, se chupaba con gusto el dedo pulgar.

—¿Qué tienes en la boca? —preguntó papá. Rápidamente, Carolina se sacó el pulgar de la boca. Más tarde, esa misma noche, David notó que Carolina estaba acostada en el sofá con la cabeza metida debajo de un almohadón. Se escabulló y quitó el almohadón de la cabeza de su hermana. ¡Carolina estaba chupándose el dedo otra vez!

—Si te chupas el dedo, puedes dañar tus dientes, te vean los demás o no —le dijo papá dulcemente.

A David le pareció que papá lo miraba a él mientras hablaba. David no creía que su papá se hubiera enterado de lo de la película, pero el daño estaba hecho. David no podía olvidar la violencia que había visto ni las malas palabras que había escuchado. Además, era consciente de que Dios lo sabía todo.

Esa noche, cuando David oró, confesó lo que había hecho. También le pidió a Dios que le diera el valor para decirle que no a la tentación.

La prueba llegó unos días después.

—Mi padre tiene esta película genial para mayores de 13 años —le dijo Brian—. Podemos mirarla antes de que mis padres lleguen a casa.

—No, gracias —dijo David.

¿Y TÚ? ¿Lees revistas, miras películas o escuchas música a escondidas? Si es así, ¿lo haces porque sabes que está mal? Aunque te escondas de los demás, hacer algo malo te hará daño a ti de todas maneras. Pídele a Dios que te ayude a alejarte de la tentación. *K.R.A.*

PARA MEMORIZAR: Pero si hacen lo que está mal, recibirán el pago por el mal que hayan hecho, porque Dios no tiene favoritos. *Colosenses 3:25*

NO COSECHEN EN LAS ORILLAS

A TONY LE GUSTABA VISITAR el taller de reparaciones de su padre y quedarse observando mientras su papá trabajaba. Un sábado, papá estaba arreglando una tostadora averiada. Por fin, dejó la tostadora sobre la mesa.

—Está lista —dijo.

En una tarjeta, escribió: «Trabajo, una hora: $10.00». Luego, limpió la tostadora. Tony frunció el ceño.

—Papá, contaste mal —dijo—. Yo sé que trabajaste en ella más de una hora, además del tiempo que pasaste limpiándola. —Cuando su padre solo sonrió, Tony continuó—: Siempre que redondeas la cantidad que alguien te debe, sé que lo haces para abajo, no para arriba. ¿Cómo lograrás ganar dinero de esa manera alguna vez?

—Ah, me las ingenio —respondió papá alegremente—. Yo creo que si les doy a mis clientes un buen servicio y no les cobro más de lo que debo cobrarles, seguirán viniendo. Además, la Biblia enseña que no debemos "cosechar en las orillas".

Tony parecía confundido.

—¿Cómo? No entiendo.

—Bueno, en Levítico, Dios les dijo a los agricultores que no levantaran del suelo una parte de su cosecha para que los pobres pudieran recoger lo que necesitaran. Supongo que ese principio también se aplica a mi negocio. Quiere decir que yo no debería tratar de exprimir cada centavo que pueda sacarles a mis clientes.

—Si el agricultor hace todo el trabajo, debería quedarse con toda la cosecha —refutó Tony.

—Pero es Dios quien nos da la fuerza para trabajar y él bendice nuestros esfuerzos —le recordó papá a Tony—. Tienes algunas buenas ideas para los negocios, hijo, pero necesitas aprender a ser más generoso. Aunque nadie más se dé cuenta, ¡Dios lo sabrá!

¿Y TÚ? ¿Engañas a los demás en las pequeñas cosas? ¿Evitas cumplir con los quehaceres domésticos cuando crees que mamá no se da cuenta, o haces tu tarea escolar descuidadamente? Empieza a esforzarte por hacer un poco más de lo obligatorio. *S.L.K.*

PARA MEMORIZAR: Hay quienes son pobres y se hacen pasar por ricos; hay otros que, siendo ricos, se hacen pasar por pobres. *Proverbios 13:7*

DE LA BIBLIA:

Cuando recojas las cosechas de tu tierra, no siegues el grano en las orillas de tus campos ni levantes lo que caiga de los segadores. Harás lo mismo con la cosecha de la uva, no cortes hasta el último racimo de las vides ni recojas las uvas que caigan al suelo. Déjalas para los pobres y para los extranjeros que viven entre ustedes. Yo soy el SEÑOR tu Dios.

No robes.

No se engañen ni se estafen unos a otros.

No traigas vergüenza al nombre de tu Dios al usarlo para jurar en falso. Yo soy el SEÑOR.

No defraudes ni le robes a tu prójimo.

No retengas hasta el día siguiente el salario de tus obreros contratados. [...]

Cuando recojas las cosechas de tu tierra, no siegues el grano en las orillas de tus campos ni levantes lo que caiga de los segadores. Déjalos para los pobres y los extranjeros que viven entre ustedes. Yo soy el SEÑOR tu Dios.

LEVÍTICO 19:9-13; 23:22

Sé generoso, no avaro

14 DE ENERO

¿PERROS O GATOS?

DE LA BIBLIA:

Oh SEÑOR, ¡cuánta variedad de cosas
   has creado!
   Las hiciste todas con tu sabiduría;
   la tierra está repleta de tus cria-
      turas.
Allí está el océano, ancho e inmenso,
   rebosando de toda clase de vida,
   especies tanto grandes como
      pequeñas.
Miren los barcos que pasan navegando,
   y al Leviatán, al cual hiciste para
      que juegue en el mar.
Todos dependen de ti
   para recibir el alimento según su
      necesidad.
Cuando tú lo provees, ellos lo recogen.
   Abres tu mano para alimentarlos,
   y quedan sumamente satisfechos.
Pero si te alejas de ellos, se llenan de
      pánico.
   Cuando les quitas el aliento,
   mueren y vuelven otra vez al polvo.
Cuando les das tu aliento, se genera
      la vida
   y renuevas la faz de la tierra.
¡Que la gloria del SEÑOR continúe para
      siempre!
   ¡El SEÑOR se deleita en todo lo que
      ha creado!

SALMO 104:24-31

*Aun los animales
pueden enseñar*

—¿QUIÉN TE GUSTA MÁS, ABUELITA? —preguntó Abril—. ¿Tu perro o tu gato?

La abuela colocó a Ashes, el gato, sobre su regazo, pero Ashes volvió a saltar al piso.

—Bueno, Ashes puede ser un poco huraño. Por otra parte, Dusty siempre acepta mi atención.

—Creo que yo preferiría tener un perro como Dusty —declaró Abril.

—Ambos animales pueden enseñarnos lecciones acerca de Dios —continuó la abuela. Levantó una pelota y la lanzó—. Tráela, Dusty —dijo. Dusty corrió detrás de la pelota, la trajo y movió la cola, esperando que la abuela volviera a arrojarla—. Él quiere hacer lo que me agrada.

—Y nosotros deberíamos querer agradar a Dios, ¿verdad? —preguntó Abril mientras Ashes se frotaba contra su pierna—. ¿Qué aprendes de tu gato, abuelita?

De pronto, una bola de pelaje gris cayó sobre el regazo de la abuela. La abuela acarició la cabeza del gato.

—Cuando Ashes salta sobre mis piernas, es especial porque ella decide venir a buscarme —dijo la abuela—. ¿Recuerdas los robots que vimos en la feria de ciencias, que hacían cualquier cosa que les ordenaran? ¿Te gustaría recibir un abrazo de un robot?

—No —rio Abril—. No tendría ningún sentido.

—Nosotros tampoco somos robots —dijo la abuela—. Dios nos creó con libre albedrío. Él se complace cuando nosotros elegimos acercarnos a él.

—Entonces, tu perro nos enseña que debemos querer agradar a Dios haciendo lo que él desea —dijo Abril—. Y tu gato nos enseña que Dios quiere que, voluntariamente, lo amemos. Pero ¿cuál te gusta más?

—Me gustan los dos —dijo la abuela con una sonrisa.

¿Y TÚ? ¿Te gustan los animales? Dios suele enseñarnos cosas a través de ellos. Trata con bondad a todos los animales y observa cómo se comportan. Tal vez, el Señor use a un animal para enseñarte una lección importante. *V.L.C.*

PARA MEMORIZAR: Pues todos los animales del bosque son míos, y soy dueño del ganado de mil colinas. *Salmo 50:10*

CUANDO EL MAESTRO de la escuela dominical de Kent le propuso a la clase que fueran juntos a observar el lanzamiento del trasbordador espacial, Kent se entusiasmó. La semana parecía transcurrir lentamente, pero, por fin, llegó el sábado. Esa mañana temprano, Kent y otros seis emocionados muchachos se encontraron con el señor Marshall en la iglesia.

—Espero que lleguemos lo suficientemente temprano para tener un buen lugar y ver bien —exclamó Kent. ¡Y lo lograron! Casi una hora después de haber llegado al puesto de observación, el gran trasbordador espacial fue lanzado. Ver la brillante luz ardiente y la estela de humo que siguió al despegue fue algo que Kent nunca olvidaría.

De regreso en la furgoneta, el señor Marshall encendió la radio para que escucharan el análisis de un locutor de lo que había sucedido. También oyeron a las personas que estaban en el centro de control espacial hablando con los astronautas.

—Bueno —dijo el señor Marshall—, cada vez que piensen en lo que vieron esta mañana, quiero que recuerden que, un día, los cristianos participaremos de un "despegue".

—Oiga, es cierto —dijo Kent—. Se refiere a cuando Cristo venga, ¿cierto?

—Exactamente —respondió el señor Marshall—. Cuando él vuelva, se llevará a todos los cristianos para que vivan en el cielo con él. Sucederá tan rápido como un destello o, como dice la Biblia, "en un abrir y cerrar de ojos". —Miró a los muchachos—. Me alegro de que todos ustedes hayan ido al despegue hoy. Mi oración es que, además, cada uno de ustedes esté preparado para ese maravilloso acontecimiento cuando Jesús venga otra vez.

¿Y TÚ? Cuando Jesús regrese en las nubes, quienes hayan confesado sus pecados y le hayan pedido perdón a Dios subirán para estar con él. ¿Eres uno de los que ha hecho eso? Si no, habla con un amigo de confianza o con un adulto para saber más. *R.I.J.*

PARA MEMORIZAR: Cuando todo esté listo, volveré para llevarlos, para que siempre estén conmigo donde yo estoy. *Juan 14:3*

15 DE ENERO

EL GRAN ACONTECIMIENTO

DE LA BIBLIA:

No dejen que el corazón se les llene de angustia; confíen en Dios y confíen también en mí. En el hogar de mi Padre, hay lugar más que suficiente. Si no fuera así, ¿acaso les habría dicho que voy a prepararles un lugar? Cuando todo esté listo, volveré para llevarlos, para que siempre estén conmigo donde yo estoy. Y ustedes conocen el camino que lleva adonde voy.

—No, Señor, no lo conocemos —dijo Tomás—. No tenemos ni idea de adónde vas, ¿cómo vamos a conocer el camino?

Jesús le contestó:

—Yo soy el camino, la verdad y la vida; nadie puede ir al Padre si no es por medio de mí.

JUAN 14:1-6

Prepárate para el regreso de Cristo

16 DE ENERO

LO RECUERDO

DE LA BIBLIA:

Ustedes han dicho: «¿De qué vale servir a Dios? ¿Qué hemos ganado con obedecer sus mandamientos o demostrarle al SEÑOR de los Ejércitos Celestiales que nos sentimos apenados por nuestros pecados? De ahora en adelante llamaremos bendito al arrogante. Pues los que hacen maldad se enriquecen y los que desafían a Dios a que los castigue no sufren ningún daño».

Entonces los que temían al SEÑOR hablaron entre sí y el SEÑOR escuchó lo que dijeron. En la presencia de él, escribieron un rollo de memorias para registrar los nombres de los que temían al SEÑOR y siempre pensaban en el honor de su nombre.

«Ellos serán mi pueblo —dice el SEÑOR de los Ejércitos Celestiales—. El día en que yo venga para juzgar, serán mi tesoro especial. Les tendré compasión así como un padre le muestra compasión a un hijo obediente. Entonces de nuevo podrán ver la diferencia entre los justos y los perversos, entre los que sirven a Dios y los que no lo hacen».

MALAQUÍAS 3:14-18

Crea buenos recuerdos

EL ABUELO DE TONY ORTEGA recién había muerto. Tony se sentía nervioso por tener que ir al funeral.

—Recuerda las cosas maravillosas que te enseñó el abuelo —dijo su madre—. Y recuerda que lo que está en el ataúd es solamente su cuerpo. Él está con el Señor en el cielo.

Tony asintió. Sabía que todos morirían algún día, hasta el momento en que Jesús regrese. Y sabía que, cuando los cristianos mueren, van al cielo para estar con Jesús.

—No debemos temer a la muerte si somos parte de la familia de Dios — agregó su madre—. Por supuesto que extrañaremos al abuelo, y eso nos pone tristes. Pero podemos estar felices por él. Y, hasta que nos reunamos con él, demos gracias por los recuerdos maravillosos que tenemos.

El padre de Tony preguntó:

—Tony, ¿qué es lo que más recuerdas de tu abuelo?

Tony pensó un momento.

—Recuerdo lo cariñoso que era conmigo, cómo ayudaba a otras personas y cómo oraba por mí.

—A tu abuelo le gustaría saber que es recordado por esas cosas —le dijo su papá con una sonrisa—. Todos deberíamos vivir de tal manera que dejemos buenos recuerdos.

¿Y TÚ? Algún día, cuando Dios te llame al cielo, ¿qué recuerdos dejarás? Y, más importante aún, ¿qué se escribirá en el «rollo de recuerdos» de Dios? ¿Quedará registrado que fuiste honrado, bondadoso, servicial y cariñoso? ¿Que orabas por otros y que servías al Señor? Vive de tal manera que te sientas feliz de que Dios y otros recuerden tus acciones. *R.I.J.*

PARA MEMORIZAR: Entonces los que temían al SEÑOR hablaron entre sí y el SEÑOR escuchó lo que dijeron. En la presencia de él, escribieron un rollo de memorias para registrar los nombres de los que temían al SEÑOR y siempre pensaban en el honor de su nombre. *Malaquías 3:16*

ERA SÁBADO POR LA MAÑANA y Juanita se dio prisa para llegar a la casa de su líder de Niñas Exploradoras, donde harían emparedados para vender. Cuando llegó, la señora Powers la saludó apresuradamente:

—Hola, Juanita —le dijo, sonriendo—. Me alegro de que hayas llegado temprano. Necesito ir a buscar a una de las niñas. Por favor, ábreles la puerta a las demás.

Después de que la señora Powers se fue, Juanita empezó a hacer los emparedados. Abrió un gran bollo de pan y en su interior apiló jamón, salami y queso. Luego, echó el emparedado en una bolsa de plástico para emparedados. *¡Esto es divertido!* pensó.

Cuando las otras niñas comenzaron a llegar, se sorprendieron de lo mucho que había avanzado Juanita. Hasta la señora Powers la felicitó cuando volvió; pero, entonces, su expresión cambió.

—Juanita —dijo—, deberías haberte lavado las manos antes de empezar a trabajar.

Juanita se sonrojó al mirar sus manos sucias.

—Lo siento; iré a lavarlas ahora mismo —tartamudeó.

—Creo que deberías hacerlo —coincidió la señora Powers—. Pero también tendremos que tirar a la basura los emparedados que hiciste.

Cuando Juanita fue a lavarse las manos, recordó un versículo sobre lavarse las manos para servir al Señor. Pensó en cómo había holgazaneado en la escuela dominical y cómo había discutido con su madre acerca de en qué banco se sentaría en la reunión de la iglesia. Luego, había cantado un solo en la iglesia. *Supongo que eso fue como tratar de servir a Dios con las manos sucias,* pensó Juanita. *Antes de intentar hacer cualquier cosa para Jesús, ¡primero me aseguraré de «lavarme» por dentro!*

¿Y TÚ? ¿Sirves al Señor cantando en el coro, dando una mano en la reunión infantil de la iglesia o trabajando en la guardería? Eso es bueno, pero también tienes que «lavarte las manos» habitualmente al confesar tus pecados para que puedas vivir cerca de Dios. *S.L.K.*

PARA MEMORIZAR: Acérquense a Dios, y Dios se acercará a ustedes. Lávense las manos, pecadores; purifiquen su corazón, porque su lealtad está dividida entre Dios y el mundo. *Santiago 4:8*

17 DE ENERO

LAS MANOS SUCIAS

DE LA BIBLIA:

¿Quién puede subir al monte del Señor?

¿Quién puede estar en su lugar santo?

Solo los de manos limpias y corazón puro,

que no rinden culto a ídolos

y nunca dicen mentiras.

Ellos recibirán la bendición del Señor

y tendrán una relación correcta con Dios su salvador.

SALMO 24:3-5

Sirve a Dios con las manos limpias

18 DE ENERO

VERDADERO O FALSO

DE LA BIBLIA:

Apártate del mal y haz el bien;

busca la paz y esfuérzate por
mantenerla.

Los ojos del SEÑOR están sobre los que
hacen lo bueno;

sus oídos están abiertos a sus
gritos de auxilio.

Pero el SEÑOR aparta su rostro de los
que hacen lo malo;

borrará todo recuerdo de ellos de
la faz de la tierra.

El SEÑOR oye a los suyos cuando
claman a él por ayuda;

los rescata de todas sus
dificultades.

El SEÑOR está cerca de los que tienen
quebrantado el corazón;

él rescata a los de espíritu destro-
zado.

SALMO 34:14-18

*Arrepiéntete de verdad
por el pecado*

—LA RESPUESTA ES NO, JASÓN. ¡Es definitiva!
—Mamá fue firme. Cuando Jasón salió corriendo
de la sala, una mala palabra estalló en sus labios—.
¡Jasón! ¡Vuelve en este mismo instante! —le
ordenó su mamá—. ¿Dijiste lo que yo creo que
dijiste? —Jasón apretó los dientes y clavó la vista
en el piso. Su mamá suspiró hondo—. Hijo, ¿cuál
es tu problema?

—Mamá, no quise hacerlo —se defendió
Jasón—. Simplemente, se me escapó. Lo siento,
de verdad. Todos los chicos en la escuela dicen
esas palabras y se me quedan pegadas en la mente.
Prometo que nunca más lo haré. ¡Perdón!

—Te creo —dijo ella—. Por esta vez, lo olvi-
daremos.

Más tarde, esa noche, del cuarto de Jasón salieron palabras fuertes y de enojo:

—¿Cuántas veces tengo que decirte que te alejes de mis cosas? —gruñó.

Mientras la madre empezaba a caminar por el
pasillo, escuchó que Sara lloraba:

—Pero, Jasón, yo solo quería tomar prestado
un lápiz. No quise romper tu maqueta. Lo siento.

—Eso fue lo que dijiste cuando perdiste mi
reloj. ¡En realidad no lo lamentas! Lo único que
lamentas es que te haya descubierto. —Jasón no
vio que su mamá había entrado en la habitación
mientras él levantaba la maqueta rota, maldiciendo
en voz baja.

—¡Jasón! —Al sonido de la voz de su madre,
Jasón se sobresaltó y dejó caer la maqueta—. Jasón
—dijo ella—, Sara no es la única que finge disculparse. ¿Acaso no me dijiste hace un rato que
lamentabas haber dicho una mala palabra?
—Jasón asintió lentamente. Su mamá continuó—:
Arrepentirse de verdad es más que decir: "Lo
siento". Es lamentar lo que hiciste de tal manera
que dejes de hacerlo.

¿Y TÚ? ¿Alguna vez dices que lo sientes solo para evitar
meterte en problemas? El falso arrepentimiento puede
engañar a los demás por un tiempo, pero nunca engaña a
Dios. *B.J.W.*

PARA MEMORIZAR: Por lo tanto, pueblo de Israel, juzgaré
a cada uno de ustedes, según sus acciones, dice el SEÑOR
Soberano. Arrepiéntete y apártate de tus pecados. ¡No
permitas que tus pecados te destruyan! *Ezequiel 18:30*

CELESTE ESTABA DE MAL HUMOR.

—No veo por qué tengo que cantar en el asilo de ancianos el viernes por la noche —dijo.

—Cuando ingresaste en el coro —dijo su madre—, sabías que demandaría parte de tu tiempo libre.

—¿Cuál tiempo libre? —se quejó Celeste—. La iglesia me ocupa casi todo el domingo. Luego, está la reunión de oración de los miércoles en la noche y los ensayos de coro los domingos por la mañana.

Celeste se dio vuelta hacia su hermanita, Tammy, quien había entrado en la habitación con una caja pequeña en las manos.

—¿Es ese tu regalo para el cumpleaños de la abuela?

—Sí, ¿quieres verlo? —Tammy sonrió y destapó la caja.

—Oh, qué hermosa bufanda —dijo Celeste—. Quítale el precio antes de envolverla.

Tammy sacudió la cabeza.

—¡Quiero que la abuela sepa que me costó mucho dinero!

—No hagas eso, tontita —la regañó Celeste—. Parecerá que estás presumiendo.

Su madre asintió.

—Celeste tiene razón —dijo—. Lo importante no es el precio que pagaste por tu regalo, sino el hecho de que ames a la abuela.

Cuando Tammy salió de la habitación, Celeste se rio.

—Si Tammy supiera cuánto dinero ha gastado la abuela en regalos para ella, no pensaría que lo que pagó por esa bufanda es tanto dinero. —Dio un vistazo a su madre—. ¿Por qué me miras así?

—Quizás tú también estés dejando a la vista la "etiqueta" —respondió la madre—. Recién dijiste cuánto estás haciendo por Dios y cuánto te cuesta hacerlo. Tal vez necesites recordar cuánto ha hecho Dios por ti y lo que le costó a él.

¿Y TÚ? ¿Piensas que has hecho muchos sacrificios por Dios? Recuerda: Dios te dio todo lo que tienes. Si verdaderamente lo amas, sírvelo por voluntad propia y con alegría. No presumas ni te quejes. *S.L.K.*

PARA MEMORIZAR: Cada uno debe decidir en su corazón cuánto dar; y no den de mala gana ni bajo presión, «porque Dios ama a la persona que da con alegría». *2 Corintios 9:7*

PRECIOS Y REGALOS

DE LA BIBLIA:

¡Tengan cuidado! No hagan sus buenas acciones en público para que los demás los admiren, porque perderán la recompensa de su Padre, que está en el cielo. Cuando le des a alguien que pasa necesidad, no hagas lo que hacen los hipócritas que tocan la trompeta en las sinagogas y en las calles para llamar la atención a sus actos de caridad. Les digo la verdad, no recibirán otra recompensa más que esa. Pero tú, cuando le des a alguien que pasa necesidad, que no sepa tu mano izquierda lo que hace tu derecha. Entrega tu ayuda en privado, y tu Padre, quien todo lo ve, te recompensará.

Cuando ores, no hagas como los hipócritas a quienes les encanta orar en público, en las esquinas de las calles y en las sinagogas donde todos pueden verlos. Les digo la verdad, no recibirán otra recompensa más que esa. Pero tú, cuando ores, apártate a solas, cierra la puerta detrás de ti y ora a tu Padre en privado. Entonces, tu Padre, quien todo lo ve, te recompensará.

MATEO 6:1-6

Sirve a Dios con alegría

20 DE ENERO

SALIR DEL BASURERO

DE LA BIBLIA:

Pero el día del Señor llegará tan inesperadamente como un ladrón. Entonces los cielos desaparecerán con un terrible estruendo, y los mismos elementos se consumirán en el fuego, y la tierra con todo lo que hay en ella quedará sometida a juicio.

Dado que todo lo que nos rodea será destruido de esta manera, ¡cómo no llevar una vida santa y vivir en obediencia a Dios, esperar con ansias el día de Dios y apresurar que este llegue! En aquel día, él prenderá fuego a los cielos, y los elementos se derretirán en las llamas. Pero nosotros esperamos con entusiasmo los cielos nuevos y la tierra nueva que él prometió, un mundo lleno de la justicia de Dios.

Por lo cual, queridos amigos, mientras esperan que estas cosas ocurran, hagan todo lo posible para que se vea que ustedes llevan una vida pacífica que es pura e intachable a los ojos de Dios.

2 PEDRO 3:10-14

Vive para Jesús

ESTEBAN Y SU FAMILIA VIVÍAN en una zona donde no había recolección de basura; por lo tanto, cada semana, él y su papá subían los botes en su camioneta y los llevaban al basurero municipal. Una tarde, mientras descargaba la camioneta con su papá, Esteban notó que había unos ratones entre la basura.

—Ya veo, porqué a un ratón le encanta anidar en esa basura —dijo papá—. Siempre hay montañas de comida y una gran cantidad de papeles como material de construcción. Pero unos hombres quemarán toda esta basura. Los ratones perderán sus casas y todo lo que haya en ellas.

Mientras Esteban y su padre se alejaban en el auto, Esteban no pudo resistir mirar por última vez a los ratones que correteaban como si no tuvieran nada de qué preocuparse.

Cuando llegaron a casa, Esteban fue a su habitación a cambiarse la ropa. Al abrir la puerta de su armario, se le cayó un montón de sus pertenencias.

—Este lugar es un basurero —murmuró. Mientras echaba un vistazo a la habitación, vio sus carteles, sus videojuegos y revistas de historietas. Vio el guante de béisbol, la pelota de fútbol y las naves espaciales en miniatura. Vio sus libros y su manual de los Niños Exploradores. *Mmm*, pensó Esteban. *Odiaría ser como esos ratones y pasar la vida en cosas que no durarán. ¡Quizás, sea hora de salir del basurero y empezar a pasar más tiempo en las cosas que realmente importan!* Esteban tomó su Biblia de un cajón de la cómoda y la puso junto a su cama.

¿Y TÚ? ¿Estás tan enfocado en tus propios planes, proyectos y actividades que te queda poco tiempo para Dios? Ahora es un buen momento para concentrarte en hacer cosas que te ayuden a ser más como Jesús. Recuerda que esta vida solo es transitoria. Solo las cosas que hacemos para Jesús durarán para siempre. *S.L.K.*

PARA MEMORIZAR: Dado que todo lo que nos rodea será destruido de esta manera, ¡cómo no llevar una vida santa y vivir en obediencia a Dios. *2 Pedro 3:11*

—MAMÁ, ¿PODEMOS COMPRAR ESTOS CEREALES HOY?
—preguntó Estefanía y soltó una risita cuando su madre levantó una ceja—. Solo bromeaba, mamá —dijo—. Sé que esto tiene un montón de azúcar. —Lo reemplazó con uno de otra variedad. Luego, haciendo una mueca, repitió como un loro las palabras que mamá solía repetir: «Eres lo que comes». Mamá sonrió.

Cuando llegaron a casa, Estefanía encendió la radio y empezó a tararear la melodía de una canción de rock muy conocida, pero mamá apagó la radio.

—La letra de esa canción incita a una vida que no agrada a Dios —dijo.

—Pero es una linda melodía —protestó Estefanía.

—Escuchar esa clase de música es como comer comida que no es buena para nosotros. Nuestra mente "devora" las palabras, les prestemos atención o no —dijo mamá.

Mientras Estefanía ayudaba a su mamá a ordenar los comestibles, pensó en cuántas veces ponían la radio en la casa de Cheri. Generalmente, ella y Cheri hacían otra cosa mientras escuchaban, pero, de todas maneras, podía cantar todas las letras de las canciones que escuchaban.

—Somos lo que pensamos —dijo mamá—. Necesitamos llenar nuestra mente con pensamientos que agraden a Dios para que podamos crecer espiritualmente.

Estefanía guardó en la alacena la caja de cereales que había escogido.

—De ahora en adelante, elegiré la música como elijo los cereales —decidió.

¿Y TÚ? ¿Escuchas determinada clase de música o haces cualquier otra cosa que incentive un estilo de vida no muy cristiano? Lo que escuchas o lo que miras se mete en tu mente, te des cuenta o no. Dios se complace cuando te enfocas en las cosas que te ayudan a crecer espiritualmente. *K.R.A.*

PARA MEMORIZAR: Entonces vino sobre mí el Espíritu del SEÑOR, y me ordenó que dijera: «Esto dice el SEÑOR a los habitantes de Israel: "Yo sé lo que ustedes hablan, porque conozco cada pensamiento que les viene a la mente"». *Ezequiel 11:5*

21 DE ENERO

ALGO PARA PENSAR

DE LA BIBLIA:

Oh SEÑOR, has examinado mi corazón
   y sabes todo acerca de mí.
Sabes cuándo me siento y cuándo me levanto;
   conoces mis pensamientos aun cuando me encuentro lejos.
Me ves cuando viajo
   y cuando descanso en casa.
   Sabes todo lo que hago.
Sabes lo que voy a decir
   incluso antes de que lo diga, SEÑOR.
Vas delante y detrás de mí.
   Pones tu mano de bendición sobre mi cabeza. [...]
Examíname, oh Dios, y conoce mi corazón;
   pruébame y conoce los pensamientos que me inquietan.
Señálame cualquier cosa en mí que te ofenda
   y guíame por el camino de la vida eterna.

SALMO 139:1-5, 23-24

Alimenta tu mente con buenos pensamientos

22 DE ENERO

SIN AYUDA DE NADIE

DE LA BIBLIA:

Sin embargo, todas estas cosas le ocurrieron al rey Nabucodonosor. Doce meses más tarde, el rey caminaba sobre la terraza del palacio real en Babilonia y mientras contemplaba la ciudad, dijo: «¡Miren esta grandiosa ciudad de Babilonia! Edifiqué esta hermosa ciudad con mi gran poder para que fuera mi residencia real a fin de desplegar mi esplendor majestuoso».

Mientras estas palabras aún estaban en su boca, se oyó una voz desde el cielo que decía: «¡Rey Nabucodonosor, este mensaje es para ti! Ya no eres gobernante de este reino. Serás expulsado de la sociedad humana. Vivirás en el campo con los animales salvajes y comerás pasto como el ganado. Durante siete períodos de tiempo vivirás de esta manera hasta que reconozcas que el Altísimo gobierna los reinos del mundo y los entrega a cualquiera que él elija».

En ese mismo momento se cumplió la sentencia y Nabucodonosor fue expulsado de la sociedad humana. Comió pasto como el ganado y lo mojó el rocío del cielo. Vivió de esa manera hasta que el pelo le creció tan largo como las plumas de las águilas y las uñas como las garras de un ave.

DANIEL 4:28-33

No seas orgulloso

—¡MIRA QUÉ GENIAL CASITA EN EL ÁRBOL!

Sentado sobre el piso alfombrado de su nuevo escondite, Mario escuchaba las voces que subían desde la calle.

—Obvio. Es la de Mario Patiño. Su papá es carpintero. Por eso, Mario tenía todas las herramientas y los materiales que necesitaba. Mario dice que la hizo él mismo, pero yo no le creo. —Mario reconoció la voz de Dylan.

Mario miró furioso las espaldas de los dos muchachos que desaparecían caminando por la calle.

—¡Sí que la hice! —dijo en voz baja.

Cuando sus abuelos vinieron de visita a la semana siguiente, Mario mostró con orgullo su obra al abuelo Patiño.

—Hiciste un buen trabajo —aprobó el abuelo—. ¿No es lindo tener un papá carpintero que te brinde el conocimiento, los materiales y las herramientas?

Mario frunció las cejas. Dylan había dicho lo mismo.

—¡Pero yo la construí! —insistió Mario—. ¡La hice toda yo solo!

El abuelo sonrió.

—Hay pocas cosas que podemos hacer solos.

—Tú conduces un camión por ti mismo —argumentó Mario.

—Sí y no —respondió el abuelo—. La empresa para la cual trabajo me da el empleo y el camión. Dios me da la fuerza y el conocimiento para conducirlo. Y el gobierno hace las autopistas por las cuales manejo.

Mario sonrió.

—De acuerdo, abuelo, tú ganas. Papá me enseñó a construir cosas. Me prestó sus herramientas, Dios me dio la fuerza y, juntos, construimos esta casita en el árbol.

¿Y TÚ? ¿A veces te vanaglorias de tu trabajo y olvidas ser agradecido con las personas que te ayudan? No cometas el mismo error que cometió el rey Nabucodonosor. Dale gracias a Dios por ayudarte. *B.J.W.*

PARA MEMORIZAR: Ahora, yo, Nabucodonosor, alabo, glorifico y doy honra al Rey del cielo. Todos sus actos son justos y verdaderos, y es capaz de humillar al soberbio. *Daniel 4:37*

LOS JOHNSON —FLOR, BRAD, MAMÁ Y PAPÁ— habían pasado los últimos días con el abuelo y la abuela. Mamá había conducido el auto familiar mientras que papá manejaba un camión que pidieron prestado para poder llevar algunas cosas para guardar en el ático de los abuelos.

La familia atesoró las largas caminatas, los chistes graciosos y las comidas deliciosas. Les costó despedirse porque pasarían cuatro años antes de que los Johnson volvieran de India, adonde irían como misioneros. Mientras se preparaban para ir a casa, bajó la neblina.

—¡Oh, no! —se quejó la madre—. Juan, ¿cómo haré para ver el camino de vuelta?

—Los faros antiniebla de este camión atravesarán la neblina, así que yo guiaré el camino —dijo papá—. Solo sígueme y mantén la vista en mis luces traseras.

Mamá se aferraba nerviosamente al volante, pero, cuando los niños se pusieron a orar y a cantar, poco a poco, se relajó. Cuando llegaron a casa sanos y salvos, todos dieron gracias a Dios.

—Mientras iba manejando, no pude evitar pensar que Dios estaba usando esa niebla para prepararnos para India —dijo papá—. Al ir a un país que no conocemos, el futuro nos parece "nublado". La gente, las costumbres y el idioma nos resultarán relativamente desconocidos, por eso no sabemos exactamente qué nos espera. Pero Dios sí lo sabe todo. Él nos cuidará.

—Así es —coincidió mamá—. Yo tenía tus luces traseras para guiarme, y todos tenemos la guía del Señor para cuando vayamos a India. Podemos confiar en él.

¿Y TÚ? ¿Te preocupas por una escuela diferente, una ciudad desconocida, una familia, una madrastra o un padrastro nuevos o por un nuevo desafío? Dios conoce tu temor y tu futuro. Lee su Palabra para recibir sus instrucciones y para que él te anime. Luego, pídele a Dios que te guíe. ¡Él lo hará! *J.L.H.*

PARA MEMORIZAR: Pues así es Dios. Él es nuestro Dios por siempre y para siempre, y nos guiará hasta el día de nuestra muerte. *Salmo 48:14*

23 DE ENERO

UNA GUÍA INFALIBLE

DE LA BIBLIA:

El Señor me recompensó por hacer lo correcto;

él ha visto mi inocencia.

Con los fieles te muestras fiel;

a los íntegros les muestras integridad.

Con los puros te muestras puro,

pero te muestras astuto con los tramposos.

Rescatas al humilde,

pero humillas al orgulloso.

Enciendes una lámpara para mí.

El Señor, mi Dios, ilumina mi oscuridad.

Con tu fuerza puedo aplastar a un ejército;

con mi Dios puedo escalar cualquier muro.

El camino de Dios es perfecto.

Todas las promesas del Señor demuestran ser verdaderas.

Él es escudo para todos los que buscan su protección.

Pues ¿quién es Dios aparte del Señor?

¿Quién más que nuestro Dios es una roca sólida?

Dios me arma de fuerza

y hace perfecto mi camino.

Me hace andar tan seguro como un ciervo

para que pueda pararme en las alturas de las montañas.

SALMO 18:24-33

Jesús te guiará

24 DE ENERO

PARTE DEL EQUIPO

DE LA BIBLIA:

Por lo tanto, amados hermanos, les ruego que entreguen su cuerpo a Dios por todo lo que él ha hecho a favor de ustedes. Que sea un sacrificio vivo y santo, la clase de sacrificio que a él le agrada. Esa es la verdadera forma de adorarlo. No imiten las conductas ni las costumbres de este mundo, más bien dejen que Dios los transforme en personas nuevas al cambiarles la manera de pensar. Entonces aprenderán a conocer la voluntad de Dios para ustedes, la cual es buena, agradable y perfecta.

Basado en el privilegio y la autoridad que Dios me ha dado, le advierto a cada uno de ustedes lo siguiente: ninguno se crea mejor de lo que realmente es. Sean realistas al evaluarse a ustedes mismos, háganlo según la medida de fe que Dios les haya dado. Así como nuestro cuerpo tiene muchas partes y cada parte tiene una función específica, el cuerpo de Cristo también. Nosotros somos las diversas partes de un solo cuerpo y nos pertenecemos unos a otros.

ROMANOS 12:1-5

*El trabajo en equipo
es importante*

—ESTOY CANSADA DEL CLUB BÍBLICO —se quejó Megan cuando entró en la cocina—. Hoy, yo no tenía ganas de jugar durante la hora de juegos, pero mi líder dijo que debía hacerlo, así que jugué. Entonces, los otros niños de mi equipo se enojaron conmigo porque dijeron que no me esforzaba lo suficiente. Que se esfuercen *ellos* si tanto les gusta. Yo no tenía ganas.

—Bueno —dijo papá—, no puedes culparlos por no estar contentos contigo. Tú eres parte del equipo, y un equipo no puede funcionar bien a menos que todos los miembros participen con entusiasmo. Además, tal vez hoy había niños nuevos, quizás, incluso niños no cristianos que se preguntan cómo es ser cristiano, y lo que vieron fue tu malhumor.

—¡Ay, papá! No me necesitaban —refunfuñó Megan mientras se iba a su cuarto. Un momento después, su papá la escuchó gritar:

—¡Basta, Jasón! ¡Dame eso!

—¿Qué sucede? —preguntó papá, caminando deprisa por el pasillo.

—Jasón rompió mi reloj despertador —respondió Megan, señalando a su hermanito.

Papá revisó el reloj.

—Bueno —dijo—, parece que está bien, excepto por la manecilla de la hora. Pero no la necesitas.

—¡Papá! —protestó Megan—. ¡Nadie puede saber qué hora es sin la manecilla de la hora!

—Oh —dijo papá con una amplia sonrisa—. ¿Quieres decir que todas las partes son importantes?

—Por supuesto. —Megan miró a su papá—. Sé de qué estás hablando. Un reloj no puede funcionar a menos que todas las partes funcionen, y un equipo no puede funcionar sin que todos los miembros jueguen.

Papá le dio un tironcito a la coleta de Megan.

—¡Correcto! —dijo.

¿Y TÚ? ¿Juegas en un equipo? ¿Ayudas a ganar al equipo, o te quejas porque las cosas no son justas o porque no te gusta lo que el líder te pide que hagas? Sé un participante bien dispuesto, con una buena actitud. *L.M.W.*

PARA MEMORIZAR: Un reino dividido por una guerra civil acabará destruido. *Marcos 3:24*

—JANICE —DIJO MAMÁ UN SÁBADO POR LA TARDE—, voy a ir a la venta de bienes raíces de la esquina. ¿Quieres venir?

—Claro que sí —respondió Janice con entusiasmo—. ¿Es como una venta de garaje?

—En cierto sentido —contestó su madre—. Pero, en este caso, la señora que vivía en la casa falleció. Y sus parientes han organizado esta venta para deshacerse de todas las cosas que ella acumuló a lo largo de los años.

Ambas caminaron calle abajo hasta la gran casa de ladrillos, donde muchas personas daban vueltas examinando los muebles, la vajilla y otros objetos. Luego de echar una ojeada a todo, mamá pagó una cristalería que había seleccionado y se fueron.

Janice volvió extrañamente callada a su casa.

—Sabes, mamá —dijo, por fin—, creo que yo odiaría pensar que, algún día, la gente pueda revisar mis cosas e, incluso, llevarse algunas de ellas a su casa.

—Sé a qué te refieres —estuvo de acuerdo su mamá—, y eso me hace pensar en otra cosa. —Miró seriamente a su hija—. El día que muramos, no serán solamente nuestras posesiones terrenales las que serán expuestas. La Biblia dice que un día se abrirán los registros de los cielos y que todos nuestros pensamientos y nuestros actos se pondrán al descubierto. No podremos seguir guardando ningún secreto cuando estemos parados delante de Dios.

—Eso me hace querer vivir la vida de la mejor manera que pueda para Dios —dijo Janice.

—Sí —dijo su madre, asintiendo—. Yo también siento lo mismo.

¿Y TÚ? ¿Te has preguntado cómo será encontrarte con Dios algún día? Ese día llegará, y muchas de las cosas que hoy parecen importantes no tendrán sentido entonces. ¿Te has preparado para tu futuro eterno? Asegúrate de conocer a Jesucristo como tu Salvador. Si no lo has hecho, habla con un amigo de confianza o con un adulto. *S.L.K.*

PARA MEMORIZAR: Y así como cada persona está destinada a morir una sola vez y después vendrá el juicio. *Hebreos 9:27*

NO MÁS SECRETOS

DE LA BIBLIA:

Mientras tanto, las multitudes crecieron hasta que miles de personas se arremolinaban y se atropellaban unas a otras. Jesús primero se dirigió a sus discípulos y les advirtió: «Tengan cuidado con la levadura de los fariseos, es decir, su hipocresía. Llegará el tiempo en que todo lo que está encubierto será revelado y todo lo secreto se dará a conocer a todos. Todo lo que hayan dicho en la oscuridad se oirá a plena luz, y todo lo que hayan susurrado a puerta cerrada, ¡se gritará desde los techos para que todo el mundo lo oiga!

»Queridos amigos, no teman a los que quieren matarles el cuerpo; después de eso, no pueden hacerles nada más. Les diré a quién temer: teman a Dios, quien tiene el poder de quitarles la vida y luego arrojarlos al infierno. Claro, él es a quien deben temer».

LUCAS 12:1-5

No más secretos

26 DE ENERO

UN MUNDO DE GUERRAS

DE LA BIBLIA:

Jesús les dijo:

—No dejen que nadie los engañe, porque muchos vendrán en mi nombre y afirmarán: "Yo soy el Mesías", y engañarán a muchos. Oirán de guerras y de amenazas de guerras, pero no se dejen llevar por el pánico. Es verdad, esas cosas deben suceder, pero el fin no vendrá inmediatamente después. Una nación entrará en guerra con otra, y un reino con otro reino. Habrá hambres y terremotos en muchas partes del mundo. Sin embargo, todo eso es solo el comienzo de los dolores del parto, luego vendrán más.

»Entonces los arrestarán, los perseguirán y los matarán. En todo el mundo los odiarán por ser mis seguidores. Muchos se apartarán de mí, se traicionarán unos a otros y se odiarán. Aparecerán muchos falsos profetas y engañarán a mucha gente. Abundará el pecado por todas partes, y el amor de muchos se enfriará; pero el que se mantenga firme hasta el fin será salvo. Y se predicará la Buena Noticia acerca del reino por todo el mundo, de manera que todas las naciones la oirán; y entonces vendrá el fin.

MATEO 24:4-14

Dios da paz

—VAYA QUE TENGO UNA TAREA DIFÍCIL para esta noche —anunció Esteban mientras su hermano y su hermana comenzaban a hacer sus deberes—. Tengo que memorizar un montón de fechas de la Guerra Civil.

—Y *yo* estoy estudiando sobre las batallas de la Guerra de la Independencia —dijo Juan.

—Lo único que tengo que hacer yo es revisar los periódicos y recortar artículos para nuestro proyecto de temas actuales —les dijo Julene a sus hermanos—. No me parece demasiado difícil, comparándolo con lo que ustedes tienen que hacer.

—Solo asegúrate de no cortar ninguna de las historietas —dijo Esteban, sonriendo de oreja a oreja.

Los tres niños trabajaron en silencio durante un rato; entonces, Julene suspiró.

—Casi todos los artículos de este periódico hablan sobre conflictos y guerras en un sitio o en otro.

—Me pregunto por qué —dijo Esteban—. Pensé que, en teoría, las personas debemos estar convirtiendo el mundo en un mejor lugar.

—Es cierto —coincidió mamá, quien acababa de entrar en la sala—, pero, como cristianos, no deberíamos sorprendernos. La Biblia dice que siempre habrá guerras y rumores de guerra. Los políticos hablan de paz, pero su ansia por el poder suele interponerse en su camino. Excluyen a Dios de sus planes.

—Da miedo —dijo Julene—. Eso hace que me alegre de ser cristiana.

Mamá sonrió y dijo:

—Nosotros, como cristianos, podemos tener tranquilidad, pase lo que pase.

¿Y TÚ? ¿Alguna vez te has preguntado por qué el mundo no mejora? ¿Te preguntas por qué hay tantas guerras? Ya que los líderes del mundo son humanos, les cuesta llevarse bien unos con otros. A menudo, se niegan a seguir el camino de Dios. ¿Acaso no es bueno saber que, a pesar del caos que hay en el mundo que te rodea, puedes depositar tu confianza en Dios y tener paz? *L.M.W.*

PARA MEMORIZAR: No se preocupen por nada; en cambio, oren por todo. Díganle a Dios lo que necesitan y denle gracias por todo lo que él ha hecho. Así experimentarán la paz de Dios, que supera todo lo que podemos entender. La paz de Dios cuidará su corazón y su mente mientras vivan en Cristo Jesús. *Filipenses 4:6-7*

ERA LA HORA DEL ALMUERZO, y Karen observaba a su hermanito, Manuel, quien estaba sentado y sacudía tercamente la cabeza, negándose a comer los guisantes machacados que su madre le ofrecía.

—Tal vez deberías darle puré de manzana —le propuso Karen—. Eso le gusta.

—Sí, puedo darle un poco —respondió su madre—. Pero también tiene que aprender a comer otras comidas que necesita. —Mamá sacó a Manuel de su silla y lo sentó sobre el piso—. Intentaremos darle de comer nuevamente dentro de unos minutos.

Un ratito después, Karen escuchó un crujido que venía del otro lado de la puerta de la cocina. Ahí estaba Manuel, revolviendo dentro de la bolsa de la basura.

—¡Ay, mamá! —dijo Karen.

La madre corrió a rescatarlo, pero Manuel lloró cuando ella le sacó de la boca una cáscara de banana.

—Qué absurdo, ¿no, mamá? —preguntó Karen, encendiendo el televisor para ver qué había—. Manuel no sabe lo que es bueno para él, ¿verdad?

—No —respondió su madre—, no sabe. —Hizo una pausa; entonces, añadió—: Muchas veces, los cristianos tampoco sabemos. No prestamos atención a los regalos que Dios nos da para ayudarnos a estar alegres y para que nos parezcamos a él cada día más. En cambio, tratamos de satisfacer nuestras necesidades con cosas de este mundo que no son importantes ni necesarias, ni siquiera buenas para nosotros. Esas cosas son "basura" comparadas con las cosas que nos da el Señor. Son "cáscaras" no "guisantes".

Karen estuvo de acuerdo con su madre y apagó el televisor.

—Creo que iré a hacer mi lección de la escuela dominical.

¿Y TÚ? ¿Tienes alguna necesidad en tu vida? ¿La necesidad de compañerismo? ¿De crecimiento espiritual? ¿De plenitud emocional? ¿De una sensación de logro? Las cosas de este mundo nunca satisfarán esas necesidades. Deja que Dios lo haga. Sea cual sea tu necesidad, dale a Dios la oportunidad de satisfacerla. *S.L.K.*

PARA MEMORIZAR: Y este mismo Dios quien me cuida suplirá todo lo que necesiten, de las gloriosas riquezas que nos ha dado por medio de Cristo Jesús. *Filipenses 4:19*

LOS GUISANTES O LAS CÁSCARAS

DE LA BIBLIA:

El Señor es mi pastor;
tengo todo lo que necesito.
En verdes prados me deja descansar;
me conduce junto a arroyos tranquilos.
Él renueva mis fuerzas.
Me guía por sendas correctas,
y así da honra a su nombre.
Aun cuando yo pase
por el valle más oscuro,
no temeré,
porque tú estás a mi lado.
Tu vara y tu cayado
me protegen y me confortan.

SALMO 23:1-4

Dios satisface las necesidades

28 DE ENERO

¡PAREN CON ESE RUIDO!

DE LA BIBLIA:

Si pudiera hablar todos los idiomas del mundo y de los ángeles pero no amara a los demás, yo solo sería un metal ruidoso o un címbalo que resuena. Si tuviera el don de profecía y entendiera todos los planes secretos de Dios y contara con todo el conocimiento, y si tuviera una fe que me hiciera capaz de mover montañas, pero no amara a otros, yo no sería nada. Si diera todo lo que tengo a los pobres y hasta sacrificara mi cuerpo, podría jactarme de eso; pero si no amara a los demás, no habría logrado nada.

1 CORINTIOS 13:1-3

*Habla y actúa
con amor*

—ADIÓS, MARCIA. Te veo mañana —dijo Jill. Ni bien Marcia se fue, Jill masculló—: No soporto a esa niña.

—¡Pero, Jill! —exclamó su madre—. ¿No me dijiste que estabas dándole testimonio a Marcia?

—Estoy *tratando* —replicó Jill. Un sonido metálico horrible comenzó a salir del cuarto de su hermano—. ¿Qué es ese ruido? —preguntó.

Su madre se rio.

—Pedro le pidió prestado al abuelo el antiguo gong de la cena para su proyecto de ciencias sobre el sonido.

Jill gimió. Aunque le gustaban la mayoría de las antigüedades de cobre que coleccionaba el abuelo, el gong era feo. ¡Y, probablemente, Pedro estaría golpeándolo toda la noche!

Pedro hizo sonar el gong justo del otro lado de la puerta de Jill mientras ella hacía su tarea.

—¡Mamá! —gritó Jill—. ¡Haz que deje de hacer ruido!

En vez de decirle algo a Pedro, su madre entró en la habitación de Jill y se sentó.

—A mí no me agrada ese ruido más que a ti —dijo—, pero, cuando pensé en la charla sobre Marcia que tuvimos esta tarde, decidí dejar que Pedro lo hiciera sonar un poco. Pensé que podría enseñarte algo. —Le dio a Jill una Biblia abierta—. Aquí tienes, lee el primer versículo de 1 Corintios 13.

—Entiendo —dijo Jill después de leer el versículo—. Decir que me gustaría que Marcia conociera al Señor y luego tratarla como la trato, es como el sonido del gong que Pedro está haciendo sonar. Solo es un ruido que no tiene sentido y no vale nada.

¿Y TÚ? ¿Finges que alguien te agrada cuando, en realidad, piensas mal de esa persona? Si hay alguien que realmente te molesta, pídele al Señor que te ayude a preocuparte sinceramente por ese niño o niña, para que puedas demostrarle el amor de Dios. *L.M.W.*

PARA MEMORIZAR: Si pudiera hablar todos los idiomas del mundo y de los ángeles pero no amara a los demás, yo solo sería un metal ruidoso o un címbalo que resuena. *1 Corintios 13:1*

JEREMÍAS ROMPIÓ ANSIOSAMENTE el papel que envolvía el regalo de cumpleaños que le habían dado sus padres.

—¡Unos binoculares! ¡Gracias! —exclamó, sacándolos rápidamente de la caja. Los giró una y otra vez en sus manos—. ¿Podemos ir a la reserva forestal estatal? Tiene unos buenos miradores donde podría probar estos binoculares.

—¡Me parece genial! —aceptó papá—. ¡Vamos!

Poco después, Jeremías y su papá estaban parados en uno de los miradores del parque, turnándose para mirar por los binoculares. Cuando llegó el turno de Jeremías, se quedó observando en silencio durante un momento.

—¡Mira, papá! —dijo en un susurro—. Estoy viendo una cierva y sus cervatillos gemelos.

Papá tomó los binoculares y pronto localizó a los animales. Los observó durante un momento.

—¿No son fabulosos? —murmuró Jeremías.

Papá rio y le devolvió los binoculares.

—Sí, lo son —dijo en voz alta—. Pero no es necesario que susurres.

Jeremías volvió a mirar.

—Esos animales no saben que estamos observándolos —dijo, asombrado—. Nosotros podemos ver cada movimiento que hacen, ¡pero están tan lejos que ni siquiera saben que existimos!

—Es increíble —coincidió papá—. Eso me recuerda que nosotros también somos observados.

—¿En serio? ¿Quién nos observa? —preguntó Jeremías.

—Dios. Él ve los errores que cometemos y las cosas buenas que hacemos —explicó papá.

—Lo sabía, pero nunca lo pensé de esa manera —dijo Jeremías—. Creo que tendré más cuidado con lo que hago, sabiendo que Dios siempre está observando.

LOS BINOCULARES

DE LA BIBLIA:

¿No ve Dios todo lo que hago
   y cada paso que doy?
¿Acaso he mentido
   o he engañado a alguien?
Que Dios me pese en la balanza de justicia,
   porque sabe que soy íntegro. [...]
El Señor mira desde el cielo
   y ve a toda la raza humana.
Desde su trono observa
   a todos los que viven en la tierra.
Él hizo el corazón de ellos,
   así que entiende todo lo que hacen.

JOB 31:4-6; SALMO 33:13-15

Dios está observando

¿Y TÚ? ¿Eres consciente de que Dios te mira las veinticuatro horas del día? El recordar que la presencia de Dios siempre está contigo puede ayudarte a tomar mejores decisiones. La próxima vez que te preguntes si vale la pena esforzarte por hacer lo correcto, recuerda: ¡Dios está observando! *V.L.R.*

PARA MEMORIZAR: Pues el Señor ve con claridad lo que hace el hombre; examina cada senda que toma. *Proverbios 5:21*

30 DE ENERO

LAS ETIQUETAS ENGAÑOSAS

DE LA BIBLIA:

Todo el que cree que Jesús es el Cristo ha llegado a ser un hijo de Dios. Y todo el que ama al Padre ama también a los hijos nacidos de él.

Ya que creemos el testimonio humano, sin duda alguna podemos creer el testimonio de más valor que proviene de Dios; y Dios ha dado testimonio acerca de su Hijo. Todo el que cree en el Hijo de Dios sabe en su corazón que este testimonio es verdadero. Los que no lo creen en realidad llaman a Dios mentiroso porque no creen el testimonio que él ha dado acerca de su Hijo.

Y este es el testimonio que Dios ha dado: él nos dio vida eterna, y esa vida está en su Hijo. El que tiene al Hijo tiene la vida; el que no tiene al Hijo de Dios no tiene la vida.

Les he escrito estas cosas a ustedes, que creen en el nombre del Hijo de Dios, para que sepan que tienen vida eterna.

1 JUAN 5:1, 9-13

Los cristianos tienen a Cristo

LA CLASE DE LA ESCUELA DOMINICAL de Bárbara estaba haciendo una pijamada en la cabaña de la familia Gordon.

—Que duerman bien, niñas —dijo la señora Gordon, la maestra.

A la mañana siguiente, el grupo de niñas, con aspecto soñoliento, se reunió en el comedor. Sin embargo, cuando observaron la mesa, abrieron bien grande los ojos.

—¿Pepinillos para el desayuno? —Rhonda habló por todas las demás.

—Por supuesto que no —respondió la señora Gordon—. Después de hacer los devocionales, comeremos tocino con huevos, cereales y pan tostado. ¡Y quiero que todas ustedes prueben mi mermelada de fresa! —Levantó un frasco enorme para que todas lo vieran.

—¿Mermelada? —exclamó Bárbara—. ¡Ese es un frasco de pepinillos!

—La etiqueta dice: "Mermelada de fresa" —insistió la señora Gordon.

Beth dijo lo que pensaba:

—¡Pero el frasco tiene pepinillos!

—Estás en lo cierto, desde luego. —La señora Gordon miró a cada una de las niñas y dijo—: Espero que ustedes no sean como esta "mermelada" que tiene puesta una etiqueta engañosa. La mayoría de ustedes usa la etiqueta de "cristiana". Sin embargo, así como un frasco de mermelada de fresa debe contener mermelada en su interior, el cristiano debe tener a Cristo.

La señora Gordon tomó su Biblia.

—Busquen conmigo 1 Juan 5 —dijo. Cuando terminaron de leer, la señora Gordon habló nuevamente—: Este pasaje nos dice que si no tenemos a Jesucristo, no tenemos vida. Podemos mirar dentro de este frasco y ver qué hay en él. No podemos ver el interior de cada una de nosotras, pero Dios sí. ¿Ven a Cristo dentro de ustedes?

¿Y TÚ? Para ser cristiano, debes confesar que eres un pecador y creer en Jesucristo, el Hijo de Dios, como tu Salvador y Señor. Debes creer que él murió por ti, que resucitó y que perdonará tus pecados. Pídele que te guíe y que te dé la vida eterna. ¡Él lo hará! *H.W.M.*

PARA MEMORIZAR: El que tiene al Hijo tiene la vida; el que no tiene al Hijo de Dios no tiene la vida. *1 Juan 5:12*

MARÍA ENTRÓ EN EL AUTO y cerró la puerta de un golpe.

—¿Por qué no puedo cuidar a Carlos en casa? ¿Por qué tengo que cuidarlo en la sala de espera?

—Te expliqué que iremos a la casa de la abuela después de visitar a tía Catalina en el hospital —dijo su madre—. Me llevaría demasiado tiempo volver a casa a buscarte.

María hizo un puchero mientras su padre conducía hacia el hospital. En la sala de espera, hurgó entre las revistas que había sobre una mesa y escogió una que sabía que sus padres nunca le permitirían leer en casa.

—Léeme una historia en voz alta —le rogó Carlos.

Ella le entregó una revista para niños.

—Toma, mira las fotos.

María estaba tan absorta en lo que estaba leyendo que se sobresaltó cuando su papá le dijo:

—Es hora de irnos, María.

María deslizó apresuradamente su revista debajo de la pila sobre la mesa.

—¿Cómo estaba tía Catalina? —preguntó lo más rápido que pudo.

—Se pondrá bien. Ya que consultó al doctor cuando sintió el primer síntoma de advertencia, averiguaron qué estaba mal a tiempo.

María dejó escapar un largo suspiro.

—Ah, ¡qué bueno!

—Es importante prestar atención a los primeros síntomas —dijo su madre—. Veo algunas señales de peligro en tu vida, María. Basándome en tu actitud y en el material de lectura que eliges, diría que necesitas un chequeo espiritual.

El padre de María la abrazó.

—Haber prestado atención a un síntoma físico de advertencia es lo que pudo haber salvado la vida de tía Catalina. Prestar atención a las advertencias que tu madre y yo te damos podría salvar tu vida para siempre.

¿Y TÚ? Últimamente, ¿has recibido alguna advertencia acerca de tu actitud o de tu comportamiento? ¿Te ofendiste por ello? No hay mal que por bien no venga. Una advertencia a tiempo podría salvarte de tener un problema en el futuro. *B.J.W.*

PARA MEMORIZAR: Oyeron la alarma pero no le hicieron caso, así que la responsabilidad es de ellos. Si hubieran prestado atención a la advertencia, podrían haber salvado sus vidas. *Ezequiel 33:5*

31 DE ENERO

LA HORA DEL CHEQUEO

DE LA BIBLIA:

Cuando las multitudes acudieron a Juan para que los bautizara, les dijo: «¡Camada de víboras! ¿Quién les advirtió que huyeran de la ira que se acerca? Demuestren con su forma de vivir que se han arrepentido de sus pecados y han vuelto a Dios. No se digan simplemente el uno al otro: "Estamos a salvo porque somos descendientes de Abraham". Eso no significa nada, porque les digo que Dios puede crear hijos de Abraham de estas mismas piedras. Ahora mismo el hacha del juicio de Dios está lista para cortar las raíces de los árboles. Así es, todo árbol que no produzca buenos frutos será cortado y arrojado al fuego».

LUCAS 3:7-9

Presta atención a las primeras advertencias

1 DE FEBRERO

PARA LA ABUELA, CON AMOR

DE LA BIBLIA:

Mientras tanto, Jesús se encontraba en Betania, en la casa de Simón, un hombre que había tenido lepra. Mientras comía, entró una mujer con un hermoso frasco de alabastro que contenía un perfume costoso, preparado con esencias de nardo. Ella abrió el frasco y derramó el perfume sobre la cabeza de Jesús.

Algunos que estaban a la mesa se indignaron. «¿Por qué desperdiciar un perfume tan costoso? —preguntaron—. ¡Podría haberse vendido por el salario de un año y el dinero dado a los pobres!». Así que la regañaron severamente.

Pero Jesús respondió: «Déjenla en paz. ¿Por qué la critican por hacer algo tan bueno conmigo? Siempre habrá pobres entre ustedes, y pueden ayudarlos cuando quieran, pero a mí no siempre me tendrán. Ella hizo lo que pudo y ungió mi cuerpo en preparación para el entierro. Les digo la verdad, en cualquier lugar del mundo donde se predique la Buena Noticia, se recordará y se hablará de lo que hizo esta mujer».

MARCOS 14:3-9

Sirve a Dios con amor

JUAN TRABAJABA AFANOSAMENTE en un dibujo para su abuela, quien pronto vendría de visita. Terminó de dibujar una casa; luego, siguió con los árboles. A Juan le gustaba el arte, y su maestro le había dicho que tenía talento para eso. Cerca de Juan, Angélica, su hermana menor, también trabajaba en un dibujo. Ella levantó el suyo.

—A mí me parece un garabato —se burló Juan.

Cuando la abuela llegó, Juan le entregó su dibujo.

—¡Es una obra muy buena, Juan! —exclamó la abuela. Cuando Angélica le dio su dibujo, la abuela también elogió su trabajo. Pero se dio cuenta de que Juan fruncía el ceño.

Más tarde, cuando estuvo a solas con Juan, la abuela le preguntó al respecto:

—¿Por qué pusiste esa cara cuando felicité a Angélica por su dibujo?

—No era más que un garabato —respondió Juan.

—Pero yo vi el amor que puso en ello —explicó la abuela—. Vi que Angélica había trabajado tanto como tú para complacerme.

Juan todavía parecía dudar, pero asintió lentamente con la cabeza.

—Supongo que me querrías igual si yo no supiera dibujar bien —dijo. Y, luego, añadió con una sonrisa—: Y eso es bueno.

—Así es —afirmó la abuela—. ¿Puedo decirte algo más que es bueno? A Dios le agradan las cosas que hacemos para él por amor. Quizás pensemos que algunos de nuestros actos no son importantes, pero son especiales para Dios porque él se da cuenta del amor que ponemos en ellos. Ayudar a alguien, sonreír con amabilidad o dar una palabra de aliento es tan importante para Dios como cualquier otra obra que hagamos.

¿Y TÚ? ¿Alguna vez tienes la sensación de que lo que has hecho para Dios podría ser más importante que lo que hacen los demás? O, tal vez, sientas que tus actos son menos importantes. Dios ve el amor que hay en tus hechos, independientemente de cuáles sean. *C.E.Y.*

PARA MEMORIZAR: Ella hizo lo que pudo y ungió mi cuerpo en preparación para el entierro. *Marcos 14:8*

«**CÁLLATE, DAISY**», murmuró Ellen, soñolienta, mientras se hundía más en su cama. Los ladridos continuaron, pero Ellen los ignoró. De pronto, una perra peluda aterrizó sobre la cama, junto a ella, ladrando furiosamente. Ellen apartó a la perra. «¡Silencio!», volvió a ordenarle.

Daisy corrió por el pasillo hacia la habitación de los padres de Ellen. Luego, *¡pum!* Volvió al cuarto de Ellen y saltó sobre ella, ladrando a todo volumen. Ellen se sentó, muy enojada.

«¡Échate y quédate callada!», dijo. En lugar de ello, la perra salió corriendo por la puerta, ladrando y viendo si Ellen la seguía.

Ellen olfateó el aire. ¿Qué era ese olor? ¡Era humo! Saltó fuera de la cama y corrió al pasillo, adonde sus padres acababan de salir de su cuarto. Al poco rato, todos estaban afuera, en el jardín, esperando a los camiones de bomberos.

A la mañana siguiente, Ellen leyó sobre el incendio en el periódico: «Perra salva su casa y a su familia», decía el titular. Abrazó a Daisy.

—Perdóname por haberme enojado contigo —se disculpó—. Me alegra que hayas insistido en tratar de despertarme.

Su madre echó un vistazo a Ellen.

—A veces, es bueno que nos despierten, ¿cierto? —dijo pensativamente—. Sería bueno que lo tengas presente la próxima vez que veas a tu amiga Alicia.

—¿Alicia? —preguntó Ellen—. ¿A qué te refieres?

—Ayer dijiste que no ibas a seguir intentando darle testimonio a Alicia porque parece que eso le molesta. En cierto sentido, lo que dice es: "Déjame dormir". Pero ella necesita que le abran los ojos a la necesidad que tiene de Jesús —explicó su madre—. Daisy te amó lo suficiente para insistirte, aunque no te gustara. Así que no pierdas las esperanzas con Alicia.

¿Y TÚ? ¿Tienes miedo de dar testimonio a tus amigos porque podrían llegar a enojarse o molestarse contigo? No dejes de darles testimonio. *H.W.M.*

PARA MEMORIZAR: Pero tú debes mantener la mente clara en toda situación. No tengas miedo de sufrir por el Señor. Ocúpate en decirles a otros la Buena Noticia y lleva a cabo todo el ministerio que Dios te dio. *2 Timoteo 4:5*

2 DE FEBRERO

DÉJAME DORMIR

DE LA BIBLIA:

Después de siete días, el SEÑOR me dio el siguiente mensaje: «Hijo de hombre, te he puesto como centinela para Israel. Cada vez que recibas un mensaje mío, adviértele a la gente de inmediato. Si les aviso a los perversos: "Ustedes están bajo pena de muerte", pero tú no les das la advertencia, ellos morirán en sus pecados; y yo te haré responsable de su muerte. Si tú les adviertes, pero ellos se niegan a arrepentirse y siguen pecando, morirán en sus pecados; pero tú te habrás salvado porque me obedeciste.

»Si los justos se desvían de su conducta recta y no hacen caso a los obstáculos que pongo en su camino, morirán; y si tú no les adviertes, ellos morirán en sus pecados. No se recordará ninguno de sus actos de justicia y te haré responsable de la muerte de esas personas; pero si les adviertes a los justos que no pequen y te hacen caso y no pecan, entonces vivirán, y tú también te habrás salvado».

EZEQUIEL 3:16-21

Sigue dando testimonio

3 DE FEBRERO

EL DÍA LIBRE DE MULTAS

DE LA BIBLIA:

Ahora son libres de la esclavitud del pecado y se han hecho esclavos de la vida recta.

Uso la ilustración de la esclavitud para ayudarlos a entender todo esto, porque la naturaleza humana de ustedes es débil. En el pasado, se dejaron esclavizar por la impureza y el desenfreno, lo cual los hundió aún más en el pecado. Ahora deben entregarse como esclavos a la vida recta para llegar a ser santos.

Cuando eran esclavos del pecado, estaban libres de la obligación de hacer lo correcto. ¿Y cuál fue la consecuencia? Que ahora están avergonzados de las cosas que solían hacer, cosas que terminan en la condenación eterna; pero ahora quedaron libres del poder del pecado y se han hecho esclavos de Dios. Ahora hacen las cosas que llevan a la santidad y que dan como resultado la vida eterna. Pues la paga que deja el pecado es la muerte, pero el regalo que Dios da es la vida eterna por medio de Cristo Jesús nuestro Señor.

ROMANOS 6:18-23

Jesús pagó tu multa

—¡GUAU! ¡ES MÍ DÍA DE SUERTE! —gritó Esteban—. Escucha esto, mamá. —Leyó del periódico—: "El miércoles ha sido declarado día libre de multas en la biblioteca local. Todos los libros atrasados podrán ser devueltos sin pagar la multa".

Mamá sonrió.

—¡La bibliotecaria se arrepentirá cuando te vea llegar!

Al poco tiempo, Esteban salió para devolver los libros atrasados. Mientras empezaba a pedalear hacia la biblioteca, el señor Burns salió tambaleándose de su casa. *¡Otra vez borracho!*, pensó Esteban.

—Hola, ¿qué tal, Esteban? —dijo el señor Burns, arrastrando las palabras—. ¿Dónde vas?

—A la biblioteca a devolver los libros atrasados. —Esteban frenó su bicicleta—. Hoy es el día libre de multas.

—¡Cómo quisiera que hubiera un día libre de multas en todo el municipio! —Los ojos desenfocados del señor Burns se clavaron en el muchacho—. Oye, tú eres cristiano. ¿Crees que Dios tenga un día libre de multas?

Esteban parpadeó y respondió:

—Seguro que sí, señor Burns. Hoy también es el día libre de multas con Dios. Jesús pagó nuestras multas en el Calvario. Si usted le entrega su vida, ¡él lo perdonará!

El señor Burns negó con la cabeza.

—Tú tienes pocos pecados. Yo tengo una montaña.

Esteban señaló su mochila repleta de libros.

—A la bibliotecaria no le interesa si yo tengo un libro atrasado o diez. Hoy, no tengo que pagar ninguna multa. Y a Dios no le hace ninguna diferencia si tengo pocos pecados o un montón.

—¿De verdad crees eso, hijo? —preguntó el señor Burns—. Tendré que pensar seriamente en eso.

¿Y TÚ? ¿Andas cargando pecados de los cuales necesitas arrepentirte? Ya sean «unos cuantos pecados menores» o «muchos pecados mayores», deben ser pagados. Para saber más sobre este tema, habla con un amigo cristiano de confianza o con un adulto. *B.J.W.*

PARA MEMORIZAR:

Pues Dios dice:

«En el momento preciso, te oí.

En el día de salvación te ayudé».

Efectivamente, el «momento preciso» es ahora. Hoy es el día de salvación. *2 Corintios 6:2*

—ME SIENTO MUY MAL —SE QUEJÓ JASÓN—. Tengo la nariz congestionada y me duele la garganta.

—Lo sé —se compadeció su madre—. Aquí tienes un poco de jugo. Solo quédate en el sofá. En pocos días, mejorarás de tu resfriado.

Un rato después, Jasón llamó a su madre:

—Sigo sintiéndome mal —dijo.

Su madre llevó un paño húmedo para la frente de Jasón, acomodó sus almohadas y ajustó la manta alrededor de él.

—Ahora, descansa —dijo.

Pero Jasón no tenía ganas de descansar. Siguió quejándose, suspirando y lloriqueando hasta que, finalmente, su madre le dijo:

—Jasón, he hecho todo lo que puedo por ti. Sé que te sientes mal y que no es divertido estar enfermo. Pero debes aprender a no quejarte. La Biblia dice que seamos pacientes cuando tengamos problemas.

—¿Qué tipo de problemas? —preguntó Jasón.

—Cualquier situación que te haga sentir deprimido o infeliz —dijo su madre—. Eso podría significar cuando no te sientes bien, cuando otros te tratan mal u otras cosas que no son agradables.

—Pero odio estar enfermo. ¿Cómo puedo ser paciente con esto? —se defendió Jasón.

—La queja no te ayudará a ti ni a ninguna otra persona. De hecho, te hará sentir peor a ti y a quienes te rodean. Si aprendes a estar de buen humor y a no quejarte, aunque no te sientas bien, le darás gloria a Dios —explicó su madre mientras servía más jugo en el vaso de Jasón—. Sigue el ejemplo de Jesús. Él no se quejó cuando sufrió.

—Bueno, no sabía que la Biblia hablara sobre cómo actuar cuando tuviera un resfriado —dijo Jasón—. A partir de ahora, trataré de ser más paciente.

¿Y TÚ? Cuando estás enfermo, ¿te quejas todo el tiempo de tus dolores y de tu sufrimiento? Debes decirles a tus padres o a tu maestra que no te sientes bien, pero, una vez que estés recibiendo ayuda, no hay necesidad de seguir quejándote. En lugar de eso, pídele paciencia a Jesús. *C.E.Y.*

PARA MEMORIZAR: Alégrense por la esperanza segura que tenemos. Tengan paciencia en las dificultades y sigan orando. *Romanos 12:12*

DOLORES Y SUFRIMIENTO

DE LA BIBLIA:

Por lo tanto, ya que fuimos hechos justos a los ojos de Dios por medio de la fe, tenemos paz con Dios gracias a lo que Jesucristo nuestro Señor hizo por nosotros. Debido a nuestra fe, Cristo nos hizo entrar en este lugar de privilegio inmerecido en el cual ahora permanecemos, y esperamos con confianza y alegría participar de la gloria de Dios.

También nos alegramos al enfrentar pruebas y dificultades porque sabemos que nos ayudan a desarrollar resistencia. Y la resistencia desarrolla firmeza de carácter, y el carácter fortalece nuestra esperanza segura de salvación. Y esa esperanza no acabará en desilusión. Pues sabemos con cuánta ternura nos ama Dios, porque nos ha dado el Espíritu Santo para llenar nuestro corazón con su amor.

ROMANOS 5:1-5

Cuando tengas problemas, sé paciente

5 DE FEBRERO

DISCORDIA FAMILIAR

DE LA BIBLIA:

A los que están dispuestos a escuchar, les digo: ¡amen a sus enemigos! Hagan bien a quienes los odian. Bendigan a quienes los maldicen. Oren por aquellos que los lastiman. Si alguien te da una bofetada en una mejilla, ofrécele también la otra mejilla. Si alguien te exige el abrigo, ofrécele también la camisa. Dale a cualquiera que te pida; y cuando te quiten las cosas, no trates de recuperarlas. Traten a los demás como les gustaría que ellos los trataran a ustedes.

Si solo aman a quienes los aman a ustedes, ¿qué mérito tienen? ¡Hasta los pecadores aman a quienes los aman a ellos! Y si solo hacen bien a los que son buenos con ustedes, ¿qué mérito tienen? ¡Hasta los pecadores hacen eso! Y si prestan dinero solamente a quienes pueden devolverlo, ¿qué mérito tienen? Hasta los pecadores prestan a otros pecadores a cambio de un reembolso completo.

¡Amen a sus enemigos! Háganles bien. Presten sin esperar nada a cambio. Entonces su recompensa del cielo será grande, y se estarán comportando verdaderamente como hijos del Altísimo, pues él es bondadoso con los que son desagradecidos y perversos. Deben ser compasivos, así como su Padre es compasivo.

LUCAS 6:27-36

Suaviza el enojo con amabilidad

¡DIN, DON! El timbre de la puerta había estado sonando durante un rato, pero Jane y su familia estaban gritándose unos a otros y no lo habían oído. Por fin, Jane se dio cuenta de que su amiga Kerry golpeaba la ventana de la sala.

Avergonzada, salió y cerró la puerta.

—Disculpa, Kerry —dijo—. Olvidé que vendrías. Estaba en medio de una discusión familiar. —Se quedó callada cuando vio cómo la miraba Kerry—. En realidad, era una pelea.

—Sí, la escuché —dijo Kerry en voz baja.

Jane suspiró.

—No sé por qué no podemos llevarnos bien —dijo—. Decimos que somos cristianos, pero no actuamos como tales. No quiero discutir con mi familia. Y no creo que a ellos les guste pelear, tampoco. Pero ¿qué podemos hacer?

En ese preciso momento, Jane y Kerry escucharon el chirrido de los frenos de un automóvil y un choque. Corrieron por la acera y vieron que un carro había chocado contra una camioneta. Los conductores salieron para ver los daños.

—Lamento haberlo chocado —dijo el conductor del coche.

El conductor de la camioneta dijo:

—No veo ningún daño en mi camioneta; el parachoques amortiguó el impacto.

Mientras Jane y Kerry volvían caminando a la casa de Jane, Kerry dijo:

—Ese accidente me hizo pensar en algo. El parachoques del conductor de la camioneta fue como un almohadón; por eso, no sufrió ningún daño. Quizás deberías ser como un almohadón cuando tu familia esté de mal humor. La Biblia dice: "La respuesta apacible desvía el enojo". Entonces, si contestas suavemente y con amabilidad, podrías frenar la discordia familiar.

¿Y TÚ? Cuando alguien está enojado contigo, ¿reaccionas bruscamente? ¿O dominas tu carácter y tratas de responder con tranquilidad y paciencia? Tu manera de reaccionar al enojo puede marcar una diferencia en tu vida. *S.L.K.*

PARA MEMORIZAR:

La respuesta apacible desvía el enojo,

   pero las palabras ásperas encienden los ánimos.
   Proverbios 15:1

—CIEN, DOSCIENTOS, TRESCIENTOS, CUATROCIEN-TOS, QUINIENTOS —contaba el hombre mientras colocaba los billetes verdes sobre la mesa, delante del padre de Ernesto. Luego, Ernesto lo observó mientras el hombre se alejaba conduciendo el antiguo carro familiar.

—Papá, ¿por qué dejaste que ese hombre se llevara nuestro carro solo por quinientos dólares?

El padre de Ernesto sonrió.

—El dinero era solamente el anticipo.

—Ah, entiendo. —Asintió Ernesto—. Pero ¿qué sucederá si decide no comprar el auto?

—En ese caso, perderá el anticipo —respondió papá—. No me entregaría el dinero si no tuviera la intención de comprar el carro. Es como su garantía. Y nosotros tenemos el Espíritu Santo como la "garantía" de Dios. El Espíritu Santo vive dentro de nosotros como prueba de que Dios nos ha comprado y que, algún día, nos dará todo lo que prometió.

—Eso es genial, papá —dijo Ernesto—. Oye, ¿y si tú trataras de recuperar el carro?

—Eso no sería honesto —respondió papá—. Cuando acepté el anticipo, renuncié a mi derecho de seguir siendo el propietario del carro. De manera similar, Jesús nos compró con su sangre. Ahora le pertenecemos, pero no siempre somos honestos con él, ¿verdad?

—¿Qué quieres decir? —preguntó Ernesto.

—Aunque nos hemos entregado a Jesús, a veces, tratamos de recuperar nuestra vida y de hacer las cosas como nosotros queremos. Dios no faltará a su promesa de darnos la vida eterna. Por eso, necesitamos ser honestos y mantener el compromiso que tenemos con él.

¿Y TÚ? ¿Le entregaste tu vida a Jesucristo? Si lo hiciste, la Biblia dice que Dios te ha dado su Espíritu Santo como un «anticipo» hasta que recibas el resto de sus bendiciones maravillosas en el cielo. *S.L.K.*

PARA MEMORIZAR: El Espíritu es la garantía que tenemos de parte de Dios de que nos dará la herencia que nos prometió y de que nos ha comprado para que seamos su pueblo. Dios hizo todo esto para que nosotros le diéramos gloria y alabanza. *Efesios 1:14*

6 DE FEBRERO

ERNESTO EL HONESTO

DE LA BIBLIA:

Y el plan es el siguiente: a su debido tiempo, Dios reunirá todas las cosas y las pondrá bajo la autoridad de Cristo, todas las cosas que están en el cielo y también las que están en la tierra. Es más, dado que estamos unidos a Cristo, hemos recibido una herencia de parte de Dios, porque él nos eligió de antemano y hace que todas las cosas resulten de acuerdo con su plan.

El propósito de Dios fue que nosotros, los judíos —que fuimos los primeros en confiar en Cristo—, diéramos gloria y alabanza a Dios. Y ahora ustedes, los gentiles, también han oído la verdad, la Buena Noticia de que Dios los salva. Además, cuando creyeron en Cristo, Dios los identificó como suyos al darles el Espíritu Santo, el cual había prometido tiempo atrás. El Espíritu es la garantía que tenemos de parte de Dios de que nos dará la herencia que nos prometió y de que nos ha comprado para que seamos su pueblo. Dios hizo todo esto para que nosotros le diéramos gloria y alabanza.

EFESIOS 1:10-14

Sé honesto con Dios

7 DE FEBRERO

EL PULGAR FRACTURADO

DE LA BIBLIA:

El cuerpo humano tiene muchas partes, pero las muchas partes forman un cuerpo entero. Lo mismo sucede con el cuerpo de Cristo. Entre nosotros hay algunos que son judíos y otros que son gentiles; algunos son esclavos, y otros son libres. Pero todos fuimos bautizados en un solo cuerpo por un mismo Espíritu, y todos compartimos el mismo Espíritu.

Así es, el cuerpo consta de muchas partes diferentes, no de una sola parte. Si el pie dijera: «No formo parte del cuerpo porque no soy mano», no por eso dejaría de ser parte del cuerpo. Y si la oreja dijera: «No formo parte del cuerpo porque no soy ojo», ¿dejaría por eso de ser parte del cuerpo? Si todo el cuerpo fuera ojo, ¿cómo podríamos oír? O si todo el cuerpo fuera oreja, ¿cómo podríamos oler?

Pero nuestro cuerpo tiene muchas partes, y Dios ha puesto cada parte justo donde él quiere. ¡Qué extraño sería el cuerpo si tuviera solo una parte! Efectivamente, hay muchas partes, pero un solo cuerpo. El ojo nunca puede decirle a la mano: «No te necesito». La cabeza tampoco puede decirle al pie: «No te necesito».

De hecho, algunas partes del cuerpo que parecieran las más débiles y menos importantes, en realidad, son las más necesarias.

1 CORINTIOS 12:12-22

Haz tu parte

SHELLY ERA LA SECRETARIA del grupo de jóvenes, pero se había fracturado el pulgar.

—¿Podrías tomar notas por mí esta tarde? —le preguntó Shelly a Silas un domingo mientras se reunían los líderes estudiantiles.

—Por supuesto —dijo Silas.

Mientras discutían ideas, Diego, su presidente, propuso una sugerencia:

—¿Qué les parece hacer un viaje misionero en el verano y darles a todos algo que hacer, como para que todos se involucren?

—Me parece una buena idea —dijo su líder, el señor Craig—. De hecho, en las próximas semanas vamos a estudiar el tema de la iglesia, a la cual la Biblia a menudo se refiere como "el cuerpo" de Cristo.

—¿Y qué pasará con los niños que no pueden hacer nada? —preguntó Shelly—. Seamos realistas, hay algunos niños que no parecen tener nada que ofrecer.

—Shelly —respondió el señor Craig—, ¿qué tan importante es tu pulgar?

—¿Mi pulgar? —preguntó Shelly—. Bueno, la semana pasada hubiera dicho que podía vivir sin él. Pero, ahora que está fracturado me doy cuenta de cuánto lo necesito realmente. ¿Qué tiene que ver eso con nuestro viaje misionero?

—Jesús dice que así es con su cuerpo, la iglesia —explicó el señor Craig—. Cada miembro es importante para que todo el cuerpo funcione correctamente.

—Ah, entiendo qué quiere decir —dijo Shelly. Se miró el pulgar—. Supongo que podemos encontrar algo que hacer para cada uno —dijo con una gran sonrisa.

¿Y TÚ? Cada cristiano es un miembro importante del cuerpo de Cristo, la iglesia. ¿Puedes demostrar tu preocupación por los demás? ¿Hacer que las visitas se sientan bienvenidas? ¿Dar tu tiempo, tus talentos o tu dinero? ¿Organizar cosas? ¿Hacer una tarjeta para alentar a alguien? Haz tu parte. *D.L.R.*

PARA MEMORIZAR: Todos ustedes en conjunto son el cuerpo de Cristo, y cada uno de ustedes es parte de ese cuerpo. *1 Corintios 12:27*

ESA SEMANA, KEVIN Y JESSICA ESTABAN pasándola estupendamente de visita en la casa de sus abuelos. El suelo estaba cubierto de nieve, y ellos pasaban horas al aire libre, haciendo castillos de nieve y caminando sobre el lago cubierto de hielo. Luego entraban y bebían chocolate caliente frente a la chimenea.

Una tarde, convencieron al abuelo de que saliera a caminar con ellos. Comenzaron a recorrer el camino, riendo y hablando y, de vez en cuando, lanzándose bolas de nieve unos a otros. De repente, el abuelo susurró:

—¡Oigan, chicos! No se muevan. ¡Miren allá! —Kevin y Jessica miraron hacia donde señalaba el abuelo. Un ave enorme estaba sentada sobre la rama de un árbol—. Es un águila —murmuró el abuelo.

De pronto, agitando fuertemente las alas, el águila levantó vuelo sobre las copas de los árboles.

—¡Guau! —dijo Kevin—. ¡Qué ave tan fuerte!

—Tienes razón —coincidió el abuelo—. Tú también puedes ser así de fuerte —agregó.

—¿Cómo? —preguntó Kevin.

—"Los que confían en el Señor encontrarán nuevas fuerzas; volarán alto, como con alas de águila" —respondió el abuelo—. Eso está en Isaías 40.

—Yo he escuchado ese versículo, abuelo —dijo Jessica—. Pero nunca antes pensé en lo que significaba.

—Es una metáfora —dijo el abuelo—, una imagen magnífica de la fuerza que tenemos cuando ponemos nuestra confianza en el Señor.

¿Y TÚ? ¿Tienes problemas en la escuela? ¿Vives una situación difícil en tu hogar? ¿Te cuesta hacer amigos? Confía en que Jesús te ayudará. Él no promete eliminar tus problemas, pero sí promete darte la fuerza necesaria para manejarlos. La próxima vez que veas la imagen de un águila, piensa en la promesa de Dios. *L.M.W.*

PARA MEMORIZAR: Pues todo lo puedo hacer por medio de Cristo, quien me da las fuerzas. *Filipenses 4:13*

8 DE FEBRERO

¡QUÉ AVE!

DE LA BIBLIA:

A ti elevo mi oración, oh SEÑOR, roca mía;
no cierres tus oídos a mi voz.
Pues si guardas silencio,
mejor sería darme por vencido y morir.
Escucha mi oración que pide misericordia,
cuando clamo a ti por ayuda,
cuando levanto mis manos hacia tu santo templo. [...]
¡Alaben al SEÑOR!
Pues él oyó que clamaba por misericordia.
El SEÑOR es mi fortaleza y mi escudo;
confío en él con todo mi corazón.
Me da su ayuda y mi corazón se llena de alegría;
prorrumpo en canciones de acción de gracias.
El SEÑOR le da fuerza a su pueblo;
es una fortaleza segura para su rey ungido.
¡Salva a tu pueblo!
Bendice a Israel, tu posesión más preciada.
Guíalos como un pastor
y llévalos en tus brazos por siempre.

SALMO 28:1-2, 6-9

Dios da la fuerza

9 DE FEBRERO

¿QUIÉN ES TU JEFE?

DE LA BIBLIA:

Trabajen de buena gana en todo lo que hagan, como si fuera para el Señor y no para la gente. Recuerden que el Señor los recompensará con una herencia y que el Amo a quien sirven es Cristo; pero si hacen lo que está mal, recibirán el pago por el mal que hayan hecho, porque Dios no tiene favoritos.

COLOSENSES 3:23-25

No sigas los malos ejemplos

ERIC LE DIO UN PUÑETAZO A SU ALMOHADA. Toda la situación era injusta. Lo habían mandado a su cuarto porque había dicho una mala palabra, pero su padre decía esas cosas y nadie lo castigaba a *él*.

Al escuchar ruidos, Eric miró hacia afuera por la ventana abierta. Había tres hombres trabajando en la calle frente a su casa.

—¿Y si tomamos otro descanso? —propuso uno.

—Por supuesto, jefe —respondió el más alto. Los dos hombres se sentaron debajo de un árbol, pero el tercero, un hombre moreno, siguió trabajando. Pronto, el alto volvió y trató de convencerlo de que los acompañara.

—Ya tuve mi descanso —respondió el hombre moreno.

—¿Acaso no lo tuvimos todos? Pero Harry dice que descansemos otra vez, y tú sabes que el capataz lo dejó a cargo a él hoy —debatió el alto.

—Sin embargo, él no tiene autoridad para darnos más tiempo libre —dijo el tercer hombre—. El señor Grant quiere que terminemos hoy el trabajo. Tenemos mucho por hacer.

—Estás loco —se burló el otro hombre.

—Quizás parezca loco —respondió amablemente el moreno—, pero no considero correcto tomarme el tiempo o cualquier otra cosa que no sea mía. El señor Grant es mi jefe principal, y yo trabajo para él.

¡Vaya, qué tipo!, pensó Eric. *Insiste en trabajar a pesar de que su jefe temporal esté dándole un mal ejemplo.* Luego, un nuevo pensamiento lo asaltó: *Yo debería hacer lo mismo cuando se trata de decir malas palabras. Aunque los demás digan malas palabras, yo debería hacer lo que desea mi jefe principal, que es Dios.*

¿Y TÚ? Es difícil hacer lo correcto cuando alguien a quien quieres y respetas te da un mal ejemplo. Pero recuerda que, antes que nada, tú sirves a Cristo. Haz lo que él aprueba, no lo que hacen los demás. *C.E.Y.*

PARA MEMORIZAR: Recuerden que el Señor los recompensará con una herencia y que el Amo a quien sirven es Cristo. *Colosenses 3:24*

JEREMÍAS Y SAMUEL OBSERVABAN a los albañiles que construían un nuevo complejo de departamentos en la esquina de su calle.

—Ciertamente es alto —comentó Jeremías—. Me pregunto cómo hicieron para que un edificio así de alto esté tan derecho.

—Vamos al centro comercial y preguntémosle al señor Cohen —dijo Samuel—. Él sabe mucho de edificios.

Los muchachos corrieron por la calle hacia el centro comercial.

—Así que quieren saber sobre edificios —dijo el señor Cohen, su maestro de escuela dominical—. Díganme, ¿saben qué es una piedra angular?

—No —respondió Jeremías. Samuel se encogió de hombros.

—La piedra angular es una piedra o un ladrillo especial —dijo el señor Cohen—. Para colocar la piedra angular, se utilizan instrumentos precisos. Todos los otros ladrillos de la construcción se alinean con ella. Si la piedra angular fue colocada derecha, el resto del edificio estará derecho porque los otros ladrillos se colocarán uno por uno, usando la piedra angular como guía.

—Oye, ¡qué bien! —dijo Samuel.

El señor Cohen sonrió.

—La Biblia nos dice que Jesús es nuestra piedra angular.

Los muchachos parecían sorprendidos.

—Nosotros no somos edificios —rio Samuel.

—No, pero la Biblia usa la palabra *edificio* cuando se refiere a la iglesia, es decir, a todas las personas que han creído en Jesús como su Salvador —contestó el señor Cohen—. Dice que Jesús es la piedra angular de su iglesia. Nuestras acciones y nuestras actitudes deben estar alineadas con las suyas.

—Entonces, si nos comportamos y pensamos como Jesús, ayudamos a edificar su iglesia de la manera que él quiere. ¿Verdad? —preguntó Jeremías.

—¡Así es! —respondió el señor Cohen—. Siempre dejen que Jesús sea su guía.

¿Y TÚ? Cuando decides cómo actuar o pensar, ¿ves a Jesús como tu ejemplo? Si alineas tus acciones con Jesús, estarás ayudando a edificar la iglesia de Dios de la manera que Dios quiere. *D.L.R.*

PARA MEMORIZAR: Juntos constituimos su casa, la cual está edificada sobre el fundamento de los apóstoles y los profetas. Y la piedra principal es Cristo Jesús mismo. *Efesios 2:20*

10 DE FEBRERO

LA PIEDRA ANGULAR

DE LA BIBLIA:

Así que ahora ustedes, los gentiles, ya no son unos desconocidos ni extranjeros. Son ciudadanos junto con todo el pueblo santo de Dios. Son miembros de la familia de Dios. Juntos constituimos su casa, la cual está edificada sobre el fundamento de los apóstoles y los profetas. Y la piedra principal es Cristo Jesús mismo. Estamos cuidadosamente unidos en él y vamos formando un templo santo para el Señor. Por medio de él, ustedes, los gentiles, también llegan a formar parte de esa morada donde Dios vive mediante su Espíritu.

EFESIOS 2:19-22

Vive como lo haría Jesús

11 DE FEBRERO

EL POSTRE SORPRESA

DE LA BIBLIA:

Oí una fuerte voz que salía del trono y decía: «¡Miren, el hogar de Dios ahora está entre su pueblo! Él vivirá con ellos, y ellos serán su pueblo. Dios mismo estará con ellos». [...]

La muralla estaba hecha de jaspe, y la ciudad era de oro puro y tan cristalino como el vidrio.[...]

Las doce puertas estaban hechas de perlas, ¡cada puerta hecha de una sola perla! Y la calle principal era de oro puro y tan cristalino como el vidrio.

No vi ningún templo en la ciudad, porque el Señor Dios Todopoderoso y el Cordero son el templo. La ciudad no tiene necesidad de sol ni de luna, porque la gloria de Dios ilumina la ciudad, y el Cordero es su luz.

APOCALIPSIS 21:3, 18, 21-23

El cielo es maravilloso

BENJAMÍN MORDIÓ UN BOCADO de su pollo.

—En la escuela dominical nos enseñaron sobre el cielo —dijo—. Pero hay algo que no entiendo. —Miró a su papá—. Sé que se supone que el cielo es maravilloso. Pero ¿no será aburrido?

Papá sonrió.

—No creo —le dijo—. La Biblia nos dice que el cielo es un lugar alegre, donde no hay tristeza, dolor ni envidias. Pero la parte más maravillosa será estar con Jesús.

—Es cierto —coincidió mamá—. Piensa cuánto te alegra siempre ver al abuelo y a la abuela. Más fascinante aún será ver a Jesús.

—Supongo que sí. —Benjamín se encogió de hombros, comiendo su puré de papas—. Me pregunto por qué Dios no nos dice más sobre el cielo.

—Nos resultaría imposible entender todas las cosas maravillosas que él tiene planeadas para nosotros —dijo papá. Echó un vistazo a su hija de cuatro años, Alicia—. Termina de comer tus zanahorias, Alicia. Ya casi estamos listos para el postre.

—¿Qué es? —preguntó Alicia.

Mamá sonrió.

—Es una sorpresa —dijo.

—¿Puedo comer el mío ahora, mamá? —preguntó Benjamín.

Su madre negó con la cabeza.

—Esperemos hasta que Alicia esté lista. Si ella lo ve, se entusiasmará tanto que no querrá terminar sus zanahorias.

Poco después, todos estaban deleitándose con una tartaleta de fresas y crema.

—Se me acaba de ocurrir otra razón por la que Dios no nos dijo exactamente cómo será el cielo —anunció Benjamín—. Si lo supiéramos, nos entusiasmaríamos tanto que no querríamos terminar de hacer las cosas que Dios quiere que hagamos ahora.

¿Y TÚ? ¿Te preguntas cómo será el cielo? Hasta que llegues allá, mantente ocupado haciendo la voluntad de Dios en la tierra y hablándoles de Jesús a los demás, ¡para que ellos también puedan ir al cielo! *S.L.K.*

PARA MEMORIZAR: Me mostrarás el camino de la vida; me concederás la alegría de tu presencia y el placer de vivir contigo para siempre. *Salmo 16:11*

IVONNE REVISABA LA CAJA DE TARJETAS de San Valentín que habían sobrado del año pasado.

—No sé qué hacer, mamá —suspiró—. La señora Thompson dijo que debemos traer una tarjeta de San Valentín para todos en nuestra clase.

—No es una mala idea —respondió mamá—, aunque tú no pareces muy feliz al respecto.

—Bueno, no es que no quiera ser amigable, ¡pero algunas tarjetas son tan cursis! —Ivonne arrugó la nariz—. ¡No quiero darles estas tarjetas a los varones!

Su madre asintió, coincidiendo.

—¿Por qué no *haces* las tarjetas de San Valentín para llevar a la escuela? Así, podrías escribir cualquier mensaje que te guste. Vamos, te ayudaré a empezar.

Mamá le enseñó a Ivonne cómo cortar corazones de papel doblándolo a la mitad. La mesa pronto se llenó de corazones rosados, rojos y blancos. A continuación, pegaron con cinta una goma de mascar de canela en cada corazón. La envoltura roja aportó el toque perfecto. También usaron encaje y pequeñas flores de tela para decorar las tarjetas.

—¡Qué divertido, mamá! Creo que ya sé qué quiero poner en mis tarjetas, también. Escribiré: "¡Dios te ama! ¡Feliz Día de San Valentín!".

—Es una muy buena idea —dijo mamá—. Y es la oportunidad perfecta para darles testimonio a tus compañeros.

—Sí —respondió Ivonne—, ¡y no es cursi!

¿Y TÚ? ¿En qué piensas en el Día de San Valentín? La mayoría de las personas piensan en el amor. El amor de Dios por nosotros es el mayor ejemplo de amor genuino que tenemos. Él es la fuente del amor perfecto. Quizás puedas escribir algo sobre el amor de Dios en las tarjetas que regales. *D.L.R.*

PARA MEMORIZAR: Queridos amigos, sigamos amándonos unos a otros, porque el amor viene de Dios. Todo el que ama es un hijo de Dios y conoce a Dios. *1 Juan 4:7*

12 DE FEBRERO

CORAZONES DE SAN VALENTÍN

DE LA BIBLIA:

Queridos amigos, sigamos amándonos unos a otros, porque el amor viene de Dios. Todo el que ama es un hijo de Dios y conoce a Dios; pero el que no ama no conoce a Dios, porque Dios es amor.

Dios mostró cuánto nos ama al enviar a su único Hijo al mundo, para que tengamos vida eterna por medio de él. En esto consiste el amor verdadero: no en que nosotros hayamos amado a Dios, sino en que él nos amó a nosotros y envió a su Hijo como sacrificio para quitar nuestros pecados.

Queridos amigos, ya que Dios nos amó tanto, sin duda nosotros también debemos amarnos unos a otros. Nadie jamás ha visto a Dios; pero si nos amamos unos a otros, Dios vive en nosotros y su amor llega a la máxima expresión en nosotros.

1 JUAN 4:7-12

Habla del amor de Dios

13 DE FEBRERO

EL AMOR VERDADERO

DE LA BIBLIA:

El amor es paciente y bondadoso. El amor no es celoso ni fanfarrón ni orgulloso ni ofensivo. No exige que las cosas se hagan a su manera. No se irrita ni lleva un registro de las ofensas recibidas. No se alegra de la injusticia sino que se alegra cuando la verdad triunfa. El amor nunca se da por vencido, jamás pierde la fe, siempre tiene esperanzas y se mantiene firme en toda circunstancia.

La profecía, el hablar en idiomas desconocidos, y el conocimiento especial se volverán inútiles. ¡Pero el amor durará para siempre!

1 CORINTIOS 13:4-8

Ámense unos a otros

KATRINA SUSPIRÓ FELIZ AL ENTRAR a la sala.

—¡Estoy enamorada! —anunció—. Greg es un chico maravilloso. Siempre es tan amable conmigo.

Su madre frunció ligeramente el ceño.

—*Amor* es una palabra bastante fuerte.

Joel, el hermano de Katrina, se rio.

—Katrina piensa que, como ella tiene quince años, sabe todo sobre el amor. —Se agachó para darle una palmadita a su perro—. Mírennos a Ralph y a mí; esto es amor. Hace todo lo que le digo. Siempre está dispuesto a jugar y no habla hasta por los codos como alguna chica. Ese es el verdadero amor.

Al rato, Katrina recibió una llamada telefónica y, cuando volvió, parecía alterada.

—¡Ese despreciable Greg! —dijo—. Anoche llevó a otra chica al partido de baloncesto, ¡y ni si quiera me preguntó! ¡Nunca volveré a hablarle!

—¡Ja, ja! —rio Joel—. ¡Todo ese amor verdadero acaba de escurrirse por el drenaje! —Joel se reía tan fuerte que no vio a Ralph, sentado en el suelo junto a él. Pisó la cola del perro, ¡y Ralph le mordió la pierna!

—¡Ay! ¡Perro malo! —lo reprendió Joel.

Al oír la conmoción, su madre entró a toda prisa.

—Sin querer, escuché lo que estaban hablando. Cada uno estaba seguro de que había encontrado el "amor verdadero". ¿Qué pasó?

—Bueno, yo pensé que amaba a Greg, pero él me hizo enfadar —dijo Katrina.

—Claro, así es como yo me siento respecto a Ralph —estuvo de acuerdo Joel.

—Me temo que eso es lo que pasa cuando usamos la palabra "amor" a la ligera —dijo su madre—. El verdadero amor es constante, como el amor de Dios. Me alegra que él nunca deja de amarnos.

¿Y TÚ? ¿Alguna vez te preguntaste qué es el «amor verdadero»? Algunas personas creen que el amor es un sentimiento, una «euforia» emocional, algo que simplemente sucede. Pero la Biblia enseña que amar es algo que tú decides hacer. *S.L.K.*

PARA MEMORIZAR: Así que ahora les doy un nuevo mandamiento: ámense unos a otros. Tal como yo los he amado, ustedes deben amarse unos a otros. *Juan 13:34*

JAZMÍN Y BLANCA RIERON NERVIOSAMENTE cuando Jazmín deslizó un sobre dentro de la «caja para tarjetas de San Valentín» que había puesto su maestra.

—Nunca vi una tarjeta más fea —dijo Jazmín—. Apenas puedo aguantar las ganas de verle la cara a Erin cuando la abra.

Esa tarde, cuando Jazmín llegó a casa, su madre le pidió ver sus tarjetas de San Valentín.

—¡Oh, mira! Esta es preciosa —dijo su madre, escogiendo una—. ¡Incluso tiene un corazón de chocolate! Apuesto que es tu favorita. ¿De quién es? —La dio vuelta—. Ah, de Erin.

Para sorpresa de su madre, Jazmín rompió en llanto.

—Ay, mamá —sollozó—, he sido muy mala con Erin últimamente. Le regalé una tarjeta horrible para San Valentín y ella me dio una tan bella. Hoy fue buena conmigo, aun después de haber recibido la mía.

Su madre la abrazó.

—¿Estás arrepentida por cómo te has estado comportando? —preguntó.

Jazmín asintió y se limpió las lágrimas.

—Necesito pedirle perdón. Pero ¿qué puedo decir?

Cuando mamá le pidió a Jazmín que pusiera la mesa para cenar, Jazmín entró de un salto en la cocina.

—Ahora pareces más feliz —observó su madre.

Jazmín sonrió.

—Llamé a Erin. Me dijo que se sintió mal cuando leyó la tarjeta, pero que me perdona. Mañana vamos a almorzar juntas. Todavía no dejo de sorprenderme por lo buena que fue conmigo cuando yo fui tan odiosa con ella.

—¿Sabes? —dijo su madre—, Erin me recuerda a Jesús. Él nos amó, aun cuando éramos pecadores.

¿Y TÚ? ¿Te cuesta reconocer que eres un pecador? Dios dice que lo eres, pero él te ama de todos modos. Confiesa tus pecados y recibe su perdón. *H.W.M.*

PARA MEMORIZAR: Pero Dios mostró el gran amor que nos tiene al enviar a Cristo a morir por nosotros cuando todavía éramos pecadores. *Romanos 5:8*

TARJETAS DE SAN VALENTÍN

DE LA BIBLIA:

No deban nada a nadie, excepto el deber de amarse unos a otros. Si aman a su prójimo, cumplen con las exigencias de la ley de Dios. Pues los mandamientos dicen: «No cometas adulterio. No cometas asesinato. No robes. No codicies». Estos y otros mandamientos semejantes se resumen en uno solo: «Ama a tu prójimo como a ti mismo». El amor no hace mal a otros, por eso el amor cumple con las exigencias de la ley de Dios.

ROMANOS 13:8-10

Jesús te ama

15 DE FEBRERO

EL CAPULLO VACÍO

DE LA BIBLIA:

Pero alguien podría preguntar: «¿Cómo resucitarán los muertos? ¿Qué clase de cuerpos tendrán?». ¡Qué pregunta tan tonta! Cuando pones una semilla en la tierra, esta no crece y llega a ser una planta a menos que muera primero; y lo que pones en el suelo no es la planta que crecerá sino tan solo una simple semilla de trigo o de lo que estés sembrando. Luego Dios le da el cuerpo nuevo que él quiere que tenga. [...]

También hay cuerpos en los cielos y cuerpos sobre la tierra. La gloria de los cuerpos celestiales es diferente de la gloria de los cuerpos terrenales. [...]

Lo mismo sucede con la resurrección de los muertos. Cuando morimos, nuestros cuerpos terrenales son plantados en la tierra, pero serán resucitados para que vivan por siempre. Nuestros cuerpos son enterrados en deshonra, pero serán resucitados en gloria. Son enterrados en debilidad, pero serán resucitados en fuerza. Son enterrados como cuerpos humanos naturales, pero serán resucitados como cuerpos espirituales. Pues, así como hay cuerpos naturales, también hay cuerpos espirituales.

1 CORINTIOS 15:35-38, 40, 42-44

Los cristianos tendrán un cuerpo nuevo

—¡AY! —LISA SUBIÓ LOS ESCALONES DEL PORCHE, corriendo y gritando. Manuel la perseguía con una oruga que había atrapado en sus manos.

—¡No me gustan las orugas! —gritó mientras cerraba la puerta detrás de ella. Dentro de la casa, Lisa vio a su madre limpiarse las lágrimas de los ojos—. ¿Qué sucede, mamá?

—Acabo de recibir una llamada. La abuelita Carter murió.

—¡Oh, nooo! —gimió Lisa. La abuelita Carter era una de sus personas preferidas.

Su madre sonrió débilmente.

—Bueno, por lo menos la abuelita conocía al Señor. Está feliz.

Lisa y Manuel nunca antes habían estado en un servicio funerario. Cuando llegó el momento, descubrieron que, excepto por el ataúd y la gran cantidad de flores, no era demasiado diferente a un servicio normal en la iglesia. Luego, todos fueron al cementerio, donde hicieron bajar el ataúd hacia un pozo que había en la tierra.

Esa tarde, mientras Lisa, Manuel y su madre almorzaban, Lisa dijo: —Pensé que la abuelita estaba en el cielo, pero la pusieron en la tierra.

Cuando mamá comenzó a responder, Manuel señaló un objeto marrón que colgaba de una rama, fuera de la ventana.

—¿Qué es eso? —preguntó Lisa.

—Es un capullo vacío —dijo Manuel—. En algún momento, fue una oruga. La oruga formó un capullo alrededor de sí misma. Luego de un tiempo, el capullo se abrió y salió una hermosa mariposa.

—Ese es un buen ejemplo de lo que ha sucedido con la abuelita Carter —dijo la madre—. Ella ha abandonado su capullo, su cuerpo terrenal. Este fue enterrado hoy, pero la verdadera abuelita ha partido para estar con Jesús.

¿Y TÚ? ¿Alguien que amas ha muerto y se ha ido al cielo? No te preocupes por el viejo cuerpo que fue enterrado en una tumba. Un día, Dios le dará a esa persona un cuerpo nuevo y maravilloso. *B.J.W.*

PARA MEMORIZAR: Nuestros cuerpos son enterrados en deshonra, pero serán resucitados en gloria. Son enterrados en debilidad, pero serán resucitados en fuerza. *1 Corintios 15:43*

EN UNA REUNIÓN ESPECIAL en la iglesia de Jenny, Derek, uno de los muchachos más alborotadores de la escuela, sorprendió a todos convirtiéndose en cristiano.

Después del servicio, Jenny caminó a casa con su amiga Brittany, quien recientemente había empezado a ir a su iglesia. Jenny se sorprendió de escuchar los comentarios de su nueva amiga.

—Quizás el comportamiento de Derek mejore, ahora que es cristiano —dijo Brittany—. Su familia es muy pobre, sabes, y su papá es alcohólico. Me alegro de no tener yo una familia como esa. Me alegro de haber nacido siendo cristiana.

—Nadie nace siendo cristiano —objetó Jenny.

Brittany se encogió de hombros.

—Mira, sé que algunas personas creen eso, pero no estoy de acuerdo.

A la semana siguiente, el circo llegó a la ciudad. Brittany invitó a Jenny para que fuera con ella. Las niñas llegaron justo a tiempo.

—¡Ay, no! —gimió Brittany mientras el portero esperaba que le entregara los boletos—. ¡Olvidé los boletos! —Le explicó la situación al portero y preguntó si, por favor, les permitía entrar; luego, ella le llevaría los boletos. Cuando él negó con la cabeza, Brittany enderezó los hombros y, mirándolo directamente a los ojos, dijo:

—¿Usted sabe quién soy? —preguntó altaneramente—. ¡Soy la hija del alcalde!

—Bueno, señorita Hija del Alcalde, muéstreme sus boletos y podrá entrar.

Cuando se alejaron caminando y en silencio, Jenny miró a Brittany.

—No importó quién eres, ¿verdad? —preguntó tranquilamente—. Si el portero no quiso dejarte entrar, a pesar de que eres la hija del alcalde, ¿qué te hace pensar que Dios te dejará entrar en el cielo por el solo hecho de que vengas de una familia cristiana?

¿Y TÚ? ¿Crees que naciste siendo cristiano? No es así. La Biblia dice que da igual quién seas. Ya sea que provengas de la mejor familia de la ciudad o de la peor, necesitas aceptar a Jesús en tu corazón. *H.W.M.*

PARA MEMORIZAR: Pues todos hemos pecado; nadie puede alcanzar la meta gloriosa establecida por Dios. *Romanos 3:23*

NO HAY NINGUNA DIFERENCIA

DE LA BIBLIA:

Como dicen las Escrituras:
«No hay ni un solo justo,
 ni siquiera uno.
Nadie es realmente sabio,
 nadie busca a Dios.
Todos se desviaron,
 todos se volvieron inútiles.
No hay ni uno que haga lo bueno,
 ni uno solo».

ROMANOS 3:10-12

Eres un pecador

17 DE FEBRERO

UNA CARGA PESADA

DE LA BIBLIA:

No se preocupen por nada; en cambio, oren por todo. Díganle a Dios lo que necesitan y denle gracias por todo lo que él ha hecho. Así experimentarán la paz de Dios, que supera todo lo que podemos entender. La paz de Dios cuidará su corazón y su mente mientras vivan en Cristo Jesús.

FILIPENSES 4:6-7

Entrégale tus cargas a Jesús

—MAMÁ, ME GUSTARÍA QUE PAPÁ SIGUIERA VIVIENDO AQUÍ —dijo Roberto mientras terminaba de prepararse para ir a la escuela—. Si me hubiera portado mejor, quizás él no se hubiera ido.

—Tesoro, que papá se haya ido no tiene nada que ver contigo. Él te ama tanto como siempre —dijo mamá pacientemente, abrazando a Roberto. Ella y el padre de Roberto se lo habían dicho muchas veces. Él quería creerles, pero no podía.

A menudo, entre las frases que Roberto leía en la escuela, le surgían pensamientos sobre su papá. Por fin, dejó de pensar en sus problemas cuando su maestra le mostró a la clase un libro interesante sobre animales salvajes. Y se emocionó cuando dijo que podía llevarlo a casa por una noche.

Roberto metió el pesado libro bajo su brazo y emprendió el camino hacia su casa. Mientras caminaba, el libro parecía cada vez más pesado. Para cuando llegó a casa, le dolía el brazo.

Mamá se encontró con él al final de la entrada para autos.

—Ese libro se ve pesado —dijo—. Déjame ayudarte. —Se estiró y lo tomó—. Los sentimientos de culpa también pueden ser difíciles de llevar —continuó—. La sensación de que papá se fue por tu culpa es una carga demasiado pesada para que la lleves.

—Me gustaría no tener ese sentimiento —dijo Roberto—. Me duele.

—Sí, igual que tu brazo por cargar el libro. ¿No te gustaría que Jesús llevara la carga en lugar de ti?

Roberto asintió y, juntos, le pidieron a Jesús que llevara la pesada carga de Roberto.

¿Y TÚ? ¿Tienes alguna carga demasiado pesada para ti? Si tus padres están separados o divorciados, ¿te cuestionas si es por tu culpa? O tal vez tus preocupaciones secretas por la escuela o por tus amigos llenan tu mente. Es importante que hables de las cargas pesadas con un adulto que pueda ayudarte a entregárselas a Jesús. *K.R.A.*

PARA MEMORIZAR: Pongan todas sus preocupaciones y ansiedades en las manos de Dios, porque él cuida de ustedes. *1 Pedro 5:7*

ERA SÁBADO POR LA TARDE Y MANDY ESTABA TUM-
BADA en la mecedora, tratando de leer. Su madre
estaba arrodillada en el piso, rodeada de telas,
piezas de patrones, la cinta métrica, tijeras y alfile-
res. Estaba cortando una blusa que cosería para sí
misma. Mandy puso a un lado su libro y dijo:

—No sé cómo lo haces, mamá. ¿Cómo trans-
formas todo ese lío en algo hermoso para ponerte?

—Simplemente sigo las instrucciones —dijo
mamá, sujetando un papel impreso—. Mira, aquí
dice qué piezas usar y cómo cortarlas y ensamblar-
las. Si hago lo que dice aquí, mi blusa quedará
como la de la fotografía.

—Eso es porque eres una buena costurera
—respondió Mandy. Un poco después, volvió a
levantar la vista—. Oye, me pregunto si eso es de
lo que hablaba mi maestra de la escuela dominical
la semana pasada.

—¿Sobre qué, Mandy? —preguntó su madre.

—Nos contó que Dios tiene en mente un plan
para la maravillosa persona que cada uno de nosotros podría ser. Eso es como la imagen de la blusa
terminada que está en el patrón, ¿cierto? También
dijo que, para convertirnos en la persona que Dios
quiere que seamos, necesitamos obedecerlo y hacer
lo que nos dice en la Biblia. Eso es como seguir las
instrucciones del patrón.

—¡Así es! —exclamó mamá—. Dios está trans-
formándonos en algo especial. Aunque las cosas
nos parezcan imposibles, como ahora te parece a
ti esta blusa, podemos tener la seguridad de que él
nos transformará en un hermoso producto terminado. Es un ejemplo maravilloso, Mandy.

¿Y TÚ? ¿Estás dejando que Dios te convierta en la persona
que podrías ser? ¿Buscas sus instrucciones en su Palabra y
le pides que te ayude a seguirlas? *J.K.B.*

PARA MEMORIZAR: Pues somos la obra maestra de Dios.
Él nos creó de nuevo en Cristo Jesús, a fin de que hagamos
las cosas buenas que preparó para nosotros tiempo atrás.
Efesios 2:10

18 DE FEBRERO

ALTA COSTURA

DE LA BIBLIA:

Vivían en pecado, igual que el resto
de la gente, obedeciendo al diablo
—el líder de los poderes del mundo
invisible—, quien es el espíritu que
actúa en el corazón de los que se
niegan a obedecer a Dios. Todos
vivíamos así en el pasado, siguiendo
los deseos de nuestras pasiones y
la inclinación de nuestra naturaleza
pecaminosa. Por nuestra propia
naturaleza, éramos objeto del enojo
de Dios igual que todos los demás.

Pero Dios es tan rico en misericordia y nos amó tanto que, a pesar
de que estábamos muertos por
causa de nuestros pecados, nos dio
vida cuando levantó a Cristo de los
muertos. (¡Es solo por la gracia de
Dios que ustedes han sido salvados!)
Pues nos levantó de los muertos
junto con Cristo y nos sentó con él
en los lugares celestiales, porque
estamos unidos a Cristo Jesús. De
modo que, en los tiempos futuros,
Dios puede ponernos como ejemplos
de la increíble riqueza de la gracia y
la bondad que nos tuvo, como se ve
en todo lo que ha hecho por nosotros,
que estamos unidos a Cristo Jesús.
[...]

Pues somos la obra maestra de
Dios. Él nos creó de nuevo en Cristo
Jesús, a fin de que hagamos las cosas
buenas que preparó para nosotros
tiempo atrás.

EFESIOS 2:2-7, 10

*Sigue las instrucciones
de Dios*

19 DE FEBRERO

LA CAJA DE ACTIVIDADES

DE LA BIBLIA:

Luego dijo Jesús: «Vengan a mí todos los que están cansados y llevan cargas pesadas, y yo les daré descanso. Pónganse mi yugo. Déjenme enseñarles, porque yo soy humilde y tierno de corazón, y encontrarán descanso para el alma. Pues mi yugo es fácil de llevar y la carga que les doy es liviana».

MATEO 11:28-30

Trabaja con alegría

MIENTRAS MAMÁ COLOCABA el pan en la tostadora, dijo alegremente:

—Tenemos mucho por hacer.

—Siempre lo hacemos los sábados —se quejó Jessica.

—Sí —murmuró Justo—. ¡Odio los sábados!

Papá sirvió café en una taza.

—A mí tampoco me gustan porque son días de quejas y rezongos —dijo.

Justo arrugó las cejas.

—No nos den trabajo y yo dejaré de quejarme.

Papá lo ignoró.

—Por favor, búscame una caja de zapatos, Justo. Jessica, tú puedes traerme papeles y un lápiz. —Cuando volvieron, papá dijo—: Escribamos en papelitos todo lo que tenemos que hacer hoy y pongámoslos en esta caja.

—Cambiar las sábanas. Aspirar la alfombra. Limpiar el baño —Mamá enumeró rápidamente varias tareas.

—Barrer el garaje. Barrer el patio. Lavar el auto —añadió papá—. Ahora, nos turnaremos para sacar un papelito.

—Cuando la caja esté vacía, podemos hacer un picnic —propuso mamá.

—¡Bravo! —gritaron los niños.

—Quiero elegir primero. —Jessica se estiró hacia la caja.

—Olvidamos algo —dijo papá, levantando la mano—. También tenemos que darle un tiempo al Señor.

—Leer un capítulo de la Biblia —dijo Jessica y escribió en un papelito.

—Hacer una pausa y agradecer por nuestra familia —dijo Justo y escribió.

Entonces, papá le entregó la caja a Jessica.

—Este será el mejor sábado que hemos pasado en mucho tiempo —dijo ella mientras sacaba un papelito y lo miraba. Luego, esbozó una gran sonrisa—. ¡Aunque tenga que limpiar el baño!

¿Y TÚ? Si tus quehaceres se han vuelto aburridos, haz una caja de actividades. Anota en papelitos todo lo que tengas que hacer. Luego, saca un papel a la vez y realiza esa tarea. Sigue haciéndolo hasta haber hecho todo, ¡y trabaja de buena gana! *B.J.W.*

PARA MEMORIZAR: Todo lo que hagas, hazlo bien, pues cuando vayas a la tumba no habrá trabajo ni proyectos ni conocimiento ni sabiduría. *Eclesiastés 9:10*

BRENT NUNCA OLVIDÓ EL DÍA en que su nueva hermanita, Emily, llegó a casa desde el hospital. Papá y mamá le habían dicho que su médula espinal se había lesionado antes de nacer y que nunca podría caminar.

Brent no podía creerlo. *Tal vez, si todos cuidaran muy bien a Emily, sus piernas podrían recuperarse*, pensaba. Cuando Brent le mencionó esto a su madre, ella sacudió la cabeza con tristeza.

—No, el doctor dijo que sus piernas nunca servirán. En lugar de pensar en eso, tengamos presente que este es el plan de Dios para Emily y para nuestra familia.

—¿Cómo puede ser el plan de Dios? —preguntó Brent.

Mamá se sentó al lado de Brent.

—Emily necesitará un cuidado especial porque no tiene sensibilidad en sus piernas —dijo—. No se dará cuenta de si están frías o calientes o si tienen moretones. Ahí es donde tú y yo entramos en el plan de Dios para ella —dijo mamá—. Se necesitará tiempo y amor para protegerla y ayudarla a aprender sobre su discapacidad.

—Oh —murmuró Brent.

—¿Ayudarás a Emily? —preguntó la madre de Brent.

Brent se quedó callado unos momentos. Entonces dijo:

—Desearía que Emily pudiera aprender a caminar. Pero, como no puede, quiero ayudarla.

—¡Maravilloso! —dijo mamá, apretujándole los hombros—. Dios sabía que Emily iba a necesitar un hermano mayor como tú.

¿Y TÚ? ¿Tienes un hermano, una hermana o algún amigo con una discapacidad? Dios puso a esa persona en tu vida como parte del plan que tiene para ti. En la medida que ames y animes a tu hermano o a tu amigo discapacitado, Dios te usará para que seas una bendición. O quizás tú mismo tengas una discapacidad. Dios quiere usarte para que tú también seas de bendición. *I.A.G.*

PARA MEMORIZAR: Hermanos, les rogamos que amonesten a los perezosos. Alienten a los tímidos. Cuiden con ternura a los débiles. Sean pacientes con todos. *1 Tesalonicenses 5:14*

EL PLAN DE DIOS

DE LA BIBLIA:

¡Qué grande es la riqueza, la sabiduría y el conocimiento de Dios! ¡Es realmente imposible para nosotros entender sus decisiones y sus caminos!

Pues, ¿quién puede conocer los pensamientos del SEÑOR?

¿Quién sabe lo suficiente para aconsejarlo?

¿Y quién le ha entregado tanto para que él tenga que devolvérselo?

Pues todas las cosas provienen de él y existen por su poder y son para su gloria. ¡A él sea toda la gloria por siempre! Amén.

ROMANOS 11:33-36

Acepta el plan de Dios

21 DE FEBRERO

IGUAL A JESÚS

(Primera parte)

DE LA BIBLIA:

Después de lavarles los pies, se puso otra vez el manto, se sentó y preguntó: «¿Entienden lo que acabo de hacer? Ustedes me llaman "Maestro" y "Señor" y tienen razón, porque es lo que soy. Y, dado que yo, su Señor y Maestro, les he lavado los pies, ustedes deben lavarse los pies unos a otros. Les di mi ejemplo para que lo sigan. Hagan lo mismo que yo he hecho con ustedes. Les digo la verdad, los esclavos no son superiores a su amo ni el mensajero es más importante que quien envía el mensaje. Ahora que saben estas cosas, Dios los bendecirá por hacerlas».

JUAN 13:12-17

Imita a Jesús

BETHANY REÍA OBSERVANDO a su hermanito, Natán, quien jugaba en la sala. Se había trepado al sillón favorito de su padre y simulaba leer el periódico. Gritó:

—¡Soy como papá!

Bethany no pudo resistir darle un gran abrazo a Natán.

—Quédate ahí mismo para que pueda mostrarle a mamá lo grande que eres.

Cuando Bethany volvió a la sala con su madre, Natán se había colocado el periódico en el regazo y fingía haberse quedado dormido. Incluso, se había reclinado hacia atrás con las manos cruzadas detrás de su cabeza, tal como hacía papá cuando terminaba de leer el periódico.

—¿No es adorable, mamá? —susurró Bethany con una risita—. Intenta ser igualito a papá.

Mamá sonrió.

—Así es como aprenden los niños. Imitan a las personas.

—¿Alguna vez lo hice yo? —preguntó Bethany.

—Claro que sí —respondió mamá—. Solías jugar a que cocinabas la cena. Sacabas las ollas de la alacena y me decías que estabas haciendo puré de papas. —Bethany se estiró para levantar a su hermano mientras mamá siguió hablando—: Eso me recuerda una importante lección que está en la Biblia, Bethany. Como cristianos, necesitamos imitar a Jesús para aprender a vivir como cristianos maduros.

—Pero nosotros no podemos ver a Jesús; entonces, ¿cómo podemos imitarlo? —preguntó Bethany—. Ah, un momento; lo sé. Tenemos la Biblia. Ella nos cuenta cómo vivió.

¿Y TÚ? ¿Estás aprendiendo a imitar a Jesús? Estudiar la Palabra de Dios te ayudará. Luego, cuando estés en una situación en la escuela o en tu casa, trata de pensar qué haría Jesús si estuviera en tu lugar. Imítalo. *D.L.R.*

PARA MEMORIZAR: Por lo tanto, imiten a Dios en todo lo que hagan porque ustedes son sus hijos queridos. *Efesios 5:1*

BETHANY PENSÓ MUCHO EN LO QUE LE HABÍA dicho su madre sobre aprender a ser como Jesús, y estaba ansiosa por parecerse más a él. Decidió leer sobre Jesús en el Evangelio de Juan. Cada vez que leía algo que Jesús hizo y que ella podía imitar, lo anotaba en una libretita.

El jueves por la mañana, el señor Singleton, el director de la escuela, llevó a la clase de Bethany a una niña nueva llamada Kim. Algunos niños se rieron disimuladamente porque la ropa de Kim estaba pasada de moda y porque tenía el cabello desarreglado.

Mientras Kim buscaba dónde sentarse, Melissa le deslizó a Bethany una nota con un comentario cruel sobre Kim. Bethany le sonrió a su amiga, pero deseó no haberlo hecho. Acababa de leer cómo Jesús había sido amable con una mujer samaritana. Jesús era judío y, en esa época, el pueblo judío no se relacionaba con el pueblo de Samaria. Pero Jesús habló con ella de todas maneras. Bethany había escrito en su libreta: «Sé amigable con todo el mundo, aunque los demás no lo sean».

Amado Señor, oró en silencio, *creo que tú querrías que yo fuera amiga de Kim. Por favor, dame el valor para hacerla sentirse bienvenida.*

Tan pronto como sonó la campana, Bethany se acercó a Kim. «Hola —dijo, presentándose—. ¿Te gustaría ir a almorzar conmigo?».

Los días siguientes, Melissa y algunas de las otras amigas de Bethany se comportaron como si fueran superiores a Kim. Pero Bethany siguió tratándola como una amiga. No pasó mucho tiempo antes de que todas las niñas también aceptaran a Kim.

¿Y TÚ? ¿Te cuesta hacerte amigo de alguien que parece distinto, especialmente cuando alguno de tus otros amigos se burla de esa persona? Sin embargo, Jesús era amigable y quiere que tú también seas amable con los demás. Sigue su ejemplo. Sé amigable aunque los demás no lo scan. *D.L.R.*

PARA MEMORIZAR: Ámense unos a otros con un afecto genuino y deléitense al honrarse mutuamente. *Romanos 12:10*

---

22 DE FEBRERO

IGUAL A JESÚS

(Segunda parte)

DE LA BIBLIA:

Poco después, llegó una mujer samaritana a sacar agua, y Jesús le dijo:

—Por favor, dame un poco de agua para beber.

Él estaba solo en ese momento porque sus discípulos habían ido a la aldea a comprar algo para comer.

La mujer se sorprendió, ya que los judíos rechazan todo trato con los samaritanos. Entonces le dijo a Jesús:

—Usted es judío, y yo soy una mujer samaritana. ¿Por qué me pide agua para beber?

Jesús contestó:

—Si tan solo supieras el regalo que Dios tiene para ti y con quién estás hablando, tú me pedirías a mí, y yo te daría agua viva.

—Pero señor, usted no tiene ni una soga ni un balde —le dijo ella—, y este pozo es muy profundo. ¿De dónde va a sacar esa agua viva? Además, ¿se cree usted superior a nuestro antepasado Jacob, quien nos dio este pozo? ¿Cómo puede usted ofrecer mejor agua que la que disfrutaron él, sus hijos y sus animales?

Jesús contestó:

—Cualquiera que beba de esta agua pronto volverá a tener sed, pero todos los que beban del agua que yo doy no tendrán sed jamás. Esa agua se convierte en un manantial que brota con frescura dentro de ellos y les da vida eterna.

JUAN 4:7-14

Sé amigable

23 DE FEBRERO

ATRAPADO POR LA CURIOSIDAD

DE LA BIBLIA:

Tiempo después, al salir de la ciudad, Jesús vio a un cobrador de impuestos llamado Leví sentado en su cabina de cobrador. «Sígueme y sé mi discípulo», le dijo Jesús. Entonces Leví se levantó, dejó todo y lo siguió.

Más tarde, Leví dio un banquete en su casa, con Jesús como invitado de honor. Muchos de los cobradores de impuestos, compañeros de Leví, y otros invitados comieron con ellos. Así que los fariseos y los maestros de la ley religiosa les reclamaron severamente a los discípulos de Jesús diciéndoles: «¿Por qué comen y beben con semejante escoria?».

Jesús les contestó: «La gente sana no necesita médico, los enfermos sí».

LUCAS 5:27-31

Cuida a otros

—¡TÍO JERRY ME HACE ENOJAR TANTO! —dijo Jana, colgando bruscamente el teléfono—. Quien llamó era Cheri, y estaba llorando. La compañía de electricidad les cortará la luz si no pagan mañana. Tío Jerry volvió a salir a beber con sus amigos.

Papá dio un vistazo por encima del periódico.

—Siento tanta pena por Jerry —dijo.

Jana resopló.

—¡Yo siento pena por su familia! ¡Tío Jerry es egoísta y malo!

—Tenemos que orar por él. Está atado por el vicio del alcohol —le recordó papá.

—¡Podría soltarse, si quisiera! Solo que... —Jana fue interrumpida por un golpe fuerte que vino desde el garaje—. ¿Qué es eso?

—No lo sé —dijo su madre, preocupada—. Será mejor que lo averigüemos. —Cuando abrieron la puerta, vieron a su perro, que tenía una jarra de plástico sobre la cabeza y chocaba contra todas las cosas.

Mamá abrazó al asustado perro. Papá sacó su navaja y cortó cuidadosamente la jarra atorada en el cuello del perro.

—Rudy debe haber metido el hocico en la jarra; luego, la empujó contra algo y terminó metiendo toda la cabeza —dijo Jana.

Papá asintió.

—Regañarlo y decirle lo tonto que ha sido no lo hubiera ayudado para nada —observó—. Estaba atrapado, y no podía hacer nada para ayudarse a sí mismo. Necesitaba que lo ayudáramos. ¿Sabes?, el tío Jerry es como Rudy. Está metido en una trampa tan poderosa que no puede librarse. Dios puede salvarlo. Y si Dios quiere usarnos a nosotros para ayudarlo, nos enseñará cómo hacerlo.

¿Y TÚ? ¿Conoces personas que estén atrapadas en la trampa del pecado? Puede tratarse del alcohol, las drogas u otras cosas. Pídele a Dios que te dé compasión, y ora por ellas. *B.J.W.*

PARA MEMORIZAR: Por último, todos deben ser de un mismo parecer. Tengan compasión unos de otros. Ámense como hermanos y hermanas. Sean de buen corazón y mantengan una actitud humilde. *1 Pedro 3:8*

—MI CÁMARA NUEVA DICE "AUTOENFOQUE". Eso significa que no tengo que enfocar, ¿verdad? —preguntó Jennifer.

—Correcto —le dijo papá—. No importa qué tan cerca o lejos estés del objeto que te interesa, no tendrás que ajustar nada para lograr una imagen clara.

—¡Ah, qué bien! Mi vieja cámara me causaba muchos problemas con eso —exclamó Jennifer—. También me costaba mucho ajustar adecuadamente la luz.

Papá respondió:

—Esta cámara tiene un mecanismo que "percibe" cuánta luz hay. Abre o cierra el obturador para dejar entrar más o menos luz.

—Mi profesor de Ciencias dijo que nuestros ojos funcionan de manera muy similar a una cámara de fotografías —dijo Jennifer—. La parte de color del ojo, que se llama iris, es como el obturador. Cuando la luz es muy brillante, hace que la pupila se haga más pequeña. Cuando está oscuro, el iris se abre bien grande para dejar entrar más luz a través de la pupila.

—Los ojos que Dios nos dio son únicos —añadió papá—. Y, así como las imágenes que tomas con tu cámara se graban en una película, de la misma manera, las imágenes que tomas con tus ojos quedan grabadas en tu cerebro. Es por eso que no te dejo leer libros inapropiados ni mirar programas de televisión ofensivos. Quiero que en tu cerebro queden impresas cosas mejores.

—No había pensado que los ojos pudieran grabar una imagen en mi cerebro —dijo Jennifer—. Seré más cuidadosa con la cámara que tengo en mi cabeza.

¿Y TÚ? Si tienes el regalo de la vista, ¿le das gracias a Dios por él? Cierra los ojos y ¡piensa qué distinta sería la vida si nunca más pudieras volver a abrirlos! ¡Puedes agradecer mejor a Dios usando tus ojos para mirar cosas que sean buenas, íntegras y puras! *C.V.M.*

PARA MEMORIZAR: Me negaré a mirar cualquier cosa vil o vulgar. Detesto a los que actúan de manera deshonesta; no tendré nada que ver con ellos. *Salmo 101:3*

LAS DOS CÁMARAS

DE LA BIBLIA:

Cantaré de tu amor y de tu justicia,
oh SEÑOR;

te alabaré con canciones.

Tendré cuidado de llevar una vida
intachable;

¿cuándo vendrás a ayudarme?

Viviré con integridad
en mi propio hogar.

Me negaré a mirar
cualquier cosa vil o vulgar.

Detesto a los que actúan de manera
deshonesta;

no tendré nada que ver con ellos.

Rechazaré las ideas perversas
y me mantendré alejado de toda
clase de mal.

No toleraré a los que calumnian a sus
vecinos;

no soportaré la presunción ni el
orgullo.

Buscaré a personas fieles
para que sean mis compañeros;

solo a los que sean irreprochables
se les permitirá servirme.

No permitiré que los engañadores
sirvan en mi casa,

y los mentirosos no permanecerán
en mi presencia.

SALMO 101:1-7

Mira cosas buenas

25 DE FEBRERO

EL VIAJE EN AUTO

DE LA BIBLIA:

Yo dije: «Planten buenas semillas de justicia,

y levantarán una cosecha de amor.

Aren la dura tierra de sus corazones,

porque ahora es tiempo de buscar al SEÑOR

para que él venga

y haga llover justicia sobre ustedes».

Sin embargo, han cultivado perversidad

y han levantado una abundante cosecha de pecados.

Han comido el fruto de la mentira,

confiando en su poderío militar

y creyendo que los grandes ejércitos

podrían mantener a su nación a salvo.

OSEAS 10:12-13

Habla amablemente

MIENTRAS LA FAMILIA JACKSON ESTABA DE VIAJE, Tristán y Tracy parecían pelearse todo el tiempo. Fue un alivio cuando llegaron a Cripple Creek.

—Este es un antiguo pueblo minero —explicó papá mientras estacionaba el auto.

—¿Podemos subir al tren? —preguntó Tristán. Poco después, todos estaban sentados en los bancos de madera de un vagón descubierto, detrás de una antigua máquina de vapor. El maquinista hizo de guía. Cuando entraron en un vallecito, el tren se detuvo.

—Este es el Valle del Eco —les dijo el maquinista—. Escuchen.

Jaló el silbato del tren. *Tutuuuuuuu.* Unos segundos después, escucharon una débil respuesta: *Tutuuuuuuu.*

Tracy rio.

—Déjeme probar. —Ahuecó sus manos alrededor de la boca y gritó con todas sus fuerzas—: ¡Hola!

—Hola —llegó la tenue respuesta.

—Es mi turno —dijo Tristán—. ¡Adiooóós!

—Adiooóós —repitió el eco.

Luego, la familia se apretujó dentro del auto.

—Vamos a asearnos antes de la cena —sugirió mamá.

—Pero yo tengo hambre ahora —lloriqueó Tracy.

—Bebé grandota —se burló Tristán.

—¡Bebé grandote tú! —dijo Tracy.

—Escuchen los ecos —dijo mamá—. Escucho palabras desagradables y odiosas que hacen eco en este auto. Cuando decimos palabras crueles, nos llegan palabras crueles de regreso. Cuando regalamos palabras amables y agradables, recibimos palabras amables y agradables.

¿Y TÚ? ¿Qué clase de palabras has estado expresando? ¿Te gustaría que te las devolvieran? *B.J.W.*

PARA MEMORIZAR: Den, y recibirán. Lo que den a otros les será devuelto por completo: apretado, sacudido para que haya lugar para más, desbordante y derramado sobre el regazo. La cantidad que den determinará la cantidad que recibirán a cambio. *Lucas 6:38*

—¿ESTOY HACIÉNDOLO BIEN, ABUELA?

La abuela miró el cuello de ganchillo que le entregó Amanda.

—A mí me parece bien —dijo.

—¿Qué hago ahora? —preguntó Amanda.

—Haz la siguiente fila igual que esta —respondió la abuela—. La próxima semana, cuando vaya a quedarme con tu tía Denise y con Darci, deberías poder seguir el modelo tú sola.

—Nos gustaría que te quedaras con nosotros todo el tiempo, ¿verdad, Mittens? —Amanda acarició con las puntas de sus pies descalzos el pelaje del gato—. Darci es muy creída. A decir verdad, Darci no es más que una niña malcriada. Ella...

—¡Suficiente, Amanda! —dijo severamente su abuela—. Recuerda que Darci es mi nieta, y la quiero tanto como te quiero a ti.

—Pero tú no sabes lo que hizo... —empezó Amanda.

—¡La cena está lista! —El llamado de su madre desde la cocina interrumpió a Amanda.

Después de cenar, Amanda y su abuela regresaron a la sala.

—Voy a trabajar en mi... ¡ay, no! ¡Mira, abuela! —Amanda señaló al gato, que jugaba con un montón de hilo enmarañado—. ¡Mittens deshizo todo mi arduo trabajo!

La abuela sonrió con compasión.

—Toma tiempo y cuidadosa planeación tejer un cuello de ganchillo, pero cualquiera, hasta un gato, puede deshacerlo.

—Seguro que sí —dijo Amanda, recogiendo el revoltijo.

—Así es con todas las cosas —continuó la abuela—. Siempre implica un mayor esfuerzo edificar que destruir. Es fácil ser hiriente y encontrar faltas en otros, pero Dios quiere que nosotros ayudemos a edificar a las personas.

Amanda suspiró.

—Trataré de hacerlo mejor, abuela. Ahora, a trabajar de nuevo en mi cuello.

¿Y TÚ? ¿Dices cosas hirientes sobre los demás? Este podría ser un buen día para edificar a otros en lugar de destrozarlos. *B.J.W.*

PARA MEMORIZAR: Así que aliéntense y edifíquense unos a otros, tal como ya lo hacen. *1 Tesalonicenses 5:11*

PALABRAS HIRIENTES

DE LA BIBLIA:

Pero nadie puede domar la lengua. Es maligna e incansable, llena de veneno mortal. A veces alaba a nuestro Señor y Padre, y otras veces maldice a quienes Dios creó a su propia imagen. Y así, la bendición y la maldición salen de la misma boca. Sin duda, hermanos míos, ¡eso no está bien! ¿Acaso puede brotar de un mismo manantial agua dulce y agua amarga? ¿Acaso una higuera puede dar aceitunas o una vid, higos? No, como tampoco puede uno sacar agua dulce de un manantial salado.

Si ustedes son sabios y entienden los caminos de Dios, demuéstrenlo viviendo una vida honesta y haciendo buenas acciones con la humildad que proviene de la sabiduría; pero si tienen envidias amargas y ambiciones egoístas en el corazón, no encubran la verdad con jactancias y mentiras. Pues la envidia y el egoísmo no forman parte de la sabiduría que proviene de Dios. Dichas cosas son terrenales, puramente humanas y demoníacas. Pues, donde hay envidias y ambiciones egoístas, también habrá desorden y toda clase de maldad.

Sin embargo, la sabiduría que proviene del cielo es, ante todo, pura y también ama la paz; siempre es amable y dispuesta a ceder ante los demás. Está llena de compasión y del fruto de buenas acciones. No muestra favoritismo y siempre es sincera.

SANTIAGO 3:8-17

Edifica a otros

27 DE FEBRERO

ESCUCHA Y APRENDE

DE LA BIBLIA:

«Vengan a mí con los oídos bien
    abiertos.

Escuchen, y encontrarán vida.

Haré un pacto eterno con ustedes.

Les daré el amor inagotable que le
    prometí a David». [...]

«Mis pensamientos no se parecen en
    nada a sus pensamientos —dice
    el Señor—.

Y mis caminos están muy por
    encima de lo que pudieran
    imaginarse.

Pues así como los cielos están más
    altos que la tierra,

así mis caminos están más altos
    que sus caminos

y mis pensamientos, más altos que
    sus pensamientos.

»La lluvia y la nieve descienden de
    los cielos

y quedan en el suelo para regar la
    tierra.

Hacen crecer el grano,

y producen semillas para el agri-
    cultor

y pan para el hambriento.

Lo mismo sucede con mi palabra.

La envío y siempre produce fruto;

logrará todo lo que yo quiero,

y prosperará en todos los lugares
    donde yo la envíe».

ISAÍAS 55:3, 8-11

Dios habla a través de su Palabra

LA MADRE DE KEVIN ENTRÓ para arroparlo, un ritual nocturno en el hogar de los Bronson.

—Kevin, antes solías tener la Biblia abierta sobre tus piernas cuando yo venía a desearte las buenas noches —dijo su madre—. ¿Qué pasó?

—Bueno, oro luego de que te vas —respondió Kevin—. Pero ¿por qué debería leer la Biblia? No la entiendo. —Mientras hablaba, entró Ginger, su *golden retriever*—. Hola, Ginger, vieja amiga —dijo Kevin, rascándole el lomo—. Buena chica.

—Ginger meneó la cola y lamió el aire mientras intentaba llenar de baba el rostro de Kevin. De repente, no pudo contenerse más. Saltó sobre el regazo de Kevin, quien cayó hacia atrás y contra las almohadas, riendo mientras su madre persuadía a su mascota de que saliera del cuarto.

Mamá volvió y cerró la puerta.

—Kevin, cuando le hablas a Ginger, ¿ella entiende cada palabra que le dices?

—No, pero a mí me gusta hablarle de todos modos —respondió Kevin—. Ella siempre escucha. Y entiende un montón de cosas, como "ven", "siéntate", "trae", "camina" y "date vuelta". Además, sigue aprendiendo palabras nuevas.

Mamá tomó la Biblia de Kevin.

—Kevin, ¿sabes que Dios nos habla por medio de su Palabra?

Kevin miró la Biblia en la mano de su madre. Sonrió.

—Entiendo qué quieres decir, mamá. A Dios le gusta hablarme, así como a mí me gusta hablarle a Ginger. Y, como Ginger, yo no comprendo todo, pero sí entiendo algunas de las órdenes de Dios. Necesito seguir aprendiendo cosas nuevas de él.

¿Y TÚ? ¿Dejaste de leer la Palabra de Dios solo porque no puedes entender todo? Cuanto más dejas que Dios te hable, más entiendes. Él se complace cuando tú «escuchas». *P.R.*

PARA MEMORIZAR: Pero tú debes permanecer fiel a las cosas que se te han enseñado. Sabes que son verdad, porque sabes que puedes confiar en quienes te las enseñaron. *2 Timoteo 3:14*

RICK Y YOLANDA ESTABAN ayudando a su padre en su carnicería. Parte de su trabajo era sacar los desperdicios y llevarlos al gran bote de basura que había en la parte trasera de la tienda. Rick levantó la tapa del bote de basura; luego, la cerró rápidamente de un golpe.

—¡Yolanda, hay algo ahí adentro!

—Tratas de asustarme —rio Yolanda.

—Estoy diciendo la verdad —insistió Rick, tomando un palo. Valientemente, levantó la tapa y revolvió la basura con el palo. Un chillido agudo conmocionó el aire y Yolanda lanzó un grito.

Papá salió corriendo.

—¿Cuál es el problema? —preguntó con alarma.

—Hay algo en la basura —chilló Yolanda.

Indeciso, papá se acercó al bote de basura y miró adentro.

—¡Es un cachorrito! —exclamó—. Veamos si podemos ayudarlo.

—¿Podemos llevarlo a casa, papá? —suplicó Rick—. Parece un cachorro callejero.

—¡Uf! —Yolanda puso cara de asco—. ¡Qué mal huele! Apuesto a que mamá no lo querrá.

—Definitivamente, es un desastre —dijo papá—. Lo bañaremos y veremos si podemos encontrarle un hogar.

Cuando llegaron a casa, los niños le contaron todo sobre el cachorrito a su madre. Por sugerencia de ella, lo llamaron «Granuja».

—¿Les digo algo, niños? Granuja será un buen ejemplo para mi lección de la escuela dominical de mañana —dijo mamá mientras observaba al cachorro—. Lo que ustedes hicieron por Granuja, Dios lo hizo por nosotros, ¡y más aún! Dios nos encontró espiritualmente sucios, perdidos y atrapados en nuestros pecados. Sin embargo, se acercó para rescatarnos. Nos amó cuando no había nada digno de amar en nosotros.

Granuja ladró y Yolanda rio.

—Él coincide contigo, mamá. ¡Creo que Granuja está contento porque lo encontramos!

¿Y TÚ? ¿Has sido «encontrado»? Dios envió a Jesús para rescatarte del pecado. ¿Has aceptado su perdón y confías en él como tu Salvador? *J.L.H.*

PARA MEMORIZAR: Cuando éramos totalmente incapaces de salvarnos, Cristo vino en el momento preciso y murió por nosotros, pecadores. *Romanos 5:6*

GRANUJA

(Primera parte)

DE LA BIBLIA:

Cuando éramos totalmente incapaces de salvarnos, Cristo vino en el momento preciso y murió por nosotros, pecadores. Ahora bien, casi nadie se ofrecería a morir por una persona honrada, aunque tal vez alguien podría estar dispuesto a dar su vida por una persona extraordinariamente buena; pero Dios mostró el gran amor que nos tiene al enviar a Cristo a morir por nosotros cuando todavía éramos pecadores. Entonces, ya que hemos sido hechos justos a los ojos de Dios por la sangre de Cristo, con toda seguridad él nos salvará de la condenación de Dios. Pues, como nuestra amistad con Dios quedó restablecida por la muerte de su Hijo cuando todavía éramos sus enemigos, con toda seguridad seremos salvos por la vida de su Hijo. Así que ahora podemos alegrarnos por nuestra nueva y maravillosa relación con Dios gracias a que nuestro Señor Jesucristo nos hizo amigos de Dios.

ROMANOS 5:6-11

Jesús ama a los pecadores

29 DE FEBRERO

GRANUJA

(Segunda parte)

DE LA BIBLIA:

¡Alabado sea el SEÑOR!
Daré gracias al SEÑOR con todo mi
    corazón
    al reunirme con su pueblo justo.
¡Qué asombrosas son las obras del
    SEÑOR!
    Todos los que se deleitan en él
    deberían considerarlas.
Todo lo que él hace revela su gloria y
    majestad;
    su justicia nunca falla.
Él nos hace recordar sus maravillosas
    obras.
        ¡Cuánta gracia y misericordia tiene
        nuestro SEÑOR!
Da alimento a los que le temen;
    siempre recuerda su pacto. [...]
Todo lo que hace es justo y bueno,
    y todos sus mandamientos son
    confiables;
siempre son verdaderos,
    para ser obedecidos fielmente y
    con integridad.
Él pagó el rescate completo por su
    pueblo
    y les ha garantizado para siempre
    el pacto que hizo con ellos.
    ¡Qué santo e imponente es su
    nombre!

SALMO 111:1-5, 7-9

Conságrate a Dios

RICK Y YOLANDA LA PASABAN genial jugando con Granuja, el cachorrito callejero que habían encontrado. Le enseñaban trucos y lo llevaban a caminar. Estaban felices de que nadie respondiera al anuncio en el periódico para buscar a los dueños de Granuja.

Pero no todo era fácil. Granuja se metía en problemas. A veces dejaba huellas de lodo dentro de la casa o derribaba cosas e, incluso, las rompía. A pesar de que Rick y Yolanda le tenían paciencia, a menudo debían castigar a su cachorrito.

Una noche, durante la cena, los niños regañaron a Granuja por robar comida de la mesa. Les preocupaba que el perro ya no los quisiera después de castigarlo. Pero Granuja seguía siendo tan leal como siempre. Corría a su encuentro moviendo la cola y siguiéndolos por todas partes.

—Granuja nos hace sentir como si fuéramos realmente importantes para él —observó Rick.

—Lo son —dijo mamá—. Lo rescataron y lo cuidan. Lo sabe y, en agradecimiento, los ama.

—Me recuerda a alguien que nos ha rescatado —dijo papá. Al ver las miradas perplejas de los niños, continuó—: Nuestro Padre celestial nos ama. Él nos salvó y nos da todo lo que necesitamos. Pero me pregunto si le recordamos a Dios lo importante que es para nosotros.

—Nunca lo había pensado así —dijo Yolanda—. Me parece que, a veces, me enojo cuando Dios no permite que las cosas salgan como yo quiero.

—Y a veces pierdo la paciencia cuando Dios no contesta mis oraciones inmediatamente —reconoció Rick.

Mamá asintió.

—Me temo que todos somos culpables. Tenemos que aprender a darle a Dios la devoción incondicional que Granuja les tiene a ustedes.

¿Y TÚ? ¿Dios es importante para ti? ¿Le das tu tiempo? ¿Tu amor? ¿Tu obediencia? ¿Tu servicio? ¿Lo alabas con tu boca y con tu vida? ¿Amas y ayudas a tu prójimo como él te ha dicho? *J.L.H.*

PARA MEMORIZAR: Nos amamos unos a otros, porque él nos amó primero. *1 Juan 4:19*

BRISA COLGÓ EL TELÉFONO.

—Estamos tratando de resolver qué hacer con Laura —le contó a su madre—. Laura es amiga "a veces". Solo quiere ser nuestra amiga cuando necesita ayuda con la tarea. El resto del tiempo, se comporta como si nosotras no existiéramos.

Un ratito después, mientras Brisa se metía bajo las mantas, su madre apareció en su puerta.

—¿Has tenido un tiempo a solas con el Señor hoy? —le preguntó.

Brisa bostezó y echó un vistazo a la Biblia que estaba sobre la mesita de noche.

—La leeré mañana temprano —dijo—. Esta noche estoy muy cansada.

A la mañana siguiente, Brisa se quedó dormida. Bajando la escalera a toda prisa, se tropezó.

—¡Ay! —gimió—. ¡Mi tobillo! —Su madre la ayudó rápidamente—. Querido Dios —dijo Brisa mientras su madre le ponía una compresa fría en él—, por favor, quítame el dolor.

Como no podía caminar, Brisa se quedó en casa y no fue a la escuela.

—Cariño —dijo su madre después de ayudarla a ponerse cómoda en el sillón—, estuve pensando en el problema con Laura, tu amiga "a veces".

Brisa suspiró.

—¿Qué pensaste?

—Bueno —continuó su madre—, me pregunto si te has vuelto una amiga "a veces" de Dios. Anoche estabas demasiado cansada para hablar con Dios. Pero, esta mañana, tuviste tiempo para hablar con él cuando necesitaste ayuda.

—Creo que tienes razón, mamá. Necesito ser amiga de Dios en todo momento.

¿Y TÚ? ¿Hablas con Dios como lo haces con algún amigo, o solamente oras cuando necesitas algo? Dale gracias por cosas que ves cuando vas camino a la escuela. Comparte lo que piensas sobre las personas y las cosas que pasan. *N.E.K.*

PARA MEMORIZAR: Nunca dejen de orar.
1 Tesalonicenses 5:17

AMIGO EN TODO MOMENTO

DE LA BIBLIA:

Estén siempre alegres. Nunca dejen de orar. Sean agradecidos en toda circunstancia, pues esta es la voluntad de Dios para ustedes, los que pertenecen a Cristo Jesús.

No apaguen al Espíritu Santo.

1 TESALONICENSES 5:16-19

Ora siempre

2 DE MARZO

EL GLOBO QUE EXPLOTÓ

DE LA BIBLIA:

Y él da gracia con generosidad. Como dicen las Escrituras:

«Dios se opone a los orgullosos

pero da gracia a los humildes».

Así que humíllense delante de Dios. Resistan al diablo, y él huirá de ustedes. Acérquense a Dios, y Dios se acercará a ustedes. Lávense las manos, pecadores; purifiquen su corazón, porque su lealtad está dividida entre Dios y el mundo. Derramen lágrimas por lo que han hecho. Que haya lamento y profundo dolor. Que haya llanto en lugar de risa y tristeza en lugar de alegría. Humíllense delante del Señor, y él los levantará con honor.

SANTIAGO 4:6-10

*El orgullo trae
vergüenza*

—ANOCHE ESTABA SEGURA de que iba a ganar el concurso de preguntas bíblicas —dijo Gayle, suspirando—. No puedo entender en qué fallé.

—Sí —coincidió Kristen—. Siempre ganas todo.

—Ahora, Debbie recibirá los honores en la fiesta de la iglesia en mi lugar —añadió Gayle.

La señorita Lindsey entró en el salón con unos banderines de papel crepe.

—Apúrense, niñas —las exhortó—. La fiesta empezará pronto. Pueden colgar estos banderines mientras yo inflo algunos globos. Cuéntenme sobre el concurso. Anoche, no pude asistir.

—Fue horrible —dijo Gayle mientras pegaba un banderín con cinta adhesiva al techo—. No pude recordar las respuestas y cité mal los versículos bíblicos.

—Pero ella es más inteligente que Debbie —dijo Kristen.

—Por supuesto que lo soy —dijo Gayle con seguridad.

—¿Estudiaste para el concurso? —preguntó la señorita Lindsey.

—Ah... ya no necesito estudiar —dijo Gayle—. Yo me sé la Biblia.

—¿Cuánto oraste por el concurso?

—¿Orar? Bueno, no mucho. —Gayle se sentía un poco avergonzada.

La señorita Lindsey miró el globo que estaba inflando. Sopló fuerte y el globo se hizo cada vez más grande. Luego, ¡pum! Explotó en muchos pedacitos.

—¡Bien! El globo se infló tanto que explotó —observó la señorita Lindsey—. ¿Sabes, Gayle? Pienso que eso pudo haber sido también tu problema. Te inflaste de orgullo. Creíste que eras tan inteligente que no necesitabas estudiar ni orar.

Gayle levantó un fragmento del globo.

—Creo que tiene razón.

¿Y TÚ? Es bueno estar orgullosos de nuestros logros. Pero alardear de ellos o usarlos como excusa para no esforzarte es la peor clase de orgullo. ¿Qué clase de orgullo tienes? *M.R.P.*

PARA MEMORIZAR: El orgullo termina en humillación, mientras que la humildad trae honra. *Proverbios 29:23*

—**PAM, ES HORA DE IRNOS** a la reunión misionera en la iglesia —la llamó su madre—. ¿Estás lista? —Cuando Pam no respondió, su madre se dirigió hacia su cuarto. Al escuchar los pasos de su madre que se acercaba, Pam escondió el libro debajo de su almohada y, rápidamente, cambió la estación de su radio—. ¿Qué estás haciendo? —preguntó su madre.

—Ah, solo estaba buscando un poco de buena música —dijo Pam.

—Bueno, ¿estás lista para irnos a la iglesia? —preguntó su madre.

Pam se puso de pie de mala gana.

—Supongo —murmuró. Pero estuvo malhumorada todo el camino a la iglesia porque lo que realmente quería hacer era quedarse en casa.

Pam esperaba aburrirse, pero cuando el misionero les mostró las diapositivas, las observó atentamente.

—Muchos en nuestro pueblo adoran ídolos, practican la magia negra y se aficionan al espíritu de este mundo —dijo el misionero—. Cuando aceptan a Cristo como Salvador y se convierten en nuevas criaturas en él, ya no quieren hacer muchas de las cosas que hacían antes. Esta última diapositiva muestra una gran fogata donde estaban quemando sus ídolos, libros de magia y pócimas especiales. A menudo, los persiguen por su creencia, pero Jesús es más importante para ellos que los bienes materiales o la popularidad. —Apagó el proyector y esperó a que se encendieran las luces. Luego, preguntó—: ¿Hay alguna cosa que necesiten quitarse de encima?

Pam pensó en el rock pesado que había estado escuchando un rato antes. Recordó el libro que no había querido que viera su madre. Pam inclinó su cabeza para orar. En su vida, ella también tenía algunos ídolos que destruir.

¿Y TÚ? ¿Jesús ocupa el primer lugar en tu vida, o estás permitiendo que la televisión, los videojuegos o tus amigos dominen tus pensamientos y las cosas que haces? ¿Ellos tienen la prioridad antes que Dios? Revisa tu vida. Si hay ciertos «ídolos» de los cuales debas apartarte, ocúpate de eso hoy mismo. *J.L.H.*

PARA MEMORIZAR: Queridos hijos, aléjense de todo lo que pueda ocupar el lugar de Dios en el corazón. *1 Juan 5:21*

BASTA DE ÍDOLOS

DE LA BIBLIA:

No tengas ningún otro dios aparte de mí.

No te hagas ninguna clase de ídolo ni imagen de ninguna cosa que está en los cielos, en la tierra o en el mar. No te inclines ante ellos ni les rindas culto, porque yo, el SEÑOR tu Dios, soy Dios celoso, quien no tolerará que entregues tu corazón a otros dioses. Extiendo los pecados de los padres sobre sus hijos; toda la familia de los que me rechazan queda afectada, hasta los hijos de la tercera y la cuarta generación.

ÉXODO 20:3-5

Apártate de tus ídolos

4 DE MARZO

LA PRUEBA

DE LA BIBLIA:

Oh SEÑOR mi Dios, si he hecho mal

  o soy culpable de injusticia,

si he traicionado a un amigo

  o he saqueado a mi adversario sin
  razón,

entonces que mis enemigos me
  capturen.

  Deja que me pisoteen

  y arrastren mi honor por el suelo.

¡Levántate, oh SEÑOR, con enojo!

  ¡Hazle frente a la furia de mis
  enemigos!

  ¡Despierta, Dios mío, y trae
  justicia!

Reúne a las naciones delante de ti;

  gobiérnalas desde lo alto.

  El SEÑOR juzga a las naciones.

Declárame justo, oh SEÑOR,

  ¡porque soy inocente, oh Altísimo!

Acaba con la maldad de los
  perversos,

  y defiende al justo.

Pues tú miras lo profundo de la
  mente y del corazón,

  oh Dios justo.

Dios es mi escudo,

  quien salva a los de corazón recto
  y sincero.

Dios es un juez honrado;

  todos los días se enoja con los
  malvados.

SALMO 7:3-11

Siempre sé honesto

—AQUÍ TIENES DIEZ DÓLARES. Eso debería alcanzar —dijo su madre mientras ponía el dinero y la lista de las compras en la mano de Joey—. Puedes quedarte con el cambio.

Después de terminar de comprar las cosas para su mamá, Joey salió de la tienda y sacó el cambio de su bolsillo.

Oye, se suponía que debían darme un dólar con veintisiete centavos de cambio, reflexionó. *¡Pero la cajera me dio cinco dólares con veintisiete centavos por error! ¡Genial! Tendré mucho dinero para el sábado cuando vaya a los videojuegos con Esteban.*

Cuando Joey llegó a casa, trabajó en su coche a escala mientras su madre planchaba y escuchaba a su predicador preferido en la radio.

«Me gustaría finalizar mi mensaje de hoy con una historia verdadera sobre la honestidad», dijo el orador.

Joey paró los oídos cuando el hombre habló sobre un pastor que se había dado cuenta de que el conductor del autobús le había dado demasiado cambio. Mientras iba en el autobús, sintió la tentación de guardar en su billetera el dinero de más, sin decirle nada a nadie. Pero sabía que eso estaría mal. Así que, cuando estaba por descender del autobús, le devolvió el dinero de más al conductor.

—Usted cometió un error, le dijo.

—No hay ningún error —contestó el conductor del autobús—. Fue una prueba. Visité su iglesia el domingo pasado cuando usted predicó sobre la honestidad, y quise comprobar si practica lo que predica. Creo que volveré para escucharlo nuevamente.

Guau, pensó Joey. *Quizás Dios esté poniéndome a prueba a mí también. ¡Devolveré ese dinero de más a la tienda, ahora mismo!*

¿Y TÚ? ¿Alguna vez has pensado que nadie se enterará si haces algo deshonesto? Ten cuidado. Nunca sabes quién podría estar mirándote, quizás, incluso, poniéndote a prueba. *P.R.*

PARA MEMORIZAR: El SEÑOR juzga a las naciones. Declárame justo, oh SEÑOR, ¡porque soy inocente, oh Altísimo! *Salmo 7:8*

LAS CLASES COMENZARON de la manera habitual y aburrida para Rogelio. *Aquí necesitamos un poco de acción*, pensó Rogelio. Espió dentro de su pupitre para ver al ratoncito que tenía en una cajita.

Unos minutos después, la profesora Madden tuvo que ir a la dirección. Designó a Jennifer para que monitoreara el aula. Discretamente, Rogelio sacó el ratón de su escritorio y lo soltó.

—¡Hay un ratón! —gritaron muchos de los niños y se subieron de un salto a las sillas.

—Tomen asiento —les indicó Jennifer—. El ratón no les hará daño. —El ratón pasó corriendo sobre el zapato de Jennifer—. ¡Ahhhh! —chilló ella y se subió a su silla.

—Siéntense todos —ordenó Jennifer—. No hay de qué preocuparse. —Pero se quedó parada en su silla.

En ese momento, la profesora Madden volvió al caos. Dejó salir a la clase para que fueran a almorzar temprano y para que el conserje pudiera sacar al ratón.

Al salir de la escuela, Rogelio le contó a su madre sobre Jennifer y el ratón. Le dijo todo, excepto cómo llegó hasta ahí el ratón.

—Fue muy divertido —dijo—. Jennifer dijo a la clase que se sentaran porque no había nada de qué preocuparse, pero ella se quedó parada en su silla.

—Ese es un buen ejemplo de lo que hablamos esta mañana en mi estudio bíblico —dijo su madre—. Así como las acciones de Jennifer no correspondieron con sus palabras, las acciones de los cristianos no siempre coinciden con lo que dicen creer.

Rogelio se sintió culpable. Sabía que Jennifer no era la única cuyas acciones no coincidían con sus palabras. Necesitaría hablar con su madre y con su profesora.

¿Y TÚ? ¿Dices que crees en Jesús, pero a la ligera mientes, engañas o tratas mal a los demás? ¿O llevas a la práctica tu fe viviendo la vida en santidad? Pídele a Dios que te ayude a actuar de acuerdo con tu fe. *N.E.K.*

PARA MEMORIZAR: Como pueden ver, la fe por sí sola no es suficiente. A menos que produzca buenas acciones, está muerta y es inútil. *Santiago 2:17*

EL RATÓN DE ROGELIO

DE LA BIBLIA:

Amados hermanos, ¿de qué le sirve a uno decir que tiene fe si no lo demuestra con sus acciones? ¿Puede esa clase de fe salvar a alguien? Supónganse que ven a un hermano o una hermana que no tiene qué comer ni con qué vestirse y uno de ustedes le dice: «Adiós, que tengas un buen día; abrígate mucho y aliméntate bien», pero no le da ni alimento ni ropa. ¿Para qué le sirve?

Como pueden ver, la fe por sí sola no es suficiente. A menos que produzca buenas acciones, está muerta y es inútil.

Ahora bien, alguien podría argumentar: «Algunas personas tienen fe; otras, buenas acciones». Pero yo les digo: «¿Cómo me mostrarás tu fe si no haces buenas acciones? Yo les mostraré mi fe con mis buenas acciones».

Tú dices tener fe porque crees que hay un solo Dios. ¡Bien hecho! Aun los demonios lo creen y tiemblan aterrorizados. ¡Qué tontería! ¿Acaso no te das cuenta de que la fe sin buenas acciones es inútil?

SANTIAGO 2:14-20

Vive lo que crees

12 DE MARZO

LA VERDADERA LIBERTAD

DE LA BIBLIA:

Hijo mío, obedece los mandatos de
 tu padre,

 y no descuides la instrucción de tu
 madre.

Guarda siempre sus palabras en tu
 corazón;

 átalas alrededor de tu cuello.

Cuando camines, su consejo te
 guiará.

 Cuando duermas, te protegerá.

 Cuando despiertes, te orientará.

Pues su mandato es una lámpara

 y su instrucción es una luz;

su disciplina correctiva

 es el camino que lleva a la vida.

PROVERBIOS 6:20-23

*La verdadera libertad
incluye reglas*

CHRISTINA CORRIÓ HACIA SU HABITACIÓN y cerró la puerta de un golpe. ¡Qué poco razonable podía ser su madre! Christina quería ir a la pijamada en la casa de Sara, pero su madre no quería darle permiso.

—Sabes que las niñas son mucho más grandes que tú y que son bastante rebeldes —había dicho su madre.

Pero Christina gritó:

—Nunca me das ninguna libertad.

Todavía estaba sollozando cuando escuchó un ruido en su ventana. Al mirar hacia arriba, vio que un pájaro golpeaba sus alas contra el vidrio. Parecía que estaba tratando de entrar. Mientras lo observaba, su madre llamó a la puerta.

—Tengo tu ropa limpia, Christina.

Mientras su madre ponía la ropa sobre la cómoda, vio el pájaro que golpeaba el vidrio.

—Christina —dijo tiernamente su madre—, abre la ventana y deja entrar al pobre pájaro. Es una crueldad dejarlo afuera cuando quiere entrar tan desesperadamente.

—Madre, una vez que esté adentro, no sabrá qué hacer. Quedará atrapado y asustado, ¡y no sabrá cómo volver a salir! Podría lastimarse.

—¿Pero no quieres que sea libre? —preguntó su madre.

—Afuera tiene más espacio y más libertad —dijo Christina de mal humor.

Su madre sonrió y asintió.

—Entonces, al negarle la entrada, en realidad estás dándole libertad y protegiéndolo —le dijo—. Eso es lo que trato de hacer por ti.

¿Y TÚ? ¿Sientes que tus padres restringen tu libertad al ponerte reglas y esperar que las obedezcas? En realidad, están protegiéndote con amor de situaciones o de cosas que podrían perjudicarte. Confía en su criterio y obedece sus decisiones. La verdadera libertad incluye vivir dentro de los límites puestos por Dios. *J.L.H.*

PARA MEMORIZAR: Pues su mandato es una lámpara y su instrucción es una luz; su disciplina correctiva es el camino que lleva a la vida. *Proverbios 6:23*

RAQUEL LANZÓ LOS LIBROS sobre el sillón y se dejó caer junto a ellos, quejándose en voz alta.

—¿Tan mal te fue? —le preguntó su abuela, dejando de lado el bordado. La abuela siempre tenía tiempo para escuchar.

Raquel asintió tristemente.

—Fue un día terrible, abue. No sé resolver problemas de matemáticas. Trato y trato, pero no logro entenderlos. Saqué una D en mi última prueba.

—¿Le pediste ayuda a tu maestro? —preguntó su abuela.

—¿Al señor Fenski? —preguntó Raquel—. ¡Ni soñarlo! Él lo explica en clase y, si no lo entendemos, es nuestro problema. Me daría mucha vergüenza pedirle ayuda especial.

—Creo que en eso te pareces a tu abuelo —rio la abuela por lo bajo—. Él también odiaba pedir ayuda. Era demasiado orgulloso.

—Te serví un vaso de té helado, abue —dijo Rick mientras entraba en la sala, trayendo una bandeja que era casi demasiado grande para que pudiera sostenerla. Cuando el vaso se tambaleó, Raquel se acercó para ayudarlo. El muchachito levantó bruscamente la bandeja para que no pudiera alcanzarla—. ¡No! Yo puedo hacerlo so...

—¡Ay! ¡Mira lo que hiciste! —gritó Raquel cuando el vaso se cayó y salpicó té por todas partes.

Cuando las cosas se tranquilizaron, Raquel dijo:

—Me parece que me he comportado como Rick y el abuelo, tratando de hacer todo por mí misma. Quizás, *sí* le pida ayuda al señor Fenski.

Su abuela asintió con la cabeza.

—Y no olvides pedirle ayuda también a Dios.

¿Y TÚ? ¿Hay algún área en la cual necesites ayuda? ¿Alguna materia de la escuela te resulta demasiado difícil? ¿Te cuesta aprender de memoria los versículos bíblicos? ¿Hay alguna situación familiar que no puedas manejar? No seas demasiado orgulloso como para no pedir la ayuda que necesitas. Pídele ayuda a Dios primero, y luego busca la ayuda de tus padres, amigos o maestros. *B.J.W.*

PARA MEMORIZAR: El orgullo lleva a la deshonra, pero con la humildad viene la sabiduría. *Proverbios 11:2*

13 DE MARZO

DEMASIADO ORGULLOSO

DE LA BIBLIA:

El Señor está lejos de los perversos,
pero oye las oraciones de los justos.
Una mirada alegre trae gozo al corazón;
las buenas noticias contribuyen a la buena salud.
Si escuchas la crítica constructiva,
te sentirás en casa entre los sabios.
Si rechazas la disciplina, solo te harás daño a ti mismo,
pero si escuchas la corrección, crecerás en entendimiento.
El temor del Señor enseña sabiduría;
la humildad precede a la honra.

PROVERBIOS 15:29-33

Pide ayuda

14 DE MARZO

¿POR QUÉ TE QUEJAS?

DE LA BIBLIA:

Ahora bien, la verdadera sumisión a Dios es una gran riqueza en sí misma cuando uno está contento con lo que tiene. Después de todo, no trajimos nada cuando vinimos a este mundo ni tampoco podremos llevarnos nada cuando lo dejemos. Así que, si tenemos suficiente alimento y ropa, estemos contentos.

1 TIMOTEO 6:6-8

Disfruta lo que tienes

ERAN LAS VACACIONES DE PRIMAVERA y Jana estaba aburrida.

—Ay, mamá, ¿qué puedo hacer? —preguntó por enésima vez.

Su madre suspiró. Ya le había hecho varias sugerencias, pero a Jana no le interesaba nada.

—Te propongo algo —dijo finalmente su mamá—. Te ayudaré a pensar en algo divertido para hacer si primero me ayudas a hacer algunos trabajos.

—Está bien —aceptó Jana—. Cualquier cosa será mejor que quedarme sentada sin hacer nada.

Mamá escribió una lista de trabajos. Cuando Jana la leyó, gimió. Decía: «Pasar la aspiradora por la alfombra y limpiar los muebles, limpiar los azulejos del baño y doblar las toallas».

—¿Con eso es suficiente? —preguntó cuando terminó de hacer todo.

—No del todo —dijo su madre—. Lleva estas galletas a la casa de la señora Gumm.

—¿Tengo que ir hasta allá? —se quejó Jana. Pero fue y volvió.

—Ahora, ¿qué te parece si comes una galleta? —La invitó mamá—. Luego, quizás podrías leer un rato.

—¡Qué buena idea! —dijo Jana. Entonces, se rio—. Qué tontería, ¿no? Antes me sugeriste lo mismo, y en ese momento me pareció aburrido. Ahora, suena divertido.

—La actividad no cambió. Tú cambiaste —dijo mamá—. Hay un viejo dicho que dice: "Nadie valora lo que tiene hasta que lo ve perdido". Es una cuestión de *actitud*. No valoraste tu tiempo libre cuando lo tenías. Yo te lo quité durante un rato, ¡y ahora quieres recuperarlo!

—Perdón, mamá —dijo Jana—. Estuve quejándome y rezongando toda la mañana. Sé que eso está mal. Me parece que ahora aceptaré esa galleta.

¿Y TÚ? ¿Eres una persona quejumbrosa? ¿Rezongas y te quejas si no tienes algún lugar adonde ir o algo fascinante que hacer? ¿Sueles querer lo que no tienes, en lugar de estar agradecido por lo que sí tienes? Dios quiere ayudarte a que estés contento. *S.L.K.*

PARA MEMORIZAR: Ahora bien, la verdadera sumisión a Dios es una gran riqueza en sí misma cuando uno está contento con lo que tiene. *1 Timoteo 6:6*

—PAPÁ SÍ QUE SE VE CANSADO ÚLTIMAMENTE —le dijo Bonita a su hermano, Estéfano. Era sábado por la mañana y los niños jugaban a la pelota en el jardín delantero. Unos minutos antes, habían visto que su padre iba caminando lentamente por la ruta hacia la parada del autobús. A pesar de que era sábado, tenía que ir a la oficina.

—Papá está cansado por ese importante informe que está escribiendo para la convención del mes que viene —dijo Estéfano.

—Mamá también está muy ocupada —añadió Bonita—. No es fácil dar clases de tiempo completo y mantener la casa en orden. Desearía que pudiéramos ayudarlos.

—Bueno, ya ayudamos a mamá a limpiar la casa —dijo Estéfano—, ¡pero hay ciertas tareas que los niños no pueden hacer!

Siguieron lanzándose la pelota el uno al otro durante un rato; luego, Bonita habló con entusiasmo:

—Estéfano, ¿cuánto dinero tienes?

—¡Soy rico! —dijo Estéfano, sonriendo—. Toda la semana pasada ayudé al señor González a ordenar la trastienda de su supermercado, ¿recuerdas?

—Yo tengo dinero ahorrado de mi trabajo como niñera —dijo Bonita—. ¿Qué te parece si invitamos a papá y a mamá a cenar afuera? Eso les haría saber que los valoramos.

¡Y eso fue exactamente lo que hicieron Bonita y Estéfano! Sus padres estaban muy sorprendidos.

—¿Les digo algo? —dijo papá mientras estaban comiendo—, ¡esta es la mejor hamburguesa que he probado en mi vida!

—Claro que sí —dijo mamá, sonriendo—. ¡Es espectacular saber que nuestros hijos se preocupan por nosotros!

¿Y TÚ? ¿Cuándo fue la última vez que hiciste algo especial por tu papá y tu mamá, o que les dijiste cuánto valoras lo mucho que trabajan? A veces, los padres están muy ocupados y, por lo tanto, muy cansados. Lee 1 Corintios 13, el capítulo en el que el apóstol Pablo habla del amor. Luego, muéstrales ese tipo de amor a tus padres. *L.M.W.*

PARA MEMORIZAR: «Honra a tu padre y a tu madre». Ese es el primer mandamiento que contiene una promesa. *Efesios 6:2*

¡LA MEJOR HAMBURGUESA!

DE LA BIBLIA:

Si pudiera hablar todos los idiomas del mundo y de los ángeles pero no amara a los demás, yo solo sería un metal ruidoso o un címbalo que resuena. Si tuviera el don de profecía y entendiera todos los planes secretos de Dios y contara con todo el conocimiento, y si tuviera una fe que me hiciera capaz de mover montañas, pero no amara a otros, yo no sería nada. Si diera todo lo que tengo a los pobres y hasta sacrificara mi cuerpo, podría jactarme de eso; pero si no amara a los demás, no habría logrado nada.

1 CORINTIOS 13:1-3

Demuestra tu amor por tus padres

16 DE MARZO

¡TE APRECIO!

DE LA BIBLIA:

Den mis saludos a Priscila y Aquila, mis colaboradores en el ministerio de Cristo Jesús. De hecho, ellos una vez arriesgaron la vida por mí. Yo les estoy agradecido, igual que todas las iglesias de los gentiles. Den también mis saludos a la iglesia que se reúne en el hogar de ellos.

Saluden a mi querido amigo Epeneto. Él fue el primero de toda la provincia de Asia que se convirtió en seguidor de Cristo. Denle mis saludos a María, quien ha trabajado tanto por ustedes. Saluden a Andrónico y a Junias, judíos como yo, quienes estuvieron en la cárcel conmigo. Ellos son muy respetados entre los apóstoles y se hicieron seguidores de Cristo antes que yo. Saluden a Amplias, mi querido amigo en el Señor. Saludos también a Urbano, nuestro colaborador en Cristo, y a mi querido amigo Estaquis.

Saluden a Apeles, un buen hombre aprobado por Cristo. Y den mis saludos a los creyentes de la familia de Aristóbulo.

ROMANOS 16:3-10

Aprecia a los demás, y díselo

TODAS LAS MAÑANAS, Miguel leía un capítulo de la Biblia y oraba. Una mañana, leyó Romanos 16. *Este capítulo es un tanto diferente*, pensó. Más que nada, se trata de una lista de personas que Pablo apreciaba. Lo estudió durante un momento. Quizás, este capítulo esté en la Biblia para enseñarnos cuán importante es que los demás sepan cuánto los apreciamos.

Entonces, en el desayuno, Miguel le dijo a su madre:

—Gracias por prepararme estos huevos, mamá. —Luego, cuando su hermano Isaac entró en la cocina, Miguel dijo—: Isaac, te agradezco que me hayas prestado tus marcadores para hacer mi informe. —Tanto su mamá como Isaac le sonrieron de tal manera que Miguel decidió seguir diciéndole a la gente cuánto la apreciaba.

En la escuela, Miguel le dijo a su amigo Keith:

—Gracias por defenderme ayer cuando esos chicos se burlaron de mí. Lo aprecio mucho.

Mientras volvía desde la escuela a su casa, Miguel pasó caminando por su iglesia. El pastor Jim estaba parado en el estacionamiento, hablando con la organista.

—Pastor —lo llamó Miguel—, quiero que sepa cuánto aprecio sus mensajes. Y, señora Harris, gracias por tocar el órgano todas las semanas. —Miguel recibió dos grandes sonrisas más.

Esa noche, mientras Miguel se preparaba para ir a dormir, volvió a pensar en el aprecio. Las personas necesitaban ser apreciadas. Lo sabía por las amplias sonrisas que había recibido durante todo el día. Se alegró de haber aprendido una lección del apóstol Pablo.

¿Y TÚ? Es probable que aprecies a todas las personas que hacen cosas por ti, pero ¿se lo dices? Haz una lista de cinco personas a las cuales aprecias y díselo. Te sentirás bien porque estarás ayudando a que otros se sientan bien. Y no olvides incluir a Jesús en tu lista. ¡Él merece la mayor apreciación de todas! *L.M.W.*

PARA MEMORIZAR: Cada vez que pienso en ustedes, le doy gracias a mi Dios. *Filipenses 1:3*

—VAMOS, SUSANA —LLAMÓ ÉRICA—. Es hora de ir al coro.

Guardó sus libros en su casillero y cerró la puerta.

—Decidí que no iré, Érica. Es muy pesado tener que quedarme dos veces a la semana después de la escuela.

—Pero, Susana, ese era el plan —dijo Érica, mirando su reloj de reojo.

—Érica, olvidémonos del coro este año —le rogó Susana—. Te propongo que, en cambio, vayamos a mi casa y juguemos con mi nuevo videojuego.

Érica titubeó. Quería quedarse, pero no quería ir sola al coro. Además, sabía que Susana no cambiaría de parecer.

—Bueno, está bien —aceptó titubeante.

Esa noche, la mamá de Érica le preguntó cómo había estado el coro.

—Susana y yo decidimos no participar este año —explicó Érica.

—¿Esa fue en verdad tu decisión o la de Susana? —preguntó su mamá.

Érica bajó la mirada.

—Tienes talento, Érica, y siempre dijiste que querías usarlo para el Señor. La formación que recibes en la escuela te ayudará a desarrollar tu talento y, además, el año pasado te divertiste mucho cantando en los conciertos. La principal persona a la que le haces daño al no ir es a ti misma.

Érica reflexionó en las palabras de su madre. No era la primera vez que Susana la había desalentado de hacer algo que ella deseaba hacer.

—Mamá, volveré a ir al coro la semana que viene —dijo con firmeza—. ¡No seguiré dejando que Susana me convenza de no hacer cosas! Le pediré al Señor que me ayude a tomar mis propias decisiones.

¿Y TÚ? ¿Dejas que los demás te digan qué debes o qué no debes hacer? A veces los amigos pueden resultar bastante convincentes y, si no tienes cuidado, ellos tomarán las decisiones por ti. Dios quiere que tomes tus propias decisiones. Pídele que te ayude a tener sabiduría. *L.M.W.*

PARA MEMORIZAR: Pues todo lo puedo hacer por medio de Cristo, quien me da las fuerzas. *Filipenses 4:13*

17 DE MARZO

SU PROPIA DECISIÓN

DE LA BIBLIA:

Después Absalón compró un carruaje y caballos, y contrató a cincuenta guardaespaldas para que corrieran delante de él. Cada mañana se levantaba temprano e iba a la puerta de la ciudad. Cuando la gente llevaba un caso al rey para que lo juzgara, Absalón le preguntaba de qué parte de Israel era, y la persona le mencionaba a qué tribu pertenecía. Entonces Absalón le decía: «Usted tiene muy buenos argumentos a su favor. ¡Es una pena que el rey no tenga disponible a nadie para que los escuche! Qué lástima que no soy el juez; si lo fuera, todos podrían traerme sus casos para que los juzgara, y yo les haría justicia».

Cuando alguien trataba de inclinarse ante él, no lo permitía. En cambio, lo tomaba de la mano y lo besaba. Absalón hacía esto con todos los que venían al rey por justicia, y de este modo se robaba el corazón de todo el pueblo de Israel.

2 SAMUEL 15:1-6

Decide con la ayuda de Dios

18 DE MARZO

EL DÍA DE LA CAMISETA

DE LA BIBLIA:

Mientras tanto, Pedro estaba sentado afuera en el patio. Una sirvienta se acercó y le dijo:

—Tú eras uno de los que estaban con Jesús, el galileo.

Pero Pedro lo negó frente a todos.

—No sé de qué hablas —le dijo.

Más tarde, cerca de la puerta, lo vio otra sirvienta, quien les dijo a los que estaban por ahí: «Este hombre estaba con Jesús de Nazaret».

Nuevamente, Pedro lo negó, esta vez con un juramento. «Ni siquiera conozco al hombre», dijo.

Un poco más tarde, algunos de los otros que estaban allí se acercaron a Pedro y dijeron:

—Seguro que tú eres uno de ellos; nos damos cuenta por el acento galileo que tienes.

Pedro juró:

—¡Que me caiga una maldición si les miento! ¡No conozco al hombre!

Inmediatamente, el gallo cantó.

De repente, las palabras de Jesús pasaron rápidamente por la mente de Pedro: «Antes de que cante el gallo, negarás tres veces que me conoces». Y Pedro salió llorando amargamente.

MATEO 26:69-75

No te avergüences de Jesús

KARIN Y SU FAMILIA ESTABAN PASANDO las vacaciones de primavera en el Campamento Bíblico Mountain View, y Karin lo disfrutaba muchísimo.

—Por favor, ¿puedo comprar una camiseta del campamento? —suplicó un día—. Todos los demás tienen una. —Su madre estuvo de acuerdo e, inmediatamente, Karin se puso la camiseta. En la parte delantera había una imagen de la capilla con las palabras «Proclamando su Palabra al mundo». En la espalda, decía: «Campamento Bíblico Mountain View». Karin usó la camiseta casi todos los días de esa semana, orgullosa de ser parte del grupo.

Cuando volvió a casa, Karin puso la camiseta en una gaveta y se olvidó de ella. Sin embargo, su madre no la olvidó. De vez en cuando, le sugería a Karin que la usara, pero Karin siempre se negaba.

—Me gusta —insistía—, pero no se vería bien si la usara.

Un viernes en la escuela anunciaron que era el Día de la Camiseta. Karin volvió a pedir que le compraran una camiseta nueva.

—No esta vez —respondió su madre—. Usa la camiseta del campamento. Está casi nueva.

—No puedo ponerme esa —protestó Karin—. No se vería bien en la escuela. Todos van a ponerse camisetas con frases de moda o de lugares vacacionales emocionantes como Yellowstone.

—¿No fue el campamento emocionante? —preguntó su madre—. Antes te encantaba tu camiseta.

—Era distinto cuando estaba en el campamento —dijo Karin, mordiéndose el labio.

—Sí, así fue —dijo su madre—. En ese momento era cómodo identificarse como cristiana porque los demás compartían tu fe. ¿Te avergüenza? —preguntó su madre suavemente.

Karin lo pensó un momento.

—Creo que me he sentido avergonzada —confesó.

¿Y TÚ? ¿Tus amigos y tus maestros saben que eres cristiano? ¿Oras antes de comer, das testimonio cuando puedes y defiendes tu fe en el aula? No te avergüences de Jesús. Los demás también necesitan conocerlo. *J.L.H.*

PARA MEMORIZAR: Así que nunca te avergüences de contarles a otros acerca de nuestro Señor, ni te avergüences de mí, aun cuando estoy preso por él. Con las fuerzas que Dios te da prepárate para sufrir conmigo a causa de la Buena Noticia. *2 Timoteo 1:8*

—¡ODIO ESTA HORRIBLE NARIZ! —se lamentó Flor mientras se miraba al espejo.

—No nos preocupemos por las narices ahora —dijo mamá—. Ya tenemos que irnos si queremos ir al zoológico hoy.

Era un hermoso día soleado. Flor y su mamá disfrutaban de caminar sin prisa, mirando a todos los animales.

—¡Ay, caramba! Los elefantes tienen una trompa larga, ¿no? —comentó mamá mientras se detenían a contemplar a las grandes bestias—. Me alegro de que mi nariz no sea tan larga.

—¡Eso es lo que hace que un elefante sea un elefante! —dijo Flor.

En la jaula de los rinocerontes, mamá se rio mientras señalaba el cuerno que tenían en el hocico.

—¡Ay, por Dios! ¡Esa clase de nariz sería peor aún!

Flor la miró con curiosidad, pero no dijo nada. Mientras caminaban, notó que su madre hacía un comentario sobre la nariz de casi todos los animales. Cuando llegaron a los babuinos, mamá se dio vuelta y la miró.

—Sus narices son demasiado chatas, ¿no crees? ¿Acaso no se verían mejor si tuvieran una como la de los tigres?

Flor se enfadó.

—¡No, no sería mejor! —gritó—. Me gustan como son. Los animales no serían tan interesantes si fueran todos iguales. Además, tú misma dijiste que Dios los hizo como son y que él sabe bien qué aspecto deberían tener.

—Exactamente —dijo su madre, asintiendo—. Él sabe bien qué aspecto tienen que tener los animales y qué aspecto deben tener las personas.

—¡Oh! —exclamó Flor, llevándose la palma de la mano a la nariz—. ¡Ya entendí!

¿Y TÚ? ¿A veces te quejas de tu apariencia física? Si todos tuvieran la nariz, la boca, los ojos y los dientes «perfectos», ¡seríamos todos iguales! Recuerda: Dios te hizo y te ama tal como eres. *P.R.*

PARA MEMORIZAR: El Espíritu de Dios me ha creado, y el aliento del Todopoderoso me da vida. *Job 33:4*

19 DE MARZO

LA NARIZ ADECUADA

DE LA BIBLIA:

«Para que el mundo entero, desde el oriente hasta el occidente,

sepa que no hay otro Dios.

Yo soy el SEÑOR, y no hay otro.

Yo formo la luz y creo las tinieblas,

yo envío los buenos tiempos y los malos.

Yo, el SEÑOR, soy el que hace estas cosas. [...]

»¡Qué aflicción espera a los que discuten con su Creador!

¿Acaso discute la olla de barro con su hacedor?

¿Reprocha el barro al que le da forma diciéndole:

"¡Detente, lo estás haciendo mal!"?

¿Exclama la olla:

"¡Qué torpe eres!"?

¡Qué terrible sería si un recién nacido le dijera a su padre:

"¿Por qué nací?"

o le dijera a su madre:

"¿Por qué me hiciste así?"!».

Esto dice el SEÑOR,

el Santo de Israel, tu Creador:

«¿Pones en tela de juicio lo que hago por mis hijos?

¿Acaso me das órdenes acerca de la obra de mis manos?

Yo soy el que hizo la tierra

y creó a la gente para que viviera en ella».

ISAÍAS 45:6-7, 9-12

Dios me hizo especial

20 DE MARZO

EL ABUELO SE OLVIDA

(Primera parte)

DE LA BIBLIA:

«Presta atención, oh Jacob,
    porque tú eres mi siervo, oh Israel.
Yo, el SEÑOR, te hice
    y no te olvidaré». [...]

¿Cuánto cuestan cinco gorriones: dos monedas de cobre? Sin embargo, Dios no se olvida de ninguno de ellos. Y, en cuanto a ustedes, cada cabello de su cabeza está contado. Así que no tengan miedo; para Dios ustedes son más valiosos que toda una bandada de gorriones.

ISAÍAS 44:21; LUCAS 12:6-7

Dios nunca te olvida

—HOLA, ABUELO —EXCLAMÓ DENISE—. ¿La abuela también vino? —Denise había ido al supermercado con su padre, quien estaba buscando una harina para pastel y un poco de helado para su fiesta de cumpleaños, que sería al día siguiente. Pero ¿qué le pasaba al abuelo? No respondía nada. Simplemente se quedó mirándola como si no la conociera.

Justo entonces apareció la abuela. Parecía enfadada.

—Roberto, te dije que esperaras al lado de las revistas —gruñó. Al ver a Denise, le dio un beso rápido—. ¿Ya están listos para tu fiesta de cumpleaños? —preguntó.

—¿Fiesta? —preguntó el abuelo—. ¿Quién va a tener una fiesta?

—Denise. Hablamos de eso en el desayuno —dijo la abuela con paciencia—. ¿No te acuerdas? —Le tomó el brazo—. Vamos a comprar un regalo de cumpleaños.

Esa noche, cuando mamá la arropó en la cama, Denise le contó acerca del comportamiento extraño que había tenido el abuelo. Su madre hizo un gesto de preocupación.

—El abuelo no está bien —dijo su madre—. Tiene una enfermedad llamada Alzheimer, que hace que las personas olviden los nombres, los lugares e, incluso, a las personas que aman.

Denise apenas pudo tragar.

—Pero el abuelo y yo somos amigos; él mismo me lo dijo. Y los amigos no se olvidan unos de otros.

—Lo sé —dijo mamá, abrazando a Denise—, pero me temo que los amigos de este mundo, a veces, olvidan. Y el abuelo no puede evitar olvidar las cosas —dijo su madre—. Dale gracias a Dios por los buenos momentos que pasaron juntos. Dale gracias, también, porque Jesús siempre está ahí para ti. Jesús es un amigo que "se mantiene más leal que un hermano" o que un abuelo.

¿Y TÚ? ¿Te sientes triste porque un amigo se mudó lejos, porque eligió a otro amigo o porque, simplemente, te olvidó? ¿Acaso no te alegra saber que Dios nunca olvidará a los suyos? Dale gracias por eso y deja que él llene el lugar vacío que quedó en tu vida. *C.J.B.*

PARA MEMORIZAR: Hay quienes parecen amigos, pero se destruyen unos a otros; el amigo verdadero se mantiene más leal que un hermano. *Proverbios 18:24*

LOS GLOBOS ROSADOS Y AMARILLOS COLGABAN por toda la sala. Muchas de las tías, tíos y primos de Denise ya estaban allí cuando llegaron el abuelo y la abuela. Sin embargo, el abuelo se paró al lado de la puerta con una expresión perdida y confundida en el rostro.

—¿Quiénes son estas personas? —preguntó.

—Son nuestros hijos y nietos —dijo la abuela.

Denise se dio cuenta de que la abuela hablaba como si estuviera diciéndoselo a un niño pequeño. *Supongo que eso debe ser porque él tiene la enfermedad de Alzheimer y se olvida de muchas cosas,* pensó. Se acercó y deslizó su mano dentro de la de él.

—Me alegra que hayas venido, abuelo.

El abuelo miró a Denise, y una sonrisa dulce se desplegó en su rostro. Palmeó su cabeza torpemente y, entonces, dijo:

—¿Esta es tu casa, pequeña?

—Por supuesto, abuelo —respondió Denise—. Yo soy Denise, ¿te acuerdas?

Cuando Denise y su papá ayudaron a ordenar la cocina después de la fiesta, Denise cerró de un golpe la puerta del lavavajillas.

—¿Por qué el abuelo tiene Alzheimer? —masculló—. No se me ocurre ni una sola razón por la que Dios permitió que sucediera esto.

—A mí tampoco —dijo papá. Denise abrió más grandes los ojos—. Eso te sorprende, ¿cierto? —le preguntó. Denise asintió—. En la vida, debemos contar con que sucederán cosas malas, así como también cosas buenas —continuó papá—. El Alzheimer del abuelo es una cosa triste. Y, así como él no suele entender qué está pasando a su alrededor, nosotros no podemos entender por qué suceden cosas tan tristes. Dios no nos pide que entendamos, pero sí nos pide que creamos en él con todo nuestro corazón, a pesar de las circunstancias tristes. Él promete estar con nosotros en los momentos difíciles.

¿Y TÚ? ¿Estás desconcertado? ¿Te preguntas por qué Dios ha dejado que sucedan algunas cosas tristes? Él quiere que confíes en él, y está esperando para consolarte y ayudarte. *C.J.B.*

PARA MEMORIZAR: Cada vez él me dijo: «Mi gracia es todo lo que necesitas; mi poder actúa mejor en la debilidad». Así que ahora me alegra jactarme de mis debilidades, para que el poder de Cristo pueda actuar a través de mí. *2 Corintios 12:9*

21 DE MARZO

EL ABUELO SE OLVIDA

(Segunda parte)

DE LA BIBLIA:

Levanto la vista hacia las montañas;
   ¿viene de allí mi ayuda?
¡Mi ayuda viene del SEÑOR,
   quien hizo el cielo y la tierra!
Él no permitirá que tropieces;
   el que te cuida no se dormirá.
En efecto, el que cuida a Israel
   nunca duerme ni se adormece.
¡El SEÑOR mismo te cuida!
   El SEÑOR está a tu lado como tu
      sombra protectora.
El sol no te hará daño durante el día,
   ni la luna durante la noche.
El SEÑOR te libra de todo mal
   y cuida tu vida.
El SEÑOR te protege al entrar y al salir,
   ahora y para siempre.

SALMO 121:1-8

Sigue confiando en Dios

22 DE MARZO

EL ABUELO SE OLVIDA

(Tercera parte)

DE LA BIBLIA:

No amen el dinero; estén contentos con lo que tienen, pues Dios ha dicho: «Nunca te fallaré.

Jamás te abandonaré».

Así que podemos decir con toda confianza:

«El SEÑOR es quien me ayuda,

por tanto, no temeré.

¿Qué me puede hacer un simple mortal?».

Acuérdense de los líderes que les enseñaron la palabra de Dios. Piensen en todo lo bueno que haya resultado de su vida y sigan el ejemplo de su fe.

Jesucristo es el mismo ayer, hoy y siempre.

HEBREOS 13:5-8

Dios nunca cambia

UN SÁBADO, DENISE SE DESPERTÓ SINTIÉNDOSE malhumorada y triste. En la cocina, encontró a su madre sirviendo cereal.

—¿Cómo está el abuelo? —preguntó Denise.

—No lo sé —respondió su madre—. ¿Quieres ir al hogar de ancianos esta tarde con tu padre y conmigo?

Denise asintió. Se sentó a comer, pero la avena se le quedó atravesada en la garganta. La vida era dolorosa. Primero, el abuelo había desarrollado la enfermedad de Alzheimer y, luego, se había caído y se había fracturado la cadera.

Esa tarde, cuando llegaron a la habitación del abuelo, Denise deseó no haber ido. El abuelo estaba casi tan pálido como su colcha. Tenía los ojos desorbitados y asustados.

—Ayúdenme... por favor, ayúdenme... ¿alguien puede ayudarme, por favor? —gritaba una y otra vez. Cuando entró una enfermera, el padre de Denise la tomó de la mano y la sacó de la habitación. Le sonrió para que supiera que la comprendía.

—Me gustaría que las cosas fueran como antes —lloró Denise—. El abuelo está tan distinto. Quiero que siga siendo el mismo.

Su padre le dio una palmadita y suspiró.

—Todo cambia en la vida —dijo—. ¡Mírate a ti misma! Creciste tres centímetros el verano pasado. Y la nueva dieta de mamá y el plan de ejercicio que sigue la han ayudado a bajar varios kilos. En cuanto a mí... bueno, yo no puedo verlo, desde luego, pero todos dicen que yo aumenté varios.

Denise trató de sonreír. La transferencia de peso de su madre a su padre había sido una broma familiar. El padre de Denise le apretó la mano.

—Te diré qué me ayuda a aceptar los cambios —dijo—. Es saber que tengo un amigo que nunca cambia. Y ese amigo es Jesús.

¿Y TÚ? ¿Te asustan los cambios que hay en tu vida? Quizás alguien cercano a ti ha muerto o se ha mudado. Tal vez alguien a quien amas está enfermo. Habla con Dios. Él entiende tu confusión y tu dolor. *C.J.B.*

PARA MEMORIZAR: Jesucristo es el mismo ayer, hoy y siempre. *Hebreos 13:8*

LAN CERRÓ SU CASILLERO y caminó rápidamente hacia la puerta. Su primer día en la nueva escuela había sido tal como lo esperaba. Sintió que todos se habían quedado mirándola porque se veía distinta a la mayoría de las niñas de su aula. Pero ellos no habían nacido en Corea y ella sí. Suspiró. Se alegraba de que, al menos, hubiera algunas otras niñas asiáticas en su clase, y esperaba pronto llegar a conocerlas mejor.

—Lan —dijo alguien—. Espérame. —Lan se dio vuelta abruptamente y vio a una niña bajita y rubia que caminaba hacia ella—. Me gustaría conocerte —dijo la niña—. Mi maestra de escuela dominical me dijo que tú y tu familia acaban de mudarse al lado de su casa.

Lan asintió.

—Ella quería que la acompañara a la iglesia ayer —confesó la niña coreana—. Pero...

—Me llamo Gina Ellers —dijo la otra niña—. Te gustará nuestra iglesia. Muchas personas maravillosas van allí.

Lan sacudió la cabeza.

—No —dijo tímidamente—. Al verme, la gente diría que soy diferente.

—Ah, no creo —respondió Gina—. Saben que no importa cuán distintos seamos por fuera porque Dios mira el corazón y sabe que todos somos iguales por dentro —explicó—. Todos necesitamos que Jesús sea nuestro Salvador y nuestro amigo.

—Nunca había escuchado algo así —dijo Lan con aire pensativo—. Quizás vaya a tu iglesia para escuchar un poco más del tema. O, quizás, tú puedas hablarme más.

¿Y TÚ? Es posible que tu nacionalidad sea distinta a la de los niños de tu escuela. Para Dios, no hay diferencias. Él entregó a su Hijo por todos, incluyéndote a ti. ¿Le has pedido que quite tu pecado y te haga un hijo suyo? *R.I.J.*

PARA MEMORIZAR: Pues «todo el que invoque el nombre del SEÑOR será salvo». *Romanos 10:13*

23 DE MARZO

SER DIFERENTE

(Primera parte)

DE LA BIBLIA:

Si declaras abiertamente que Jesús es el Señor y crees en tu corazón que Dios lo levantó de los muertos, serás salvo. Pues es por creer en tu corazón que eres hecho justo a los ojos de Dios y es por declarar abiertamente tu fe que eres salvo. Como nos dicen las Escrituras: «Todo el que confíe en él jamás será avergonzado». No hay diferencia entre los judíos y los gentiles en ese sentido. Ambos tienen al mismo Señor, quien da con generosidad a todos los que lo invocan. Pues «todo el que invoque el nombre del SEÑOR será salvo».

ROMANOS 10:9-13

Todos hemos pecado

24 DE MARZO

SER DIFERENTE

(Segunda parte)

DE LA BIBLIA:

Entonces llamó a la multitud para que se uniera a los discípulos, y dijo: «Si alguno de ustedes quiere ser mi seguidor, tiene que abandonar su propia manera de vivir, tomar su cruz y seguirme. Si tratas de aferrarte a la vida, la perderás; pero si entregas tu vida por mi causa y por causa de la Buena Noticia, la salvarás. ¿Y qué beneficio obtienes si ganas el mundo entero pero pierdes tu propia alma? ¿Hay algo que valga más que tu alma? Si alguien se avergüenza de mí y de mi mensaje en estos días de adulterio y de pecado, el Hijo del Hombre se avergonzará de esa persona cuando regrese en la gloria de su Padre con sus santos ángeles».

MARCOS 8:34-38

Sé diferente para Jesús

GINA Y LAN SE HICIERON BUENAS AMIGAS Y, poco tiempo después, Lan aceptó a Jesús como su Salvador. Además, en su nueva escuela empezó a sentirse más como en casa. Un día, las dos niñas hablaron del tema.

—¿Te digo algo? —dijo Gina—. Tú tenías miedo de ser diferente y yo también.

Lan la miró sorprendida.

—¿Tú? Pero si eres como todos los otros niños.

Gina asintió.

—Quizás físicamente me parezca a la mayoría —reconoció—, pero creer en Jesús me hace diferente a muchos de ellos. Casi nunca hablo con nadie acerca de la iglesia, de Dios o de algo por el estilo porque tengo miedo de que se rían de mí.

—¿Quieres decir que nunca le hablaste a nadie como me hablaste a mí? —preguntó Lan sorprendida.

Gina negó con la cabeza.

—Hace tres años que soy cristiana —dijo—, y he tenido vergüenza de que los demás lo sepan. —Dejó de hablar durante un buen rato—. Ayer, cuando nuestra maestra de la escuela dominical leyó que Jesús se avergonzará de nosotros si nosotros nos avergonzamos de él, me sentí realmente terrible. No quiero que él siga avergonzándose de mí.

Lan no estaba segura de entender todo lo que Gina decía. Todo era muy nuevo para ella. Pero sí entendía qué significaba ser diferente. Despacio, dijo:

—Quizás a veces sea bueno ser diferente.

¿Y TÚ? ¿Temes mostrar tu testimonio cristiano por miedo a que alguien piense que eres diferente? A lo mejor, «ser diferente» en tus acciones y en tu manera de hablar sea precisamente lo que causará que alguien vea que eres una persona cristiana. Tal vez eso te dé la oportunidad de ganar a alguien para Cristo. *R.I.J.*

PARA MEMORIZAR: Entonces dijo a la multitud: «Si alguno de ustedes quiere ser mi seguidor, tiene que abandonar su propia manera de vivir, tomar su cruz cada día y seguirme». *Lucas 9:23*

—BIEN, GREG, ¿QUÉ TIENES PROGRAMADO PARA MAÑANA? —preguntó papá mientras se sentaba en un sillón.

Greg dejó de mirar la televisión y levantó el periódico.

—Bueno —dijo—, mañana en la tarde tenemos la fiesta del grupo de jóvenes. —Rápidamente, leyó la página de las historietas mientras su papá se quitaba los zapatos. Luego, entregándole el periódico a papá, dijo—: Tendremos un concurso sobre la Biblia al comienzo de la fiesta. Quizás yo vaya más tarde.

—¿En serio? —preguntó papá—. Antes te gustaban los concursos. ¿Por qué ese cambio?

Greg hojeó una revista de deportes.

—Joel siempre gana.

—¿Sabes qué capítulos abarcará el concurso?

—Sí —respondió Greg—, pero no importa. Joel sabrá todo. Ese chico realmente conoce su Biblia. El otro día, en la clase de Ciencias, Joel y nuestro profesor se engancharon en una discusión sobre la Creación, y Joel habló muy bien. Citó versículos bíblicos y dijo por qué él creía que era cierto. Me gustaría conocer la Biblia de esa manera.

Papá preguntó:

—¿Cómo supones que Joel aprendió tanto? —Greg se encogió de hombros—. Bueno —dijo papá—, no creo que haya sido por leer revistas, periódicos ni por mirar la televisión. Si quieres conocer la Biblia, tienes que estudiar la Biblia.

Greg miró a papá; luego bajó la mirada a su revista. Dejándola en la mesita, se levantó.

—Tengo que ir a estudiar un par de capítulos de mi Biblia. ¡Mañana, Joel tendrá un poco de competencia!

¿Y TÚ? ¿Te gustaría tener tanto conocimiento de la Biblia como algún amigo tuyo? También está a tu disposición, pero no vendrá automáticamente. Cuando enseñen la Palabra de Dios en la iglesia y en la escuela dominical, escucha, prestando mucha atención. Y, también, estúdiala por cuenta propia. *H.W.M.*

PARA MEMORIZAR: Esfuérzate para poder presentarte delante de Dios y recibir su aprobación. Sé un buen obrero, alguien que no tiene de qué avergonzarse y que explica correctamente la palabra de verdad.
2 Timoteo 2:15

25 DE MARZO

ESTUDIAR PARA SABER

DE LA BIBLIA:

Pero tú debes permanecer fiel a las cosas que se te han enseñado. Sabes que son verdad, porque sabes que puedes confiar en quienes te las enseñaron. Desde la niñez, se te han enseñado las sagradas Escrituras, las cuales te han dado la sabiduría para recibir la salvación que viene por confiar en Cristo Jesús. Toda la Escritura es inspirada por Dios y es útil para enseñarnos lo que es verdad y para hacernos ver lo que está mal en nuestra vida. Nos corrige cuando estamos equivocados y nos enseña a hacer lo correcto. Dios la usa para preparar y capacitar a su pueblo para que haga toda buena obra.

2 TIMOTEO 3:14-17

Estudia la Biblia

26 DE MARZO

¿ESTÁS ESCUCHANDO?

DE LA BIBLIA:

De pronto el SEÑOR llamó:

—¡Samuel!

—Sí —respondió Samuel—. ¿Qué quiere?

Se levantó y corrió hasta donde estaba Elí.

—Aquí estoy. ¿Me llamó usted?

—Yo no te llamé —dijo Elí—. Vuelve a la cama.

Entonces, Samuel se volvió a acostar. Luego, el SEÑOR volvió a llamar:

[...] Nuevamente Samuel se levantó y fue a donde estaba Elí. [...]

—Yo no te llamé, hijo mío —respondió Elí. [...]

Samuel todavía no conocía al SEÑOR, porque nunca antes había recibido un mensaje de él. Así que el SEÑOR llamó por tercera vez, y una vez más Samuel se levantó y fue a donde estaba Elí. [...]

En ese momento Elí se dio cuenta de que era el SEÑOR quien llamaba al niño. Entonces le dijo a Samuel:

—Ve y acuéstate de nuevo y, si alguien vuelve a llamarte, di: "Habla, SEÑOR, que tu siervo escucha".

Así que Samuel volvió a su cama. Y el SEÑOR vino y llamó igual que antes:

—¡Samuel! ¡Samuel!

Y Samuel respondió:

—Habla, que tu siervo escucha.

1 SAMUEL 3:4-10

Escucha la voz de Dios

—ESTA MAÑANA ESCUCHÉ QUE EL SEÑOR ME HABLÓ —dijo papá mientras la familia Jenkins volvía a casa en coche desde la iglesia.

—¿En serio? —Jeremías, de solo cuatro años, estaba asombrado—. Yo no lo escuché.

—No lo escuché hablar como tú me escuchas a mí —explicó papá—, sino que él habló a mi corazón. Me sentí guiado a ofrendar más dinero para los misioneros.

Mamá asintió.

—Yo sentí lo mismo. ¿Te gustó el mensaje, Felipe?

Mamá miró de reojo a su hijo mayor, sentado en el asiento trasero, pero Felipe tenía la mirada perdida.

—Ehh... bueno, yo...

Mamá frunció el ceño.

—Tal vez no oíste al Señor porque no estabas escuchando —sugirió.

Antes de que Felipe pudiera defenderse, papá dijo:

—Llegamos a casa.

Mientras mamá preparaba la cena, papá miraba el noticiero en la televisión. Los niños estaban tumbados sobre la alfombra de la sala para leer juntos el periódico del domingo.

—¡Ohh! —dijo papá con la voz entrecortada—. ¡Qué terrible! —Los niños miraron hacia arriba mientras el conductor del noticiero continuaba diciendo que un adolescente estaba hospitalizado porque había sido arrollado por el tren mientras andaba en bicicleta.

—Qué raro —comentó Felipe cuando papá apagó el televisor—. Aunque no estuviera mirando, debió haberlo oído venir.

—No escuchó el tren porque no estaba esperando oírlo. Llevaba puestos sus audífonos e iba escuchando su música.

—¡Como yo esta mañana en la iglesia! —dijo Felipe—. Yo tampoco estaba escuchando.

¿Y TÚ? El Señor suele hablar a tu corazón con una voz tranquila y suave, subrayando, simplemente, lo que tienes que hacer. Dios habla a través de tu pastor, de tus maestros, de tus padres y, por supuesto, de la Biblia. No dejes que otras cosas ahoguen la voz del Señor. *B.J.W.*

PARA MEMORIZAR: ¡Mira! Yo estoy a la puerta y llamo. Si oyes mi voz y abres la puerta, yo entraré y cenaremos juntos como amigos. *Apocalipsis 3:20*

GARY SE PUSO CÓMODO EN SU SILLA MIENTRAS su maestro de Ciencias empezaba a mostrar una película sobre los pingüinos adelaida.

Gary observó cómo los pingüinos nadaban hacia la costa en la primavera. Resbalaban y caminaban como patos por el terreno congelado en busca de un lugar para anidar. ¡Qué graciosos se veían! Pronto, se detuvieron en un sitio rocoso llamado colonia de grajos. Allí, una gran cantidad de pingüinos pondrían sus huevos y cuidarían a sus crías. En una colonia podían vivir un millón de pingüinos, pero cada familia de pingüinos tenía su propio nido.

Cuando las luces se encendieron, Gary tenía varias preguntas que hacerle a su maestro.

—Si miles de pingüinos viven en un lugar, ¿cómo puede saber la hembra cuáles son sus crías? —preguntó—. A mí me parece que todos están vestidos de la misma manera. —La clase se rio.

—Es una buena pregunta, Gary —dijo su maestro—. Cada pingüino tiene una voz distinta. Los padres pueden identificar a sus propios hijos entre miles de otros pingüinos con solo escuchar el sonido de sus voces.

Esa noche, Gary les habló a sus padres sobre los pingüinos. Papá sonrió y asintió.

—¿Sabes? Dios hace lo mismo por nosotros —dijo—. En todo el mundo hay millones de personas, pero Dios conoce a quienes le pertenecen. Si se apartan de él, Dios los llama para que vuelvan a él a través de su Palabra. Conoce a sus propios hijos y los cuida.

—Me alegro de pertenecer a Jesús —dijo Gary.

¿Y TÚ? ¿Te preguntas si Dios se ocupa de ti o de tus circunstancias? Si has confiado en Cristo como tu Salvador, le perteneces a Dios. Él te conoce personalmente. Se preocupa por cada detalle de tu vida. Él ha prometido cuidarte. Confía en él. *J.L.H.*

PARA MEMORIZAR: Sin embargo, la verdad de Dios se mantiene firme como una piedra de cimiento con la siguiente inscripción: «El Señor conoce a los que son suyos», y «Todos los que pertenecen al Señor deben apartarse de la maldad». *2 Timoteo 2:19*

27 DE MARZO

ÉL CONOCE A LOS SUYOS

(Primera parte)

DE LA BIBLIA:

Les digo la verdad, el que trepa por la pared de un redil a escondidas en lugar de entrar por la puerta ¡con toda seguridad es un ladrón y un bandido! Pero el que entra por la puerta es el pastor de las ovejas. El portero le abre la puerta, y las ovejas reconocen la voz del pastor y se le acercan. Él llama a cada una de sus ovejas por su nombre y las lleva fuera del redil. Una vez reunido su propio rebaño, camina delante de las ovejas, y ellas lo siguen porque conocen su voz. Nunca seguirán a un desconocido; al contrario, huirán de él porque no conocen su voz. [...]

Yo soy el buen pastor. El buen pastor da su vida en sacrificio por las ovejas. El que trabaja a sueldo sale corriendo cuando ve que se acerca un lobo; abandona las ovejas, porque no son suyas y él no es su pastor. Entonces el lobo ataca el rebaño y lo dispersa. El cuidador contratado sale corriendo porque trabaja solamente por el dinero y, en realidad, no le importan las ovejas.

Yo soy el buen pastor; conozco a mis ovejas, y ellas me conocen a mí.

JUAN 10:1-5, 11-14

Dios conoce a los suyos

28 DE MARZO

ÉL CONOCE A LOS SUYOS

(Segunda parte)

DE LA BIBLIA:

Entremos directamente a la presencia de Dios con corazón sincero y con plena confianza en él. Pues nuestra conciencia culpable ha sido rociada con la sangre de Cristo a fin de purificarnos, y nuestro cuerpo ha sido lavado con agua pura.

Mantengámonos firmes sin titubear en la esperanza que afirmamos, porque se puede confiar en que Dios cumplirá su promesa. Pensemos en maneras de motivarnos unos a otros a realizar actos de amor y buenas acciones. Y no dejemos de congregarnos, como lo hacen algunos, sino animémonos unos a otros, sobre todo ahora que el día de su regreso se acerca.

HEBREOS 10:22-25

No descuides la iglesia

LUEGO DE VER LA PELÍCULA SOBRE LOS PINGÜINOS, Gary decidió hacer una composición sobre ellos para recibir unos puntos adicionales. Estaba leyendo un libro sobre pingüinos cuando su padre entró en la sala.

—¿Cómo vas con esa composición, Gary? —preguntó papá.

—Bien, papá. Estoy aprendiendo cosas realmente geniales —respondió Gary—. ¿Sabías que cuando los pingüinos se dirigen a tierra y buscan un lugar donde anidar, marchan en una sola fila durante kilómetros? No tienen puntos de referencia que los guíen, pero nunca se pierden. Utilizan el sol para orientarse. ¿No te parecen súper inteligentes?

—Sí, y eso es porque Dios les dio instintos especiales cuando los creó —explicó papá—. Dios cuida a su creación.

—Escucha esto —continuó Gary—. Cuando los pequeños pingüinos tienen alrededor de tres semanas de vida, están tan hambrientos que ambos padres deben salir a cazar el alimento. Entonces, las crías forman grupos de cincuenta o sesenta. Cada grupo se llama guardería. Cuando hay mal clima, se juntan para mantenerse abrigados. También se mantienen unidos por seguridad. Si alguno se separa y aleja, un ave marina podría tratar de capturarlo.

—Esa es una buena imagen de los cristianos en la iglesia local —dijo papá—. Necesitan juntarse para recibir calidez y compañerismo. Además, la iglesia les brinda protección espiritual a medida que crecen en la fe.

—¡Guau! Estoy aprendiendo muchas lecciones de los pingüinos. ¡Son muy buenos maestros! —se rio Gary.

¿Y TÚ? ¿Vas a una buena iglesia que cree en la Biblia? ¿Prestas atención cuando están enseñando sobre la Biblia? ¿Haces amistades con los que asisten a la iglesia? Estos amigos pueden animarte en tu andar con Jesús. *J.L.H.*

PARA MEMORIZAR: Y no dejemos de congregarnos, como lo hacen algunos, sino animémonos unos a otros, sobre todo ahora que el día de su regreso se acerca. *Hebreos 10:25*

UNA NOCHE DESPUÉS DE LA CENA, papá le pidió a Miqueas, de nueve años; a Catalina, de siete; y a mamá sentarse en tres sillas con respaldo recto que colocó en una fila en la sala. Los niños parecían perplejos, pero se sentaron tal como se les indicó. A continuación, papá se sentó frente a ellos, sosteniendo en sus manos el libro más buscado: el catálogo de computadoras. Todos escucharon con atención mientras papá describía la computadora que le interesaba a Miqueas.

De pronto, mamá empezó a patalear mientras se apoyaba contra el brazo de Miqueas. Luego, le dio un suave empujón al darse vuelta en el asiento. A continuación, se agachó frente a él para recoger un papel que se había caído.

Miqueas miró bastante desconcertado a mamá y trató de escuchar. Inclinó el cuerpo hacia adelante para no perderse ni una palabra y para que los contoneos de mamá no lo molestaran. Entonces, mamá se levantó y caminó frente a él. Se detuvo frente a la silla de Catalina para preguntar en un audible susurro si Catalina quería invitar a casa a su amiga Alyssa.

—¡Mamá! ¿Cómo puedo concentrarme en lo que está diciendo papá? —estalló Miqueas.

De repente, Catalina empezó a reírse nerviosamente.

—Yo sé qué están tratando de hacer. ¡Nos están mostrando cómo nos comportamos en la iglesia durante el sermón!

—¡Ah! —se quejó Miqueas—. ¿Es eso lo que están haciendo?

—En general, los dos están callados en la iglesia —comentó papá—, pero cuando se mueven mucho, molestan tanto como si hablaran.

Miqueas puso los ojos en blanco y miró a mamá.

—Entiendo lo que quieren decir —dijo.

¿Y TÚ? ¿Te mueves de un lado al otro, haces ruido con papeles, das vueltas o murmuras durante las reuniones en la iglesia? Si lo haces, tu mente no se concentra en el mensaje y, además, podrías estar impidiendo que otra persona escuche. Pídele a Dios que te ayude a «quedarte quieto» para que puedas aprender más de él. *J.A.G.*

PARA MEMORIZAR: «¡Quédense quietos y sepan que yo soy Dios! Toda nación me honrará. Seré honrado en el mundo entero». *Salmo 46:10*

29 DE MARZO

QUÉDATE QUIETO

DE LA BIBLIA:

Todo el pueblo se reunió con un mismo propósito en la plaza, justo dentro de la puerta del Agua. Le pidieron al escriba Esdras que sacara el libro de la ley de Moisés, la cual el SEÑOR había dado a Israel para que la obedeciera.

Así que el 8 de octubre el sacerdote Esdras llevó el libro de la ley ante la asamblea, que incluía a los hombres y a las mujeres y a todos los niños con edad suficiente para entender. Se puso frente a la plaza, justo dentro de la entrada de la puerta del Agua, desde temprano por la mañana hasta el mediodía y leyó en voz alta a todos los que podían entender. Todo el pueblo escuchó atentamente la lectura del libro de la ley. [...]

Esdras estaba de pie en la plataforma a plena vista de todo el pueblo. Cuando vieron que abría el libro, se pusieron todos de pie.

Entonces Esdras alabó al SEÑOR, el gran Dios, y todo el pueblo, con las manos levantadas, exclamó: «¡Amén! ¡Amén!». Luego se inclinaron y, con el rostro en tierra, adoraron al SEÑOR. [...]

Leían del libro de la ley de Dios y explicaban con claridad el significado de lo que se leía, así ayudaban al pueblo a comprender cada pasaje.

NEHEMÍAS 8:1-3, 5-6, 8

Quédate quieto en la iglesia

30 DE MARZO

LA PARTE DEL SOLO

DE LA BIBLIA:

Le preguntó por tercera vez:

—Simón, hijo de Juan, ¿me quieres?

A Pedro le dolió que Jesús le dijera la tercera vez: «¿Me quieres?». Le contestó:

—Señor, tú sabes todo. Tú sabes que yo te quiero.

Jesús dijo:

—Entonces, alimenta a mis ovejas.

»Te digo la verdad, cuando eras joven, podías hacer lo que querías; te vestías tú mismo e ibas adonde querías ir. Sin embargo, cuando seas viejo, extenderás los brazos, y otros te vestirán y te llevarán adonde no quieras ir».

Jesús dijo eso para darle a conocer el tipo de muerte con la que Pedro glorificaría a Dios. Entonces Jesús le dijo: «Sígueme».

Pedro se dio vuelta y vio que, detrás de ellos, estaba el discípulo a quien Jesús amaba, el que se había inclinado hacia Jesús durante la cena para preguntarle: «Señor, ¿quién va a traicionarte?». Pedro le preguntó a Jesús:

—Señor, ¿qué va a pasar con él?

Jesús contestó:

—Si quiero que él siga vivo hasta que yo regrese, ¿qué tiene que ver contigo? En cuanto a ti, sígueme.

JUAN 21:17-22

Sigue a Jesús

—**¡NO ES JUSTO!** —lloriqueó Chris—. ¡No es nada justo! Yo voy al ensayo del coro de niños todos los sábados y ensayé la parte del solo durante semanas, pero ahora el señor Widmark dice que Mark cantará el solo. —El niño de nueve años trataba de contener las lágrimas mientras volvía a casa con su mamá.

—Un momento, Chris —dijo mamá—. ¿El señor Widmark dijo alguna vez que tú cantarías la parte del solo?

—Bueno, no —dijo—, pero soy el niño más fiel del coro. Di por sentado que yo lo cantaría.

—Tienes una bonita voz, pero evidentemente Mark también. Tal vez el señor Widmark espera que los padres de Mark vayan a la iglesia si él canta el solo. O quizás la voz de Mark sea la mejor para esta canción. Cualquiera que sea la razón, no debería importarte quién canta la parte del solo.

—Pero, mamá, ¿el haber asistido fielmente durante todas estas semanas de ensayos no cuenta para nada? —preguntó Chris—. Mark solo vino unas cuantas semanas.

—Entiendo cómo te sientes —dijo mamá tiernamente—. Pero acuérdate de cuál es la razón por la que estás en el coro. Me recuerdas al apóstol Pedro al final del libro de Juan. Cuando Jesús le explicó cómo moriría, Pedro quiso saber cómo iba a morir Juan. Jesús dijo: "¿Qué tiene que ver contigo? En cuanto a ti, sígueme".

Chris estuvo callado durante un buen rato. Por fin, dijo:

—Me parece que seguiré a Jesús y no me preocuparé por lo que haga Mark.

¿Y TÚ? ¿Alguna vez te sentiste mal porque, mientras tratabas de servir al Señor, otro recibía más atención que tú? Pedro tuvo el mismo problema. No te preocupes por lo que otras personas puedan hacer. Tu trabajo es seguir a Jesús. *M.R.P.*

PARA MEMORIZAR: Jesús contestó: «Si quiero que él siga vivo hasta que yo regrese, ¿qué tiene que ver contigo? En cuanto a ti, sígueme». *Juan 21:22*

ANDREA MIRÓ EL SALÓN DE LA ESCUELA DOMINICAL.

—Creo que este mes gané el concurso por haber traído a la mayor cantidad de niños a la escuela dominical —le susurró a Jana.

—Me sorprende ver a María aquí —dijo Jana al ver la figura solitaria que estaba sentada en la hilera de atrás—. ¿No se sentiría más cómoda en la clase especial?

Andrea se encogió de hombros.

—Quizás, pero, de esa manera, no contaría para la lista de niños que traje esta semana.

—Bueno, ¿no vas a sentarte con María? —preguntó Jana.

Andrea levantó las cejas.

—¿Bromeas?

René se acercó a ellas.

—Andrea, te ves tan linda con mi suéter —dijo efusivamente.

Mientras Andrea tomaba asiento en la primera fila, sintió como si tuviera el rostro encendido. ¡Se sentía humillada! Se preguntó cuántos habían escuchado el comentario de René. *¡Ojalá nunca me hubiera dado el estúpido suéter!* Andrea echaba humo por dentro.

—...y es posible hacer lo correcto por los motivos equivocados. —Por fin, las palabras de la señorita Judy se metieron en la conciencia de Andrea—. Si damos para que los demás nos feliciten, está mal.

¡Espero que René esté escuchando!, pensó Andrea. *Solamente me regaló su ropa vieja para poder comportarse como la Señorita Engreída y rebajarme.*

—...Si invitamos a otros solamente para poder ganar el concurso, estamos haciéndolo por el motivo equivocado —la voz de la señorita Judy volvió a meterse en los pensamientos de Andrea.

De repente, Andrea se acordó de María, que estaba sentada en la fila de atrás. Cuando se dio cuenta de que ella no era mejor que René, tragó saliva.

—Perdón, Señor —susurró. Se levantó discretamente y fue a sentarse junto a María.

¿Y TÚ? ¿Por qué ofrendas? ¿Por qué oras y vas a la iglesia? ¿Por qué das testimonio? ¿Lo haces para que otros hablen bien de ti o porque amas al Señor? Asegúrate de hacer lo correcto por los motivos correctos, y serás bendecido. *B.J.W.*

PARA MEMORIZAR: Trabajen de buena gana en todo lo que hagan, como si fuera para el Señor y no para la gente. *Colosenses 3:23*

---

31 DE MARZO

BUENO PERO INCORRECTO

DE LA BIBLIA:

¡Tengan cuidado! No hagan sus buenas acciones en público para que los demás los admiren, porque perderán la recompensa de su Padre, que está en el cielo. Cuando le des a alguien que pasa necesidad, no hagas lo que hacen los hipócritas que tocan la trompeta en las sinagogas y en las calles para llamar la atención a sus actos de caridad. Les digo la verdad, no recibirán otra recompensa más que esa. Pero tú, cuando le des a alguien que pasa necesidad, que no sepa tu mano izquierda lo que hace tu derecha. Entrega tu ayuda en privado, y tu Padre, quien todo lo ve, te recompensará.

Cuando ores, no hagas como los hipócritas a quienes les encanta orar en público, en las esquinas de las calles y en las sinagogas donde todos pueden verlos. Les digo la verdad, no recibirán otra recompensa más que esa. Pero tú, cuando ores, apártate a solas, cierra la puerta detrás de ti y ora a tu Padre en privado. Entonces, tu Padre, quien todo lo ve, te recompensará.

MATEO 6:1-6

Debes tener la motivación correcta

1 DE ABRIL

NO MIRES ATRÁS

DE LA BIBLIA:

Mientras caminaban, alguien le dijo a Jesús:

—Te seguiré a cualquier lugar que vayas.

Jesús le respondió:

—Los zorros tienen cuevas donde vivir y los pájaros tienen nidos, pero el Hijo del Hombre no tiene ni siquiera un lugar donde recostar la cabeza.

Dijo a otro:

—Ven, sígueme.

El hombre aceptó, pero le dijo:

—Señor, deja que primero regrese a casa y entierre a mi padre.

Jesús le dijo:

—¡Deja que los muertos espirituales entierren a sus propios muertos! Tu deber es ir y predicar acerca del reino de Dios.

Otro dijo:

—Sí, Señor, te seguiré, pero primero deja que me despida de mi familia.

Jesús le dijo:

—El que pone la mano en el arado y luego mira atrás no es apto para el reino de Dios.

LUCAS 9:57-62

Mira a Jesús

SCOTT ERA CRISTIANO DESDE HACÍA POCO TIEMPO. Sus amigos le insistían que los acompañara a hacer las cosas que solían hacer juntos.

—Scott, ¿me ayudarías a preparar mi huerto para la siembra de primavera? —le preguntó el señor Lockwood, su maestro en la escuela dominical.

—Seguro —dijo Scott.

Al día siguiente, el señor Lockwood le enseñó a Scott cómo funcionaba el arado mecánico.

—Empieza aquí y no quites los ojos de ese poste de allá —dijo el señor Lockwood—. Haz un surco recto hacia él. Cuando vuelvas por aquí, seguirás el surco que acabas de hacer.

La confianza de Scott comenzó a crecer a medida que aparecía un surco tras otro de tierra removida en hileras rectas. Casi había terminado cuando vio a su maestro.

—Apágalo y descansa un poco —gritó el señor Lockwood.

Sonriente, Scott se dio vuelta para apagar la máquina. Para su consternación, vio que el arado mecánico había virado hacia la derecha mientras él miraba hacia atrás. El señor Lockwood también vio lo que había pasado.

—Ven y bebe tu limonada —dijo—. Luego veremos cómo enderezar este último surco.

Cuando se sentaron debajo de un árbol, Scott habló de los problemas que estaba teniendo con sus amigos.

El señor Lockwood contempló el huerto.

—El mirar atrás estropea un huerto, y mirar atrás también puede echar a perder una vida. A veces, tenemos que poner fin a ciertas amistades para seguir a Dios. No mires atrás a tu vieja vida, Scott. Mira a Jesús.

¿Y TÚ? ¿Tienes viejas amistades que quieren que hagas con ellos cosas que sabes que están mal? ¿Te resultan atractivas esas viejas costumbres? Pídele al Señor que te ayude a no mirar atrás. *R.E.P.*

PARA MEMORIZAR: Jesús le dijo: «El que pone la mano en el arado y luego mira atrás no es apto para el reino de Dios». *Lucas 9:62*

DIEGO SE PUSO MUY CONTENTO al ver que los petirrojos habían hecho un nido en la cornisa del porche delantero. Cuando la mamá ave comenzó a sentarse en él, se convenció de que había huevos en el nido.

Diego esperaba ansiosamente que los pajaritos rompieran el cascarón. Un día, escuchó que piaban y vio que los petirrojos llevaban gusanitos al nido. ¡Los pajaritos habían roto el cascarón! Estaba tan emocionado que llamó al abuelo para contárselo.

—Pronto iré de visita para ver a la pequeña familia —dijo el abuelo.

Pocos días después de que los pájaros salieron del cascarón, Diego vio que tres cabecitas sin plumas emergían cada vez que les llevaban un gusano al nido. Las crías estaban haciéndose cada vez más fuertes. Al poco tiempo, escuchó que piaban con más energía y vio que las cabecitas se levantaban con los picos bien abiertos.

Cuando el abuelo llegó, Diego le mostró los pajaritos hambrientos, con los picos bien abiertos, que aparecían sobre el nido.

—Están poniéndose más fuertes —dijo Diego.

—¿Qué crees que sucedería si no abrieran la boca grande para recibir la comida? —preguntó el abuelo.

—Bueno, supongo que nunca tendrían suficientes fuerzas para volar —dijo Diego.

—¡Niño listo! —dijo el abuelo con una sonrisa—. Ahora, ¿qué crees que pasa cuando los cristianos no se abren para asimilar la Palabra de Dios, la comida espiritual que él da para hacernos cristianos más fuertes?

Diego esbozó una gran sonrisa.

—Qué astuto, abuelo —bromeó, luego añadió—: Hoy empezaré a "abrir la boca grande" cuando lea la Biblia y ore.

¿Y TÚ? ¿Estás «abriendo grande» el corazón para recibir y asimilar el alimento espiritual que Dios quiere darte? Pasa tiempo con Dios a diario y hazte más fuerte en tu vida cristiana. *C.E.Y.*

PARA MEMORIZAR: Pues fui yo, el SEÑOR tu Dios, quien te rescató de la tierra de Egipto. Abre bien tu boca, y la llenaré de cosas buenas. *Salmo 81:10*

2 DE ABRIL

ABRE GRANDE

DE LA BIBLIA:

Pues fui yo, el SEÑOR tu Dios,

quien te rescató de la tierra de Egipto.

Abre bien tu boca, y la llenaré de cosas buenas.

Pero no, mi pueblo no quiso escuchar;

Israel no quiso que estuviera cerca.

Así que dejé que siguiera sus tercos deseos

y que viviera según sus propias ideas.

¡Oh, si mi pueblo me escuchara!

¡Oh, si Israel me siguiera y caminara por mis senderos!

¡Qué rápido sometería a sus adversarios!

¡Qué pronto pondría mis manos sobre sus enemigos!

Los que odian al SEÑOR se arrastrarían delante de él;

quedarían condenados para siempre.

Pero a ustedes los alimentaría con el mejor trigo;

los saciaría con miel silvestre de la roca.

SALMO 81:10-16

Haz devocionales diariamente

3 DE ABRIL

VOLAR ALTO

DE LA BIBLIA:

No te inquietes a causa de los malvados

ni tengas envidia de los que hacen
lo malo.

Pues como la hierba, pronto se
desvanecen;

como las flores de primavera,
pronto se marchitan.

Confía en el SEÑOR y haz el bien;

entonces vivirás seguro en la tierra
y prosperarás.

Deléitate en el SEÑOR,

y él te concederá los deseos de tu
corazón.

Entrega al SEÑOR todo lo que haces;

confía en él, y él te ayudará.

Él hará resplandecer tu inocencia
como el amanecer,

y la justicia de tu causa brillará
como el sol de mediodía.

Quédate quieto en la presencia del
SEÑOR,

y espera con paciencia a que él
actúe.

No te inquietes por la gente mala que
prospera,

ni te preocupes por sus perversas
maquinaciones.

¡Ya no sigas enojado!

¡Deja a un lado tu ira!

No pierdas los estribos,

que eso únicamente causa daño.

SALMO 37:1-8

*Sométete al control
de Dios*

ANDY OBSERVÓ LA COMETA ROJA REMONTAR en el radiante cielo. Su hermano, Miguel, sonrió.

—Se ve divertido, ¿eh, Andy? ¿Te gustaría poder volar así de alto?

—¡Obvio que sí! —dijo Andy, sonriéndole—. Pero, si yo fuera esa cometa, querría librarme del hilo y volar lejos, alto en el cielo.

Miguel se rio.

—Pero si te soltaras del hilo, te estrellarías contra el suelo, en lugar de echar a volar —dijo.

Andy se dio vuelta y le habló a su padre:

—¿Es verdad, papá?

—Así es —asintió papá—. La cometa vuela solamente porque el viento la remonta contra la resistencia del hilo. Sin ese hilo, pronto caería.

—Ah. —Andy sujetó aún más fuerte el carrete del hilo.

—¿Sabes? —dijo papá, pensativamente—. De alguna manera, somos un poco como esa cometa. El hilo guía a la cometa, y Dios nos guía a nosotros. A veces, nos cuesta actuar como él quiere y tiramos del hilo de la disciplina que él usa para dirigirnos. Tratamos de liberarnos y de volar como queremos. Pero, si Dios nos soltara, caeríamos en picada, como una cometa a la que se le ha cortado el hilo.

—Suena bastante grave —dijo Miguel.

—Papá, ¿alguna vez Dios nos soltaría? —preguntó Andy.

—No, Andy. Si confías en Jesús como tu Señor y Salvador, él nunca te soltará —le aseguró papá—. Pero es importante que nos sometamos al control de Dios.

¿Y TÚ? ¿A veces te molestan los «hilos» que sientes que Dios ha puesto en tu vida? ¿Te gustaría ser libre para ir a donde quisieras, elegir a tus propios amigos o seleccionar qué programas de televisión ver? Todos se sienten así a veces. Pero Dios tiene una razón para cada cosa que permite que suceda en tu vida. *J.K.B.*

PARA MEMORIZAR: Entrega al SEÑOR todo lo que haces; confía en él, y él te ayudará. *Salmo 37:5*

CUANDO SONÓ EL TIMBRE DE LA ESCUELA, Tito se abrió paso a empujones entre varios niños y corrió hacia el bebedero. Tomó el primer lugar de la larga fila.

«¡No te saltes la fila!», gritaron varios niños, pero Tito bebió un largo sorbo. Cuando fue a colgar su abrigo, vio que había otro abrigo en el gancho más cercano a la puerta. Cambió ese abrigo a otro gancho y colgó el suyo en su lugar preferido.

Así comenzó un día típico. Tito pasó mucho tiempo soñando despierto, en vez de estudiar. A la hora del recreo, trató de ser el primero en salir y el último en volver a entrar.

«No es justo», refunfuñó cuando tuvo que quedarse adentro para terminar su tarea.

Después de la escuela, Tito invitó a Jerry a que fuera a jugar a su casa.

«Tengo un nuevo juego para detectives —dijo—. Vamos a ver si logramos recoger huellas digitales».

Los niños jugaron hasta que el papá de Tito volvió a casa después del trabajo. Cuando Jerry se fue, Tito le contó a papá acerca del «trabajo detectivesco» que habían estado haciendo.

—Las personas dejan huellas en cada cosa que tocan, ¿sabes? —dijo Tito.

—Lo sé, hijo —dijo papá—. ¿Qué clase de huellas has estado dejando todo el día de hoy?

Tito entrecerró los ojos ante su papá.

—Las mismas de siempre, por supuesto —dijo—. Las huellas digitales de uno no cambian.

—Es cierto —estuvo de acuerdo papá—, pero, donde sea que vayas, también dejas otra clase de "huellas". Llamémoslas "huellas de vida". Todo lo que haces deja una marca, o una "huella de vida", en los demás. ¿Qué clase de huellas te parece que dejaste hoy en tu maestra y en tus compañeros de la escuela?

¿Y TÚ? ¿Qué clase de «huellas de vida» estás dejando? ¿Los demás ven egoísmo y pereza en tus huellas, o ven bondad, cortesía, fidelidad y amistad? *H.W.M.*

PARA MEMORIZAR: Dado que Dios los eligió para que sean su pueblo santo y amado por él, ustedes tienen que vestirse de tierna compasión, bondad, humildad, gentileza y paciencia. *Colosenses 3:12*

4 DE ABRIL

HUELLAS DE VIDA

DE LA BIBLIA:

Pero ahora es el momento de eliminar el enojo, la furia, el comportamiento malicioso, la calumnia y el lenguaje sucio. No se mientan unos a otros, porque ustedes ya se han quitado la vieja naturaleza pecaminosa y todos sus actos perversos. [...]

Dado que Dios los eligió para que sean su pueblo santo y amado por él, ustedes tienen que vestirse de tierna compasión, bondad, humildad, gentileza y paciencia. Sean comprensivos con las faltas de los demás y perdonen a todo el que los ofenda. Recuerden que el Señor los perdonó a ustedes, así que ustedes deben perdonar a otros. Sobre todo, vístanse de amor, lo cual nos une a todos en perfecta armonía.

COLOSENSES 3:8-9, 12-14

Predica con tu conducta

5 DE ABRIL

SOLO UNA PROBADITA

DE LA BIBLIA:

Y él da gracia con generosidad. Como dicen las Escrituras:

«Dios se opone a los orgullosos
 pero da gracia a los humildes».

Así que humíllense delante de Dios. Resistan al diablo, y él huirá de ustedes. Acérquense a Dios, y Dios se acercará a ustedes. Lávense las manos, pecadores; purifiquen su corazón, porque su lealtad está dividida entre Dios y el mundo. Derramen lágrimas por lo que han hecho. Que haya lamento y profundo dolor. Que haya llanto en lugar de risa y tristeza en lugar de alegría. Humíllense delante del Señor, y él los levantará con honor.

SANTIAGO 4:6-10

Resiste la tentación

—EL HECHO DE QUE LOS TIPOS que actúan en ese programa hablen con malas palabras no significa que yo vaya a hacer lo mismo —se quejó Jack cuando su madre le dijo que apagara el televisor.

Mientras Jack iba hacia la planta alta, vio un plato con galletas sobre la mesa. Su madre se había subido. *Solo será una probadita*, pensó. Estiró la mano y tomó un pedacito. *Me pregunto si esta será de menta.* Partió un pequeño trocito y lo probó. *¡Sí!* Mordisqueó otro pedacito. Muy pronto, todo había desaparecido. *Me parece que probaré un pedacito de turrón.* El turrón también estaba delicioso.

Esa noche, después de la cena, su madre dijo:

—Esperen a ver lo que nos regaló la señora Anders. —Sacó el plato con los dulces, pero se quedó perpleja—. Este plato luce delicioso, pero supongo que no alcanza para todos, así que yo paso. Todos los demás pueden elegir un pedazo.

¡Jack se sintió tan culpable!

—¿Cuál es el problema, hijo? —preguntó su madre cuando se dio cuenta de lo triste que parecía.

Los ojos de Jack se llenaron de lágrimas. Contó cómo había comido las galletas y el turrón.

—¿Te das cuenta de cómo, poco a poco, caíste en la tentación? —preguntó su madre—. ¿Cómo un pedacito te llevó a tocar y oler, luego a probar y comer? Así es como trabaja Satanás. Hace que te rindas a la tentación poquito a poquito.

Jack asintió. Pensó en el programa de televisión que había querido ver. Ahora, entendía por qué no era una buena idea.

¿Y TÚ? Cuando no te dejan ver un programa de televisión, ¿miras «nada más que» el comienzo? Cuando pasas por las revistas exhibidas en una tienda, ¿echas un vistazo a las fotografías que sabes que son nocivas? ¿Te gustaría darle «nada más que una fumada» a un cigarrillo o «solo un trago» a una bebida alcohólica? Di no desde el comienzo. *H.W.M.*

PARA MEMORIZAR: Así que humíllense delante de Dios. Resistan al diablo, y él huirá de ustedes. *Santiago 4:7*

—¡APÚRATE, MAMÁ! —le rogó Sam. Estaba ansioso por llegar a su partido de béisbol—. ¿No puedes conducir un poco más rápido?

—Estoy yendo al límite de velocidad —le aseguró su madre. Un momento después, Sam se desanimó por completo al ver que el carro disminuía la velocidad—. Oh, están construyendo la carretera más adelante y el tránsito está retrocediendo —dijo.

—¿Puedes conducir por la cuneta o por la franja central para salir y tomar otro camino? —preguntó Sam con voz desesperada.

—Sam, tendrás que ser paciente —dijo mamá.

—No puedo creerlo —balbuceó Sam cuando su madre apagó el motor—. ¿No puedes hacer algo?

—No, hijo, no puedo —respondió mamá. Y añadió con amabilidad—: Sam, cada vez te alteras más y no me has hablado muy amablemente que digamos. —Entonces, le preguntó—: ¿Sabes por qué apagué el motor cuando vi que nos demoraríamos?

—Para no gastar combustible.

—Correcto —respondió mamá—. No quería gastar energía. Pero tú estás gastando un montón de energía al enojarte por algo que no podemos solucionar.

Sam se quedó callado. Luego, dijo:

—Perdón, mamá. Trataré de ser más paciente.

¿Y TÚ? ¿Te alteras cuando las cosas no salen como las planeaste? ¿Te enojas con las personas por cosas de las que ellas no tienen la culpa? Dios quiere ayudarte a desarrollar la paciencia. Pídele que te ayude. *D.K.*

PARA MEMORIZAR: Sean siempre humildes y amables. Sean pacientes unos con otros y tolérense las faltas por amor. *Efesios 4:2*

6 DE ABRIL

LA CARRETERA EN CONSTRUCCIÓN

DE LA BIBLIA:

Por lo tanto, yo, prisionero por servir al Señor, les suplico que lleven una vida digna del llamado que han recibido de Dios, porque en verdad han sido llamados. Sean siempre humildes y amables. Sean pacientes unos con otros y tolérense las faltas por amor. Hagan todo lo posible por mantenerse unidos en el Espíritu y enlazados mediante la paz. [...]

Amados hermanos, cuando tengan que enfrentar cualquier tipo de problemas, considérenlo como un tiempo para alegrarse mucho porque ustedes saben que, siempre que se pone a prueba la fe, la constancia tiene una oportunidad para desarrollarse. Así que dejen que crezca, pues una vez que su constancia se haya desarrollado plenamente, serán perfectos y completos, y no les faltará nada.

EFESIOS 4:1-3; SANTIAGO 1:2-4

Sé paciente

7 DE ABRIL

LA LLAVE CORRECTA

DE LA BIBLIA:

Alrededor de la medianoche, Pablo y Silas estaban orando y cantando himnos a Dios, y los demás prisioneros escuchaban. De repente, hubo un gran terremoto y la cárcel se sacudió hasta sus cimientos. Al instante, todas las puertas se abrieron de golpe, ¡y a todos los prisioneros se les cayeron las cadenas! El carcelero se despertó y vio las puertas abiertas de par en par. Dio por sentado que los prisioneros se habían escapado, por lo que sacó su espada para matarse; pero Pablo le gritó: «¡Detente! ¡No te mates! ¡Estamos todos aquí!».

El carcelero pidió una luz y corrió al calabozo y cayó temblando ante Pablo y Silas. Después los sacó y les preguntó:

—Señores, ¿qué debo hacer para ser salvo?

Ellos le contestaron:

—Cree en el Señor Jesús y serás salvo, junto con todos los de tu casa.

HECHOS 16:25-31

Cree en Jesús

«VEAMOS —MURMURÓ DANNY, mirando las llaves que tenía en la mano. El autobús escolar lo había dejado en la casa de sus abuelos, quienes llegarían después de que a la abuela le hicieran su revisión médica. Mientras tanto, él tenía pensado disfrutar de un bocadillo—. El abuelo dijo que usara la llave plateada con la punta redondeada. Pero no la encuentro».

Danny probó todas las llaves en la cerradura y ninguna sirvió. Finalmente, caminó alrededor de la casa, verificando todas las puertas y las ventanas. Todas estaban cerradas con llave.

Después de unos cuarenta minutos, llegaron sus abuelos.

—¿Por qué tardaron tanto? —preguntó Danny—. No pude entrar porque no me diste la llave correcta.

—¡Oh, no! —exclamó el abuelo—. Ahora lo recuerdo: saqué la llave de ese llavero cuando mandé a hacer el duplicado. Debo haber olvidado ponerla nuevamente. Discúlpame.

Después de que entraron con la llave de su abuela, Danny dijo:

—¡Fue difícil estar sentado ahí afuera, teniendo todas esas llaves sin una que sirviera!

La abuela asintió y comenzó a preparar la cena.

—Pero hay algo peor aún —dijo—. Y es esperar entrar al cielo y, entonces, enterarte demasiado tarde de que tienes la llave equivocada.

—No puedes entrar al cielo con llaves —dijo Danny.

—No, no con llaves comunes —aceptó la abuela—. Pero muchas personas piensan que por ser parte de una familia cristiana, o por vivir una vida de bien, entrarán en el cielo. Esas cosas son como las llaves equivocadas. La llave correcta es "creer en el Señor Jesucristo". —Hizo una pausa y, luego, agregó—: Me alegro de que tengas la llave correcta, Danny.

—¡Yo también! —exclamó Danny.

¿Y TÚ? ¿Con cuál «llave» cuentas para entrar al cielo? ¿Las buenas obras? ¿Una familia cristiana? ¿Tu iglesia? Esas cosas no sirven para abrir la puerta del cielo. Jesús es la Puerta al cielo. Creer en él como tu Salvador es la única llave. *M.R.P.*

PARA MEMORIZAR: Ellos le contestaron: «Cree en el Señor Jesús y serás salvo, junto con todos los de tu casa». *Hechos 16:31*

JARED MIRÓ NERVIOSO AFUERA por la ventana de la escuela. Todo el día había visto señales de tormenta. Tenía esperanzas de que no hubiera otra alerta de tornado el día de hoy.

Mientras Jared comenzaba a resolver el primer problema matemático, sonó una campana.

—Es un simulacro de tornado —dijo la señorita Schultz—. Agarren un libro grande y fórmense en fila tranquilamente en el pasillo. —Los alumnos obedecieron rápidamente, tomando su lugar en el pasillo interior de la escuela. Luego, se colocaron los libros sobre la cabeza. Pero hoy había algo diferente. Jared podía oír una sirena que indicaba que el embudo de un tornado había sido visto cerca de allí.

¡Jared nunca había tenido tanto miedo! Pero mientras se sentaba temblando, recordó algo que papá había dicho justo el fin de semana anterior. Habían ido a nadar y, mientras papá caminaba hacia las aguas profundas, el hermanito de Jared, Brian, se colgó del hombro de papá.

—¿Tienes miedo de entrar en el agua profunda, Brian? —le preguntó Jared.

Brian dijo:

—No, papá me sostiene.

Papá respondió:

—Me alegro de que confíes en tu padre. —Luego, añadió—: Y recuerda que siempre puedes confiar también en tu Padre celestial.

Unos minutos después, Jared escuchó un estruendo. Cada vez sonaba más fuerte. El ruido era casi como un tren pasando a toda velocidad. Había escuchado que los tornados sonaban así. *Sigo teniendo miedo*, pensó Jared, *pero no estoy terriblemente asustado. Dios es mi Padre celestial y él tiene todo bajo control.*

Después de que sonó el silbato que señalaba el «fin de la alerta», los niños regresaron a sus aulas, y pronto les permitieron irse a casa. Se enteraron de que, efectivamente, había pasado un tornado, pero nadie resultó herido.

¿Y TÚ? Las tormentas pueden ser aterradoras, ¿verdad? Son poderosas y pueden causar muchos daños. Pero Dios es todavía más poderoso. Recuerda que Dios tiene todo bajo control. *H.W.M.*

PARA MEMORIZAR: Los discípulos estaban completamente aterrados. «¿Quién es este hombre? —se preguntaban unos a otros—. ¡Hasta el viento y las olas lo obedecen!». *Marcos 4:41*

8 DE ABRIL

LA FUERZA DE DIOS

(Primera parte)

DE LA BIBLIA:

Así que dejaron a las multitudes y salieron con Jesús en la barca (aunque otras barcas los siguieron). Pronto se desató una tormenta feroz y olas violentas entraban en la barca, la cual empezó a llenarse de agua.

Jesús estaba dormido en la parte posterior de la barca, con la cabeza recostada en una almohada. Los discípulos lo despertaron: «¡Maestro! ¿No te importa que nos ahoguemos?», gritaron.

Cuando Jesús se despertó, reprendió al viento y dijo a las olas: «¡Silencio! ¡Cálmense!». De repente, el viento se detuvo y hubo una gran calma. Luego él les preguntó: «¿Por qué tienen miedo? ¿Todavía no tienen fe?».

Los discípulos estaban completamente aterrados. «¿Quién es este hombre? —se preguntaban unos a otros—. ¡Hasta el viento y las olas lo obedecen!».

MARCOS 4:36-41

Dios controla la naturaleza

9 DE ABRIL

LA FUERZA DE DIOS

(Segunda parte)

DE LA BIBLIA:

Si quisiera jactarme, no sería ningún necio al hacerlo porque estaría diciendo la verdad; pero no lo haré, porque no quiero que nadie me atribuya méritos más allá de lo que pueda verse en mi vida u oírse en mi mensaje, aun cuando he recibido de Dios revelaciones tan maravillosas. Así que, para impedir que me volviera orgulloso, se me dio una espina en mi carne, un mensajero de Satanás para atormentarme e impedir que me volviera orgulloso.

En tres ocasiones distintas, le supliqué al Señor que me la quitara. Cada vez él me dijo: «Mi gracia es todo lo que necesitas; mi poder actúa mejor en la debilidad». Así que ahora me alegra jactarme de mis debilidades, para que el poder de Cristo pueda actuar a través de mí. Es por esto que me deleito en mis debilidades, y en los insultos, en privaciones, persecuciones y dificultades que sufro por Cristo. Pues, cuando soy débil, entonces soy fuerte.

2 CORINTIOS 12:6-10

Dios da poder

EL TORNADO QUE PASÓ CERCA DEL PUEBLO de Jared fue tema de conversación durante muchos días.

Un día, papá llegó a casa con un pedazo de tronco.

—¿Para qué es eso? —preguntó Jared.

Papá extendió la mano para dárselo, y Jared vio un pedazo de paja que sobresalía de la madera.

—Uno de mis compañeros de trabajo encontró esto —dijo papá—. ¿No es asombroso cómo el viento pudo tomar esa pajita y llevarla hasta la madera?

—¡Guau! —dijo Jared, asombrado—. ¿Cómo pudo hacer algo así?

—Necesitó un tipo de poder especial. He estado pensando toda la tarde en eso, y he decidido que seré el maestro de la clase de muchachos en la iglesia.

—¿Qué tiene eso que ver con esta madera? —preguntó Jared.

—Bueno, yo quería ser el maestro de la clase —dijo papá—, pero tenía miedo de no poder manejarla. Esta tarde, el Señor me mostró que yo tengo un tipo de poder especial a mi disposición: el Espíritu Santo. Esta paja era débil, pero cuando recibió la potencia de la tormenta, se volvió muy fuerte. Yo también soy débil, pero el Espíritu Santo me da poder. De manera que creo que puedo ayudar a esos muchachos. Y pensé también en ti.

—¿En mí? —preguntó Jared, sobresaltado.

Papá asintió.

—Me enteré de que el director del coro te pidió que cantaras un solo. El señor Groppe dijo que tienes una voz magnífica.

—Pero me pongo tan nervioso... —empezó Jared—, y... —hizo una pausa— yo también tengo un poder especial disponible para mí, ¿cierto?

¿Y TÚ? ¿Te sientes demasiado débil para cantar, dar un testimonio, pintar un cartel o participar en alguna otra actividad para la cual Dios te haya dado un talento? Si eres cristiano, hay un poder especial disponible para ti: el poder de Dios. *H.W.M.*

PARA MEMORIZAR: Es por esto que me deleito en mis debilidades, y en los insultos, en privaciones, persecuciones y dificultades que sufro por Cristo. Pues, cuando soy débil, entonces soy fuerte. *2 Corintios 12:10*

—¿ALGUNA VEZ LLEGAREMOS A LA CASA DEL TÍO PETE? —se quejó Kristen.

Mamá miró su reloj.

—Falta aproximadamente una hora. Si estás aburrida, puedes estudiar los Diez Mandamientos para la escuela dominical.

—De acuerdo —aceptó Kristen, mirando el primero de la lista—. "No te hagas ningún otro dios aparte de mí" —leyó—. Nuestra maestra dice que aun en Estados Unidos, las personas adoran a ídolos falsos. ¿Qué significa eso?

—Otra persona, el trabajo, el dinero, la ropa, la fama. Casi cualquier cosa puede convertirse en un dios si le damos más importancia que a Dios —contestó mamá.

Los kilómetros pasaron rápidamente mientras Kristen estudiaba. No mucho después, tío Pete y tía Julene se acercaban a la camioneta para saludarlas, seguidos por Rita, la prima de Kristen. ¡Sin duda, Rita parecía distinta!

Pronto, Kristen descubrió el motivo de esa diferencia. Rita hacía todo lo posible por ser exactamente como la nueva estrella de rock, Alicia. Rita caminaba como ella, hablaba como ella y trataba de cantar como ella. Se peinaba el cabello como el de Alicia, se vestía como ella y hasta usaba la misma pasta dental. La habitación de Rita estaba cubierta de afiches de la cantante de rock, y Rita escuchaba el nuevo *CD* de Alicia todo el día.

Al día siguiente, cuando mamá se despidió de todos, Kristen estaba ansiosa por irse.

—Estoy harta y aburrida de oír hablar de ¡la maravillosa, hermosa y sorprendente Alicia! —explotó Kristen tan pronto como el auto abandonó el camino de entrada—. ¡Rita adora a esta estrella de rock! ¡Es el ídolo de Rita!

—¿Ahora entiendes qué quiere decir el primer mandamiento? —preguntó mamá.

—Ya lo creo que sí —respondió Kristen.

¿Y TÚ? ¿Qué domina tus pensamientos, tu comportamiento y tus planes? ¿Cómo quién quieres ser? Es normal que tengas a alguien que admiras y respetas, pero ten cuidado de elegir a alguien que siga a Jesús. Y recuerda: no lo conviertas en un «dios». *B.J.W.*

PARA MEMORIZAR: «No tengas ningún otro Dios aparte de mí». *Éxodo 20:3*

10 DE ABRIL

LA IDOLATRÍA

DE LA BIBLIA:

Luego Dios le dio al pueblo las siguientes instrucciones:

«Yo soy el SEÑOR tu Dios, quien te rescató de la tierra de Egipto, donde eras esclavo.

»No tengas ningún otro dios aparte de mí.

»No te hagas ninguna clase de ídolo ni imagen de ninguna cosa que está en los cielos, en la tierra o en el mar. No te inclines ante ellos ni les rindas culto, porque yo, el SEÑOR tu Dios, soy Dios celoso, quien no tolerará que entregues tu corazón a otros dioses. Extiendo los pecados de los padres sobre sus hijos; toda la familia de los que me rechazan queda afectada, hasta los hijos de la tercera y la cuarta generación. Pero derramo amor inagotable por mil generaciones sobre los que me aman y obedecen mis mandatos».

ÉXODO 20:1-6

Adora al Dios verdadero

11 DE ABRIL

EL CELOFÁN ROJO

DE LA BIBLIA:

Cuando éramos totalmente incapaces de salvarnos, Cristo vino en el momento preciso y murió por nosotros, pecadores. Ahora bien, casi nadie se ofrecería a morir por una persona honrada, aunque tal vez alguien podría estar dispuesto a dar su vida por una persona extraordinariamente buena; pero Dios mostró el gran amor que nos tiene al enviar a Cristo a morir por nosotros cuando todavía éramos pecadores. Entonces, ya que hemos sido hechos justos a los ojos de Dios por la sangre de Cristo, con toda seguridad él nos salvará de la condenación de Dios. Pues, como nuestra amistad con Dios quedó restablecida por la muerte de su Hijo cuando todavía éramos sus enemigos, con toda seguridad seremos salvos por la vida de su Hijo. Así que ahora podemos alegrarnos por nuestra nueva y maravillosa relación con Dios gracias a que nuestro Señor Jesucristo nos hizo amigos de Dios.

ROMANOS 5:6-11

La sangre de Jesús cubre el pecado

—¿QUÉ ES ESO, ABUELO? —Sammy señaló unas tarjetas pequeñas y algunos trozos de papel rojo brillante sobre la mesa de la cocina.

El abuelo sonrió.

—El otro día, la abuela encontró estas cosas mientras limpiaba —respondió—. Cuando yo era niño, las cajas de cereal solían traer esto como premio.

—¡Guau! —Sammy estaba asombrado—. ¿Para qué son todos esos papeles rojos brillantes?

—Ah, esto es lo que hace interesantes a estas tarjetas —respondió el abuelo—. Aquí hay una con la imagen de Babe Ruth. En el reverso de la tarjeta, tenemos la siguiente pregunta: "¿Cuál era el nombre de pila de Babe Ruth?". Para descubrir la respuesta, ponemos este pedacito de papel celofán rojo sobre la pregunta. ¿Qué ves ahora?

—Dice: "George Herman Ruth" —respondió Sammy—. ¡La pregunta desapareció y apareció la respuesta!

—Correcto —dijo el abuelo—. Este pedacito de papel me enseñó una gran lección. Cuando yo era joven, nuestra iglesia tenía reuniones de avivamiento —comenzó a relatar el abuelo—. Una noche, el evangelista me llamó a la plataforma. Me preguntó si podía usar esta tarjeta de Babe Ruth como ejemplo. Entonces, apoyó el papel rojo sobre la pregunta y dijo: "Ahora, lee la pregunta". Le dije que no podía leer la pregunta, solo la respuesta. Y él dijo: "Así son las cosas con Dios. Cuando aceptas a Jesús como tu Salvador, la sangre de Cristo limpia tu pecado. Así como no puedes ver la pregunta cuando está cubierta por el papel rojo, Dios ya no puede ver tu pecado cuando está cubierto por la sangre de Cristo".

¿Y TÚ? ¿Qué ve Dios cuando te mira? ¿Ve tus pecados, o están cubiertos por la sangre de Jesús, para que él vea a Cristo en ti? *P.R.*

PARA MEMORIZAR: Mi antiguo yo ha sido crucificado con Cristo. Ya no vivo yo, sino que Cristo vive en mí. Así que vivo en este cuerpo terrenal confiando en el Hijo de Dios, quien me amó y se entregó a sí mismo por mí. *Gálatas 2:20*

—MAMÁ, ¿PUEDO HORNEAR UN PASTEL? —preguntó Cindy.

La madre de Cindy sonrió.

—Por supuesto, Cindy, pero yo voy a estar ocupada, así que no podré ayudarte. Sigue las indicaciones al pie de la letra.

—Oh, así lo haré —prometió Cindy.

Cindy siguió las indicaciones. Por eso, cuando vio que el pastel tenía un aspecto y un sabor espantoso, casi se echa a llorar.

—¿Cuál es el problema? —preguntó papá cuando entró en la cocina. Cindy le contó sobre el pastel arruinado—. ¡Ay, no! —dijo papá—. Ya sé qué pasó. Anoche, cuando ordené las compras del supermercado, se me cayó una caja de sal y empezó a salirse. Vi que el bote del azúcar estaba vacío, así que vertí la sal en él. Iba a avisarles, pero sonó el teléfono y lo olvidé.

—Entonces, lo que yo creí que era azúcar, en realidad, ¿era sal? —preguntó Cindy.

—Discúlpame, Cindy —dijo papá y le dio un abrazo.

—Qué buen ejemplo para el versículo de Isaías en el que las personas llamaban a lo malo bueno —dijo mamá—. Y decían que la luz era oscuridad y que lo amargo era dulce.

—Así es —dijo papá, asintiendo—. El recipiente decía azúcar, pero en realidad era sal; por eso el pastel se arruinó. No es algo tan malo porque puedes hacer otro pastel. Pero si la gente dice que algo es bueno cuando Dios dice que es malo, y si dicen que las cosas son malas cuando Dios dice que son buenas, se puede arruinar toda una vida.

¿Y TÚ? ¿Sabes qué cosas dice Dios que son buenas? ¿Sabes qué cosas dice Dios que son malas? En el mundo actual, muchas personas lo cambian para que lo bueno parezca malo y lo malo parezca bueno. Aprende qué dice Dios en su Palabra y sigue sus reglas. *L.M.W.*

PARA MEMORIZAR: ¡Qué aflicción para los que dicen que lo malo es bueno y lo bueno es malo, que la oscuridad es luz y la luz es oscuridad, que lo amargo es dulce y lo dulce es amargo! *Isaías 5:20*

12 DE ABRIL

¡ESTO NO ES AZÚCAR!

DE LA BIBLIA:

¡Qué aflicción para los que arrastran
  sus pecados
    con sogas hechas de mentiras,
    que arrastran detrás de sí la
      maldad como si fuera una
      carreta!
Hasta se burlan de Dios diciendo:
  «¡Apresúrate, haz algo!
  Queremos ver lo que puedes hacer.
  Que el Santo de Israel lleve a cabo
    su plan,
    porque queremos saber qué es».
¡Qué aflicción para los que dicen
  que lo malo es bueno y lo bueno
    es malo,
  que la oscuridad es luz y la luz es
    oscuridad,
    que lo amargo es dulce y lo dulce
      es amargo!
¡Qué aflicción para los que se creen
  sabios en su propia opinión
  y se consideran muy inteligentes!

ISAÍAS 5:18-21

*No llames «bueno»
a lo malo*

13 DE ABRIL

EL SILBATO

DE LA BIBLIA:

¡El mensaje de la cruz es una ridiculez para los que van rumbo a la destrucción! Pero nosotros, que vamos en camino a la salvación, sabemos que es el poder mismo de Dios. Como dicen las Escrituras:

«Destruiré la sabiduría de los sabios
    y desecharé la inteligencia de los
    inteligentes».

Así que, ¿dónde deja eso a los filósofos, a los estudiosos y a los especialistas en debates de este mundo? Dios ha hecho que la sabiduría de este mundo parezca una ridiculez. Ya que Dios, en su sabiduría, se aseguró de que el mundo nunca lo conociera por medio de la sabiduría humana, usó nuestra predicación «ridícula» para salvar a los que creen. Es ridícula para los judíos, que piden señales del cielo. Y es ridícula para los griegos, que buscan la sabiduría humana. Entonces cuando predicamos que Cristo fue crucificado, los judíos se ofenden y los gentiles dicen que son puras tonterías.

Sin embargo, para los que Dios llamó a la salvación, tanto judíos como gentiles, Cristo es el poder de Dios y la sabiduría de Dios. Ese plan «ridículo» de Dios es más sabio que el más sabio de los planes humanos, y la debilidad de Dios es más fuerte que la mayor fuerza humana.

1 CORINTIOS 1:18-25

Escucha la voz de Dios

—¿DÓNDE ESTÁ MOLLY? —preguntó Dan—. Quiero jugar con ella. —Dan acababa de llegar para pasar una semana con el abuelo. Le encantaba jugar con su perra *collie*.

El abuelo sacó un silbato de su bolsillo, lo apoyó en su boca y lo sopló.

—No hace ningún sonido —dijo Dan—. Debe estar roto. —Pero, en ese momento, Molly vino corriendo desde el granero.

El abuelo se rio.

—El silbato emite un sonido agudo que el oído humano no puede percibir, pero un perro puede escucharlo con facilidad —explicó.

Dan y Molly corrieron por el patio. Luego, Dan arrojó un palo para que Molly lo trajera. Ella se lo devolvió, esperando ansiosamente que él lo lanzara de nuevo. Cuando Dan se cansó, fue a sentarse al lado del abuelo en el porche, y Molly se echó cerca de ellos.

—¿Puedo jugar con el silbato, abuelo? —preguntó Dan.

—No, hijo. —El abuelo negó con la cabeza—. Únicamente lo usamos cuando queremos que Molly responda. —Hizo una pausa y luego agregó—: Mientras los veía jugar a ti y a Molly, pensé en algunas de las maneras en que Dios nos llama cuando quiere nuestra atención.

—Dios no tiene un silbato —dijo Dan, riéndose.

El abuelo sonrió.

—No —dijo—, pero a veces nos habla por medio de nuestros padres, maestros y pastores. A veces, habla a través de la Biblia. Y, a veces, el Espíritu Santo habla silenciosamente a través de nuestra conciencia y de nuestra mente.

—Y somos los únicos que lo escuchamos, ¿verdad? —preguntó Dan, pensativamente.

—Así es —coincidió el abuelo—. Solo los hijos de Dios pueden escuchar y comprender lo que él les dice.

¿Y TÚ? ¿Dios te ha «silbado»? ¿Te ha hablado a través de su Palabra? ¿Te ha hablado por medio de tus padres, de un maestro o de un pastor? ¿Te ha picoteado la conciencia sobre algo que debes o que no debes hacer? Síguelo. *B.K.*

PARA MEMORIZAR: Mis ovejas escuchan mi voz; yo las conozco, y ellas me siguen. *Juan 10:27*

A TAMMY LE ENCANTABA VISITAR el invernadero del abuelo Nelson. Le fascinaba trabajar entre las flores y las plantas con el abuelo, aprendiendo a cuidarlas y a mantenerlas sanas. Pero hoy estaba confundida. El abuelo la había mandado a la despensa en busca de un poco de tierra para macetas. Allí, en uno de los estantes, vio unas hermosas plantas verdes. El abuelo le había enseñado que las plantas necesitan luz y agua para crecer, pero estas estaban guardadas completamente en la oscuridad, y la tierra de la maceta estaba seca como un hueso.

—Abuelo, esas plantas del cuarto trasero se van a morir. ¿Por qué las pusiste ahí? —preguntó Tammy cuando volvió.

—Son cactus de Pascua —respondió el abuelo—. Si guardas las plantas a oscuras durante un mes, empiezan a florecer cuando las sacas a la luz. De manera que podemos hacerlas florecer cuando queramos.

—Qué raro —murmuró Tammy.

—Sí, lo es —coincidió el abuelo. Dejó su pala de jardinería y sonrió—. Te diré algo: creo que Dios a veces nos deja en la oscuridad para que nosotros también podamos florecer.

—¿Te refieres a como cuando estuviste en el hospital? —preguntó Tammy.

El abuelo se alegró de que Tammy comprendiera.

—Al principio, no podía entender por qué tenía que estar tan enfermo —dijo—. Pero, mientras pasaba el tiempo orando y leyendo la Palabra de Dios, aprendí a relajarme y a esperar a Dios. Verás, mientras estaba "en la oscuridad", el Señor me dio la "flor" de la paciencia.

¿Y TÚ? ¿Alguna vez te preguntaste por qué tenías que estar «en la oscuridad»? ¿Por qué tuviste que enfermarte o soportar una muerte o un divorcio en tu familia o luchar con problemas en la escuela? A veces, el Señor permite ciertos problemas para hacer que «florezca» la paciencia o la oración en tu vida. *R.E.P.*

PARA MEMORIZAR: Porque ustedes saben que, siempre que se pone a prueba la fe, la constancia tiene una oportunidad para desarrollarse. *Santiago 1:3*

14 DE ABRIL

FLORECE A OSCURAS

DE LA BIBLIA:

Amados hermanos, cuando tengan que enfrentar cualquier tipo de problemas, considérenlo como un tiempo para alegrarse mucho porque ustedes saben que, siempre que se pone a prueba la fe, la constancia tiene una oportunidad para desarrollarse. Así que dejen que crezca, pues una vez que su constancia se haya desarrollado plenamente, serán perfectos y completos, y no les faltará nada.

Si necesitan sabiduría, pídansela a nuestro generoso Dios, y él se la dará; no los reprenderá por pedirla. [...]

Dios bendice a los que soportan con paciencia las pruebas y las tentaciones, porque después de superarlas, recibirán la corona de vida que Dios ha prometido a quienes lo aman.

SANTIAGO 1:2-5, 12

Dios obra a través de los problemas

15 DE ABRIL

EL DIOS VIVO

DE LA BIBLIA:

El domingo, muy temprano por la mañana, las mujeres fueron a la tumba, llevando las especias que habían preparado. Encontraron que la piedra de la entrada estaba corrida a un costado. Entonces entraron, pero no encontraron el cuerpo del Señor Jesús. Mientras estaban allí perplejas, de pronto aparecieron dos hombres vestidos con vestiduras resplandecientes.

Las mujeres quedaron aterradas y se inclinaron rostro en tierra. Entonces los hombres preguntaron: «¿Por qué buscan entre los muertos a alguien que está vivo? ¡Él no está aquí! ¡Ha resucitado! Recuerden lo que les dijo en Galilea, que el Hijo del Hombre debía ser traicionado y entregado en manos de hombres pecadores, y ser crucificado, y que resucitaría al tercer día».

Entonces ellas recordaron lo que Jesús había dicho. Así que regresaron corriendo de la tumba a contarles a los once discípulos y a todos los demás lo que había sucedido.

LUCAS 24:1-9

Dios está vivo

KARLA SE QUEDÓ MIRANDO la pantalla mientras mostraban las fotos de los misioneros. Veía a las personas vestidas como las de su propia iglesia. Había empresarios y amas de casa, estudiantes y niños pequeños, ¡todos arrodillados ante un ídolo extraño! Estaban orando. Karla sabía que en algunos países la gente adoraba a dioses de madera y de piedra, pero estas personas estaban en un área civilizada, en una ciudad grande.

Esa noche, habló del tema con su padre y su madre.

—¿Cómo sabes si tienes al dios correcto? —preguntó sin rodeos.

—¿Qué quieres decir? —preguntó la madre de Karla—. Solo hay un Dios verdadero.

—Claro —replicó Karla—, pero todas esas personas que vi en las fotografías... ellas también piensan que su dios es el correcto.

—Sí —dijo papá—, pero la Biblia dice que hay un solo Dios. Él es el Creador de la tierra. Hizo todo lo que hay en ella, incluso al ser humano.

Karla se quedó callada un buen rato. Finalmente, habló:

—¿Así que por eso creemos en él? ¿Porque es tan grandioso?

Papá negó con la cabeza.

—En parte, pero también por otros motivos.

Karla estaba pensando.

—¿Es porque mandó a su Hijo, Jesús, para que muriera? —insinuó.

—Hay más aún —le dijo papá—. Jesús, quien es Dios, hizo algo más que morir por nosotros, ¡por más maravilloso que eso sea! También resucitó. Y ninguna otra religión del mundo tiene un Salvador vivo.

Karla meditó en ello por un momento. Había dioses de madera, piedra, oro y, probablemente, de cualquier otro tipo. Pero su Dios era diferente. ¡Estaba vivo! Solo él podía escucharla y contestar sus oraciones.

¿Y TÚ? Imagina cómo sería orar a una piedra, a un pedazo de madera o a una persona muerta. Si eres cristiano, da gracias por tu Salvador resucitado y vivo. Luego, también háblales a otros sobre él. *R.I.J.*

PARA MEMORIZAR: ¡Él no está aquí! ¡Ha resucitado! Recuerden lo que les dijo en Galilea. *Lucas 24:6*

CUANDO ÁNGELA VOLVIÓ A SU CASA de la casa de una amiga, tenía el cabello arreglado de una manera nueva.

—Christine lo peinó —le contó Ángela a su madre—. ¿Te gusta?

—Se ve bien —dijo su madre—. Está arreglado como Christine usa el suyo, ¿cierto?

Ángela asintió alegremente. Su hermano resopló.

—Ustedes dos bien podrían ser gemelas —dijo—. Están juntas cada minuto que tienen libre. Están empezando a verse iguales.

Ángela sonrió. Estaba feliz de ser igual a Christine.

Al día siguiente, las cosas no le salieron bien a Ángela. Se sorprendió a sí misma enojándose más de lo normal por cosas sin importancia. *¿Qué me está pasando?*, se preguntó después de contestarle groseramente a una maestra que la había impacientado.

—Hablaste como Christine —susurró la niña sentada al lado de Ángela—. Debe ser porque pasan tanto tiempo juntas.

Ángela la miró, sorprendida. Sabía que uno de los defectos de Christine era su mal carácter. ¿Estaba Ángela adoptando esa característica también? Quizás, después de todo, ella no quería parecerse a Christine.

—Ay, bueno. Nadie es perfecto —dijo Ángela para sí, encogiéndose de hombros. Pero, de repente, recordó algo. *Hay una persona que es perfecta: Jesús. Él es el único a quien quiero parecerme.* Ángela sabía que últimamente no había estado «juntándose» demasiado con él. *Perdóname, Señor. Tendremos ese tiempo especial tan pronto como llegue a casa,* prometió.

¿Y TÚ? Las personas suelen parecerse a aquellos con quienes pasan más tiempo. Es fácil imitar la manera de vestirse, el lenguaje e, incluso, los comportamientos de las personas con las que uno «se junta». ¿Pasas suficiente tiempo con Jesús para ser como él? *K.R.A.*

PARA MEMORIZAR: Los que dicen que viven en Dios deben vivir como Jesús vivió. *1 Juan 2:6*

16 DE ABRIL

MUY PARECIDO

DE LA BIBLIA:

Ciertamente, yo soy la vid; ustedes son las ramas. Los que permanecen en mí y yo en ellos producirán mucho fruto porque, separados de mí, no pueden hacer nada. El que no permanece en mí es desechado como rama inútil y se seca. Todas esas ramas se juntan en un montón para quemarlas en el fuego. Si ustedes permanecen en mí y mis palabras permanecen en ustedes, pueden pedir lo que quieran, ¡y les será concedido! Cuando producen mucho fruto, demuestran que son mis verdaderos discípulos. Eso le da mucha gloria a mi Padre.

Yo los he amado a ustedes tanto como el Padre me ha amado a mí. Permanezcan en mi amor. Cuando obedecen mis mandamientos, permanecen en mi amor, así como yo obedezco los mandamientos de mi Padre y permanezco en su amor. Les he dicho estas cosas para que se llenen de mi gozo; así es, desbordarán de gozo. Este es mi mandamiento: ámense unos a otros de la misma manera en que yo los he amado. No hay un amor más grande que el dar la vida por los amigos. Ustedes son mis amigos si hacen lo que yo les mando.

JUAN 15:5-14

Sé como Jesús

17 DE ABRIL

CUANDO EL ÁRBOL NECESITA AYUDA

DE LA BIBLIA:

Hijo mío, obedece los mandatos de
tu padre,

y no descuides la instrucción de tu
madre.

Guarda siempre sus palabras en tu
corazón;

átalas alrededor de tu cuello.

Cuando camines, su consejo te
guiará.

Cuando duermas, te protegerá.

Cuando despiertes, te orientará.

Pues su mandato es una lámpara

y su instrucción es una luz;

su disciplina correctiva

es el camino que lleva a la vida.

PROVERBIOS 6:20-23

*Acepta ayuda de buena
manera*

DAVID OBSERVÓ A SU PADRE MIENTRAS SACABA la estaca que había sido atada al arbolito desde que había sido plantado.

—Un árbol pequeño muchas veces no tiene la fuerza ni la capacidad de mantenerse de pie por sí solo —dijo papá—. Esta estaca sirvió de soporte, pero ahora creo que el árbol está lo suficientemente grande como para soportar cualquier viento que venga. Y puede enseñarnos una lección sobre la vida —añadió papá.

—¿A qué te refieres? —preguntó David.

—Cuando eras pequeño, tu madre y yo te sosteníamos de la mano cada vez que dabas un paso —explicó papá—. No queríamos que te cayeras ni que te lastimaras. Cuando comenzaste a crecer, te dejamos andar por tu cuenta, pero seguíamos vigilándote.

David asintió, pensando al respecto. Incluso ahora, a menudo necesitaba el consejo y la ayuda de sus padres. Le preguntó a su padre si siempre tendría que depender de ellos.

—Nosotros estamos comprometidos a ayudarte a crecer para que seas un firme seguidor de Jesucristo —respondió papá, sonriendo—. A medida que crezcas, un día estarás listo para seguir adelante sin nosotros. Proverbios 22:6 es un versículo que tu madre y yo intentamos cumplir mientras te educamos: "Dirige a tus hijos por el camino correcto, y cuando sean mayores, no lo abandonarán".

—Más o menos como el árbol, ¿verdad? —preguntó David—. Cuando era pequeño y frágil, tuviste que ponerle la estaca al lado todo el tiempo. Pero, ahora que es suficientemente maduro, seguirá creciendo derecho sin la estaca de soporte.

¿Y TÚ? ¿Cómo te sientes cuando estás limitado de alguna manera por las reglas y la guía de tus padres? No te enojes. Todos los árboles nuevos necesitan ayuda para crecer grandes, fuertes y derechos. *R.I.J.*

PARA MEMORIZAR: Hijo mío, obedece los mandatos de tu padre, y no descuides la instrucción de tu madre. *Proverbios 6:20*

—¡AY, NO! —se quejó Cory cuando abrió el cajón de su cómoda y vio que no tenía calcetines limpios. No le servía de nada saber que era su culpa por no poner sus propias cosas sucias en el cesto de ropa sucia. Chilló más fuerte cuando un botón de su camisa salió volando. Mientras se ataba los cordones de sus zapatos, uno se reventó—. ¡Todo está saliendo mal! —refunfuñó.

Finalmente, cuando Cory terminó de vestirse, fue a la cocina y tomó un tazón con cereales y leche. Mientras llevaba el tazón a la mesa, se le fue de lado y el contenido se desparramó en el piso. Su rostro se puso rojo de enojo y gritó una mala palabra.

Aun antes de que su madre dijera algo, Cory se sintió culpable. Usar esa palabrota solo lo hizo sentirse peor. Él y su madre hablaron al respecto mientras limpiaban lo que se había ensuciado. Cory le enumeró las cosas que habían salido mal esa mañana.

—En lugar de enojarte cada vez más ante cada cosa que salía mal, ¿qué hubiera pasado si te hubieras tomado un momento para orar? —le preguntó su madre.

Cory revolvió un nuevo tazón con cereales mientras pensaba en eso.

—Si hubiera orado, probablemente no me hubiera enojado tanto —dijo despacio—. Voy a orar ahora mismo para pedirle perdón a Dios —agregó Cory—. Y si algo más vuelve a salir mal hoy, voy a orar por eso tan pronto como ocurra, para no terminar diciendo una mala palabra otra vez.

¿Y TÚ? Cuando parece que todo sale mal, ¿te alteras cada vez más hasta que insultas? Una mejor manera de manejar tu enojo es hablar con Dios sobre las cosas que están molestándote. Pídele que quite la ira. Quizás, incluso puedas reírte de algunas de las cosas fastidiosas que te pasan. *C.E.Y.*

PARA MEMORIZAR: Cuida tu lengua y mantén la boca cerrada, y no te meterás en problemas. *Proverbios 21:23*

18 DE ABRIL

TODO SALE MAL

DE LA BIBLIA:

El que busca la justicia y el amor inagotable

encontrará vida, justicia y honor.

El sabio conquista la ciudad de los fuertes

y arrasa la fortaleza en que confían.

Cuida tu lengua y mantén la boca cerrada,

y no te meterás en problemas.

Los burlones son orgullosos y altaneros;

actúan con una arrogancia que no tiene límites.

PROVERBIOS 21:21-24

Ora, no insultes

19 DE ABRIL

LOS RELOJES ROTOS

DE LA BIBLIA:

Escúchenme, descendientes de
Jacob,

todos los que permanecen en
Israel.

Los he protegido desde que nacieron;

así es, los he cuidado desde antes
de nacer.

Yo seré su Dios durante toda su vida;

hasta que tengan canas por la
edad.

Yo los hice y cuidaré de ustedes;

yo los sostendré y los salvaré.

¡No olviden esto! ¡Ténganlo
presente!

Recuérdenlo, ustedes los culpables.

Recuerden las cosas que hice en el
pasado.

¡Pues solo yo soy Dios!

Yo soy Dios, y no hay otro como yo.

Solo yo puedo predecir el futuro

antes que suceda.

Todos mis planes se cumplirán

porque yo hago todo lo que deseo.

ISAÍAS 46:3-4, 8-10

Respeta a los ancianos

JUSTO ENTRÓ CORRIENDO EN SU CASA y cerró la puerta con un golpe.

—¡Mamá! —gritó—. Papá dijo que el abuelo vendrá de visita otra vez.

—Sí —respondió mamá—. Papá va a traer al abuelo el sábado por la mañana. —Suspiró mientras hurgaba en su alhajero—. Mi reloj se rompió, y esperaba que uno de los viejos todavía sirviera. Mira, Justo. —Le extendió un pequeño reloj de pulsera de oro—. Este es el regalo de graduación de la preparatoria que me dieron el abuelo y la abuela. Este de la correa de cuero fue mi reloj oficial de enfermera. Y el que uso ahora, papá me lo compró antes de casarnos, pero tampoco funciona.

Justo asintió y, luego, preguntó:

—¿Por qué tiene que venir el abuelo? Tira cosas y habla gracioso.

—Creí que amabas al abuelo —dijo su madre en voz baja.

—Lo amo —dijo Justo—, o lo amaba, antes de que tuviera esa embolia. Siempre hacía cosas conmigo. Ahora no hace más que sentarse y... estorbar.

Su madre señaló los relojes.

—Estos relojes no funcionan, pero me traen recuerdos de tiempos felices —dijo—. Y, aunque no tengan los sentimientos que tienen las personas, no quiero tirarlos a la basura. —Justo miró al suelo. Sabía que ella se refería al abuelo—. Yo tengo muchos recuerdos felices de mi niñez con el abuelo y la abuela —agregó la madre de Justo—. La abuela ahora está en el cielo, y el abuelo es anciano. Pero no quiero desecharlo. Lo amo mucho.

Justo abrazó a su madre.

—Perdón, mamá. Yo tampoco quiero desecharlo.

¿Y TÚ? ¿Valoras a los ancianos? Nunca los «deseches» solo porque no pueden hacer todas las cosas que podían hacer antes. Aprovecha cada oportunidad que tengas para demostrarles que los amas y que los aprecias. *B.K.*

PARA MEMORIZAR: Las canas son una corona de gloria que se obtiene por llevar una vida justa. *Proverbios 16:31*

—NUESTRA CLASE HARÁ UNA OBRA TEATRAL —les contó Tony a sus padres durante la cena—. Hay una escena en la que aparece el diablo, y la señorita Clark me dio ese papel, pero no quiero hacerlo.

—¿Se lo dijiste? —preguntó su madre mientras servía un poco de comida en el plato de Carrie.

—No, iba a hacerlo, pero...

Carrie interrumpió la explicación de Tony:

—¡No quiero eso!

—Entonces, no te daré postre —dijo su madre.

—Iba a decírselo a la señorita Clark —continuó Tony—, pero Christi estaba hablando con ella. Christi le dijo que ella se negaba a hacer de bruja en la obra, lo cual no le causó demasiada gracia a la señorita Clark. Tuve miedo de...

En esta ocasión, Beth interrumpió a Tony:

—Madre, ¿puedo comer otra porción de verduras en lugar de este guiso, por favor?

Su madre titubeó.

—Supongo que sí.

—¿Qué puedo hacer con la obra? —preguntó Tony.

Carrie habló otra vez:

—¿Por qué yo tengo que comer el guiso si Beth no lo come?

—Porque tienes una mala actitud —dijo papá severamente—. Beth preguntó amablemente si podía reemplazarla. Tú enunciaste que no ibas a comer la tuya.

Mamá se dio vuelta hacia Tony.

—Quizás esta sea tu respuesta —dijo—. ¿Christi le pidió a la señorita Clark que la eximiera de la obra, o solo se negó a actuar?

—Solo dijo que no lo haría —respondió Tony.

—Muchas veces, que se nos concedan nuestras peticiones depende de *cómo* las pidamos, más que de *lo que* pidamos —dijo papá, tanto para Carrie como para Tony.

¿Y TÚ? Cuando te pidan que hagas algo que consideras malo, no tengas miedo de decir que no, pero dilo de la manera correcta. Sé respetuoso pero firme, como lo fue Daniel. *B.J.W.*

PARA MEMORIZAR: Sin embargo, Daniel estaba decidido a no contaminarse con la comida y el vino dados por el rey. Le pidió permiso al jefe del Estado Mayor para no comer esos alimentos inaceptables. *Daniel 1:8*

20 DE ABRIL

LA MANERA ADECUADA DE DECIR QUE NO

DE LA BIBLIA:

Luego el rey ordenó a Aspenaz, jefe del Estado Mayor, que trajera al palacio a algunos de los jóvenes de la familia real de Judá y de otras familias nobles, que habían sido llevados a Babilonia como cautivos. «Selecciona solo a jóvenes sanos, fuertes y bien parecidos —le dijo—. Asegúrate de que sean instruidos en todas las ramas del saber, que estén dotados de conocimiento y de buen juicio y que sean aptos para servir en el palacio real. Enseña a estos jóvenes el idioma y la literatura de Babilonia». El rey les asignó una ración diaria de la comida y del vino que provenían de su propia cocina. Debían recibir entrenamiento por tres años y después entrarían al servicio real. [...]

Sin embargo, Daniel estaba decidido a no contaminarse con la comida y el vino dados por el rey. Le pidió permiso al jefe del Estado Mayor para no comer esos alimentos inaceptables.

DANIEL 1:3-5, 8

Mantén una actitud agradable

21 DE ABRIL

JACOB, EL BUENO PARA NADA

DE LA BIBLIA:

Ustedes son la sal de la tierra. Pero ¿para qué sirve la sal si ha perdido su sabor? ¿Pueden lograr que vuelva a ser salada? La descartarán y la pisotearán como algo que no tiene ningún valor.

Ustedes son la luz del mundo, como una ciudad en lo alto de una colina que no puede esconderse. Nadie enciende una lámpara y luego la pone debajo de una canasta. En cambio, la coloca en un lugar alto donde ilumina a todos los que están en la casa. De la misma manera, dejen que sus buenas acciones brillen a la vista de todos, para que todos alaben a su Padre celestial.

MATEO 5:13-16

Haz el bien por nada

EN LA CAJA RÁPIDA DE LA TIENDA, Jacob se apoyó sobre un pie y, luego, sobre el otro. Le había prometido a la señora Moore que le llevaría un poco de azúcar morena.

La conversación de los dos hombres que estaban delante de él había captado su atención.

—Te lo digo en serio —se quejaba uno—, mi nieto es un inútil. Sus padres le pagan a alguien para que corte el césped mientras el chico se queda sentado frente a su computadora.

—Cierto —concordó el otro—. La nueva generación está malcriada.

Jacob se enfureció. Le entregó el azúcar morena y el vuelto a la señora Moore; ella intentó devolverle el dinero.

—No, gracias —dijo Jacob.

Cuando Jacob llegó a su casa, su madre estaba poniéndose el abrigo.

—Jacob, cuida a Emily por mí, por favor —dijo—. Necesito ir a hacer unos mandados.

Jacob asintió. Entonces, vigiló a Emily mientras ella jugaba en el columpio y él recortaba un seto.

Esa noche, mientras cenaban en la mesa, Jacob repitió la conversación que había escuchado en el supermercado.

—Bueno, en realidad tenían razón en algo —dijo papá.

Mamá levantó la vista.

—Don, ¿estás diciendo que Jacob es un bueno para nada?

—Bueno —dijo papá—, hoy hizo unos mandados para la señora Moore. ¿Cuánto te pagaron por eso, hijo?

Jacob se encogió de hombros.

—Nada.

—Y después, cuidaste a Emily para ayudar a tu madre, y parece que podaste el seto por mí. ¿Cuánto te pagaron por esas tareas?

—Bueno... nada —respondió Jacob.

—Entonces, supongo que eres bueno "para" nada, Jacob. —Papá se rio—. Y calculo que ahí afuera hay muchos niños más que son tan buenos "para" nada como tú.

¿Y TÚ? ¿Esperas que te paguen por todo lo que haces? Empieza por hacer al menos una acción buena por día a cambio de nada. En el cielo serás recompensado por las cosas que hiciste por nada. *B.J.W.*

PARA MEMORIZAR: Almacena tus tesoros en el cielo, donde las polillas y el óxido no pueden destruir, y los ladrones no entran a robar. *Mateo 6:20*

LA FAMILIA MARRIS VIVÍA EN UNA CASA de dos plantas rodeada por grandes árboles. A Jill le gustaba especialmente el enorme arce que había al otro lado de la ventana de su cuarto. Le agradaba el sonido que hacían las hojas cuando rozaban suavemente contra el vidrio.

Un día de primavera, Jill miró por la ventana y vio a un reyezuelo explorando el recodo de una rama. Un instante después, un segundo reyezuelo voló hacia la misma rama. Jill se quedó inmóvil para no asustar a los pájaros. Mientras los observaba, comenzaron a hacer un nido. Los reyezuelos hicieron muchos viajes para recoger ramitas y hojitas. Jill se rio cuando vio que uno de los reyezuelos usaba un pedazo de cinta para el cabello que ella había perdido en la nieve durante el invierno.

Cuando el nido estuvo terminado, Jill lo revisaba todos los días para ver si había algo en él. Una mañana, vio unos huevitos entre la paja. Pronto, aparecieron también los pichones. ¡Los padres se mantenían ocupados alimentando a los bebés!

Pero, un día, hubo una tormenta terrible. La rama se sacudía de un lado para otro, y el nido se mecía con ella.

—¿Cómo están los reyezuelos, Jill? —preguntó papá al pasar por su habitación.

—La rama se sacude con el viento, pero la mamá está cubriendo a los bebés —respondió Jill—. Qué bueno que Dios la haya creado de modo que sabe cómo proteger a sus hijitos.

—Te diré otra cosa estupenda —dijo papá, entrando para dar un vistazo—. Dios usa esa misma imagen, la de la madre abriendo sus alas para proteger a los bebés, como ejemplo de cómo nos cuida a nosotros, sus hijos.

¿Y TÚ? ¿Alguna vez viste a una mamá pájaro protegiendo a sus crías? La Biblia a menudo usa «metáforas» para dar ejemplos del amor de Dios. Recuerda el cuidado de una mamá pájaro por sus bebés y entenderás con qué cuidado te protege Dios. *L.M.W.*

PARA MEMORIZAR: Con sus plumas te cubrirá y con sus alas te dará refugio. Sus fieles promesas son tu armadura y tu protección. *Salmo 91:4*

AL OTRO LADO DE LA VENTANA DE JILL

DE LA BIBLIA:

Los que viven al amparo del Altísimo
  encontrarán descanso a la sombra del Todopoderoso.
Declaro lo siguiente acerca del SEÑOR:
Solo él es mi refugio, mi lugar seguro;
  él es mi Dios y en él confío. [...]
Con sus plumas te cubrirá
  y con sus alas te dará refugio.
  Sus fieles promesas son tu armadura y tu protección.
No tengas miedo de los terrores de la noche
  ni de la flecha que se lanza en el día. [...]
Si haces al SEÑOR tu refugio
  y al Altísimo tu resguardo,
ningún mal te conquistará;
  ninguna plaga se acercará a tu hogar.
Pues él ordenará a sus ángeles
  que te protejan por donde vayas.
Te sostendrán con sus manos
  para que ni siquiera te lastimes el pie con una piedra. [...]
El SEÑOR dice: «Rescataré a los que me aman;
  protegeré a los que confían en mi nombre».

SALMO 91:1-2, 4-5, 9-12, 14

Dios te cuida

23 DE ABRIL

EN FORMA

DE LA BIBLIA:

Entonces dijo a la multitud: «Si alguno de ustedes quiere ser mi seguidor, tiene que abandonar su propia manera de vivir, tomar su cruz cada día y seguirme. Si tratas de aferrarte a la vida, la perderás, pero si entregas tu vida por mi causa, la salvarás. ¿Y qué beneficio obtienes si ganas el mundo entero, pero te pierdes o destruyes a ti mismo? Si alguien se avergüenza de mí y de mi mensaje, el Hijo del Hombre se avergonzará de esa persona cuando regrese en su gloria y en la gloria del Padre y de los santos ángeles».

LUCAS 9:23-26

Ejercítate espiritualmente todos los días

DAN NUNCA SE HABÍA ALEGRADO TANTO de que la semana se terminara. El campamento con la banda de música fue divertido, pero la mayor parte del tiempo había sido demasiado trabajo. ¡Qué manera de pasar las vacaciones de Semana Santa!

Dan tocó la trompeta durante tanto tiempo, y tan fuerte, que se le partió el labio. Todas las mañanas, la banda marchaba durante dos horas. Después del primer día, Dan sintió que nunca querría volver a caminar. Pero, hacia el fin de la semana, sentía que sus piernas estaban bien fuertes.

Sin embargo, el primer día que volvió a clases, Dan se torció el tobillo en la clase de gimnasia y tuvo que dejar las prácticas durante varios días. Bueno, ¡por lo menos no tendría que marchar con la banda durante un tiempo! La banda estaba preparándose para un desfile muy largo, y el señor Artz, el director de la banda, los hacía trabajar mucho.

Justamente cuando Dan estaba preparándose para reincorporarse a la banda, pescó una gripe. Empezó a preocuparse porque él realmente *quería* marchar en ese desfile.

El día del desfile, Dan se sentía bien. ¡Pero no podía creer lo cansado que lo había dejado el desfile!

Al día siguiente en la iglesia, el pastor Steve habló de ser espiritualmente fuertes.

—Nuestra vida espiritual es como la vida física —dijo el pastor—. No tenemos que hacer nada para *dejar* de estar en forma, pero sí debemos ejercitarnos diariamente para mantenernos *en* forma.

Dan sabía que, si quería estar fuerte espiritualmente, necesitaría esforzarse mucho, como lo había hecho en el campamento de la banda.

¿Y TÚ? ¿Tu espíritu está fuera de forma por falta de ejercicio? Si no haces nada, muy pronto dejarás de estar en forma; por eso, disciplínate para leer la Biblia, para orar y para vivir para Jesús todos los días. *R.E.P.*

PARA MEMORIZAR: Por esto, siempre trato de mantener una conciencia limpia delante de Dios y de toda la gente. *Hechos 24:16*

SARA SE FROTÓ EL ESTÓMAGO al ver el pastel que su madre acababa de glasear.

—¡Te aseguro que Meredith y yo tenemos hambre! —Meredith, la amiga de Sara, había venido a pasar la noche, y las niñas buscaban algún bocadillo después de clase.

Su madre se rio.

—Sírvete —la invitó.

Después de cortar y servir el pastel, Sara se sentó al lado de su amiga. Observó a Meredith mientras tomaba su porción.

—Meredith, ¿vas a comer solamente lo de arriba? —preguntó—. El pastel está lleno de nueces y cosas buenas.

—Lo de arriba es lo único que como siempre —respondió Meredith. Miró rápidamente a la madre de Sara—. Espero que no se ofenda.

—No —contestó la madre—, pero creo que no quedarás muy satisfecha con la cobertura, y la cena no estará lista hasta dentro de un rato. De verdad, estás dejando la mejor parte. ¿Por qué no pruebas un poco y ves si te gusta?

Meredith hizo una mueca, pero probó un bocadito. Hizo una gran sonrisa.

—¡*Está* buenísimo! Creo que comeré el resto.

Esa noche, las niñas estaban a la mitad de un juego cuando papá las llamó para hacer el devocional familiar.

—¿Podemos leer solamente la historia y saltarnos el resto? —preguntó Sara.

Papá arrugó la frente.

—¿Omitir la lectura bíblica y la oración?

—Bueno, solo esta vez —murmuró Sara—, para que podamos terminar nuestro juego.

—Eso sería como comer la cobertura y dejar el pastel, ¿verdad? —preguntó Meredith.

—Sí —respondió la madre de Sara—. Si únicamente leyéramos la historia y no su Palabra, nos perderíamos la mejor parte.

¿Y TÚ? ¿Te tienta la idea de saltarte los pasajes bíblicos y leer solo la historia de este libro? No lo hagas. La Escritura es la parte más importante. «Come» toda la porción y disfruta cada bocado. *B.J.W.*

PARA MEMORIZAR: Prueben y vean que el SEÑOR es bueno; ¡qué alegría para los que se refugian en él! *Salmo 34:8*

---

24 DE ABRIL

LA MEJOR PARTE

DE LA BIBLIA:

Durante el viaje a Jerusalén, Jesús y sus discípulos llegaron a cierta aldea donde una mujer llamada Marta los recibió en su casa. Su hermana María se sentó a los pies del Señor a escuchar sus enseñanzas, pero Marta estaba distraída con los preparativos para la gran cena. Entonces se acercó a Jesús y le dijo:

—Maestro, ¿no te parece injusto que mi hermana esté aquí sentada mientras yo hago todo el trabajo? Dile que venga a ayudarme.

El Señor le dijo:

—Mi apreciada Marta, ¡estás preocupada y tan inquieta con todos los detalles! Hay una sola cosa por la que vale la pena preocuparse. María la ha descubierto, y nadie se la quitará.

LUCAS 10:38-42

No te saltes las lecturas de la Biblia

25 DE ABRIL

LO NECESARIO: TIEMPO PARA APRENDER

DE LA BIBLIA:

En cambio, la clase de fruto que el Espíritu Santo produce en nuestra vida es: amor, alegría, paz, paciencia, gentileza, bondad, fidelidad, humildad y control propio. ¡No existen leyes contra esas cosas!

Los que pertenecen a Cristo Jesús han clavado en la cruz las pasiones y los deseos de la naturaleza pecaminosa y los han crucificado allí. Ya que vivimos por el Espíritu, sigamos la guía del Espíritu en cada aspecto de nuestra vida. No nos hagamos vanidosos ni nos provoquemos unos a otros ni tengamos envidia unos de otros.

Amados hermanos, si otro creyente está dominado por algún pecado, ustedes, que son espirituales, deberían ayudarlo a volver al camino recto con ternura y humildad. Y tengan mucho cuidado de no caer ustedes en la misma tentación.

GÁLATAS 5:22–6:1

Sé paciente con los cristianos nuevos

—A MÍ ME PARECE QUE si Mary Beth realmente habló en serio cuando aceptó a Jesús, tendría que ser un poco más amable en la escuela —le dijo Nadine a su madre mientras terminaba de lavar los platos. Mientras colgaba el trapo, su gatito amarillo saltó sobre la mesa—. ¡Buddy! ¡Baja de ahí! —gritó Nadine. Buddy bajó de un salto—. ¡Ay! —balbuceó Nadine—. ¡Ahora tengo que limpiar otra vez!

—Bueno, bueno —se compadeció la madre de Nadine—. No tienes que molestarte tanto. Ocúpate de corregir a Buddy y, con el tiempo, aprenderá que no tiene permiso para subir a la mesa.

Nadine limpió rápidamente la superficie; luego salió y se sentó descuidadamente sobre la escalera.

—A veces, me gustaría no tener un gato —dijo, haciendo pucheros.

—Cariño —dijo su madre, sentándose al lado de su hija—, tú sabes que no abandonarías a Buddy. Pero debes tener presente que todavía es chiquito. Tienes que entrenarlo y enseñarle cuáles son las reglas.

Ronroneando ruidosamente, Buddy se frotó contra Nadine, y ella se ablandó un poco.

—¿Como haces tú por mí? —preguntó.

—Sí —afirmó su madre—, y como hacen los cristianos con más antigüedad por los cristianos nuevos. No esperes que los que son bebés en Cristo conozcan inmediatamente toda la Biblia ni que hagan todo bien. Debemos tener mucha paciencia y enseñarles.

Nadine se estiró y levantó a Buddy.

—Creo que todavía no puedo esperar que sepas todas las reglas —dijo en voz baja—, y me parece que tampoco debería esperar lo mismo de Mary Beth.

¿Y TÚ? ¿Esperas demasiado de los que son cristianos nuevos? Recuerda que uno de los frutos del Espíritu es la paciencia. Cuando ores por los cristianos nuevos, también sé paciente con ellos. *V.L.R.*

PARA MEMORIZAR: En cambio, la clase de fruto que el Espíritu Santo produce en nuestra vida es: amor, alegría, paz, paciencia, gentileza, bondad, fidelidad, humildad y control propio. ¡No existen leyes contra esas cosas! *Gálatas 5:22-23*

BRANDON SE ESTIRÓ, BOSTEZÓ Y APAGÓ LA ALARMA. Durante varios minutos, luchó consigo mismo. Una voz le decía: «Levántate. Es hora de ir a la escuela dominical». Y otra voz decía: «¿Por qué? Tus padres no van». Al final, ganó la voz equivocada. «Nadie me extrañará», balbuceó Brandon, tapándose la cabeza con la almohada.

Luego, durante esa misma semana, Brandon tropezó con el tocón de un árbol y se fracturó un dedo. ¡Cómo le dolía! El sábado, cuando sonó el timbre, fue cojeando hasta la puerta.

—Ah, hola, señor Newman —dijo, saludando a su maestro de la escuela dominical—. Pase.

El señor Newman dijo:

—Veo que estás cojeando, Brandon. ¿Te lastimaste el pie? ¿Es por eso que faltaste a la escuela dominical? —preguntó el señor Newman.

—Me fracturé el dedo pequeño el martes —respondió Brandon—. No fui el domingo porque... bueno... supuse que nadie iba a extrañarme.

El señor Newman sacudió la cabeza.

—Oh, Brandon, te *extrañamos*. Eres importante para el Señor, para nuestra iglesia y para mí. Cuando no vas, hay un gran vacío en nuestra clase. —Señaló el pie de Brandon y preguntó—: Cuando te fracturaste el dedo pequeño, ¿cómo afectó eso al resto de tu cuerpo?

Brandon hizo un gesto de dolor.

—No pude hacer casi nada durante varios días.

—Así también sucede con el cuerpo de Cristo, las personas que van a la iglesia —explicó el señor Newman—. Cada miembro es importante, incluso los que creen que son el "dedo pequeño del pie". Cuando un miembro está herido, nos duele a todos. —Se puso de pie para irse—. Tú eres importante para nuestro grupo, Brandon. Nunca te olvides de eso.

¿Y TÚ? ¿Te sientes insignificante o conoces a alguien que se sienta de esa manera? Si eres cristiano, eres un miembro del cuerpo de Cristo. No solo eres importante; ¡eres necesario! *B.J.W.*

PARA MEMORIZAR: El cuerpo humano tiene muchas partes, pero las muchas partes forman un cuerpo entero. Lo mismo sucede con el cuerpo de Cristo. *1 Corintios 12:12*

26 DE ABRIL

EL MIEMBRO MÁS PEQUEÑO

DE LA BIBLIA:

El cuerpo humano tiene muchas partes, pero las muchas partes forman un cuerpo entero. Lo mismo sucede con el cuerpo de Cristo. [...]

Pero nuestro cuerpo tiene muchas partes, y Dios ha puesto cada parte justo donde él quiere. ¡Qué extraño sería el cuerpo si tuviera solo una parte! Efectivamente, hay muchas partes, pero un solo cuerpo. El ojo nunca puede decirle a la mano: «No te necesito». La cabeza tampoco puede decirle al pie: «No te necesito».

De hecho, algunas partes del cuerpo que parecieran las más débiles y menos importantes, en realidad, son las más necesarias. Y las partes que consideramos menos honorables son las que vestimos con más esmero. Así que protegemos con mucho cuidado esas partes que no deberían verse, mientras que las partes más honorables no precisan esa atención especial. Por eso Dios ha formado el cuerpo de tal manera que se les dé más honor y cuidado a esas partes que tienen menos dignidad. Esto hace que haya armonía entre los miembros a fin de que los miembros se preocupen los unos por los otros.

1 CORINTIOS 12:12, 18-25

Cada miembro es importante

27 DE ABRIL

UNA MANERA DE SERVIR

DE LA BIBLIA:

Pero Samuel, aunque era solo un niño, servía al SEÑOR; vestía una túnica de lino como la del sacerdote. Cada año su madre le hacía un pequeño abrigo y se lo llevaba cuando iba con su esposo para el sacrificio. [...]

Mientras tanto, el niño Samuel crecía en estatura física y en el favor del SEÑOR y en el de toda la gente.

1 SAMUEL 2:18-19, 26

Sirve a Dios sirviendo a los demás

ERA SÁBADO Y MELINDA ESTABA ACOSTADA en su cama, leyendo una fascinante historia de misioneros. ¡Guau!, pensó. *Cómo me gustaría servir a Dios, pero no soy más que una niña.*

—Melinda, ven, por favor —su madre la llamó desde la cocina—. La señora Rodríguez está enferma, y quiero que le lleves este estofado.

Melinda suspiró, pero hizo lo que su madre le pidió. Al llegar, Melinda se dio cuenta de que los platos del desayuno y del almuerzo todavía estaban sobre la mesa. Los metió en el lavavajilla y preparó la mesa para la cena.

Cuando Melinda llegó a casa, su madre le pidió que le llevara algunas revistas a la señora Wilson.

—Eres una niña adorable, Melinda —le dijo la señora Wilson.

Cuando Melinda llegó a su casa nuevamente, estaba cantando.

—Parece que estás de buen humor —comentó su madre—. ¿Le puedes dar de comer a Robbie?

—Claro —dijo Melinda.

Durante la cena, el humor de Melinda se puso pesado.

—Me gustaría crecer rápido para poder servir al Señor —dijo—, como el misionero del cual estuve leyendo.

Su madre levantó la vista, sorprendida.

—Pero, Melinda, si estuviste haciendo cosas para el Señor toda la tarde.

—¿En serio? —preguntó Melinda.

—Ayudaste a la señora Rodríguez —comentó mamá—. Visitaste a la señora Wilson, le diste...

—Pero, madre, eso fue para las *personas* —suspiró Melinda.

—¿Cómo crees que los misioneros sirven al Señor? —preguntó su madre—. Haciendo cosas para las personas. Todos pueden servir a Dios sirviendo a los demás.

¿Y TÚ? ¿Qué has hecho últimamente para servir a Dios? Al servir a otros, le sirves a él. Haz una lista de dos o tres cosas que puedes hacer hoy para ayudar a otras personas. *B.J.W.*

PARA MEMORIZAR: Adoren al SEÑOR con gozo. Vengan ante él cantando con alegría. *Salmo 100:2*

—**HOY EN LA ESCUELA HABÍA UNA NIÑA NUEVA** —comentó Gina mientras limpiaba la mesa.

Su madre, que estaba llenando el lavavajilla, la miró.

—Espero que hayas sido amable.

—Pero deberías verla, madre —protestó Gina—. Es tan provinciana. ¡Algunos niños me dijeron que es probable que tenga piojos!

La puerta de adelante se abrió de golpe.

—¡Miren todos, vengan a ver lo que encontré! —gritó Jeremías—. ¿No es lindo?

Su madre se estremeció.

—¡Qué cachorro tan sucio! ¿Dónde lo encontraste?

Jeremías le dio una palmadita al animal asustado y tembloroso.

—Ha estado merodeando por la casa de Stan, y su madre les dijo que tendrían que deshacerse de él. Estoy seguro de que no le pertenece a nadie. ¿Puedo quedármelo, mamá? ¿Por favor? —suplicó Jeremías.

Gina se sumó a sus súplicas.

—Lo bañaremos y lo cuidaremos bien, mamá. Jeremías daba saltitos.

—¿Podemos quedarnos con él?

Mamá arrugó la frente. El cachorrito la miró con unos ojos oscuros y tristes y gimoteó, ante lo cual mamá se ablandó un poco.

—Tendrán que preguntarle a su papá.

Los niños pasaron la hora siguiente bañando, peinando, alimentando y acariciando al perrito.

—Ahora realmente se ve mucho mejor —comentó mamá, dándole palmaditas al cachorro.

—Lo único que necesitaba era que lo cuidaran con ternura y cariño —dijo Gina.

—Mmm —murmuró su madre—. Me pregunto cómo se vería la nueva niña de tu clase si alguien la cuidara con ternura y amor. —Gina se quedó boquiabierta, y mamá continuó—: Tal vez lo único que necesita es una amiga.

¿Y TÚ? ¿Conoces a alguien que necesite ser cuidado con amor y ternura? ¿Amarías a esa persona como Cristo te ama? Tu amor puede hacer una gran diferencia en la vida de una persona. *B.J.W.*

PARA MEMORIZAR: Traten a los demás como les gustaría que ellos los trataran a ustedes. *Lucas 6:31*

EL PERDIDO

DE LA BIBLIA:

Le doy gracias a Cristo Jesús nuestro Señor, quien me ha dado fuerzas para llevar a cabo su obra. Él me consideró digno de confianza y me designó para servirlo, a pesar de que yo antes blasfemaba el nombre de Cristo. En mi insolencia, yo perseguía a su pueblo; pero Dios tuvo misericordia de mí, porque lo hacía por ignorancia y porque era un incrédulo. ¡Oh, qué tan generoso y lleno de gracia fue el Señor! Me llenó de la fe y del amor que provienen de Cristo Jesús.

La siguiente declaración es digna de confianza, y todos deberían aceptarla: «Cristo Jesús vino al mundo para salvar a los pecadores», de los cuales yo soy el peor de todos. Pero Dios tuvo misericordia de mí, para que Cristo Jesús me usara como principal ejemplo de su gran paciencia aun con los peores pecadores. De esa manera, otros se darán cuenta de que también pueden creer en él y recibir la vida eterna.

1 TIMOTEO 1:12-16

Trata a los demás con amor

29 DE ABRIL

MEJOR QUE LAS FLORES DEL MANZANO

DE LA BIBLIA:

¿No se dan cuenta de que en una carrera todos corren, pero solo una persona se lleva el premio? ¡Así que corran para ganar! Todos los atletas se entrenan con disciplina. Lo hacen para ganar un premio que se desvanecerá, pero nosotros lo hacemos por un premio eterno. Por eso yo corro cada paso con propósito. No solo doy golpes al aire. Disciplino mi cuerpo como lo hace un atleta, lo entreno para que haga lo que debe hacer. De lo contrario, temo que, después de predicarles a otros, yo mismo quede descalificado.

1 CORINTIOS 9:24-27

Gana los premios que duran

CADA PRIMAVERA SE REALIZABA LA FIESTA de flores de manzano en el pueblo de Amanda. Siempre esperaba con ansias poder participar en los juegos y, hoy, no era la excepción. Le fascinaban particularmente las carreras, ya que era una corredora veloz.

A Amanda le fue bien. Quedó en segundo lugar en la primera actividad. ¡Pero lo que más quería era ganar una cinta de primer lugar! En la tercera actividad, sucedió: llegó primera. Subió de un brinco a la plataforma del jurado. El alcalde le entregó una cinta azul y le colocó una corona de flores de manzano en la cabeza. ¡Fue muy emocionante!

Sin embargo, la emoción no duró mucho tiempo. Al día siguiente, la gente había vuelto a su rutina habitual. Los puestos fueron desarmados y la corona de flores de Amanda se marchitó.

—Estoy contenta por haber ganado —les dijo Amanda a sus padres—, pero miren mi corona. ¡Ya está seca!

Esa noche, durante el devocional familiar, papá leyó 1 Corintios 9.

—La corona que ganaste en las carreras de ayer fue un "premio que se desvanecerá" —dijo cuando terminó de leer—. Pablo nos recuerda que la carrera que corremos en la vida es por un "premio eterno". Las cosas que hacemos por el Señor tendrán resultados duraderos. Y no habrá un único ganador. Dios nos premiará a cada uno de nosotros de acuerdo a cómo hayamos vivido para él.

—Sí —dijo mamá, asintiendo—. La carrera que corres mientras vives tu vida para el Señor es la carrera más importante.

¿Y TÚ? Ganar es divertido y emocionante, ¿verdad? La «carrera» es la imagen que usó el apóstol Pablo para describir la vida del cristiano. Obedece las reglas de Dios y vive para él. Entonces, ganarás un premio duradero. *L.M.W.*

PARA MEMORIZAR: Tengan cuidado de no perder lo que hemos logrado con tanto trabajo. Sean diligentes para que reciban una recompensa completa. *2 Juan 1:8*

—¡AY, NO! PARECE QUE VA A LLOVER —exclamó Ben, mirando ansiosamente al cielo un sábado por la mañana.

—Así parece —coincidió papá—. Creo que mejor posponemos nuestro picnic.

Ben se entristeció mucho por el retraso. Cuando comenzaron a caer las gotas de lluvia, arrugó las cejas. Y, cuando llovió a cántaros, se puso sumamente irritable.

—Todo mi día se arruinó —se quejó.

—Shhh. Escuchen. —Su hermana Becky levantó un dedo. Desde una rama alta de afuera llegó un canto claro y puro. Un petirrojo cantaba bajo la lluvia.

—Bueno, que cante el estúpido pájaro. Mi día está arruinado —gruñó Ben.

—¿Por qué no sacas uno de tus juegos, Ben? Podríamos divertirnos un poco, a pesar de la lluvia —propuso papá.

De mala gana, Ben fue a buscar un juego. Pronto él, Becky, papá y mamá estaban ocupados jugando y riendo. El tiempo pasó volando y Ben se olvidó completamente de que la lluvia le había echado a perder la diversión. De pronto, papá miró el reloj.

—¿Pueden creer que ya es casi la hora de almorzar? —preguntó.

—Haremos un picnic aquí mismo, en el piso —decidió mamá—. Becky y yo prepararemos las cosas, y ustedes dos pueden recoger.

Cuando la comida del picnic estuvo lista, todos se sentaron a comer sobre una manta en el suelo.

—¡Qué divertido! —dijo Ben—. Hasta me olvidé de la lluvia. Ese petirrojo no se equivocó al cantar bajo la lluvia. Me divertí tanto como si hubiera ido al picnic; bueno, casi. Perdón por haber refunfuñado.

¿Y TÚ? ¿Te quejas cuando «llueve» en tu vida, cuando las cosas no salen como quieres? Hay muchos motivos para ser felices y cantar, a pesar de la lluvia y de otras desilusiones. Y, lo mejor de todo, puedes agradar a Dios alegrándote aunque estés desilusionado. *C.E.Y.*

PARA MEMORIZAR: Y no murmuren como lo hicieron algunos de ellos, y luego el ángel de la muerte los destruyó. *1 Corintios 10:10*

CANTANDO BAJO LA LLUVIA

DE LA BIBLIA:

Sin embargo, ellos siguieron pecando contra él,
   al rebelarse contra el Altísimo en el desierto.
Tercamente pusieron a prueba a Dios en sus corazones,
   al exigirle la comida que tanto ansiaban.
Hasta hablaron en contra de Dios al decir:
   «Dios no puede darnos comida en el desierto.
Por cierto, puede golpear una roca para que brote agua,
   pero no puede darle pan y carne a su pueblo».
Cuando el Señor los oyó, se puso furioso;
   el fuego de su ira se encendió contra Jacob.
   Sí, su enojo aumentó contra Israel,
porque no le creyeron a Dios
   ni confiaron en su cuidado.

SALMO 78:17-22

Siempre canta al Señor

1 DE MAYO

UN LUGAR SEGURO

DE LA BIBLIA:

¡Oh, cielos, canten de alegría!

¡Oh, tierra, gózate!

¡Oh montes, prorrumpan en
cantos!

Pues el SEÑOR ha consolado a su
pueblo

y le tendrá compasión en medio de
su sufrimiento.

Sin embargo, Jerusalén dice: «El
SEÑOR me ha abandonado;

el Señor me ha olvidado».

«¡Jamás! ¿Puede una madre olvidar a
su niño de pecho?

¿Puede no sentir amor por el niño
al que dio a luz?

Pero aun si eso fuera posible,

yo no los olvidaría a ustedes.

Mira, he escrito tu nombre en las
palmas de mis manos.

En mi mente siempre está la
imagen de las murallas de Jerusalén convertidas en ruinas.

ISAÍAS 49:13-16

*Acepta a Jesús
como Salvador*

—¿QUÉ NECESITAS, MAMÁ? —preguntó Keila. Estaba yendo a la tienda por encargo de su madre.

—Cuatro litros de leche, una barra de pan y queso en rebanadas —respondió mamá—. ¿Podrás recordarlo? —Dio un vistazo a su hija—. ¿Qué estás haciendo?

Keila levantó la cabeza y le sonrió a su madre. Volteó la mano para mostrarle lo que había hecho.

—Anoté la lista en mi mano con este bolígrafo —dijo—. Así podré recordar qué necesitas.

—Qué idea tan particular, pero podrías haber usado un trozo de papel —sugirió mamá.

Keila negó con la cabeza.

—Esto es mejor. Podría perder el papel, pero no perderé la mano.

Mamá rio y abrazó a Keila.

—Tienes razón —estuvo de acuerdo—. Espera un momento. Quiero mostrarte un versículo interesante de la Biblia. —Mamá caminó hacia su escritorio, tomó su Biblia y la abrió en Isaías 49—. Lee esto —dijo.

Keila leyó un versículo en voz alta:

—"He escrito tu nombre en las palmas de mis manos". —Miró a su madre—. Oye, ¡qué genial! Dios también escribe en su mano.

Su madre asintió.

—Dios dijo que el nombre de Israel estaba escrito en su mano, y yo creo que podemos aplicar eso también a los cristianos. Y la escritura de Dios nunca se borrará.

Keila miró lo que tenía escrito en la mano.

—Eso me hace sentir bien —dijo. Cerró la mano sobre lo que había escrito—. En las manos de Dios, es un lugar seguro para estar, ¿cierto?

¿Y TÚ? ¿Alguna vez has escrito en tu mano para acordarte de alguna tarea escolar o del número telefónico de alguien? Tu mano es un lugar seguro para esas cosas, ¿verdad? ¿Está tu nombre escrito en la mano de Dios? Las manos de Dios son el lugar más seguro para estar. *L.S.R*

PARA MEMORIZAR: Mira, he escrito tu nombre en las palmas de mis manos. En mi mente siempre está la imagen de las murallas de Jerusalén convertidas en ruinas. *Isaías 49:16*

A DERRICK LE ENCANTABA LA PESCA. Iba casi todos los sábados y había leído prácticamente todos los libros que había sobre el tema. Cada vez que iba a pescar, revisaba meticulosamente su caja de anzuelos y su caña. Todo ese cuidado daba fruto. Muy pocas veces Derrick volvía a casa sin pescado fresco.

Un día invitó a su amigo Jon para que lo acompañara. Jon nunca había ido a pescar y no veía la hora de hacerlo.

Mientras pasaban juntos el día, Derrick le enseñó a su amigo todo lo que sabía sobre la pesca. Jon aprendió rápido y, pronto, ambos sacaron varios peces.

Esa noche, a la hora de cenar, la madre de Derrick notó que estaba curiosamente callado. Cuando le preguntó si pasaba algo malo, él respondió:

—Bueno, cuando Jon y yo estábamos almorzando, me preguntó por qué inclino la cabeza y cierro los ojos antes de comer. Le dije que estaba orando. Me preguntó por qué lo hacía.

—¿Y qué le dijiste? —preguntó su madre.

—Le dije que orar era hablar con Dios y que yo estaba agradeciéndole por la comida. Luego me preguntó sobre la iglesia y sobre Dios, y no supe qué decir.

—Ah, entiendo —dijo su madre pensativamente—. ¿Sabes qué quiere decir ser "un pescador de personas", Derrick?

—Claro —respondió—. Significa tratar de llevar a otros a Jesús.

—Bueno —dijo su madre—, antes de ir a pescar peces, siempre eres muy cuidadoso en tus preparativos. Sé así de cuidadoso para pescar personas.

¿Y TÚ? ¿Alguna vez tus amigos te han hecho preguntas que no supiste cómo responder? Orar, leer tu Biblia y aprender de memoria versículos bíblicos te ayudará a prepararte para las preguntas imprevistas. Y serás un mejor «pescador de personas». *D.S.M.*

PARA MEMORIZAR: Ayúdame a comprender el significado de tus mandamientos, y meditaré en tus maravillosas obras. *Salmo 119:27*

2 DE MAYO

UN BUEN PESCADOR

DE LA BIBLIA:

Cierto día, mientras Jesús caminaba por la orilla del mar de Galilea, vio a dos hermanos —a Simón, también llamado Pedro, y a Andrés— que echaban la red al agua, porque vivían de la pesca. Jesús los llamó: «Vengan, síganme, ¡y yo les enseñaré cómo pescar personas!». Y enseguida dejaron las redes y lo siguieron.

Un poco más adelante por la orilla, vio a otros dos hermanos, Santiago y Juan, sentados en una barca junto a su padre, Zebedeo, reparando las redes. También los llamó para que lo siguieran. Ellos, dejando atrás la barca y a su padre, lo siguieron de inmediato.

MATEO 4:18-22

Prepárate para dar testimonio

3 DE MAYO

LAS ÓRDENES EQUIVOCADAS

DE LA BIBLIA:

Esclavos, obedezcan en todo a sus amos terrenales. Traten de agradarlos todo el tiempo, no solo cuando ellos los observan. Sírvanlos con since- ridad debido al temor reverente que ustedes tienen al Señor. Trabajen de buena gana en todo lo que hagan, como si fuera para el Señor y no para la gente. Recuerden que el Señor los recompensará con una herencia y que el Amo a quien sirven es Cristo; pero si hacen lo que está mal, recibirán el pago por el mal que hayan hecho, porque Dios no tiene favoritos.

COLOSENSES 3:22-25

Cumple las órdenes de Dios

—YO PUEDO, PAPÁ. SÉ CÓMO HACERLO. —Mark estaba ansioso por ayudarlo a podar el seto.

—Está bien, hijo —aceptó papá—. Yo ya empecé a hacerlo, así que puedes ver cuánto quiero cortar. Iré rápidamente a la tienda para comprar semillas de pasto. Si terminas el seto, puedes cortar un poquito más los otros arbustos.

Mark se hizo cargo de la poda y cortó cuidado- samente el seto a la misma altura que papá había comenzado. Entonces salió Barry, que vivía en la casa detrás de la de Mark.

—¿Sabes? —dijo—. Si lo cortas un poco más, podríamos saltarlo cuando queramos ir uno a la casa del otro.

—Tienes razón —dijo Mark. Y procedió a seguir el consejo de Barry.

A continuación, Mark podó los arbustos. Deb, su hermana, salió de la casa y examinó su trabajo.

—Siempre quise que podáramos estos arbustos para que tuvieran formas en punta, como en los jardines elegantes —dijo—. ¿Puedes hacerlo de esa forma?

—Claro —dijo Mark lleno de confianza, y pro- cedió a demostrárselo. Los resultados no fueron los que él esperaba.

Cuando papá llegó a casa, miró primero a Mark, luego al seto, a los arbustos y volvió a mirar a Mark.

—¿Qué pasó? —preguntó—. No hiciste las cosas como yo te dije. —Mark le habló de las suge- rencias de Barry y Deb—. ¿Para quién estás traba- jando? —preguntó papá con tranquilidad—. ¿Para ellos o para mí?

Mark se sintió apenado y avergonzado.

—Perdón, papá —dijo.

¿Y TÚ? ¿Sabías que eres siervo de Cristo? Como su siervo, es necesario que obedezcas sus órdenes. Quizás tus amigos digan: «Hacer un poco de trampa no le hace mal a nadie». Pero Dios dice: «Sé honesto». El mundo dice: «Una mentirita piadosa está bien». Dios dice: «No mientas». No escuches los consejos de este mundo y obedece las órdenes de Dios. *H.W.M.*

PARA MEMORIZAR: ¡Oh, cuánto deseo que mis acciones sean un vivo reflejo de tus decretos! *Salmo 119:5*

EL ANIMAL MÁS PELIGROSO

JASÓN Y SUS PADRES ESTABAN VISITANDO el zoológico, donde Jasón disfrutaba de ver a los leones, los osos y otros animales peligrosos.

—¡Guau! ¡Miren el bostezo de ese oso! —exclamó frente a una jaula—. ¿Ven todos esos dientes? ¡Apuesto a que podría hacer mucho daño si persiguiera a alguien! —Poco después, estaba igualmente impresionado con un tigre que les gruñó. Jasón se estremeció—. ¡Imaginen que algo así se les acercara sigilosamente en la selva! —exclamó. Durante el regreso a casa, preguntó—: Papá, ¿cuál crees que sea el animal más peligroso?

—Es una buena pregunta —respondió papá—. Creo que voto por el león, pero hay algo todavía más peligroso para las personas. Mira por la ventanilla, hijo. ¿Qué ves?

—Bueno, ¡estamos en medio de la ciudad! —contestó Jasón—. Hay muchos bares. Allí, un oficial de policía hablándole a un borracho. Y parece que hay un accidente más adelante, cerca de ese edificio incendiado y con las ventanas rotas.

—Realmente esto se ha convertido en un sector pobre de la ciudad —susurró la madre de Jasón.

—Pero aquí no hay animales, papá.

—Literalmente hablando, tienes razón —reconoció papá—. Pero esta calle muestra las consecuencias del pecado en las personas. Y el pecado es la obra de Satanás. Mueren más personas y hay más hogares y corazones rotos por el pecado de la gente que por todos los animales juntos. Así como es necesario cuidarse de los animales peligrosos, como los que vimos en el zoológico, debemos ser mucho más cautelosos de acercarnos al pecado. ¡El pecado es el "animal" más peligroso que existe!

¿Y TÚ? ¿Tendrías miedo si un león o un oso se cruzara en tu camino? Deberías temer mucho más a las cosas que sabes que están mal. Sé astuto. ¡Aléjate del pecado! *S.L.K.*

PARA MEMORIZAR: ¡Estén alerta! Cuídense de su gran enemigo, el diablo, porque anda al acecho como un león rugiente, buscando a quién devorar. *1 Pedro 5:8*

DE LA BIBLIA:

Como dicen las Escrituras:
«No hay ni un solo justo,
 ni siquiera uno.
Nadie es realmente sabio,
 nadie busca a Dios.
Todos se desviaron,
 todos se volvieron inútiles.
No hay ni uno que haga lo bueno,
 ni uno solo».
«Lo que hablan es repugnante,
 como el mal olor de una tumba
 abierta.
 Su lengua está llena de mentiras».
«Veneno de serpientes gotea de sus
 labios».
 «Su boca está llena de maldición y
 amargura».
«Se apresuran a matar.
 Siempre hay destrucción y sufri-
 miento en sus caminos.
No saben dónde encontrar paz».
 «No tienen temor de Dios en abso-
 luto».

ROMANOS 3:10-18

Cuidado con el pecado

5 DE MAYO

EL FARO

Sé un prisma para Dios

LA CLASE DE JEFF ESTABA EN UNA EXCURSIÓN a un faro; el cuidador los llevó a la sala más alta para que vieran la potente luz.

—Esta luz grande funciona con electricidad —dijo, indicando los cables gruesos que llegaban hasta la luz. Acercándose a un mostrador, señaló una lámpara antigua cuyo tamaño era un cuarto del de la lámpara moderna—. Esta lámpara a kerosene se usó antes de que hubiera electricidad —continuó.

—Pero esa luz es más pequeña —dijo uno de los niños—. ¿Podía alumbrar a lo lejos en el océano?

—En realidad, la vieja lámpara alumbraba a la misma distancia que la moderna —respondió el cuidador. Del mostrador tomó dos pedazos de vidrio con forma irregular—. Estos son prismas. Están cortados para curvar los rayos de luz que llegan a ellos y devolver el reflejo de esa luz no una, sino varias veces. Usando los prismas, el rayo de luz de la lámpara a kerosene era amplificado hasta mil veces. El marinero que estaba muy lejos, mar adentro, podía ver el rayo de la luz reflejada.

Esa noche, de lo único que podía hablar Jeff era de su visita al faro.

—Antiguamente usaban una lámpara pequeña a kerosene —dijo—. Tenían prismas para reflejar los rayos de luz y hacerlos más fuertes.

Su madre sonrió.

—Los prismas me recuerdan que la Biblia describe a Jesús como la luz del mundo. Y, como somos cristianos, nuestro trabajo es reflejar esa luz para que todos la vean.

¿Y TÚ? ¿Qué estás haciendo para reflejar la luz de Jesús? ¿Utilizas los talentos que él te dio para glorificarlo? ¿Estás hablándoles a otras personas de él? ¿Eres amable y afectuoso? *D.S.M.*

PARA MEMORIZAR: Para que nadie pueda criticarlos. Lleven una vida limpia e inocente como corresponde a hijos de Dios y brillen como luces radiantes en un mundo lleno de gente perversa y corrupta. *Filipenses 2:15*

JENNA Y JILL. Las personas que no las conocían pensaban que eran mellizas. Las dos niñas parecían inseparables. Pero un día todo cambió.

—Jill, ¿no te vas a quedar a la reunión de porristas? —le preguntó Jenna.

—No, no me siento bien —dijo Jill—. Llamé a mi mamá para que venga a recogerme.

—Entonces te veo mañana —dijo Jenna.

Pero, al día siguiente, Jill no fue a la escuela. Jenna fue a verla a su casa, pero estaba descansando. A la semana siguiente, Jill volvió a clases, pero parecía muy cansada. Y, poco después, fue hospitalizada.

Jenna fue a visitarla y le llevó su flor favorita, una rosa rosada. Supo que a Jill le gustó la rosa, a pesar de que no habló mucho. Estaba conectada a varios tubos y las enfermeras entraban regularmente a revisarla.

Cuánto más estaba Jill en el hospital, menos la visitaba Jenna.

—Jenna, ¿quién es tu mejor amiga? —le preguntó su madre un día.

Jenna parecía perpleja.

—¡Jill, por supuesto!

—Pensé que a las mejores amigas les gustaba estar juntas —respondió su madre—. No has visto a Jill en varios días.

Jenna rompió en llanto.

—Mamá, no puedo ir a verla. Jill apenas puede hablar. Y se ve tan distinta. ¿Qué puedo decir?

—No tienes que decir nada —dijo su madre—. Solamente debes estar ahí. O lleva tu Biblia y léela. Jill realmente necesita una amiga ahora. Su madre me dijo que ella cree que ya no te importa.

—¡Pero sí que me importa, mamá! —exclamó Jenna—. ¡Me importa tanto que duele!

—Entonces ve a estar con ella —la alentó su madre—. Muéstrale que todavía te importa.

¿Y TÚ? ¿Conoces a alguna persona que esté enferma? Sé su consuelo. Visítala, si puedes. Léele algunos versículos bíblicos que la reconforten. Envíale una tarjeta, una nota, flores o alguno de sus objetos favoritos. *J.L.H.*

PARA MEMORIZAR: Él nos consuela en todas nuestras dificultades para que nosotros podamos consolar a otros. Cuando otros pasen por dificultades, podremos ofrecerles el mismo consuelo que Dios nos ha dado a nosotros. *2 Corintios 1:4*

---

6 DE MAYO

ALGUIEN QUE DA CONSUELO

DE LA BIBLIA:

Toda la alabanza sea para Dios, el Padre de nuestro Señor Jesucristo. Dios es nuestro Padre misericordioso y la fuente de todo consuelo. Él nos consuela en todas nuestras dificultades para que nosotros podamos consolar a otros. Cuando otros pasen por dificultades, podremos ofrecerles el mismo consuelo que Dios nos ha dado a nosotros. Pues, cuanto más sufrimos por Cristo, tanto más Dios nos colmará de su consuelo por medio de Cristo. [...]

Tenemos la plena confianza de que, al participar ustedes de nuestros sufrimientos, también tendrán parte del consuelo que Dios nos da.

2 CORINTIOS 1:3-5, 7

Consuela a los enfermos

7 DE MAYO

AMPLIAMENTE COMPROBADA

DE LA BIBLIA:

¡Qué asombrosas son las obras del
SEÑOR!

Todos los que se deleitan en él
deberían considerarlas.

Todo lo que él hace revela su gloria y
majestad;

su justicia nunca falla.

Él nos hace recordar sus maravillosas
obras.

¡Cuánta gracia y misericordia tiene
nuestro SEÑOR!

Da alimento a los que le temen;

siempre recuerda su pacto.

Ha mostrado su gran poder a su pueblo

al entregarle las tierras de otras
naciones.

Todo lo que hace es justo y bueno,

y todos sus mandamientos son
confiables;

siempre son verdaderos,

para ser obedecidos fielmente y
con integridad.

Él pagó el rescate completo por su
pueblo

y les ha garantizado para siempre
el pacto que hizo con ellos.

¡Qué santo e imponente es su
nombre!

El temor del SEÑOR es la base de la
verdadera sabiduría;

todos los que obedecen sus mandamientos crecerán en sabiduría.

¡Alábenlo para siempre!

SALMO 111:2-10

La Biblia es cierta

LORI MIDIÓ CON CUIDADO una taza de azúcar en un recipiente y la puso en un tazón.

—Me gusta hacer galletas —dijo.

—Lo haces bien —coincidió su mamá—, y yo agradezco que me libres de esa tarea hoy. Necesito tiempo para prepararme para el estudio bíblico.

—Mamá, ¿todo lo que está en la Biblia es real-mente cierto? El padre de Jael es predicador, y ellos creen en la gran mayoría de las cosas de la Biblia —dijo Lori—. Pero su padre dice que algunas de las cosas no pudieron haber sucedido, como ciertos milagros. Dice que Dios ha establecido ciertas leyes naturales.

—En efecto, Dios estableció leyes para la natu-raleza —coincidió la madre de Lori— y, asimismo, puede suspenderlas momentáneamente, si lo con-sidera conveniente. —Hizo una pausa, viendo que Lori estaba agarrando el bicarbonato de sodio de la alacena—. Lori —dijo mamá—, ¿por qué no pones un poco de bicarbonato de sodio extra hoy?

Lori hizo una pausa.

—¿Por qué?

Mamá se encogió de hombros.

—Podría darles un mejor sabor a las galletas. Y si agregas una taza más de leche, podrías lograr unas excelentes y suaves galletas.

Lori miró fijamente a su madre; luego, se rio.

—¿Tratas de sabotear mis galletas? —pre-guntó—. ¡No lo lograrás, mamá! He seguido esta receta suficientes veces para saber cuál es la manera correcta de hacerlas.

—En otras palabras, la probaste y sabes que es correcta —dijo mamá. Luego señaló la Biblia que estaba sobre un estante de la cocina—. Ahí está otro libro que ha sido probado y ha demostrado ser cierto. Todo lo que dice es verdad.

¿Y TÚ? ¿Te has preguntado si la Biblia es realmente cierta? Lo es. Muchos acontecimientos que la Biblia dijo que sucederían ya sucedieron. La Biblia ha cambiado la vida de las personas en todo el mundo. Aun la ciencia, tal como se ha desarrollado, demuestra la veracidad de la Biblia. *H.W.M.*

PARA MEMORIZAR: La hierba se seca y las flores se marchitan, pero la palabra de nuestro Dios permanece para siempre. *Isaías 40:8*

A MANUEL LE GUSTABA VISITAR la granja lechera de su tío abuelo. Le gustaba arrojar comida desde el silo. Le gustaba columpiarse sobre las cuerdas del pajar. Le gustaba andar en tractor. Pero, sobre todo, le gustaba trabajar con tío Hank en el viejo Ford T que estaba en el cobertizo detrás de la cochera del tractor.

Tío Hank trabajaba para restaurarlo a su estado original. Lo había desarmado pieza por pieza; luego, cada pieza había sido limpiada. Las piezas gastadas habían sido reparadas o reemplazadas. Le había quitado la pintura vieja de la carrocería, había eliminado el óxido y le había aplicado una nueva capa de pintura. Ahora, el trabajo estaba casi terminado. Manuel pulió el carro hasta sacarle brillo mientras tío Hank volvía a armar el motor.

Un día, mientras trabajaban en el auto, tío Hank se dio vuelta hacia Manuel y le preguntó:

—¿Te gustaría que este carro fuera tuyo? — Manuel sonrió de oreja a oreja y sus ojos se iluminaron. Tío Hank sonrió—. Algún día lo será —dijo—. Será lo que heredarás de mí.

Esa noche Manuel, entusiasmado, les contó a sus padres la decisión de tío Hank. Mamá sonrió.

—Qué buen gesto de parte del tío abuelo Hank. Papá asintió.

—Ciertamente lo es —dijo. Luego de un momento, añadió—: ¿Sabes?, esto me recuerda lo que Dios ha hecho por nosotros. Ha prometido que todo aquel que crea en su Hijo, Jesucristo, un día disfrutará de todas las bendiciones celestiales, así como tú algún día vas a disfrutar de ser dueño del carro. ¿No te alegra pertenecerle a Dios?

¿Y TÚ? ¿Hay en el cielo una herencia esperándote? La tendrás si le has pedido a Jesucristo que sea tu Salvador. ¿Quieres saber más? Pregúntale a un amigo o a un adulto de confianza. *T.V.B.*

PARA MEMORIZAR: Porque Dios levantó a Jesucristo de los muertos. Ahora vivimos con gran expectación. *1 Pedro 1:3*

8 DE MAYO

LA HERENCIA

(Primera parte)

DE LA BIBLIA:

Que toda la alabanza sea para Dios, el Padre de nuestro Señor Jesucristo. Es por su gran misericordia que hemos nacido de nuevo, porque Dios levantó a Jesucristo de los muertos. Ahora vivimos con gran expectación y tenemos una herencia que no tiene precio, una herencia que está reservada en el cielo para ustedes, pura y sin mancha, que no puede cambiar ni deteriorarse. Por la fe que tienen, Dios los protege con su poder hasta que reciban esta salvación, la cual está lista para ser revelada en el día final, a fin de que todos la vean.

1 PEDRO 1:3-5

Recibe la herencia de Dios

9 DE MAYO

LA HERENCIA

(Segunda parte)

DE LA BIBLIA:

Es más, dado que estamos unidos a Cristo, hemos recibido una herencia de parte de Dios, porque él nos eligió de antemano y hace que todas las cosas resulten de acuerdo con su plan.

El propósito de Dios fue que nosotros, los judíos —que fuimos los primeros en confiar en Cristo—, diéramos gloria y alabanza a Dios. Y ahora ustedes, los gentiles, también han oído la verdad, la Buena Noticia de que Dios los salva. Además, cuando creyeron en Cristo, Dios los identificó como suyos al darles el Espíritu Santo, el cual había prometido tiempo atrás. El Espíritu es la garantía que tenemos de parte de Dios de que nos dará la herencia que nos prometió y de que nos ha comprado para que seamos su pueblo. Dios hizo todo esto para que nosotros le diéramos gloria y alabanza.

EFESIOS 1:11-14

Los cristianos tienen el Espíritu Santo

EN CUANTO PUDO, MANUEL VISITÓ NUEVAMENTE a su tío abuelo Hank y lo ayudó a trabajar en el Ford T. Después de un rato, tío Hank sacó la cabeza de abajo del capó y miró a Manuel.

—Quiero que sepas que mi testamento dice que tú heredarás este carro —dijo—. Me gustaría que tuvieras un juego de llaves desde ahora.

—¡Guau! —Los ojos de Manuel brillaron cuando le dio las gracias a su tío.

Esa noche, Manuel les mostró las llaves a sus padres.

—Así que realmente serás el propietario del carro —dijo papá con una sonrisa.

Manuel asintió, pero tenía una pregunta:

—Tú dijiste que los cristianos recibiremos bendiciones celestiales como herencia de Dios. ¿Cómo podemos estar seguros de eso?

—Bueno —respondió papá—, ¿cómo puedes estar seguro de que tío Hank te dará el carro?

Manuel respondió:

—Confío en él porque nunca he escuchado que mienta. Incluso me dio las llaves para mostrar que tiene la intención de darme el carro.

—Así es —contestó papá—, y nosotros también podemos confiar en que Dios hace lo que dice porque nunca ha mentido. Además, envía al Espíritu Santo a morar en nosotros para demostrar que realmente le pertenecemos.

—¿Cómo podemos saber que el Espíritu Santo vive en nosotros? —preguntó Manuel.

Papá respondió:

—Gálatas 5:22-23 dice que la prueba o el fruto del Espíritu son el amor, la alegría, la paz, la paciencia, la gentileza, la bondad, la felicidad, la humildad y el control propio.

Mamá asintió:

—También sé que soy hija de Dios porque el Espíritu Santo hace que me interese en las cosas de Dios. Y le da paz a mi corazón.

¿Y TÚ? ¿El Espíritu Santo te ha dado la seguridad de que eres un hijo de Dios? ¿Está cambiando tu vida? ¿Hay evidencia de su presencia en tu vida? *T.V.B.*

PARA MEMORIZAR: Pues su Espíritu se une a nuestro espíritu para confirmar que somos hijos de Dios. *Romanos 8:16*

—¿DÓNDE ESTÁ TU BIBLIA, JEFF? —preguntó papá cuando Jeff y su hermana, Jazmín, subieron al auto un domingo en la mañana.

—Ni idea —balbuceó Jeff—. No puedo encontrarla.

—Si hubieras estado leyéndola, sabrías dónde está —susurró Jazmín. Jeff la miró, furioso—. ¿Sabes de memoria tu versículo? —continuó Jazmín.

Jeff negó con la cabeza.

—Estuve muy ocupado esta semana.

A la tarde siguiente, Jeff estaba saliendo con su papá a jugar al golf. Apenas habían empezado a dar marcha atrás por la entrada para autos cuando Jeff se dio cuenta de que el bolso de golf de papá estaba parado en el garaje.

—¡Espera! —gritó—. ¡Olvidaste el equipo de golf!

—Ah, eso —dijo papá—. Pensé que trataríamos de jugar al golf sin él.

—¡Papá, eso es ridículo! —protestó Jeff.

—¿Te parece? —preguntó papá—. ¿No es más ridículo que digas que quieres hablarle a la gente del Señor, pero no te tomas el tiempo de leer la Biblia y memorizar versículos?

—Bueno —masculló Jeff, sin estar muy convencido—, supongo que no.

—Después de la reunión especial para jóvenes del mes pasado, dijiste que consagrarías tu vida al Señor —le recordó papá a Jeff—. La Biblia dice que debemos estar "preparados y capacitados para hacer toda buena obra". No puedo estar debidamente preparado para el golf sin mis palos ni las pelotas. Tú no estás adecuadamente preparado como cristiano si no conoces la Palabra de Dios. Tienes que estudiarla habitualmente y pasar tiempo en oración.

—Creo que nunca lo pensé de esa manera, papá —reconoció Jeff.

¿Y TÚ? ¿Estás preparado adecuadamente como cristiano? ¿Estudias y te aprendes de memoria la Palabra de Dios para poder compartir su amor con los demás? ¿Dedicas tiempo a hablar con el Señor? No trates de «jugar a que sabes», a vivir la vida cristiana, sin las herramientas que necesitas. *L.M.W.*

PARA MEMORIZAR: Dios la usa para preparar y capacitar a su pueblo para que haga toda buena obra. *2 Timoteo 3:17*

---

10 DE MAYO

PREPARADO Y CAPACITADO

DE LA BIBLIA:

Pero tú debes permanecer fiel a las cosas que se te han enseñado. Sabes que son verdad, porque sabes que puedes confiar en quienes te las enseñaron. Desde la niñez, se te han enseñado las sagradas Escrituras, las cuales te han dado la sabiduría para recibir la salvación que viene por confiar en Cristo Jesús. Toda la Escritura es inspirada por Dios y es útil para enseñarnos lo que es verdad y para hacernos ver lo que está mal en nuestra vida. Nos corrige cuando estamos equivocados y nos enseña a hacer lo correcto. Dios la usa para preparar y capacitar a su pueblo para que haga toda buena obra.

2 TIMOTEO 3:14-17

Prepárate para servir a Dios

11 DE MAYO

LA VISIÓN PERFECTA

DE LA BIBLIA:

Hijos, obedezcan a sus padres porque ustedes pertenecen al Señor, pues esto es lo correcto. «Honra a tu padre y a tu madre». Ese es el primer mandamiento que contiene una promesa: si honras a tu padre y a tu madre, «te irá bien y tendrás una larga vida en la tierra».

EFESIOS 6:1-3

Honra a tus padres

—OYE, PAPÁ, HOY FUI AL OCULISTA y dijo que tengo una visión 20/20 —anunció David en la cena—. Es perfecta, ¿sabes?

—Así es —coincidió mamá mientras pasaba la ensalada. La interrumpieron voces fuertes, un portazo y unos frenos que rechinaron en la casa de al lado. Cuando todo volvió a la calma, murmuró—: Pobre señora Marley.

—Sí, me temo que Chad la preocupa demasiado —dijo papá, asintiendo.

—No sé por qué todos están en contra de Chad —protestó David.

—En algunas cosas es un muchacho agradable —dijo mamá—, pero no apruebo cómo ha estado portándose últimamente. ¡Su manera de hablarles a sus padres es vergonzosa!

—El otro día, le gritó "vieja estúpida" a su madre —declaró Cheri—. Eso no está bien.

—Por supuesto que no está bien —coincidió papá—. Qué mal que Chad no tenga una visión perfecta. Parece que se quedará ciego.

—¿Chad está quedándose ciego? —David estaba horrorizado.

—Bueno, en cierto sentido, sí —respondió papá—. Es ciego al daño que se causa a sí mismo y a sus padres con su conducta.

A la mañana siguiente, mientras mamá levantaba las cosas del desayuno de la mesa, le contó a David:

—Anoche, Chad destrozó el carro de sus padres y fue acusado de conducir borracho.

—¡Oooohh! —exclamó David—. Quizás esté quedándose ciego, como dijo papá.

Antes de irse a la escuela, David se tomó el tiempo suficiente para orar a Dios y pedirle que ayudara a Chad.

¿Y TÚ? ¿Cómo está tu visión espiritual? Una manera de comprobarlo es examinando tu actitud hacia tus padres. ¿Los honras y los obedeces? Hablar irrespetuosamente de ellos o a ellos es señal de que hay problemas serios. *B.J.W.*

PARA MEMORIZAR: Honra a tu padre y a tu madre. Entonces tendrás una vida larga y plena en la tierra que el SEÑOR tu Dios te da. *Éxodo 20:12*

—¡SOY LA ÚNICA DE MI CLASE que tiene que ir en bicicleta! —protestó Kim, recogiendo el libro de la biblioteca—. ¡Los padres de las otras niñas las llevan adonde ellas necesitan ir! Y, además, las otras niñas pueden salir con chicos.

Mamá la miró.

—Kim, ya hemos pasado por esta situación antes. Hablemos.

Pero Kim se dirigió hacia la puerta.

—Debo irme a la biblioteca —refunfuñó. Salió al garaje y se marchó, cerrando la puerta de un golpe.

Mamá suspiró.

—Bueno, podríamos disfrutar de unos minutos de silencio —dijo—. Jasón está durmiendo la siesta.

Papá asintió.

—Podría ser un buen momento para limpiar el garaje —sugirió.

Durante una hora trabajaron en silencio. Luego, justo cuando Kim entró con la bicicleta en el garaje, se oyó una voz desde la casa.

—¿Mami?

—La paz y la tranquilidad acaban de terminar —dijo mamá. Gritó—: Jasón, estamos...

—¡Mami! —gritó el pequeño, ahogando sus palabras.

Mamá volvió a intentarlo:

—Estamos en...

—¡MAMI! —Un llanto aterrado atravesó el aire. Mamá, papá y Kim entraron corriendo en la casa. Jasón estaba parado en la cocina—. Creí que me habían abandonado —dijo entre sollozos.

—Si escucharas, hubieras oído a mama —lo regañó Kim.

Papá asintió.

—Es verdad, Kim. Parece que tenemos dos hijos que no escuchan a sus padres. —Kim se sonrojó—. Todos los días le pedimos al Señor que nos ayude a tomar las decisiones correctas contigo, Kim —continuó papá—. Creo que todos debemos mejorar nuestra labor de escuchar. Practiquemos nuestras habilidades para escuchar hablando de este tema de salir con alguien.

¿Y TÚ? ¿Sientes que tus padres no te comprenden? ¿Has tratado de comprenderlos tú? ¿Realmente escuchas lo que dicen? Dios les dio la responsabilidad de usar su sabiduría para guiarte. Vale la pena escucharlos. *B.J.W.*

PARA MEMORIZAR: Hijo mío, presta atención cuando tu padre te corrige; no descuides la instrucción de tu madre. *Proverbios 1:8*

---

12 DE MAYO

VALE LA PENA ESCUCHAR

DE LA BIBLIA:

El temor del Señor es la base del verdadero conocimiento,

pero los necios desprecian la sabiduría y la disciplina.

Hijo mío, presta atención cuando tu padre te corrige;

no descuides la instrucción de tu madre.

Lo que aprendas de ellos te coronará de gracia

y será como un collar de honor alrededor de tu cuello.

PROVERBIOS 1:7-9

Escucha a tus padres

13 DE MAYO

¡GRACIAS!

DE LA BIBLIA:

¿Quién podrá encontrar una esposa
virtuosa y capaz?

Es más preciosa que los rubíes.

[...] Cuando habla, sus palabras son
sabias,

y da órdenes con bondad.

Está atenta a todo lo que ocurre en
su hogar,

y no sufre las consecuencias de la
pereza.

Sus hijos se levantan y la bendicen.

Su marido la alaba.

PROVERBIOS 31:10, 26-28

*Dale gracias a Dios
por tu madre*

LOS ALUMNOS DE QUINTO GRADO de la señora Green estaban planificando una fiesta para el cumpleaños de su maestra. Querían sorprenderla con un pastel y helado.

—Pero, ¿quién hará el pastel? —Tomás les preguntó a sus amigos.

—No cuenten con mi mamá —dijo Andrés—. ¡Odia cocinar!

—Mi mamá tampoco puede hacerlo —dijo Jessica—. Trabaja. La última vez que le pregunté si podía traer galletas a la escuela, ¡se enojó muchísimo!

—Bueno, entonces, supongo que dependerá de mi mamá —dijo Tomás cuando nadie más se ofreció. Su mamá trabajaba como secretaria en la empresa familiar y también estaba ocupada. No iba a tener tiempo para hacer una obra maestra sofisticada, pero Tomás suponía que estaría dispuesta a hacer un pastel con harina preparada.

Tomás tenía razón. Aunque su madre estaba atareada organizando los registros de impuestos, dijo que haría el pastel para la clase. En agradecimiento, Tomás aceptó lavar los platos y ayudar de cualquier manera que pudiera.

—Eres especial, mamá. —Tomás la abrazó—. Ninguna de las otras madres se tomó el tiempo de hornear el pastel para nosotros.

—No seas tan crítico —le dijo su madre a Tomás—. A veces los padres están demasiado ocupados para hacerse cargo de una responsabilidad más. —Hizo una pausa y luego continuó—: No todos los hijos son tan serviciales como tú, tampoco, ni saben apreciar. Tal vez esa sea la diferencia.

—Bueno, gracias por ser una mamá tan genial —dijo Tomás.

¿Y TÚ? ¿Cuándo fue la última vez que le agradeciste a tu mamá porque hizo algo especial por ti? ¿Cuándo fue la última vez que le dijiste cuánto te gustó la cena que cocinó? ¿Y que le diste gracias a Dios por ella? Tú eres muy especial para ella, pero a veces ser mamá demanda un esfuerzo enorme. Asegúrate de que ella, y Dios, sepan cuánto la valoras. *L.M.W.*

PARA MEMORIZAR:

Sus hijos se levantan y la bendicen.

Su marido la alaba. *Proverbios 31:28*

GREG BUSCÓ A TIENTAS EL BOTÓN DE PAUSA del despertador y se hundió más entre las mantas. Cuando la alarma volvió a despertarlo, golpeó otra vez el botón de pausa y se acurrucó nuevamente en su cama. Unos minutos después, su madre lo llamó:

—Levántate, Greg. Apúrate o perderás el autobús.

Greg se incorporó rápidamente y salió a los tropezones de su cama.

—Me apuraré. —Lo hizo y estuvo listo justo a tiempo para tomar el autobús.

—Mi alarma no sonó esta mañana —se quejó Greg esa noche en la mesa de la cena—. Casi pierdo el autobús.

Su madre se rio.

—Sonó como siempre —le aseguró—. Yo la escuché. Pero tú apretaste el botón de pausa una y otra vez. Finalmente, yo misma te desperté.

—Hablas como algunos cristianos que conozco —dijo papá. Mostró una amplia sonrisa ante la mirada suspicaz de Greg y alcanzó su Biblia—. ¿Por qué no nos lees Romanos 13, Greg? Nos dice que los cristianos tenemos que "despertarnos".

Cuando Greg terminó de leer, papá asintió y dijo:

—Dios hace sonar la "alarma" aquí. Dice que mejor nos despertemos y vivamos la vida como debemos porque nuestro tiempo aquí se está acortando cada día más. Pronto será demasiado tarde para ganar personas para Jesús o para hacer otras cosas que Dios quiere que hagamos. Pero, muy a menudo, nosotros silenciamos la alarma e ignoramos la advertencia. Ni siquiera nos damos cuenta de qué está sucediendo. Tenemos que despertarnos y vivir para el Señor.

¿Y TÚ? ¿Has apretado el «botón de pausa de la alarma» en tu vida cristiana? El tiempo pasa rápidamente. Es hora de despertarse y hacer las cosas que sabes que Dios quiere que hagas. *H.W.M.*

PARA MEMORIZAR: Esto es aún más urgente, porque ustedes saben que es muy tarde; el tiempo se acaba. Despierten, porque nuestra salvación ahora está más cerca que cuando recién creímos. *Romanos 13:11*

---

14 DE MAYO

LA ALARMA

DE LA BIBLIA:

No deban nada a nadie, excepto el deber de amarse unos a otros. Si aman a su prójimo, cumplen con las exigencias de la ley de Dios. Pues los mandamientos dicen: «No cometas adulterio. No cometas asesinato. No robes. No codicies». Estos y otros mandamientos semejantes se resumen en uno solo: «Ama a tu prójimo como a ti mismo». El amor no hace mal a otros, por eso el amor cumple con las exigencias de la ley de Dios.

Esto es aún más urgente, porque ustedes saben que es muy tarde; el tiempo se acaba. Despierten, porque nuestra salvación ahora está más cerca que cuando recién creímos. La noche ya casi llega a su fin; el día de la salvación amanecerá pronto. Por eso, dejen de lado sus actos oscuros como si se quitaran ropa sucia, y pónganse la armadura resplandeciente de la vida recta. Ya que nosotros pertenecemos al día, vivamos con decencia a la vista de todos. No participen en la oscuridad de las fiestas desenfrenadas y de las borracheras, ni vivan en promiscuidad sexual e inmoralidad, ni se metan en peleas, ni tengan envidia. Más bien, vístanse con la presencia del Señor Jesucristo. Y no se permitan pensar en formas de complacer los malos deseos.

ROMANOS 13:8-14

Despiértate y vive para Dios

15 DE MAYO

COMO DORCAS

DE LA BIBLIA:

Había una creyente en Jope que se llamaba Tabita (que en griego es Dorcas). Ella siempre hacía buenas acciones a los demás y ayudaba a los pobres. En esos días, se enfermó y murió. Lavaron el cuerpo para el entierro y lo pusieron en un cuarto de la planta alta; pero los creyentes habían oído que Pedro estaba cerca, en Lida, entonces mandaron a dos hombres a suplicarle: «Por favor, ¡ven tan pronto como puedas!».

Así que Pedro regresó con ellos y, tan pronto como llegó, lo llevaron al cuarto de la planta alta. El cuarto estaba lleno de viudas que lloraban y le mostraban a Pedro las túnicas y demás ropa que Dorcas les había hecho. Pero Pedro les pidió a todos que salieran del cuarto; luego se arrodilló y oró. Volviéndose hacia el cuerpo, dijo: «¡Tabita, levántate!». ¡Y ella abrió los ojos! Cuando vio a Pedro, ¡se sentó! Él le dio la mano y la ayudó a levantarse. Después llamó a las viudas y a todos los creyentes, y la presentó viva.

Las noticias corrieron por toda la ciudad y muchos creyeron en el Señor.

HECHOS 9:36-42

Ayuda a otros

—¿QUÉ ESTÁS HACIENDO, MAMÁ? —preguntó Judith.

—Estoy tejiendo un suéter de bebé para una de las mujeres de la iglesia —respondió mamá.

—¿Por qué haces tantas cosas como esa para los demás? —preguntó Judith.

—Me gusta hacer cosas, y disfruto regalarlas. —La madre de Judith sonrió—. Cuando haces algo en la escuela, te gusta traerlo a casa para regalármelo, ¿verdad?

Judith asintió.

—Claro, pero tú haces cosas para personas que apenas conoces.

—No tanto como hacía Dorcas —respondió mamá.

—¿Dorcas? —preguntó Judith—. ¿Quién es?

—El libro de los Hechos habla sobre Dorcas —explicó la madre de Judith—. Probablemente haya sido una de las primeras mujeres inspiradas por Cristo para ser activa en las obras de amor. Sabía coser y hacía ropa para las viudas y los pobres.

—Ah, recuerdo haber escuchado de ella en la escuela dominical —dijo Judith pensativamente.

Mamá sonrió.

—Cuando Dorcas murió, todos se pusieron muy tristes. ¿Recuerdas qué pasó luego?

Judith pensó un instante.

—¡Resucitó!

—Así es —dijo mamá—. El apóstol Pedro estaba en la ciudad en ese momento y cuando le contaron lo sucedido, oró, y Dios le devolvió la vida.

—Cuando sea mayor, también haré cosas por los demás: como Dorcas y como tú —decidió Judith.

—No tienes que esperar tanto tiempo —dijo mamá—. Pensemos en algo que puedas hacer ahora mismo para otros.

¿Y TÚ? ¿Qué puedes hacer por alguien? ¿Podrías hacer un dibujo o un regalito y dárselo a tus abuelos? ¿Podrías ayudarlos limpiando los muebles o barriendo la casa? ¿O ayudar a tu madre a hacer galletas para alguien que está enfermo? ¿Hacer una tarjeta para alguien que no sale de su casa? ¿Cortar el césped de un vecino anciano? Cuando ayudas a otros, ¡también complaces al Señor! *V.L.C.*

PARA MEMORIZAR: Tiende la mano al pobre y abre sus brazos al necesitado. *Proverbios 31:20*

—ESPERO QUE NO TE MOLESTES CONMIGO, PAPÁ —dijo Trent—, pero lo que Darwin dice sobre la evolución me parece lógico.

Papá sonrió.

—No estoy molesto contigo para nada, hijo —le aseguró—. Yo también pensé mucho en eso cuando era joven. —Mientras hablaba, caminó hacia el estante y sacó un libro—. La mayoría de los niños de tu edad no conocen este libro —dijo, entregándoselo a Trent—. Habla sobre la evolución, y es bastante difícil de entender. Pero me gustaría que lo revisaras y vieras cuántas veces puedes encontrar expresiones como "supongamos", "quizás" o "probablemente": palabras que indican incertidumbre. Volveré dentro de unos minutos para ver qué encontraste.

Trent abrió el libro y se sentó en una silla que había cerca. Pronto, estaba leyendo con empeño. Un rato después, cuando su padre entró en la sala, levantó la vista.

—Nueve veces, papá —dijo Trent antes de que su papá pudiera preguntárselo—. Nueve veces en diez minutos.

Papá agarró el libro.

—Imagina la cantidad de veces que encontrarías esas palabras si lo leyeras de principio a fin —dijo—. "Suponer" significa estimar. Trent, ¿no preferirías *saber*? —Papá le dio otro libro—. Este es el mejor libro de texto del mundo: ¡la Biblia! Habla de cómo podemos conocer a nuestro Creador. Podemos saber de dónde venimos y adónde vamos.

¿Y TÚ? ¿Conoces al Dios que te creó? Puedes conocerlo a través de su libro, la Biblia. La Biblia se prueba así misma mediante las profecías cumplidas y las vidas transformadas. Ha resistido el paso del tiempo. Dice cómo puedes tener una relación personal con Dios por medio de su Hijo, Jesucristo. *P.R.*

PARA MEMORIZAR: Por eso estoy sufriendo aquí, en prisión; pero no me avergüenzo de ello, porque yo sé en quién he puesto mi confianza y estoy seguro de que él es capaz de guardar lo que le he confiado hasta el día de su regreso. *2 Timoteo 1:12*

AHORA, SUPONGAMOS

DE LA BIBLIA:

Pues Dios nos salvó y nos llamó para vivir una vida santa. No lo hizo porque lo mereciéramos, sino porque ese era su plan desde antes del comienzo del tiempo, para mostrarnos su gracia por medio de Cristo Jesús; y ahora todo esto él nos lo ha hecho evidente mediante la venida de Cristo Jesús, nuestro Salvador. Destruyó el poder de la muerte e iluminó el camino a la vida y a la inmortalidad por medio de la Buena Noticia. Y Dios me eligió para que sea predicador, apóstol y maestro de esta Buena Noticia.

Por eso estoy sufriendo aquí, en prisión; pero no me avergüenzo de ello, porque yo sé en quién he puesto mi confianza y estoy seguro de que él es capaz de guardar lo que le he confiado hasta el día de su regreso.

Aférrate al modelo de la sana enseñanza que aprendiste de mí, un modelo formado por la fe y el amor que tienes en Cristo Jesús. Mediante el poder del Espíritu Santo, quien vive en nosotros, guarda con sumo cuidado la preciosa verdad que se te confió.

2 TIMOTEO 1:9-14

Puedes conocer a Dios

17 DE MAYO

CRECERÁS SIN PARAR

DE LA BIBLIA:

Cuando Jesús tenía doce años, asistieron al festival como siempre. Una vez terminada la celebración, emprendieron el regreso a Nazaret, pero Jesús se quedó en Jerusalén. Al principio, sus padres no se dieron cuenta [...] pero cuando se hizo de noche y no aparecía, comenzaron a buscarlo entre sus parientes y amigos. [...] Tres días después, por fin lo encontraron en el templo, sentado entre los maestros religiosos, escuchándolos y haciéndoles preguntas. Todos los que lo oían quedaban asombrados de su entendimiento y de sus respuestas. [...]

—Hijo, ¿por qué nos has hecho esto? —le dijo su madre—. Tu padre y yo hemos estado desesperados buscándote por todas partes.

—¿Pero por qué tuvieron que buscarme? —les preguntó—. ¿No sabían que tengo que estar en la casa de mi Padre? [...]

Luego regresó con sus padres a Nazaret, y vivió en obediencia a ellos. Y su madre guardó todas esas cosas en el corazón.

Jesús crecía en sabiduría y en estatura, y en el favor de Dios y de toda la gente.

LUCAS 2:42-44, 46-49, 51-52

Revisa tu crecimiento espiritual

—¿ME MIDES, DANIELA? —le preguntó Jeff a su hermana mayor.

—Acabo de medirte ayer —protestó Daniela. Al ver su mirada suplicante, cedió—. Bueno, está bien. Párate derecho.

—¿Crecí un poco? —preguntó Jeff ansiosamente.

—No, sigues teniendo la misma estatura —dijo Daniela. Jeff parecía desconcertado.

Al día siguiente, en la escuela dominical, Jeff no quería cantar una de las canciones. Participó del canto, pero las palabras parecían atorársele en la garganta. "Lee tu Biblia, ora todos los días... y crecerás sin parar", decía la letra de la canción. *No es cierto*, pensó Jeff. *He leído mi Biblia todos los días, pero no he crecido nada.* Tenía ganas de dejar de leer, pero ¿y si el otro verso de la canción era cierto? La letra continuaba: "Abandona tu Biblia, olvida la oración... y te encogerás cada día más".

Esa tarde, Jeff y sus padres visitaron a su bisabuela en el hogar para ancianos.

—Jeff, cada día te pareces más a tu padre —dijo la abuela Owens—. Hablas como él.

Jeff pensó en eso mientras regresaba a casa. Tal vez había otras formas de crecer que no eran solamente ser más alto. Su bisabuela había dicho que estaba pareciéndose más a su padre. A lo mejor la letra de la canción significaba crecer de otra manera. Decidió preguntarles a sus padres. Mamá respondió:

—Leer la Biblia y orar produce que la persona sea más parecida a Jesús.

Jeff pensó: *Esta semana me mediré de otra manera. Veré si crezco en parecerme más a Jesús.*

¿Y TÚ? ¿Cuánto creciste este año? Es divertido medirse y ver cuánto has crecido físicamente, pero ¿te has examinado para ver si creciste en tu vida cristiana? *C.E.Y.*

PARA MEMORIZAR: En cambio, hablaremos la verdad con amor y así creceremos en todo sentido hasta parecernos más y más a Cristo, quien es la cabeza de su cuerpo, que es la iglesia. *Efesios 4:15*

—¿QUÉ TAL, MIGUEL? ¿QUÉ HACES? —La voz estruendosa sobresaltó a Miguel. Levantó la vista y encontró a su tío mirando por encima de su hombro. Rápidamente, Miguel puso detrás de su espalda la revista que había estado leyendo.

—¡Tío Walter! No te oí entrar.

Tío Walter arqueó las cejas.

—Me di cuenta. ¿Te gustaría venir conmigo a la obra de construcción del nuevo banco?

—¡Me encantaría! —Miguel saltó del porche. Tío Walter se dirigió hacia el carro. Miguel empezó a caminar detrás de él, pero se acordó de la revista—. Tío Walter, espera un minuto. Tengo que... ehh... tengo sed. —Rápidamente desapareció dentro de la casa. Después de esconder la revista debajo de la almohada de su cama, pasó por la cocina para beber algo.

En la obra, Miguel y su tío se pusieron cascos. Protegiéndose los ojos, Miguel miró bien arriba, hacia la estructura de acero.

—Mira a esos hombres que trabajan en las vigas de acero. ¡Qué miedo! —exclamó.

—Ya lo creo —estuvo de acuerdo tío Walter.

Miguel no podía dejar de mirar a los hombres que estaban arriba.

—Tienen que ser cuidadosos con cada paso que dan.

—Al ver a estos obreros siderúrgicos, me acuerdo de un versículo bíblico: "Así que tengan cuidado de cómo viven". Se refiere a ser extremadamente cuidadosos —explicó tío Walter—. El versículo termina diciendo: "No vivan como necios sino como sabios".

Miguel bajó la vista lentamente y vio que tío Walter lo observaba con atención.

—Tú viste la revista que estaba leyendo. No puedo esconderte nada.

—Ni a Dios —le recordó tío Walter.

¿Y TÚ? Cuando la gente habla de tu «caminar», en general se refiere a tu vida. Como cristiano, tienes que caminar con mucho cuidado. Fíjate por dónde caminas: las cosas que lees, tus hábitos, tu lenguaje, tus amigos, ¡cada aspecto de tu vida! *B.J.W.*

PARA MEMORIZAR: Así que tengan cuidado de cómo viven. No vivan como necios sino como sabios. *Efesios 5:15*

---

18 DE MAYO

¡CAMINA CON CUIDADO!

DE LA BIBLIA:

Haz a los demás todo lo que quieras que te hagan a ti. Esa es la esencia de todo lo que se enseña en la ley y en los profetas.

Solo puedes entrar en el reino de Dios a través de la puerta angosta. La carretera al infierno es amplia y la puerta es ancha para los muchos que escogen ese camino. Sin embargo, la puerta de acceso a la vida es muy angosta y el camino es difícil, y son solo unos pocos los que alguna vez lo encuentran.

MATEO 7:12-14

Camina con cuidado

19 DE MAYO

LOS INSECTOS DEL PECADO

DE LA BIBLIA:

Luego el Rey se dirigirá a los de la izquierda y dirá: «¡Fuera de aquí, ustedes, los malditos, al fuego eterno preparado para el diablo y sus demonios! Pues tuve hambre, y no me alimentaron. Tuve sed, y no me dieron de beber. Fui extranjero, y no me invitaron a su hogar. Estuve desnudo, y no me dieron ropa. Estuve enfermo y en prisión, y no me visitaron».

Entonces ellos responderán: «Señor, ¿en qué momento te vimos con hambre o con sed o como extranjero o desnudo o enfermo o en prisión y no te ayudamos?».

Y él responderá: «Les digo la verdad, cuando se negaron a ayudar al más insignificante de estos, mis hermanos, se negaron a ayudarme a mí».

MATEO 25:41-45

Haz lo que debes hacer

CUANDO ANA DIO VUELTA A UNA PIEDRA del jardín, retrocedió.

—¡Oh, mamá! ¡Mira los asquerosos insectos que se esconden debajo de esta piedra!

Su madre observó cómo los insectos huían hacia todas partes.

—Son cochinillas —dijo.

—Parece que no les gusta el sol. Creo que buscan un lugar oscuro donde esconderse —observó Ana.

—Se parecen un poco a nosotros, ¿cierto? —dijo su madre pensativamente.

Ana echó un vistazo a su madre, sorprendida.

—¿Qué?

—Bueno, así como estos insectos huyen desesperadamente, buscando dónde esconderse, nosotros a veces huimos buscando dónde ocultar el pecado que hay en nuestro corazón —explicó su madre—. Tratamos de mantenerlo a oscuras, pero Dios lo ve.

—La semana pasada, mi maestra de la escuela dominical habló sobre el pecado. Dice que hay dos tipos de pecado: pecados de "comisión" y pecados de "omisión".

—¿Y sabes qué significa eso? —dijo su madre, sonriendo.

—Los pecados de comisión son las cosas malas que pensamos o que hacemos —respondió Ana—. Es pecado mentir o decir algo para lastimar a alguien.

—Así es —dijo mamá, asintiendo—. ¿Y cuáles son los pecados de omisión?

—Es cuando no hacemos cosas que deberíamos hacer —respondió Ana—, como no llamar a una amiga cuando sabemos que está triste.

—¡Muy bien! —dijo su madre—. Recuerdas muy bien esa lección. Más importante aún es recordar que Dios ve todos los pecados.

Ana asintió, viendo cómo desaparecía el último insecto.

—Desde ahora los llamaré "insectos del pecado". —Sintió escalofrío—. Ellos me harán recordar que no quiero tener pecado en mi corazón.

¿Y TÚ? ¿Son los términos «pecados de comisión» y «pecados de omisión» nuevos para ti? A veces es fácil identificar las cosas que hacemos mal, pero nos cuesta más darnos cuenta que «no hacer» algo también puede ser un pecado. *V.L.C.*

PARA MEMORIZAR: Recuerden que es pecado saber lo que se debe hacer y luego no hacerlo. *Santiago 4:17*

—¡**NUNCA VOLVERÉ A HABLARLE A MICHELLE!** —vociferó Tonya, dando un portazo al entrar.

Su madre frunció el ceño.

—Nunca es mucho tiempo.

—No me importa cuánto tiempo sea —gritó Tonya. La voz de Tonya se desvaneció mientras corría por el pasillo hacia su habitación.

—¡Tonya! —la llamó su madre—. ¡Vamos a visitar a tía Margaret!

Luego de un viaje corto por la ciudad, Tonya y su madre llegaron al hogar de ancianos Plaza Colonial. Mientras caminaba junto a su madre por el corredor, la mente de Tonya seguía alterada con pensamientos de ira contra Michelle.

—Tía Margaret, ¿qué te sucede? —El grito asustado de su madre trajo a Tonya de vuelta a la realidad. Su madre se arrodilló junto a la silla de ruedas de la anciana.

En la mano de tía Margaret había una carta arrugada. Las lágrimas corrían por sus mejillas.

—Ay, Betty —sollozó—. He sido tan terca...

—¿Terca sobre qué? —preguntó la madre de Tonya.

—Demasiado terca para decir: "Perdóname". La voz de tía Margaret tembló al hablar.

Pasó un rato antes de que Tonya y su madre le encontraran sentido a lo que estaba diciendo tía Margaret. Finalmente, cuando se fueron, Tonya se secó las lágrimas. En el carro, se dirigió a su madre:

—¿Quieres decir que tía Margaret y tía Sara no se han hablado durante veinte años?

Mamá asintió.

—Sí, y ahora tía Sara le pidió a tía Margaret que la perdone. Ni siquiera recuerdan por qué se pelearon. Me alegro de que por fin hayan decidido perdonarse la una a la otra. El rencor es una carga demasiado pesada para llevar durante tantos años.

Tonya tragó saliva.

—Cuando lleguemos a casa, será mejor que llame a Michelle. Nunca es mucho tiempo... demasiado.

¿Y TÚ? ¿A veces dices cosas que en realidad no quieres decir? ¿Hay alguien a quien tengas que pedirle perdón? *B.J.W.*

PARA MEMORIZAR: Sean comprensivos con las faltas de los demás y perdonen a todo el que los ofenda. Recuerden que el Señor los perdonó a ustedes, así que ustedes deben perdonar a otros. *Colosenses 3:13*

NUNCA ES MUCHO TIEMPO

DE LA BIBLIA:

Pero ahora es el momento de eliminar el enojo, la furia, el comportamiento malicioso, la calumnia y el lenguaje sucio. No se mientan unos a otros, porque ustedes ya se han quitado la vieja naturaleza pecaminosa y todos sus actos perversos. Vístanse con la nueva naturaleza y se renovarán a medida que aprendan a conocer a su Creador y se parezcan más a él. En esta vida nueva no importa si uno es judío o gentil, si está o no circuncidado, si es inculto, incivilizado, esclavo o libre. Cristo es lo único que importa, y él vive en todos nosotros.

Dado que Dios los eligió para que sean su pueblo santo y amado por él, ustedes tienen que vestirse de tierna compasión, bondad, humildad, gentileza y paciencia. Sean comprensivos con las faltas de los demás y perdonen a todo el que los ofenda. Recuerden que el Señor los perdonó a ustedes, así que ustedes deben perdonar a otros.

COLOSENSES 3:8-13

Perdona a otros

21 DE MAYO

UN PASO DIFÍCIL

DE LA BIBLIA:

Después de la muerte de Moisés, siervo del Señor, el Señor habló a Josué, hijo de Nun y ayudante de Moisés. Le dijo: «Mi siervo Moisés ha muerto. Por lo tanto, ha llegado el momento de que guíes a este pueblo, a los israelitas, a cruzar el río Jordán y a entrar en la tierra que les doy. Te prometo a ti lo mismo que le prometí a Moisés: "Dondequiera que pongan los pies los israelitas, estarán pisando la tierra que les he dado: desde el desierto del Neguev, al sur, hasta las montañas del Líbano, al norte; desde el río Éufrates, al oriente, hasta el mar Mediterráneo, al occidente, incluida toda la tierra de los hititas". Nadie podrá hacerte frente mientras vivas. Pues yo estaré contigo como estuve con Moisés. No te fallaré ni te abandonaré».

JOSUÉ 1:1-5

Acepta las órdenes de Dios

AL FINALIZAR EL SERVICIO RELIGIOSO, Carrie escuchó, sin poder creerlo, que el pastor Allen dijo:

—Luego de mucha oración, el Señor está llamando a nuestra familia a servirlo en una reserva india. Nos iremos dentro de un mes.

—Carrie se entristeció ante la noticia. Su mejor amiga era Becky, la hija del pastor.

Cuando finalizó el servicio, Carrie salió apresuradamente hacia el auto. Estaba demasiado enojada como para hablar con Becky.

—¿Cómo puede hacer esto el pastor Allen? —sollozó Carrie mientras volvían a su casa.

—Él tiene que obedecer el mandato de Dios —dijo papá dulcemente.

—Pero yo no quiero que se vaya —lloró Carrie—. Becky es mi mejor amiga.

Carrie estuvo enojada todo el día. A la hora de irse a dormir, mamá la abrazó. —Cariño —dijo—, tu vieja cuna está armada en el cuarto de huéspedes. ¿Cómo te sentirías si durmieras allí esta noche?

Carrie se rio.

—No quiero dormir en una cuna. Además, no cabría en ella.

Mamá sonrió.

—Es verdad —coincidió—. Una parte del proceso de crecer es dejar atrás las cosas viejas y adaptarse a lo nuevo. Hace mucho tiempo que dejaste la cuna, y eso fue bueno. A veces las personas dejan su hogar, y eso también puede ser bueno. Cuando los amigos se van, Dios sigue estando con nosotros, haciendo planes para nuestro bien. Y, aparentemente, que los Allen se queden aquí no encaja dentro del plan de Dios.

—Cierto —dijo papá—. Démosle gracias a Dios por los buenos años que pasamos con ellos, y hagamos que los últimos días que estén en nuestra iglesia sean súper especiales.

¿Y TÚ? ¿Estás pasando por una mudanza, la llegada de un nuevo miembro a la familia o estás a punto de comenzar a ir a una iglesia o una escuela nueva? ¿Estás enojado por los cambios o por la nueva situación que hay en tu vida? No es fácil despedirse de lo que conocemos, pero Dios seguirá estando contigo en tu nuevo entorno. *J.L.H.*

PARA MEMORIZAR: Nadie podrá hacerte frente mientras vivas. Pues yo estaré contigo como estuve con Moisés. No te fallaré ni te abandonaré. *Josué 1:5*

—¿PUEDO SACAR EL PREMIO? —le preguntó ansiosamente Gina a su papá, señalando la parte trasera de la caja de cereales. La imagen mostraba unas golosinas coloridas desbordando del paquete.

Papá sacudió la caja. Metió la mano y sacó el premio: un paquetito de golosinas tamaño muestra. Se lo arrojó a Gina.

Un poco más tarde, cuando Gina abrió el paquete, sacó las golosinas. Las contó una por una: solo veintiséis. Contó las golosinas que había en la fotografía de la caja de cereales. Había cien unidades.

—Pensé que recibiría tantas como hay en la foto —le dijo a papá.

—Las personas que hacen los cereales quisieron que creyeras eso para que compraras su producto —explicó papá—. Te engañaron.

Gina frunció el ceño.

—¿Qué significa *engañar*?

—Hacer que alguien crea algo que no es cierto —explicó papá.

Esa tarde, Ashley, la amiga de Gina, vino a jugar. Recientemente, Gina había comenzado a tomar clases de piano, así que le mostró a Ashley lo que había estado aprendiendo.

—Yo seré tu alumna —dijo Ashley. Jugaron a que Gina era la maestra.

En ese momento, Beth, la amiga de Gina, llamó a la puerta.

—¿Quieres jugar? —preguntó.

Gina no quería jugar.

—Estamos en una clase de piano —dijo.

Cuando Beth se fue, papá preguntó:

—¿Le dijiste la verdad a Beth?

Gina se encogió de hombros.

—No le mentí —dijo.

—¿Crees que la engañaste? —insistió papá.

—Sí —respondió Gina. Entonces corrió hacia la puerta de adelante—. Regresa, Beth —gritó—. Tú también puedes estar en nuestra clase de piano.

¿Y TÚ? ¿Engañas a alguien al darle una idea equivocada? ¿Les das a entender a tus padres que estás en un lugar cuando en realidad estás en otra parte? ¿Evitas hacer algo, poniendo excusas que no son completamente certeras? Se puede mentir de otras maneras que no sea *diciendo* algo que no es cierto. *K.R.A.*

PARA MEMORIZAR: No robes. No se engañen ni se estafen unos a otros. *Levítico 19:11*

LA CAJA DE CEREALES MENTIROSA

DE LA BIBLIA:

Un testigo honrado dice la verdad;
  un testigo falso dice mentiras.

Algunas personas hacen comentarios hirientes,
  pero las palabras del sabio traen alivio.

Las palabras veraces soportan la prueba del tiempo,
  pero las mentiras pronto se descubren.

El corazón que trama el mal está lleno de engaño;
  ¡el corazón que procura la paz rebosa de alegría!

Nada malo le sucederá a los justos,
  pero los perversos se llenarán de dificultades.

El Señor detesta los labios mentirosos,
  pero se deleita en los que dicen la verdad.

PROVERBIOS 12:17-22

No engañes

23 DE MAYO

DEMASIADO TIEMPO JUNTAS

DE LA BIBLIA:

Entonces Job volvió a hablar:

«Ya escuché todo esto antes,

¡qué consejeros tan miserables son
ustedes!

¿Nunca dejarán de decir más que
palabrería?

¿Qué los mueve a seguir hablando?

Si ustedes estuvieran en mi lugar, yo
podría decir lo mismo.

Podría lanzar críticas y menear mi
cabeza ante ustedes.

Sin embargo, yo les daría palabras de
ánimo;

intentaría aliviar su dolor.

En cambio, sufro si me defiendo,

y no sufro menos si me niego a
hablar.

»Oh Dios, tú me has molido

y arrasaste con mi familia».

JOB 16:1-7

*No te conviertas
en una peste*

—¡HOLA, HOLLY! ¿PUEDES JUGAR HOY? —preguntó Karen.

Holly titubeó.

—Bueno, no sé. Tengo algunas cosas que hacer.

—Ah, vamos —le rogó Karen—. ¿Qué tienes que hacer? Yo puedo ayudarte.

Holly negó con la cabeza.

—Realmente, no. Tengo que practicar piano.

—Podría venir a escucharte —insistió Karen.

—Karen —dijo Holly—, estuvimos juntas anoche después de la escuela, y también la noche del lunes. Me gusta jugar contigo, pero de verdad estaré ocupada.

—Bueno, de acuerdo —aceptó Karen con tristeza.

Holly exhaló, aliviada, mientras subía la escalera hacia su casa. Encontró a su madre en la cocina, preparando la cena.

—Karen quería que hoy jugáramos juntas otra vez, pero yo le dije que tenía muchas cosas que hacer. Espero que no se enoje.

—¿Por qué se enojaría? —preguntó su madre—. Últimamente pasas casi todas las tardes con ella.

—Lo sé —suspiró Holly—. Me gusta que sea mi amiga, pero a veces quiero estar sola. Me gusta leer, dibujar y escribir cartas.

Su madre asintió.

—¿Sabías que hay un versículo bíblico sobre esto?

—¿En la Biblia? ¿Qué versículo? —preguntó Holly, sorprendida.

—Proverbios 25:17 dice: "No visites a tus vecinos muy seguido, porque se cansarán de ti y no serás bienvenido", —citó su madre—. ¿Ves, Holly? El Señor, quien inventó la amistad, entiende tu problema. Los amigos necesitan darse tiempo para poder desarrollar intereses distintos.

—¡Gracias, mamá! —exclamó Holly—. ¡Ahora me siento mejor! Desearía que Karen también pudiera entender ese versículo.

¿Y TÚ? ¿Pasas mucho tiempo con un solo amigo? Acércate a otras personas y haz nuevos amigos. Pasa tiempo a solas y haz proyectos creativos, o lee un libro. *L.M.W.*

PARA MEMORIZAR: No visites a tus vecinos muy seguido, porque se cansarán de ti y no serás bienvenido.
Proverbios 25:17

—MADRE, ¿POR QUÉ LOS CRISTIANOS TIENEN IDEAS tan distintas sobre lo que está bien y mal? —preguntó Joan un día.

Su madre se quedó en silencio durante un rato.

—No es una pregunta fácil de responder —le dijo—. A ver... esta noche recibiremos a tío Felipe y a tía Susy para cenar, ¿verdad? Todos comeremos cosas distintas. Tía Susy tiene diabetes y no puede ingerir comidas que tengan azúcar. Tío Felipe está haciendo una dieta baja en colesterol por su corazón; por eso estoy cocinando pollo sin piel para él.

—Y papá debe bajar de peso —dijo Joan entre risitas—, así que necesitará una gran ensalada.

—¿Ves adónde quiero llegar, tesoro? —preguntó su madre—. Las personas tienen problemas diferentes y, por ende, necesitan dietas diferentes. Los cristianos vienen de historias diferentes y de distintos niveles de madurez; por lo tanto, tienen necesidades espirituales diferentes.

Joan asintió con seriedad.

—¿Quieres decir que lo que es bueno para una persona quizás no sea bueno para otra?

—En cierta manera, así es —estuvo de acuerdo su madre—. Dios puede convencer a un creyente con respecto a alguna actividad que podría hacer tropezar a otros. O algunos podrían tener una conciencia sensible a una actividad en particular.

Joan estaba pensativa.

—Entonces, ¿depende de cada uno decidir qué es bueno y qué es malo?

—Bueno —dijo mamá—, algunas cosas están claramente explicadas en la Biblia. Pero, aun las cosas que no están específicamente prohibidas podrían no ser la mejor opción. Debemos evitar cualquier cosa que dañe a la causa de Dios o que lastime a otros.

¿Y TÚ? ¿Le pides a Dios que te muestre qué cosas no debes hacer? No critiques a los demás por temas que no están explicados en la Biblia. Por otro lado, no hagas algo si tienes dudas al respecto. *S.L.K.*

PARA MEMORIZAR: Del mismo modo, algunos piensan que un día es más sagrado que otro, mientras que otros creen que todos los días son iguales. Cada uno debería estar plenamente convencido de que el día que elija es aceptable. *Romanos 14:5*

24 DE MAYO

UNA DIETA ESPECIAL

(Primera parte)

DE LA BIBLIA:

Acepten a los creyentes que son débiles en la fe y no discutan acerca de lo que ellos consideran bueno o malo. Por ejemplo, un creyente piensa que está bien comer de todo; pero otro creyente, con una conciencia sensible, come solo verduras. Los que se sienten libres para comer de todo no deben menospreciar a los que no sienten la misma libertad; y los que no comen determinados alimentos no deben juzgar a los que sí los comen, porque a esos hermanos Dios los ha aceptado. ¿Quién eres tú para juzgar a los sirvientes de otro? Su amo dirá si quedan en pie o caen; y con la ayuda del Señor, quedarán en pie y recibirán la aprobación de él.

Del mismo modo, algunos piensan que un día es más sagrado que otro, mientras que otros creen que todos los días son iguales. Cada uno debería estar plenamente convencido de que el día que elija es aceptable. [...]

¿Por qué, entonces, juzgas a otro creyente? ¿Por qué menosprecias a otro creyente? Recuerda que todos estaremos delante del tribunal de Dios.

ROMANOS 14:1-5, 10

Empieza a tener convicciones

25 DE MAYO

UNA DIETA ESPECIAL

(Segunda parte)

DE LA BIBLIA:

Así que dejemos de juzgarnos unos a otros. Por el contrario, propónganse vivir de tal manera que no causen tropiezo ni caída a otro creyente.

Yo sé —y estoy convencido por la autoridad del Señor Jesús— que ningún alimento en sí mismo está mal; pero si alguien piensa que está mal comerlo, entonces, para esa persona, está mal. Si otro creyente se angustia por lo que tú comes, entonces no actúas con amor si lo comes. No permitas que lo que tú comes destruya a alguien por quien Cristo murió. Entonces no serás criticado por hacer algo que tú crees que es bueno. Pues el reino de Dios no se trata de lo que comemos o bebemos, sino de llevar una vida de bondad, paz y alegría en el Espíritu Santo. Si tú sirves a Cristo con esa actitud, agradarás a Dios y también tendrás la aprobación de los demás. Por lo tanto, procuremos que haya armonía en la iglesia y tratemos de edificarnos unos a otros.

No destruyas la obra de Dios a causa de lo que comes. Recuerda que todos los alimentos están permitidos; lo malo es comer algo que haga tropezar a otro.

ROMANOS 14:13-20

Respeta las convicciones de otros

—**VAMOS, JUGUEMOS A LA PELOTA** con mi nueva bola de sóftbol —propuso Rick, el hermano de Joan, un domingo en la tarde después de la iglesia.

Luego de unos minutos lanzándose la pelota el uno al otro, escucharon una voz que venía de la casa de al lado.

—¡Niños, me sorprende que ustedes jueguen a la pelota el domingo! —dijo su vecina, la señora White—. ¡Y sus padres dicen que son cristianos! —Dicho eso, se metió en su casa.

Joan y Rick se miraron con sorpresa y corrieron a preguntarles a sus padres qué debían hacer.

—¿Pueden creerlo? —se quejó Rick.

Su madre suspiró.

—No seas irrespetuoso, hijo —dijo—. Ella fue educada en la creencia de que cualquier recreación al aire libre está mal en el día del Señor.

Joan puso mala cara.

—¡Guau! Eso me recuerda lo que me dijiste sobre las "dietas especiales", madre: que lo que está mal para una persona, puede estar bien para otra.

—Sí, pero es importante respetar las "dietas especiales", o las convicciones, de otros —respondió su madre—. Además, no es mala idea escoger actividades dominicales que mantengan tu mente concentrada en el Salvador.

Papá asintió.

—Dado que la señora White considera que hacer deportes los domingos es malo, deberían hacer otra cosa. ¿Por qué no juegan a ese juego de mesa bíblico que les traje?

—¿Por qué debemos cambiar las cosas que hacemos solo por lo que ella cree? —protestó Rick.

—Se me ocurre una buena razón —respondió papá—. Porque ofende a la señora White.

Rick contestó:

—Supongo que tienes razón.

¿Y TÚ? ¿Respetas las convicciones de los demás? No tienes que estar de acuerdo con lo que creen todos, pero puedes modificar tus actos, siempre que puedas, para no ofender innecesariamente a otros. *S.L.K.*

PARA MEMORIZAR: Así que dejemos de juzgarnos unos a otros. Por el contrario, propónganse vivir de tal manera que no causen tropiezo ni caída a otro creyente. *Romanos 14:13*

—NECESITO UN VOLUNTARIO QUE FIRME ESTE PAPEL —La señorita Rita le mostró una hoja de papel en blanco a su clase de la escuela dominical—. Cuando lo firmen, estarán aceptando obedecer cualquier cosa que yo escriba en el papel. Podría pedirles que me corten el césped o que me entreguen la mesada de la semana próxima. Puedo escribir lo que se me ocurra en este papel. —No hubo voluntarios—. ¿No confían en mí? —preguntó la señorita Rita.

Finalmente, Gia levantó la mano.

—Yo lo firmaré.

Luego de que Gia puso su nombre, la señorita Rita volvió a tomar el papel y comenzó a escribir. Todos esperaban con ansias. Le devolvió el papel a Gia.

—Léelo en voz alta —le indicó.

—"Ve a la mesa" —leyó Gia—. "Toma la Biblia y quédate con cualquier cosa que encuentres debajo de ella". —Gia obedeció rápidamente—. Ohhh —chilló al levantar la Biblia. ¡Sobre la mesa había un billete de un dólar!

—Gracias, Gia, por confiar en mí —respondió la señorita Rita. Entonces, la señorita Rita dijo a la clase—: Cuando le entregamos nuestra vida a Jesús, es como firmar un papel en blanco. Decimos: "Señor, te entrego mi vida. Tú escribe las órdenes". Antes de que Gia pudiera recibir su premio, ¿qué tuvo que hacer?

—Tuvo que firmar el papel —dijo Lena.

—Y tuvo que hacer lo que el papel decía —agregó Brent.

—Correcto —asintió la señorita Rita—. Tuvo que confiar en mí y obedecerme. Así, nosotros debemos confiar en Dios y obedecerlo, entregándole nuestra vida. Él tiene muchas recompensas para quienes lo hacen.

¿Y TÚ? ¿Tienes miedo de entregarle tu vida a Dios? No te preocupes. Entrégasela tu vida. Te sorprenderás de todas las cosas buenas que él tiene reservadas para ti. *B.J.W.*

PARA MEMORIZAR: Qué grande es la bondad que has reservado para los que te temen. La derramas en abundancia sobre los que acuden a ti en busca de protección, y los bendices ante la mirada del mundo. *Salmo 31:19*

EL PEDAZO DE PAPEL EN BLANCO

DE LA BIBLIA:

Por lo tanto, amados hermanos, no están obligados a hacer lo que su naturaleza pecaminosa los incita a hacer; pues, si viven obedeciéndola, morirán; pero si mediante el poder del Espíritu hacen morir las acciones de la naturaleza pecaminosa, vivirán. Pues todos los que son guiados por el Espíritu de Dios son hijos de Dios.

Y ustedes no han recibido un espíritu que los esclavice al miedo. En cambio, recibieron el Espíritu de Dios cuando él los adoptó como sus propios hijos. Ahora lo llamamos «Abba, Padre». Pues su Espíritu se une a nuestro espíritu para confirmar que somos hijos de Dios. Así que como somos sus hijos, también somos sus herederos. De hecho, somos herederos junto con Cristo de la gloria de Dios; pero si vamos a participar de su gloria, también debemos participar de su sufrimiento.

Sin embargo, lo que ahora sufrimos no es nada comparado con la gloria que él nos revelará más adelante.

ROMANOS 8:12-18

Confía y obedece

27 DE MAYO

LO PROMETIDO ES DEUDA

DE LA BIBLIA:

Presten atención, ustedes que dicen: «Hoy o mañana iremos a tal o cual ciudad y nos quedaremos un año. Haremos negocios allí y ganaremos dinero». ¿Cómo saben qué será de su vida el día de mañana? La vida de ustedes es como la neblina del amanecer: aparece un rato y luego se esfuma. Lo que deberían decir es: «Si el Señor quiere, viviremos y haremos esto o aquello».

SANTIAGO 4:13-15

Acepta los cambios de planes

—**AFUERA ESTÁ TAN SOLEADO** que me gustaría ir a nuestra cabaña —dijo Felicia mientras desayunaban.

—Estaba pensando lo mismo —respondió papá—. Hagámoslo. Nos iremos tan pronto como llegue a casa de trabajar esta noche, si ayudas a tu madre a empacar.

—¡Por supuesto! —Felicia le dio a su padre un gran beso.

Mientras Felicia ayudaba a su madre a prepararse para el viaje, su padre llamó desde la oficina.

—Discúlpame —dijo—, pero tenemos un proyecto importante que debe quedar finalizado para mañana en la tarde. Tendremos que posponer nuestro viaje.

Felicia colgó el auricular bruscamente.

—¡No es justo! —bramó—. Papá prometió que iríamos.

—Cuando el jefe de papá le pide que trabaje horas extra, no hay nada que podamos hacer —respondió mamá.

—¡Pero él lo prometió! —gimió Felicia.

—Escúchame un momento —la interrumpió su madre—. Él no lo prometió exactamente. Sí dijo que nos preparáramos para ir, pero tienes que darte cuenta de que a veces es difícil, o imposible, llevar a cabo nuestros planes. Nos enfermamos, o las circunstancias cambian, y no hay nada que podamos hacer al respecto.

Felicia puso mala cara.

—Si no puedo contar con mi propio padre, ¿con quién puedo contar?

—Siempre puedes contar con Dios. Él nos prometió muchas cosas y, porque es Dios, sabemos que podemos confiar completamente en él. —Mamá sonrió—. Sé que estás decepcionada, pero estoy segura de que papá también lo está.

¿Y TÚ? ¿Tienes la precaución de prometer únicamente lo que puedes cumplir? ¿Te cuidas de no acusar a mamá y a papá de «prometer» cosas cuando simplemente planean hacerlas? Aprende a aceptar las circunstancias y los planes que pueden cambiar. *L.M.W.*

PARA MEMORIZAR: Lo que deberían decir es: «Si el Señor quiere, viviremos y haremos esto o aquello». De lo contrario, están haciendo alarde de sus propios planes pretenciosos, y semejante jactancia es maligna. *Santiago 4:15-16*

CALEB Y CAMILA PONÍAN PENSAMIENTOS y geranios sobre la tierra. Estaban ayudando a papá a decorar la tumba de sus abuelos.

—Miren todas las banderas que ondean al viento —dijo Caleb, dando un vistazo alrededor del cementerio.

Camila levantó la vista de su tarea.

—Papi, ¿por qué solamente algunas tumbas tienen banderas ondeando junto a ellas? —preguntó.

—Esas banderas honran a los soldados que dieron su vida para proteger la libertad de nuestro país —explicó papá.

—Ellos pagaron un alto precio por mantener nuestra libertad, ¿cierto? —preguntó Caleb, pensativamente.

—Sí, así es —concordó papá. Recogió las herramientas que habían estado usando—. Pero otra persona pagó un precio mayor por nuestra libertad que el precio que pagaron los soldados —recalcó mientras empezaban a caminar hacia el auto.

Caleb y Camila lo miraron, desconcertados.

—¿Quién?

—Jesús. Él murió en la cruz para liberarnos del castigo del pecado —respondió papá—. Él resucitó de entre los muertos y, ahora, está vivo en el cielo; por eso no es necesario adornar una tumba para él. Pero hay una manera en la que podemos recordar su sacrificio.

—¿Cuál? —preguntó Caleb.

—Participando en el servicio de la Santa Cena de la iglesia —explicó papá—. Cuando los creyentes toman la Santa Cena, recuerdan el sacrificio que hizo Cristo en la cruz. También están anhelando el retorno de Cristo. La reunión de la Santa Cena y todo lo que ello significa debería llenar de gratitud nuestro corazón.

¿Y TÚ? Antes de participar de la Santa Cena en la iglesia, asegúrate de ser cristiano. Después, examina tu corazón preguntándote lo siguiente: ¿Estoy obedeciendo al Señor en mi vida? ¿He confesado todos mis pecados conocidos? Si hiciste algo que podría perjudicar tu comunión con el Señor, confiésalo antes de participar de la Cena. Entonces, participa con un corazón alegre y agradecido. *J.L.H.*

PARA MEMORIZAR: Pues, cada vez que coman este pan y beban de esta copa, anuncian la muerte del Señor hasta que él vuelva. *1 Corintios 11:26*

28 DE MAYO

EN MEMORIA

DE LA BIBLIA:

Pues yo les transmito lo que recibí del Señor mismo. La noche en que fue traicionado, el Señor Jesús tomó pan y dio gracias a Dios por ese pan. Luego lo partió en trozos y dijo: «Esto es mi cuerpo, el cual es entregado por ustedes. Hagan esto en memoria de mí». De la misma manera, tomó en sus manos la copa de vino después de la cena, y dijo: «Esta copa es el nuevo pacto entre Dios y su pueblo, un acuerdo confirmado con mi sangre. Hagan esto en memoria de mí todas las veces que la beban». Pues, cada vez que coman este pan y beban de esta copa, anuncian la muerte del Señor hasta que él vuelva.

Por lo tanto, cualquiera que coma este pan o beba de esta copa del Señor en forma indigna es culpable de pecar contra el cuerpo y la sangre del Señor. Por esta razón, cada uno debería examinarse a sí mismo antes de comer el pan y beber de la copa.

1 CORINTIOS 11:23-28

Recuerda el sacrificio de Cristo

29 DE MAYO

OBSERVADORES DEL PESO

DE LA BIBLIA:

¿No se dan cuenta de que en una carrera todos corren, pero solo una persona se lleva el premio? ¡Así que corran para ganar! Todos los atletas se entrenan con disciplina. Lo hacen para ganar un premio que se desvanecerá, pero nosotros lo hacemos por un premio eterno. Por eso yo corro cada paso con propósito. No solo doy golpes al aire. Disciplino mi cuerpo como lo hace un atleta, lo entreno para que haga lo que debe hacer. De lo contrario, temo que, después de predicarles a otros, yo mismo quede descalificado.

1 CORINTIOS 9:24-27

Quítate el peso del pecado

—¿PUEDO SERVIRME OTRA PORCIÓN DE PASTEL? —preguntó Brian.

—Has estado curiosamente callado —comentó su madre mientras cortaba el pastel—. ¿Estás molesto por algo?

—Hoy llegué tercero en la pista —dijo Brian—. El año pasado, siempre fui el primero. No sé qué problema tengo ahora.

—Yo lo sé —dijo Estefanía—. Estás demasiado gordo.

—¡Estefanía! —la reprendió papá—. Eso no fue amable de tu parte.

—¿Acaso *alguna* vez es amable? —dijo Brian sarcásticamente.

—¡Ya basta! Los dos se equivocan, y tienen razón —suspiró mamá—. Está mal decir cosas hirientes el uno del otro, pero es verdad que Brian aumentó de peso. Y, Estefanía, tú no eres la niña amable y dulce que solías ser.

—Sí —coincidió papá—. Has cambiado en estos últimos dos meses, Estefanía. ¿Todavía estás amargada porque Jill fue elegida como capitana del equipo de baloncesto de sexto grado?

—Si no fuera por sus trampas, yo sería la capitana —protestó Estefanía.

—Estefanía, así como Brian necesita bajar de peso para correr bien, tú también necesitas dejar de lado la amargura que te agobia —dijo papá—. Es lo que te impide ser una ganadora en tu vida como cristiana.

¿Y TÚ? ¿Cargas algún «peso» que entorpece tu carrera cristiana; una mala actitud, ser mordaz, un espíritu amargo o rebelde? Son cosas que traen derrota a la vida del cristiano. Debes «quitarte» todo lo que te impida orar, leer la Biblia y vencer el pecado. Examina tu vida para reconocer ese «peso». *B.J.W.*

PARA MEMORIZAR: Por lo tanto, ya que estamos rodeados por una enorme multitud de testigos de la vida de fe, quitémonos todo peso que nos impida correr, especialmente el pecado que tan fácilmente nos hace tropezar. Y corramos con perseverancia la carrera que Dios nos ha puesto por delante. *Hebreos 12:1*

CON LAS MANOS EN LOS BOLSILLOS y los dientes apretados, Tony caminaba hacia su casa. Tenía problemas con Quentin y su pandilla. Cuando se dio vuelta para mirar por encima del hombro, vio que los cuatro muchachos venían casi media cuadra detrás de él. Lo señalaban con el dedo y se reían.

El corazón de Tony se aceleró. ¿Qué podía hacer? Estaba a seis cuadras de su casa. Si corría, se abalanzarían sobre él. Sabía que ellos querían que se echara a correr. Se habían burlado de él, llamándolo «cristiano cobarde». Pero ¿cómo podía enfrentarse a cuatro grandulones?

Aceleró el paso mientras las voces detrás de él se acercaban.

«Ay, Señor, ¿qué puedo hacer?», suplicó. Entonces, recordó el pasaje bíblico que su papá había leído esa mañana. El pueblo de Judá también se veía superado en cantidad. El Señor le había dicho al rey Josafat que no tuviera miedo. «¿Podrías pelear también mi batalla?», le preguntó Tony a Dios. Luego, recordó qué hizo el pueblo de Judá. Cantaron alabanzas. En voz baja, empezó a cantar un coro.

Al mirar atrás, vio que los grandulones estaban más cerca. Cantó más fuerte. Cuando volvió a fijarse, se sorprendió de ver que Quentin y su pandilla se habían detenido. Estaban gritándose unos a otros. De pronto, Quentin agarró del cuello a uno de los muchachos y comenzó una pelea. Sorprendido, Tony se quedó observando un instante. Luego, con una gran sonrisa, corrió a su casa, cantando.

Entró en su casa corriendo.

—¡Mamá! —gritó—. ¡No vas a creerlo!

¿Y TÚ? ¿Hay momentos en los que te ves superado en cantidad? ¿Parecería que todos están en tu contra? No te preocupes. Alaba al Señor. Déjalo pelear tus batallas. Es posible que él no haga que tus enemigos se peleen entre sí, pero tiene la manera de solucionar tus problemas cuando tú lo alabas. *B.J.W.*

PARA MEMORIZAR: Dijo: «¡Escuchen, habitantes de Judá y de Jerusalén! ¡Escuche, rey Josafat! Esto dice el SEÑOR: "¡No tengan miedo! No se desalienten por este poderoso ejército, porque la batalla no es de ustedes, sino de Dios"». *2 Crónicas 20:15*

30 DE MAYO

ALABA AL SEÑOR

DE LA BIBLIA:

Después de esto, los ejércitos de los moabitas y de los amonitas, y algunos meunitas le declararon la guerra a Josafat. Llegaron mensajeros e informaron a Josafat: «Un enorme ejército de Edom marcha contra ti desde más allá del mar Muerto; ya está en Hazezon-tamar». (Este era otro nombre para En-gadi).

Josafat quedó aterrado con la noticia y le suplicó al SEÑOR que lo guiara. También ordenó a todos en Judá que ayunaran. De modo que los habitantes de todas las ciudades de Judá fueron a Jerusalén para buscar la ayuda del SEÑOR. [...]

El Espíritu del SEÑOR vino sobre uno de los hombres allí presentes. Se llamaba Jahaziel, hijo de Zacarías, hijo de Benaía, hijo de Jeiel, hijo de Matanías, un levita, quien era un descendiente de Asaf.

Dijo: «¡Escuchen, habitantes de Judá y de Jerusalén! ¡Escuche, rey Josafat! Esto dice el SEÑOR: "¡No tengan miedo! No se desalienten por este poderoso ejército, porque la batalla no es de ustedes sino de Dios"».

2 CRÓNICAS 20:1-4, 14-15

No te preocupes;
¡alaba a Dios!

31 DE MAYO

LA PUERTA DEL JARDÍN DE TÍA JOY

DE LA BIBLIA:

Entonces les dio la explicación: «Les digo la verdad, yo soy la puerta de las ovejas. Todos los que vinieron antes que yo eran ladrones y bandidos, pero las verdaderas ovejas no los escucharon. Yo soy la puerta; los que entren a través de mí serán salvos. Entrarán y saldrán libremente y encontrarán buenos pastos. El propósito del ladrón es robar y matar y destruir; mi propósito es darles una vida plena y abundante.

»Yo soy el buen pastor. El buen pastor da su vida en sacrificio por las ovejas. El que trabaja a sueldo sale corriendo cuando ve que se acerca un lobo; abandona las ovejas, porque no son suyas y él no es su pastor. Entonces el lobo ataca el rebaño y lo dispersa. El cuidador contratado sale corriendo porque trabaja solamente por el dinero y, en realidad, no le importan las ovejas.

»Yo soy el buen pastor; conozco a mis ovejas, y ellas me conocen a mí, como también mi Padre me conoce a mí, y yo conozco al Padre. Así que sacrifico mi vida por las ovejas».

JUAN 10:7-15

Entra en el cielo por medio de Jesús

ÁNGELA SALTÓ LA ACERA RUMBO a la casa de tía Joy. Le gustaba cómo la trataba su tía —como una amiga más que como a una niña—, aunque sí le parecía que tía Joy hablaba demasiado de Dios. Ángela tocó el timbre de la puerta y tía Joy la abrió para dejarla entrar. Después de charlar unos minutos con su tía, le preguntó:

—¿Puedo ir a ver las flores?

—Por supuesto —accedió tía Joy.

A Ángela le gustaba especialmente meterse en el jardín de flores, que estaba rodeado por una cerca blanca. Solo se podía entrar en él atravesando una puerta encantadora. Cuando levantó el pestillo de la puerta, tintinearon las campanillas colgantes. Y del otro lado de la puerta, flores de todos los colores parecieron saludar con la cabeza, meciéndose suavemente en la brisa.

Al cabo de un rato, Ángela regresó corriendo al porche, donde su tía estaba sirviendo té y había colocado algunas galletas.

—¿Te gustaron mis flores? —preguntó tía Joy.

—¡Ah, me encanta tu jardín! —exclamó Ángela—. También me fascina la puerta.

Tía Joy sonrió.

—¿Qué sucedería si no atravesaras la puerta? —preguntó—. ¿Si solo te quedaras afuera?

—Pues... me perdería de ver todas esas flores hermosas —respondió inmediatamente Ángela. Mordió una galleta—. Sería ridículo.

—¿Recuerdas lo que te he hablado sobre la casa de Dios en los cielos? —preguntó tía Joy—. Es aún más bonita que mi jardín. Pero a la hermosa casa celestial de Dios solamente puedes entrar pasando por una puerta especial, el Señor Jesús, y únicamente cuando tus pecados son perdonados por él. ¿Te gustaría escuchar más?

Ángela se veía pensativa.

—Sí.

¿Y TÚ? La Biblia suele usar una ilustración para ayudarte a entender la verdad. Cuando Jesús dice que él es la «puerta» o la «entrada», quiere decir que puedes entrar en el cielo pidiéndole que perdone tus pecados y que entre en tu corazón. ¿Te gustaría abrirle la puerta de tu corazón? *C.E.Y.*

PARA MEMORIZAR: Yo soy la puerta; los que entren a través de mí serán salvos. Entrarán y saldrán libremente y encontrarán buenos pastos. *Juan 10:9*

LOS MURRAY ESTABAN FINALIZANDO SU DEVOCIONAL FAMILIAR, leyendo una parte de un apasionante libro sobre misioneros.

—"La selva arrinconó a Pedro desde todas partes —leyó papá—. Él sabía que sus enemigos lo buscaban. Desde que Pedro se había convertido en cristiano, otros miembros de su tribu habían decidido matarlo. Pedro oraba mientras corría".

—Esto me da tanto miedo —susurró Mary.

Papá continuó leyendo:

—De pronto, un hombre de piel oscura salió de los arbustos frente a él. Le hizo señas a Pedro para que lo siguiera. *¿Debo seguirlo?* pensó Pedro. *¿Este hombre también es un enemigo?* Pedro no sabía qué hacer. —Papá levantó la vista, colocó un marcador en el libro y lo cerró—. ¡Hora de dormir! —dijo.

—¡Ay, no! —se quejó Kurt.

—Solo una página más —suplicó Mary.

Mamá sacudió la cabeza.

—Mañana tienen clases.

Kurt se estiró.

—Vaya, algunas personas viven una vida tan emocionante, y la mía es tan común. Ir a la escuela, practicar la trompeta, estudiar, comer, dormir y volver a la escuela.

—Bueno, sospecho que Pedro se alegró cuando su vida se volvió común después de que escapó de sus enemigos —dijo papá.

—¡Entonces, sí logra escapar! —rio Kurt efusivamente ante el descubrimiento inesperado—. Bueno, yo sigo pensando que mis días son bastante aburridos.

—Dios hizo planes para los días comunes de nuestra vida —dijo papá—. Él sabe que los necesitamos. Hasta los hombres de la Biblia tuvieron días comunes. Daniel no se enfrentaba todos los días a los leones. También trabajaba en la corte del rey haciendo tareas comunes. Y Pablo fabricaba carpas. Indudablemente pasó muchos días cosiendo, midiendo y cortando. Es necesario que veamos todos esos días comunes como regalos de Dios.

¿Y TÚ? ¿A veces sientes que las cosas emocionantes les suceden a otros? Los días comunes de ir a la escuela, comer y dormir forman parte del plan que Dios tiene para ti. Considera cada día como un regalo de Dios. *J.A.G.*

PARA MEMORIZAR: Hay una temporada para todo, un tiempo para cada actividad bajo el cielo. *Eclesiastés 3:1*

1 DE JUNIO

LOS DÍAS COMUNES

DE LA BIBLIA:

Sin embargo, Dios lo hizo todo hermoso para el momento apropiado. Él sembró la eternidad en el corazón humano, pero aun así el ser humano no puede comprender todo el alcance de lo que Dios ha hecho desde el principio hasta el fin. Así que llegué a la conclusión de que no hay nada mejor que alegrarse y disfrutar de la vida mientras podamos. Además, la gente debería comer, beber y aprovechar el fruto de su trabajo, porque son regalos de Dios.

También sé que todo lo que Dios hace es definitivo. No se le puede agregar ni quitar nada. El propósito de Dios es que el ser humano le tema.

ECLESIASTÉS 3:11-14

Agradece a Dios por cada día

2 DE JUNIO

INFLADOS

DE LA BIBLIA:

Así que, amados hermanos, podemos entrar con valentía en el Lugar Santísimo del cielo por causa de la sangre de Jesús. Por su muerte, Jesús abrió un nuevo camino —un camino que da vida— a través de la cortina al Lugar Santísimo. Ya que tenemos un gran Sumo Sacerdote que gobierna la casa de Dios, entremos directamente a la presencia de Dios con corazón sincero y con plena confianza en él. Pues nuestra conciencia culpable ha sido rociada con la sangre de Cristo a fin de purificarnos, y nuestro cuerpo ha sido lavado con agua pura.

Mantengámonos firmes sin titubear en la esperanza que afirmamos, porque se puede confiar en que Dios cumplirá su promesa. Pensemos en maneras de motivarnos unos a otros a realizar actos de amor y buenas acciones. Y no dejemos de congregarnos, como lo hacen algunos, sino animémonos unos a otros, sobre todo ahora que el día de su regreso se acerca.

HEBREOS 10:19-25

Ve a la iglesia

CADA DOMINGO EN LA MAÑANA, Bart refunfuñaba por tener que ir a la iglesia. Se quejaba de tener que levantarse temprano, de su ropa y de cualquier otra cosa que se le ocurriera.

—¿Por qué tenemos que ir siempre a la iglesia? —se quejaba.

Papá le despeinó el cabello al pasar junto a él.

—Es bueno para ti —dijo.

Esa tarde, Bart y su papá salieron a andar en bicicleta.

—Mis neumáticos están un poco bajos —dijo Bart cuando arrancaron—. Ayer tenía la intención de inflarlos en la gasolinera, pero lo olvidé. Sin embargo, creo que estarán bien.

—Podríamos inflarlos antes de salir —sugirió papá.

—No quiero tomarme la molestia —respondió Bart—. Van a estar bien. Vamos.

Poco después, Bart empezó a cansarse.

—Uf, ¡qué difícil es pedalear con los neumáticos desinflados! —exclamó. Cuando por fin llegaron a casa, se alegró. Corrió y trajo un inflador. Luego de inflar los neumáticos, Bart probó la bicicleta—. Ahora puedo pedalear facilísimo —dijo.

Papá asintió.

—Bien —dijo—. Pero ahora es momento de dejar de lado tu bicicleta y prepararte para la reunión vespertina.

—Ay, papá —se quejó Bart—. Pareciera que acabamos de volver de la iglesia. Estaba pensando en dar otra vuelta en bicicleta.

—Yo también estaba pensando —dijo papá—. Así como es muy difícil andar en una bicicleta que tiene neumáticos bajos, cuesta mucho vivir para Dios sin las cosas que aprendemos en la iglesia y en la escuela dominical. Es muy difícil vivir sin el apoyo que nos dan otros cristianos. Necesitamos que nos "inflen" con regularidad con la Palabra de Dios y con la comunión entre los cristianos. Es bueno tomarse el tiempo para hacerlo.

¿Y TÚ? ¿A veces te quejas porque debes ir a la iglesia? Necesitas que te animen constantemente para vivir como Dios quiere que vivas. *C.E.Y.*

PARA MEMORIZAR: Pensemos en maneras de motivarnos unos a otros a realizar actos de amor y buenas acciones. *Hebreos 10:24*

—**CONECTARÉ LA MANGUERA PARA ENJUAGAR** el carro —dijo Felipe. Enroscó el extremo de la manguera al grifo—. Listo —dijo en voz alta.

—Abre más el grifo —le indicó su padre—. No estoy recibiendo mucha agua.

—Pero está totalmente abierto —objetó Philip.

Papá levantó la vista y rio.

—¡Mira todas esas fugas; parecen pequeños chorros! —dijo.

—Tal vez podamos reparar la manguera —propuso Felipe. Corrió al interior de la casa y volvió con un rollo de cinta adhesiva. Dejando correr el agua para poder ver las fugas, envolvió con cinta adhesiva uno de los agujeros más grandes. ¡Pero solo consiguió que los otros "chorros" saltaran más alto!

—Eso no servirá —dijo papá, sonriendo—. Para cuando termines de reparar la última fuga, la primera estará goteando otra vez. —Luego, agregó—: Esto me hace pensar en ti, Felipe. Últimamente has estado metiéndote en muchos líos. A pesar de que siempre te arrepientes, pronto te metes en otro problema.

Felipe suspiró.

—¿Qué tiene que ver la manguera agujereada con eso?

—Tratar de "ser bueno", de librarte de tus pecados por tus propios esfuerzos, es como intentar tapar todos esos agujeros con cinta adhesiva —explicó papá—. ¡No sirve! Necesitamos una manguera nueva. Y lo que tú necesitas es un corazón nuevo. No me refiero a un corazón de carne. Hablo de un nuevo corazón espiritual: una nueva naturaleza que te ayude a querer obedecer a Dios. Solamente Jesús puede dártelo.

¿Y TÚ? ¿Has estado tratando de librarte del pecado por tus propios esfuerzos? Nunca funcionará. Acércate a Jesús tal como eres. Deja que él te limpie y te dé un nuevo corazón. *S.L.K.*

PARA MEMORIZAR: Esto significa que todo el que pertenece a Cristo se ha convertido en una persona nueva. La vida antigua ha pasado; ¡una nueva vida ha comenzado! *2 Corintios 5:17*

3 DE JUNIO

LA MANGUERA AGUJEREADA

(Primera parte)

DE LA BIBLIA:

Sea de una forma u otra, el amor de Cristo nos controla. Ya que creemos que Cristo murió por todos, también creemos que todos hemos muerto a nuestra vida antigua. Él murió por todos para que los que reciben la nueva vida de Cristo ya no vivan más para sí mismos. Más bien, vivirán para Cristo, quien murió y resucitó por ellos.

Así que hemos dejado de evaluar a otros desde el punto de vista humano. En un tiempo, pensábamos de Cristo solo desde un punto de vista humano. ¡Qué tan diferente lo conocemos ahora! Esto significa que todo el que pertenece a Cristo se ha convertido en una persona nueva. La vida antigua ha pasado; ¡una nueva vida ha comenzado!

Y todo esto es un regalo de Dios, quien nos trajo de vuelta a sí mismo por medio de Cristo. Y Dios nos ha dado la tarea de reconciliar a la gente con él. Pues Dios estaba en Cristo reconciliando al mundo consigo mismo, no tomando más en cuenta el pecado de la gente. Y nos dio a nosotros este maravilloso mensaje de reconciliación.

2 CORINTIOS 5:14-19

Deja que Jesús quite tu pecado

4 DE JUNIO

LA MANGUERA AGUJEREADA

(Segunda parte)

DE LA BIBLIA:

Realmente no me entiendo a mí mismo, porque quiero hacer lo que es correcto pero no lo hago. En cambio, hago lo que odio. Pero si yo sé que lo que hago está mal, eso demuestra que estoy de acuerdo con que la ley es buena. Entonces no soy yo el que hace lo que está mal, sino el pecado que vive en mí.

Yo sé que en mí, es decir, en mi naturaleza pecaminosa no existe nada bueno. Quiero hacer lo que es correcto, pero no puedo. Quiero hacer lo que es bueno, pero no lo hago. No quiero hacer lo que está mal, pero igual lo hago. [...]

Pero hay otro poder dentro de mí que está en guerra con mi mente. Ese poder me esclaviza al pecado que todavía está dentro de mí. ¡Soy un pobre desgraciado! ¿Quién me libertará de esta vida dominada por el pecado y la muerte? ¡Gracias a Dios! La respuesta está en Jesucristo nuestro Señor. Así que ya ven: en mi mente de verdad quiero obedecer la ley de Dios, pero a causa de mi naturaleza pecaminosa, soy esclavo del pecado.

ROMANOS 7:15-19, 23-25

Apártate del pecado

UNA NOCHE, DESPUÉS DE QUE FELIPE HABÍA aceptado a Jesús como su Salvador, su papá lo encontró en el sofá de la sala, frunciendo el ceño.

—¿Qué pasa? —preguntó papá.

Felipe levantó la vista y suspiró.

—Bueno, pensé que después de aceptar a Jesús tendría una nueva naturaleza —explicó—. Pero todavía hago cosas malas. ¿Por qué todavía sigo pecando?

Papá pensó un instante.

—Tengo que lavar el carro otra vez. Podremos hablar mientras trabajamos. —Una vez que estuvieron afuera, papá dijo—: Toma. —Le entregó la manguera a Felipe—. Conéctala.

Cuando Felipe dejó salir el agua, gritó:

—¡Papá, es la misma manguera vieja! ¿Pensaste que esta era la nueva?

Papá sonrió.

—No exactamente —admitió, observando el "espectáculo de fugas" de la vieja manguera agujereada—. Quiero que entiendas por qué un cristiano todavía puede pecar. A pesar de que compramos una manguera nueva, todavía podemos tratar de usar la vieja. De la misma manera, el cristiano puede volver a su vieja naturaleza pecadora. Cuando eso sucede, tenemos que confesar a Dios nuestro pecado y alejarnos de él. Tendremos que combatir nuestra vieja naturaleza hasta que lleguemos al cielo.

Felipe suspiró.

—A mí me parece mucho trabajo.

Papá asintió.

—A veces lo es —concordó—, pero podemos pedirle al Señor que nos ayude todos los días. Y, así como voy a deshacerme de esta manguera, algún día nos libraremos de nuestra vieja naturaleza pecadora ¡para siempre!

¿Y TÚ? ¿Te preguntas por qué aún tienes problemas con el pecado, a pesar de que eres cristiano? Es porque tu vieja naturaleza todavía quiere dominarte. Confía en Jesús diariamente para que te ayude a vivir para él. *S.L.K.*

PARA MEMORIZAR: Sabemos que nuestro antiguo ser pecaminoso fue crucificado con Cristo para que el pecado perdiera su poder en nuestra vida. Ya no somos esclavos del pecado. *Romanos 6:6*

—¿EL BISABUELO TIENE PUESTOS SUS ZAPATOS?
—preguntó Amy, de ocho años. Mamá le dio una
palmadita en el brazo y siguió hablando. La sala
estaba llena de personas que charlaban. Y desde
luego, estaba el bisabuelo. Estaba acostado, con
los ojos cerrados y las manos cruzadas, en un gran
cajón forrado con satén: un ataúd. La funeraria
estaba colmada del aroma de las flores. Amy se
sentía fuera de lugar. Entonces, alguien apoyó una
mano sobre su hombro. Era papá. La tomó de la
mano y la acompañó a un sofá. Los labios de Amy
temblaron—. ¿El bisabuelo tiene puestos sus zapatos? —preguntó nuevamente.

—Sí, así es —dijo papi. Amy se sintió un
poquito mejor. Papi parecía comprender lo rara
que se sentía—. ¿Te acuerdas cuando me ayudaste a
sembrar el huerto la primavera pasada? —preguntó
papi. Amy asintió. Ella había sembrado todos los
rábanos y la mitad de los frijoles—. ¿Qué sucedió
con las semillas que sembraste? —preguntó papi.

Amy sonrió.

—Crecieron frijoles y rábanos donde yo sem-
bré —respondió.

Papi asintió.

—Esas semillitas diminutas murieron, pero
luego crecieron las verduras. Hubo vida nueva en el
huerto. El bisabuelo era cristiano; por eso, cuando
su cuerpo murió, se fue para estar con Jesús. Ahora,
él también tiene una vida nueva —explicó papi—.
Su cuerpo está aquí, pero la verdadera persona está
en el cielo con Jesús.

Amy reflexionó en eso.

—¿Necesita su bastón allá?

Papi negó con la cabeza.

—No. El cielo es un lugar perfecto, donde él
tiene todo lo que necesita o desea.

¿Y TÚ? ¿Has estado en alguna funeraria? ¿Te causó una
sensación rara? La muerte es difícil de entender, pero
sirve recordar que solamente es el cuerpo lo que ha
muerto. La persona interior verdadera se ha ido a otra
parte. Para el cristiano, ese lugar es el cielo, donde está
Jesús. *C.J.B.*

PARA MEMORIZAR: ¡Él devorará a la muerte para siempre!
El Señor Soberano secará todas las lágrimas y quitará
para siempre los insultos y las burlas contra su tierra y su
pueblo. ¡El Señor ha hablado! *Isaías 25:8*

5 DE JUNIO

NO SE NECESITAN ZAPATOS

DE LA BIBLIA:

Lo que les digo, amados hermanos,
es que nuestros cuerpos físicos no
pueden heredar el reino de Dios.
Estos cuerpos que mueren no pueden
heredar lo que durará para siempre.

Pero permítanme revelarles
un secreto maravilloso. ¡No todos
moriremos, pero todos seremos
transformados! Sucederá en un
instante, en un abrir y cerrar de ojos,
cuando se toque la trompeta final.
Pues, cuando suene la trompeta,
los que hayan muerto resucitarán
para vivir por siempre. Y nosotros,
los que estemos vivos, también
seremos transformados. Pues nuestros cuerpos mortales tienen que ser
transformados en cuerpos que nunca
morirán; nuestros cuerpos mortales
deben ser transformados en cuerpos
inmortales.

Entonces, cuando nuestros
cuerpos mortales hayan sido transformados en cuerpos que nunca
morirán, se cumplirá la siguiente
Escritura:

«La muerte es devorada en victoria».

1 CORINTIOS 15:50-54

*Solamente muere
el cuerpo*

6 DE JUNIO

EL LIBRO DE INVITADOS

DE LA BIBLIA:

No vi ningún templo en la ciudad, porque el Señor Dios Todopoderoso y el Cordero son el templo. La ciudad no tiene necesidad de sol ni de luna, porque la gloria de Dios ilumina la ciudad, y el Cordero es su luz. Las naciones caminarán a la luz de la ciudad, y los reyes del mundo entrarán en ella con toda su gloria. Las puertas nunca se cerrarán al terminar el día porque allí no existe la noche. Todas las naciones llevarán su gloria y honor a la ciudad. No se permitirá la entrada a ninguna cosa mala ni tampoco a nadie que practique la idolatría y el engaño. Solo podrán entrar los que tengan su nombre escrito en el libro de la vida del Cordero.

APOCALIPSIS 21:22-27

Acepta a Jesús como tu Salvador

MARÍA ESTABA A CARGO DEL LIBRO de invitados en la boda de su tía Estefanía. A medida que los invitados pasaban en fila, amablemente preguntaba a cada uno:

—¿Podría firmar el libro de invitados, por favor?

De repente, una voz grave y fuerte retumbó:

—Muy bien, aquí está mi sobrinita, casi una mujercita. —Era tío Pedro, quien estaba en el ejército. Era su pariente preferido y, hoy, lucía más apuesto que nunca vestido con su uniforme—. Veo que te encargaron el libro de invitados —dijo tío Pedro, sonriendo—. Es una tarea sumamente importante. Tengo una adivinanza para ti: ¿dónde está el libro de invitados más importante de todos? Tienes tiempo para pensarlo hasta que termines tu tarea.

Después de la boda, María se sentó al lado de su tío.

—Tengo la respuesta —dijo—. El libro de invitados más importante está en la Casa Blanca.

Tío Pedro se rio y negó con la cabeza.

—Buen intento —dijo—, pero te equivocas. El libro de invitados más importante está en el cielo.

—¿En el cielo hay un libro de invitados? —preguntó María.

—La Biblia nos habla del "libro de la vida" —respondió tío Pedro—. Para entrar en el cielo, nuestros nombres deben estar escritos en ese libro.

—¿Nosotros los anotaremos cuando lleguemos allá? —preguntó María.

—Ah, no —dijo tío Pedro—. Tu nombre ya tiene que estar ahí para que puedas entrar al cielo.

—Bueno, ¿cómo logro registrar mi nombre ahí? —preguntó María.

—Creyendo en el Señor Jesucristo —contestó tío Pedro—. ¿Le has pedido a Jesús que sea tu Salvador y tu Señor? —María asintió y tío Pedro sonrió—. ¡Entonces, ya está ahí! —dijo.

¿Y TÚ? ¿Le pediste a Jesús que perdone tus pecados y que sea tu Salvador? Él quiere escribir tu nombre en el libro de la vida para que, un día, puedas participar del cielo con él y seas feliz para siempre. *C.E.Y.*

PARA MEMORIZAR: Pero no se alegren de que los espíritus malignos los obedezcan; alégrense porque sus nombres están escritos en el cielo. *Lucas 10:20*

CUANDO SU MADRE LO LLAMÓ, Juan dejó de mala gana su juego.

—¿Qué quieres? —preguntó, malhumorado.

—Por favor, barre las migas de galletas que dejaste en el piso —dijo su madre—. Y no comas más galletas. Tengo apenas las suficientes para la reunión en la iglesia.

Su hermana, Kara, entró en el cuarto mientras él barría. Sorprendida, le preguntó por qué estaba haciéndolo.

—¡Fuera! —gruñó Juan.

—¡Discúlpame! —dijo Kara con dramatismo—. Vine a decirte algo, pero ahora no sé si lo haré. —Juan la golpeó en el hombro y ella corrió a esconderse detrás de la mesa—. El señor Williams, tu entrenador, llamó hoy —dijo—. Quiere contratarte para que hagas unas tareas de jardinería. ¡Pidió que le dijera a mamá que agradecía tu actitud respetuosa en la escuela! ¡Qué risa!

—¿Qué te causa tanta risa? —preguntó Juan—. Trato de ser un buen cristiano en la escuela.

—Bueno —replicó Kara—, no invites a ninguno de tus amigos o maestros a casa. Si vieran cómo te comportas aquí, se enterarían del farsante que eres.

Luego de que Kara se fue, Juan se sintió mal. *¿Tendría Kara razón?* se preguntó. En la escuela, él trataba de ser un ejemplo de vida cristiana. Pero, cuando llegaba a casa, parecía olvidarse de ser cristiano. *Señor, perdóname,* oró. *Ayúdame a portarme como un cristiano todo el tiempo.* Fue a disculparse con su madre y con su hermana.

¿Y TÚ? ¿Eres tan amable con tus hermanos y hermanas como con tus amigos? ¿Les hablas con el mismo respeto a tus padres que a tus maestros? A veces podemos engañar a la gente con palabras bonitas y buenas acciones, pero nuestra familia sabe si realmente dejamos que el amor de Cristo fluya a través de nosotros. *C.R.*

PARA MEMORIZAR: De la misma manera, dejen que sus buenas acciones brillen a la vista de todos, para que todos alaben a su Padre celestial. *Mateo 5:16*

7 DE JUNIO

CRISTIANO «A VECES»

DE LA BIBLIA:

Si pudiera hablar todos los idiomas del mundo y de los ángeles pero no amara a los demás, yo solo sería un metal ruidoso o un címbalo que resuena. Si tuviera el don de profecía y entendiera todos los planes secretos de Dios y contara con todo el conocimiento, y si tuviera una fe que me hiciera capaz de mover montañas, pero no amara a otros, yo no sería nada. Si diera todo lo que tengo a los pobres y hasta sacrificara mi cuerpo, podría jactarme de eso; pero si no amara a los demás, no habría logrado nada.

El amor es paciente y bondadoso. El amor no es celoso ni fanfarrón ni orgulloso ni ofensivo. No exige que las cosas se hagan a su manera. No se irrita ni lleva un registro de las ofensas recibidas.

1 CORINTIOS 13:1-5

Vive para Cristo en tu hogar

8 DE JUNIO

JUSTO A TIEMPO

DE LA BIBLIA:

No dejes que la emoción de la juventud te lleve a olvidarte de tu Creador. Hónralo mientras seas joven, antes de que te pongas viejo y digas: «La vida ya no es agradable». Acuérdate de él antes de que la luz del sol, de la luna y de las estrellas se vuelva tenue a tus ojos viejos, y las nubes negras oscurezcan para siempre tu cielo. Acuérdate de él antes de que tus piernas —guardianas de tu casa— empiecen a temblar, y tus hombros —los guerreros fuertes— se encorven. Acuérdate de él antes de que tus dientes —esos pocos sirvientes que te quedan— dejen de moler, y tus pupilas —las que miran por las ventanas— ya no vean con claridad.

Acuérdate de él antes de que la puerta de las oportunidades de la vida se cierre y disminuya el sonido de la actividad diaria. Ahora te levantas con el primer canto de los pájaros, pero un día todos esos trinos apenas serán perceptibles.

Acuérdate de él antes de que tengas miedo de caerte y te preocupes de los peligros de la calle; antes de que el cabello se te ponga blanco como un almendro en flor y arrastres los pies sin energía como un saltamontes moribundo, y la alcaparra ya no estimule el deseo sexual. Acuérdate de él antes de que te falte poco para llegar a la tumba —tu hogar eterno— donde los que lamentan tu muerte llorarán en tu entierro.

ECLESIASTÉS 12:1-5

Acepta a Cristo

GLEN SACÓ DE SU BOLSILLO un papel con colores brillantes. *¿Qué es esto?*, se preguntó. Era un cupón para una barra de chocolate gratuita. Lo había recortado del periódico y se había olvidado de él. Ansioso por recibir la golosina, fue rápidamente a la tienda, escogió la barra de chocolate y le entregó el cupón a la vendedora.

La empleada le sonrió a Glen y miró el cupón.

—Ah, lo trajiste justo a tiempo —dijo—. Vence mañana.

Glen se sintió aliviado. De regreso a casa, decidió parar en la casa de su tía Carrie. Le contó sobre el cupón que estuvo a punto de vencer.

—¿Por qué no tomas asiento y bebes un poco de limonada conmigo? —Mientras le servía un vaso, dijo—: Tu experiencia me recuerda a otra cosa que podemos tener gratuitamente, pero que también tiene fecha de vencimiento.

—¿Qué es? —preguntó Glen.

—La salvación —respondió tía Carrie—. El regalo de Dios de la vida eterna es gratis para quienes lo aceptan porque Jesús pagó el precio al morir por nuestros pecados.

—Lo sé —dijo Glen—. Pero ¿qué pasa con la fecha de vencimiento? Nunca oí hablar de eso.

—Es el día que termina tu vida en este mundo —dijo tía Carrie—. Dios nos da toda la vida para aceptar a Jesús como nuestro Señor y Salvador. Pero una vez que termina la vida en este mundo, vence la oferta gratuita de la vida eterna.

—Me alegro de haber aceptado ya el regalo gratuito de la salvación de Dios —dijo Glen con una sonrisa.

—Yo también —dijo tía Carrie—. Es bueno hacerse cristiano cuando eres joven.

¿Y TÚ? ¿Aceptaste a Cristo como tu Señor y Salvador? Si aún no, conversa con un amigo cristiano o con un adulto de confianza que pueda ayudarte respondiendo las preguntas que puedes llegar a tener acerca de ser cristiano. *C.E.Y.*

PARA MEMORIZAR: Yo no hablo con autoridad propia; el Padre, quien me envió, me ha ordenado qué decir y cómo decirlo. Y sé que sus mandatos llevan a la vida eterna; por eso digo todo lo que el Padre me indica que diga. *Juan 12:49-50*

TODD GARABATEÓ RÁPIDAMENTE una nota para su madre: «Me fui de pesca. Todd». Luego, agarró su caña de pescar, la carnada y salió con prisa. Cuando Todd llegó al río, vio a un muchacho sentado en su lugar favorito para pescar.

—¿Has pescado algo? —le preguntó.

El muchacho miró hacia arriba y balbuceó:

—Nah, no es un lugar muy bueno.

¡Todd no lo podía creer! ¡Era el mejor lugar en todo el río!

—Bueno, tienes que ser paciente cuando pescas —le recordó al muchacho.

—¡Paciente! Estuve sentado aquí toda la mañana sin nada que pique —se quejó el muchacho, dando un tirón tan brusco que el sedal saltó fuera del agua.

—¿Cada cuánto haces saltar así el sedal fuera del agua? —preguntó Todd.

—Ehh, a cada ratito, solo para ver si algún pez ha comido la lombriz —respondió el niño.

—¿Pescas mucho? —preguntó Todd.

—Es la primera vez —contestó el muchacho.

—¿Cómo te llamas? —preguntó Todd.

—Pete Fisher —fue la respuesta.

Todd se sentó.

—Pete —dijo—, tenemos que hablar.

Esa noche, durante la cena, Todd le contó a su familia acerca de Pete.

—¡Nos divertimos mucho! Está aprendiendo a pescar para estar a la altura de su apellido. Fisher significa pescador.

—Qué gracioso —dijo papá, sonriendo—. Eso me recuerda al Pedro de la Biblia. Él también era un pescador. Y un día Jesús le dijo a Pedro: "Ven, sígueme, ¡y yo te enseñaré cómo pescar personas!". Todd, tienes la oportunidad perfecta para "pescar" a Pete. Tu amistad podría servir para llevar a Pete a Cristo.

¿Y TÚ? ¿Vas de pesca? Deberías, si eres seguidor de Jesús. ¡Esta clase de pesca no precisa que toques lombrices retorcidas con tus manos! Requiere una sonrisa o, quizás, una invitación a jugar contigo. Pídele a Dios que te muestre cómo puedes convertirte en un pescador de personas. *L.M.W.*

PARA MEMORIZAR: Jesús los llamó: «Vengan, síganme, ¡y yo les enseñaré cómo pescar personas!». *Mateo 4:19*

9 DE JUNIO

ME FUI DE PESCA

(Primera parte)

DE LA BIBLIA:

A partir de entonces, Jesús comenzó a predicar: «Arrepiéntanse de sus pecados y vuelvan a Dios, porque el reino del cielo está cerca».

Cierto día, mientras Jesús caminaba por la orilla del mar de Galilea, vio a dos hermanos —a Simón, también llamado Pedro, y a Andrés— que echaban la red al agua, porque vivían de la pesca. Jesús los llamó: «Vengan, síganme, ¡y yo les enseñaré cómo pescar personas!».Y enseguida dejaron las redes y lo siguieron.

Un poco más adelante por la orilla, vio a otros dos hermanos, Santiago y Juan, sentados en una barca junto a su padre, Zebedeo, reparando las redes. También los llamó para que lo siguieran. Ellos, dejando atrás la barca y a su padre, lo siguieron de inmediato.

MATEO 4:17-22

*Sé un pescador
de personas*

10 DE JUNIO

ME FUI DE PESCA

(Segunda parte)

DE LA BIBLIA:

Amados hermanos, tengan paciencia mientras esperan el regreso del Señor. Piensen en los agricultores, que con paciencia esperan las lluvias en el otoño y la primavera. Con ansias esperan a que maduren los preciosos cultivos. Ustedes también deben ser pacientes. Anímense, porque la venida del Señor está cerca.

SANTIAGO 5:7-8

Da testimonio con paciencia

TODD ESTABA ACOSTADO EN SU CAMA, pensando en lo que su papá le había dicho acerca de ser un pescador de personas. Sabía que si iba a usar la Palabra de Dios, necesitaría tenerla en su corazón y en sus pensamientos. Se esforzaba mucho por aprender versículos bíblicos para poder compartirlos con su nuevo amigo, Pete.

Muchas veces invitaba a Pete para que fuera a la iglesia, pero Pete siempre se negaba. Y tampoco parecía interesado cuando Todd trataba de hablar de Dios. Todd se sentía frustrado.

—Me doy por vencido, papá —dijo—. Pete nunca quiere venir a la iglesia.

—Todd —le recordó papá—, tienes que ser paciente cuando pescas, ¿lo recuerdas? No puedes estar metiendo y sacando el sedal del agua.

—¿Cómo? —refunfuñó Todd.

—No tienes que pedirle tan seguido a Pete que vaya a la iglesia contigo —dijo papá—. Te sugiero que primero fortalezcas tu amistad con él. Cuéntale qué disfrutas en la iglesia y cómo te diviertes con los otros niños. Entonces quizás a Pete le interese lo suficiente como para ir alguna vez. Pero acuérdate de no mentir para que suene a que es solamente diversión. Debes ser sincero.

Durante las tres semanas siguientes, Todd puso en práctica lo que su papá le había sugerido. Finalmente, notó el pique que había estado esperando.

—¡Papá! —entró en su casa a los gritos—. ¿Adivina qué pasó hoy?

—Encontré tu nota diciendo que te ibas de pesca, así que diría que pescaste un pescado —sonrió papá.

—¡Lo hice! —sonrió Todd—. ¡Y se llama Pete! Tenías razón, papá. Un buen pescador debe tener paciencia si realmente quiere atrapar un pez.

¿Y TÚ? Como «pescador de personas», ¿eres impaciente? ¿Tienes la sensación de que nunca vas a tener pique? No te des por vencido. La salvación de un amigo es algo por lo que vale la pena esperar. *L.M.W.*

PARA MEMORIZAR: Ustedes también deben ser pacientes. Anímense, porque la venida del Señor está cerca. *Santiago 5:8*

—**MIRA DETRÁS DE TI, MAMÁ** —dijo Rita mientras ella y su madre cosechaban frambuesas—. Dejaste algunas sin cosechar.

—Ah, y son buenas. —Mamá se agachó para recogerlas.

—Hay más en el arbusto detrás de esas —dijo Rita.

Mamá miró adonde señalaba Rita, pero negó con la cabeza.

—No, esas todavía no están maduras. Pero veo algunas en el arbusto que acabas de terminar.

—Creo que deberíamos cosechar una del arbusto de la otra —dijo Rita, riendo—. Es divertido. ¿Recuerdas cuando Carla y su mamá venían con nosotras?

—Sí —suspiró mamá—. ¿Cómo está Carla desde que su mamá se fue de casa?

—Ah, se queja todo el tiempo. Y me enferma oírla hablar del tema —dijo Rita—. Al fin y al cabo, ella está mejor con su papá.

—Supongo que todo depende de tu punto de vista —insinuó mamá—. Tú ves de lejos los problemas de Carla, por eso ves cosas que ella no ve. Pero tampoco olvides que ella ve cosas que tú no puedes ver. Es como estas frambuesas: dejamos pasar algunas buenas y confundimos otras creyendo que estaban buenas. Dependió de cómo las miramos.

Rita asintió lentamente.

—Entiendo qué quieres decir.

—Como cristianos, tenemos que ser más comprensivos y criticar menos a los demás —agregó mamá—. Dime, ¿qué es lo que más le molesta a Carla ahora que su mamá se ha ido?

Rita pensó un momento.

—Bueno, dice que extraña a su mamá. Eran muy unidas. Podía hablar de lo que fuera con ella.

—Dios puede usarte para que la ayudes a que este cambio sea más fácil para ella —dijo mamá—. Muéstrale las cosas positivas que tiene su situación y ayúdala con las más difíciles.

¿Y TÚ? ¿Te enojas cuando tus amigos hablan de sus problemas? ¿Te fastidia escucharlos hablar porque te arruina el momento de diversión? Recuerda, la Biblia dice: «Un amigo es siempre leal». *A.G.L.*

PARA MEMORIZAR: Dame un corazón comprensivo para que pueda gobernar bien a tu pueblo, y sepa la diferencia entre el bien y el mal. Pues, ¿quién puede gobernar por su propia cuenta a este gran pueblo tuyo? *1 Reyes 3:9*

11 DE JUNIO

EL PUNTO DE VISTA

DE LA BIBLIA:

Dado que Dios los eligió para que sean su pueblo santo y amado por él, ustedes tienen que vestirse de tierna compasión, bondad, humildad, gentileza y paciencia. Sean comprensivos con las faltas de los demás y perdonen a todo el que los ofenda. Recuerden que el Señor los perdonó a ustedes, así que ustedes deben perdonar a otros. Sobre todo, vístanse de amor, lo cual nos une a todos en perfecta armonía. Y que la paz que viene de Cristo gobierne en sus corazones. Pues, como miembros de un mismo cuerpo, ustedes son llamados a vivir en paz. Y sean siempre agradecidos.

Que el mensaje de Cristo, con toda su riqueza, llene sus vidas. Enséñense y aconséjense unos a otros con toda la sabiduría que él da. Canten salmos e himnos y canciones espirituales a Dios con un corazón agradecido. Y todo lo que hagan o digan, háganlo como representantes del Señor Jesús y den gracias a Dios Padre por medio de él.

COLOSENSES 3:12-17

Sé comprensivo

12 DE JUNIO

EL PASAPORTE DE JANA

DE LA BIBLIA:

Aunque, si alguien pudiera confiar en sus propios esfuerzos, ese sería yo. De hecho, si otros tienen razones para confiar en sus propios esfuerzos, ¡yo las tengo aún más!

Fui circuncidado cuando tenía ocho días de vida. Soy un ciudadano de Israel de pura cepa y miembro de la tribu de Benjamín, ¡un verdadero hebreo como no ha habido otro! Fui miembro de los fariseos, quienes exigen la obediencia más estricta a la ley judía. Era tan fanático que perseguía con crueldad a la iglesia, y en cuanto a la justicia, obedecía la ley al pie de la letra.

Antes creía que esas cosas eran valiosas, pero ahora considero que no tienen ningún valor debido a lo que Cristo ha hecho. Así es, todo lo demás no vale nada cuando se le compara con el infinito valor de conocer a Cristo Jesús, mi Señor. Por amor a él, he desechado todo lo demás y lo considero basura a fin de ganar a Cristo y llegar a ser uno con él. Ya no me apoyo en mi propia justicia, por medio de obedecer la ley; más bien, llego a ser justo por medio de la fe en Cristo. Pues la forma en que Dios nos hace justos delante de él se basa en la fe.

FILIPENSES 3:4-9

La salvación es una decisión personal

TED Y JANA IBAN A PASAR EL VERANO en Inglaterra con su hermana mayor.

—¿Olvidaron algo? —preguntó papá mientras iban camino al aeropuerto—. Si es así, ahora es el momento de recordarlo, antes de que nos alejemos demasiado de casa.

—¿Tienen los boletos y los pasaportes? —preguntó mamá.

—Aquí están. —Jana palmeó su cartera—. Pero odio la foto de mi pasaporte.

—Déjame ver otra vez. —Ted extendió la mano.

—¡Ni lo sueñes! —Jana se aferró con fuerza a su cartera.

—Bueno, dame mi boleto y mi pasaporte —insistió Ted.

Jana abrió la cartera y los sacó.

—¡Ay, no!

Papá levantó el pie del acelerador.

—¿Cuál es el problema?

—Tengo el pasaporte de mamá en lugar del mío —gimió Jana.

—¡Qué bueno que te diste cuenta de eso! —Papá buscó un lugar por donde dar la vuelta.

Mamá parecía pensativa.

—Mmm —meditó—. Tendré que contarle a la señora Lewis sobre esta experiencia. En un par de ocasiones le prediqué el evangelio y, cada vez que le pregunto si ha aceptado a Cristo, me habla de los maravillosos padres cristianos que tuvo. Al parecer, ella cree que eso la hace cristiana a ella también.

—Veo dónde quiere llegar mamá —dijo papá, dirigiéndose nuevamente a casa—. Tal vez cuando la señora Lewis escuche esta anécdota, verá que, así como el pasaporte de su madre no le permitiría a Jana entrar en Inglaterra, la salvación de sus padres no le permitirá entrar en el cielo.

¿Y TÚ? ¿Tienes tu «pasaporte» para el cielo? Tu propia honradez, tu buena familia, tus padres cristianos y tus propias buenas obras no te harán entrar en el cielo. Debes recibir la justicia de Dios, aceptando a Jesús como tu Salvador. Es una decisión que tienes que tomar por ti mismo. *B.J.W.*

PARA MEMORIZAR: Y llegar a ser uno con él. Ya no me apoyo en mi propia justicia, por medio de obedecer la ley; más bien, llego a ser justo por medio de la fe en Cristo. Pues la forma en que Dios nos hace justos delante de él se basa en la fe. *Filipenses 3:9*

—HACE DEMASIADO CALOR PARA CORTAR el césped —se quejó Josué.

—Bueno, no va a refrescar. Será mejor que empieces ahora —le aconsejó su madre.

—La Biblia dice: "No hagan enojar a sus hijos con la forma en que los tratan". Y yo me siento enojado ahora —refunfuñó Josué.

—Estás sacando de contexto el versículo, hijo —dijo su madre firmemente—. El mismo capítulo dice: "Hijos, obedezcan a sus padres".

Más tarde, ese día, Josué jugaba con su hermanito, Nick. Al ratito, su madre oyó que Nick lloraba, y fue afuera.

—Josué me empujó —sollozó el pequeño.

—Bueno, él se tropezó conmigo —se defendió Josué—. La Biblia dice: "Si alguien te lastima un ojo, lastima el ojo del que lo hizo".

—Otra vez sacando un versículo de contexto. La Biblia también dice: "Sean amables unos con otros" —respondió severamente su madre.

—¿Qué significa la palabra contexto? —preguntó Josué—. La mencionaste antes.

—Sacar algo de contexto significa sacarlo de su entorno correcto —explicó su madre—. Si le hicieras eso a Goldy, tu pez dorado, sacándolo del agua, moriría rápidamente. Si sacas un versículo bíblico de su entorno correcto, es decir, si lo usas de la manera que se te ocurre, sin tener en cuenta otros versículos bíblicos, puedes hacer parecer que el versículo dice algo distinto de lo que realmente quiere decir.

¿Y TÚ? ¿Utilizas versículos bíblicos para tratar de conseguir lo que quieres? La Palabra de Dios es sagrada, y nunca deberías usarla de manera equivocada. No la uses de una forma que no concuerde con los principios que enseña la Biblia. *S.L.N.*

PARA MEMORIZAR: Cuando venga el Espíritu de verdad, él los guiará a toda la verdad. Él no hablará por su propia cuenta, sino que les dirá lo que ha oído y les contará lo que sucederá en el futuro. *Juan 16:13*

13 DE JUNIO

LA LECCIÓN DENTRO DE LA PECERA

DE LA BIBLIA:

Han oído la ley que dice que el castigo debe ser acorde a la gravedad del daño: «Ojo por ojo, y diente por diente». Pero yo digo: no resistas a la persona mala. Si alguien te da una bofetada en la mejilla derecha, ofrécele también la otra mejilla. Si te demandan ante el tribunal y te quitan la camisa, dales también tu abrigo. Si un soldado te exige que lleves su equipo por un kilómetro, llévalo dos. Dales a los que te pidan y no des la espalda a quienes te pidan prestado.

Han oído la ley que dice: «Ama a tu prójimo» y odia a tu enemigo. Pero yo digo: ¡ama a tus enemigos! ¡Ora por los que te persiguen! De esa manera, estarás actuando como verdadero hijo de tu Padre que está en el cielo. Pues él da la luz de su sol tanto a los malos como a los buenos y envía la lluvia sobre los justos y los injustos por igual. Si solo amas a quienes te aman, ¿qué recompensa hay por eso? Hasta los corruptos cobradores de impuestos hacen lo mismo. Si eres amable solo con tus amigos, ¿en qué te diferencias de cualquier otro? Hasta los paganos hacen lo mismo.

MATEO 5:38-47

Usa la Palabra de Dios con mucho cuidado

14 DE JUNIO

UNA HISTORIA TRISTE

DE LA BIBLIA:

Entonces lo arrestaron y lo llevaron a la casa del sumo sacerdote. Y Pedro los siguió de lejos. Los guardias encendieron una fogata en medio del patio y se sentaron alrededor, y Pedro se sumó al grupo. Una sirvienta lo vio a la luz de la fogata y comenzó a mirarlo fijamente. Por fin dijo: «Este hombre era uno de los seguidores de Jesús».

Pero Pedro lo negó: «¡Mujer, ni siquiera lo conozco!».

Después de un rato, alguien más lo vio y dijo:

—Seguramente tú eres uno de ellos.

—¡No, hombre, no lo soy! —contestó.

Alrededor de una hora más tarde, otra persona insistió: «Seguro este es uno de ellos porque también es galileo».

Pero Pedro dijo: «¡Hombre, no sé de qué hablas!». Inmediatamente, mientras aún hablaba, el gallo cantó.

En ese momento, el Señor se volvió y miró a Pedro. De repente, las palabras del Señor pasaron rápidamente por la mente de Pedro: «Mañana por la mañana, antes de que cante el gallo, negarás tres veces que me conoces». Y Pedro salió del patio, llorando amargamente.

LUCAS 22:54-62

Pon tu confianza en Dios

EL MAESTRO DE ESCUELA DOMINICAL de David era Bob Carson, un joven que recientemente se había graduado de la universidad. Solía pasar sus sábados llevando de pesca a sus muchachos de la clase de sexto, a jugar al minigolf o a hacer alguna otra actividad. David hablaba constantemente del «señor Bob». Gracias a sus enseñanzas, David había crecido espiritualmente y sus padres estaban agradecidos por ello. Sin embargo, a veces les preocupaba que David hablara demasiado del señor Bob.

Un domingo, otro hombre dio la clase. ¿Dónde estaba el señor Bob? Nadie parecía saberlo.

Esa tarde, el pastor llamó al padre de David. Después de colgar el teléfono, papá puso su mano alrededor del hombro de David.

—Hijo, tengo una noticia muy triste que darte. Anoche, Bob Carson fue arrestado por conducir alcoholizado.

Al principio David no quiso creer la noticia, pero finalmente se dio cuenta de que debía ser verdad.

—¿Cómo pudo hacer una cosa así? —exclamó, enojado.

—David, todos tenemos una naturaleza pecadora dentro de nosotros —respondió papá—. Ya que somos humanos, a veces decepcionamos a las personas. Es por eso que la Biblia nos dice que pongamos nuestra seguridad y nuestra confianza en Dios, más que en otra persona. Las personas fallan. ¡Dios no! Da gracias por la ayuda que te ha dado el señor Bob a través de su enseñanza. Al mismo tiempo, debes reconocer que él tiene un problema grave y orar para que busque la ayuda del Señor para superarlo.

¿Y TÚ? ¿Algún cristiano adulto te ha decepcionado porque hizo algo contrario a la enseñanza de Dios? Dado que son humanos, los cristianos a veces comenten pecados. Aun Pedro, que caminó con Jesús durante tres años, negó al Señor. Es bueno que podamos aprender de Dios por medio de otros cristianos, pero la máxima autoridad y el modelo a seguir en la vida debe ser Jesús. *L.M.W.*

PARA MEMORIZAR: Es mejor refugiarse en el SEÑOR que confiar en la gente. *Salmo 118:8*

NISHA SALTÓ DE SU SILLA Y SALIÓ corriendo hacia la piscina. Su hermanito menor acababa de entrar diciendo que el vecinito había caído al agua.

—Jack no sabe nadar —dijo Raúl con la voz entrecortada—, y yo tampoco.

Sin pensar en sí misma, Nisha se zambulló en la piscina. Jack se revolvía, tratando en vano de mantenerse por encima del agua. Su vida estaba en las manos de Nisha. Ella sabía que debía rescatar a Jack o él probablemente se ahogaría.

Cuando su madre salió corriendo, Nisha estaba tendida sobre el cemento junto a Jack, exhausta. Gracias a la rápida reacción de Nisha, él estaba a salvo.

Esa noche aún estaban muy agitados por lo que había sucedido, pero Nisha estaba bastante callada.

—¿Tuviste miedo? —le preguntó Raúl, como mínimo por sexta vez.

Nisha negó con la cabeza.

—Hice ese curso de salvavidas, por eso sabía qué hacer —dijo. Miró a sus padres con aire pensativo—. El domingo pasado, mi maestra dijo que las personas "se ahogan en el pecado" y que los cristianos saben cómo pueden salvarlas. Estuve pensando en eso. No me preocupó si a Jack le gustarían los métodos que usé para salvarlo. Si hubiera titubeado, él podría haber muerto. Pero, a veces, no les hablo de Jesús a mis amigos porque tengo miedo de que no les guste que lo haga. Necesito empezar a ayudarlos a ellos también.

¿Y TÚ? Si pudieras salvar a alguien para que no se ahogara, ¿lo harías? Por supuesto que sí. Hablarles de Jesús a las personas y orar por ellas es otra manera de ayudar a los que se hunden, a quienes se ahogan en sus pecados. Si no estás seguro de cómo hacerlo, pídele a un amigo cristiano o a un adulto de confianza que te ayuden. *V.L.R.*

PARA MEMORIZAR: Por lo tanto, vayan y hagan discípulos de todas las naciones, bautizándolos en el nombre del Padre y del Hijo y del Espíritu Santo. *Mateo 28:19*

15 DE JUNIO

SALVAVIDAS

DE LA BIBLIA:

Por esta razón, te recuerdo que avives el fuego del don espiritual que Dios te dio cuando te impuse mis manos. Pues Dios no nos ha dado un espíritu de temor y timidez sino de poder, amor y autodisciplina.

Así que nunca te avergüences de contarles a otros acerca de nuestro Señor, ni te avergüences de mí, aun cuando estoy preso por él. Con las fuerzas que Dios te da prepárate para sufrir conmigo a causa de la Buena Noticia. Pues Dios nos salvó y nos llamó para vivir una vida santa. No lo hizo porque lo mereciéramos, sino porque ese era su plan desde antes del comienzo del tiempo, para mostrarnos su gracia por medio de Cristo Jesús; y ahora todo esto él nos lo ha hecho evidente mediante la venida de Cristo Jesús, nuestro Salvador. Destruyó el poder de la muerte e iluminó el camino a la vida y a la inmortalidad por medio de la Buena Noticia. Y Dios me eligió para que sea predicador, apóstol y maestro de esta Buena Noticia.

2 TIMOTEO 1:6-11

Háblale a alguien acerca de Jesús

16 DE JUNIO

HAY QUE SEGUIR LIJANDO

DE LA BIBLIA:

Que el mundo entero bendiga a
   nuestro Dios

   y cante sus alabanzas a viva voz.

Nuestra vida está en sus manos,

   y él cuida que nuestros pies no
   tropiecen.

Nos pusiste a prueba, oh Dios;

   nos purificaste como se purifica
   la plata.

Nos atrapaste en tu red

   y pusiste sobre nuestra espalda la
   carga de la esclavitud.

Luego colocaste un líder sobre
   nosotros.

   Pasamos por el fuego y por la inundación,

   pero nos llevaste a un lugar de
   mucha abundancia.

SALMO 66:8-12

Deja que Dios te alise

GREG OBSERVABA MIENTRAS su padre comenzaba a restaurar la mesa antigua. Papá colocó una lámina nueva de papel de lija en su lijadora eléctrica y se puso a trabajar.

—Estás estropeándola —dijo Greg cuando su padre por fin detuvo la lijadora—. Estás haciendo que luzca como si tuviera toda clase de rayas.

—Todavía no he terminado —contestó papá, encendiendo una vez más la lijadora.

Greg se quedó observando un buen rato. Finalmente, su padre dejó de lijar y empezó a aplicar la pintura. Cuando terminó de teñir la madera, la mesa quedó bonita. Pero, al día siguiente, puso en la lijadora una nueva lámina de papel de lijar y, una vez más, empezó a lijar la mesa.

—Papá —reclamó Greg—, ya le aplicaste la pintura.

Papá apagó la máquina y comenzó a explicar:

—Todavía tiene algunas imperfecciones —dijo, tomando la mano de Greg y frotándola sobre la superficie de la mesa para que él pudiera sentir los puntos ásperos—. Seguiré lijándola hasta que esté perfecta.

Cuando la mesa estuvo lista, Greg admiró el producto terminado. Pero se sorprendió de escuchar decir a su papá:

—Nosotros somos muy parecidos a esta mesa.

Greg se rio.

—¡Espero que no tengas pensado usar la lijadora conmigo!

Papá sonrió.

—A veces, Dios usa situaciones difíciles para suavizar nuestros puntos ásperos —explicó.

Greg asintió. Recordó la vez que se fracturó el brazo. Aprendió a tener paciencia cuando tuvo que aprender a escribir con la mano izquierda. Le pediría a Dios que lo ayudara a crecer y a convertirse en un mejor cristiano a través de cualquier circunstancia que surgiera en su vida.

¿Y TÚ? ¿Has tenido experiencias difíciles? Quizás alguien haya muerto en tu familia o haya habido un divorcio. Tal vez tú o alguien que amas estén enfermos. Sea cual sea tu experiencia, deja que Dios la use para ayudarte a crecer. *R.I.J.*

PARA MEMORIZAR: Sin embargo, él sabe a dónde yo voy; y cuando me ponga a prueba, saldré tan puro como el oro. *Job 23:10*

ROBERTO OBSERVÓ A SU PAPÁ, que golpeó con dureza un poste dentro de la tierra cerca del árbol y luego desgarró trozos de tela para convertirlos en tiras y los dejó listos para atar el árbol al poste.

—¿Por qué tienes que hacer eso? —preguntó Roberto.

Papá respondió:

—Este árbol está empezando a inclinarse hacia la izquierda. Si no lo corrijo ahora, se torcerá cada vez más, hasta que sea demasiado tarde para corregirlo.

Cuando papá terminó el trabajo, Roberto le dio una palmadita al árbol.

—No te lo tomes a pecho, arbolito —dijo en broma—. Quizás ahora te duela, pero luego te alegrarás.

—¿Así te sientes cuando tengo que corregirte sobre determinadas cosas? —le preguntó su padre, sonriendo.

—¿Qué quieres decir? —preguntó Roberto, sorprendido.

—Bueno, cuando te veo hacer cosas que no están bien, mi responsabilidad es ayudarte a cambiar —explicó papá—. ¿A ti te alegra que yo haga eso?

Roberto no contestó inmediatamente. Podía recordar varias nalgadas que había recibido cuando era pequeño. No le habían gustado, pero suponía que habían servido. El recuerdo del ardor de las nalgadas había sido más que suficiente para que evitara repetir sus maldades. Ahora que era mayor, le temía a otro tipo de castigos: a no salir de casa o no ver televisión. Esas cosas todavía servían para impedir que hiciera cosas malas.

—En lo particular, no me gusta tener que disciplinarte —estaba diciendo papá—. Pero si vas a ser la clase de persona que Dios quiere que seas, a veces es necesario.

¿Y TÚ? ¿Cómo te sientes cuando tus padres deben corregirte por las cosas malas que haces? ¿Te enfadas y te resientes? Dios dice que la corrección es necesaria para ayudarte a ser como debes ser: más parecido a Cristo. *B.J.W.*

PARA MEMORIZAR: Disciplina a tus hijos mientras haya esperanza; de lo contrario, arruinarás sus vidas. *Proverbios 19:18*

LA CAUSA DE LA DISCIPLINA

DE LA BIBLIA:

¿Acaso olvidaron las palabras de aliento con que Dios les habló a ustedes como a hijos? Él dijo:

«Hijo mío, no tomes a la ligera la disciplina del SEÑOR

y no te des por vencido cuando te corrige.

Pues el SEÑOR disciplina a los que ama

y castiga a todo el que recibe como hijo».

Al soportar esta disciplina divina, recuerden que Dios los trata como a sus propios hijos. ¿Acaso alguien oyó hablar de un hijo que nunca fue disciplinado por su padre? Si Dios no los disciplina a ustedes como lo hace con todos sus hijos, quiere decir que ustedes no son verdaderamente sus hijos, sino ilegítimos. Ya que respetábamos a nuestros padres terrenales que nos disciplinaban, entonces, ¿acaso no deberíamos someternos aún más a la disciplina del Padre de nuestro espíritu, y así vivir para siempre?

Pues nuestros padres terrenales nos disciplinaron durante algunos años e hicieron lo mejor que pudieron, pero la disciplina de Dios siempre es buena para nosotros, a fin de que participemos de su santidad.

HEBREOS 12:5-10

Agradece la disciplina

18 DE JUNIO

COMO HACE JINX

DE LA BIBLIA:

Hijos, obedezcan a sus padres porque ustedes pertenecen al Señor, pues esto es lo correcto. «Honra a tu padre y a tu madre». Ese es el primer mandamiento que contiene una promesa: si honras a tu padre y a tu madre, «te irá bien y tendrás una larga vida en la tierra».

EFESIOS 6:1-3

Obedece a tus padres

SARA ESCUCHÓ QUE SU MADRE LE CONTABA a su papá que Sara no había ordenado su armario.

—Incluso le di una caja para que pusiera en ella las prendas que ya no le quedan —dijo mamá.

Sara salió y se sentó en su columpio. Su *collie*, Jinx, fue a buscarla, pero Sara la ignoró. Ella pensaba que todo lo que hacía, lo hacía bien. Tendía su cama antes de irse a la escuela. Todas las tardes ponía la mesa para la cena y secaba los platos que su madre lavaba. Podía ordenar ese armario después. ¿Por qué tenía que hacerlo en ese mismo momento?

Al ratito, papá se sentó en el otro columpio.

—Sara, tienes que ordenar tu armario —dijo.

—Lo haré —replicó Sara—. Primero quería ver ese programa especial en la tele.

Papá levantó un palo y lo lanzó.

—Atrápalo, Jinx —dijo. La perra salió al galope a recuperar el palo. Papá volvió a prestarle atención a Sara—. Eso es obedecer rápidamente. Jinx no dijo: "Lo haré cuando tenga tiempo". Simplemente, obedeció. —Después de hacer una pausa, papá añadió—: Hoy pasó por aquí un camión recolectando ropa para los necesitados, Sara. No entregamos ninguna de tus prendas para donar porque tú no obedeciste a tu madre.

Ahora, Sara se sentía mal.

—¿Por qué mamá no me dijo que vendría el camión? —preguntó—. Hubiera ordenado inmediatamente el armario, si lo hubiera sabido.

—Queremos que estés dispuesta a obedecernos sin preguntarnos siempre por qué —dijo papá con tranquilidad.

¿Y TÚ? Cuando tus padres te dicen que hagas algo, ¿lo postergas? ¿Les pides que te den explicaciones para hacerlo? ¿O les das tus argumentos para hacerlo después, cuando no tengas otra cosa que hacer? La única obediencia verdadera es la obediencia *inmediata*. *R.E.P.*

PARA MEMORIZAR: Hijos, obedezcan a sus padres porque ustedes pertenecen al Señor, pues esto es lo correcto. *Efesios 6:1*

—¡PAPÁ, MI SEDAL ESTÁ TIRANDO! —gritó Ron.

Papá se rio.

—Eso es porque hay un pez en la otra punta. Empieza a enrollarlo.

A los pocos minutos, el pececito luna estaba tendido sobre la arena, pero era demasiado pequeño para retenerlo. De mala gana, Ron lo metió nuevamente en el agua. El pez volteó su cola y, un instante después, desapareció.

—¡Epa! —dijo papá cuando Ron volvió a lanzar su sedal al lago—. ¿No estás olvidando algo? —Ron lo miró perplejo—. La carnada —le explicó papá.

Ron se rio.

—Ah, claro —dijo, recuperando el sedal—. Supongo que ningún pez sería tan tonto como para morder el anzuelo vacío, ¿verdad? Lo disfrazaré y lo presentaré atractivo con esta jugosa lombriz. El pez no sabrá que hay algún peligro; entonces, abrirá la boca y se tragará el anzuelo. ¡Y así, lo atraparé!

—Eso me recuerda cómo trabaja el diablo —reflexionó papá.

Ron sintió curiosidad.

—¿Qué quieres decir?

—El diablo trata de hacer que el pecado se vea atractivo —explicó papá—. A veces algo nos pone incómodos, o quizás hemos sido alertados de que eso está mal. Sin embargo, parece bueno, o nuestros amigos lo hacen, y sentimos la tentación de probarlo. El diablo es experto en disfrazar el pecado y en hacer que las cosas malas se vean como buenas. Por eso, cuando te sientas tentado a hacer una actividad dudosa, acuérdate del pez. No hubiera sido atrapado si se hubiera mantenido lejos del anzuelo.

¿Y TÚ? ¿El diablo atrapa tu atención con una «buena» película para que te descuides del deber de estar atento a lo que miras? ¿Ha logrado que jugar con los videojuegos te parezca tan divertido que lo haces aun cuando sabes que estás gastando mucho tiempo y dinero? ¿Qué otros métodos utiliza? Ten cuidado. *P.R.*

PARA MEMORIZAR: Pónganse toda la armadura de Dios para poder mantenerse firmes contra todas las estrategias del diablo. *Efesios 6:11*

---

19 DE JUNIO

EL ANZUELO TENTADOR

DE LA BIBLIA:

¡Estén alerta! Cuídense de su gran enemigo, el diablo, porque anda al acecho como un león rugiente, buscando a quién devorar. Manténganse firmes contra él y sean fuertes en su fe. Recuerden que su familia de creyentes en todo el mundo también está pasando por el mismo sufrimiento.

En su bondad, Dios los llamó a ustedes a que participen de su gloria eterna por medio de Cristo Jesús. Entonces, después de que hayan sufrido un poco de tiempo, él los restaurará, los sostendrá, los fortalecerá y los afirmará sobre un fundamento sólido. ¡A él sea todo el poder para siempre! Amén.

1 PEDRO 5:8-11

Evita el anzuelo del diablo

20 DE JUNIO

¿QUEJUMBROSA O VENCEDORA?

DE LA BIBLIA:

Había un hombre llamado Job que vivía en la tierra de Uz. Era un hombre intachable, de absoluta integridad, que tenía temor de Dios y se mantenía apartado del mal. [...]

Un día cuando los hijos y las hijas de Job celebraban en casa del hermano mayor, llegó un mensajero a casa de Job con las siguientes noticias: «Sus bueyes estaban arando y los burros comiendo a su lado, cuando los sabeos nos asaltaron. Robaron todos los animales y mataron a los trabajadores, y yo soy el único que escapó para contárselo». [...]

Llegó otro con esta noticia: «Sus hijos e hijas estaban festejando en casa del hermano mayor y, de pronto, un fuerte viento del desierto llegó y azotó la casa por los cuatro costados. La casa se vino abajo y todos ellos murieron; yo soy el único que escapó para contárselo».

Job [...] dijo:

«Desnudo salí del vientre de mi madre,
    y desnudo estaré cuando me vaya.
El Señor me dio lo que tenía,
    y el Señor me lo ha quitado.
¡Alabado sea el nombre del Señor!».

JOB 1:1, 13-15, 18-21

Ten las actitudes correctas

—**TIENES ESCOLIOSIS,** que es la columna vertebral encorvada, Debi —dijo el doctor Bryant. Luego, le habló a la madre de Debi—: Un especialista decidirá cuál será tu tratamiento. Podría ayudar el ejercicio físico, o quizás Debi tenga que usar un corsé ortopédico u operarse.

Los días siguientes, Debi oró sin parar. Ah, cuánto deseaba que Dios enderezara su columna.

—Dios puede sanarte, Debi —le dijo su madre una noche—, pero si no lo hace, es porque tiene otros planes para ti.

—¿Cómo puede ser bueno tener que usar un horrible corsé? —dijo Debi entre sollozos.

—Aunque sea difícil, usar un corsé puede enseñarte a tener compasión —respondió su madre.

Para su consternación, Debi necesitaba el corsé.

—Podrás seguir haciendo casi todo lo que siempre has hecho —le dijo el doctor Roberts.

Pocos días después, su madre le dijo:

—Debi, tienes que limpiar tu cuarto.

—Pero mi corsé es muy incómodo —se quejó Debi—. No puedo.

Su madre frunció el ceño.

—Lo lamento, pero tendrás que adaptarte.

Luego, la escuchó hablando por teléfono.

—No puedo hacer senderismo, Pam —se quejó Debi.

—Por supuesto que puedes —insistió su madre después—. Debi, el corsé que tienes en la espalda no te vuelve una inválida. Tu problema físico puede convertirte en una quejumbrosa o en una vencedora.

—¿Cómo puedo ser vencedora?

—Teniendo la actitud adecuada —respondió su madre—. ¿Te acuerdas de Job? Todo salió mal en su vida: todo excepto su actitud. Él salió vencedor. Ahora, llama a Pam y dile que harás senderismo con ella.

¿Y TÚ? La pregunta no es: «¿Qué problema tienes?»; la pregunta es: «¿Qué actitud tienes?». Todos tienen problemas. Puedes convertirte en una persona quejumbrosa o en una persona vencedora. Tú decides. ¿Qué eliges? *R.I.J.*

PARA MEMORIZAR: Y dijo: «Desnudo salí del vientre de mi madre, y desnudo estaré cuando me vaya. El Señor me dio lo que tenía, y el Señor me lo ha quitado. ¡Alabado sea el nombre del Señor!». *Job 1:21*

JEREMÍAS Y ALICIA MIRABAN UN PROGRAMA en televisión cuando sus padres llegaron a casa.

—¿Qué están viendo? —preguntó papá mientras se sentaba en su sillón reclinable.

—Ah, un programa sobre un policía encubierto que trata de descifrar el código secreto de la mafia. —Jeremías mantuvo los ojos fijos en el televisor.

—¡Guau, mira eso! —Alicia también tenía los ojos clavados en el televisor—. Está metiéndose en los almacenes de la mafia donde guardan las drogas. Tiene un arma y va a acribillar a los malos.

—Ahí tienen a su novia. ¿Crees que la matarán? —preguntó Jeremías.

—¡Espero que no! Se enamoraron al comienzo del programa —dijo Alicia. En ese instante, la fuerte explosión de un tiroteo atravesó la tranquilidad de la sala, seguida por un torrente de disparos de ametralladora. Los mafiosos comenzaban a caer al piso mientras el héroe seguía disparando por todo el almacén.

En ese momento, papá apagó el televisor.

—Pensé que habían entendido que no deben mirar esa clase de programas —dijo—. ¿No les molesta toda esa violencia?

—No es real —protestó débilmente Alicia.

—Real o no, está mal —replicó papá—. De hecho, esta misma mañana leí algunos versículos del Salmo 101 que hablan de este tipo de programas de televisión.

—Ay, papá, la Biblia no habla de programas de televisión —protestó Jeremías.

—Bueno —dijo papá—, el Salmo 101 dice: "Tendré cuidado de llevar una vida intachable". ¿No les parece que eso aplica a los programas de televisión?

—Creo que tienes razón —dijo Jeremías seriamente—. No decidimos con sabiduría al elegir ese programa.

¿Y TÚ? ¿Los programas televisivos que miras están llenos de violencia o de propuestas inapropiadas? ¿Hacen que el pecado parezca sofisticado y atractivo? ¿Hacen que te olvides de Dios y de sus principios? Sé muy cuidadoso con lo que decides mirar. *L.S.R.*

PARA MEMORIZAR: Tendré cuidado de llevar una vida intachable; ¿cuándo vendrás a ayudarme? Viviré con integridad en mi propio hogar. *Salmo 101:2*

21 DE JUNIO

NADA DE PERVERSIDADES

DE LA BIBLIA:

Cantaré de tu amor y de tu justicia,
oh SEÑOR;
te alabaré con canciones.
Tendré cuidado de llevar una vida
intachable;
¿cuándo vendrás a ayudarme?
Viviré con integridad
en mi propio hogar.
Me negaré a mirar
cualquier cosa vil o vulgar.
Detesto a los que actúan de manera
deshonesta;
no tendré nada que ver con ellos.
Rechazaré las ideas perversas
y me mantendré alejado de toda
clase de mal.
No toleraré a los que calumnian a sus
vecinos;
no soportaré la presunción ni el
orgullo.
Buscaré a personas fieles
para que sean mis compañeros;
solo a los que sean irreprochables
se les permitirá servirme.
No permitiré que los engañadores
sirvan en mi casa,
y los mentirosos no permanecerán
en mi presencia.

SALMO 101:1-7

Mira solamente buenos programas de televisión

22 DE JUNIO

CÓMO VENCER EL ABURRIMIENTO

DE LA BIBLIA:

Entonces el Rey dirá a los que estén a su derecha: «Vengan, ustedes, que son benditos de mi Padre, hereden el reino preparado para ustedes desde la creación del mundo. Pues tuve hambre, y me alimentaron. Tuve sed, y me dieron de beber. Fui extranjero, y me invitaron a su hogar. Estuve desnudo, y me dieron ropa. Estuve enfermo, y me cuidaron. Estuve en prisión, y me visitaron». [...]

Y el Rey dirá: «Les digo la verdad, cuando hicieron alguna de estas cosas al más insignificante de estos, mis hermanos, ¡me lo hicieron a mí!».

Luego el Rey se dirigirá a los de la izquierda y dirá: «¡Fuera de aquí, ustedes, los malditos, al fuego eterno preparado para el diablo y sus demonios! Pues tuve hambre, y no me alimentaron. Tuve sed, y no me dieron de beber. Fui extranjero, y no me invitaron a su hogar. Estuve desnudo, y no me dieron ropa. Estuve enfermo y en prisión, y no me visitaron».

Entonces ellos responderán: «Señor, ¿en qué momento te vimos con hambre o con sed o como extranjero o desnudo o enfermo o en prisión y no te ayudamos?».

Y él responderá: «Les digo la verdad, cuando se negaron a ayudar al más insignificante de estos, mis hermanos, se negaron a ayudarme a mí».

MATEO 25:34-36, 40-45

Sírvanse unos a otros

MATEO ESTABA DISTRAÍDAMENTE SENTADO en la hamaca del porche. Cuando Jerry pasó en su bicicleta a máxima velocidad, Mateo apenas lo vio.

—¡Oye, Jerry! —gritó a espaldas de su amigo—, ¿dónde está el incendio?

Jerry pisó los frenos.

—No hay ningún incendio —respondió—. Solo tengo mucho que hacer hoy.

—Vaya, yo no —refunfuñó Mateo—. Estoy muy aburrido.

—¿Nada que hacer? —repitió Jerry—. ¡Yo estoy realmente ocupado! Ahora voy a cortar el césped del señor Norton. ¿Quieres ayudarme?

—Seguro —respondió Mateo—. ¿Cuánto nos pagarán?

—Nada —dijo Jerry sonriendo—. Lo hago para el Señor y por diversión.

—¿Para el Señor y por diversión? —Mateo se dio una palmada en la frente—. ¿Cortas el césped para divertirte? ¿El señor Norton tiene un tractor para el césped o algo por el estilo?

Jerry sacudió la cabeza.

—No, lo hago porque es divertido ayudar a otros. Y, además, Jesús dijo que cuando hago algo para los demás, estoy haciéndolo para él.

Mateo levantó las cejas y rezongó. Pero como no tenía nada que hacer, acompañó a Jerry. También lo acompañó al día siguiente, y también el siguiente, mientras Jerry «trabajaba para el Señor».

—Oye, esto es divertido —le dijo Mateo a Jerry mientras limpiaban el garaje de su papá, sin que se los hubiera pedido.

—Mi mamá dice que nos aburrimos porque pensamos demasiado en nosotros mismos —le dijo Jerry a Mateo—. Dice que es menos probable que eso suceda cuando estamos ocupados ayudando a otros.

¿Y TÚ? ¿Tu canción típica es: «Estoy aburrido»? ¿Será porque piensas demasiado en ti mismo? Hay muchas cosas que puedes hacer para mantenerte ocupado y ayudar a otros. *B.J.W.*

PARA MEMORIZAR: Y el Rey dirá: «Les digo la verdad, cuando hicieron alguna de estas cosas al más insignificante de estos, mis hermanos, ¡me lo hicieron a mí!». *Mateo 25:40*

MARÍA SE METIÓ LENTAMENTE AL AUTO.

—Hola, cielo —dijo su papá—. Verdaderamente fue un día precioso para tu picnic.

—Sí —masculló María.

—¿La pasaste bien? —preguntó papá.

—Sí, claro —respondió ella, luego de un momento de silencio.

Papá la miró con curiosidad.

—No se te oye muy contenta. ¿Cuál es el problema?

—Ay, papá —se quejó María—. ¡Lo arruiné todo! Mientras estábamos en el columpio, Joni me preguntó acerca de ser cristiana, y no pude responder muy bien a sus preguntas.

—Ah, entiendo —dijo papá con consideración. Mientras estacionaban el auto en la entrada, volvió a hablar—: Tengo algo en el garaje que quiero mostrarte.

—Está bien —aceptó María con tristeza.

Papá caminó hasta su mesa de trabajo y le entregó a María un cuchillo y un pedazo de madera.

—Toma —dijo—. Este es uno de mis cuchillos para tallar madera. Por favor, ¿me podrías ayudar a cortar este palo a la mitad?

María trató de hacer lo que le había indicado.

—No puedo —se quejó—. ¡Está desafilado!

—Tienes razón —convino papá—. No lo he afilado en mucho tiempo. Este cuchillo necesita ser afilado a menudo para ser útil. Y si nosotros queremos que Dios pueda usarnos, tenemos que "afilarnos" pasando tiempo con él.

María miró a su papá y, luego, al cuchillo.

—Me diste un cuchillo desafilado a propósito, ¿verdad, papá? —preguntó—. Querías que me diera cuenta de que soy como este cuchillo: ¡que me falta filo! Tienes razón. No leo la Biblia muy a menudo ni oro por mis amigos. Espero estar más "afilada" la próxima vez que Joni me haga preguntas.

¿Y TÚ? ¿Eres constante en pasar tiempo con el Señor y estudiar su Palabra? ¿Estás preparado para dar respuestas cuando alguien te pregunta sobre Dios? Si no, es hora de «afilarte». *S.L.N.*

PARA MEMORIZAR: En cambio, adoren a Cristo como el Señor de su vida. Si alguien les pregunta acerca de la esperanza que tienen como creyentes, estén siempre preparados para dar una explicación. *1 Pedro 3:15*

23 DE JUNIO

ESTAR PREPARADOS

DE LA BIBLIA:

¡Oh, cuánto amo tus enseñanzas!

Pienso en ellas todo el día.

Tus mandatos me hacen más sabio que mis enemigos,

pues me guían constantemente.

Así es, tengo mejor percepción que mis maestros,

porque siempre pienso en tus leyes.

Hasta soy más sabio que los ancianos,

porque he obedecido tus mandamientos.

Me negué a andar por cualquier mal camino,

a fin de permanecer obediente a tu palabra.

No me he apartado de tus ordenanzas,

porque me has enseñado bien.

¡Qué dulces son a mi paladar tus palabras!

Son más dulces que la miel.

Tus mandamientos me dan entendimiento;

¡con razón detesto cada camino falso de la vida!

SALMO 119:97-104

Prepárate para dar testimonio de tu fe

24 DE JUNIO

SOLO EL CAPARAZÓN

(Primera parte)

DE LA BIBLIA:

Pues sabemos que, cuando se desarme esta carpa terrenal en la cual vivimos (es decir, cuando muramos y dejemos este cuerpo terrenal), tendremos una casa en el cielo, un cuerpo eterno hecho para nosotros por Dios mismo y no por manos humanas. Nos fatigamos en nuestro cuerpo actual y anhelamos ponernos nuestro cuerpo celestial como si fuera ropa nueva. [...]

Así que siempre vivimos en plena confianza, aunque sabemos que mientras vivamos en este cuerpo no estamos en el hogar celestial con el Señor. Pues vivimos por lo que creemos y no por lo que vemos. Sí, estamos plenamente confiados, y preferiríamos estar fuera de este cuerpo terrenal porque entonces estaríamos en el hogar celestial con el Señor.

2 CORINTIOS 5:1-2, 6-8

Tu cuerpo es tu caparazón

DAVID SIEMPRE DISFRUTABA MUCHO CUANDO iba a la playa con su familia. De sus viajes, había podido armar una abundante colección de conchas. Y ahora, ahí estaban otra vez, él y su padre, caminando por la playa arenosa en busca de más conchas. De pronto, se detuvo y gritó:

—¡Papá, ven! Encontré algo, pero no sé qué es.

Papá pronto se unió a David, que estaba señalando una extraña criatura marina. Por lo menos, eso es lo que David pensaba que era. Papá se arrodilló y miró atentamente el hallazgo de David. Mientras lo hacía, David le rogó que tuviera cuidado. No quería que eso mordiera a su padre.

—Este nunca podrá morder —dijo papá—. No hay vida en él.

—¿Por qué? —preguntó David.

El padre de David lo levantó.

—Porque esto es solo el caparazón —explicó, dándole vuelta para que David pudiera ver cómo era—. Es el caparazón de una langosta. Llega un momento en la vida de la langosta en que se quita de encima el caparazón y lo abandona.

Antes de que David pudiera hacer más preguntas, su padre preguntó si recordaba cuando había muerto su abuelo Jones.

—¿Recuerdas cómo expliqué que el abuelo se había ido al cielo? —preguntó papá.

David asintió.

—Pero no entendí cómo podía estar en el ataúd y también en el cielo —dijo.

—Es muy similar a este caparazón que acabas de encontrar. La langosta ya no está —dijo papá—. Esto es solo su caparazón. De la misma manera, cuando el abuelo murió, dejó su cuerpo y se fue a vivir con Jesús porque era cristiano.

¿Y TÚ? ¿Tienes algún familiar o amigo cristiano que haya muerto recientemente? Si es así, ese cristiano simplemente dejó su cuerpo y se fue a estar con Jesús. Tu cuerpo es solo la casa en la que vive tu alma. *R.I.J.*

PARA MEMORIZAR: Sí, estamos plenamente confiados, y preferiríamos estar fuera de este cuerpo terrenal porque entonces estaríamos en el hogar celestial con el Señor. *2 Corintios 5:8*

DAVID LE MOSTRÓ A SU MADRE LAS CONCHAS que él y su padre habían encontrado en la playa. Luego, le contó sobre la langosta que se había ido y que había dejado su caparazón. Toda esa noche, David estuvo muy callado.

Antes de irse a la cama, quiso hacer más preguntas.

—¿El abuelo no nos extraña? —Quiso saber—. ¿Es feliz en el cielo?

—Completamente —respondió papá—. El abuelo no está enfermo, como lo estaba aquí, porque no hay enfermedades en el cielo. El cielo es un lugar perfecto. No hay pecado, ¡y nadie tiene motivos para llorar!

—Mamá lloró en el funeral del abuelo —le recordó David a su padre.

—Es verdad —admitió papá—. Eso sucedió porque ella sabía que iba a extrañarlo.

—Pero quería que él fuera al cielo, ¿verdad? —preguntó David.

El padre de David asintió.

—Así es. Ella sabía que él sería más feliz allá que aquí —explicó—. Aquí padecía muchos dolores. Allá no sufrirá ningún dolor. Además, mamá sabía que algún día ella irá al cielo, así que volverá a ver al abuelo. Jesús le dio su consuelo por saber estas cosas.

David asintió.

—Me alegra que todos vamos a ver al abuelo otra vez.

¿Y TÚ? ¿Te gustaría estar listo para el cielo? Pregúntale a un amigo o a un adulto de confianza cómo puedes convertirte en un cristiano. *R.I.J.*

PARA MEMORIZAR: Pues Dios amó tanto al mundo que dio a su único Hijo, para que todo el que crea en él no se pierda, sino que tenga vida eterna. *Juan 3:16*

25 DE JUNIO

SOLO EL CAPARAZÓN

(Segunda parte)

DE LA BIBLIA:

Jesús dijo todo esto mientras enseñaba en la parte del templo conocida como la tesorería, pero no lo arrestaron, porque aún no había llegado su momento.

Más tarde, Jesús volvió a decirles: «Yo me voy, y ustedes me buscarán, pero morirán en su pecado. Adonde yo voy, ustedes no pueden ir».

Por lo tanto, la gente se preguntaba: «¿Estará pensando suicidarse? ¿Qué quiere decir con "no pueden ir adonde yo voy"?».

Jesús continuó diciendo: «Ustedes son de abajo; yo soy de arriba. Ustedes pertenecen a este mundo; yo no. Por eso dije que morirán en sus pecados; porque, a menos que crean que Yo Soy quien afirmo ser, morirán en sus pecados».

JUAN 8:20-24

Sé salvo

26 DE JUNIO

LOS SERVIDORES ESPECIALES

DE LA BIBLIA:

Alabaré al SEÑOR en todo tiempo;

a cada momento pronunciaré sus alabanzas.

Solo en el SEÑOR me jactaré;

que todos los indefensos cobren ánimo.

Vengan, hablemos de las grandezas del SEÑOR;

exaltemos juntos su nombre.

Oré al SEÑOR, y él me respondió;

me libró de todos mis temores.

Los que buscan su ayuda estarán radiantes de alegría;

ninguna sombra de vergüenza les oscurecerá el rostro.

En mi desesperación oré, y el SEÑOR me escuchó;

me salvó de todas mis dificultades.

Pues el ángel del SEÑOR es un guardián;

rodea y defiende a todos los que le temen.

Prueben y vean que el SEÑOR es bueno;

¡qué alegría para los que se refugian en él!

SALMO 34:1-8

*Los ángeles protegen
a los cristianos*

MIENTRAS SAMANTHA Y SU HERMANO, MATEO, corrían por el campo, de repente, ¡algo se movió entre el pasto crecido delante de ellos!

—¡Oh! —exclamó Samantha—. ¿Qué es eso?

Mateo se acercó, jadeando por correr.

—¡Es un pájaro que está lastimado!

Observaron que el pájaro se alejaba saltando lentamente, arrastrando un ala.

—Atrapémoslo —propuso Samantha. Cuando se agachó para tocarlo, el ave se adelantó, chillando.

Una y otra vez, los niños se acercaron y estuvieron casi a punto de atraparlo y, cada vez, el pájaro luchó por huir, quedando fuera de su alcance. En el límite del campo, de pronto aleteó con ambas alas y se elevó en el aire. Samantha y Mateo se quedaron sorprendidos.

Esa noche, sentados a la mesa para cenar, Samantha y Mateo les contaron a sus padres lo que había sucedido.

—Puede que ese pájaro sea un chorlo —dijo papá—. Lo más probable es que tuviera su nido en la hierba y que estuviera alejándolos a ustedes de sus crías.

—Bueno, hizo bien su trabajo de protegerlos —se rio Mateo.

—Dios facilitó una manera única para que esos pichones de chorlo fueran protegidos —comentó mamá—. ¿Y sabían que ustedes dos están protegidos de una manera especial también? Los ángeles los cuidan.

—¡Como cuidaron a Daniel en el foso de los leones! —dijo Samantha.

—¡Y a Pedro en la cárcel! —agregó Mateo.

—Ambos tienen razón —aprobó papá—. Desde luego, Jesús siempre está con nosotros. Pero también es reconfortante saber que tenemos ángeles que nos cuidan.

¿Y TÚ? ¿Sabías que Dios ha puesto ángeles para que cuiden a sus hijos? Son sus servidores especiales que consuelan a los cristianos y que festejan cuando las personas se arrepienten y se hacen cristianas. Los ángeles además protegen a los cristianos, lo cual significa que no puede sucederte nada, a menos que Dios lo permita. *C.E.Y.*

PARA MEMORIZAR: Pues el ángel del SEÑOR es un guardián; rodea y defiende a todos los que le temen. *Salmo 34:7*

—¡AY! —GRITÓ MARY AL PODAR UNA RAMA MUERTA DE UN ROSAL—. ¿Cómo puede ser que las ramas muertas sigan lastimando así?

—No pierden las espinas cuando mueren —dijo mamá—. Aún pueden causar dolor. —Miró a Mary y, entonces, preguntó—: ¿Has escuchado hablar de William Shakespeare?

—Ay, claro, mamá —dijo Mary—. La señorita Abbott leyó algunos de sus poemas en la clase de Inglés. Sin embargo, a veces es difícil comprender qué quieren decir.

—En una de sus obras de teatro, alguien dijo: "El mal que hacen los hombres los sobrevive".

—¿Qué significa eso? —preguntó Mary.

—Aun después de que alguien muere, las cosas malas que hizo perduran y siguen causando dolor —explicó mamá—. Mi tía tenía muy mal carácter. Cuando yo era una niña, la escuché discutiendo con mi madre: su hermana. Dijo algunas cosas terribles que no eran verdad. Y a pesar de que eso pasó hace mucho tiempo, las palabras de mi tía siguen lastimando a mi madre.

Esa noche, durante el devocional familiar, Mary contó lo que habían estado conversando ella y su madre. Papá buscó Eclesiastés 10 en la Biblia:

—El rey Salomón dijo algunas cosas muy sabias acerca de nuestra manera de hablar —dijo—. Creo que nos quiere decir que el necio habla sin pensar, y nadie sabe qué sucederá con esas palabras. Pero las palabras del sabio son amables.

—Acabo de pensar en algo —dijo Mary con una sonrisa—. Tengo una rosa prensada dentro de mi Biblia. Está muerta, pero sigue siendo bonita. Quiero que mis palabras sean así: algo bello para recordar durante mucho tiempo.

¿Y TÚ? ¿Tus palabras son agradables para recordar, o son espinas que hieren a otro? Las palabras suelen ser recordadas durante mucho tiempo. Que tus palabras sean amables. *A.G.L.*

PARA MEMORIZAR: Las palabras sabias traen aprobación, pero a los necios, sus propias palabras los destruyen. *Eclesiastés 10:12*

27 DE JUNIO

PALABRAS ESPINOSAS

DE LA BIBLIA:

Si una serpiente te muerde antes de que la encantes,

¿de qué te sirve ser encantador de serpientes?

Las palabras sabias traen aprobación,

pero a los necios, sus propias palabras los destruyen.

Los necios basan sus pensamientos en suposiciones insensatas,

por lo tanto, llegan a conclusiones locas y malvadas;

hablan y hablan sin parar.

Nadie sabe a ciencia cierta qué es lo que va a suceder;

nadie puede predecir el futuro.

ECLESIASTÉS 10:11-14

Las palabras duran mucho tiempo

28 DE JUNIO

¡QUÉ AMIGO!

DE LA BIBLIA:

Les digo la verdad, a todo el que me reconozca en público aquí en la tierra, el Hijo del Hombre también lo reconocerá en presencia de los ángeles de Dios. Pero el que me niegue aquí en la tierra será negado delante de los ángeles de Dios. El que hable en contra del Hijo del Hombre puede ser perdonado, pero el que blasfeme contra el Espíritu Santo no será perdonado.

Cuando sean sometidos a juicio en las sinagogas y delante de gobernantes y autoridades, no se preocupen por cómo defenderse o qué decir, porque el Espíritu Santo les enseñará en ese momento lo que hay que decir.

LUCAS 12:8-12

Alza tu voz por Jesús

EL AUTO POLICIAL SE PARÓ JUNTO A LA ACERA, donde Joel estaba junto a otros niños.

—Chicos, ¿ustedes conocen a Jasón Connor? —preguntó el policía.

—No, señor —respondió uno de los niños.

—Debo encontrarlo de prisa —dijo el policía y luego se marchó.

Más tarde, cuando Joel le contó a su amigo Kurt lo sucedido, Kurt le dijo: —Deberías haberle dicho que conoces a Jasón.

—Pero ¿y si está en problemas? —preguntó Joel.

—¡Qué amigo eres! —lo regañó Kurt—. Deberías apoyarlo, no actuar como si no lo conocieras.

Luego, ambos niños lamentaron enterarse de que los padres de Jasón habían tenido un accidente automovilístico y estaban en el hospital.

Al día siguiente, mientras Kurt y Joel esperaban en la fila de la caja del supermercado, escucharon que dos hombres detrás de ellos se ponían a charlar.

—Me enteré de que los Connor tuvieron un accidente —dijo uno.

—Así fue —respondió el otro—. Ambos estarán sin trabajar por lo menos durante un mes. Eso les dará tiempo para pensar dónde estaba su Dios cuando los chocaron. —Bajó la vista y miró a Kurt—. No dejes que nadie te engañe con eso del Dios de amor, niño. Eso no existe.

Kurt miró hacia otra parte y no dijo nada, pero Joel miró al hombre y dijo:

—Señor, yo conozco a los Connor. Dios es su amigo y también mío. Él estaba con ellos cuando sufrieron el accidente y los cuidará. ¿Verdad, Kurt?

—Es cierto, Joel —concedió Kurt. Kurt se sintió avergonzado al darse cuenta de que había negado conocer a Jesús, tal como Joel antes se había rehusado a reconocer que conocía a Jasón.

¿Y TÚ? ¿Defiendes al Señor cuando tienes la oportunidad? ¿O, mediante tu silencio, niegas siquiera conocerlo? Pídele a Dios que te dé el valor para defenderlo. *A.G.L.*

PARA MEMORIZAR: Porque el Espíritu Santo les enseñará en ese momento lo que hay que decir. *Lucas 12:12*

JENNIFER OBSERVÓ HORRORIZADA CÓMO SU VECINA ANCIANA, la señora Carlson, tropezó con el borde de la acera y cayó al piso. Jennifer salió corriendo de la casa para ver si su vecina se había lastimado.

—No se mueva —dijo cuando vio que la señora Carlson estaba muy adolorida—. Traeré una manta y llamaré a una ambulancia. —Dicho eso, entró corriendo en la casa.

Cuando Jennifer regresó, la señora Carlson la miró y sonrió débilmente.

—Me alegro mucho de que estés aquí —dijo—. Parece que sabes exactamente qué hacer. Gracias.

Pronto llegó la ambulancia y Jennifer se quedó mirando mientras los paramédicos levantaban cuidadosamente a la señora Carlson y la metían en el vehículo. Cuando Jennifer se dio vuelta y volvió a la casa, oró.

El domingo siguiente, Jennifer habló del incidente ocurrido con su maestra de la escuela dominical.

—Estoy súper contenta de haber tomado una clase de primeros auxilios —dijo—. Supe exactamente qué debía hacer.

—¡Genial! —exclamó la señorita Berry—. Es bueno saber qué hacer en las emergencias. —Hizo una breve pausa—. Hay una buena enseñanza espiritual en esto —agregó—. Así como deberíamos estar preparados para prestar ayuda física, también deberíamos estar preparados para ayudar a otros a encontrar a Cristo.

Jennifer se quedó callada. Tenía muchos amigos que no conocían a Jesús, pero no sabía qué decir ni cómo hablar con ellos acerca de aceptar a Cristo. En realidad le daba vergüenza hablar con ellos del tema. Se lo confesó a su maestra.

—Entiendo cómo te sientes —respondió la señorita Berry—. Pero tú has vivido la experiencia de la salvación igual que yo. Necesitamos decirles a nuestros amigos y personas cercanas qué nos sucedió, así como mostrarles qué cambio produjo Cristo en nuestra vida. Sé que el Señor nos ayudará a encontrar las palabras adecuadas.

¿Y TÚ? ¿Tus amigos saben que eres cristiano? ¿Alguna vez has hablado con ellos de la vida que tienes en Cristo? No te avergüences de compartir tu testimonio. Tus amigos también necesitan a Jesús. *R.I.J.*

PARA MEMORIZAR: Pues no me avergüenzo de la Buena Noticia acerca de Cristo, porque es poder de Dios en acción para salvar a todos los que creen, a los judíos primero y también a los gentiles. *Romanos 1:16*

29 DE JUNIO

PREPARADA PARA AYUDAR

DE LA BIBLIA:

Me complace hacer tu voluntad, Dios mío,

pues tus enseñanzas están escritas en mi corazón.

A todo tu pueblo le conté de tu justicia.

No tuve temor de hablar con libertad,

como tú bien lo sabes, oh SEÑOR.

No oculté en mi corazón las buenas noticias acerca de tu justicia;

hablé de tu fidelidad y de tu poder salvador.

A todos en la gran asamblea les conté

de tu fidelidad y tu amor inagotable.

SALMO 40:8-10

Prepárate para ayudar

30 DE JUNIO

EL TESTIGO MISTERIOSO

DE LA BIBLIA:

¡Oh, qué alegría para aquellos
   a quienes se les perdona la
      desobediencia,
   a quienes se les cubre su pecado!
Sí, ¡qué alegría para aquellos
   a quienes el SEÑOR les borró la
      culpa de su cuenta,
   los que llevan una vida de total
      transparencia!
Mientras me negué a confesar mi
      pecado,
   mi cuerpo se consumió,
   y gemía todo el día.
Día y noche tu mano de disciplina
      pesaba sobre mí;
   mi fuerza se evaporó como agua al
      calor del verano.
Finalmente te confesé todos mis
      pecados
   y ya no intenté ocultar mi culpa.
Me dije: «Le confesaré mis rebeliones
      al SEÑOR»,
   ¡y tú me perdonaste! Toda mi culpa
      desapareció. [...]
Muchos son los dolores de los
      malvados,
   pero el amor inagotable rodea a
      los que confían en el SEÑOR.

SALMO 32:1-5, 10

*El Espíritu de Dios
convence*

LOS NÚMEROS ROJOS del reloj destellaron siniestramente en la oscuridad. Carl suspiró y lo metió debajo de su almohada. Ay... ¿por qué lo había robado?

Carl nunca había tenido un reloj. Cuando vio este exhibido en el mostrador de la tienda, lo deslizó sigilosamente y lo puso en su bolsillo. Ahora, se daba cuenta de la tontería que había cometido. No podía usar el reloj por miedo a que sus compañeros lo notaran. Y se preguntaba si alguien dentro de la tienda lo había visto robándolo.

Quizás las cosas sean mejor mañana, pensó. Pero durante el almuerzo, notó que varios maestros hablaban entre ellos. Uno parecía mirar hacia donde estaba Carl.

Esa noche, mientras estaba acostado en su cama, Carl escuchó unas pisadas en el pasillo.

—¿Quién está ahí? —susurró con voz ronca.

La puerta se abrió de golpe y el padre de Carl entró.

—Solo fui a buscar un poco de agua para beber, hijo. ¿Está bien todo?

Algo dentro de Carl pareció romperse.

—Está en el cajón superior de la cómoda —sollozó.

Carl soltó toda la historia y terminó diciendo que tenía la impresión de que todos parecían saber lo que había hecho. Papá asintió.

—Creo que sé de qué hablas —dijo—. En realidad, efectivamente, alguien te vio robar el reloj y ha estado molestándote por el asunto desde entonces.

—Pero ¿quién, papá? —preguntó Carl.

—El Espíritu Santo, hijo —explicó papá—. Cuando el Espíritu concientiza a las personas por un pecado, suelen tener la miserable sensación de que alguien los persigue. No descansarás hasta que dejes de huir de Dios y hagas lo correcto.

¿Y TÚ? ¿Alguna vez, después de que hiciste algo malo, tuviste la miserable sensación que describió Carl? Si así fue, sabes lo incómodo que se siente hacer el mal. Recuerda ese sentimiento la próxima vez que pienses hacer algo que sabes que no deberías hacer. *S.K.L.*

PARA MEMORIZAR: Los perversos huyen aun cuando nadie los persigue, pero los justos son tan valientes como el león. *Proverbios 28:1*

—¡HOLA, MAMÁ! —Tina abrazó a su madre, quien había ido a buscarla a la casa de la líder de las exploradoras.

—Es genial que hayas vuelto del campamento —dijo mamá. Hubo un estallido repentino de música en el porche de la casa de la líder—. ¿Qué es ese ruido?

—Ah, la radio de alguien —respondió Tina—. En el autobús escuchamos mucha música.

Mamá arqueó las cejas.

—¿Sabes, Tina? Papá y yo no aprobamos esa clase de música.

—¡Ay, mamá! —Tina puso mala cara—. Solo es música. Nadie escucha las letras.

Más tarde ese día, Tina le contó todo lo del campamento a su madre.

—Cantamos muchas canciones alrededor del fogón —dijo Tina—. ¡Pero había una canción rara! La líder dijo que era una "canción bíblica" sobre Abraham, Isaac y Jacob, pero la letra decía que eran "pescadores" que "navegaron a Jericó"».

—¿Y entonces? ¿Qué tiene de malo? —preguntó mamá para sorpresa de Tina.

—¡Mamá! —Tina no podía creer lo que escuchaba—. Esos hombres no eran pescadores. La canción no es cierta.

—¿Y eso importa? —preguntó mamá.

—Claro que importa cuando estás cantando canciones sobre la Biblia —respondió Tina.

Mamá sonrió.

—Bueno, me alegra que te des cuenta de que las letras de las canciones que usamos son importantes. Lo mismo aplica para toda clase de música, no solo para las canciones del campamento.

Tina se quedó callada.

—¿Te refieres a las de la radio? —dijo, finalmente.

Mamá asintió.

—Muchas de esas canciones hablan de drogas, del sexo fuera del matrimonio, del suicidio, de adorar a Satanás y de toda clase de cosas contra las que la Biblia enseña. Muchas veces, también contienen malas palabras. Tenemos que evitar esas cosas.

¿Y TÚ? ¿Eres cauto con la música que escuchas? Hay muchas canciones con «melodías agradables» pero cuyas letras o mensajes pueden ser perversos. Escucha las letras. Si no son buenas ni ciertas, no las escuches. *S.L.N.*

PARA MEMORIZAR: Cantando salmos e himnos y canciones espirituales entre ustedes, y haciendo música al Señor en el corazón. *Efesios 5:19*

1 DE JULIO

¿ABRAHAM ERA UN PESCADOR?

DE LA BIBLIA:

Canten al SEÑOR una nueva canción,
porque ha hecho obras maravillosas.

Su mano derecha obtuvo una poderosa victoria;
su santo brazo ha mostrado su poder salvador.

El SEÑOR anunció su victoria
y reveló su justicia a toda nación.

Recordó su promesa de amar y de ser fiel a Israel.

¡Los extremos de la tierra han visto la victoria de nuestro Dios!

Aclamen al SEÑOR, habitantes de toda la tierra;
¡prorrumpan en alabanza y canten de alegría!

Canten alabanzas al SEÑOR con el arpa,
con el arpa y dulces melodías,
con trompetas y el sonido del cuerno de carnero.

¡Toquen una alegre sinfonía delante del SEÑOR, el Rey!

¡Que el mar y todo lo que contiene le exclamen alabanzas!

¡Que se le unan la tierra y todas sus criaturas vivientes!

¡Que los ríos aplaudan con júbilo!

Que las colinas entonen sus cánticos de alegría
delante del SEÑOR.

SALMO 98:1-9

Elige cuidadosamente la música

2 DE JULIO

UNA VEZ BASTA Y SOBRA

DE LA BIBLIA:

La Sabiduría hace oír su voz en las calles;

clama en la plaza pública.

La Sabiduría clama a los que están reunidos frente a la entrada de la ciudad

y a las multitudes por la calle principal:

«Simplones, ¿hasta cuándo insistirán en su ignorancia?

Burlones, ¿hasta cuándo disfrutarán de sus burlas?

Necios, ¿hasta cuándo odiarán el saber?

Vengan y escuchen mi consejo.

Les abriré mi corazón

y los haré sabios.

»Los llamé muy a menudo pero no quisieron venir;

les tendí la mano pero no me hicieron caso.

No prestaron atención a mi consejo

y rechazaron la corrección que les ofrecí. [...]

»Entonces, cuando clamen por ayuda, no les responderé.

Aunque me busquen con ansiedad, no me encontrarán».

PROVERBIOS 1:20-25, 28

No pruebes drogas

—TÍO RANDY TUVO UN ACCIDENTE CON LA MOTOCICLETA —dijo su madre, colgando el teléfono—. Al parecer, había consumido drogas. —Lisa y Kristen no sabían qué decir. Luego de un momento, su madre continuó—: ¿Saben? La primera vez que tío Randy consumió droga, dijo que solamente quería probarla, pero nunca la dejó. —La madre se dio vuelta para salir de la sala—. Quiero estar un rato sola.

—Claro, madre —respondieron las niñas.

Unos minutos después, su madre escuchó un estallido. Fue a investigar y vio los pedazos de sus muñecas de porcelana en el piso.

—Niñas, saben que no deben agarrar esas muñecas. Son antiguas y muy frágiles.

—Lisa dijo que no pasaría nada si jugábamos con ellas una sola vez —murmuró Kristen. Lisa recogió los trozos.

—¿No podemos arreglarlas? —preguntó.

—Trataremos —dijo su madre—, pero nunca quedarán igual que antes. Y eso no cambiará el castigo que recibirán por desobedecer.

La madre trajo el pegamento y se pusieron a trabajar.

—Las grietas todavía se ven —observó Lisa.

—Parecen cicatrices —agregó Kristen.

—Hago lo mejor que puedo —respondió su madre—. ¿Les digo algo, niñas? Mientras trato de reparar esto, sigo pensando en tío Randy. Su vida está llena de cicatrices a causa de las drogas. Nunca terminó sus estudios, perdió varios empleos y tuvo este accidente. —Apoyó una de las muñecas para que se secara y les dijo a sus hijas—: Cuando vean estas muñecas, espero que piensen en los resultados de hacer las cosas mal, aunque sea una sola vez.

¿Y TÚ? ¿Has tenido la tentación de probar drogas «solo una vez» para ver qué tal es? Una vez basta y sobra. «Usar drogas» por placer está mal ante los ojos de Dios. Es destructivo para el cuerpo y consumirlas «una vez» podría hacerle daño a tu vida. *S.L.N.*

PARA MEMORIZAR: Porque Dios los compró a un alto precio. Por lo tanto, honren a Dios con su cuerpo. *1 Corintios 6:20*

LOS HAMILTON ESTABAN MUDÁNDOSE. Beth entró en la habitación en el momento en que su madre sacaba una caja del armario.

—¿Qué hay en esa caja, mamá?

La madre de Beth sonrió.

—Está llena de recuerdos: cartas de tu papá, álbumes escolares, boletas de calificaciones, cosas por el estilo.

—Mira esta bandera vieja —dijo Beth, sacando de la caja un pedazo andrajoso de tela roja y blanca—. ¿Por qué no la tiras a la basura, mamá?

Una mirada ausente se apoderó de los ojos de su madre.

—Esa bandera envolvió el ataúd de mi abuelo cuando fue enviado a casa de la guerra. Él murió por esa bandera.

—¿Murió por esta bandera? —preguntó Beth.

—Quiero decir que murió para que tuviéramos el derecho de izar la bandera —respondió mamá—. Él murió por la libertad de nuestro país. Durante años, mi madre izó esa bandera en cada día feriado. Mi madre era solo una niñita cuando su padre murió. Lo único que alguna vez tuvo de él fue esta bandera. Fue muy importante para ella y es muy importante para mí.

—Conozco algo que es aún más valioso que esta bandera —dijo Beth tranquilamente—. Es la Biblia. En la escuela dominical hablamos de cuántas personas han muerto para que nosotros pudiéramos tener la Palabra de Dios.

—Tienes razón —coincidió mamá—. Aun al día de hoy, algunos son martirizados por obedecer la Biblia.

Mamá dobló con cariño la bandera.

—Qué bendecidos somos de vivir en un país donde podemos tener la Palabra de Dios en nuestro hogar y en nuestro corazón. Hubiéramos perdido la libertad si hombres como el abuelo no hubieran estado dispuestos a morir por nuestra bandera —dijo mamá—. Pero hubiéramos perdido más si no tuviéramos la Palabra de Dios.

¿Y TÚ? ¿Te das cuenta del valor que tiene tu Biblia? Costó más que su precio en dinero. A muchas personas les costó la vida. Atesora la Palabra. ¡Vale mucho! *B.J.W.*

PARA MEMORIZAR: ¿Cómo puede un joven mantenerse puro? Obedeciendo tu palabra. *Salmo 119:9*

EL TESORO ANDRAJOSO

DE LA BIBLIA:

Muchos de sus discípulos decían: «Esto es muy difícil de entender. ¿Cómo puede alguien aceptarlo?».

Jesús estaba consciente de que sus discípulos se quejaban, así que les dijo: «¿Acaso esto los ofende? ¿Qué pensarán, entonces, si ven al Hijo del Hombre ascender al cielo otra vez? Solo el Espíritu da vida eterna; los esfuerzos humanos no logran nada. Las palabras que yo les he hablado son espíritu y son vida, pero algunos de ustedes no me creen». (Pues Jesús sabía, desde un principio, quiénes eran los que no creían y también quién lo traicionaría). Entonces les dijo: «Por eso dije que nadie puede venir a mí a menos que el Padre me lo entregue».

A partir de ese momento, muchos de sus discípulos se apartaron de él y lo abandonaron. Entonces Jesús, mirando a los Doce, les preguntó:

—¿Ustedes también van a marcharse?

Simón Pedro le contestó:

—Señor, ¿a quién iríamos? Tú tienes las palabras que dan vida eterna. Nosotros creemos y sabemos que tú eres el Santo de Dios.

JUAN 6:60-69

Atesora tu Biblia

4 DE JULIO

SIN LÍMITES

DE LA BIBLIA:

Luego dijo Jesús: «Vengan a mí todos los que están cansados y llevan cargas pesadas, y yo les daré descanso. Pónganse mi yugo. Déjenme enseñarles, porque yo soy humilde y tierno de corazón, y encontrarán descanso para el alma. Pues mi yugo es fácil de llevar y la carga que les doy es liviana».

MATEO 11:28-30

Hazte ciudadano del cielo

EL VIENTO REVOLVÍA EL CABELLO DE TUCKER, y el agua salada mojaba su rostro mientras el bote se acercaba a la Isla de la Libertad.

—¡Miren! ¡Ahí está! —gritó.

—¡La Estatua de la Libertad es hermosa! —exclamó su madre.

Mientras atracaban, Tucker saltó hacia la rampa de desembarque. No veía la hora de entrar en la Estatua de la Libertad.

Después de disfrutar la visita guiada, volvieron a su hotel.

—Recuerdo cuando mis abuelos contaban cómo fue llegar a Estados Unidos desde Holanda —dijo papá—. Decían que la Estatua de la Libertad fue lo primero que vieron, y les dio la bienvenida al llegar a esta tierra desconocida.

—Apuesto a que estaban contentos de llegar aquí —dijo Tucker.

—Sí, lo estaban —respondió papá—. También se alegraron cuando se convirtieron en ciudadanos de este país y, finalmente, pudieron decir que Estados Unidos era su hogar.

—¿Los inmigrantes siguen viniendo a Estados Unidos? —preguntó Tucker.

—Sí —dijo papá—, pero no tantos como en tiempos pasados.

—¿Por qué? —preguntó Tucker.

—Las cosas han cambiado —dijo papá—. El poema que está en la estatua dice: "Dadme a vuestros rendidos, a vuestros desdichados, a vuestras hacinadas multitudes que anhelan respirar libertad", pero la puerta ya no está abierta para todos. Dado que hubo tanta gente que quiso venir a Estados Unidos, nuestro gobierno tuvo que poner restricciones a la invitación. Los criminales y los locos no son admitidos y, actualmente, hay un cupo de personas que pueden venir de cada región. Parece triste, pero supongo que es necesario.

—Eso me recuerda otra puerta de entrada a la libertad —dijo mamá—, que todavía está abierta para todo el mundo. Jesús nos invita a todos para que vayamos a él. Él ofrece liberarnos de pecado y otorga la ciudadanía celestial a todo aquel que quiera acercarse.

¿Y TÚ? ¿Has aceptado la invitación de Jesús? ¿Eres un ciudadano del cielo? Su ofrecimiento es para todos. *J.L.H.*

PARA MEMORIZAR: En cambio, nosotros somos ciudadanos del cielo, donde vive el Señor Jesucristo; y esperamos con mucho anhelo que él regrese como nuestro Salvador. *Filipenses 3:20*

—LES CONTÉ A TODAS MIS AMIGAS que iba a ir a las Cataratas del Niágara y a Canadá —lloriqueó Mindy—, y ahora...

—Papá dijo que lo lamentaba —interrumpió Jeff, su hermano de doce años—. Él no puede evitar que, por su trabajo, sea necesario hacer un cambio de planes.

—Me parece que tenemos dos opciones —dijo mamá—. Podemos pasarnos todo el verano deprimidos, sintiendo pena por nosotros mismos, o podemos estar agradecidos por las cosas que *sí* podemos hacer. Podemos tener un "verano de fiesta" con mini vacaciones.

—¿Cómo? —Jeff y Mindy sentían curiosidad—. ¿Qué festejaríamos?

—Podemos festejar tener buena salud y estar juntos —sugirió papá—. Podemos disfrutar la belleza de la creación de Dios que nos rodea.

—Y podemos hacer cositas especiales; las cosas que siempre tuvimos ganas de hacer "algún día" —agregó mamá.

—¿Cosas como visitar el taller de cerámica? —preguntó Mindy.

Su madre asintió.

—Sí, y el museo y la pastelería.

—Y este año, nos daremos tiempo para ir a la feria del condado al espectáculo del tren a vapor —prometió papá.

—Llevemos al abuelo James con nosotros —agregó Mindy—. A él le encantaría ir.

Mamá sonrió.

—Es una idea excelente. ¿Por qué no invitamos a alguien a cada una de nuestras mini vacaciones?

—Hombre, eso suena divertido —dijo Jeff.

¿Y TÚ? ¿Tu familia no puede tomarse unas vacaciones largas este año? ¿Por qué no hacer mini vacaciones? Y, si eso tampoco es posible, te sorprenderás de lo bien que la puedes pasar en tu propio vecindario. Disfruta de las cosas que te rodean. Y en tus planes, no olvides incluir a alguien que puede estar solo. Pero sobre todo no olvides darle gracias a Dios. *B.J.W.*

PARA MEMORIZAR: ¡Alaben al Señor; alaben a Dios nuestro salvador! Pues cada día nos lleva en sus brazos. *Salmo 68:19*

5 DE JULIO

VERANO DE FIESTA

DE LA BIBLIA:

Que todo lo que soy alabe al Señor;
  que nunca olvide todas las cosas buenas que hace por mí.
Él perdona todos mis pecados
  y sana todas mis enfermedades.
Me redime de la muerte
  y me corona de amor y tiernas misericordias.
Colma mi vida de cosas buenas;
  ¡mi juventud se renueva como la del águila! [...]
El Señor es compasivo y misericordioso,
  lento para enojarse y está lleno de amor inagotable.
No nos reprenderá todo el tiempo,
  ni seguirá enojado para siempre.
No nos castiga por todos nuestros pecados;
  no nos trata con la severidad que merecemos.
Pues su amor inagotable hacia los que le temen
  es tan inmenso como la altura de los cielos sobre la tierra.
Llevó nuestros pecados tan lejos de nosotros
  como está el oriente del occidente.
El Señor es como un padre con sus hijos,
  tierno y compasivo con los que le temen.

SALMO 103:2-5, 8-13

Disfruta las bendiciones que te rodean

6 DE JULIO

REPÁRALO

DE LA BIBLIA:

Las palabras de los justos son como
una fuente que da vida;

las palabras de los perversos encu-
bren intenciones violentas.

El odio provoca peleas,

pero el amor cubre todas las
ofensas.

Las palabras sabias provienen de los
labios de la gente con entendimiento,

pero a los que les falta sentido
común, serán castigados con
vara. [...]

Los que aceptan la disciplina van por
el camino que lleva a la vida,

pero los que no hacen caso a la
corrección se descarriarán.

Encubrir el odio te hace un mentiroso;

difamar a otros te hace un necio.

Hablar demasiado conduce al pecado.

Sé prudente y mantén la boca
cerrada.

Las palabras del justo son como la
plata refinada;

el corazón del necio no vale nada.

Las palabras del justo animan a
muchos,

pero a los necios los destruye su
falta de sentido común.

PROVERBIOS 10:11-13,17-21

*No empeores los
problemas*

ÁNGELA MIRÓ A SU HERMANO.

—¡Hay un agujero en tu pantalón! —le dijo.

Mamá sacudió la cabeza y suspiró.

—El único bueno está en la lavadora, así que tendrá que usar ese —dijo—. Ten cuidado de no hurgar el agujero para que no se agrande, Jasón.

Ángela se enfadó.

—¿Por qué tenemos que usar ropas tan gastadas?

Mamá suspiró otra vez.

—Sabes que, desde que me divorcié no podemos comprar ropa nueva, tesoro —dijo—. Podría trabajar más horas, pero entonces no me quedaría mucho tiempo para ustedes, niños. Considero que la vida familiar es más importante que la ropa.

—Tal vez si hubieras sido una mejor esposa, papá no nos hubiera dejado —rezongó Ángela. Trató de no ver las lágrimas en los ojos de su madre.

Mientras volvían a casa desde la escuela, Ángela observó que el agujero en el pantalón de Jasón se había agrandado.

—Estuviste hurgando ese agujero —lo regañó—. Cada vez que metes el dedo en él, se lo haces más difícil a mamá para que lo arregle.

Jasón parecía avergonzado.

—No quiero hacerle las cosas más difíciles a mamá. —Hizo una pausa y, luego, agregó—: Tú haces lo mismo, ¿sabes?

—¡No, no es cierto! —replicó su hermana.

—Me refiero a tu forma de tratar a mamá —explicó Jasón—. Siempre la criticas porque se divorció y porque no tiene mucho dinero.

Ángela se quedó callada unos momentos.

—Supongo que sí lo hago —reconoció.

—Mamá arreglará mis vaqueros esta noche —dijo Jasón—, y creo que nosotros también podríamos hacer algunos "remiendos". Tratemos de "reparar" nuestros problemas familiares, en lugar de hacerlos cada vez peores.

¿Y TÚ? ¿Tienes un problema en tu casa? En lugar de enojarte o de desanimarte, haz lo posible por mejorar la situación. Ora al respecto, sé lo más alegre que puedas y apoya y ama a los demás. *S.L.K.*

PARA MEMORIZAR: Hablar demasiado conduce al pecado. Sé prudente y mantén la boca cerrada. *Proverbios 10:19*

SER LA HIJA DE UN PASTOR NO LE HIZO las cosas más fáciles a Becky para mudarse a una casa nueva, pero su padre sentía que el Señor quería que fueran a una reserva de Nativos Americanos en Florida. Ella añoraba volver a la ciudad donde, todos los domingos, la iglesia de su padre se llenaba de gente. Aquí, solo una familia indígena parecía interesada en la iglesia.

Un sábado, la familia de Becky fue a pasar el día a la playa. Se asombraron al ver muchas estrellas de mar esparcidas en la playa.

—Tal vez quedaron varadas por la marea —insinuó papá—, o quizás fueron arrastradas durante la tormenta.

Mientras caminaban, vieron a un hombre que devolvía las estrellas de mar al océano. El hombre dijo—:

—¡Si no vuelven al agua, morirán!

Becky miró todas las estrellas de mar que había en la arena.

—¡Pero son demasiadas! —exclamó—. ¿Qué diferencia habrá si logra salvar solo algunas?

El hombre sonrió mientras metía una estrella de mar en el agua.

—Hará una diferencia para esta estrella —dijo.

Esa noche, mientras Becky estaba sentada en los escalones del frente de la casa, vio a una niña india que venía por el sendero. *Supongo que debería invitarla a la iglesia*, pensó; *pero, aunque viniera, la iglesia seguiría estando prácticamente vacía.* Entonces, se acordó de la estrella de mar y corrió a buscar a la niña.

—Hola —dijo, sonriéndole—. Me llamo Becky. Mi papá predica en aquella iglesia y la pasamos muy bien. ¿Te gustaría venir mañana?

¿Y TÚ? ¿A veces te quejas porque eres la única persona cristiana en tu hogar? ¿En tu vecindario? ¿En tu aula? ¿Ganar a otras personas para el Señor te parece una tarea demasiado grande? A lo mejor, Dios te ha puesto ahí porque quiere usarte para cambiar una sola vida. *J.L.H.*

PARA MEMORIZAR: De la misma manera, hay alegría en presencia de los ángeles de Dios cuando un solo pecador se arrepiente. *Lucas 15:10*

7 DE JULIO

LA ESTRELLA DE MAR Y LAS PERSONAS

DE LA BIBLIA:

Entonces Jesús les contó la siguiente historia: «Si un hombre tiene cien ovejas y una de ellas se pierde, ¿qué hará? ¿No dejará las otras noventa y nueve en el desierto y saldrá a buscar la perdida hasta que la encuentre? Y, cuando la encuentre, la cargará con alegría en sus hombros y la llevará a su casa. Cuando llegue, llamará a sus amigos y vecinos y les dirá: "Alégrense conmigo porque encontré mi oveja perdida". De la misma manera, ¡hay más alegría en el cielo por un pecador perdido que se arrepiente y regresa a Dios que por noventa y nueve justos que no se extraviaron!

»O supongamos que una mujer tiene diez monedas de plata y pierde una. ¿No encenderá una lámpara y barrerá toda la casa y buscará con cuidado hasta que la encuentre? Y, cuando la encuentre, llamará a sus amigos y vecinos y les dirá: "¡Alégrense conmigo porque encontré mi moneda perdida!". De la misma manera, hay alegría en presencia de los ángeles de Dios cuando un solo pecador se arrepiente».

LUCAS 15:3-10

Cada persona es importante

8 DE JULIO

LA PIEZA QUE FALTA

DE LA BIBLIA:

Pero tú ofreces perdón,
   para que aprendamos a temerte.
Yo cuento con el SEÑOR;
   sí, cuento con él.
   En su palabra he puesto mi
   esperanza.
Anhelo al Señor
   más que los centinelas el
   amanecer,
   sí, más de lo que los centinelas
   anhelan el amanecer.
Oh Israel, espera en el SEÑOR,
   porque en el SEÑOR hay amor inagotable;
   su redención sobreabunda.
Él mismo redimirá a Israel
   de toda clase de pecado.
SEÑOR, mi corazón no es orgulloso;
   mis ojos no son altivos.
No me intereso en cuestiones
   demasiado grandes
   o impresionantes que no puedo
   asimilar.
En cambio, me he calmado y aquietado,
   como un niño destetado que ya no
   llora por la leche de su madre.
   Sí, tal como un niño destetado es
   mi alma en mi interior.

SALMO 130:4–131:2

No insistas en que las cosas sean a tu manera

KAREN COLGÓ EL TELÉFONO Y SE ACERCÓ a sus padres, que estaban armando un rompecabezas.

—Cindy Lawson consiguió el trabajo de niñera en la casa de los Tyler para el verano —anunció—. ¿No es algo terrible?

Mamá puso cara de desconcierto.

—Es una buena oportunidad para Cindy.

—Pero yo quería ese empleo —se quejó Karen.

—Deberías alegrarte por tu amiga —dijo papá—. Además, encontrarás otras cosas para hacer este verano.

—No, no encontraré —dijo Karen haciendo pucheros. Entonces, su rostro se iluminó—. Tal vez si llamo a Cindy y le digo cuánto deseaba yo el empleo, me lo dejará a mí.

—Me parece que debes dejar a un lado el asunto —dijo mamá.

—Pero estoy segura de que Dios quiere que *yo* tenga este trabajo —lloriqueó Karen. Luego miró con curiosidad a su padre, quien había tomado una pieza del rompecabezas y tenía unas tijeras en la mano. Parecía que estaba pensando en cortar la pieza—. Papá, ¿qué estás haciendo?

—Trato de encajar esta pieza en este lugar vacío —explicó papá—. Si corto lo que sobresale de aquí y lo pego del otro lado, podré hacer que encaje.

—Sabes que eso no servirá —rezongó Karen—. Además, necesitarás esa pieza en otra parte.

La madre de Karen se rio.

—Creo que entiendo qué trata de decir tu padre, Karen. Esa pieza del rompecabezas te representa a ti.

—Así es —dijo papá—. Tratar de meter a la fuerza esa pieza en un lugar donde no corresponde es como que trates de salirte con la tuya con ese trabajo. Aunque tengas éxito, te perderías lo que sea que Dios realmente quiere que hagas.

¿Y TÚ? ¿Te molestas cuando las cosas no salen como quieres? Recuerda que Dios tiene el control y él sabe qué es lo mejor para ti. Déjalo que te ponga en el lugar adecuado y en el momento adecuado. *S.L.K.*

PARA MEMORIZAR: Anhelo al Señor más que los centinelas el amanecer, sí, más de lo que los centinelas anhelan el amanecer. *Salmo 130:6*

MIENTRAS PAULA EMPACABA SU EQUIPAJE, su mente se llenó de recuerdos de la maravillosa semana que había pasado en el campamento de la iglesia del verano pasado. Recordó que había conocido a Bethany y a Ellen. Se acordó de cuando iba a nadar, de los partidos de béisbol y de los ratos de manualidades. Pero el mejor recuerdo fue el de la noche que le pidió a Jesús que entrara en su corazón. Se puso a cantar la canción lema del campamento con todas sus fuerzas.

—¡Epa, hermanita! Hoy sí que estás feliz. —Era Miguel, el hermano de Paula, quien había llegado del instituto bíblico para pasar el verano—. Me alegro de que puedas volver al campamento donde conociste al Señor.

Esa noche Miguel dirigió el devocional familiar. Leyó sobre los dos viajes de Jacob a Betel y explicó que El-Betel, el nombre que le puso Jacob al lugar en su segundo viaje, quería decir «el Dios de Betel». Cuando oró, le pidió al Señor que le concediera a Paula un tiempo maravilloso y una gran bendición en el campamento.

—Pero ayúdanos a todos a aprender, como lo hizo Jacob, que es al *Dios* del lugar, y no al *lugar*, a quien adoramos —concluyó.

Cuando Paula llegó al campamento, todo parecía estar mal. Había una capilla nueva. Bethany y Ellen no habían venido. Había un orador distinto. Paula no se sentía tan cerca de Dios como pensó que se sentiría.

No fue sino hasta que cantaron «En mi corazón» durante el cierre del servicio vespertino que Paula se dio cuenta de que era el Dios de Camp Carlson, y no el campamento, el que había cambiado su vida. El campamento era un lugar donde aprendería más sobre él y pasaría otros momentos estupendos. Pero era Dios a quien ella adoraba, y él seguía siendo el mismo.

¿Y TÚ? ¿Hay algún lugar especial en el que te sientes cerca de Dios? Aunque sea lindo volver a ese lugar, puedes adorar a Dios en cualquier parte. *R.E.P.*

PARA MEMORIZAR: Jesús le respondió: «Las Escrituras dicen: "Adora al SEÑOR tu Dios y sírvele únicamente a él"». *Lucas 4:8*

9 DE JULIO

EL DIOS DE CAMP CARLSON

DE LA BIBLIA:

Entonces Jacob se despertó del sueño y dijo: «¡Ciertamente el SEÑOR está en este lugar, y yo ni me di cuenta!»; pero también tuvo temor y dijo: «¡Qué temible es este lugar! No es ni más ni menos que la casa de Dios, ¡la puerta misma del cielo!».

A la mañana siguiente, Jacob despertó muy temprano y erigió como columna conmemorativa la piedra en la que había reposado la cabeza y después derramó aceite de oliva sobre ella. Llamó a aquel lugar Betel (que significa «casa de Dios»), aunque antes se llamaba Luz. [...]

Entonces Dios le dijo a Jacob: «¡Prepárate! Múdate a Betel, establécete allí y edifica un altar a Dios, quien se te apareció cuando huías de tu hermano Esaú». [...]

Allí Jacob edificó un altar y llamó al lugar El-betel (que significa «Dios de Betel»), porque Dios se le había aparecido allí cuando huía de su hermano Esaú.

GÉNESIS 28:16-19; 35:1, 7

Adora a Dios, no al lugar

10 DE JULIO

UN PEZ FUERA DEL AGUA

DE LA BIBLIA:

Hay distintas clases de dones espirituales, pero el mismo Espíritu es la fuente de todos ellos. Hay distintas formas de servir, pero todos servimos al mismo Señor. Dios trabaja de maneras diferentes, pero es el mismo Dios quien hace la obra en todos nosotros.

A cada uno de nosotros se nos da un don espiritual para que nos ayudemos mutuamente. A uno el Espíritu le da la capacidad de dar consejos sabios; a otro el mismo Espíritu le da un mensaje de conocimiento especial. A otro el mismo Espíritu le da gran fe y a alguien más ese único Espíritu le da el don de sanidad. A uno le da el poder para hacer milagros y a otro, la capacidad de profetizar. A alguien más le da la capacidad de discernir si un mensaje es del Espíritu de Dios o de otro espíritu. Todavía a otro se le da la capacidad de hablar en idiomas desconocidos, mientras que a otro se le da la capacidad de interpretar lo que se está diciendo. [...]

Entre nosotros hay algunos que son judíos y otros que son gentiles; algunos son esclavos, y otros son libres. Pero todos fuimos bautizados en un solo cuerpo por un mismo Espíritu, y todos compartimos el mismo Espíritu.

1 CORINTIOS 12:4-10, 13

Adora a Dios con otras personas

MIENTRAS EL PEQUEÑO BOTE DE REMOS se mecía con el suave movimiento del agua, Nicolás observaba a su padre lanzar su sedal.

—Papá —dijo Nicolás—, no quiero ir a la iglesia nueva mañana.

—¿En serio? —preguntó papá—. ¿Por qué no?

—Todos mis amigos están en nuestra vieja iglesia —respondió Nicolás.

El papá de Nicolás enrolló lentamente su sedal.

—Sé que vamos a extrañarlos a todos —dijo—, pero teníamos que mudarnos, y seguimos con la necesidad de ir a la iglesia.

—¿No podemos celebrar el servicio en casa? —preguntó Nicolás—. Podríamos cantar y leer la Biblia.

—Algo picó —dijo papá. En pocos minutos levantó un pez pequeño—. ¿Qué pasaría si arrojáramos este pescado en el bote y lo dejáramos ahí?

—Se moriría —dijo Nicolás.

—¿Y si lo devolviéramos al agua? —preguntó papá mientras lanzaba el pez al lago.

—Bueno, ahora vivirá.

—¿Y si lleváramos al pez a otro lago? —preguntó papá a continuación—. ¿Podría vivir ahí?

Nicolás pensó un momento.

—Pienso que sí —dijo.

—Bueno —dijo papá—, nuestra familia es un poco como ese pez que sacas de un lago y lo llevas a otro. Estamos en un lugar nuevo, donde tenemos todo lo necesario para continuar con nuestra vida: comida, ropa, una casa. —Hizo una pausa—. Pero como cristianos, también necesitamos estar rodeados de otros cristianos. Si no vamos a la iglesia, podemos empezar a morir espiritualmente, como un pez fuera del agua. Además, a Dios le agrada que seamos parte de una familia cristiana donde se cuidan unos a otros.

¿Y TÚ? ¿Te has sentido fuera de lugar cuando tuviste que cambiar de iglesia? Recuerda que reunirse con otros cristianos es una parte importante de la adoración a Dios. *D.A.B.*

PARA MEMORIZAR: Así es, el cuerpo consta de muchas partes diferentes, no de una sola parte. *1 Corintios 12:14*

¡SARITA ESTABA TAN FELIZ! Cuando abrió su regalo de cumpleaños, ¡encontró una muñeca preciosa! A partir de entonces, Sarita jugaba todos los días con su muñeca. La trataba como a un bebé de verdad y jugaba a que le daba de comer y que la hacía dormir.

Un día, Sarita quería que su madre jugara un juego con ella, en lugar de pasar tanto tiempo con la nueva bebé.

—Por favor, mamá —suplicó Sarita—. ¿Puedes jugar conmigo?

—Ahora no, querida —respondió su mamá—. Juega con tu muñeca hasta que yo termine de bañar a la bebé. Luego, jugaré contigo.

Entonces, Sarita fingió acunar a su muñeca para que se durmiera. Pero se sintió sola porque su muñeca no podía hablarle.

Finalmente, su madre dijo:

—¿Lista, Sarita?

Se sentaron juntas en el piso y empezaron el juego. Sarita ahora estaba feliz. Le hacía tanto bien poder conversar y reír con su madre.

La madre abrazó a Sarita y le preguntó:

—¿Te sentías sola?

—Sí, así es. Pero ahora no me siento sola —respondió Sarita.

—¿Ya no quieres más a tu muñeca? —preguntó su madre.

—Oh, sí —dijo Sarita—. La quiero como siempre. Pero necesitaba a alguien que correspondiera mi amor.

—Ay, Sarita —dijo su madre y le dio un beso—. Te amo mucho. ¿Sabes? Creo que Dios debe sentirse como tú. Él podría habernos hecho como muñecos que no pueden hablar ni demostrar amor. Pero nos hizo personas reales para que podamos amarlo a él también.

¿Y TÚ? Dios te demuestra todos los días cuánto te ama. ¿Le demuestras tú que también lo amas? Una manera de hacerlo es obedeciendo sus mandamientos. Otra es diciéndole en oración que lo amas. *C.E.Y.*

PARA MEMORIZAR: Nosotros sabemos cuánto nos ama Dios y hemos puesto nuestra confianza en su amor. *1 Juan 4:16*

---

11 DE JULIO

EL AMOR CORRESPONDIDO

DE LA BIBLIA:

Nosotros sabemos cuánto nos ama Dios y hemos puesto nuestra confianza en su amor.

Dios es amor, y todos los que viven en amor viven en Dios y Dios vive en ellos; y al vivir en Dios, nuestro amor crece hasta hacerse perfecto. Por lo tanto, no tendremos temor en el día del juicio, sino que podremos estar ante Dios con confianza, porque vivimos como vivió Jesús en este mundo.

En esa clase de amor no hay temor, porque el amor perfecto expulsa todo temor. Si tenemos miedo es por temor al castigo, y esto muestra que no hemos experimentado plenamente el perfecto amor de Dios. Nos amamos unos a otros, porque él nos amó primero.

Si alguien dice: «Amo a Dios», pero odia a otro creyente, esa persona es mentirosa pues, si no amamos a quienes podemos ver, ¿cómo vamos a amar a Dios, a quien no podemos ver? Y él nos ha dado el siguiente mandato: los que aman a Dios deben amar también a sus hermanos creyentes.

1 JUAN 4:16-21

Dile a Dios que lo amas

12 DE JULIO

MÁS QUE LA ARENA

DE LA BIBLIA:

Oh SEÑOR mi Dios, has realizado
   muchas maravillas a nuestro
   favor.

   Son tantos tus planes para
   nosotros que resulta
   imposible enumerarlos.

   No hay nadie como tú.

Si tratara de mencionar todas tus
   obras maravillosas,

   no terminaría jamás. [...]

¡Gracias por hacerme tan maravillosamente complejo!

   Tu fino trabajo es maravilloso, lo
   sé muy bien.

Tú me observabas mientras iba
   cobrando forma en secreto,

   mientras se entretejían mis partes
   en la oscuridad de la matriz.

Me viste antes de que naciera.

   Cada día de mi vida estaba registrado en tu libro.

Cada momento fue diseñado

   antes de que un solo día pasara.

Qué preciosos son tus pensamientos
   acerca de mí, oh Dios.

   ¡No se pueden enumerar!

Ni siquiera puedo contarlos;

   ¡suman más que los granos de la
   arena!

Y cuando despierto,

   ¡todavía estás conmigo!

SALMO 40:5; 139:14-18

Eres especial

—NUEVE, DIEZ, ONCE —Julia separaba meticulosamente pedacitos diminutos de arena del montón
que tenía en la mano y los dejaba caer, grano a
grano, en su balde.

—¿Lo único que harás será sentarte en esta
manta para tratar de contar la arena? —preguntó
su hermano, Rick.

—Debe haber más arena que ninguna otra cosa
en todo el mundo —exclamó Julia, ignorando a su
hermano. Rick hizo un gesto de fastidio y caminó
hacia el agua.

Julia se quedó en la manta, contando la arena.
Al ratito, su padre levantó la vista del libro que
estaba leyendo.

—¿Cómo va el cálculo? ¿Crees que llegarás a
contar toda la playa para esta tarde? —bromeó.

Julia se sacudió la arena que tenía sobre los
pies.

—Me rindo —dijo—. Ni siquiera puedo contar
un puñado. ¿Cuánta arena hay, papá?

Papá rio.

—No hay manera de que podamos empezar a
contar toda la arena que hay en el mundo —dijo—.
¿No es maravilloso?

Julia estaba desconcertada.

—¿*Maravilloso?* —preguntó—. ¿Por qué es
maravilloso?

Papá metió su mano en el bolso lleno de libros,
toallas y cremas. Sacó una Biblia pequeña y la abrió
en el Salmo 139.

—Aquí dice que sus pensamientos sobre nosotros superan los granos de la arena —dijo—.
¡Simplemente, piénsalo!

Julia llenó su balde hasta arriba con arena.
Luego, lo volcó y observó los millones de granitos
de arena vaciados.

—Sí —estuvo de acuerdo—. Es maravilloso.

¿Y TÚ? ¿A veces otros niños dicen cosas que te hacen
sentir de poco valor? Dios hizo especial a cada persona.
La próxima vez que no te sientas especial, piensa en toda
la arena que existe. Luego, dale gracias a Dios por ser tan
especial para él que los pensamientos que tiene sobre
ti superan ampliamente todos los granos de arena del
mundo. *N.E.K.*

PARA MEMORIZAR: Qué preciosos son tus pensamientos
acerca de mí, oh Dios. ¡No se pueden enumerar!
Salmo 139:17

—¡EL CHICO NUEVO DE ENFRENTE ES BUENA ONDA!
—le dijo Jasón a su madre—. Se llama Tim y tiene
dos perros.

—He notado que Sam Wellman va seguido a
su casa —comentó la madre de Jasón—. ¿Tim se
parece en algo a Sam? Sam suele tener problemas
en la escuela.

—Ay, mamá —suspiró Jasón—. No hay problema.

Entonces, Tim y Jasón empezaron a pasar
mucho tiempo juntos.

Unas semanas después, Jasón organizó dejar a
Midget, su perra, al cuidado de Tim mientras él y
sus padres pasaban fuera el fin de semana. Cuando
volvieron, Jasón llevó la perra a su casa. Mientras
pasaba por la puerta, se golpeó la punta del dedo y
se le escapó una mala palabra.

—¡Jasón! —dijo mamá.

Jasón iba de un lado al otro brincando sobre
un pie.

—Perdón. Creo que esa palabra la aprendí
de Tim.

—Entonces, tal vez sea el momento de elegir un
mejor amigo —dijo mamá.

Esa noche, Midget se rascaba sin parar. Papá
levantó la vista.

—¿Esa perra tiene pulgas?

Jasón la revisó.

—¡Sí, tiene pulgas!

—Rocíala con el polvo antipulgas —ordenó
mamá—. Y tendremos que rociar la casa. Midget
debe haberse contagiado de esas pulgas de los
perros de Tim.

Papá agregó:

—Y por eso, Jasón, es que hemos estado pre-
ocupados por tu amistad con Tim.

—¿Les preocupa que me contagie de pulgas?
—preguntó Jasón.

—No, no solo de pulgas —respondió papá—,
el pecado también es contagioso. Por ejemplo, puedes adquirir malas palabras sin darte cuenta, hasta
que se te escapan.

¿Y TÚ? ¿Estás juntándote con la gente equivocada? Ten
cuidado. Tus amigos influyen en tu vida mediante su
charla y su conducta, te des cuenta o no. Asegúrate de
que sean la clase de amigos cuya influencia te haga una
persona mejor. *B.J.W.*

PARA MEMORIZAR: No se dejen engañar por los que
dicen semejantes cosas, porque «las malas compañías
corrompen el buen carácter». *1 Corintios 15:33*

ES CONTAGIOSO

DE LA BIBLIA:

No te hagas amigo de la gente irritable,
ni te juntes con los que pierden los
estribos con facilidad,
porque aprenderás a ser como ellos
y pondrás en peligro tu alma. [...]
No envidies a la gente malvada,
ni desees su compañía.
Pues en su corazón traman violencia
y sus palabras siempre traen
problemas.

PROVERBIOS 22:24-25; 24:1-2

*Elige con cuidado
a tus amigos*

14 DE JULIO

LAS ASTILLAS Y EL PULIDO

DE LA BIBLIA:

Al soportar esta disciplina divina, recuerden que Dios los trata como a sus propios hijos. ¿Acaso alguien oyó hablar de un hijo que nunca fue disciplinado por su padre? Si Dios no los disciplina a ustedes como lo hace con todos sus hijos, quiere decir que ustedes no son verdaderamente sus hijos, sino ilegítimos. Ya que respetábamos a nuestros padres terrenales que nos disciplinaban, entonces, ¿acaso no deberíamos someternos aún más a la disciplina del Padre de nuestro espíritu, y así vivir para siempre?

Pues nuestros padres terrenales nos disciplinaron durante algunos años e hicieron lo mejor que pudieron, pero la disciplina de Dios siempre es buena para nosotros, a fin de que participemos de su santidad. Ninguna disciplina resulta agradable a la hora de recibirla. Al contrario, ¡es dolorosa! Pero después, produce la apacible cosecha de una vida recta para los que han sido entrenados por ella.

HEBREOS 12:7-11

Dale gracias a Dios por la disciplina

—¡AY! —BENJAMÍN DEJÓ DE PULIR LA PAJARERA que estaba haciendo y miró la astilla que tenía en el dedo. Fue a buscar a su madre.

Se encontraron en la puerta de la cocina.

—Iba a buscarte —dijo ella—. Me acabo de enterar de que estuviste burlándote de Todd Berry. ¿Es cierto?

—Eric empezó —murmuró Benjamín—. Además, ¡Todd es tan afeminado! —De pronto, se acordó de la astilla—. Mira, mamá. La madera áspera de mi pajarera me hizo esto.

—Será mejor que la quitemos antes de que comience a infectarse —dijo mamá. Buscó una aguja y unas pincitas y, delicadamente, trabajó en el dedo de Benjamín. Por fin levantó la astilla, triunfante.

Benjamín miró su dedo adolorido.

—Gracias, mamá —dijo—. ¡Iré a pulir esa vieja pajarera para que no lo haga otra vez!

—¿Sabes? —dijo mamá—, así como la madera áspera te clavó una astilla, tú le clavaste una "astilla" a Todd. Lo heriste con tus palabras y con tu comportamiento. ¿Se te ocurre alguna manera de quitar esa "astilla"?

Benjamín bajó la mirada.

—Lo siento —dijo, finalmente—. También le diré a Todd que lo siento.

—Eso debería ayudar —dijo mamá—. También deberías confesarle a Dios lo que hiciste y pedirle perdón. Y hay algo más: tu padre y yo ya hemos hablado contigo de este problema. Esta vez tendremos que "pulirte" un poco para ayudarte a evitar que claves más "astillas". Eso quiere decir que estarás castigado durante algunos días.

¿Y TÚ? ¿Tienes bordes ásperos que clavan «astillas» en otras personas? ¿Dices cosas desagradables? ¿Te niegas a compartir? ¿Desprecias a los demás? Dale gracias a Dios por tus padres, quienes te ayudan a «pulirte» para que seas una mejor persona. *H.W.M.*

PARA MEMORIZAR: Ninguna disciplina resulta agradable a la hora de recibirla. Al contrario, ¡es dolorosa! Pero después, produce la apacible cosecha de una vida recta para los que han sido entrenados por ella. *Hebreos 12:11*

—**SE VE BIEN, MUCHACHOS.** —Brent tomó distancia y examinó el costado del granero. Él y sus hermanos menores, Eric y Nate, estaban ocupados pintando, y Brent supervisaba. Antes, él había ayudado a su papá a pintar; por eso ahora les enseñaba a sus hermanos cómo hacerlo.

Mientras trabajaban, la conversación de los muchachos se centró en su amigo, Keith, un vecino.

—Keith me preguntó algunas cosas sobre nuestra iglesia —dijo Nate.

—Tal vez deberíamos pedirle al pastor que pase a saludar a su familia —sugirió Brent.

—Claro —coincidió Eric—. El trabajo del pastor es hablarles de Jesús.

Poco después, su madre salió trayendo una bandeja con galletas y leche.

—Brent —dijo—, ya que eras el único que sabía pintar, ¿por qué papá no te pidió que pintaras solo el granero?

—Porque el trabajo era demasiado grande para una persona —dijo Brent.

—Papá pensó que Brent podría enseñarnos a pintar a Nate y a mí —agregó Eric.

—Así es —respondió su madre—. Pero te escuché decir que es el trabajo del pastor hablarles a otras personas acerca de Jesús. Esa tarea también es demasiado grande para una sola persona. La Biblia dice que el principal trabajo del pastor es enseñarles a las personas de su iglesia cómo hablarles de Jesús a los demás.

—Él lo hace en los sermones —observó Nate.

La madre asintió.

—El pastor nos enseña cómo hablarles a otros acerca de Jesús, así como Brent les enseñó a ti y a Eric cómo pintar el granero.

—Me parece lógico —dijo Brent—. Será mejor que prestemos más atención para estar preparados para responder las preguntas de Keith.

¿Y TÚ? ¿Escuchas con atención a tu pastor? ¿Haces todo lo posible para servir a Dios? Para servir, también es necesario que te capacites o que te prepares. El Señor usa a los pastores para ayudar con gran parte de esa capacitación. *T.V.B.*

PARA MEMORIZAR: Ahora bien, Cristo dio los siguientes dones a la iglesia: los apóstoles, los profetas, los evangelistas, y los pastores y maestros. Ellos tienen la responsabilidad de preparar al pueblo de Dios para que lleve a cabo la obra de Dios y edifique la iglesia, es decir, el cuerpo de Cristo. *Efesios 4:11-12*

15 DE JULIO

EL TESTIGO

(Primera parte)

DE LA BIBLIA:

Ahora bien, Cristo dio los siguientes dones a la iglesia: los apóstoles, los profetas, los evangelistas, y los pastores y maestros. Ellos tienen la responsabilidad de preparar al pueblo de Dios para que lleve a cabo la obra de Dios y edifique la iglesia, es decir, el cuerpo de Cristo. Ese proceso continuará hasta que todos alcancemos tal unidad en nuestra fe y conocimiento del Hijo de Dios que seamos maduros en el Señor, es decir, hasta que lleguemos a la plena y completa medida de Cristo.

EFESIOS 4:11-13

Aprende de tu pastor

16 DE JULIO

EL TESTIGO

(Segunda parte)

DE LA BIBLIA:

Cuando iba de camino, ya cerca de Damasco, como al mediodía, de repente una intensa luz del cielo brilló alrededor de mí. Caí al suelo y oí una voz que me decía: «Saulo, Saulo, ¿por qué me persigues?».

«¿Quién eres, señor?», pregunté.

Y la voz contestó: «Yo soy Jesús de Nazaret, a quien tú persigues». La gente que iba conmigo vio la luz pero no entendió la voz que me hablaba.

Yo pregunté: «¿Qué debo hacer, Señor?».

Y el Señor me dijo: «Levántate y entra en Damasco, allí se te dirá todo lo que debes hacer».

Quedé ciego por la intensa luz y mis compañeros tuvieron que llevarme de la mano hasta Damasco. Allí vivía un hombre llamado Ananías. Era un hombre recto, muy devoto de la ley y muy respetado por todos los judíos de Damasco. Él llegó y se puso a mi lado y me dijo: «Hermano Saulo, recobra la vista». Y, en ese mismo instante, ¡pude verlo!

Después me dijo: «El Dios de nuestros antepasados te ha escogido para que conozcas su voluntad y para que veas al Justo y lo oigas hablar. Pues tú serás su testigo; les contarás a todos lo que has visto y oído».

HECHOS 22:6-15

Cuenta cómo te salvó Jesús

BRENT ENTRÓ EN SU CASA, corriendo y entusiasmado.

—Iré a la casa de Keith a jugar con él, madre —dijo—. ¿Cómo puedo ayudarlo a que esté seguro de que irá al cielo?

—Bueno —dijo su madre—, ¿cómo les enseñaste a tus hermanos a pintar el granero? ¿Les contaste cómo mezclaban los colores algunos de los mejores artistas del mundo? ¿O les explicaste distintos tipos de pinceladas y técnicas de pintura?

—Por supuesto que no. —Brent la miró, confundido—. Solo les dije lo que me había dicho papá y les mostré cómo lo hice yo.

Su madre asintió.

—Empezaste con tu propia experiencia, ¿cierto? ¿Por qué no haces lo mismo cuando le hables del Señor a Keith? —propuso—. Cuéntale cómo te convertiste en un cristiano. Eso es lo que el apóstol Pablo hacía a menudo.

Más tarde, ese día, Brent fue a la casa de Keith.

—Hola, Brent —dijo Keith—. Pasa y mira el avión a escala en el que he estado trabajando.

Brent miró el avión a escala.

—¡Guau! —exclamó—. ¿Dónde lo conseguiste?

—Mi tío Fred me lo regaló. Él iba a ayudarme a armarlo, pero tuvo un paro cardíaco y murió antes de que pudiera empezar —dijo Keith con tristeza—. Realmente lo extraño.

—Lamento que tu tío haya muerto —respondió Brent—. Una vez me dijiste que estabas seguro de que él se había ido al cielo. ¿Por qué dijiste eso?

—Él me lo dijo —contestó Keith—. Tenía que ver con Jesús, pero nunca le presté demasiada atención. Ojalá lo hubiera hecho.

—Yo estoy seguro de que iré al cielo cuando muera —respondió Brent—. ¿Quieres que te diga por qué?

—¡Claro! —exclamó Keith.

¿Y TÚ? ¿Les hablas de Jesús a tus amigos? Las palabras del versículo para memorizar de hoy fueron dadas al apóstol Pablo. Apréndelas y aplícalas a tu propia vida. Cuéntales a tus amigos lo que Jesús hizo por ti. *T.V.B.*

PARA MEMORIZAR: Pues tú serás su testigo; les contarás a todos lo que has visto y oído. *Hechos 22:15*

—AY, ESTA CARTA PARA LA ABUELA está tan sucia —gimió Sara.

Mamá miró el papel que Sara tenía en la mano.

—¿Cómo hiciste para mancharla tanto? —preguntó.

—Borré un párrafo completo y lo escribí nuevamente —explicó Sara.

—Bueno, si quieres enviarla hoy, tendrás que dejarla como está —replicó su madre—. La abuela entenderá. —De manera que Sara selló el sobre y lo metió en el buzón.

Más tarde, Sara parecía triste. Su madre le preguntó:

—¿Hay algo que te moleste, cariño?

Sara respondió con voz temblorosa:

—Me parece que ya no le agrado a Jana. Desde que agarré su muñeca, realmente no quiere jugar conmigo. Se la devolví y le pedí disculpas. Dijo que me había perdonado, pero no actúa como si lo hubiera hecho. —Una lágrima corrió por la mejilla de Sara.

—¿Le dijiste a Jesús que estabas arrepentida de verdad? —preguntó su madre. Sara asintió—. Entonces —dijo mamá—, Dios ya te perdonó. Y creo que Jana también lo hizo, pero tal vez lleve un tiempo recuperar su confianza. —Su madre la abrazó—. ¿Recuerdas cómo borraste una parte de la carta que le habías escrito a la abuela y la hoja quedó manchada? La vida es así. Cada día de nuestra vida escribimos una página. A veces pecamos y necesitamos que Jesús borre esos pecados. Pero las personas que conocemos todavía ven las páginas manchadas. Así que ten paciencia con Jana. Demuéstrale que puede confiar en ti.

¿Y TÚ? ¿Has arruinado una página de tu vida? Si estás realmente arrepentido y le confiesas tu pecado a Dios, él te perdonará. En lo que respecta a Dios, ese pecado está completamente borrado. Pero, de todas maneras, el pecado deja su marca. Sé paciente cuando otros necesiten tiempo antes de que puedan volver a confiar plenamente en ti. *H.W.M.*

PARA MEMORIZAR: Por lo tanto, procuremos que haya armonía en la iglesia y tratemos de edificarnos unos a otros. *Romanos 14:19*

17 DE JULIO

LA PÁGINA MANCHADA

DE LA BIBLIA:

Pues no vivimos para nosotros mismos ni morimos para nosotros mismos. Si vivimos, es para honrar al Señor, y si morimos, es para honrar al Señor. Entonces, tanto si vivimos como si morimos, pertenecemos al Señor. [...]

Pues el reino de Dios no se trata de lo que comemos o bebemos, sino de llevar una vida de bondad, paz y alegría en el Espíritu Santo. Si tú sirves a Cristo con esa actitud, agradarás a Dios y también tendrás la aprobación de los demás. Por lo tanto, procuremos que haya armonía en la iglesia y tratemos de edificarnos unos a otros.

ROMANOS 14:7-8, 17-19

El pecado deja su marca

18 DE JULIO

REFLEJOS

DE LA BIBLIA:

Cuando Moisés descendió del monte Sinaí con las dos tablas de piedra grabadas con las condiciones del pacto, no se daba cuenta de que su rostro resplandecía porque había hablado con el SEÑOR. Así que, cuando Aarón y el pueblo de Israel vieron el resplandor del rostro de Moisés, tuvieron miedo de acercarse a él.

Sin embargo, Moisés llamó a Aarón y a los jefes de la comunidad, les pidió que se acercaran y habló con ellos. Luego, todo el pueblo de Israel se acercó y Moisés les transmitió todas las instrucciones que el SEÑOR le había dado en el monte Sinaí. Cuando Moisés terminó de hablar con ellos, se cubrió el rostro con un velo. Pero cada vez que entraba en la carpa de reunión para hablar con el SEÑOR, se quitaba el velo hasta que salía de ella. Después le transmitía al pueblo las instrucciones que el SEÑOR le daba, y el pueblo de Israel veía el brillante resplandor de su rostro. Así que él volvía a cubrirse el rostro con el velo hasta que entraba nuevamente a hablar con el SEÑOR.

ÉXODO 34:29-35

Refleja a Jesús

—¿Y BIEN? —LISA MIRÓ A SU HERMANA, BETH—. ¿Me parezco a Tara? —Lisa sostenía la fotografía de una revista debajo de su mentón, como si estuviera mirándose al espejo. Había trabajado durante un buen rato para arreglarse el cabello como el de la estrella de cine.

Beth se encogió de hombros.

—Un poco, quizás. Vamos, tenemos que irnos.

Estaban camino al lago cuando Lisa volvió a mencionar a la estrella de películas:

—Tara es hermosísima —suspiró Lisa.

—¿Por qué quieres ser como ella? —preguntó Beth.

—¿No se ha casado varias veces? —preguntó mamá.

—Pero esta revista dice que lleva la vida más emocionante del mundo —dijo Lisa.

Cuando llegaron al lago, salieron rápidamente del auto. Poco después, estaban disfrutando de un almuerzo al aire libre.

—El lago está encantador. Miren lo azul que está —comentó mamá.

—Sin embargo, el agua no es azul, en realidad —dijo papá—. Está reflejando el cielo.

Después del almuerzo al aire libre se divirtieron caminando, pescando y nadando.

—Parece que va a llover —dijo papá cuando observó las nubes que se habían juntado—. Será mejor que nos vayamos.

—Miren el lago ahora. —Mamá señaló el agua.

—Ahora está gris. Está reflejando las nubes —dijo Beth.

—Y ya no se ve hermoso —acotó Lisa.

—El lago no puede elegir qué reflejar —dijo mamá—, pero nosotros sí podemos elegirlo.

Lisa sabía que mamá estaba pensando en Tara Tartón. *La vida de Tara es gris comparada con la hermosa vida de Jesús*, reconoció Lisa para sí misma. *Yo debería reflejarlo a él.*

¿Y TÚ? ¿Tu vida refleja la belleza de Jesús? Comparada con la suya, la vida de cualquier cantante, jugador de fútbol o de cualquiera de tus amistades o familiares es gris. Refleja a Jesús y su manera de vivir, no la de cualquier otra persona. *K.R.A.*

PARA MEMORIZAR: Así que, todos nosotros, a quienes nos ha sido quitado el velo, podemos ver y reflejar la gloria del Señor. El Señor, quien es el Espíritu, nos hace más y más parecidos a él a medida que somos transformados a su gloriosa imagen. *2 Corintios 3:18*

ME GUSTARÍA QUE ESTA SENSACIÓN NUNCA SE TERMI-NARA, pensó Juliana mientras estaba sentada bajo las estrellas con su grupo de jóvenes. Mientras ella y sus amigos cristianos cantaban alabanzas a Dios, se sintió más cerca de él que antes, y supo que el lunes en la mañana no se sentiría de la misma manera. *Los lunes no me siento cerca de Dios; tal vez él no sea real en lo más mínimo.* Juliana trató de olvidar estos pensamientos, pero no lo logró.

Cuando Juliana llegó a su casa al día siguiente, su mamá estaba ocupada preparando la cena.

—Mi prima, Paulina, vendrá a cenar —explicó mamá.

—No sabía que tenías una prima —dijo Juliana, poniéndose a ayudarla.

Durante toda la cena, Paulina divirtió a la familia contándoles historias graciosas de la infancia de mamá.

—Me alegro de haberte conocido —le dijo Juliana—. Y pensar que hace solo unas horas, no sabía siquiera que existías.

—Qué vergüenza que tu mamá no me haya mencionado —dijo Paulina guiñándole un ojo—. Pero todo el tiempo he estado aquí.

Juliana se quedó pensando en esas palabras. La existencia de la prima Paulina no dependía de que Juliana la conociera ni de que «sintiera su presencia». Lo mismo pasaba con Dios. Juliana había dudado de que Dios fuera real porque no siempre sentía su presencia.

—Cuéntanos del retiro —le propuso mamá.

—Estuvo genial —dijo Juliana—. Realmente excelente.

¿Y TÚ? ¿Alguna vez te sentiste muy cerca de Dios, pero luego dudaste de su presencia cuando dejaste de sentirte de esa manera? Es bueno sentir la presencia de Dios, pero es importante que sepas que él está ahí lo «sientas» o no. *K.R.A.*

PARA MEMORIZAR: Entonces Jesús le dijo: «Tú crees porque me has visto; benditos son los que creen sin verme». *Juan 20:29*

---

19 DE JULIO

BASTA DE DUDAS

DE LA BIBLIA:

Tomás, uno de los doce discípulos (al que apodaban el Gemelo), no estaba con los otros cuando llegó Jesús. Ellos le contaron:

—¡Hemos visto al Señor!

Pero él respondió:

—No lo creeré a menos que vea las heridas de los clavos en sus manos, meta mis dedos en ellas y ponga mi mano dentro de la herida de su costado.

Ocho días después, los discípulos estaban juntos de nuevo, y esa vez Tomás se encontraba con ellos. Las puertas estaban bien cerradas; pero de pronto, igual que antes, Jesús estaba de pie en medio de ellos y dijo: «La paz sea con ustedes». Entonces le dijo a Tomás:

—Pon tu dedo aquí y mira mis manos; mete tu mano en la herida de mi costado. Ya no seas incrédulo. ¡Cree!

—¡Mi Señor y mi Dios! —exclamó Tomás.

Entonces Jesús le dijo:

—Tú crees porque me has visto; benditos son los que creen sin verme.

Los discípulos vieron a Jesús hacer muchas otras señales milagrosas además de las registradas en este libro.

JUAN 20:24-30

Confía en la Palabra de Dios, no en tus sentimientos

20 DE JULIO

EL DADOR QUE SE DEJA ESCURRIR

DE LA BIBLIA:

Recuerden lo siguiente: un agricultor que siembra solo unas cuantas semillas obtendrá una cosecha pequeña. Pero el que siembra abundantemente obtendrá una cosecha abundante. Cada uno debe decidir en su corazón cuánto dar; y no den de mala gana ni bajo presión, «porque Dios ama a la persona que da con alegría». Y Dios proveerá con generosidad todo lo que necesiten. Entonces siempre tendrán todo lo necesario y habrá bastante de sobra para compartir con otros. Como dicen las Escrituras:

«Comparten con libertad y dan con generosidad a los pobres.

Sus buenas acciones serán recordadas para siempre».

2 CORINTIOS 9:6-9

Da con alegría

—ACAMPAR ES DIVERTIDO, pero seguro que es más fácil lavar la ropa en casa, ¿verdad? —observó Jody.

—Sí —estuvo de acuerdo mamá mientras escurría una camisa con cuentas y la retorcía con fuerza—. Por favor, ¿podrías colgar esto por mí?

—Claro. —Jody colgó la camisa en el tendedero—. ¿Puedo exprimir este suéter ahora? —preguntó.

—Ah, no lo estrujes —dijo su madre—. Solo exprímelo suavemente y enróllalo sobre una toalla. Estrujarlo no sería bueno para esa tela—. Giró hacia un tercer grupo de prendas—. Ahora —dijo— estas se secan escurriéndose. Solo cuélgalas.

Ese día, más tarde, papá le dio a Jody su mesada. Ella miró el dinero que tenía en la mano.

—¿Estaría bien si mañana pusiera todo en la ofrenda para los misioneros de la iglesia? —preguntó de pronto—. Como estamos acampando, realmente no necesito nada de dinero esta semana.

Mamá sonrió.

—Has mejorado mucho en tu manera de ofrendar. ¿Recuerdas la primera vez que recibiste tu mesada? Te insistimos para que dieras el diezmo al Señor, y lo hiciste. Pero no estabas feliz de hacerlo —le recordó mamá—. Parecía que había que "exprimirte", como exprimí el agua de la camisa con cuentas esta mañana. Luego dabas tu diezmo por voluntad propia, pero era lo único que ofrendabas. Era como si te dejaras "exprimir suavemente" para dar esa cantidad. Estoy al tanto de que ahora, muchas veces ofrendas de más. Me recuerda a las prendas que se escurren, en las que el agua cae libremente.

—Esa es la clase de dador que Dios prefiere —agregó papá—. El que da con libertad.

¿Y TÚ? ¿Qué clase de dador eres? ¿Ofrendas únicamente porque debes hacerlo? ¿O le das al Señor una parte de tu dinero con alegría? *H.W.M.*

PARA MEMORIZAR: Recuerden lo siguiente: un agricultor que siembra solo unas cuantas semillas obtendrá una cosecha pequeña. Pero el que siembra abundantemente obtendrá una cosecha abundante. *2 Corintios 9:6*

—¡VALERIA, AQUÍ! —Sorprendida, Valeria alzó la vista al escuchar la voz de su madre. ¿Por qué mamá venía a buscarla a la salida de la escuela?—. Pensé que quizás te gustaría ir a la tienda de regalos conmigo —dijo mamá.

Habían avanzado varias cuadras cuando Valeria espetó:

—Mamá, soy la única en mi clase que no mira películas de terror. No me gusta ser la rara del grupo.

—Sé que no es fácil ser diferente, Val —dijo mamá mientras entraba en el estacionamiento.

Valeria suspiró.

—Nuestro versículo del domingo fue acerca de ser "un pueblo elegido".

Mamá se rio.

—Elegido quiere decir: "una adquisición especial", un tesoro fuera de lo común para Dios —explicó mientras salían del auto. Dentro de la tienda, mamá dijo—: Veamos los floreros. Me gustaría hacer un arreglo floral nuevo para el piano.

Valeria inmediatamente vio el florero que quería.

Después de mirar la etiqueta del precio, mamá se rio.

—Solo tú podías elegir el más caro de toda la tienda.

—¿Por qué es tan caro? —preguntó Valeria.

—Está hecho a mano —explicó su madre—. Los demás fueron hechos con moldes y, básicamente, son todos parecidos. Este florero es único.

—Como yo —dijo Valeria, sonriente—. Un tesoro fuera de lo común: una adquisición especial.

—Así es. Y nunca dejes que el mundo te meta a la fuerza en su molde. —Mamá tomó el florero—. Compremos este. Será un recordatorio de que somos muy especiales para Dios.

¿Y TÚ? ¿A veces te sientes como el raro del grupo porque tienes que defender lo que está bien? Recuerda que eres un tesoro especial de Dios. Está bien ser diferente. *B.J.W.*

PARA MEMORIZAR: Pero ustedes no son así porque son un pueblo elegido. Son sacerdotes del Rey, una nación santa, posesión exclusiva de Dios. Por eso pueden mostrar a otros la bondad de Dios, pues él los ha llamado a salir de la oscuridad y entrar en su luz maravillosa. *1 Pedro 2:9*

21 DE JULIO

UNA ADQUISICIÓN ESPECIAL

DE LA BIBLIA:

Sin embargo, la verdad de Dios se mantiene firme como una piedra de cimiento con la siguiente inscripción: «El Señor conoce a los que son suyos», y «Todos los que pertenecen al Señor deben apartarse de la maldad».

En una casa de ricos, algunos utensilios son de oro y plata, y otros son de madera y barro. Los utensilios costosos se usan en ocasiones especiales, mientras que los baratos son para el uso diario. Si te mantienes puro, serás un utensilio especial para uso honorable. Tu vida será limpia, y estarás listo para que el Maestro te use en toda buena obra.

Huye de todo lo que estimule las pasiones juveniles. En cambio, sigue la vida recta, la fidelidad, el amor y la paz. Disfruta del compañerismo de los que invocan al Señor con un corazón puro.

2 TIMOTEO 2:19-22

Atrévete a ser diferente

22 DE JULIO

ENSEÑANZAS DE LAS VACACIONES

(Primera parte)

DE LA BIBLIA:

Así es, de la misma manera que puedes identificar un árbol por su fruto, puedes identificar a la gente por sus acciones.

No todo el que me llama: «¡Señor, Señor!» entrará en el reino del cielo. Solo entrarán aquellos que verdaderamente hacen la voluntad de mi Padre que está en el cielo. El día del juicio, muchos me dirán: «¡Señor, Señor! Profetizamos en tu nombre, expulsamos demonios en tu nombre e hicimos muchos milagros en tu nombre». Pero yo les responderé: «Nunca los conocí. Aléjense de mí, ustedes, que violan las leyes de Dios».

MATEO 7:20-23

Actuar como «cristiano» no te salvará

KAREN ANSIABA PASAR PARTE DEL VERANO con su tía en Colorado. Su tía Deb no solo era su preferida, sino que además era dueña de una joyería en la cual a Karen le fascinaba dar vueltas, mirando todas las piedras preciosas.

—¿Esto es un rubí? —preguntó Karen el primer día que visitó la tienda—. Se parece al que le regalaste a mamá para su cumpleaños.

—No es exactamente el mismo —respondió tía Deb—. El de tu madre es auténtico. Este es sintético o artificial.

Tomando el anillo, Karen lo observó atentamente.

—¿Qué es sintético?

Tía Deb se rio.

—Bueno, supongo que tú lo llamarías falso. No es un rubí auténtico. Parece un rubí, y la mayoría de las personas no se dan cuenta de la diferencia. Pero el ojo entrenado sabe que esto no es auténtico.

—Muchas personas podrían ser engañadas —comentó Karen, volviendo a guardar el anillo.

Luego de un instante, tía Deb preguntó:

—¿Sabías que hay cristianos que son artificiales?

—¿Cristianos artificiales? —repitió Karen—. ¿A qué te refieres?

—La Biblia dice que algunas personas no han nacido de nuevo realmente —explicó tía Deb—. Solo fingen ser cristianos. Se comportan como tales por fuera, pero no ha habido ningún cambio en su interior. Son falsos, artificiales. Pero Dios sabe quién es real y quién está aparentando.

Karen pensó en el tema. Se alegraba de poder decir que ella realmente era cristiana, y no era meramente artificial.

¿Y TÚ? ¿Crees que eres cristiano porque tus padres son cristianos o porque vives una vida «buena» y haces todas las cosas que ves hacer a otros cristianos? Las cosas no funcionan así. La manera de nacer de nuevo es comprometiéndote personalmente con Cristo. *R.I.J.*

PARA MEMORIZAR: No todo el que me llama: «¡Señor, Señor!» entrará en el reino del cielo. Solo entrarán aquellos que verdaderamente hacen la voluntad de mi Padre que está en el cielo. *Mateo 7:21*

—ESTA NOCHE TENDREMOS COMPAÑÍA —le anunció tía Deb a Karen—. Saquemos los cubiertos buenos y ¿pondrías la mesa, por favor?

Karen fue al armario donde sabía que su tía guardaba los cubiertos de plata y los sacó con cuidado. Cuando abrió la caja, su rostro se transformó por la sorpresa.

—Tía Deb —dijo en voz alta—, los cubiertos de plata están todos negros y se ven horribles.

Tía Deb fue al comedor y miró los cubiertos de plata.

—Ay, por supuesto —dijo—. Hace un tiempo que no los uso. Tendremos que limpiarlos antes de poder usarlos. Te ayudaré.

Karen y su tía se pusieron a pulir la plata manchada.

—Si la plata es un metal tan precioso, ¿cómo puede ponerse así de negra? —preguntó Karen.

—No sé exactamente por qué pasa esto —respondió tía Deb—, pero lo que sí sé es que cuánto más tiempo pasa guardada en una caja o en un cajón, sin ser usada, es más probable que pierda brillo. Afortunadamente se puede pulir otra vez.

—Un poco como los cristianos —dijo Karen calladamente. Se acordó de un mensaje sobre cómo los cristianos deben mantenerse limpios y resplandecientes, listos para que el Señor los use. Le mencionó el ejemplo a su tía.

—Tienes tanta razón —coincidió tía Deb—. Deberíamos presentarnos todos los días ante Dios, confesar nuestro pecado y pedirle que nos ayude a no perder nuestro brillo.

¿Y TÚ? Si Dios quiere que hagas algo para él, ¿estás preparado para su obra? No permitas que el pecado entre en tu vida y se instale allí. Necesitas confesar tu pecado y recibir el perdón de Dios. No debes volver a ese pecado, sino apartarte de él. Entonces estarás listo para cualquier tarea que Dios tenga para ti. *R.I.J.*

PARA MEMORIZAR: Adviértanse unos a otros todos los días mientras dure ese «hoy», para que ninguno sea engañado por el pecado y se endurezca contra Dios. *Hebreos 3:13*

ENSEÑANZAS DE LAS VACACIONES

(Segunda parte)

DE LA BIBLIA:

¿Qué armonía puede haber entre Cristo y el diablo? ¿Cómo puede un creyente asociarse con un incrédulo? ¿Y qué clase de unión puede haber entre el templo de Dios y los ídolos? Pues nosotros somos el templo del Dios viviente. Como dijo Dios:

«Viviré en ellos

y caminaré entre ellos.

Yo seré su Dios,

y ellos serán mi pueblo.

Por lo tanto, salgan de entre los incrédulos

y apártense de ellos, dice el SEÑOR.

No toquen sus cosas inmundas,

y yo los recibiré a ustedes.

Y yo seré su Padre,

y ustedes serán mis hijos e hijas,

dice el SEÑOR Todopoderoso».

Queridos amigos, dado que tenemos estas promesas, limpiémonos de todo lo que pueda contaminar nuestro cuerpo o espíritu. Y procuremos alcanzar una completa santidad porque tememos a Dios.

2 CORINTIOS 6:15—7:1

Mantén limpia tu vida

24 DE JULIO

ENSEÑANZAS DE LAS VACACIONES

(Tercera parte)

DE LA BIBLIA:

Cuando los israelitas vieron que Moisés tardaba tanto en bajar del monte, se juntaron alrededor de Aarón y le dijeron:

—Vamos, haznos dioses que puedan guiarnos. No sabemos qué le sucedió a ese tipo, Moisés, el que nos trajo aquí desde la tierra de Egipto.

Aarón les respondió:

—Quítenles a sus esposas, hijos e hijas los aretes de oro que llevan en las orejas y tráiganmelos.

Todos se quitaron los aretes que llevaban en las orejas y se los llevaron a Aarón. Entonces Aarón tomó el oro, lo fundió y lo moldeó hasta darle la forma de un becerro. Cuando los israelitas vieron el becerro de oro, exclamaron: «¡Oh Israel, estos son los dioses que te sacaron de la tierra de Egipto!».

ÉXODO 32:1-4

Dios está primero; luego, las cosas

KAREN SEGUÍA PASANDO MUCHO TIEMPO en la joyería de su tía, y había leído varios libros sobre joyas.

—¿Leíste este libro? —le preguntó su tía una noche—. Creo que es mi favorito.

Karen sacudió la cabeza.

—¿De qué trata?

Tía Deb empezó a pasar las páginas del libro.

—Es algo así como la historia de las piedras preciosas —explicó—. Por ejemplo, este capítulo habla de cómo las piedras preciosas llegaron a ser tan importantes en la antigüedad. Relata cómo se hacían los tallados y las inscripciones en las gemas más duras, las que no se quebraban ni se rompían fácilmente. Eso las hizo muy valiosas. Pero entonces sucedió algo terrible.

—¿Qué sucedió? —preguntó Karen.

—Las personas empezaron a usar estas piedras en sus ceremonias de adoración —explicó tía Deb—. De hecho, empezaron a adorar a las piedras en lugar de adorar a Dios.

—Oh, eso es terrible —estuvo de acuerdo Karen.

Tía Deb asintió.

—Aun hoy, los cristianos adoran cosas en lugar de adorar a Dios.

Karen apenas podía creerlo.

—Yo no pondría nada antes que el Señor, ¿y tú?

Su tía negó con la cabeza.

—No tengo la intención de hacerlo —dijo—, pero debo confesar que a veces las cosas son tan importantes para mí, que las prioridades se me mezclan. A menudo, las cosas no son malas en sí mismas; pero a veces dejo que el trabajo, la televisión, la ropa o un montón de otras cosas sean tan importantes para mí, que olvido que le pertenezco a Dios. Debería entregarle mi lealtad a él.

¿Y TÚ? Parece improbable que alguna vez pudieras crear un ídolo para adorar como hicieron los israelitas. Y probablemente tampoco elegirías ningún objeto ante el cual postrarte. Pero ¿hay cosas en tu vida que se han vuelto tan importantes que te olvidas de Dios? ¡Examínate! *R.I.J.*

PARA MEMORIZAR: Y este mundo se acaba junto con todo lo que la gente tanto desea; pero el que hace lo que a Dios le agrada vivirá para siempre. *1 Juan 2:17*

ENSEÑANZAS DE LAS VACACIONES

(Cuarta parte)

DE LA BIBLIA:

KAREN HABÍA DISFRUTADO SUS VACACIONES, pero había llegado el momento de volver a casa. El día que se iba, tía Deb le dio un pequeño pendiente de oro ¡con una piedrita de diamante auténtico! Karen chilló de alegría y abrazó a su tía. El anillo que tía Deb tenía en su propia mano destelló intensamente a la luz.

Karen nunca había estudiado el anillo de diamante de tía Deb. Ahora, sostenía la mano de su tía y la dio vuelta hasta que la luz hizo brillar aún más el anillo.

—Mi mamá también tiene un diamante —dijo—, ¡y eso es lo que quiero algún día!

Tía Deb se rio.

—Algún joven te mostrará cuánto te ama cuando te regale un diamante, ¡pero espero que eso no ocurra por mucho tiempo! —Hizo una pausa y pensó—. Dios nos regaló mucho más que un diamante. Nos dio a su Hijo. Tanto era lo que nos amaba.

Mucho tiempo atrás, Karen había aprendido un versículo que parecía adecuado para lo que su tía estaba diciendo.

—Pues Dios amó tanto al mundo que dio a su único Hijo, para que todo el que crea en él no se pierda, sino que tenga vida eterna —citó para su tía—. Eso dice Juan 3:16 —agregó.

—Sí, y eso demuestra cuánto nos ama Dios —dijo tía Deb—. Los hombres les obsequian diamantes a las mujeres que aman, pero Dios nos dio a su propio Hijo.

Y, así como Moisés levantó la serpiente de bronce en un poste en el desierto, así deberá ser levantado el Hijo del Hombre, para que todo el que crea en él tenga vida eterna.

Pues Dios amó tanto al mundo que dio a su único Hijo, para que todo el que crea en él no se pierda, sino que tenga vida eterna. Dios no envió a su Hijo al mundo para condenar al mundo, sino para salvarlo por medio de él.

No hay condenación para todo el que cree en él, pero todo el que no cree en él ya ha sido condenado por no haber creído en el único Hijo de Dios.

JUAN 3:14-18

Dios nos dio a Jesús

¿Y TÚ? ¿Alguna vez pensaste seriamente en lo que Dios le dio a este mundo, y a ti? No era algo hecho por el hombre. No era algo que tuvieras que comprar. No era un objeto que solo debía brillar. Era su propio Hijo, Jesús. ¿Has aceptado su regalo de amor? ¿Le has dado las gracias de verdad por ese regalo maravilloso e invaluable? *R.I.J.*

PARA MEMORIZAR: En esto consiste el amor verdadero: no en que nosotros hayamos amado a Dios, sino en que él nos amó a nosotros y envió a su Hijo como sacrificio para quitar nuestros pecados. *1 Juan 4:10*

26 DE JULIO

AJUSTAR LAS CUENTAS

DE LA BIBLIA:

Han oído la ley que dice que el castigo debe ser acorde a la gravedad del daño: «Ojo por ojo, y diente por diente». Pero yo digo: no resistas a la persona mala. Si alguien te da una bofetada en la mejilla derecha, ofrécele también la otra mejilla. Si te demandan ante el tribunal y te quitan la camisa, dales también tu abrigo. Si un soldado te exige que lleves su equipo por un kilómetro, llévalo dos. Dales a los que te pidan y no des la espalda a quienes te pidan prestado.

Han oído la ley que dice: «Ama a tu prójimo» y odia a tu enemigo. Pero yo digo: ¡ama a tus enemigos! ¡Ora por los que te persiguen! De esa manera, estarás actuando como verdadero hijo de tu Padre que está en el cielo. Pues él da la luz de su sol tanto a los malos como a los buenos y envía la lluvia sobre los justos y los injustos por igual. Si solo amas a quienes te aman, ¿qué recompensa hay por eso? Hasta los corruptos cobradores de impuestos hacen lo mismo. Si eres amable solo con tus amigos, ¿en qué te diferencias de cualquier otro? Hasta los paganos hacen lo mismo.

MATEO 5:38-47

Devuelve bien por mal

—¡AYYY! NO LOGRO QUE ESTA CHEQUERA CUADRE con el estado de cuenta del banco —se quejó mamá.

Papá miró por encima de su hombro.

—La semana pasada escribí un cheque por veinte dólares para la ferretería de Hanson —dijo—. ¿Está registrado en la chequera?

Mamá revisó rápidamente el registro de los cheques.

—No, no está. Eso es útil, pero todavía no cuadra.

—¡Madre! ¡Madre! —Esteban irrumpió en la sala—. ¡Melissa me golpeó!

—¡Pero él me golpeó primero! —chilló Melissa.

—Bueno, te debía una por la vez pasada —gritó Esteban—. La Biblia dice que si alguien te golpea, ¡tienes derecho a devolverle el golpe!

Mamá se quedó sin aliento.

—¡Pero, hijo! Eso no es para nada lo que enseña la Biblia.

—Sí, es así —contestó Esteban firmemente—. El Antiguo Testamento dice: "Cualquier cosa que alguien haga para herir a otra persona deberá ser devuelta del mismo modo".

—Siéntense —ordenó su padre—. Ese pasaje no habla de venganza personal. Fue anunciado como una ley civil para garantizar justicia en el pueblo de Israel. Las personas que devuelven golpe por golpe descubren que nunca saldan sus cuentas.

Mamá suspiró.

—Eso se parece a mi chequera. Las cuentas no me ajustan.

Papá asintió.

—Jesús acabó con la ley de la venganza. Él nos dijo que devolviéramos bien por mal. Esa es la única manera de ajustar cuentas.

—Te refieres a que cuando Esteban me golpea, ¿se supone que tengo que hacer algo bueno por él? —preguntó Melissa—. ¡Eso es demasiado difícil!

Su padre asintió otra vez.

—Dios dice que venzamos el mal con el bien.

Esteban y Melissa se miraron y suspiraron.

—Lo intentaremos —dijeron al unísono.

¿Y TÚ? ¿Llevas la cuenta de las cosas malas que te hacen otros? ¿Imaginas cómo puedes devolvérselas? La manera que tiene Dios para ajustar las cuentas es hacer algo bueno por ellos. Inténtalo. *B.J.W.*

PARA MEMORIZAR: No dejen que el mal los venza, más bien venzan el mal haciendo el bien. *Romanos 12:21*

CARLA REVOLVIÓ LA GELATINA en el agua hirviendo, añadió unos cubitos de hielo y metió el recipiente con la mezcla diluida en el refrigerador para que se endureciera.

—¿Qué puedo hacer ahora? —le preguntó a su madre, luego de un rato—. Ojalá tuviera una buena amiga cristiana para jugar con ella.

—¿Daniela no es cristiana? —preguntó su madre.

Carla asintió.

—Sí, pero estoy empezando a pensar que es un caso perdido. Siempre quiere hacer las cosas a su manera y habla mal de otros chicos.

—Qué mal —dijo su madre—. Bueno, quizás sea hora de revisar tu gelatina.

Carla fue al refrigerador.

—Va bien —dijo—. Está lista para la fruta. —Agregó las bananas mientras seguía quejándose de Daniela.

—Dime algo —dijo su madre—, ¿no ha mejorado en lo más mínimo desde que se hizo cristiana?

—Sí, por supuesto —dijo Carla, asintiendo—, pero no lo suficiente. Todavía le falta un largo camino.

—Como la gelatina —dijo su madre.

—¿La gelatina? —preguntó Carla—. ¿Qué quieres decir?

—La gelatina mejoró desde que empezaste, pero también le falta mucho todavía —explicó su madre—. En su momento, estará firme y lista para comer. Eso me recuerda a los cristianos. Generalmente no se "componen" de una sola vez. Eso lleva tiempo. A medida que maduran en el Señor, mejoran su conducta exterior. Tenemos que ser pacientes con ellos.

¿Y TÚ? ¿Conoces a cristianos que necesiten mejorar mucho? ¿Oras por ellos? ¿Los ayudas llevándote bien con ellos y animándolos para que vayan a la iglesia y estudien la Palabra de Dios? ¿Eres un buen ejemplo para ellos? Dios termina lo que comienza. Él terminará lo que comenzó a hacer en ellos... y en ti. *H.W.M.*

PARA MEMORIZAR: Y estoy seguro de que Dios, quien comenzó la buena obra en ustedes, la continuará hasta que quede completamente terminada el día que Cristo Jesús vuelva. *Filipenses 1:6*

NO ES UN CASO PERDIDO

DE LA BIBLIA:

Cada vez que pienso en ustedes, le doy gracias a mi Dios. Siempre que oro, pido por todos ustedes con alegría, porque han colaborado conmigo en dar a conocer la Buena Noticia acerca de Cristo desde el momento en que la escucharon por primera vez hasta ahora. Y estoy seguro de que Dios, quien comenzó la buena obra en ustedes, la continuará hasta que quede completamente terminada el día que Cristo Jesús vuelva.

Está bien que sienta estas cosas por todos ustedes, porque ocupan un lugar especial en mi corazón. Participan conmigo del favor especial de Dios, tanto en mi prisión como al defender y confirmar la verdad de la Buena Noticia. Dios sabe cuánto los amo y los extraño con la tierna compasión de Cristo Jesús.

Le pido a Dios que el amor de ustedes desborde cada vez más y que sigan creciendo en conocimiento y entendimiento. Quiero que entiendan lo que realmente importa, a fin de que lleven una vida pura e intachable hasta el día que Cristo vuelva. Que estén siempre llenos del fruto de la salvación —es decir, el carácter justo que Jesucristo produce en su vida— porque esto traerá mucha gloria y alabanza a Dios.

FILIPENSES 1:3-11

Dios termina lo que comienza

28 DE JULIO

¿DÓNDE ESTÁ JANA?

DE LA BIBLIA:

Oh SEÑOR, has examinado mi corazón
  y sabes todo acerca de mí.
Sabes cuándo me siento y cuándo me
    levanto;
  conoces mis pensamientos aun
    cuando me encuentro lejos.
Me ves cuando viajo
  y cuando descanso en casa.
  Sabes todo lo que hago.
Sabes lo que voy a decir
  incluso antes de que lo diga, SEÑOR.
Vas delante y detrás de mí.
  Pones tu mano de bendición sobre
    mi cabeza.
Semejante conocimiento es dema-
    siado maravilloso para mí;
  ¡es tan elevado que no puedo
    entenderlo!
¡Jamás podría escaparme de tu
    Espíritu!
  ¡Jamás podría huir de tu
    presencia! [...]
Podría pedirle a la oscuridad que me
    ocultara,
  y a la luz que me rodea, que se
    convierta en noche;
  pero ni siquiera en la oscuridad
    puedo esconderme de ti.
Para ti, la noche es tan brillante
    como el día.

SALMO 139:1-7, 11-12

*No puedes esconderte
de Dios*

—¿**DÓNDE ESTÁ JANA?** —llamó Marcia con una voz cantarina mientras jugaba con su hermanita bebé una tarde—. ¿Dónde se esconde Jana? —Jana espió a través de los deditos regordetes que sostenía frente a su rostro. De repente, dejó caer la mano—. ¡Aquí está! —exclamó Marcia—. ¡Aquí está Jana! —La bebé chilló, disfrutándolo, e inmediatamente volvió a ponerse los dedos sobre los ojos, lista para empezar a jugar otra vez. Marcia también se rio—. En serio crees que estás escondiéndote de mí, ¿cierto? —dijo—. Los bebés son ridículos, ¿verdad, madre?

—A veces sí —estuvo de acuerdo su madre—. Casi tan ridículos como los adultos.

Marcia miró con desconfianza a su madre.

—¿A qué te refieres? —preguntó.

—Estaba pensando que a veces tratamos de escondernos de Dios —dijo su madre—. Hacemos algo malo y pensamos que nadie se entera. ¿No es ridículo? Solemos olvidar que Dios ve y sabe todo lo que hacemos.

Marcia asintió.

—Sé que a veces trato de esconderme —reconoció. Se rio al ver que Jana volvía a mirar a través de sus deditos—. La próxima vez que tenga la tentación de pensarlo de esa manera, recordaré lo ridículo que es.

¿Y TÚ? ¿Crees que nadie sabe que rompiste ese plato o aquel juguete? ¿Que dijiste una mentira? ¿Que robaste una galleta? Cualquier cosa que hayas hecho, Dios lo sabe. Confiésale tu pecado a él y a la persona a la que perjudicaste. Pide perdón. *H.W.M.*

PARA MEMORIZAR: «¿Puede alguien esconderse de mí en algún lugar secreto? ¿Acaso no estoy en todas partes en los cielos y en la tierra?», dice el SEÑOR. *Jeremías 23:24*

JASÓN CORRIÓ RÁPIDAMENTE AL TELÉFONO. Era su amigo Tucker.

—Disculpa, Tucker, pero no puedo ir a visitarte ahora —dijo Jasón—. Mi madre necesita que la ayude a lavar la ropa. —Jasón colgó el teléfono y empezó a ayudar a su mamá a doblar la ropa.

—Jasón, ¿por qué le dijiste a Tucker que yo te necesitaba? —preguntó mamá.

—¿No quieres que te ayude? —preguntó Jasón.

—Eso sería agradable —aceptó su madre—. Pero lo que le dijiste a Tucker no era verdad.

—En cierto sentido, era verdad —discutió Jasón—. Si necesitaras ayuda, te ayudaría. Además, no es tan malo decir cosas que no son completamente ciertas.

—Jasón —dijo mamá—, alcánzame esa camiseta que está arriba de la cesta de la ropa, por favor. ¿De qué color es?

—Es blanca —respondió Jasón—. Todas las camisetas de papá son blancas.

—Ahora, escarba hasta el fondo de la cesta y consígueme otra camiseta —le indicó mamá. Jasón parecía desconcertado, pero hizo lo que le había dicho—. ¿De qué color es? —preguntó.

Jasón la miró.

—También es blanca —dijo—, pero al lado de esta, la primera parece más amarillenta.

—Tienes razón, Jasón —asintió mamá—. Hasta que no tuviste una camiseta realmente blanca, no sabías que la primera en realidad era vieja y amarillenta. Lo mismo sucede con nosotros. Si nos comparamos con quienes nos rodean, parecería que estamos haciendo todo bien. Pero cuando nos comparamos con Jesús, vemos cuán pecadores somos. Las personas pueden creer que está bien decir "mentiritas piadosas", pero Dios dice que su Hijo, Jesús, nunca mintió ni pecó de ninguna manera. Ten la precaución de usar a Jesús como tu ejemplo, en lugar de fijarte en cómo juegan con el pecado los demás.

¿Y TÚ? ¿Tratas de vivir como Jesús? Él es el único modelo que debes usar para darle forma a tu vida. *B.B.*

PARA MEMORIZAR: Cristo sufrió por ustedes. Él es su ejemplo, y deben seguir sus pasos. *1 Pedro 2:21*

29 DE JULIO

LA CAMISETA «BLANCA»

DE LA BIBLIA:

Pues Dios los llamó a hacer lo bueno, aunque eso signifique que tengan que sufrir, tal como Cristo sufrió por ustedes. Él es su ejemplo, y deben seguir sus pasos.
Él nunca pecó
y jamás engañó a nadie.
No respondía cuando lo insultaban
ni amenazaba con vengarse cuando sufría.
Dejaba su causa en manos de Dios,
quien siempre juzga con justicia.
Él mismo cargó nuestros pecados
sobre su cuerpo en la cruz,
para que nosotros podamos estar muertos al pecado
y vivir para lo que es recto.
Por sus heridas,
ustedes son sanados.
Antes eran como ovejas
que andaban descarriadas.
Pero ahora han vuelto a su Pastor,
al Guardián de sus almas.

1 PEDRO 2:21-25

Sigue el ejemplo de Jesús

30 DE JULIO

LO CREAS O NO

DE LA BIBLIA:

—¿Cómo es posible todo esto? —preguntó Nicodemo.

Jesús le contestó:

—¿Tú eres un respetado maestro judío y aún no entiendes estas cosas? Te aseguro que les contamos lo que sabemos y hemos visto, y ustedes todavía se niegan a creer nuestro testimonio. Ahora bien, si no me creen cuando les hablo de cosas terrenales, ¿cómo creerán si les hablo de cosas celestiales? Nadie jamás fue al cielo y regresó, pero el Hijo del Hombre bajó del cielo. Y, así como Moisés levantó la serpiente de bronce en un poste en el desierto, así deberá ser levantado el Hijo del Hombre, para que todo el que crea en él tenga vida eterna.

JUAN 3:9-15

La Palabra de Dios es verdadera

JEFF ESTABA PASANDO LAS VACACIONES de verano con su primo, Rafa, y cada día era pura acción. ¡A Jeff le encantaba! Pero todas las noches, cuando hacían los devocionales familiares, se resistía a la lectura de la Biblia y a la oración.

—Ustedes no creen todas esas cosas religiosas, ¿verdad? —le preguntó una noche a Rafa.

—Claro que sí, ¡y no son cosas "religiosas"! —replicó Rafa.

Jeff encogió los hombros.

—Bueno, no entiendo cómo alguien puede creer algunos de estos relatos bíblicos. Imagínate: hombres caminando sobre el fuego y que no se quemen, o a un hombre caminando sobre el agua —resopló Jeff.

Un día, mientras iban en auto a la ciudad, Rafa leyó una calcomanía en un parachoques:

—"Si Jesús lo dijo, yo lo creo, y es así".

—Debería decir: "Si Jesús lo dijo, es así" —comentó su papá—. Es así, lo crea yo o no.

Un día, el papá de Rafa los llevó a andar en canoa.

—El agua no es muy profunda —dijo Jeff mientras flotaban tranquilamente corriente abajo—. Puedo ver el fondo.

—Es más profunda de lo que parece, Jeff —se rio por lo bajo el papá de Rafa—. Está por encima de tu cabeza.

—Ah, no te creo —se burló Jeff. Justo cuando pasaban debajo de una rama baja colgante, la canoa se volcó y cayeron al agua. Los tres se levantaron escupiendo y trastabillándose.

—Ponte de pie, Jeff —dijo Rafa, sonriente.

—¡No puedo! No llego a tocar el fondo. —Jeff nadó hacia la canoa volcada.

Pronto, enderezaron la canoa y volvieron a flotar agua abajo.

—El agua era profunda, lo creyeras o no, Jeff —comentó el papá de Rafa—. Creerlo o no creerlo no cambia ese hecho. Lo mismo es válido para la Palabra de Dios.

¿Y TÚ? ¿Crees en la Palabra de Dios? ¿Crees *todo* lo que hay en ella? Dios dice que si crees en Jesús, tendrás vida eterna. *B.J.W.*

PARA MEMORIZAR: ¡Por supuesto que no! Aun cuando todos los demás sean mentirosos, Dios es veraz. Como dicen las Escrituras acerca de él: «Quedará demostrado que tienes razón en lo que dices, y ganarás tu caso en los tribunales». *Romanos 3:4*

LA RESPONSABILIDAD DE KURT Y DE KRISTEN era asegurarse de que la piscina recibiera la cantidad adecuada de cloro y demás productos químicos, pero no habían hecho su trabajo. Ahora el agua estaba verde. Eso significaba que no podrían nadar por dos días.

—Apuesto a que van a ser los dos días más calurosos de todo el verano —se lamentó Kurt mientras se limpiaba la transpiración de la frente—. No puedo creer que el agua se haya vuelto verde tan rápido. Ayer no se veía mal.

—Tienes razón —suspiró Kristen, abanicándose—. Deberíamos haber usado el probador de agua. Cuando nos dimos cuenta de que las algas crecían, era demasiado tarde para prevenirlo con productos químicos.

—¿Dijiste que no han estado usando el probador de agua para comprobar si necesitaban o no algún producto químico? —preguntó su madre.

—Sí —respondió Kurt—. Pensamos que íbamos a poder saber si el agua estaba ensuciándose solamente con mirarla.

—¿Cómo pudo entrar toda esa cosa verde en la piscina durante la noche? —preguntó Kristen.

—Ayer no la *vieron* —respondió su madre—. Las algas ya estaban ahí, pero ustedes debían usar el probador de agua para saber si estaban allí. Eso me recuerda a los pecados —comentó—. Hay pequeños actos que no parecen pecado en lo más mínimo, pero si tienen la oportunidad de desarrollarse, pueden volverse muy horribles.

—Qué lástima que no tengamos una guía que nos indique cuando hay algún problema, así como tenemos el probador de agua para la piscina —advirtió Kristen.

—¡Sí que tenemos! —exclamó Kurt—. La Biblia es la guía que nos ayuda a saber cuándo nuestros actos no son correctos para que podamos cambiarlos.

¿Y TÚ? ¿Sueles tener problemas con «pecaditos» que se te van de las manos? La Biblia es la guía para probar tus acciones. Úsala todos los días. *D.L.R.*

PARA MEMORIZAR: Hazme andar por el camino de tus mandatos, porque allí es donde encuentro mi felicidad. *Salmo 119:35*

---

31 DE JULIO

EL PROBADOR DE AGUA

DE LA BIBLIA:

Las enseñanzas del SEÑOR son perfectas;
   reavivan el alma.
Los decretos del SEÑOR son confiables;
   hacen sabio al sencillo.
Los mandamientos del SEÑOR son rectos;
   traen alegría al corazón.
Los mandatos del SEÑOR son claros;
   dan buena percepción para vivir.
[...] ¿Cómo puedo conocer todos los pecados escondidos en mi corazón?
   Límpiame de estas faltas ocultas.
¡Libra a tu siervo de pecar intencionalmente!
   No permitas que estos pecados me controlen.
Entonces estaré libre de culpa
   y seré inocente de grandes pecados.
Que las palabras de mi boca
   y la meditación de mi corazón
sean de tu agrado,
   oh SEÑOR, mi roca y mi redentor.

SALMO 19:7-8, 12-14

La Biblia es nuestra guía

1 DE AGOSTO

DESAFINADO

DE LA BIBLIA:

¿Hay algún estímulo en pertenecer a Cristo? ¿Existe algún consuelo en su amor? ¿Tenemos en conjunto alguna comunión en el Espíritu? ¿Tienen ustedes un corazón tierno y compasivo? Entonces, háganme verdaderamente feliz poniéndose de acuerdo de todo corazón entre ustedes, amándose unos a otros y trabajando juntos con un mismo pensamiento y un mismo propósito.

No sean egoístas; no traten de impresionar a nadie. Sean humildes, es decir, considerando a los demás como mejores que ustedes. No se ocupen solo de sus propios intereses, sino también procuren interesarse en los demás.

Tengan la misma actitud que tuvo Cristo Jesús.

FILIPENSES 2:1-5

Afínate con Dios

—¿DÓNDE ESTÁ LA PÚA DE MI GUITARRA? —demandó Jaime—. Estuviste otra vez en mi cuarto, ¿verdad, Mandy? Dejé mi púa en la cómoda, y ahora no está.

—Yo no la agarré —dijo Mandy—. Y no entro en tu cuarto.

—Bueno, ¡alguien se la llevó! —Dio pasos fuertes por el pasillo y cerró de un golpe la puerta de su cuarto. Las últimas semanas, el hermano de Mandy había estado comportándose así.

Más tarde, esa noche, Jaime se sentó al piano para afinar su guitarra.

—¿Dónde encontraste la púa? —preguntó su madre—. Mandy me dijo que pensabas que ella la había tomado.

—Estaba en mi bolsillo —masculló Jaime. Tocó la tecla del piano con un dedo. ¡Plunc! ¡Plunc! Luego punteó la cuerda de la guitarra. ¡Ping! ¡Ping! ¡Plunc! Después de algunas vueltas, su guitarra estaba afinada.

—Estás volviéndote muy bueno, hijo —dijo papá.

—¿Por qué siempre escuchas el piano y la guitarra al mismo tiempo? —preguntó Mandy.

—Si todas las cuerdas no están afinadas con el piano, tampoco suenan bien entre sí —explicó Jaime.

La madre miró a Jaime.

—De la misma manera que cada una de las cuerdas de tu guitarra debe estar afinada con el piano, también así cada miembro de la familia tiene que estar en armonía con Dios. De lo contrario desentonan unos con otros —dijo, pensativamente.

Papá asintió.

—Escucho que se dicen palabras con enojo en casa. ¿Será que alguien está desafinado?

Jaime suspiró.

—Está bien; sé que soy yo —reconoció—. Perdónenme.

¿Y TÚ? ¿Estás desafinado con Dios? ¿Te cuesta llevarte bien con tu familia y con tus amigos? Ha llegado el momento de tener una pequeña «reunión de oración» por tu cuenta y dejar que Dios te afine de nuevo. *B.J.W.*

PARA MEMORIZAR: ¡Qué maravilloso y agradable es cuando los hermanos conviven en armonía! *Salmo 133:1*

—TU PERRO CALIENTE ESTÁ CASI LISTO, DAVID —le dijo Aarón a su hermanito. Aarón giró el tenedor largo una vez más antes de retirarlo del fuego. Colocó el perro caliente en un panecillo y se lo dio. Luego empezó a asar uno para sí mismo.

—¿Sabes qué, papá? —le dijo Aarón a su padre, quien estaba asando dos perros calientes a la vez—. Me parece que Devon, el chico nuevo de la escuela, es cristiano. Sé que va a la iglesia, y nunca insulta ni se enoja. No es como la mayoría de los niños.

—Qué bien; eso suena prometedor —respondió papá, moviendo la mesa de picnic y dándole uno de los perros calientes a mamá.

Aarón siguió:

—David, no estás comiendo el perro caliente que asé para ti —se quejó al ver la carne intacta en el plato de David.

—Sí comí. ¿Ves? —David levantó el panecillo para perros calientes a medio comer y densamente untado con kétchup—. Me gustan los perros calientes.

—Eso es el pan solamente —dijo Aarón—. No es un perro caliente a menos que tenga carne adentro.

—Aarón tiene razón —dijo papá—. Y hay algo más que deben recordar: así como el panecillo para perros calientes sin la carne no es un perro caliente, una persona no es cristiana sin Cristo. Es como el panecillo vacío. Fíjate en tu amigo Devon, por ejemplo. Me alegro de que sea un muchacho tan bueno, Aarón, pero ninguna de las cosas que mencionaste lo convierte en un cristiano. Es cristiano únicamente si aceptó que Cristo entrara en su vida.

¿Y TÚ? ¿Le has pedido a Jesucristo que entre en tu vida? Puedes ser una persona muy buena, pero una muy buena persona sin Cristo no es cristiana. No seas como el «panecillo vacío». *H.W.M.*

PARA MEMORIZAR: Mi antiguo yo ha sido crucificado con Cristo. Ya no vivo yo, sino que Cristo vive en mí. Así que vivo en este cuerpo terrenal confiando en el Hijo de Dios, quien me amó y se entregó a sí mismo por mí. *Gálatas 2:20*

EL PANECILLO VACÍO

DE LA BIBLIA:

Sin embargo, sabemos que una persona es declarada justa ante Dios por la fe en Jesucristo y no por la obediencia a la ley. Y nosotros hemos creído en Cristo Jesús para poder ser declarados justos ante Dios por causa de nuestra fe en Cristo y no porque hayamos obedecido la ley. Pues nadie jamás será declarado justo ante Dios mediante la obediencia a la ley.

Pero supongamos que intentamos ser declarados justos ante Dios por medio de la fe en Cristo y luego se nos declara culpables por haber abandonado la ley. ¿Acaso esto quiere decir que Cristo nos ha llevado al pecado? ¡Por supuesto que no! Más bien, soy un pecador si vuelvo a construir el viejo sistema de la ley que ya eché abajo. Pues, cuando intenté obedecer la ley, la ley misma me condenó. Así que morí a la ley —es decir, dejé de intentar cumplir todas sus exigencias— a fin de vivir para Dios. Mi antiguo yo ha sido crucificado con Cristo. Ya no vivo yo, sino que Cristo vive en mí. Así que vivo en este cuerpo terrenal confiando en el Hijo de Dios, quien me amó y se entregó a sí mismo por mí.

GÁLATAS 2:16-20

El cristiano tiene a Cristo

3 DE AGOSTO

LOS CRISTIANOS DICEN

DE LA BIBLIA:

Conocemos lo que es el amor verdadero, porque Jesús entregó su vida por nosotros. De manera que nosotros también tenemos que dar la vida por nuestros hermanos. Si alguien tiene suficiente dinero para vivir bien y ve a un hermano en necesidad pero no le muestra compasión, ¿cómo puede estar el amor de Dios en esa persona?

Queridos hijos, que nuestro amor no quede solo en palabras; mostremos la verdad por medio de nuestras acciones. [...]

Y su mandamiento es el siguiente: debemos creer en el nombre de su Hijo, Jesucristo, y amarnos unos a otros, así como él nos lo ordenó. Los que obedecen los mandamientos de Dios permanecen en comunión con él, y él permanece en comunión con ellos. Y sabemos que él vive en nosotros, porque el Espíritu que nos dio vive en nosotros.

1 JUAN 3:16-18, 23-24

No te limites a «decir»; también debes «hacer»

—ME LLAMO SIMÓN; RECUERDEN QUE SIEMPRE DEBEN HACER LO QUE SIMÓN *DICE* —decía la señorita Elrojo, la maestra de Antonio.

—Simón dice: "Pulgares arriba" —dijo la señorita Elrojo—. Simón dice: "Un paso adelante" —indicó la señorita Elrojo mientras daba un paso adelante. Todos los niños siguieron su ejemplo—. Simón dice: "Chasqueen los dedos". —Pero en lugar chasquear los dedos, la señorita Elrojo aplaudió y, antes de que Antonio pudiera frenarse, también aplaudió.

Después de cenar, la familia de Antonio aprendió un versículo bíblico durante el devocional.

—Queridos hijos, que nuestro amor no quede solo en palabras; mostremos la verdad por medio de nuestras acciones. —Lo repitieron juntos y papá lo explicó—: Nuestras acciones deben coincidir con nuestras palabras —dijo.

—¡Oigan! —se rio Antonio—, Simón debería aprenderse este versículo.

—¿Simón? —preguntó su madre—. ¿Cómo es eso? —Entonces, Antonio explicó el problema que tuvo cuando "Simón" dijo una cosa e hizo otra.

—Eso trae a colación un tema importante —observó papá—. Como cristianos, a veces actuamos como si estuviéramos jugando un juego. Quizás podríamos llamarlo "Los cristianos dicen". A veces los cristianos dicen una cosa y hacen otra. ¿Se les ocurren ejemplos?

—Los cristianos dicen: "Lee la Biblia", pero solo la abren los domingos —sugirió mamá.

—Los cristianos dicen: "Ve a la iglesia", y se quedan en casa a leer el periódico —dijo el hermano de Antonio.

—Los cristianos dicen: "Sean serviciales", y después no hacen las tareas del hogar.

—Ya entendieron la idea —dijo papá.

¿Y TÚ? ¿Juegas a «Los cristianos dicen»? Recuerda que las personas, en general, imitan lo que haces más que lo que dices. Escucha lo que Dios dice y ama a los demás con hechos, no solo con palabras. *H.W.M.*

PARA MEMORIZAR: Queridos hijos, que nuestro amor no quede solo en palabras; mostremos la verdad por medio de nuestras acciones. *1 Juan 3:18*

DESDE EL DOMINGO, DAVID PENSABA DE A RATOS en el mensaje del pastor. Sabía que necesitaba pedirle a Jesús que fuera su Salvador y había estado a punto de tomar esa decisión el domingo pasado. Pero, en ese preciso momento, tenía otras cosas en qué pensar: el béisbol, por ejemplo. Hacerse cristiano era algo que podía esperar.

David borró los pensamientos de su cabeza mientras salía de la cama. ¡Hoy era el gran día! Su equipo, los Leones, jugaría contra los Osos, un equipo del sur de la ciudad, por el campeonato de la ciudad. Él era el parador en corto de su equipo y estaba ansioso por jugar.

Los entrenadores habían dicho que ambos equipos eran iguales en capacidad, y pronto fue notorio que era cierto. Primero, los Leones llevaban la delantera; luego, los Osos; luego, los Leones nuevamente. Lamentablemente para David y sus compañeros de equipo, los Osos anotaron dos carreras al final de la novena entrada y ganaron el campeonato.

—¡Ese fue un buen partido! —dijo más tarde papá.

—¡Pero perdimos, papá! —protestó David.

—De todas maneras puedes sentirte feliz por eso —dijo mamá—. ¡Estar en el segundo puesto de la ciudad también es un honor!

—Claro, David —coincidió su hermana—. ¡Casi ganaron!

—¡Casi no es suficiente! —se quejó David.

Papá lo miró atentamente.

—Es cierto, David. Casi no es suficiente: ni para ganar partidos de béisbol ni para entrar en el cielo.

David se sobresaltó. ¡No lo había pensado de esa manera! Él sabía que necesitaba tomar la decisión de convertirse en cristiano, y casi estaba listo para hacerlo. Ahora, se daba cuenta de que ser casi un cristiano no era suficiente.

¿Y TÚ? ¿Eres «casi» cristiano? Quizás escuchas hablar de Cristo a tus padres, al pastor y a tus maestros de la escuela dominical. ¿Qué te detiene? ¿Por qué no te conviertes en cristiano hoy mismo? *L.M.W.*

PARA MEMORIZAR: Agripa lo interrumpió: «¿Acaso piensas que puedes persuadirme para que me convierta en cristiano en tan poco tiempo?». *Hechos 26:28*

4 DE AGOSTO

¡CASI!

DE LA BIBLIA:

Entonces Agripa le dijo a Pablo: «Tienes permiso para hablar en tu defensa».

Así que Pablo, haciendo una seña con la mano, comenzó su defensa: «Me considero afortunado, rey Agripa, de que sea usted quien oye hoy mi defensa en contra de todas estas acusaciones que han hecho los líderes judíos. [...] Rey Agripa, ¿usted les cree a los profetas? Yo sé que sí».

Agripa lo interrumpió:

—¿Acaso piensas que puedes persuadirme para que me convierta en cristiano en tan poco tiempo?

Pablo contestó:

—Sea en poco tiempo o en mucho, le pido a Dios en oración que tanto usted como todos los presentes en este lugar lleguen a ser como yo, excepto por estas cadenas.

HECHOS 26:1-2, 27-29

Acepta a Cristo

5 DE AGOSTO

YA NO ES BASURA

DE LA BIBLIA:

Recuérdales a los creyentes que se sometan al gobierno y a sus funcionarios. Tienen que ser obedientes, siempre dispuestos a hacer lo que es bueno. No deben calumniar a nadie y tienen que evitar pleitos. En cambio, deben ser amables y mostrar verdadera humildad en el trato con todos. [...]

Esta declaración es digna de confianza, y quiero que insistas en estas enseñanzas, para que todos los que confían en Dios se dediquen a hacer el bien. Estas enseñanzas son buenas y de beneficio para todos. [...]

Los nuestros tienen que aprender a hacer el bien al satisfacer las necesidades urgentes de otros; entonces no serán personas improductivas.

TITO 3:1-2, 8, 14

Eres salvo para servir

—MADRE, ¿PUEDES LLEVARME HOY A MI GRUPO BÍBLICO? —preguntó Tita una tarde—. Voy tarde.

—Está bien —aceptó su madre—, pero tendrás que volver a casa caminando. —Fueron hacia el auto—. ¿Debemos pasar a buscar a alguien más? —preguntó—. ¿Has invitado a algunas de tus amigas? —Tita negó con la cabeza—. Los Carsello vendrán esta noche —continuó su madre—. Tu padre y yo esperamos tener la oportunidad de predicarles. Se me ocurrió que podrías contarle algunas historias bíblicas a Lina.

Tita se avergonzó. *Ojalá mi madre dejara de sugerir cosas como esas*, pensó. *No quiero que los niños piensen que soy rara.*

Cuando Tita regresó a casa más tarde, su madre le pidió que vaciara la basura. Tita la sacó del garaje. Luego, volvió a entrar en la casa con la bandeja blanca de carne vacía y la enjuagó.

—Necesito esto para una manualidad que haré para el grupo bíblico —explicó Tita—. Lo usaré como marco para mi cuadro de conchas.

—Está bien —dijo su madre—. Veo que rescataste esa bandeja con un propósito. —Hizo una pausa y luego agregó pensativamente—: Se parece un poco a nosotros. Dios también nos rescató con un propósito. Podemos adorarlo, servirlo y llevar a otros a él. Tu cuadro de conchas servirá para acordarnos de eso.

Tita miró la bandeja y asintió. Ella era cristiana, pero se preguntaba si había hecho suficiente para cumplir el propósito para el cual había sido salvada. *Esta noche será un buen momento para empezar*, pensó. *Le contaré esas historias a Lina.*

¿Y TÚ? ¿Eres cristiano? Las buenas obras nunca hubieran podido salvarte, pero, ahora que eres salvo, Dios quiere que trabajes para él. *H.W.M.*

PARA MEMORIZAR: Los nuestros tienen que aprender a hacer el bien al satisfacer las necesidades urgentes de otros; entonces no serán personas improductivas. *Tito 3:14*

—¡LINDA LOUISE LINCOLN, BAJA INMEDIATAMENTE! —llamó mamá—. Estamos esperándote.

Linda se apresuró y se subió al auto.

—¿Qué hay en esa caja que llevas? —preguntó papá.

—Mi collar nuevo. Quiero ponérmelo el domingo —dijo Linda.

—¡Un collar! —clamó su hermano, Rob—. ¿Nos hiciste esperar por una joya? Vamos a acampar ¡no a un desfile de moda!

Unas horas después, los Lincoln llegaron al campamento. Los dos días siguientes estuvieron llenos de pesca, natación y paseos en bote. Cuando llegó el domingo, se prepararon para ir al servicio religioso en el pabellón del campamento.

—Agarren sus Biblias —dijo papá.

—¿La Biblia? —Linda pareció sobresaltarse—. Yo no traje la mía.

Mamá, papá y Rob la miraron sorprendidos.

—Puedes leer una de las nuestras —le dijo papá.

—Me alegro de que esta semana no se hayan tomado vacaciones de Dios —dijo el pastor—. Leeré Jeremías 2 de la Nueva Traducción Viviente: "¿Se olvida una joven de sus joyas, o una recién casada de su vestido de bodas? Sin embargo, año tras año, mi pueblo se ha olvidado de mí".

Linda se ruborizó cuando su hermano le dio un codazo. Sabía que él recordaba, tanto como ella, que había traído sus joyas al campamento, pero había olvidado la Biblia. Toda la semana había desatendido pasar tiempo con el Señor. No quería volver a olvidarse de pasar tiempo con Dios.

¿Y TÚ? ¿Te has olvidado de Dios? Quizás no sean tus joyas las que antepongas al Señor, pero ¿qué de la televisión, el béisbol o la bicicleta? Dios quiere que lo pongas a él en primer lugar. *P.R.*

PARA MEMORIZAR: ¿Se olvida una joven de sus joyas, o una recién casada de su vestido de bodas? Sin embargo, año tras año, mi pueblo se ha olvidado de mí. *Jeremías 2:32*

---

6 DE AGOSTO

LA JOYA OLVIDADA

DE LA BIBLIA:

Sin embargo, ¡ese es el momento cuando debes tener mucho cuidado! En tu abundancia, ten cuidado de no olvidar al SEÑOR tu Dios al desobedecer los mandatos, las ordenanzas y los decretos que te entrego hoy. Pues cuando te sientas satisfecho y hayas prosperado y edificado casas hermosas donde vivir, cuando haya aumentado mucho el número de tus rebaños y tu ganado, y se haya multiplicado tu plata y tu oro junto con todo lo demás, ¡ten mucho cuidado! No te vuelvas orgulloso en esos días y entonces te olvides del SEÑOR tu Dios, quien te rescató de la esclavitud en la tierra de Egipto. No olvides que él te guio por el inmenso y terrible desierto, que estaba lleno de escorpiones y serpientes venenosas, y que era tan árido y caliente. ¡Él te dio agua de la roca! En el desierto, te alimentó con maná, un alimento desconocido para tus antepasados. Lo hizo para humillarte y para ponerte a prueba por tu propio bien.

DEUTERONOMIO 8:11-16

No olvides a Dios

7 DE AGOSTO

PESCADORES DE HOMBRES

DE LA BIBLIA:

Cierto día, mientras Jesús caminaba por la orilla del mar de Galilea, vio a dos hermanos —a Simón, también llamado Pedro, y a Andrés— que echaban la red al agua, porque vivían de la pesca. Jesús los llamó: «Vengan, síganme, ¡y yo les enseñaré cómo pescar personas!». Y enseguida dejaron las redes y lo siguieron.

Un poco más adelante por la orilla, vio a otros dos hermanos, Santiago y Juan, sentados en una barca junto a su padre, Zebedeo, reparando las redes. También los llamó para que lo siguieran. Ellos, dejando atrás la barca y a su padre, lo siguieron de inmediato.

MATEO 4:18-22

Sigue dando testimonio

EL ABUELO SE ESTIRÓ PEREZOSAMENTE en la orilla del arroyo. Tamara se movió, inquieta.

—Los peces no pican aquí. Probemos en otro lugar, abuelo —propuso.

—Este es el tercer lugar que intentamos —le recordó el abuelo—. Relájate.

Tamara suspiró. Viendo que su corcho se mecía sobre las suaves olas, suspiró nuevamente.

—¿Algo te molesta? —preguntó el abuelo.

—Sí —dijo Tamara—. Esta semana invité a seis niñas a la iglesia y no vendrá ninguna. Creo que me daré por vencida de invitar a cualquier persona a la iglesia. —El abuelo frunció el ceño mirando a Tamara. Luego se incorporó y se puso a enrollar su sedal. Tamara se levantó de un salto—. ¿Picó? —preguntó con entusiasmo.

El abuelo sacudió la cabeza.

—No. Me rindo.

—Pero, abuelo, tenemos toda la tarde —argumentó Tamara.

—Sí, pero hemos estado aquí suficiente tiempo y no hemos pescado ni un pez. Dejaré la pesca para siempre. —Se puso de pie—. Guarda tu sedal.

—Por favor, esperemos un poquito más —suplicó Tamara.

Mientras el abuelo revisaba su carnada, le dedicó una sonrisa torcida a su nieta.

—Bueno, si estás segura... pensé que estabas dispuesta a darte por vencida. Si te rindes tan fácilmente de pescar personas, imaginé que también te rendirías rápidamente de pescar peces.

Tamara sonrió.

—Entendí el mensaje, abuelo. Cuando lleguemos a casa, llamaré a Luisa y la invitaré a la iglesia.

El abuelo lanzó su sedal al agua otra vez.

—Así se habla —dijo—. Solo porque los peces no piquen hoy no significa que tengamos que darnos por vencidos con la pesca.

¿Y TÚ? ¿Te parece que pierdes el tiempo cuando invitas a tus amigos a la iglesia o cuando das testimonio de otras maneras? No te desanimes. Tarde o temprano, alguien «morderá el anzuelo». Solo sigue pescando. *B.J.W.*

PARA MEMORIZAR: Jesús los llamó: «Vengan, síganme, ¡y yo les enseñaré cómo pescar personas!». *Marcos 1:17*

—MADRE, TERMINÉ DE LIMPIAR LA VENTANA de en frente como me pediste —informó Manuel.

Cuando su madre miró a través de la ventana, dijo:

—¡Manuel, mira todas esas manchas! Por favor, hazlo de nuevo. Los Pérez vendrán a cenar, lo sabes.

Manuel miró hacia la ventana.

—Ah —dijo—, el lado de adentro está limpio. Todas las manchas están del lado de afuera. Las limpiaré también.

Mientras Manuel cenaba, su madre le aconsejó en voz baja que usara la servilleta. Un ratito después, su padre frunció el ceño cuando Manuel interrumpió al señor Pérez. Finalmente, su madre dijo: «Si ya terminaste, Manuel, puedes ir a jugar a tu habitación».

Manuel conocía esa mirada de su madre, así que se fue a su habitación.

Cuando las visitas se fueron, su madre fue a hablar con él.

—Manuel, tus modales en la mesa fueron malos hoy —le dijo—. Te olvidaste de usar tu servilleta y sorbiste los espaguetis. Además, interrumpiste varias veces a papá y al señor Pérez.

—No lo hice a propósito —dijo—. Lo siento.

Su madre sonrió.

—Aprecio tu actitud, hijo —dijo ella—. ¿Sabes? Esto es como cuando limpiaste la ventana. Era importante limpiar la ventana por dentro, así como es importante que nuestros pensamientos estén limpios de pecados como el egoísmo y la codicia. Pero también es necesario que limpies la ventana por fuera, y debemos mantener lo exterior limpio: quitarnos de encima las malas costumbres y los malos modales que los demás puedan ver. Eso ayudará a que la luz de Cristo se note más.

¿Y TÚ? ¿Tienes malas costumbres que necesitas vencer? Es posible que estas cosas no sean pecaminosas en sí mismas, pero debes trabajar para eliminar las costumbres que molestan a los demás. *S.L.K.*

PARA MEMORIZAR: Yo también trato de complacer a todos en todo lo que hago. No hago solo lo que es mejor para mí; hago lo que es mejor para otros a fin de que muchos sean salvos. *1 Corintios 10:33*

8 DE AGOSTO

AMBOS LADOS

DE LA BIBLIA:

Ustedes dicen: «Se me permite hacer cualquier cosa», pero no todo les conviene. Dicen: «Se me permite hacer cualquier cosa», pero no todo trae beneficio. No se preocupen por su propio bien, sino por el bien de los demás. [...]

Así que, sea que coman o beban o cualquier otra cosa que hagan, háganlo todo para la gloria de Dios. No ofendan a los judíos ni a los gentiles ni a la iglesia de Dios. Yo también trato de complacer a todos en todo lo que hago. No hago solo lo que es mejor para mí; hago lo que es mejor para otros a fin de que muchos sean salvos.

1 CORINTIOS 10:23-24, 31-33

Líbrate de las malas costumbres

9 DE AGOSTO

EL PROGRAMA ADECUADO

DE LA BIBLIA:

Estén siempre llenos de alegría en el Señor. Lo repito, ¡alégrense! Que todo el mundo vea que son considerados en todo lo que hacen. Recuerden que el Señor vuelve pronto.

No se preocupen por nada; en cambio, oren por todo. Díganle a Dios lo que necesitan y denle gracias por todo lo que él ha hecho. Así experimentarán la paz de Dios, que supera todo lo que podemos entender. La paz de Dios cuidará su corazón y su mente mientras vivan en Cristo Jesús.

Y ahora, amados hermanos, una cosa más para terminar. Concéntrense en todo lo que es verdadero, todo lo honorable, todo lo justo, todo lo puro, todo lo bello y todo lo admirable. Piensen en cosas excelentes y dignas de alabanza. No dejen de poner en práctica todo lo que aprendieron y recibieron de mí, todo lo que oyeron de mis labios y vieron que hice. Entonces el Dios de paz estará con ustedes.

FILIPENSES 4:4-9

Pon las cosas adecuadas en tu mente

LOS GRITOS DE ANA HICIERON VENIR CORRIENDO A MAMÁ. Mientras levantaba a su pequeña, reclamó:

—¿Qué hicieron ahora, niños?

—Ah, se porta como bebé —dijo Josué—. Se asustó por un gusanito.

El sonido de un coche subiendo a la entrada llamó la atención de todos.

—¡Es papá con nuestra computadora nueva! —gritó Jeremías. Los niños corrieron al garaje.

Papá trajo la computadora a la casa y la conectó. Mientras él leía las instrucciones, los niños apretaron varios botones. Pero nada sucedió.

—Papá, esto no funciona —se quejó Josué.

Papá miró hacia arriba.

—Funcionará. —Metió un disco dentro de la computadora y apretó un botón. Hubo un zumbido y un *clic* y apareció un juego en la pantalla—. La computadora solo puede hacer aquello para lo que está programada —dijo papá.

—¡Mira ese monstruo, Ana! —la fastidió Jeremías, señalando la pantalla.

Inmediatamente, mamá apagó la computadora.

—Antes de jugar un solo juego, me escucharán —dijo firmemente—. Cuando nacemos, nuestra mente es como una computadora. Tenemos un gran potencial, pero en qué nos convirtamos dependerá de cómo seamos programados. Por eso hacemos devocionales familiares y les damos una gran cantidad de material de lectura y grabaciones. Por eso hablamos de las cosas buenas. Pero ustedes dos están programando a Ana para que tenga miedo, y esto se tiene que terminar.

—Lo sentimos —dijeron los muchachos al unísono.

—Si realmente lo sienten, dejarán de hacerlo —declaró papá.

¿Y TÚ? ¿Estás programando cosas malas en la mente de tu hermanito o hermanita? ¿Y qué cosas programas en tu propio ser? Lo que lees, miras y escuchas «programa» tu mente. *B.J.W.*

PARA MEMORIZAR: Pero este es el nuevo pacto que haré con el pueblo de Israel en ese día, dice el Señor: Pondré mis leyes en su mente y las escribiré en su corazón. Yo seré su Dios, y ellos serán mi pueblo. *Hebreos 8:10*

SANYO SE SENTÓ EN LOS ESCALONES del porche y apoyó el mentón sobre su mano. En la televisión había un partido de béisbol, pero no le interesaba. ¡En lo único que podía pensar era en Roberto! Tan solo la semana anterior, los muchachos habían salido a caminar por el parque. Ahora, Roberto estaba hospitalizado y gravemente enfermo. Esa mañana, cuando la mamá de Sanyo habló con la mamá de Roberto, la señora Joakim dijo que los doctores les habían dicho que probablemente Roberto no mejoraría. ¡Qué espantoso! Sanyo se sentó a pensar en su amigo.

La puerta mosquitera se abrió detrás de él y la mamá de Sanyo salió, trayendo un vaso con limonada.

—Pensé que podías tener sed —dijo.

Sanyo bebió la limonada sin notar siquiera lo bien que sabía.

—Mamá, ¿por qué se enfermó Roberto?

—Bueno —respondió mamá—, todas las cosas malas que nos suceden son consecuencia de que el pecado haya entrado en el mundo. A causa del pecado, el mundo está desequilibrado. La muerte nos llegará a todos, tarde o temprano, a través de una enfermedad, de un accidente automovilístico o de otra forma. Lo importante es que Dios se preocupa por nosotros, y se preocupa por Roberto. Él está presente para consolar a la familia Joakim. Está aquí para ayudar a Roberto a enfrentar la situación. Tenemos que orar pidiendo que Roberto sienta el consuelo que el Señor puede darle.

—Mamá, ¿podemos orar ahora mismo? —preguntó Sanyo.

Entonces, mamá se sentó en el escalón al lado de Sanyo y juntos oraron por Roberto.

¿Y TÚ? ¿Alguna vez uno de tus amigos o algún familiar ha estado muy enfermo? La enfermedad y la muerte son el resultado de que el pecado entró en el mundo. ¡Pero Dios consuela a los cristianos! Él les promete un hogar eterno en el cielo. Por medio de él puedes tener paz, aun en los momentos más difíciles. *L.M.W.*

PARA MEMORIZAR: Sin embargo, lo que ahora sufrimos no es nada comparado con la gloria que él nos revelará más adelante. *Romanos 8:18*

10 DE AGOSTO

EL AMIGO ENFERMO

(Primera parte)

DE LA BIBLIA:

Sin embargo, lo que ahora sufrimos no es nada comparado con la gloria que él nos revelará más adelante. Pues toda la creación espera con anhelo el día futuro en que Dios revelará quiénes son verdaderamente sus hijos. Contra su propia voluntad, toda la creación quedó sujeta a la maldición de Dios. Sin embargo, con gran esperanza, la creación espera el día en que será liberada de la muerte y la descomposición, y se unirá a la gloria de los hijos de Dios. Pues sabemos que, hasta el día de hoy, toda la creación gime de angustia como si tuviera dolores de parto; y los creyentes también gemimos —aunque tenemos al Espíritu Santo en nosotros como una muestra anticipada de la gloria futura— porque anhelamos que nuestro cuerpo sea liberado del pecado y el sufrimiento. Nosotros también deseamos con una esperanza ferviente que llegue el día en que Dios nos dé todos nuestros derechos como sus hijos adoptivos, incluido el nuevo cuerpo que nos prometió.

ROMANOS 8:18-23

Dios da consuelo

11 DE AGOSTO

EL AMIGO ENFERMO

(Segunda parte)

DE LA BIBLIA:

Yo, Pablo, elegido por la voluntad de Dios para ser un apóstol de Cristo Jesús, escribo esta carta junto con nuestro hermano Timoteo.

Va dirigida a la iglesia de Dios en Corinto y a todo su pueblo santo que está en toda Grecia.

Que Dios nuestro Padre y el Señor Jesucristo les den gracia y paz.

Toda la alabanza sea para Dios, el Padre de nuestro Señor Jesucristo. Dios es nuestro Padre misericordioso y la fuente de todo consuelo. Él nos consuela en todas nuestras dificultades para que nosotros podamos consolar a otros. Cuando otros pasen por dificultades, podremos ofrecerles el mismo consuelo que Dios nos ha dado a nosotros. Pues, cuanto más sufrimos por Cristo, tanto más Dios nos colmará de su consuelo por medio de Cristo. Aun cuando estamos abrumados por dificultades, ¡es para el consuelo y la salvación de ustedes! Pues, cuando nosotros somos consolados, ciertamente los consolaremos a ustedes. Entonces podrán soportar con paciencia los mismos sufrimientos que nosotros. Tenemos la plena confianza de que, al participar ustedes de nuestros sufrimientos, también tendrán parte del consuelo que Dios nos da.

2 CORINTIOS 1:1-7

Anima a quienes lo necesitan

UN DÍA, LA MAMÁ DE SANYO VOLVIÓ a hablar con la señora Joakim.

Después de colgar el teléfono, dijo:

—Roberto está sintiéndose un poco mejor y le gustaría tener un poco de compañía. ¿Te gustaría ir al hospital a visitarlo?

Sanyo dudó.

—Pero, mamá, ¿qué podría decirle?

—Háblale de las cosas que suelen hablar: béisbol, la escuela o senderismo —le sugirió mamá.

Sanyo parecía preocupado.

—Pero ¿y si Roberto quiere hablar de la enfermedad?

—Déjalo hablar —le aconsejó mamá—. A veces lo mejor que puedes hacer por alguien que está en el hospital es escucharlo.

Sanyo estaba pensativo.

—Me alegro de que Roberto sea cristiano —dijo, por fin.

—Sí, eso es reconfortante. —La madre de Sanyo hizo una pausa y luego dijo—: Recuerda que no puedes fingir que entiendes lo que Roberto está atravesando. No has tenido que enfrentar una enfermedad grave. Sin embargo, lo que sí puedes hacer es recordarle a Roberto que el Señor lo ama y que se preocupa mucho por él.

Sanyo tomó su chaqueta. Todavía tenía miedo de ir, pero sabía que debía hacerlo. Ciertamente, estaba contento de conocer al Señor como su Salvador personal. El Señor podía ayudarlo a saber qué decir cuando visitara a su amigo.

¿Y TÚ? ¿Tienes miedo de visitar a un enfermo porque no sabes qué decir? Muchas veces, incluso los adultos se ponen nerviosos al visitar a alguien que está enfermo. ¡Pero no te alejes! Hazle saber a esa persona que te interesa. Si estuviste en la misma situación, puedes hablar del tema. El simple hecho de escuchar a tu amigo lo ayudará. Cuéntale qué ha estado sucediendo en la escuela y en la iglesia. Recuérdale a esa persona que Dios se preocupa por ella. *L.M.W.*

PARA MEMORIZAR: Pues, cuanto más sufrimos por Cristo, tanto más Dios nos colmará de su consuelo por medio de Cristo. *2 Corintios 1:5*

—¡BOLETÍN ESPECIAL! —retumbó la radio—. Hoy no habrá clases en Brookside. Anoche la escuela fue vandalizada. Las ventanas están rotas, los escritorios destrozados y las aulas han sido pintadas con aerosol. Se estima que el daño fue...

—¡Vandalizada! —exclamó Megan—. ¿Quién querría hacer eso?

—Quienquiera que haya sido, fue algo realmente tonto —manifestó Eric.

—Apuesto a que lo hizo alguien que odiaba la escuela —supuso Megan.

—Es triste cuando alguien no respeta la propiedad ni los derechos de los demás —dijo papá—. A menos que esa persona cambie, me temo que va derecho a un verdadero problema.

Varios días después, el vándalo fue arrestado. Era un muchacho de quince años llamado Keith y había tenido muchos problemas con la ley anteriormente. Cuando su caso fue procesado, lo declararon culpable.

—El juez mandó a Keith a una escuela correccional —dijo Megan esa noche—. Debe ser terrible ir a un lugar como ese.

—Sí, pero el pecado también tiene su castigo —le recordó papá—. En cierto modo, el juez no mandó a Keith a la escuela correccional. Keith se mandó a sí mismo. Conocía las normas y eligió desobedecer. Ahora tiene que enfrentar las consecuencias. ¿Saben? Las personas también tienen la opción de aceptar o de rechazar lo que Jesús hizo por nosotros.

—No había pensado en eso —dijo Eric—. Pero tienes razón, papá. Realmente tenemos que elegir por nosotros mismos.

¿Y TÚ? ¿Cuál es tu elección? Pecaste, pero Jesús murió para que tengas vida eterna. Debes confesar tus pecados, pedir perdón y aceptar a Cristo como tu Salvador. ¿Ya lo hiciste? *J.L.H.*

PARA MEMORIZAR: Pero si te niegas a servir al SEÑOR, elige hoy mismo a quién servirás. ¿Acaso optarás por los dioses que tus antepasados sirvieron del otro lado del Éufrates? ¿O preferirás a los dioses de los amorreos, en cuya tierra ahora vives? Pero en cuanto a mí y a mi familia, nosotros serviremos al SEÑOR. *Josué 24:15*

12 DE AGOSTO

LA ELECCIÓN DE KEITH

DE LA BIBLIA:

Y, así como Moisés levantó la serpiente de bronce en un poste en el desierto, así deberá ser levantado el Hijo del Hombre, para que todo el que crea en él tenga vida eterna.

Pues Dios amó tanto al mundo que dio a su único Hijo, para que todo el que crea en él no se pierda, sino que tenga vida eterna. Dios no envió a su Hijo al mundo para condenar al mundo, sino para salvarlo por medio de él.

No hay condenación para todo el que cree en él, pero todo el que no cree en él ya ha sido condenado por no haber creído en el único Hijo de Dios.

JUAN 3:14-18

Elige la salvación

13 DE AGOSTO

NO HAY LUGAR

DE LA BIBLIA:

No todo el que me llama: «¡Señor, Señor!» entrará en el reino del cielo. Solo entrarán aquellos que verdaderamente hacen la voluntad de mi Padre que está en el cielo. El día del juicio, muchos me dirán: «¡Señor, Señor! Profetizamos en tu nombre, expulsamos demonios en tu nombre e hicimos muchos milagros en tu nombre». Pero yo les responderé: «Nunca los conocí. Aléjense de mí, ustedes, que violan las leyes de Dios».

Todo el que escucha mi enseñanza y la sigue es sabio, como la persona que construye su casa sobre una roca sólida. Aunque llueva a cántaros y suban las aguas de la inundación y los vientos golpeen contra esa casa, no se vendrá abajo porque está construida sobre un lecho de roca. Sin embargo, el que oye mi enseñanza y no la obedece es un necio, como la persona que construye su casa sobre la arena. Cuando vengan las lluvias y lleguen las inundaciones y los vientos golpeen contra esa casa, se derrumbará con un gran estruendo.

MATEO 7:21-27

Regístrate en el cielo

—¿YA CASI LLEGAMOS? ¡HA SIDO UN VIAJE TAN LARGO! —exclamó Jessica. Ella y su hermana Kelly apenas podían esperar para llegar a Sea World y al motel.

—¡Dos días completos en un motel con piscina! —se rio nerviosamente Kelly.

—Ya llegamos, niñas —anunció papá. Giró hacia el motel.

Adentro, papá se acercó al mostrador.

—Me apellido Gardiner —dijo—. Tenemos una reservación.

La recepcionista verificó en la computadora.

—Lo lamento —dijo con incertidumbre—. No encuentro su apellido aquí.

—Por favor, fíjese de nuevo —dijo papá. Luego de otra búsqueda, la recepcionista sacudió la cabeza lentamente—. Bueno, ¿tiene un cuarto con dos camas matrimoniales? —preguntó papá.

—No, no tengo. Realmente, lo lamento —respondió la señorita—. Hay una convención en la ciudad y todos los moteles están llenos.

—Sería horrible volver a casa ahora —gimió Jessica.

Papá asintió.

—Hubo un error —dijo—, pero no se preocupen. Vamos a tomar un helado mientras pensamos qué hacer a continuación. Sentado en el restaurante, papá dijo—: Si esto les parece malo, imagínense cómo sería si el día que llegáramos al cielo descubriéramos que nuestros nombres nunca estuvieron registrados ahí.

—Pero, papi —dijo Jessica pensativamente—, eso no sucederá. La Biblia dice que Jesús fue antes que nosotros y que ya ha escrito los nombres de los que lo aman.

—Estás absolutamente en lo cierto —dijo papá, sonriendo.

¿Y TÚ? ¿Tu nombre está registrado en el cielo? Si no es así, habla con un amigo cristiano de confianza o con un adulto para averiguar qué tienes que hacer. *P.I.K.*

PARA MEMORIZAR: Vi a los muertos, tanto grandes como pequeños, de pie delante del trono de Dios. Los libros fueron abiertos, entre ellos el libro de la vida. A los muertos se les juzgó de acuerdo a las cosas que habían hecho, según lo que estaba escrito en los libros. *Apocalipsis 20:12*

LA OFICINA DE LAS CARTAS NO ENTREGADAS

CUANDO SONÓ EL TIMBRE, María se acercó a la puerta. El cartero estaba parado afuera con una carta en la mano.

—María —dijo él—, ¿tú le pusiste la dirección a esta carta? No anotaste el código postal, ni la ciudad ni el estado. Terminará en la oficina de las cartas no entregadas.

—¡Huy! —exclamó María—. Iba a preguntarle a mi madre la dirección de tía Juliana, pero lo olvidé. ¿Qué es la oficina de las cartas no entregadas?

—Es un departamento de la oficina de correos. Las cartas que no pueden ser entregadas van a parar ahí —explicó el señor Zachary—. Luego los empleados las abren y buscan adentro la dirección del remitente. Si hay alguna, la carta es devuelta al remitente.

—¿Y qué pasa si no hay dirección del remitente? —preguntó María.

—La mayoría de las cartas se destruyen —dijo el señor Zachary—. El contenido de los paquetes se vende y el dinero queda para fondos de la oficina de correos.

—Bueno, no quiero que la carta de tía Juliana acabe ahí —declaró María.

Esa noche en el devocional familiar, María oró:

—Amado Padre celestial, gracias por un día hermoso, por mis padres y por... —Hizo una pausa—. Me parece que mi oración irá a la oficina de las cartas no entregadas de Dios —dijo. Sus padres la miraron, sorprendidos—. Sé que no escuchará mis plegarias hasta que yo no arregle una cosa primero —agregó María—. Papi, saqué cinco dólares de tu billetera. Por favor, perdóname. Te los devolveré de mi mesada.

—Por supuesto que te perdono, María —dijo papá—. Pero también debes confesarle tu pecado a Dios.

María asintió con la cabeza.

—Lo sé —dijo—. Lo haré ahora mismo.

DE LA BIBLIA:

Vengan y escuchen, todos ustedes
    que temen a Dios,

y les contaré lo que hizo por mí.

Pues clamé a él por ayuda,

    lo alabé mientras hablaba.

Si no hubiera confesado el pecado de
    mi corazón,

    mi Señor no me habría escuchado.

¡Pero Dios escuchó!

    Él prestó oídos a mi oración.

Alaben a Dios, quien no pasó por alto
    mi oración

    ni me quitó su amor inagotable.

SALMO 66:16-20

Ora con un corazón puro

¿Y TÚ? ¿No es la oración un privilegio maravilloso? Pero si en tu vida hay pecados que no has confesado, el Señor dice que no te escuchará. Arregla las cosas con los demás y con Dios. Luego aprende y experimenta el versículo que viene a continuación. *M.R.P.*

PARA MEMORIZAR: ¡Pero Dios escuchó! Él prestó oídos a mi oración. *Salmo 66:19*

15 DE AGOSTO

VANESSA Y SU SOMBRA

DE LA BIBLIA:

Pero ustedes no son así porque son un pueblo elegido. Son sacerdotes del Rey, una nación santa, posesión exclusiva de Dios. Por eso pueden mostrar a otros la bondad de Dios, pues él los ha llamado a salir de la oscuridad y entrar en su luz maravillosa.

«Antes no tenían identidad como pueblo,

ahora son pueblo de Dios.

Antes no recibieron misericordia,

ahora han recibido la misericordia de Dios».

Queridos amigos, ya que son «extranjeros y residentes temporales», les advierto que se alejen de los deseos mundanos, que luchan contra el alma. Procuren llevar una vida ejemplar entre sus vecinos no creyentes. Así, por más que ellos los acusen de actuar mal, verán que ustedes tienen una conducta honorable y le darán honra a Dios cuando él juzgue al mundo.

1 PEDRO 2:9-12

Tú influyes en los demás

—¡MIRA, MADRE! —María José señaló a Vanessa, quien estaba en el patio. María José y su madre se rieron observando a la niña de tres años que jugaba con su sombra. La niña corría lo más rápido que podía; luego se daba vuelta para ver su sombra, que la acompañaba. Dándole la espalda a la sombra, dio un gran salto. Se dio vuelta otra vez para descubrir que su sombra también había saltado.

A la hora de cenar, su madre le pidió a María José que pusiera la mesa.

—Yo quiero ayudar —dijo de sopetón Vanessa, y lo hizo, copiando cuidadosamente a María José, que colocaba los platos y los cubiertos.

Mientras comían, María José le pasó las habas a su hermano Juan. Él se las pasó a su madre.

—Sírvete primero, hijo —dijo ella.

—María José no tiene ninguna —dijo Juan. Cuando su madre le devolvió las habas María José puso mala cara, pero se sirvió algunas en su plato.

Después de la cena, papá preguntó:

—¿A quién le gustaría ayudarme a lavar el carro?

María José dijo:

—Yo lo haré.

—Yo también ayudaré —dijo Juan rápidamente.

—Yo también —se sumó Vanessa.

María José se rio.

—¿Qué es esto, la noche de "copiemos a María José"?

Su madre sonrió.

—¿Recuerdas a Vanessa y la sombra? —preguntó—. Le gustara o no, Vanessa tenía a su sombra dondequiera que iba. No había manera de escaparse de ella. La influencia que ejercemos en los demás es así. Nos guste o no, lo que hacemos y decimos influye en otras personas. Es importante influir en ellas para bien y no para mal.

¿Y TÚ? ¿Qué clase de influencia tienes? Como cristiano, es importante que seas compasivo, honesto y leal. Vive de tal manera que tu vida provoque que los demás quieran conocer a Jesús. *H.W.M.*

PARA MEMORIZAR: Pues no vivimos para nosotros mismos ni morimos para nosotros mismos. Si vivimos, es para honrar al Señor, y si morimos, es para honrar al Señor. Entonces, tanto si vivimos como si morimos, pertenecemos al Señor. *Romanos 14:7-8*

—MAMÁ, ¿POR QUÉ TENEMOS QUE IR A LA IGLESIA TODOS LOS DOMINGOS? —preguntó Chad durante el desayuno—. Algunos de mis amigos no van.

—Bueno, nosotros sí lo hacemos —respondió su madre—. Vamos para que nos enseñen la Palabra de Dios. Así que por favor prepárate.

Cuando Chad era más pequeño, le encantaba ir a la iglesia. Pero, a medida que crecía, no quería ir.

Esa tarde, el tema volvió a salir.

—Esta noche mis amigos juegan al baloncesto —dijo Chad—. ¿Puedo ir?

—Chad, vamos a ir a la iglesia —respondió papá.

—No entiendo por qué no podemos leer la Biblia en casa —refunfuñó Chad.

La noche siguiente, después de cenar, Chad tapó la Biblia con periódicos.

—Voy a trabajar en mi nuevo coche a escala. ¡Nada más mira todas esas piezas! —exclamó. Se puso a trabajar, pero enseguida preguntó—: ¿Puedes ayudarme con esto, papá?

Papá se encogió de hombros.

—No creo que me necesites —dijo—. Solo tienes que juntar las piezas. Eso debería salir bien.

—¿Cómo podría saber dónde van las piezas, cuando no logro entenderlo?

Papá caminó hacia la mesa.

—Chad —dijo—, tratar de armar este coche a escala sin mi ayuda es como tratar de vivir tu vida cristiana sin la ayuda del pueblo de Dios. Últimamente no quieres ir a la iglesia; sin embargo, nuestro pastor y los maestros de la escuela dominical nos ayudan a entender cómo quiere Dios que vivamos.

—No lo había pensado de esa manera —dijo Chad—. Supongo que tienes razón.

¿Y TÚ? ¿Crees que no necesitas ir a la iglesia? Es muy bueno leer la Biblia, y deberías hacerlo. Pero, además, Dios ha provisto hombres y mujeres santos en tu iglesia y escuela dominical que pueden ayudarte a comprender su Palabra. Aprende de ellos. *D.K.*

PARA MEMORIZAR: Enséñame cómo vivir, oh SEÑOR. Guíame por el camino correcto, porque mis enemigos me esperan. *Salmo 27:11*

16 DE AGOSTO

EL EDIFICIO MODELO

DE LA BIBLIA:

Pues tú eres mi escondite;
me proteges de las dificultades
y me rodeas con canciones de victoria.

El SEÑOR dice: «Te guiaré por el mejor sendero para tu vida;
te aconsejaré y velaré por ti.

No seas como el mulo o el caballo, que no tienen entendimiento,
que necesitan un freno y una brida para mantenerse controlados».

Muchos son los dolores de los malvados,
pero el amor inagotable rodea a los que confían en el SEÑOR.

¡Así que alégrense mucho en el SEÑOR y estén contentos, ustedes los que le obedecen!

¡Griten de alegría, ustedes de corazón puro!

SALMO 32:7-11

Ve a la iglesia

17 DE AGOSTO

LA CIUDADANÍA

DE LA BIBLIA:

No olviden que ustedes, los gentiles, antes estaban excluidos. Eran llamados «paganos incircuncisos» por los judíos, quienes estaban orgullosos de la circuncisión, aun cuando esa práctica solo afectaba su cuerpo, no su corazón. En esos tiempos, ustedes vivían apartados de Cristo. No se les permitía ser ciudadanos de Israel, y no conocían las promesas del pacto que Dios había hecho con ellos. Ustedes vivían en este mundo sin Dios y sin esperanza, pero ahora han sido unidos a Cristo Jesús. Antes estaban muy lejos de Dios, pero ahora fueron acercados por medio de la sangre de Cristo.

Pues Cristo mismo nos ha traído la paz. Él unió a judíos y a gentiles en un solo pueblo cuando, por medio de su cuerpo en la cruz, derribó el muro de hostilidad que nos separaba.

EFESIOS 2:11-14

Nace de nuevo

CARLOS ESTABA CONTENTO DE HACER un trámite para el juez Patton. Le gustaba escuchar las anécdotas del juez jubilado sobre los días que había pasado en la corte. Hoy, tras un rato de caminar con el juez Patton, el hombre mayor le preguntó:

—¿Eres cristiano?

—Creo que sí —respondió Carlos—. Trato de ser bueno.

—Entonces, ¿dirías que perteneces al reino de Dios porque eres bueno? —preguntó el juez—. Permíteme que te cuente una historia. Yo solía sentarme en el estrado del juez mientras estaba en el sur de California. Un día, llevaron ante mí a un hombre muy apuesto. Había vivido en nuestra ciudad durante muchos años. Pero cuando intentó comprar cierta propiedad, se descubrió que no era un ciudadano norteamericano. "Pero, su señoría", me dijo, "yo obedezco las leyes. Pago mis facturas". Ahora, Carlos, ¿te parece que debería haberle dicho que no necesitaba nada más para convertirse en un ciudadano?

Carlos negó con la cabeza.

—Un extranjero debe jurar lealtad a la Constitución de los Estados Unidos.

—¿Y quién pone las normas para la ciudadanía: un extranjero o el gobierno de los Estados Unidos? —preguntó el juez Patton.

—El gobierno, desde luego —dijo Carlos.

El juez asintió.

—Bien, Carlos —dijo—, tú esperas que Dios te convierta en ciudadano del reino de Dios basándose en *tus* normas, es decir, por vivir una vida buena. Pero ¿quién tiene el derecho de fijar las normas para la ciudadanía celestial: tú o Dios?

—Dios —dijo Carlos—. Me parece que es hora de pedir la ciudadanía según las normas de Dios.

¿Y TÚ? ¿Aseguras ser un ciudadano del reino de Dios? ¿En qué basas tu afirmación: en que haces buenas obras o porque eres miembro de una iglesia? Únicamente quienes hayan nacido de nuevo entrarán en el cielo. *M.R.P.*

PARA MEMORIZAR: Jesús le respondió: «Te digo la verdad, a menos que nazcas de nuevo, no puedes ver el reino de Dios». *Juan 3:3*

—¿QUÉ ESTÁS HACIENDO, PAPÁ? —preguntó Natán, dejando caer su bicicleta sobre el césped. Su padre estaba semioculto debajo del capó levantado del carro—. Al carro no le pasa nada malo, ¿verdad?

—No, y quiero que siga así. —La voz de papá salió atenuada—. ¿Alguna vez escuchaste el dicho: "Más vale prevenir que lamentar"?

Natán sacudió la cabeza.

—No. ¿Qué significa?

—Significa que es mejor evitar que el carro se descomponga a tener que repararlo. —Papá bajó el capó de un golpe y recogió sus herramientas—. Parece que tendremos una tormenta eléctrica.

Papá tenía razón. ¡Esa noche hubo una tormenta! ¡El viento ululaba y llovía a cántaros! Cuando el granizo empezó a azotar la casa, Natán tuvo un pensamiento repentino.

—¡Ay, mi bici! —exclamó—. ¡Me olvidé de guardarla en el garaje!

—Otra vez —agregó papá—. Ahora es demasiado tarde.

Luego, cuando la tormenta paró, Natán puso su bicicleta en el garaje y encontró varias abolladuras en el guardabarros.

—¡Qué pena! —dijo papá—. Evitar esas abolladuras hubiera sido mucho más fácil que arreglarlas.

Natán bajó la cabeza.

A la hora de ir a dormir, mamá y papá llamaron a Natán a la sala para hacer el devocional familiar.

—¿Por qué tenemos que hacer devocionales todas las noches? —se quejó Natán.

—Más vale prevenir que lamentar —citó papá—. Yo mantengo el carro para conservarlo en buen estado. Tú deberías hacer lo mismo con tu bicicleta. Pero más importante aún es cuidar el alma, la posesión más valiosa que tenemos.

Natán tomó su Biblia y le sonrió a papá.

—¿Dónde leeremos? —preguntó.

¿Y TÚ? ¿Tienes la costumbre de hacer el mantenimiento espiritual todos los días? Orar y leer la Biblia te ayudará a mantenerte en plena forma espiritual. *B.J.W.*

PARA MEMORIZAR: Entonces cantaré alabanzas a tu nombre para siempre, mientras cumplo mis votos cada día. *Salmo 61:8*

MÁS VALE PREVENIR

DE LA BIBLIA:

Oh Dios, tú eres mi Dios;
de todo corazón te busco.
Mi alma tiene sed de ti;
todo mi cuerpo te anhela
en esta tierra reseca y agotada
donde no hay agua.
Te he visto en tu santuario
y he contemplado tu poder y tu gloria.
Tu amor inagotable es mejor que la vida misma;
¡cuánto te alabo!
Te alabaré mientras viva;
a ti levantaré mis manos en oración.
Tú me satisfaces más que un suculento banquete;
te alabaré con cánticos de alegría.
Recostado, me quedo despierto
pensando y meditando en ti durante la noche.
Como eres mi ayudador,
canto de alegría a la sombra de tus alas.
Me aferro a ti;
tu fuerte mano derecha me mantiene seguro.

SALMO 63:1-8

Cuida tu alma todos los días

19 DE AGOSTO

LA SOLUCIÓN PERFECTA

DE LA BIBLIA:

Si ustedes son sabios y entienden los caminos de Dios, demuéstrenlo viviendo una vida honesta y haciendo buenas acciones con la humildad que proviene de la sabiduría; pero si tienen envidias amargas y ambiciones egoístas en el corazón, no encubran la verdad con jactancias y mentiras. Pues la envidia y el egoísmo no forman parte de la sabiduría que proviene de Dios. Dichas cosas son terrenales, puramente humanas y demoníacas. Pues, donde hay envidias y ambiciones egoístas, también habrá desorden y toda clase de maldad.

Sin embargo, la sabiduría que proviene del cielo es, ante todo, pura y también ama la paz; siempre es amable y dispuesta a ceder ante los demás. Está llena de compasión y del fruto de buenas acciones. No muestra favoritismo y siempre es sincera. Y los que procuran la paz sembrarán semillas de paz y recogerán una cosecha de justicia.

SANTIAGO 3:13-18

No pelees

CON SOLO MIRAR EL ROSTRO DE DANIEL, papá supo que había algún problema.

—¿Qué tal estuvo la escuela? —preguntó.

—Más o menos. —Daniel respiró hondo y, entonces, dijo bruscamente—: Si Jeff no me deja en paz en el autobús, ¡voy a tener que pelearme con él!

—¿Cómo? —respondió papá—. Si lo haces, será mejor que estés preparado para aceptar las consecuencias.

Daniel levantó la vista.

—¿Me darás una paliza?

—No —dijo papá—, pero es posible que Jeff sí. Debe haber una mejor solución. Oremos al respecto.

Al día siguiente, Daniel volvió a casa desde la escuela con una sonrisa de oreja a oreja. Antes de que papá pudiera preguntar, le dijo:

—Hoy Jeff me dejó tranquilo.

—¿Qué hiciste? —preguntó papá.

Daniel soltó una risita.

—Me senté en el primer asiento del autobús —dijo—. Con el conductor a mi lado, Jeff no se atrevió a causar problemas.

Daniel se sorprendió cuando, al ratito, papá se acercó y lo abrazó.

—Hoy me enseñaste una lección, Daniel. Últimamente he estado teniendo algunos problemitas con mi temperamento —confesó—. No pensé en tener una pelea a puños con nadie, pero hay un par de personas que me tientan a reprenderlas. Pero tú me diste la solución perfecta.

Daniel parecía sorprendido.

—¿Qué?

—Acercarme a Jesús lo más que pueda —respondió papá—. Necesito moverme a la "parte delantera del autobús".

¿Y TÚ? ¿Sientes la tentación de usar los puños para resolver tus problemas? Recapacita. Probablemente una pelea solo empeore las cosas. Acércate a Jesús leyendo su Palabra, orando y manteniendo tus pensamientos puestos en él. Jesús puede darte la solución para resolver tus problemas pacíficamente. *B.J.W.*

PARA MEMORIZAR: Hagan todo lo posible por vivir en paz con todos. *Romanos 12:18*

CON EMOCIÓN, DAVID AYUDÓ A PAPÁ A DESEMPACAR LA GRAN CAJA. La pequeña tele vieja había muerto por completo. David esperaba ansiosamente ver a su equipo preferido en una pantalla grande.

—Yo sé cómo conectar esta hermosura —le dijo a su padre—. La Navidad pasada ayudé a Tony a conectar su televisor.

Papá sonrió y dejó trabajar a David. Después de conectar el reproductor de DVD, enchufó el cable del televisor al tomacorriente en la pared. Esperó a que apareciera la imagen. Cuando lo hizo, estaba borrosa.

—Sé qué es lo que está mal —dijo, ajustando algunos botones del televisor. Pero la imagen seguía estando fuera de foco.

—¿Estás seguro de que lo conectaste bien? —preguntó su padre, ofreciendo verificarlo.

David rechazó la mano de su padre.

—Seguro —dijo—. Este televisor es prácticamente igual al de Tony, y lo conectamos de lo más bien. Tiene que haber alguna falla en este.

—Lee la hoja de instrucciones —sugirió papá—. Este aparato podría ser distinto al de Tony.

David buscó las instrucciones que venían con el televisor y empezó a leerlas. Luego regresó al aparato y lo ajustó.

David se sentía avergonzado.

—Si no hay más remedio —dijo—, lee las instrucciones.

—Mejor aún —dijo papá—, lee las instrucciones *primero*. Este principio aplica también a nuestra vida cristiana. La Biblia es el manual de instrucciones de Dios. No solo nos dice cómo recibir a Jesús como nuestro Salvador; también nos dice cómo vivir la vida cristiana. Pero no lo sabremos, a menos que la leamos.

¿Y TÚ? ¿Eres cristiano? Entonces la Biblia debería ser tu guía, tu manual de instrucciones. La Biblia explica qué debe hacer el cristiano con respecto al pecado. Ordena a todo creyente a amar, dar, predicar y hacer muchas cosas más. El libro de Dios es muy importante. *R.I.J.*

PARA MEMORIZAR: Tú me hiciste; me creaste. Ahora dame la sensatez de seguir tus mandatos. *Salmo 119:73*

20 DE AGOSTO

SIGUE LAS INSTRUCCIONES DEL MANUAL

DE LA BIBLIA:

¿Cómo puede un joven mantenerse puro?
Obedeciendo tu palabra.
Me esforcé tanto por encontrarte;
no permitas que me aleje de tus mandatos.
He guardado tu palabra en mi corazón,
para no pecar contra ti.
Te alabo, oh SEÑOR;
enséñame tus decretos.
Recité en voz alta
todas las ordenanzas que nos has dado.
Me alegré en tus leyes
tanto como en las riquezas.
Estudiaré tus mandamientos
y reflexionaré sobre tus caminos.
Me deleitaré en tus decretos
y no olvidaré tu palabra.
Sé bueno con este siervo tuyo,
para que viva y obedezca tu palabra.
Abre mis ojos, para que vea
las verdades maravillosas que hay en tus enseñanzas.

SALMO 119:9-18

Obedece el manual de Dios

21 DE AGOSTO

DISONANTE

DE LA BIBLIA:

¿Hay algún estímulo en pertenecer a Cristo? ¿Existe algún consuelo en su amor? ¿Tenemos en conjunto alguna comunión en el Espíritu? ¿Tienen ustedes un corazón tierno y compasivo? Entonces, háganme verdaderamente feliz poniéndose de acuerdo de todo corazón entre ustedes, amándose unos a otros y trabajando juntos con un mismo pensamiento y un mismo propósito.

No sean egoístas; no traten de impresionar a nadie. Sean humildes, es decir, considerando a los demás como mejores que ustedes. No se ocupen solo de sus propios intereses, sino también procuren interesarse en los demás.

Tengan la misma actitud que tuvo Cristo Jesús.

Aunque era Dios,

no consideró que el ser igual a Dios fuera algo a lo cual aferrarse.

En cambio, renunció a sus privilegios divinos;

adoptó la humilde posición de un esclavo

y nació como un ser humano.

Cuando apareció en forma de hombre,

se humilló a sí mismo en obediencia a Dios

y murió en una cruz como morían los criminales.

FILIPENSES 2:1-8

No seas una nota disonante

MELANIE CAMINÓ DANDO FUERTES PISOTONES por el pasillo y dio un portazo al entrar en su cuarto.

—Ya nada de lo que hago está bien —balbuceó, enojada—. Todos se enojan conmigo.

Desde la sala llegó el sonido de su madre tocando el piano. Melanie puso cara de desagrado. ¡Algo no estaba bien! Mamá solía tocar hermosamente, pero ahora la música sonaba terrible.

Levantándose de un salto, Melanie entró corriendo en la sala.

—Eso suena horrible —espetó—. ¿Cuál es el problema?

—¿Cómo? —dijo mamá—. ¿Esto suena mejor? —Pasó sus dedos sobre el teclado.

—Claro que sí —respondió Melanie.

—Siéntate y deja que te muestre algo —la invitó mamá. Se movió hacia un lado para que Melanie pudiera sentarse en el taburete del piano con ella—. Cuando la música sonaba horrible, lo único que estaba haciendo yo era golpear una nota equivocada. Cada vez que la tocaba, desarmonizaba todo. Escucha. —Tocó varias notas—. Una nota equivocada en un acorde provoca una "disonancia". Y un miembro de la familia que no está en armonía con los otros miembros provoca disonancia en el hogar.

—¡Ah! —balbuceó Melanie, levantándose de un salto y saliendo de la sala. Cuando vio su propio rostro enojado en el espejo del pasillo, se detuvo. Sabía que ella era la nota equivocada porque últimamente su actitud había sido áspera.

—Me parece que necesitas invocar al Señor Jesús y pedirle que "afine" tu actitud —propuso mamá—. Sería agradable que nuestra familia estuviera en armonía.

Melanie asintió y se fue a su cuarto. Esta vez cerró la puerta tranquilamente y se arrodilló al lado de su cama.

¿Y TÚ? ¿Desentonas con todo el mundo? ¿Te sientes y suenas desafinado? Quizás has estado echándoles la culpa a los demás, cuando eres tú quien necesita afinación. No seas la «nota equivocada». Entra en sintonía con Dios y con tu familia. *B.J.W.*

PARA MEMORIZAR: Me dio un canto nuevo para entonar, un himno de alabanza a nuestro Dios. Muchos verán lo que él hizo y quedarán asombrados; pondrán su confianza en el SEÑOR. *Salmo 40:3*

—¡QUÉ OSCURO ESTÁ AFUERA! —dijo Kathy mientras ella y su hermano Josué trastabillaban por el sendero hacia su campamento. Habían ido a visitar a unos amigos.

—¡Sí! —coincidió Josué—, pero ya casi... —Sus palabras se interrumpieron cuando un pie le quedó atrapado en la raíz de un árbol y se cayó.

Kathy estiró sus brazos para ayudarlo a levantarse.

—¿Estás bien?

—Sí —dijo Josué, sacudiéndose la suciedad con las manos—, pero mejor no vayamos tan rápido. —Kathy estuvo de acuerdo, y ambos siguieron caminando lentamente y con cuidado hasta que llegaron al campamento, donde sus padres los esperaban.

—Escuchamos que venían —los saludó mamá—. ¿Alguien se cayó?

—Josué —respondió Kathy—, pero no se lastimó. Estaba tan oscuro que no podíamos ver.

—¿Por qué no usaron su linterna? —preguntó papá.

—¿Linterna? —Kathy y Josué se miraron el uno al otro—. ¡Ah, nuestra linterna! —Se echaron a reír.

—Qué listo, Josué —se burló Kathy—. Tú tenías la linterna, ¿sabías? La metiste en el bolsillo de tu suéter.

—Olvidé que la tenía —reconoció Josué.

—Me recuerdan a tantas personas —observó papá—. Tienen una luz para iluminar su camino pero se olvidan de usarla o, sencillamente, no se toman la molestia de hacerlo.

—¿Cómo quién? —quiso saber Kathy.

—Como todos los cristianos que no leen la Biblia —respondió papá, tomando la suya—. Dios dice que su Palabra es una luz para nuestro camino, pero de nada sirve si no la usamos.

¿Y TÚ? ¿Lees tu Biblia con frecuencia? Contiene muchos principios para ayudarte en la vida diaria. Brinda consuelo cuando estás dolido. Pero, a menos que la uses, no puede ayudarte. *H.W.M.*

PARA MEMORIZAR: Tu palabra es una lámpara que guía mis pies y una luz para mi camino. *Salmo 119:105*

22 DE AGOSTO

LO NECESARIO: UNA LUZ

(Primera parte)

Tu palabra es una lámpara que guía mis pies

y una luz para mi camino.

Lo prometí una vez y volveré a prometerlo:

obedeceré tus justas ordenanzas.

He sufrido mucho, oh SEÑOR;

restaura mi vida, como lo prometiste.

SEÑOR, acepta mi ofrenda de alabanza

y enséñame tus ordenanzas.

Mi vida pende de un hilo constantemente,

pero no dejaré de obedecer tus enseñanzas.

Los malvados me han tendido sus trampas,

pero no me apartaré de tus mandamientos.

Tus leyes son mi tesoro;

son el deleite de mi corazón.

Estoy decidido a obedecer tus decretos

hasta el final.

SALMO 119:105-112

Usa tu Biblia diariamente

23 DE AGOSTO

LO NECESARIO: UNA LUZ

(Segunda parte)

DE LA BIBLIA:

Tu palabra es una lámpara que guía
    mis pies

    y una luz para mi camino.

Lo prometí una vez y volveré a
    prometerlo:

    obedeceré tus justas ordenanzas.

He sufrido mucho, oh SEÑOR;

    restaura mi vida, como lo
    prometiste.

SEÑOR, acepta mi ofrenda de alabanza

    y enséñame tus ordenanzas.

Mi vida pende de un hilo constante-
    mente,

    pero no dejaré de obedecer tus
    enseñanzas.

Los malvados me han tendido sus
    trampas,

    pero no me apartaré de tus
    mandamientos.

Tus leyes son mi tesoro;

    son el deleite de mi corazón.

Estoy decidido a obedecer tus
    decretos

    hasta el final.

SALMO 119:105-112

Aplícate la Palabra de Dios

—¿POR QUÉ NO DORMIMOS EN NUESTRO CAMPA-MENTO ESTA NOCHE? —le preguntó Josué a su amigo Kendall—. Mi mamá dice que por ella está bien.

—¿Puedo, mamá? —Kendall le echó un vistazo a su madre.

La madre de Kendall se rio.

—Toma tu bolsa de dormir y vete —aceptó.

Pronto, los chicos estaban en camino. Josué encendió su linterna.

—Anoche dejé esto guardado en mi bolsillo durante todo el camino a casa. ¡No cometeré el mismo error dos veces! —dijo, guiando el camino. Se dio vuelta para proyectar la luz sobre el camino de Kendall. Siguió dejando un haz de luz detrás de sí, cerciorándose de que Kendall pudiera ver—. Anoche tropecé con la raíz de un ár... —Josué se cayó.

—¿Estás bien? —preguntó Kendall.

Josué se levantó y recuperó la linterna.

—Sí —masculló—. Camina a mi lado para que ambos podamos ver por dónde vamos.

Cuando llegaron al campamento de Josué, su familia estaba esperando.

—Vimos tu luz y oímos una caída —dijo su madre—. ¿Qué pasó?

—Te caíste otra vez, ¿verdad? —dijo Kathy con una sonrisa de satisfacción.

—¿Sabes a quién me recuerdas hoy? —preguntó papá.

Josué negó sacudiendo la cabeza.

—Estaba usando mi linterna.

Papá asintió.

—Sí, y estabas apuntándola hacia el camino de otra persona. Me recuerdas a las personas que escuchan la prédica de la Palabra de Dios y piensan: *Espero que fulano de tal esté escuchando. Él realmente lo necesita.* O, quizás, lean algo de la Palabra de Dios y lo apliquen a la vida de otro. No pueden ver que ellos mismos lo necesitan.

¿Y TÚ? ¿Te diste cuenta de que la lectura bíblica de hoy es la misma que la de ayer? Léela otra vez y recalca las palabras *yo, mi y a mí*. Luego, cuando leas otros pasajes de la Biblia como: «Sean amables unos con otros», piensa en qué debes hacer. *H.W.M.*

PARA MEMORIZAR:

Estoy decidido a obedecer tus decretos

    hasta el final. *Salmo 119:112*

MARINA GRITÓ Y SE SENTÓ EN LA CAMA. Se echó a llorar. Sus padres vinieron rápidamente junto a su cama y su madre la abrazó con fuerza.

—¿Acaso nunca se terminará? —preguntó Marina entre sollozos—. Tuve otra pesadilla sobre el accidente en el que murió tía Karen. Sigo viendo el carro hecho pedazos.

—Trata de recordar a tu tía como era: alegre, amorosa y bella —sugirió el padre de Marina.

—Trato —dijo Marina—, pero parece que no puedo recordarla de esa manera.

—Cariño, tú sabes que tía Karen era cristiana —le recordó su madre—; por lo tanto, ella vive en el cielo. ¿Puedes imaginarla allí?

Marina negó con la cabeza.

—Tampoco puedo verla de esa manera —dijo.

—Quiero mostrarte algo —dijo su padre y enseguida volvió con un reloj que colocó en la mano de Marina.

Marina se estremeció.

—Oh, llévate el reloj de tía Karen —suplicó—. Está todo roto por el choque, igual que tía Karen.

Su padre tomó el reloj.

—Sí —dijo—, como tía Karen. La caja está rayada y el cristal se rompió. Pero veamos adentro. —Después de examinarlo un poco, el papá de Marina levantó el reloj de la caja—. Mira, todavía funciona —dijo—. Solo lo exterior se arruinó. Y tía Karen aún está viva. Solamente la "caja" en la que ella vivió cuando estaba aquí, su cuerpo, murió.

Al cabo de un momento, Marina miró hacia arriba con una sonrisa trémula.

—Tía Karen verdaderamente está viva, ¿verdad? —dijo.

—Conseguiré una nueva caja para este reloj y, si quieres, puedes quedarte con esta como un recuerdo —dijo su padre—. Recuerda que algún día tía Karen tendrá un cuerpo nuevo también.

¿Y TÚ? ¿La muerte te ha quitado a alguien que amabas? Si tú y tu ser querido son cristianos, volverán a encontrarse cuando Cristo regrese, y estarán juntos para siempre. *M.R.P.*

PARA MEMORIZAR: Queridos amigos, ya somos hijos de Dios, pero él todavía no nos ha mostrado lo que seremos cuando Cristo venga. *1 Juan 3:2*

24 DE AGOSTO

EL RELOJ SIGUE HACIENDO TICTAC

DE LA BIBLIA:

Lo mismo sucede con la resurrección de los muertos. Cuando morimos, nuestros cuerpos terrenales son plantados en la tierra, pero serán resucitados para que vivan por siempre. Nuestros cuerpos son enterrados en deshonra, pero serán resucitados en gloria. Son enterrados en debilidad, pero serán resucitados en fuerza. Son enterrados como cuerpos humanos naturales, pero serán resucitados como cuerpos espirituales. Pues, así como hay cuerpos naturales, también hay cuerpos espirituales.

Las Escrituras nos dicen: «El primer hombre, Adán, se convirtió en un ser viviente», pero el último Adán —es decir, Cristo— es un Espíritu que da vida. [...]

Pero permítanme revelarles un secreto maravilloso. ¡No todos moriremos, pero todos seremos transformados!

1 CORINTIOS 15:42-45, 51

La persona real nunca muere

25 DE AGOSTO

EL RESCATE EN BALSA

DE LA BIBLIA:

Pues el Padre ama al Hijo y le muestra todo lo que hace. De hecho, el Padre le mostrará cómo hacer cosas más trascendentes que el sanar a ese hombre. Entonces ustedes quedarán realmente asombrados. Pues, así como el Padre da vida a los que resucita de los muertos, también el Hijo da vida a quien él quiere. Además, el Padre no juzga a nadie, sino que le ha dado al Hijo autoridad absoluta para juzgar, a fin de que todos honren al Hijo así como honran al Padre. El que no honra al Hijo ciertamente tampoco honra al Padre que lo envió.

Les digo la verdad, todos los que escuchan mi mensaje y creen en Dios, quien me envió, tienen vida eterna. Nunca serán condenados por sus pecados, pues ya han pasado de la muerte a la vida.

JUAN 5:20-24

Deja que Jesús te salve

—¡AUXILIO! ¡SÁLVENME! —gritó Todd cuando su balsa casera se precipitó hacia las cascadas. Como la corriente era brusca, él había atado la balsa a un árbol que estaba en la orilla del río. Sin embargo, la soga, que alguna vez fue gruesa, se había deshilachado. Cuando se metió de un salto en la balsa, la soga se partió y envió a la balsa río abajo.

¡Ay, no! pensó Todd. *¿Y ahora qué? No sé nadar tanto como para llegar a la orilla. ¡Tres kilómetros río abajo, hay una caída de quince metros sobre el lugar de partida!* El río corría junto a la carretera, de manera que agitó sus brazos y gritó.

El padre de Todd volvía del trabajo a casa en su coche, cuando miró hacia el río. Pudo ver que la balsa venía girando, río arriba, ¡y alguien venía en ella! Frenó rápidamente el carro, se quitó los zapatos y saltó al río. Como era un buen nadador, con unas pocas brazadas llegó hasta la mitad del río y esperó a que la balsa lo alcanzara. ¡Cuánto se sorprendió al ver a su propio hijo adentro! Gritó:

—¡Todd, salta! ¡Yo te salvaré!

Todd miró la sólida balsa y, luego, a su padre metido en las aguas turbulentas. No estaba seguro de querer abandonar la balsa, ¡pero sabía que si no lo hacía, sería la muerte! Cuando se lanzó al vacío del agua creciente, su padre lo atrapó. Lentamente, el padre de Todd volvió a la orilla remolcando a Todd.

Cuando volvieron a casa, papá dijo:

—Lo que hice yo por ti hoy se parece un poco a lo que Jesús hizo por nosotros porque no podíamos salvarnos de nuestros pecados nosotros mismos. Y de la misma manera que tuviste que confiar en que yo te salvaría al saltar, así tenemos que estar dispuestos a confiar en el Señor.

¿Y TÚ? ¿Has puesto tu fe en Cristo? Si no lo has hecho, habla con un amigo cristiano o adulto de confianza para saber más. *C.V.M.*

PARA MEMORIZAR: Pues la paga que deja el pecado es la muerte, pero el regalo que Dios da es la vida eterna por medio de Cristo Jesús nuestro Señor. *Romanos 6:23*

BLACKIE ERA UN PERRO DE GRANJA. Cuando era un cachorrito, le gustaba jugar con sus hermanos y hermanas. Uno por uno, los perritos se fueron a nuevos hogares, pero Blackie se quedó en la granja. Era la mascota especial de Jacob, el hijo del granjero. Jacob le enseñó a Blackie a quedarse en el terreno familiar.

—¡Quieto, Blackie! —solía ordenarle Jacob mientras cruzaba la carretera para buscar la correspondencia o para ir a visitar a su vecino.

A Blackie le gustaba salir a cazar tesoros, tesoros perrunos. Cazaba ardillas voladoras, ardillas rayadas y ratones. Un día vio algo que se movía entre los altos pastos al otro lado de la carretera. La tentación superó lo que podía aguantar y rápidamente cruzó la carretera. Qué tesoro encontró: ¡un conejo! No podía esperar para llevárselo a casa. Salió de entre los pastos altos con el conejo en su hocico. Cruzó la carretera como un rayo ¡y nunca vio el automóvil que venía! El conductor tocó la bocina y apretó los frenos. Pero Blackie, con el tesoro en su boca, recibió el golpe del auto.

Al escuchar la conmoción, Jacob salió corriendo de la casa. Levantó a Blackie en sus brazos y, enseguida, papá llevó al perro al veterinario.

—Está herido —les dijo el veterinario—. Podría haber perdido la vida, pero creo que se recuperará muy bien.

¿Y TÚ? ¿Sabías que muchos jóvenes han perdido la vida persiguiendo «tesoros» como las drogas, los cigarrillos, el dinero e, incluso, la popularidad? Esas cosas pueden parecer atractivas ahora, pero no valen lo que pueden llegar a costar a la larga. *P.R.*

PARA MEMORIZAR: Las tentaciones que enfrentan en su vida no son distintas de las que otros atraviesan. Y Dios es fiel; no permitirá que la tentación sea mayor de lo que puedan soportar. Cuando sean tentados, él les mostrará una salida, para que puedan resistir. *1 Corintios 10:13*

TESOROS

DE LA BIBLIA:

Dios bendice a los que soportan con paciencia las pruebas y las tentaciones, porque después de superarlas, recibirán la corona de vida que Dios ha prometido a quienes lo aman. Cuando sean tentados, acuérdense de no decir: «Dios me está tentando». Dios nunca es tentado a hacer el mal y jamás tienta a nadie. La tentación viene de nuestros propios deseos, los cuales nos seducen y nos arrastran. De esos deseos nacen los actos pecaminosos, y el pecado, cuando se deja crecer, da a luz la muerte.

Así que no se dejen engañar, mis amados hermanos.

SANTIAGO 1:12-16

Huye del pecado

27 DE AGOSTO

SOBRECARGADOS

DE LA BIBLIA:

Reunió a sus doce discípulos, comenzó a enviarlos de dos en dos y les dio autoridad para expulsar espíritus malignos. Les dijo que no llevaran nada para el viaje —ni comida, ni bolso de viaje, ni dinero— sino solo un bastón. Les permitió llevar sandalias pero no una muda de ropa.

Les dijo: «Por todo lugar que vayan, quédense en la misma casa hasta salir de la ciudad. Pero si en algún lugar se niegan a recibirlos o a escucharlos, sacúdanse el polvo de los pies al salir para mostrar que abandonan a esas personas a su suerte».

Entonces los discípulos salieron y decían a todos que se arrepintieran de sus pecados y volvieran a Dios. También expulsaban muchos demonios y sanaban a muchos enfermos ungiéndolos con aceite de oliva. [...]

Los apóstoles regresaron de su viaje y le contaron a Jesús todo lo que habían hecho y enseñado. Entonces Jesús les dijo: «Vayamos solos a un lugar tranquilo para descansar un rato». Lo dijo porque había tanta gente que iba y venía que Jesús y sus apóstoles no tenían tiempo ni para comer.

MARCOS 6:7-13, 30-31

No te ocupes demasiado

LOS TAYLOR ESTABAN EN CAMINO A LA CABAÑA que alquilaban cerca de un lago.

—No veo la hora de llegar allí —dijo Brianna—. Pareciera que fue hace años que salimos de vacaciones.

—Lo sé —suspiró mamá—. Estuvimos muy ocupados poniendo en marcha el negocio de tu padre y redecorando la casa. Es muy difícil encontrar un tiempo en el que estemos todos libres para irnos de vacaciones. Me alegro de que pasemos unos días juntos antes de que comiencen las clases.

Cuando llegaron, Brianna y su hermano Justo ayudaron a papá a sacar el equipaje del carro.

—¡Puf! Este lugar sí que huele a humedad —dijo Justo.

—Estará perfecto una vez que lo hayamos limpiado —replicó mamá—. Conectaré la cafetera y pondré un poco de agua en la estufa para preparar chocolate caliente. —Sin embargo, tan pronto lo hizo, todas las luces se apagaron—. Ay, he fundido un fusible —se quejó.

—Lo revisaré —dijo papá, buscando la linterna y mirando el tablero eléctrico—. Me parece que hay demasiadas cosas en un solo circuito pequeño —dijo—. Tendrás que apagar varias luces para poder hacer ese café y usar la estufa.

Mamá se apresuró a hacerlo y, pronto, papá pudo volver a conectar la electricidad.

Luego, cuando se sentaron todos juntos con sus bebidas calientes, mamá dijo reflexivamente:

—Nuestra familia ha estado sobrecargada, como ese circuito. Todos estuvimos muy ocupados como para pasar tiempo juntos.

Papá asintió.

—Creo que debemos revaluar nuestras actividades de esta semana —dijo. Luego, tomó su Biblia—. Hagamos el devocional familiar. Es una actividad para la que siempre deberíamos tener tiempo.

¿Y TÚ? ¿Has estado demasiado ocupado últimamente? Escribe una lista de las cosas que haces y pon en primer lugar las que son realmente importantes. Asegúrate de poner los devocionales diarios entre las primeras, junto con el tiempo que pasas con tu familia, el descanso adecuado y la alimentación. No te satures de actividades. *S.L.K.*

PARA MEMORIZAR: Entonces Jesús les dijo: «Vayamos solos a un lugar tranquilo para descansar un rato». Lo dijo porque había tanta gente que iba y venía que Jesús y sus apóstoles no tenían tiempo ni para comer. *Marcos 6:31*

SAMUEL ODIABA IR AL DENTISTA. Aunque no le dolía, no le gustaba el zumbido fuerte del torno. Fue un alivio cuando el zumbido cesó y el doctor Jiménez revisó el diente.

—¿Ya terminó? —preguntó Samuel.

—Solo un poco más de torno, Sam —respondió el doctor Jiménez—. Tengo que dejar limpia toda la cavidad. De lo contrario seguiría deteriorándose debajo del nuevo empaste. Y entonces perderías el diente completo.

Por fin, el doctor Jiménez empezó a poner el empaste nuevo.

—Cuando hago un orificio con el torno, no puedo dejar nada de material que se descomponga en la boca porque eso causaría muchos problemas después —dijo el doctor Jiménez—. Así es también en mi vida. Si queda algún pecado, me traerá problemas más adelante.

Samuel solo asintió.

—Si me descubro diciendo una mentira, aunque sea insignificante, trato de corregir la situación —continuó el doctor Jiménez—. Le pido a Dios que me perdone y que me ayude a decir la verdad.

Samuel reflexionó en lo que estaba diciendo el doctor Jiménez. Pensó en cuántas veces decía que había terminado su tarea o sus quehaceres cuando no era del todo cierto. Pensó en que ya no solía decir malas palabras, pero sí las decía de vez en cuando. Samuel se dio cuenta de que tenía que cambiar algunas cosas.

—¿Cómo te sientes, Sam? —preguntó el doctor Jiménez mientras lo ayudaba a levantarse de la silla.

Samuel lo miró seriamente.

—¡Genial! Me alegro de haberme librado de esa caries —respondió—. Pero tengo un par de "caries" de pecado que también trataré de reparar antes de que se hagan demasiado grandes.

¿Y TÚ? ¿Hay cosas en tu vida que sabes que no están del todo bien? ¿Quizás una mentirita, un engaño menor o una contradicción hacia tus padres o a tus maestros? Líbrate completamente de todas esas cosas, antes de que se vuelvan más difíciles de detener. *C.E.Y.*

PARA MEMORIZAR: Detesto a los que tienen divididas sus lealtades, pero amo tus enseñanzas. *Salmo 119:113*

---

28 DE AGOSTO

REPARANDO LAS CARIES

DE LA BIBLIA:

Ahora bien, Giezi, el sirviente de Eliseo, hombre de Dios, se dijo a sí mismo: «Mi amo no debería haber dejado ir al arameo sin aceptar ninguno de sus regalos. Tan cierto como que el SEÑOR vive, yo iré tras él y le sacaré algo». Entonces Giezi salió en busca de Naamán.

Cuando Naamán vio que Giezi corría detrás de él, bajó de su carro de guerra y fue a su encuentro.

—¿Está todo bien? —le preguntó Naamán.

—Sí —contestó Giezi—, pero mi amo me mandó a decirle que acaban de llegar dos jóvenes profetas de la zona montañosa de Efraín; y él quisiera treinta y cuatro kilos de plata y dos mudas de ropa para ellos.

—Por supuesto, llévate el doble de la plata —insistió Naamán. [...]

Cuando entró para ver a su amo, Eliseo le preguntó:

—¿Adónde fuiste, Giezi?

—A ninguna parte —le contestó él.

Pero Eliseo le preguntó:

—¿No te das cuenta de que yo estaba allí en espíritu cuando Naamán bajó de su carro de guerra para ir a tu encuentro?

2 REYES 5:20-23, 25-26

Extrae completamente el pecado

29 DE AGOSTO

LA COLA DEL BURRO

DE LA BIBLIA:

Por lo tanto, imiten a Dios en todo lo que hagan porque ustedes son sus hijos queridos. Vivan una vida llena de amor, siguiendo el ejemplo de Cristo. Él nos amó y se ofreció a sí mismo como sacrificio por nosotros, como aroma agradable a Dios.

Que no haya ninguna inmoralidad sexual, impureza ni avaricia entre ustedes. Tales pecados no tienen lugar en el pueblo de Dios. Los cuentos obscenos, las conversaciones necias y los chistes groseros no son para ustedes. En cambio, que haya una actitud de agradecimiento a Dios. Pueden estar seguros de que ninguna persona inmoral, impura o avara heredará el reino de Cristo y de Dios. Pues el avaro es un idólatra, que adora las cosas de este mundo.

No se dejen engañar por los que tratan de justificar esos pecados, porque el enojo de Dios caerá sobre todos los que lo desobedecen. No participen en las cosas que hace esa gente. Pues antes ustedes estaban llenos de oscuridad, pero ahora tienen la luz que proviene del Señor. Por lo tanto, ¡vivan como gente de luz!

EFESIOS 5:1-8

Deshazte de las vendas espirituales

ERA EL DÍA DE LA FIESTA DE LA IGLESIA y la señora Gates, la maestra, estaba vendando los ojos de Jeremías. Su clase había decidido jugar un antiguo juego de fiestas llamado: «Pónganle la cola al burro». Contra la pared había un dibujo de un burro. Cada niño tenía un turno para que le vendaran los ojos y lo hicieran dar varias vueltas antes de pegar la cola.

—Ahí está —dijo la señora Gates, girando a Jeremías.

Jeremías dio un paso, inseguro. No era tan fácil como esperaba. Caminó hacia adelante, tambaleándose un poco. Estiró sus manos al frente y, ¡listo! Lo hizo. Los otros niños se rieron mientras él se arrancaba la venda de los ojos. Ahí estaba el burro ¡con la cola saliéndole de la nariz!

Cuando terminó el juego, la señora Gates reunió al grupo antes de que tomaran el refrigerio.

—Piensen en este juego que acaban de hacer —dijo—. A cualquiera de ustedes le resultaría fácil ahora ir y poner la cola en el lugar correcto. ¿Qué lo dificultó durante el juego?

—Teníamos los ojos vendados —dijo uno de los niños.

—Y estábamos mareados porque nos habían dado vueltas —agregó Jeremías.

—Tienen razón —concordó la señora Gates—. Como cristianos, a veces nosotros también somos así. Tenemos vendas espirituales, cosas como la pereza, el egoísmo, el odio o la obstinación. Y las cosas del mundo, como la televisión y las malas compañías, nos hacen ir por el camino equivocado. Pidámosle a Dios que nos ayude a deshacernos de nuestras "vendas" y a seguir de frente hacia el sentido correcto.

¿Y TÚ? ¿Tienes puesta alguna venda espiritual? ¿Te estás alejando de agradar al Señor por causa de tus amistades, de las cosas que lees o de la música que eliges? Ora a Dios y pídele que te ayude a caminar con la mirada fija al frente, viviendo una vida que le agrade. *H.W.M.*

PARA MEMORIZAR: Pues antes ustedes estaban llenos de oscuridad, pero ahora tienen la luz que proviene del Señor. Por lo tanto, ¡vivan como gente de luz! *Efesios 5:8*

CAMERON Y SU AMIGO DREW IRRUMPIERON en la sala.

—Mira, papá. Tengo un nuevo avión a escala.

—¡Qué lindo! —aprobó papá—. Ya debes tener toda una colección. Últimamente has traído varios modelos a escala.

—¡Así es! Tengo un Tiger, un Hornet y un B-52...

—¿Puedo verlos? —lo interrumpió Drew.

Cameron titubeó.

—Bueno, es que todavía no los termino. Pero ya empecé a armarlos todos.

Papá levantó la vista y frunció el entrecejo.

—En ese caso, creo que mejor te guardo este hasta que hayas terminado los otros. Dejar las cosas inconclusas es una pérdida de tiempo y de esfuerzo.

—Ay, papá —protestó Cameron—, solo es un avión a escala.

—Sí —estuvo de acuerdo papá—, pero me temo que estás cultivando hábitos para toda la vida que te harán daño, Cameron. ¿Te acuerdas de la casita para el perro que empezaste a hacer?

—No me la recuerdes —se quejó Cameron—. Pero no te preocupes. La terminaré mañana.

Drew se rio.

—Mi papá dice que "el mañana nunca llega".

—Tiene razón —coincidió papá—. Dios dice que debemos ser fieles en las cosas que tenemos que hacer, sean grandes o pequeñas. Si no puedes terminar las cosas que comienzas por propio placer, es muy probable que tampoco logres terminar las cosas que comienzas para él.

¿Y TÚ? ¿Pierdes el interés por los proyectos antes de concluirlos? ¿Alguna vez le prometiste al Señor que le serías fiel en determinada área, como orar o leer la Biblia, y luego fallaste? Dios tiene el poder para ayudarte a seguir trabajando, a pesar de que el trabajo no sea interesante o sea difícil. Pídele que te dé su fuerza. *C.R.*

PARA MEMORIZAR: Si son fieles en las cosas pequeñas, serán fieles en las grandes; pero si son deshonestos en las cosas pequeñas, no actuarán con honradez en las responsabilidades más grandes. *Lucas 16:10*

30 DE AGOSTO

COMIENZA BIEN, PERO...

DE LA BIBLIA:

Si son fieles en las cosas pequeñas, serán fieles en las grandes; pero si son deshonestos en las cosas pequeñas, no actuarán con honradez en las responsabilidades más grandes. Entonces, si no son confiables con las riquezas mundanas, ¿quién les confiará las verdaderas riquezas del cielo?; y si no son fieles con las cosas de otras personas, ¿por qué se les debería confiar lo que es de ustedes?

Nadie puede servir a dos amos. Pues odiará a uno y amará al otro; será leal a uno y despreciará al otro. No se puede servir a Dios y estar esclavizado al dinero.

LUCAS 16:10-13

Termina lo que comienzas

31 DE AGOSTO

SIN RECHAZOS

DE LA BIBLIA:

¡Gracias por hacerme tan maravillosamente complejo!

Tu fino trabajo es maravilloso, lo
sé muy bien.

Tú me observabas mientras iba
cobrando forma en secreto,

mientras se entretejían mis partes
en la oscuridad de la matriz.

Me viste antes de que naciera.

Cada día de mi vida estaba
registrado en tu libro.

Cada momento fue diseñado

antes de que un solo día pasara.

Qué preciosos son tus pensamientos
acerca de mí, oh Dios.

¡No se pueden enumerar!

Ni siquiera puedo contarlos;

¡suman más que los granos de la
arena!

Y cuando despierto,

¡todavía estás conmigo!

SALMO 139:14-18

Acepta a todos

—¡MADRE, DEBERÍAS HABER VISTO AL CHICO NUEVO
que vino anoche a nuestro grupo de jóvenes!
—dijo Tom mientras estiraba la mano para tomar
una galleta de chocolate recién horneada.

—¿Qué con él? —preguntó su madre, sacando
otra tanda del horno.

—¡Es bien raro! —exclamó Tom.

—¿Cómo? —Su madre arqueó las cejas—.
¿Qué tiene de diferente?

—Bueno, en primer lugar es muy gracioso
cómo se viste. —Tom se rio al recordarlo—. ¡Tenía
puesta una ropa que parece de hace veinte años!

—Tal vez su familia ande corta de dinero
—insinuó su madre.

Tom se encogió de hombros.

—Su ropa no es lo único extraño en él —dijo—.
Tiene una nariz ridícula que... —Dejó de hablar de
repente al ver que su madre revisaba las galletas
que recién había horneado. Inspeccionó cada una
detenidamente y luego las separó en platos diferentes—. ¿Qué estás haciendo? —preguntó.

Su madre levantó el plato más lleno y caminó
hacia el cubo de la basura.

—Algunas no salieron muy bien —dijo—. Las
arrojaré a la basura.

—¡No las tires! —exclamó Tom con incredu-
lidad.

—Pero no son perfectas, Tom —le explicó su
madre—. Revisé una por una y solo unas cuantas
tienen el color adecuado y la cantidad exacta de
chispas que me gustan en una galleta.

—Aun así, están bien —protestó Tom—. Es de
esperar que sean diferentes... —Titubeó y, luego,
agregó en voz baja—: Como el chico nuevo, ¿verdad?

Mama asintió.

—Como el chico nuevo —repitió—. Como
todos los chicos y todos los hombres y las mujeres.
Dios los hizo diferentes a todos; a todos los hizo
especiales. Él los ama a todos, y nosotros también
deberíamos hacerlo.

¿Y TÚ? ¿Te cuesta que te agraden las personas que
se visten o que hablan de manera distinta a ti y a tus
amigos? Recuerda que Dios las creó y las ama. No las
rechaces. *D.A.B.*

PARA MEMORIZAR: ¡Gracias por hacerme tan
maravillosamente complejo! Tu fino trabajo es
maravilloso, lo sé muy bien. *Salmo 139:14*

JANA SUSPIRÓ SENTÁNDOSE A LA MESA UNA MAÑANA.

—Desearía poder hacer algo importante para las reuniones especiales de la iglesia —dijo—. Carlos y Jack van a tocar un dueto de trompeta; Melanie, Sheri y Tara cantarán en un trío; Holly tocará el piano una noche y a Bonnie le pidieron que leyera su poema. Todos hacen algo, menos yo.

—Creí que estabas ayudando en la guardería —dijo su madre.

—Eso lo hago siempre —dijo Jana—, pero me gustaría hacer algo realmente importante.

La hermana mayor de Jana, Tracy, entró cojeando en la sala.

—¿Cómo está el dedito que te lastimaste ayer? —le preguntó la madre.

—Mucho mejor —le comunicó Tracy—. Pronto podré caminar normalmente. ¡Nunca me había dado cuenta de lo importante que es el dedo chiquito!

—¿Viste tu dedo chiquito esta mañana, Jana? —preguntó su madre.

—Probablemente, no —rio Jana.

—¿Te peinaste el cabello? —preguntó su madre—. ¿Te miraste el rostro?

—Obvio —dijo Jana—. ¿Adónde quieres llegar, madre?

—Bueno —dijo su madre—, solo trato de remarcar que normalmente les prestamos más atención a algunas partes de nuestro cuerpo, como el cabello o el rostro, pero cada parte es importante. Aun nuestros dedos chiquitos. Cada miembro del cuerpo de Cristo, es decir, cada creyente, también es importante. Solemos prestarles más atención a las personas que tocan instrumentos, que cantan o que hablan. Pero quienes trabajan en la guardería, quienes barren la iglesia o quienes oran sentados en silencio son tan importantes como los otros.

¿Y TÚ? ¿Te sientes insignificante? Algunos trabajos nos parecen más «glamorosos» que otros, pero Dios no te recompensará conforme a cuán glamorosa sea tu tarea. Te recompensará de acuerdo a cuán fielmente hayas realizado la tarea que él te dio para hacer. *H.W.M.*

PARA MEMORIZAR: De hecho, algunas partes del cuerpo que parecieran las más débiles y menos importantes, en realidad, son las más necesarias. *1 Corintios 12:22*

EL DEDO CHIQUITO

DE LA BIBLIA:

Efectivamente, hay muchas partes, pero un solo cuerpo. El ojo nunca puede decirle a la mano: «No te necesito». La cabeza tampoco puede decirle al pie: «No te necesito».

De hecho, algunas partes del cuerpo que parecieran las más débiles y menos importantes, en realidad, son las más necesarias. Y las partes que consideramos menos honorables son las que vestimos con más esmero. Así que protegemos con mucho cuidado esas partes que no deberían verse, mientras que las partes más honorables no precisan esa atención especial. Por eso Dios ha formado el cuerpo de tal manera que se les dé más honor y cuidado a esas partes que tienen menos dignidad. Esto hace que haya armonía entre los miembros a fin de que los miembros se preocupen los unos por los otros. Si una parte sufre, las demás partes sufren con ella y, si a una parte se le da honra, todas las partes se alegran.

Todos ustedes en conjunto son el cuerpo de Cristo, y cada uno de ustedes es parte de ese cuerpo. **1 CORINTIOS 12:20-27**

Tú eres importante

2 DE SEPTIEMBRE

NO VALE LA PENA

DE LA BIBLIA:

El temor del SEÑOR prolonga la vida,
  pero los años de los perversos
    serán truncados.
Las esperanzas del justo traen
    felicidad,
  pero las expectativas de los
    perversos no resultan en nada.
El camino del SEÑOR es una fortaleza
    para los que andan en
    integridad,
  pero destruye a los que hacen
    maldad.
Los justos nunca serán perturbados,
  pero los perversos serán quitados
    de la tierra.
La boca del justo da sabios consejos,
  pero la lengua engañosa será
    cortada.
Los labios del justo hablan palabras
    provechosas,
  pero la boca del malvado habla
    perversidad.

PROVERBIOS 10:27-32

No fumes

DIEGO TOSIÓ IMPETUOSAMENTE; entonces, apagó el cigarrillo. Ken, uno de los otros muchachos, se dio cuenta.

—El que quiera estar en este club tiene que fumar —declaró.

—Bueno, yo tengo que irme ahora —dijo Diego. Salió de la sede del club y se encaminó hacia la casa de su tío. El tío Vern era médico, y Diego tenía algunas preguntas que hacerle.

—¿Es verdad que el fumar provoca cáncer? —preguntó Diego—. Digo, conozco algunas personas mayores que han fumado durante años y nunca contrajeron cáncer.

Tío Vern habló seriamente:

—Es cierto —admitió—. No todos los cuerpos reaccionan de la misma manera. Es posible que una persona no fume demasiado pero pueda llegar a contraer cáncer a una edad temprana. Otra persona quizás no desarrolle un cáncer en mucho tiempo, aunque fume más. Y otra, tal vez nunca contraiga cáncer.

—Entonces, ¿es una gran probabilidad? —preguntó Diego.

—Es una probabilidad que *no* vale la pena poner a prueba —dijo tío Vern—. Hay muchas más probabilidades de contraer cáncer de pulmón si fumas que si no lo haces. Y, además, el fumar causa daños cardíacos y otros problemas.

—¿Pero no con certeza? —preguntó Diego, ansioso por justificar fumar.

Tío Vern frunció el entrecejo.

—El problema es que nadie sabe cómo reaccionará su cuerpo. Dios hizo nuestro cuerpo para que trabaje de manera más eficiente cuando no le exigimos de más ni abusamos de él.

—Bueno, supongo que fumar queda descartado entonces —concluyó Diego de mala gana.

Tío Vern lo palmeó en la espalda.

—¡Sabía que eras un chico listo!

¿Y TÚ? ¿Eres un chico «listo» o una chica «lista»? ¿Suficiente como para no fumar? Dios creó nuestro cuerpo. Nosotros lo honramos al cuidar el cuerpo que él nos dio. Toma ahora la decisión de no fumar. Esa decisión podría dar como resultado que vivas más tiempo. *C.E.Y.*

PARA MEMORIZAR: El temor del SEÑOR prolonga la vida, pero los años de los perversos serán truncados. *Proverbios 10:27*

—YO SOY LA PUERTA; LOS QUE ENTREN A TRAVÉS DE MÍ SERÁN SALVOS. —Cuando el señor Batos, el maestro de escuela dominical de Jerry, leyó las palabras de Jesús, Jerry se quedó perplejo. Se preguntaba cómo Jesús podía ser una puerta.

Esa noche, Jerry se quedó en la casa de Tony para estar listo para salir de campamento temprano a la mañana siguiente. Cuando ya se habían ido a la cama, Jerry se dio cuenta de que había olvidado traer su equipo de pesca.

—Vayamos rápido a mi casa y traigámoslo —dijo.

—Todos estarán durmiendo —dijo Tony.

—Entraremos a hurtadillas —dijo Jerry—. Vamos.

Jerry intentó abrir las puertas de su casa pero todas estaban cerradas con llave. Decidió quitar el mosquitero de la ventana de su habitación y entrar por ahí. El ruido despertó a sus padres; de manera que su papá agarró un bate y fue a investigar. Jerry tenía un pie en la ventana cuando su padre gritó:

¡Alto, o te daré tu merecido!

Jerry se quedó inmóvil.

—¡No! ¡Soy yo, papá! —dijo.

Su padre encendió una luz.

—¿Jerry? ¿Por qué estás entrando a hurtadillas por la ventana? ¿Por qué no llamaste a la puerta? —preguntó—. Te hubiera dejado entrar.

Jerry tragó saliva.

Al día siguiente, los niños le contaron su aventura al señor Batos.

—No pensé que fuera importante la forma de entrar —dijo Jerry—, pero sí lo fue.

—Es un buen ejemplo de porqué Jesús es llamado "la puerta". Solo a través de él podemos entrar en el cielo. Algunos piensan que pueden entrar a hurtadillas al cielo por hacer buenas obras, por asistir a la iglesia o porque fueron bautizados. Pero la única manera de entrar al cielo es por la puerta, aceptando a Jesús como tu Salvador.

¿Y TÚ? ¿Estás tratando de entrar a hurtadillas al cielo? No es posible. La única forma de entrar al cielo es por medio de Jesucristo. *J.L.H.*

PARA MEMORIZAR: Yo soy la puerta; los que entren a través de mí serán salvos. Entrarán y saldrán libremente y encontrarán buenos pastos. *Juan 10:9*

3 DE SEPTIEMBRE

NO PUEDES ENTRAR A HURTADILLAS

DE LA BIBLIA:

Les digo la verdad, el que trepa por la pared de un redil a escondidas en lugar de entrar por la puerta ¡con toda seguridad es un ladrón y un bandido! Pero el que entra por la puerta es el pastor de las ovejas. El portero le abre la puerta, y las ovejas reconocen la voz del pastor y se le acercan. Él llama a cada una de sus ovejas por su nombre y las lleva fuera del redil. Una vez reunido su propio rebaño, camina delante de las ovejas, y ellas lo siguen porque conocen su voz. Nunca seguirán a un desconocido; al contrario, huirán de él porque no conocen su voz.

Los que oyeron a Jesús usar este ejemplo no entendieron lo que quiso decir, entonces les dio la explicación: «Les digo la verdad, yo soy la puerta de las ovejas. Todos los que vinieron antes que yo eran ladrones y bandidos, pero las verdaderas ovejas no los escucharon. Yo soy la puerta; los que entren a través de mí serán salvos. Entrarán y saldrán libremente y encontrarán buenos pastos. El propósito del ladrón es robar y matar y destruir; mi propósito es darles una vida plena y abundante».

JUAN 10:1-10

Entra al cielo por la «puerta»

4 DE SEPTIEMBRE

PROBLEMAS POR UN LÁPIZ

(Primera parte)

DE LA BIBLIA:

Uso la ilustración de la esclavitud para ayudarlos a entender todo esto, porque la naturaleza humana de ustedes es débil. En el pasado, se dejaron esclavizar por la impureza y el desenfreno, lo cual los hundió aún más en el pecado. Ahora deben entregarse como esclavos a la vida recta para llegar a ser santos.

Cuando eran esclavos del pecado, estaban libres de la obligación de hacer lo correcto. [...]

Pero hay otro poder dentro de mí que está en guerra con mi mente. Ese poder me esclaviza al pecado que todavía está dentro de mí. ¡Soy un pobre desgraciado! ¿Quién me libertará de esta vida dominada por el pecado y la muerte?

ROMANOS 6:19-20; 7:23-24

Tú le perteneces a Dios

CHAD ABRIÓ IMPACIENTEMENTE el gran sobre que había recibido por correo.

—Aquí está el lápiz que pedí —dijo—. Mira: tiene mi nombre grabado. —Señaló su nombre, grabado en letras doradas a un costado del lápiz. Su hermanita Caryn estiró la mano para tomar el lápiz, pero Chad lo retiró—. No puedes usar esto —dijo—. Este lápiz me costó mucho dinero, y nadie puede usarlo salvo yo.

—Yo también puedo usarlo —insistió Caryn. Corrió a preguntarle a su padre—. Papi, Chad tiene que compartir conmigo, ¿verdad? —preguntó—. ¿Yo también puedo usar el lápiz? —Pero se desilusionó al ver que su padre negaba con la cabeza.

—Es el lápiz de Chad —dijo papá—. Él lo pagó y tiene su nombre. Tiene derecho a usar ese lápiz de la manera que él quiera.

—Oye, eso es como mi lección del domingo pasado —dijo Chad—. Mi maestra dice que Dios tiene derecho a usarnos para hacer su obra porque le pertenecemos.

Papá asintió.

—Es verdad. El lápiz puede ser un recordatorio de eso. Lo compraste y pagaste el precio que valía, así que es tuyo. Dios nos compró. Comprar nuestra salvación costó la sangre de Jesús. Ahora nosotros somos suyos. Tu nombre está grabado en el lápiz, lo cual lo convierte en tu propiedad. El Espíritu Santo ahora vive dentro de nosotros, lo cual nos convierte en "cristianos". Siempre deberíamos recordar que nuestra vida le pertenece a Dios.

¿Y TÚ? ¿Le perteneces a Dios? Si aceptaste a Jesús como tu Salvador, eres suyo. Ríndete a él. No dejes que el mundo te «use». Tú eres de Dios. Deja que él te controle. Vive para agradarle a él. *H.W.M.*

PARA MEMORIZAR: ¿No se dan cuenta de que su cuerpo es el templo del Espíritu Santo, quien vive en ustedes y les fue dado por Dios? Ustedes no se pertenecen a sí mismos. *1 Corintios 6:19*

—¿ESTÁS PREPARADO PARA EL GRUPO BÍBLICO? — la madre de Chad le preguntó—. ¿O deberías aprenderte de memoria el versículo antes de salir a jugar?

Chad echó un vistazo a la pelota y al guante que tenía en la mano; luego miró a su madre.

—A veces me canso de tener que ir al grupo bíblico y a la iglesia —rezongó—. Quiero decir, me alegro de ser cristiano, pero no me gusta tener que estudiar mientras los demás juegan.

Minutos después, la madre escuchó unas voces enfadadas.

—Dame eso, Caryn —exigía Chad—. Es mío. —La madre escuchó lo que parecía una pelea y fue rápidamente a investigar.

—Caryn agarró mi lápiz —dijo Chad. Su hermanita lo miraba desafiantemente.

—Dame el lápiz —ordenó la madre. Caryn se lo entregó de mala gana. La madre miró el nombre de Chad grabado en el lápiz—. Bien, hijo —dijo ella—, imagina que lo parto por la mitad y le doy a cada uno una parte.

—¡De ninguna manera! —respondió Chad—. Eso lo arruinaría. Quiero mi lápiz entero.

—Lo entiendo —aceptó su madre y se lo entregó—. Es tuyo, entero. Espero que cuando veas tu nombre escrito en él recuerdes que tú eres de Dios. No solo una mitad de ti, sino por completo.

Chad asintió lentamente.

—Por eso no solo tengo que ir a la iglesia. Debo involucrarme en las actividades cristianas y hacer cosas para el Señor, ¿verdad? —Le dedicó una sonrisa a su madre y abrió su libro para estudiar.

¿Y TÚ? ¿Eres un «cristiano dominguero»? ¿Quieres hacer las cosas a *tu* manera el resto de la semana? Tú le perteneces a Dios enteramente, y él quiere que lo ames y lo sirvas con todo tu corazón. Pídele que te ayude a hacerlo cada día. *H.W.M.*

PARA MEMORIZAR: Y ahora, Israel, ¿qué requiere el Señor tu Dios de ti? Solo requiere que temas al Señor tu Dios, que vivas de la manera que le agrada y que lo ames y lo sirvas con todo tu corazón y con toda tu alma. *Deuteronomio 10:12*

---

5 DE SEPTIEMBRE

PROBLEMAS POR UN LÁPIZ

(Segunda parte)

DE LA BIBLIA:

Uno de los maestros de la ley religiosa […] le preguntó:

—De todos los mandamientos, ¿cuál es el más importante?

Jesús contestó:

—El mandamiento más importante es: "¡Escucha, oh Israel! El Señor nuestro Dios es el único Señor. Ama al Señor tu Dios con todo tu corazón, con toda tu alma, con toda tu mente y con todas tus fuerzas". El segundo es igualmente importante: "Ama a tu prójimo como a ti mismo". Ningún otro mandamiento es más importante que estos.

El maestro de la ley religiosa respondió:

—Bien dicho, Maestro. Has hablado la verdad al decir que hay solo un Dios y ningún otro. Además yo sé que es importante amarlo con todo mi corazón y todo mi entendimiento y todas mis fuerzas, y amar a mi prójimo como a mí mismo. Esto es más importante que presentar todas las ofrendas quemadas y sacrificios exigidos en la ley.

Al ver cuánto entendía el hombre, Jesús le dijo:

—No estás lejos del reino de Dios.

MARCOS 12:28-34

Sirve a Dios todo el tiempo

6 DE SEPTIEMBRE

ENIGMÁTICO COMO UN ROMPECABEZAS

(Primera parte)

DE LA BIBLIA:

No se asocien íntimamente con los que son incrédulos. ¿Cómo puede la justicia asociarse con la maldad? ¿Cómo puede la luz vivir con las tinieblas? ¿Qué armonía puede haber entre Cristo y el diablo? ¿Cómo puede un creyente asociarse con un incrédulo? ¿Y qué clase de unión puede haber entre el templo de Dios y los ídolos? Pues nosotros somos el templo del Dios viviente. Como dijo Dios:

«Viviré en ellos

y caminaré entre ellos.

Yo seré su Dios,

y ellos serán mi pueblo.

Por lo tanto, salgan de entre los incrédulos

y apártense de ellos, dice el SEÑOR.

No toquen sus cosas inmundas,

y yo los recibiré a ustedes.

2 CORINTIOS 6:14-17

Únete con personas cristianas

—¡CINDY! —GRITÓ JOSUÉ—. ¡Arruinaste nuestro rompecabezas!

—Yo ayudo —insistió Cindy, revolviendo las piezas.

Beth tomó un rompecabezas sencillo de un estante y ayudó a la pequeña Cindy, de tres años, a empezar a armarlo.

—Tú trabaja con este rompecabezas. El nuestro es demasiado difícil para ti.

Josué y Beth disfrutaban de ver cómo aparecía la imagen de su rompecabezas. Entonces, otra vez comenzaron los problemas.

—Cindy, esa pieza pertenece a tu rompecabezas, ¡no a este! —protestó Beth.

—Toma, Cindy. Ayúdame a abrir las cartas. —Su madre acababa de entrar. Mientras Cindy forcejeaba con un sobre, su madre abrió otro—. ¡Oh no! —suspiró—. Mi prima Paula se va a casar, y David, su prometido, no es cristiano.

—Paula piensa que él irá a la iglesia con ella cuando estén casados —comentó Beth.

—Bueno, oro para que David se haga cristiano —dijo su madre—, pero no están empezando sabiamente. Dios dice que los cristianos no deben unirse a los incrédulos.

—¡Cindy! —chilló Josué. Su hermanita estaba desordenando otra vez el rompecabezas.

—Miren —dijo la madre—, así como las piezas de dos rompecabezas distintos nunca encajan bien, un creyente y un incrédulo no encajan uno con otro. Esto es particularmente válido en el matrimonio. Y puede afectar cómo elegimos a nuestros amigos.

—Es por eso que no te gusta que sea muy amigo de Carl, ¿verdad? —preguntó Josué.

Su madre asintió.

—Pueden ser amigos, pero también necesitas amigos cristianos. Y cuando tengas edad suficiente para casarte, tu pareja deberá ser cristiana.

—¿Casarme? —Josué puso una cara fea.

Su madre se rio.

—Ese momento llegará antes de que te des cuenta —dijo.

¿Y TÚ? ¿Algunos de tus amigos son cristianos? ¿Estás decidido a que, cuando llegue el momento, elegirás una pareja cristiana? No desobedezcas a Dios en este importante tema. *H.W.M.*

PARA MEMORIZAR: No se asocien íntimamente con los que son incrédulos. ¿Cómo puede la justicia asociarse con la maldad? ¿Cómo puede la luz vivir con las tinieblas? *2 Corintios 6:14*

BETH Y JOSUÉ COMPETÍAN para poner las últimas piezas de su rompecabezas. Finalmente, Beth levantó la última que quedaba sobre la mesa.

—Estás escondiendo una pieza —acusó a Josué cuando vio que todavía faltaba una en el rompecabezas—. Siempre crees que tienes que poner la última pieza.

—Yo no la tengo —dijo Josué—. Quizás esté en el piso. —Miró debajo de la mesa, pero allí no había nada. Los niños empezaron a buscar por toda la sala.

—¿Qué sucede? —preguntó su madre. Le mostraron el rompecabezas con la pieza que faltaba—. Qué pena —dijo ella—, pero creo que será mejor que se olviden de eso por el momento. Casi es hora de cenar.

—¿Olvidarlo? —la contradijo Beth—. Pero la necesitamos para terminar la imagen. —Prosiguieron con la búsqueda y, por fin, encontraron la pieza que se había perdido.

—Verdaderamente fueron persistentes —comentó mamá cuando vio que habían terminado el rompecabezas—. ¡Los felicito!

—Sí —dijo Josué—. Oye, mamá, tú siempre ves pequeñas lecciones geniales en las cosas que pasan. ¿Ves alguna en esto?

Su madre lo pensó un momento.

—En realidad, sí —dijo—. Estoy pensando en tu amigo Jim. Se parece a esta pieza que faltaba. En este momento está comportándose desenfrenadamente, así que realmente necesita oración. Tienes que tener cuidado de que no influya en ti a hacer cosas malas, pero puedes insistir en orar por él y en ser su amigo. Sé tan persistente como fuiste para terminar tu rompecabezas.

¿Y TÚ? ¿Conoces a algún cristiano que no vaya a la iglesia? ¿Alguno que haga cosas que sabes que están mal? A veces es necesario evitar ser amigos íntimos de esa clase de personas. Pero nunca dejes de orar por esa persona. Trata de llevar a esa persona de vuelta al Señor. *H.W.M.*

PARA MEMORIZAR: Tomen nota de quienes rehúsan obedecer lo que decimos en esta carta. Aléjense de ellos, para que se avergüencen. *2 Tesalonicenses 3:14*

7 DE SEPTIEMBRE

ENIGMÁTICO COMO UN ROMPECABEZAS

(Segunda parte)

DE LA BIBLIA:

Y ahora, amados hermanos, les damos el siguiente mandato en el nombre de nuestro Señor Jesucristo: aléjense de todos los creyentes que llevan vidas ociosas y que no siguen la tradición que recibieron de nosotros. Pues ustedes saben que deben imitarnos. No estuvimos sin hacer nada cuando los visitamos a ustedes. [...]

Tomen nota de quienes rehúsan obedecer lo que decimos en esta carta. Aléjense de ellos, para que se avergüencen. No los vean como enemigos, sino que llámenles la atención como lo harían con un hermano.

2 TESALONICENSES 3:6-7, 14-15

Ora por los cristianos perdidos

8 DE SEPTIEMBRE

DIOS LO TIENE EN CUENTA

DE LA BIBLIA:

¿Cuánto cuestan dos gorriones: una moneda de cobre? Sin embargo, ni un solo gorrión puede caer a tierra sin que el Padre lo sepa. En cuanto a ustedes, cada cabello de su cabeza está contado.

MATEO 10:29-30

No robes

JASÓN Y CELIA PASEABAN ENTRE LOS PUESTOS de la feria artesanal.

—¡Mira, Jasón! —chilló Celia—. ¿No es hermosa? —Sostenía una muñeca que tenía el rostro de porcelana.

—¡Está bien, si te gustan las muñecas! —dijo Jasón con un gesto de desdén—. Veamos otras cosas.

—¿Dónde fue mamá? —preguntó Celia mientras buscaba entre la multitud.

—No sé —respondió Jasón—, pero ella nos encontrará. No te preocupes.

Siguieron caminando por el medio de la feria.

—Mmm, ¿hueles lo mismo que yo? —preguntó Jasón.

—Huele a una panadería —respondió Celia—, ¡y ahí está!

Jasón se acercó caminando al puesto donde había un despliegue de deliciosos productos horneados.

—Mira esas donas, Celia. Comería una sin dudarlo.

—Gastamos todo nuestro dinero, ¿lo recuerdas? —le recordó Celia a su hermano.

—¿Y qué? —Sonrió Jasón—. No hay nadie por aquí. El vendedor debe estar descansando. No echará de menos una dona pequeñita.

—¡No agarres ninguna, Jasón! Sabes que eso sería robar —le advirtió Celia.

—Ay, Celia, nadie se enterará —se burló Jasón, mirando atentamente a su alrededor—. Estoy seguro de que no cuentan cada dona. Nunca se darán cuenta.

—Quizás no —dijo Celia—. Pero tal vez Dios sí las contó.

Jasón tragó saliva y miró a Celia. Unos instantes después, respondió:

—Tienes razón, Celia. Dios las cuenta. ¡La Biblia dice que "cada cabello de su cabeza esta contado"! —Jasón y Celia se alejaron caminando del puesto con las manos vacías, pero en paz.

¿Y TÚ? ¿Sientes la tentación de robar «cositas» porque crees que nadie se enterará? ¿Te parece que no tiene importancia que tomes cosas que son de tu hermano, de tu hermana o de tus padres? Recuerda, hasta las cosas pequeñas son importantes para Dios. *B.D.*

PARA MEMORIZAR: En cuanto a ustedes, cada cabello de su cabeza está contado. *Mateo 10:30*

ERA EL DÍA DE LOS ABUELOS EN LA ESCUELA. Como era su costumbre, el abuelo de Raúl vino al evento. El abuelo escuchaba a los niños leer lo que habían escrito sobre lo que les gustaba de sus abuelos. A Roberto le gustaba su abuelo porque le hacía regalos bonitos. A Amanda le agradaba su abuelo porque nunca la regañaba. La composición de Raúl era distinta. Mientras leía, vio que su abuelo sonreía.

Después de la escuela, el abuelo le dijo a Raúl que estaba muy satisfecho con lo que había escrito.

—Bueno, es cierto que siempre tienes tiempo para mí —dijo Raúl—. Me escuchas y te tomas el tiempo para ayudarme. Y no tienes miedo de decirme que no o de regañarme. No siempre me gusta, pero sé que tienes razón; por eso me alegro de que lo hagas.

—Me alegra escucharte decir eso, Raúl —le dijo el abuelo—. ¿Te digo algo? Las cosas que te gustan de mí son algunas de las cosas que me gustan de Dios.

—¿En serio?

El abuelo asintió.

—Dios siempre escucha cuando oro, y está disponible cuando lo necesito —dijo—. Me ayuda a rechazar las cosas malas. También me ayuda a reconocer cuando me equivoco y a pedirle perdón a la gente cuando hago cosas que están mal. Él no solo me salvó, sino que además siempre hace lo que es mejor para mí.

—Sí, Dios es así, ¿verdad? —dijo Raúl—. Es más, me alegro de que no siempre nos dé lo que queremos. Si lo hiciera, no nos hubiéramos mudado a esta ciudad y, entonces, yo no hubiera empezado a conocer tantas cosas de ti.

¿Y TÚ? ¿Las personas te agradan por lo que te dan o porque logras que hagan lo que tú quieres? Debes amarlas por lo que son, no por sus regalos. Eso también incluye a Dios. *A.G.L.*

PARA MEMORIZAR: Al obedecer la verdad, ustedes quedaron limpios de sus pecados, por eso ahora tienen que amarse unos a otros como hermanos, con amor sincero. Ámense profundamente de todo corazón. *1 Pedro 1:22*

EL DÍA DE LOS ABUELOS

DE LA BIBLIA:

¿Acaso olvidaron las palabras de aliento con que Dios les habló a ustedes como a hijos? Él dijo:

«Hijo mío, no tomes a la ligera la disciplina del SEÑOR

y no te des por vencido cuando te corrige.

Pues el SEÑOR disciplina a los que ama

y castiga a todo el que recibe como hijo».

Al soportar esta disciplina divina, recuerden que Dios los trata como a sus propios hijos. ¿Acaso alguien oyó hablar de un hijo que nunca fue disciplinado por su padre? Si Dios no los disciplina a ustedes como lo hace con todos sus hijos, quiere decir que ustedes no son verdaderamente sus hijos, sino ilegítimos. Ya que respetábamos a nuestros padres terrenales que nos disciplinaban, entonces, ¿acaso no deberíamos someternos aún más a la disciplina del Padre de nuestro espíritu, y así vivir para siempre?

HEBREOS 12:5-9

Ama a las personas por quienes son

10 DE SEPTIEMBRE

EL EPISODIO DEL MELÓN

(Primera parte)

DE LA BIBLIA:

No robes.

No se engañen ni se estafen unos a otros.

No traigas vergüenza al nombre de tu Dios al usarlo para jurar en falso. Yo soy el SEÑOR.

No defraudes ni le robes a tu prójimo.

No retengas hasta el día siguiente el salario de tus obreros contratados.

LEVÍTICO 19:11-13

No robes

—VAMOS —SUSURRÓ TRAVIS—. El señor Brown acaba de entrar en la casa. —Él y su amigo Felipe se acercaron sigilosamente al huerto. Travis agarró un gran melón maduro, se lo metió debajo de la camiseta y corrió con el cuerpo doblado hacia el sendero que llevaba a la calle. Felipe venía justo detrás de él y también se mantenía agachado. Cuando llegaron al camino, se metieron agachados entre unos arbustos que estaban cerca de la casa de Travis. Felipe le dio su navaja a Travis, quien cortó el jugoso melón.

—Debemos haber conseguido el mejor melón del huerto del señor Brown —dijo Travis, limpiándose la boca con el dorso de su mano.

Esa noche después de cenar, el padre de Travis sacó unos guantes gruesos.

—Tengo que limpiar la hiedra venenosa de un trozo de tierra —dijo—. ¿Quieres ayudarme, Travis?

—Claro —aceptó Travis.

Agarraron unas palas y se pusieron los guantes. Para sorpresa de Travis, papá se dirigió directamente a los arbustos donde los niños habían comido el melón.

—Mira —dijo papá—, ¡alguien comió un melón en esta zona de hiedra venenosa!

En ese momento llegó el señor Brown.

—Esta tarde alguien robó mi mejor melón —dijo. Al ver la cáscara y las semillas, abrió más grandes los ojos.

—Me apena escuchar eso —respondió el padre de Travis.

—Iba a presentar ese gran melón en el concurso de la feria. Estoy seguro de que hubiera ganado un premio —exclamó el señor Brown.

El corazón de Travis comenzó a palpitar cuando empezó a ayudar a sacar la hiedra venenosa. *Solo quería divertirme un poco*, pensó. *Pero creo que haber tomado ese melón realmente fue robar.* De algún modo, estaba seguro de que el episodio del melón todavía no había finalizado.

¿Y TÚ? ¿Alguna vez tomaste algo que le pertenecía a otro para burlarte de esa persona o para ver si te salías con la tuya? Podrá parecerte que solo es por diversión, pero nunca resulta divertido para la persona a la cual estás robándole. *C.E.Y.*

PARA MEMORIZAR: No robes. *Éxodo 20:15*

TRAVIS DABA VUELTAS EN LA CAMA. No podía dormir. ¡Ah, si tan solo no hubiera agarrado el melón preciado del señor Brown! Ahora sabía que haberse llevado el melón no era solamente «divertirse un poco». Era robar. Quería hablar con papá sobre eso. ¡Ser castigado era mejor que sentirse así!

Travis salió de la cama y, con un golpecito, llamó a la puerta de la habitación de sus padres.

—Papá, mamá, ¿puedo hablar con ustedes? —preguntó. Pronto, les contó todo lo sucedido.

—Hijo, lamento que hayas tomado el melón del señor Brown —dijo papá—, pero me alegro de que lo hayas reconocido. Ahora tienes que decirle a Dios que lo sientes. Y mañana deberás decirle al señor Brown que estás arrepentido. Pregúntale si puedes ayudarlo en su huerto para pagar el melón.

—Lo haré, papá —dijo Travis cuando oraron juntos los tres. Luego de que Travis oró, sus padres lo abrazaron. Travis se retorció—. ¡Ay! —dijo—. Me arde la piel como si estuviera en llamas. ¡Me pica mucho!

Lo observaron más de cerca.

—¡Es hiedra venenosa! —exclamó mamá. Salió corriendo a buscar la loción balsámica.

—Mira, Travis, el pecado puede tener dos resultados —dijo papá—. Le hace daño a nuestra conciencia, haciéndonos sentir lejos de Dios. Eso podemos remediarlo confesando nuestro pecado y recibiendo el perdón de Dios. Pero, a veces, el pecado también nos lastima de otras maneras. En este caso tendrás que sufrir a causa de la hiedra venenosa.

¿Y TÚ? ¿Estás sufriendo a consecuencia de algún pecado que cometiste? El pecado tiene que ser confesado a Dios y a quienes hiciste daño. Sin embargo, es posible que tengas que sufrir las consecuencias que resultan de tu pecado. Si este es el caso, reconócelo y aprende de lo sucedido. *C.E.Y.*

PARA MEMORIZAR: No se dejen engañar: nadie puede burlarse de la justicia de Dios. Siempre se cosecha lo que se siembra. *Gálatas 6:7*

11 DE SEPTIEMBRE

EL EPISODIO DEL MELÓN

(Segunda parte)

DE LA BIBLIA:

No se dejen engañar: nadie puede burlarse de la justicia de Dios. Siempre se cosecha lo que se siembra. Los que viven solo para satisfacer los deseos de su propia naturaleza pecaminosa cosecharán, de esa naturaleza, destrucción y muerte; pero los que viven para agradar al Espíritu, del Espíritu, cosecharán vida eterna. Así que no nos cansemos de hacer el bien. A su debido tiempo, cosecharemos numerosas bendiciones si no nos damos por vencidos. Por lo tanto, siempre que tengamos la oportunidad, hagamos el bien a todos, en especial a los de la familia de la fe.

GÁLATAS 6:7-10

El pecado te hace daño

12 DE SEPTIEMBRE

LA FALSA CAPUCHA

DE LA BIBLIA:

¡Tengan cuidado! No hagan sus buenas acciones en público para que los demás los admiren, porque perderán la recompensa de su Padre, que está en el cielo. Cuando le des a alguien que pasa necesidad, no hagas lo que hacen los hipócritas que tocan la trompeta en las sinagogas y en las calles para llamar la atención a sus actos de caridad. Les digo la verdad, no recibirán otra recompensa más que esa. Pero tú, cuando le des a alguien que pasa necesidad, que no sepa tu mano izquierda lo que hace tu derecha. Entrega tu ayuda en privado, y tu Padre, quien todo lo ve, te recompensará.

Cuando ores, no hagas como los hipócritas a quienes les encanta orar en público, en las esquinas de las calles y en las sinagogas donde todos pueden verlos. Les digo la verdad, no recibirán otra recompensa más que esa. Pero tú, cuando ores, apártate a solas, cierra la puerta detrás de ti y ora a tu Padre en privado. Entonces, tu Padre, quien todo lo ve, te recompensará.

MATEO 6:1-6

Sé honesto y obediente

—PAPÁ, ¿QUÉ SIGNIFICA la palabra en inglés *falsehood*? —preguntó Katie, dejándose caer en una silla.

—¿*Falsehood*? —preguntó papá, sorprendido—. Bueno, es una mentira o falsedad.

—Eso es lo que pensé —dijo Katie—. Pero ¿por qué se le llama *falsehood*?

—Mmm —reflexionó papá—. Bueno, una vez escuché una explicación. Esto sucedió hace cientos de años. Fue durante una época en la que la gente usaba capuchas, en inglés *hoods*, en lugar de sombreros, y mantos en lugar de chaquetas.

—¿Como Caperucita Roja? —preguntó Katie.

—Algo así —respondió papá—. Una persona como un médico o un abogado, o cualquier profesión, usaba determinado tipo de color de capucha.

—Entonces, si uno veía a alguien con cierta clase de capucha, ¿sabía a qué se dedicaba? —preguntó Katie.

—Sí, y de ahí viene la palabra *falsehood* —respondió papá—. Algunas personas deshonestas iban a ciudades donde no eran conocidas, usando una capucha que no se habían ganado, e instalaban un consultorio. Vivían una mentira. Usaban una falsa capucha. Por eso: *falsehood*.

Katie asintió.

—Ahora entiendo cómo la palabra pasó a significar falsedad —dijo—. Creo que es una buena palabra para describir a las personas que simulan ser algo que no son. Algunos niños son antipáticos en la escuela, pero los domingos fingen ser cristianos. Es como si se escondieran debajo de una falsa capucha.

—¡Así es! —respondió papá—. Asegúrate de siempre ser sincera ante Dios y ante los demás.

—Lo haré —prometió Katie.

¿Y TÚ? ¿Conoces a alguien que finge ser como no es? ¿Alguna vez has sentido la tentación de hacer lo mismo? Dios quiere que seamos sinceros en nuestro amor hacia los demás.

PARA MEMORIZAR: Pero has rechazado a todos los que se apartan de tus decretos, quienes no hacen más que engañarse a sí mismos. *Salmo 119:118*

UN SÁBADO POR LA MAÑANA, Molly daba vueltas por la casa con la cara afligida. Mamá lo notó y le dijo:

—¿Por qué mi niña dulce está tan triste hoy?

—Oh, mamá —lloriqueó Molly—, ¡no soy buena en nada!

—¿Que no eres buena, dices? —replicó su madre—. Bueno, yo sé algo para lo que eres buena, y es para ayudarme a servir el almuerzo en la mesa.

Molly sonrió y pareció olvidar su melancolía mientras comían.

Después de almorzar, para sorpresa de Molly y de su madre, papá se sentó en el taburete del piano. Se puso a golpetear las notas del piano mientras cantaba alegremente con voz desafinada. Mamá y Molly pronto empezaron a reír a carcajadas. Molly se cubrió los oídos con las manos y gritó:

—¡Papi, por favor! ¡Para un poco!

Cuando papá dejó de tocar, mamá dijo:

—¿Recuerdas, Molly, que dijiste que no podías hacer nada bien? Pero todo depende de con qué te compares. Comparándote con papá, tú haces algo muy bien: tocas el piano.

Molly aún no estaba convencida.

—Pero no soy tan buena para los deportes como papá, y no puedo cantar notas altas como Cheryl.

—Ah, Molly —la regañó mamá—, ¡no te compares con los demás! ¡Eres mucho mejor para los deportes que lo que fui yo en toda mi vida! Y la semana pasada la señora Pierce me dijo que eres una de las mejores contraltos del coro juvenil.

—Molly, conozco un versículo bíblico que tienes que aprender —dijo papá. Cuando Molly leyó 1 Pedro 4:10, papá remarcó que Dios quiere que sus hijos desarrollen sus propios talentos y que no pierdan tiempo comparándose con sus amigos.

¿Y TÚ? ¿Quieres ser como alguien que conoces y te comparas constantemente con esa persona? ¡Dios quiere que seas tú y nadie más! *R.E.P.*

PARA MEMORIZAR: Dios, de su gran variedad de dones espirituales, les ha dado un don a cada uno de ustedes. Úsenlos bien para servirse los unos a los otros. *1 Pedro 4:10*

13 DE SEPTIEMBRE

¿COMPARADA CON QUÉ?

DE LA BIBLIA:

Por lo tanto, amados hermanos, les ruego que entreguen su cuerpo a Dios por todo lo que él ha hecho a favor de ustedes. Que sea un sacrificio vivo y santo, la clase de sacrificio que a él le agrada. Esa es la verdadera forma de adorarlo. No imiten las conductas ni las costumbres de este mundo, más bien dejen que Dios los transforme en personas nuevas al cambiarles la manera de pensar. Entonces aprenderán a conocer la voluntad de Dios para ustedes, la cual es buena, agradable y perfecta.

Basado en el privilegio y la autoridad que Dios me ha dado, le advierto a cada uno de ustedes lo siguiente: ninguno se crea mejor de lo que realmente es. Sean realistas al evaluarse a ustedes mismos, háganlo según la medida de fe que Dios les haya dado. Así como nuestro cuerpo tiene muchas partes y cada parte tiene una función específica, el cuerpo de Cristo también. Nosotros somos las diversas partes de un solo cuerpo y nos pertenecemos unos a otros.

Dios, en su gracia, nos ha dado dones diferentes para hacer bien determinadas cosas. Por lo tanto, si Dios te dio la capacidad de profetizar, habla con toda la fe que Dios te haya concedido.

ROMANOS 12:1-6

Sé tú mismo

14 DE SEPTIEMBRE

LAS PORTADAS ENGAÑOSAS

(Primera parte)

DE LA BIBLIA:

Nadie puede servir a dos amos. Pues odiará a uno y amará al otro; será leal a uno y despreciará al otro. No se puede servir a Dios y estar esclavizado al dinero.

Los fariseos, que amaban mucho su dinero, oyeron todo eso y se burlaron de Jesús. Entonces él les dijo: «A ustedes les encanta aparecer como personas rectas en público, pero Dios conoce el corazón. Lo que este mundo honra es detestable a los ojos de Dios.

»Hasta el tiempo de Juan el Bautista, la ley de Moisés y el mensaje de los profetas fueron sus guías; pero ahora se predica la Buena Noticia del reino de Dios, y todos están ansiosos por entrar. Eso no significa que la ley haya perdido su fuerza. Es más fácil que el cielo y la tierra desaparezcan, a que el más pequeño punto de la ley de Dios sea anulado».

LUCAS 16:13-17

No puedes engañar a Dios

—MAMÁ, LO TENGO —anunció Kathy al volver de la escuela un día.

—¿Qué tienes? —preguntó su hermano Ben—. ¿Es contagioso?

—¡Tonto! —Kathy sostenía un libro. La fotografía de la portada mostraba a una niña con su falda larga, cocinando sobre una estufa antigua—. Mi maestra me permitió traer esto a casa. Dice cómo hacer "buñuelos dulces" como los hacían hace muchos años. Mamá dijo que me ayudaría a hacer algunos si traía la receta a casa. —Se dio vuelta hacia su madre—. ¿Podemos hacerlos hoy?

—Después de la cena —prometió mamá.

Cuando terminaron de cenar, mamá le pidió a Ben que lavara los platos. Kathy corrió a buscar el libro que había traído a casa. Lo abrió con impaciencia. Luego cerró el libro y miró la portada. Lo abrió una vez más.

—¡Mamá! —se lamentó—. ¡La portada es un engaño! Dice *Recetas de antaño,* ¡pero es un libro sobre autos antiguos!

Mamá se acercó para revisarlo.

—Por alguna razón, le pusieron a este libro la portada equivocada —dijo—. Supongo que eso demuestra el viejo dicho: "Las apariencias engañan".

—Esa portada engañó a Kathy —comentó papá—, hasta que lo revisó por dentro. Me recuerda a las personas que se ponen una buena cubierta. Van a la iglesia y hacen todo tipo de buenas obras. Sus portadas falsas engañan a muchas personas que piensan que esos tipos buenos deben ser cristianos. Pero nunca engañan a Dios. Él sabe si han aceptado o no a Jesús.

¿Y TÚ? ¿Te pones una «portada» que te hace aparentar ser alguien que no eres? Los demás pueden creer que eres cristiano porque vas a la iglesia, te portas bien y hablas del Señor. Pero Dios no se deja engañar. Él ve quién eres de verdad. Sabe si realmente naciste de nuevo. *H.W.M.*

PARA MEMORIZAR: Oye entonces desde el cielo donde vives y perdona. Haz con tu pueblo según merecen sus acciones, porque solo tú conoces el corazón de cada ser humano. *1 Reyes 8:39*

—¡FUERA DE MI CAMINO! —ordenó Ben, dándole un empujón a su hermana.

—De todas formas, ¿quién quiere ver ese estúpido programa? —replicó Kathy mientras iba a contestar el teléfono—. Voy a cantar con otros niños dentro de dos semanas —informó Kathy cuando volvió—. Cantaremos: "Quítate ese ceño fruncido del rostro".

—¿Y a mí qué? —dijo Ben. El teléfono volvió a sonar y Ben saltó a atenderlo. Volvió rápidamente—. ¡Adivina qué, señorita Sabelotodo! Yo también voy a cantar. La señora Snyder dijo que olvidó que tenía que preguntarles a dos personas de esta familia.

Kathy se dio vuelta hacia su madre, quien acababa de entrar en la sala.

—Mamá, Ben tiene mi libro, el de la portada equivocada. Dile que me lo devuelva.

La madre suspiró.

—¿Qué canción dijiste que van a cantar?

—Es una que recién aprendimos —respondió Ben—. Quítate ese ceño fruncido del rostro. Pon una sonrisa en su lugar...

—Es una buena canción —dijo su madre—. Supongo que ese día vestirán "portadas".

—¿Portadas? —Ben y Kathy parecían desconcertados.

Su madre asintió.

—Ya saben... como ese libro. A veces los cristianos también usan "portadas": portadas que dicen que son algo que no son. En público se comportan de manera bonita, pero en privado no se llevan bien.

Kathy se sonrojó.

—Parece que así somos —reconoció—. Lo siento, Ben.

—Yo también lo siento —dijo Ben.

¿Y TÚ? ¿Dices «por favor» y «gracias» únicamente cuando estás fuera de casa? ¿Hablas con buenos modales cuando estás en la iglesia y dices malas palabras cuando estás en la escuela? Eso se llama «hipocresía» o tener «doble cara». Pídele a Dios que te ayude a vivir una vida pura y sincera. *H.W.M.*

PARA MEMORIZAR: Sin embargo, la sabiduría que proviene del cielo es, ante todo, pura y también ama la paz; siempre es amable y dispuesta a ceder ante los demás. Está llena de compasión y del fruto de buenas acciones. No muestra favoritismo y siempre es sincera. *Santiago 3:17*

15 DE SEPTIEMBRE

LAS PORTADAS ENGAÑOSAS

(Segunda parte)

DE LA BIBLIA:

Si ustedes son sabios y entienden los caminos de Dios, demuéstrenlo viviendo una vida honesta y haciendo buenas acciones con la humildad que proviene de la sabiduría; pero si tienen envidias amargas y ambiciones egoístas en el corazón, no encubran la verdad con jactancias y mentiras. Pues la envidia y el egoísmo no forman parte de la sabiduría que proviene de Dios. Dichas cosas son terrenales, puramente humanas y demoníacas. Pues, donde hay envidias y ambiciones egoístas, también habrá desorden y toda clase de maldad.

Sin embargo, la sabiduría que proviene del cielo es, ante todo, pura y también ama la paz; siempre es amable y dispuesta a ceder ante los demás. Está llena de compasión y del fruto de buenas acciones. No muestra favoritismo y siempre es sincera. Y los que procuran la paz sembrarán semillas de paz y recogerán una cosecha de justicia.

SANTIAGO 3:13-18

No tengas dos caras

16 DE SEPTIEMBRE

UN LUGAR OSCURO

DE LA BIBLIA:

La multitud respondió:

—Según entendimos de las Escrituras, el Mesías vivirá para siempre. ¿Cómo puedes decir, entonces, que el Hijo del Hombre va a morir? Además, ¿quién es este Hijo del Hombre?

Jesús contestó:

—Mi luz brillará para ustedes solo un poco más de tiempo. Caminen en la luz mientras puedan, para que la oscuridad no los tome por sorpresa, porque los que andan en la oscuridad no pueden ver adónde van. Pongan su confianza en la luz mientras aún haya tiempo; entonces se convertirán en hijos de la luz.

Después de decir esas cosas, Jesús salió y desapareció de la vista de ellos. [...]

Yo he venido como una luz para brillar en este mundo de oscuridad, a fin de que todos los que pongan su confianza en mí no queden más en la oscuridad.

JUAN 12:34-36, 46

Sé la luz de Dios

MIENTRAS CAMILA ESCUCHABA las voces alegres del grupo bíblico, cantando al unísono, deseó poder quedarse para siempre en la casa de la señora Steiner. Estaba contenta de haber venido, de haber escuchado sobre Jesús y de haber creído en él como su Salvador.

Camila se quedó para ayudar a la señora Steiner a poner en orden la sala.

—Gracias, Camila —dijo la señora Steiner—. Ahora, ¿qué te parece comer un plato de duraznos antes de irte? ¿Te gustaría llamar a tus padres y asegurarte de que está bien que te quedes?

—No habrá problemas —respondió Camila—. Mi mamá trabaja hasta tarde y papá debe estar desmayado... quiero decir, durmiendo en el sofá.

—Bueno, entonces por favor trae de la despensa del sótano un frasco de mi conserva casera de duraznos —dijo la señora Steiner—. Yo traeré los platos y la leche.

Camila cojeaba cuando regresó del sótano.

—La luz no funcionaba —explicó Camila—, y no podía ver bien. Tropecé con una escalera, pero estoy bien.

—Ay, querida, la bombilla debe haberse fundido —dijo la señora Steiner—. Discúlpame. Es necesario poner una luz en un lugar oscuro como la despensa de comestibles. —Abrió el frasco y sirvió los frutos dorados—. ¿Cómo andan las cosas en casa?

Camila suspiró y le contó que su madre trabajaba hasta muy tarde y que su papá era alcohólico.

—Debe ser difícil para ti, Camila —se compadeció la señora Steiner—, pero Jesús te necesita ahí, en tu hogar. Así como la despensa realmente necesita una luz, tú puedes ser una luz en tu hogar para ayudar a que tus padres vean el amor de Cristo.

¿Y TÚ? ¿Eres el único cristiano en tu casa o en tu salón de clases? Es difícil estar solo. Pero es en la oscuridad donde más se necesita una luz. *J.L.H.*

PARA MEMORIZAR: Para que nadie pueda criticarlos. Lleven una vida limpia e inocente como corresponde a hijos de Dios y brillen como luces radiantes en un mundo lleno de gente perversa y corrupta. *Filipenses 2:15*

—A MÍ NO ME GUSTAN LAS ARAÑAS, ¿Y A TI? —le preguntó Ana a su amiga.

—¡Guácala! ¡No, las odio! —respondió Linda—. Son asquerosas.

Una araña había tejido su telaraña a lo largo de una parte de la cerca del patio de Ana, y las niñas habían ido a mirarla.

—Sin embargo, la telaraña es bonita —observó Ana cuando se inclinaron para mirarla de cerca. Cada filamento plateado de la telaraña bellamente construida se conectaba para formar un patrón como de encaje. Las gotas de rocío sobre la telaraña brillaban con el sol de la mañana.

—Me pregunto cómo sabrá la araña cómo hacer una telaraña así —dijo Linda.

—Ya que Dios hizo todas las cosas, debe haber hecho a las arañas con la capacidad de saber cómo hacer sus telarañas —respondió Ana.

En ese momento, un insecto zumbó cerca de ellas. Cuando Ana lo sacudió con la mano, el insecto voló hacia la telaraña. En un abrir y cerrar de ojos, la araña salió disparada desde un rincón de la telaraña y envolvió con su seda al insecto, hasta que quedó firmemente sujetado.

—¡Guau! ¿Viste lo rápido que se movió la araña? —dijo Linda, asombrada.

—Sí, y vaya si trabajó velozmente con ese insecto —replicó Ana—. Lo cual es bueno; de lo contrario, el insecto podría habernos picado. Parece que las arañas sirven para algo después de todo. Algunos insectos se comen las plantas de nuestro jardín y algunos transmiten enfermedades. Cada insecto que atrapa una araña es uno que ya no puede hacernos daño.

—No lo había pensado de esa forma —dijo Linda—. Supongo que Dios debe haber sabido que necesitaríamos a las arañas.

¿Y TÚ? ¿Alguna vez le has agradecido a Dios por las arañas? En su manera silenciosa, ayudan al planeta todos los días. Detente a pensar cómo cada criatura encaja en la creación de Dios. Eso te ayudará a valorar la grandeza de Dios. *C.E.Y.*

PARA MEMORIZAR: Ya que todo lo que Dios creó es bueno, no deberíamos rechazar nada, sino recibirlo con gratitud. *1 Timoteo 4:4*

17 DE SEPTIEMBRE

CON UN BUEN PROPÓSITO

DE LA BIBLIA:

Entonces Dios dijo: «Que las aguas se colmen de peces y de otras formas de vida. Que los cielos se llenen de aves de toda clase». Así que Dios creó grandes criaturas marinas y todos los seres vivientes que se mueven y se agitan en el agua y aves de todo tipo, cada uno produciendo crías de la misma especie. Y Dios vio que esto era bueno. Entonces Dios los bendijo con las siguientes palabras: «Sean fructíferos y multiplíquense. Que los peces llenen los mares y las aves se multipliquen sobre la tierra».

Y pasó la tarde y llegó la mañana, así se cumplió el quinto día.

Entonces Dios dijo: «Que la tierra produzca toda clase de animales, que cada uno produzca crías de la misma especie: animales domésticos, animales pequeños que corran por el suelo y animales salvajes»; y eso fue lo que sucedió. Dios hizo toda clase de animales salvajes, animales domésticos y animales pequeños; cada uno con la capacidad de producir crías de la misma especie. Y Dios vio que esto era bueno.

Entonces Dios dijo: «Hagamos a los seres humanos a nuestra imagen, para que sean como nosotros. Ellos reinarán sobre los peces del mar, las aves del cielo, los animales domésticos, todos los animales salvajes de la tierra y los animales pequeños que corren por el suelo».

GÉNESIS 1:20-26

Dios hizo buenas todas las cosas

18 DE SEPTIEMBRE

NECESITA UNA AMIGA

DE LA BIBLIA:

Este es mi mandamiento: ámense unos a otros de la misma manera en que yo los he amado. No hay un amor más grande que el dar la vida por los amigos. Ustedes son mis amigos si hacen lo que yo les mando. Ya no los llamo esclavos, porque el amo no confía sus asuntos a los esclavos. Ustedes ahora son mis amigos, porque les he contado todo lo que el Padre me dijo. Ustedes no me eligieron a mí, yo los elegí a ustedes. Les encargué que vayan y produzcan frutos duraderos, así el Padre les dará todo lo que pidan en mi nombre. Este es mi mandato: ámense unos a otros.

JUAN 15:12-17

Para tener un amigo, sé uno

ESMERALDA LLEGÓ A CASA LLORANDO.

—Esta es mi tercera semana en la escuela y todavía no tengo una amiga —gimió—. ¡Ojalá nunca nos hubiéramos mudado aquí!

Su madre sintió pena por ella.

—Sé que extrañas a tus antiguos amigos, cariño —dijo—. He estado orando por ello.

—Parece que todos se me quedan mirando —sollozó Esmeralda—. Estoy tan sola.

La puerta se abrió de golpe y Tim apareció como un tornado.

—Oye, mamá, ¿puedo ir a la casa de Pablo por un par de horas? Él necesita ayuda con un trabajo de Ciencias.

Su madre asintió.

—Regresa a casa a las cinco y media. —La puerta se cerró con otro golpe detrás de Tim—. Ahora, Esmeralda, límpiate las lágrimas y llévale esta cazuela a la señora Carson, de la casa de al lado. Acaba de llegar hoy de vuelta del hospital.

Esmeralda se sonó la nariz ruidosamente.

—¿Cómo lo sabes? —preguntó—. Pareciera que ya conoces a todo el mundo en este edificio. ¿Por qué no puedo hacer amigos como tú y como Tim?

Mamá respiró hondo.

—Esmeralda, has estado buscando que alguien se haga amiga tuya, y no has encontrado a nadie. Pero Tim y yo encontramos a personas que necesitan amigos en todas partes. Deja de buscar un amigo y empieza a tratar de ser tú una amiga. —La madre abrazó dulcemente a Esmeralda.

Una hora después, Esmeralda entró saltando en el apartamento.

—¿Adivina qué, mamá? —Rebosaba de alegría—. Encontré a alguien que necesita una amiga. Se llama Tara y es la nieta de la señora Carson. ¿Puedo ir a su casa después de cenar?

¿Y TÚ? ¿Te sientes solo? Mira a tu alrededor. Hay personas solas en todas partes. La manera de hacer amigos es ser tú un amigo. Inténtalo. *B.J.W.*

PARA MEMORIZAR: Este es mi mandato: ámense unos a otros. *Juan 15:17*

LAS LÁGRIMAS CORRÍAN POR LAS MEJILLAS de Katrina mientras repetía su petición:

—No sería una cita de verdad: solo Jeff, Shana, Mark y yo.

Su madre suspiró hondamente.

—Katrina, lo siento. Pero con doce años eres demasiado joven.

—¡Soy demasiado joven para todo! —se lamentó Katrina.

Su madre abrazó los hombros tiesos de Katrina.

—No tan joven como para hacer tu famoso turrón de nueces. Encontrarás las nueces pecanas sobre la mesa.

Mientras Katrina cocinaba, lloriqueaba y golpeaba las cacerolas. El turrón estaba en el refrigerador y Katrina limpiaba la cocina cuando su madre entró trayendo otro cubo con nueces.

—¿Te acuerdas de cuando plantamos nuestro árbol de nueces pecanas, Katie? —preguntó—. Eras solo una niñita. Tardó mucho tiempo, pero ¡finalmente está dando sus frutos!

Katrina ignoró a su madre y abrió el refrigerador para revisar el turrón.

—¡No está endureciéndose! —lloriqueó.

La madre miró por encima de su hombro.

—Creo que no lo cocinaste el tiempo suficiente.

Luego, mamá ayudó a Katrina a pelar las cáscaras de las nueces para preparar una segunda tanda de turrón.

—En la vida, muchas cosas llevan tiempo: cosas como el turrón, los nogales y el crecimiento —dijo su madre tiernamente—. Si las apuramos, muchas veces las arruinamos.

Katrina sabía que su madre tenía razón. Le dirigió una sonrisa entre sus lágrimas.

¿Y TÚ? ¿Te inquietas y te pones ansioso cuando quieres hacer algo que tus padres dicen que aún no tienes la edad suficiente para hacer? Pídele al Señor que te ayude a ser paciente. Sea lo que sea que estés esperando, será más divertido y valioso gracias a la espera. Mientras tanto, aprovecha las experiencias que Dios está dándote ahora mismo para desarrollar tus virtudes cristianas, incluyendo la paciencia. *B.J.W.*

PARA MEMORIZAR: Por lo tanto, ya que estamos rodeados por una enorme multitud de testigos de la vida de fe, quitémonos todo peso que nos impida correr, especialmente el pecado que tan fácilmente nos hace tropezar. Y corramos con perseverancia la carrera que Dios nos ha puesto por delante. *Hebreos 12:1*

---

19 DE SEPTIEMBRE

NO LO APURES

DE LA BIBLIA:

Amados hermanos, tengan paciencia mientras esperan el regreso del Señor. Piensen en los agricultores, que con paciencia esperan las lluvias en el otoño y la primavera. Con ansias esperan a que maduren los preciosos cultivos. Ustedes también deben ser pacientes. Anímense, porque la venida del Señor está cerca.

Hermanos, no se quejen unos de otros, o serán juzgados. ¡Pues miren, el Juez ya está a la puerta!

Amados hermanos, tomen como ejemplo de paciencia durante el sufrimiento a los profetas que hablaron en nombre del Señor. Honramos en gran manera a quienes resisten con firmeza en tiempo de dolor. Por ejemplo, han oído hablar de Job, un hombre de gran perseverancia. Pueden ver cómo al final el Señor fue bueno con él, porque el Señor está lleno de ternura y misericordia.

SANTIAGO 5:7-11

Sé paciente

20 DE SEPTIEMBRE

EL FESTÍN DE AUTOCOMPASIÓN

DE LA BIBLIA:

Que todo lo que soy alabe al SEÑOR;

que nunca olvide todas las cosas buenas que hace por mí.

Él perdona todos mis pecados

y sana todas mis enfermedades.

Me redime de la muerte

y me corona de amor y tiernas misericordias.

Colma mi vida de cosas buenas;

¡mi juventud se renueva como la del águila! [...]

El SEÑOR es compasivo y misericordioso,

lento para enojarse y está lleno de amor inagotable.

No nos reprenderá todo el tiempo,

ni seguirá enojado para siempre.

No nos castiga por todos nuestros pecados;

no nos trata con la severidad que merecemos.

Pues su amor inagotable hacia los que le temen

es tan inmenso como la altura de los cielos sobre la tierra.

Llevó nuestros pecados tan lejos de nosotros

como está el oriente del occidente.

El SEÑOR es como un padre con sus hijos,

tierno y compasivo con los que le temen.

SALMO 103:2-5, 8-13

Convierte la lástima en alabanza

JULIO HACÍA PUCHERITOS EN EL ASIENTO TRASERO DEL AUTO. Cuando su mamá le preguntó por qué la hermana de Julio, María, se rio.

—Está enojado porque papá no lo dejó comprar ese juego de puntas de flechas indias que vendían en la tienda de regalos —dijo.

—No entiendo por qué no puedo tenerlo —refunfuñó Julio—. Solo costaba seis dólares. Nunca puedo comprar nada.

Papá levantó las cejas.

—Parece que estás dándote un festín de autocompasión —dijo—. Así es como lo llamamos cuando alguien siente tanta pena por sí mismo que ni siquiera desea que le levanten el ánimo.

—Bueno —refunfuñó Julio—, solo me dejaste comprar un souvenir, y estuvimos cuatro días de vacaciones. Además, siempre tengo que sentarme en el asiento de atrás.

—Yo también tengo que sentarme en el asiento trasero —se enfadó María—. Hace mucho calor, y ustedes saben que a veces me mareo en el auto.

Papá y mamá intercambiaron miradas. Los ojos de mamá destellaron.

—Bueno, ¿y yo? —lloriqueó—. El colchón de anoche era tan duro que no pude dormir. Y los huevos fritos que me dieron en el desayuno estaban fríos y pasados. Y me dio...

—¡Tú crees que la pasaste mal! —la interrumpió papá—. Gasté mucho más en este viaje de lo que planeaba porque la lluvia nos impidió ir a acampar durante las últimas dos noches. Tuvimos que quedarnos en un motel.

Los niños los miraban fijamente. ¡Era raro escuchar a sus padres quejándose! Papá y mamá se rieron al ver la expresión en sus rostros.

—Miren qué espléndida vista —dijo papá estacionándose en una salida con vista panorámica—. Estábamos tan ocupados con nuestro festín de autocompasión que estábamos olvidándonos de las cosas buenas que nos rodean.

¿Y TÚ? ¿A veces te quejas y sientes lástima de ti mismo? Tener esta actitud no te deja ver las bendiciones de Dios ni las necesidades de los demás. En lugar de eso, sé agradecido. *S.L.K.*

PARA MEMORIZAR: Que todo lo que soy alabe al SEÑOR; que nunca olvide todas las cosas buenas que hace por mí. *Salmo 103:2*

SARA ESTABA DE TERRIBLE MALHUMOR. Sentada a la mesa de la cocina, criticaba y se quejaba.

—¡Odio la escuela! El señor Martín es un imbécil. Lisette y Emily son presumidas. —Continuó quejándose sin parar.

—¿Hay algo para comer? —Jacob entró en la cocina e interrumpió el monólogo de su hermana. Tomando una manzana de un frutero, habló con entusiasmo—: Brent y yo estamos haciendo un proyecto científico sobre las ondas aéreas. El señor Nieto dice que los científicos creen que todo lo que se ha dicho alguna vez todavía está dando vueltas en el espacio.

—Ah —se mofó Sara—, yo no creo en eso.

Jacob acercó una silla.

—Él leyó que en uno de los primeros vuelos espaciales, la radio recuperó un programa que había estado en el aire unos veinte o treinta años antes. ¿No sería genial crear un artefacto que pudiera recuperar las voces del aire? ¿Te gustaría que todos pudieran escuchar todo lo que has dicho en tu vida?

Sara se estremeció ante la idea de que alguien escuchara una repetición de su voz diciendo las cosas que acababa de decir.

—No, no me gustaría.

—No conozco qué método usa Dios —dijo su madre—, pero él guarda un registro de todo lo que decimos. Un día rendiremos cuentas de cada palabra inútil que hayamos dicho. Las palabras, una vez dichas, nunca mueren.

—No lo sabía —dijo Sara—. ¿Crees que podrían inventar un artefacto que me impida decir las cosas que no debo decir, Jacob?

Jacob se rio, pero fue mamá quien respondió:

—Ya existe ese recurso. Se llama dominio propio. Lo único que tienes que hacer es pedirle a Dios que te ayude a usarlo.

¿Y TÚ? ¿Sueles decir cosas que no deberías? Entonces necesitas orar, como lo hizo David: «Toma control de lo que digo, oh SEÑOR, y guarda mis labios». Tienes que pedirle al Señor que te ayude a ejercitar el dominio propio. *B.J.W.*

PARA MEMORIZAR: Toma control de lo que digo, oh SEÑOR, y guarda mis labios. *Salmo 141:3*

CUIDADO CON LO QUE DICES

DE LA BIBLIA:

¡Camada de víboras! ¿Cómo podrían hombres malvados como ustedes hablar de lo que es bueno y correcto? Pues lo que está en el corazón determina lo que uno dice. Una persona buena produce cosas buenas del tesoro de su buen corazón, y una persona mala produce cosas malas del tesoro de su mal corazón. Les digo lo siguiente: el día del juicio, tendrán que dar cuenta de toda palabra inútil que hayan dicho. Las palabras que digas te absolverán o te condenarán.

MATEO 12:34-37

No hables sin pensar

22 DE SEPTIEMBRE

¡DESARMADO!

DE LA BIBLIA:

Pónganse toda la armadura de Dios para poder mantenerse firmes contra todas las estrategias del diablo. Pues no luchamos contra enemigos de carne y hueso, sino contra gobernadores malignos y autoridades del mundo invisible, contra fuerzas poderosas de este mundo tenebroso y contra espíritus malignos de los lugares celestiales.

Por lo tanto, pónganse todas las piezas de la armadura de Dios para poder resistir al enemigo en el tiempo del mal. Así, después de la batalla, todavía seguirán de pie, firmes. Defiendan su posición, poniéndose el cinturón de la verdad y la coraza de la justicia de Dios. Pónganse como calzado la paz que proviene de la Buena Noticia a fin de estar completamente preparados. Además de todo eso, levanten el escudo de la fe para detener las flechas encendidas del diablo. Pónganse la salvación como casco y tomen la espada del Espíritu, la cual es la palabra de Dios.

Oren en el Espíritu en todo momento y en toda ocasión. Manténganse alerta y sean persistentes en sus oraciones por todos los creyentes en todas partes.

EFESIOS 6:11-18

Lleva tu Biblia

—¡AY, NO! —EXCLAMÓ CRISTÓBAL EN VOZ ALTA, pero no demasiado alta. No quería que mamá o papá lo oyeran—. ¡Olvidé mi Biblia otra vez!

La familia Kerner iba camino a la iglesia. Estaban demasiado lejos de casa para volver a buscar la Biblia. En la clase, el señor Lawrence les dijo a los muchachos que buscaran Efesios 6. Rápidamente, Cristóbal corrió su silla hacia la de su amigo, esperando que su maestro no se diera cuenta de que no tenía su Biblia.

El señor Lawrence relató una historia:

—Federico era un soldado. Él quería a su país y creía en las leyes de su gobierno. Cuando fue necesario pelear para proteger esas leyes, fue a la guerra. Un día, Federico estuvo cara a cara con el enemigo. Pero gritó: "¡Olvidé mi espada! ¡No tengo con qué pelear!" —Los muchachos se rieron. Les parecía gracioso que un soldado olvidara su espada.

Luego, el señor Lawrence le pidió a uno de los muchachos que leyera Efesios 6:17: «Pónganse la salvación como casco y tomen la espada del Espíritu, la cual es la palabra de Dios».

Aun antes de que el señor Lawrence lo explicara, Cristóbal sabía por qué había contado esa historia. Como cristiano, Cristóbal estaba en lucha contra Satanás. ¡La Palabra de Dios era lo que necesitaba para pelear la batalla! Necesitaba la Biblia para mostrarle la diferencia entre lo bueno y lo malo. Necesitaba la Biblia para aprender más de Jesús y de las personas que lo seguían. Ahora, Cristóbal entendía por qué era importante que se acordara de traer su Biblia.

¿Y TÚ? ¿Olvidas tu Biblia cuando vas a la iglesia? ¿La llevas a otros lugares? La Biblia forma parte de la armadura que necesitas. Una buena idea es que tengas una Biblia o un Nuevo Testamento de bolsillo. ¡Nunca sabes cuándo podrías necesitarlo! *L.M.W.*

PARA MEMORIZAR: Pónganse la salvación como casco y tomen la espada del Espíritu, la cual es la palabra de Dios. *Efesios 6:17*

—¡PUF! —SE QUEJÓ JUSTO—. ¡Qué olor tan terrible hay aquí! ¿Qué estás comiendo?

—No es más que un perro caliente —respondió Ben, encogiéndose de hombros.

Justo miró el plato de papel de Ben que estaba sobre la barra.

—¡Cebollas! Estás comiendo cebollas. ¡Eso es lo que apesta!

—¿Cómo se puede comer un perro caliente sin cebollas? —preguntó Ben, sonriendo.

—¡Vas a tener mal aliento! —le advirtió Justo.

—¿Y qué? —rio Ben—. Si no te gusta el olor, no te sientes tan cerca.

—¡Buena idea! —dijo Justo, sirviéndose un perro caliente y trasladándose al otro lado de la habitación—. ¡No arruinaré mi perro caliente con apestosa cebolla!

—Las cebollas no son malas, pero su conversación sobre las cebollas me recuerda lo que sucede cuando pecamos —comentó papá, quien había estado escuchando.

—¿Qué? —masculló Ben con la boca llena.

Papá se lo explicó:

—Cuando una persona se alimenta habitualmente con la Palabra de Dios y obedece sus mandamientos, su vida se convierte en un "aroma agradable" para el Señor. Pero cuando la persona se niega a cumplir las órdenes de Dios, su vida "apesta" por el pecado.

—Pero las cebollas tienen buen sabor —manifestó Ben.

—A veces el pecado también tiene un buen sabor —dijo papá—, al menos por un rato. La persona que bebe o que consume drogas probablemente se sienta importante en el momento, pero, muchas veces los resultados finales son trágicos. Por muy bueno que parezca el pecado, Dios lo odia. Para él tiene un olor apestoso.

—Peor que las cebollas —coincidió Ben—. Pero puedo comerlas, ¿cierto?

—Claro, siempre y cuando te cepilles los dientes —sugirió Justo, sonriendo.

¿Y TÚ? Piensa en tu conducta. ¿Cómo te comportas cuando tu mamá te pide que hagas algo? ¿O cuando tu hermano menor rompe tus cosas? ¿O cuando, por decir la verdad, recibes un castigo? ¿O cuando alguien dice un chiste sucio? ¿Tu comportamiento agrada a Dios? *B.D.*

PARA MEMORIZAR: Por lo tanto, imiten a Dios en todo lo que hagan porque ustedes son sus hijos queridos. *Efesios 5:1*

23 DE SEPTIEMBRE

PEOR QUE LAS CEBOLLAS

DE LA BIBLIA:

Por lo tanto, imiten a Dios en todo lo que hagan porque ustedes son sus hijos queridos. Vivan una vida llena de amor, siguiendo el ejemplo de Cristo. Él nos amó y se ofreció a sí mismo como sacrificio por nosotros, como aroma agradable a Dios.

Que no haya ninguna inmoralidad sexual, impureza ni avaricia entre ustedes. Tales pecados no tienen lugar en el pueblo de Dios. Los cuentos obscenos, las conversaciones necias y los chistes groseros no son para ustedes. En cambio, que haya una actitud de agradecimiento a Dios. Pueden estar seguros de que ninguna persona inmoral, impura o avara heredará el reino de Cristo y de Dios. Pues el avaro es un idólatra, que adora las cosas de este mundo.

No se dejen engañar por los que tratan de justificar esos pecados, porque el enojo de Dios caerá sobre todos los que lo desobedecen. No participen en las cosas que hace esa gente.

EFESIOS 5:1-7

Elige agradar a Dios

24 DE SEPTIEMBRE

FELIZ DE SERVIR

DE LA BIBLIA:

¿Hay algún estímulo en pertenecer a Cristo? ¿Existe algún consuelo en su amor? ¿Tenemos en conjunto alguna comunión en el Espíritu? ¿Tienen ustedes un corazón tierno y compasivo? Entonces, háganme verdaderamente feliz poniéndose de acuerdo de todo corazón entre ustedes, amándose unos a otros y trabajando juntos con un mismo pensamiento y un mismo propósito.

No sean egoístas; no traten de impresionar a nadie. Sean humildes, es decir, considerando a los demás como mejores que ustedes. No se ocupen solo de sus propios intereses, sino también procuren interesarse en los demás.

Tengan la misma actitud que tuvo Cristo Jesús.

Aunque era Dios,

no consideró que el ser igual a Dios fuera algo a lo cual aferrarse.

En cambio, renunció a sus privilegios divinos;

adoptó la humilde posición de un esclavo

y nació como un ser humano.

Cuando apareció en forma de hombre,

se humilló a sí mismo en obediencia a Dios

y murió en una cruz como morían los criminales.

FILIPENSES 2:1-8

Servir produce gozo

TIM TENÍA UNA MINIMOTO, una mesada generosa y muchísimos juguetes. Todos los días, cuando volvía a casa de la escuela, su madre lo esperaba dispuesta a escucharlo. Tim iba a la iglesia habitualmente con su familia. Era miembro de los Niños Exploradores y jugaba al béisbol. Tim tenía todo lo que un niño podía querer, pero no era feliz.

Cuando llegó la abuela para quedarse varias semanas con ellos, escuchó y observó. Vio que Tim hizo un berrinche porque sus amigos no querían hacer lo que él había ordenado. Lo escuchó exigir que le compraran un nuevo guante de béisbol porque el viejo tenía una pequeña ruptura. Veía que se enojaba si alguien lo interrumpía mientras estaba usando su computadora.

Un día la abuela le preguntó:

—Tim, ¿podrías hacerme el favor de llevar esta revista a tía May, que está en el hogar de ancianos? —Tim lo hizo, y volvió silbando a casa.

Al día siguiente, la abuela dijo:

—Tim, ¿me ayudarías a preparar una cena para el cumpleaños de tu madre, por favor?

Tim lo hizo, y después se fue a dormir con una sonrisa.

Luego, la abuela tuvo otra idea.

—Los vecinos se irán de vacaciones —le dijo a Tim—. ¿Por qué no les ofreces cuidar a su perro? —Y eso hizo Tim.

Por sugerencia de la abuela, Tim cortó el césped para el señor Nelson, que se había fracturado la pierna. También lavó el carro de su papá.

Pronto, empezó a desanimarse y a quejarse cada vez menos, y a sonreír, reír y silbar cada día un poco más.

—¿Qué le sucedió a Tim? —se preguntaron sus padres.

La abuela sonrió y dijo:

—Hacer cosas por otros alegra a las personas.

¿Y TÚ? ¿Estás triste y te preguntas por qué? Tal vez necesitas empezar a servir a los demás. Entregarte al servicio a otros es una manera de hallar la felicidad verdadera. *B.J.W.*

PARA MEMORIZAR: Pues ustedes, mis hermanos, han sido llamados a vivir en libertad; pero no usen esa libertad para satisfacer los deseos de la naturaleza pecaminosa. Al contrario, usen la libertad para servirse unos a otros por amor. *Gálatas 5:13*

ERIN Y SU HERMANO GREG habían estado orando para que alguno de sus amigos se convirtiera al cristianismo. Un domingo, Greg se llenó de alegría cuando Chuck lo acompañó a la iglesia. De camino a casa, Greg le contó a su familia que Chuck había aceptado a Jesús durante la escuela dominical.

—¡Qué bueno! —dijo papá con una sonrisa.

—¡Maravilloso! —agregó su madre—. Tus oraciones han sido contestadas.

Erin dijo:

—Yo oré por Lynn. Pero Dios no contesta mis oraciones.

—No te desanimes —le aconsejó papá—. A veces pasa mucho tiempo antes de que una persona esté lista para aceptar a Cristo.

—Claro —añadió Greg—. Yo invité a Chuck a la escuela dominical durante todo un año.

—Es cierto —coincidió su madre. Se dio vuelta hacia Erin—. ¿Cada cuánto invitas a Lynn para que vaya a la iglesia contigo?

—No la he invitado, exactamente —tartamudeó Erin—. Pero le dije que yo voy.

—¿Alguna vez le has hablado de Jesús? —preguntó Greg.

—Bueno, no exactamente —reconoció Erin—. Pero oro por ella, ¡y mucho!

—Mmm —murmuró papá—. ¿Recuerdas la historia bíblica de Nehemías y el pueblo de Israel que construía la muralla alrededor de Jerusalén? Cuando se enteraron de que sus enemigos estaban por llegar, oraron *y se prepararon para pelear*. Es bueno que ores por Lynn, pero a veces el Señor quiere usarte para responder tus propias oraciones.

¿Y TÚ? ¿Estás orando por algo especial como la salvación de alguien, el dinero que necesitas o, quizás, ayuda con tus estudios? La oración es muy importante, pero no te limites a orar, si, además, hay algo que puedes hacer para ayudar. Quizás el Señor quiera que le hables a alguien, que cortes algún césped, que brindes tu amistad, que estudies con esmero. Ora y luego, con la ayuda de Dios, haz todo lo que puedas para lograr la tarea. *H.W.M.*

PARA MEMORIZAR: Así que oramos a nuestro Dios y pusimos guardias en la ciudad día y noche para protegernos. *Nehemías 4:9*

25 DE SEPTIEMBRE

LA RESPUESTA

DE LA BIBLIA:

Por fin se completó la muralla alrededor de toda la ciudad hasta la mitad de su altura, porque el pueblo había trabajado con entusiasmo.

Sin embargo, cuando Sanbalat, Tobías, los árabes, los amonitas y los asdodeos se enteraron de que la obra progresaba y que se estaban reparando las brechas en la muralla de Jerusalén, se enfurecieron. Todos hicieron planes para venir y luchar contra Jerusalén y causar confusión entre nosotros. Así que oramos a nuestro Dios y pusimos guardias en la ciudad día y noche para protegernos.

Entonces el pueblo de Judá comenzó a quejarse: «Los trabajadores se están cansando, y los escombros que quedan por sacar son demasiados. Jamás podremos construir la muralla por nuestra cuenta».

Mientras tanto, nuestros enemigos decían: «Antes de que se den cuenta de lo que está pasando, caeremos encima de ellos, los mataremos y detendremos el trabajo».

Los judíos que vivían cerca de los enemigos venían y nos decían una y otra vez: «¡Llegarán de todos lados y nos atacarán!». De manera que coloqué guardias armados detrás de las partes más bajas de la muralla, en los lugares más descubiertos. Puse a la gente por familias para que hiciera guardia con espadas, lanzas y arcos.

NEHEMÍAS 4:6-13

Ora y trabaja

26 DE SEPTIEMBRE

LA COMBINACIÓN OLVIDADA

DE LA BIBLIA:

El domingo, muy temprano por la mañana, las mujeres fueron a la tumba, llevando las especias que habían preparado. Encontraron que la piedra de la entrada estaba corrida a un costado. Entonces entraron, pero no encontraron el cuerpo del Señor Jesús. Mientras estaban allí perplejas, de pronto aparecieron dos hombres vestidos con vestiduras resplandecientes.

Las mujeres quedaron aterradas y se inclinaron rostro en tierra. Entonces los hombres preguntaron: «¿Por qué buscan entre los muertos a alguien que está vivo? ¡Él no está aquí! ¡Ha resucitado! Recuerden lo que les dijo en Galilea, que el Hijo del Hombre debía ser traicionado y entregado en manos de hombres pecadores, y ser crucificado, y que resucitaría al tercer día».

Entonces ellas recordaron lo que Jesús había dicho.

LUCAS 24:1-8

Apréndete de memoria la Palabra de Dios

—NUESTROS CASILLEROS ESTÁN GENIALES, pero no puedo abrir el mío. —Amber frunció las cejas frente al papel que tenía en la mano.

—Déjame ayudarte. —Tonya tomó el papel, giró la perilla y la puerta se abrió.

—Gracias. No sé qué hice mal —dijo Amber.

—Será mejor que te la aprendas de memoria —le sugirió Tonya.

—No es necesario. La guardaré aquí, en mi libreta. —Amber dejó los libros en su casillero y cerró la puerta.

A la mañana siguiente, la familia de Amber se reunió alrededor de la mesa para desayunar.

—¿Cuál es el versículo bíblico para hoy? —preguntó Joey.

—Ojalá no tuviéramos que aprendernos versículos —se quejó Amber.

Su madre la ignoró.

—Es Colosenses 3:16: "Que el mensaje de Cristo, con toda su riqueza, llene sus vidas. Enséñense y aconséjense unos a otros con toda la sabiduría que él da".

Joey le sonrió a Amber mientras repetía el versículo. Sabía que ella odiaba memorizar.

—Ahora es tu turno, Amber.

—No tengo tiempo. Lo aprenderé esta noche. —Amber cambió de tema—. Tenemos nuevos casilleros con combinación en la escuela.

—¿Cuál es tu combinación? —preguntó papá.

—No recuerdo, pero la puse en mi libreta. —Amber extendió su mano para tomar una tostada—. Todo lo que tengo que hacer es... —Se quedó con la boca abierta—. Todo lo que tengo que hacer es buscarla en mi libreta. ¡Y mi libreta está en mi casillero! —gimió—. Ay, ¿por qué no la memoricé como dijo Tonya? Quizás Tonya la recuerde. —Corrió hacia el teléfono. Pocos minutos después, volvió—. Tonya la recordaba. La anoté y hoy me la aprenderé de memoria. Pero en este momento necesito aprenderme Colosenses 3:16. No es buena idea dejar para después el memorizar las cosas importantes.

¿Y TÚ? ¿Te quejas por tener que memorizar la Palabra de Dios? Eso te abrirá muchas puertas en la vida. Es importante aprenderla de memoria. *B.J.W.*

PARA MEMORIZAR: Que el mensaje de Cristo, con toda su riqueza, llene sus vidas. Enséñense y aconséjense unos a otros con toda la sabiduría que él da. Canten salmos e himnos y canciones espirituales a Dios con un corazón agradecido. *Colosenses 3:16*

—PARECE QUE ESTOS TOMATES ESTARÁN PERFECTOS PARA LA FERIA DE LA PRÓXIMA SEMANA —mencionó mamá, revisando el huerto de verduras de Kara—. De verdad trabajaste mucho, cariño.

—La mayor parte del tiempo fue divertido —dijo Kara. Se movió para regar con la manguera las zanahorias mientras seguía pensando en la feria—. Me pregunto cómo le estará yendo a Consuelo con la colcha que está haciendo para la exhibición de costura.

—Alguna vez me gustaría verla —dijo su madre, recogiendo las malezas que había arrancado del huerto—. Es una niña tan dulce. ¿La pasó bien cuando vino a la iglesia con nosotros?

—Creo que sí —respondió Kara, mirando hacia su habitación con cara de preocupación—. ¡Pero me gustaría que se hiciera cristiana! Pensé que apenas escuchara hablar de Jesús, creería en él como su Salvador.

—La Biblia dice que cuando le hablamos a alguien sobre Jesús, es como plantar una semilla —respondió su madre—. ¿Recuerdas cuando esperabas que crecieran las semillas de estas verduras?

Kara asintió.

—Algunas brotaron casi inmediatamente. Otras no salieron durante varios días.

—No dejaste de cuidar a las semillas que no salieron inmediatamente, ¿verdad? —preguntó su madre.

—No —contestó Kara—. ¡Creo que nunca entenderé exactamente qué pasa dentro de la tierra para transformar las semillitas secas en rabanitos o en pepinos! Pero sabía que si seguía regando la tierra donde habíamos sembrado las semillas, con el tiempo crecerían. Algunas solamente necesitaron más tiempo que las otras.

—Mientras sigamos "regando" las "semillas" del evangelio, dando testimonio continuamente a nuestros amigos, Dios hará que estas "semillas" también crezcan —dijo su madre.

¿Y TÚ? ¿Te has desanimado porque alguien a quien estabas dándole tu testimonio todavía no cree en Jesús como su Salvador y Señor? ¡No te des por vencido! *D.L.R.*

PARA MEMORIZAR: Yo planté la semilla en sus corazones, y Apolos la regó, pero fue Dios quien la hizo crecer. *1 Corintios 3:6*

27 DE SEPTIEMBRE

PRIMERO, LAS SEMILLAS

DE LA BIBLIA:

Jesús también dijo: «El reino de Dios es como un agricultor que esparce semilla en la tierra. Día y noche, sea que él esté dormido o despierto, la semilla brota y crece, pero él no entiende cómo sucede. La tierra produce las cosechas por sí sola. Primero aparece una hoja, luego se forma la espiga y finalmente el grano madura. Tan pronto como el grano está listo, el agricultor lo corta con la hoz porque ha llegado el tiempo de la cosecha».

MARCOS 4:26-29

Sigue dando testimonio

28 DE SEPTIEMBRE

ABRÓCHATE EL CINTURÓN

DE LA BIBLIA:

Las enseñanzas del SEÑOR son
 perfectas;

 reavivan el alma.

Los decretos del SEÑOR son confiables;

 hacen sabio al sencillo.

Los mandamientos del SEÑOR son
 rectos;

 traen alegría al corazón.

Los mandatos del SEÑOR son claros;

 dan buena percepción para vivir.

La reverencia al SEÑOR es pura;

 permanece para siempre.

Las leyes del SEÑOR son verdaderas;

 cada una de ellas es imparcial.

Son más deseables que el oro,

 incluso que el oro más puro.

Son más dulces que la miel,

 incluso que la miel que gotea del
 panal.

Sirven de advertencia para tu siervo,

 una gran recompensa para quienes
 las obedecen.

SALMO 19:7-11

*La ley de Dios
te protege*

—Tenemos una estúpida nueva regla en la escuela. ¡Debemos quedarnos en el comedor durante por lo menos quince minutos!

—¿Qué tiene eso de malo? —preguntó mamá.

—Podría comer en cinco minutos y salir al patio si no fuera por esa regla.

—Precisamente —dijo mamá—, y comer tan rápido no es bueno para tu digestión.

—Creo que yo debería poder decidir cuánto tiempo tengo que estar comiendo —discutió Brett.

—Vamos —dijo mamá, cambiando de tema—. Debo ir a buscar unos zapatos al taller del zapatero. Puedes venir con nosotros. ¿Podrías acomodar a Esteban en el asiento de seguridad, por favor?

Mientras Brett ponía a Esteban en el asiento de seguridad, Esteban forcejeó con él.

—¡Esteban no quiere que le ponga el cinturón! —le dijo Brett a su mamá—. ¿No puede simplemente ir sentado sobre mi regazo?

—No, tiene que ir con el cinturón —dijo mamá, ajustando a Esteban en el asiento—. Así lo dice la ley.

Más tarde, otro carro ignoró una señal de ceder el paso y los chocó. Aunque los carros sufrieron daños, nadie resultó herido.

Esa noche, mientras hacían el devocional familiar, papá dijo:

—¡Qué bueno que Esteban tenía el cinturón puesto! Vean, acabamos de leer en el Salmo 19 que hay una recompensa por obedecer los mandatos de Dios. Creo que hoy aprendimos que las leyes son para nuestro bien.

—Sí —coincidió mamá—. Esa ley de abrocharse el cinturón fue hecha para proteger la vida, así como Dios nos da sus reglas para protegernos. A veces sentimos que las leyes de Dios nos atan, pero en realidad, nos protegen de ser lastimados.

¿Y TÚ? ¿Te quejas de las reglas que Dios nos da en su Palabra? ¿Te parece que son demasiado estrictas o que te atan? Recuerda que Dios te hizo y sabe qué es lo que te protegerá y te hará feliz. *J.L.H.*

PARA MEMORIZAR: Sin embargo, la ley en sí misma es santa, y sus mandatos son santos, rectos y buenos. *Romanos 7:12*

DAVID SE SENTÓ EN EL BANCO Y ESPERÓ que fuera su turno de batear. Su equipo perdía por un par de carreras, y era la última entrada. *Ya sé*, pensó David. *Oraré para conseguir ese jonrón.* Entonces, susurró una oración.

Finalmente llegó el turno de David. Confiadamente, levantó su bate y caminó hacia el plato. El lanzador lanzó dos veces la pelota, y David erró dos veces. Nuevamente, el lanzador arrojó la pelota. Esta vez, David la golpeó y la pelota rodó lentamente hacia tercera base. ¡Un *out* fácil para terminar el partido!

David caminó al encuentro con sus padres. ¿Cómo podía haber fallado?

—No lo entiendo —dijo David mientras manejaban de vuelta a casa—. Oré para que el Señor me diera un jonrón, pero no lo hizo.

—Mmm —dijo papá—. Los muchachos de la familia Gray estaban en el otro equipo, y ellos también son cristianos. ¡Me pregunto por qué habrán orado! —David sonrió. Era cierto—. En serio, David —continuó el padre—, cuando oramos, tenemos que estar dispuestos a aceptar la respuesta que Dios da.

—Pero ¿a Dios no le interesa el partido de béisbol? —preguntó David.

—Sí, a Dios le interesa. Le interesa que tengas una buena actitud y que des lo mejor de ti.

En el próximo partido, David decidió que le pediría al Señor que lo ayudara a tener una actitud deportiva, bateara el jonrón o no.

¿Y TÚ? ¿Oras pidiendo poder batear un jonrón o sacarte una A en un examen, cuando ni siquiera estudiaste, o que te regalen una bici nueva? Puedes pedirle a Dios lo que sea, pero tienes que aceptar su respuesta. El Señor sabe qué es lo mejor para ti. *L.M.W.*

PARA MEMORIZAR: Y estamos seguros de que él nos oye cada vez que le pedimos algo que le agrada. *1 Juan 5:14*

---

29 DE SEPTIEMBRE

EL JONRÓN QUE NO FUE

DE LA BIBLIA:

Además, el Espíritu Santo nos ayuda en nuestra debilidad. Por ejemplo, nosotros no sabemos qué quiere Dios que le pidamos en oración, pero el Espíritu Santo ora por nosotros con gemidos que no pueden expresarse con palabras. Y el Padre, quien conoce cada corazón, sabe lo que el Espíritu dice, porque el Espíritu intercede por nosotros, los creyentes, en armonía con la voluntad de Dios. Y sabemos que Dios hace que todas las cosas cooperen para el bien de quienes lo aman y son llamados según el propósito que él tiene para ellos. Pues Dios conoció a los suyos de antemano y los eligió para que llegaran a ser como su Hijo, a fin de que su Hijo fuera el hijo mayor entre muchos hermanos. Después de haberlos elegido, Dios los llamó para que se acercaran a él; y una vez que los llamó, los puso en la relación correcta con él; y luego de ponerlos en la relación correcta con él, les dio su gloria.

ROMANOS 8:26-30

Ora por la voluntad de Dios

30 DE SEPTIEMBRE

LA CURA PARA LA SOLEDAD

DE LA BIBLIA:

Ámense unos a otros con un afecto genuino y deléitense al honrarse mutuamente. No sean nunca perezosos, más bien trabajen con esmero y sirvan al Señor con entusiasmo. Alégrense por la esperanza segura que tenemos. Tengan paciencia en las dificultades y sigan orando. Estén listos para ayudar a los hijos de Dios cuando pasen necesidad. Estén siempre dispuestos a brindar hospitalidad.

Bendigan a quienes los persiguen. No los maldigan, sino pídanle a Dios en oración que los bendiga. Alégrense con los que están alegres y lloren con los que lloran. Vivan en armonía unos con otros. No sean tan orgullosos como para no disfrutar de la compañía de la gente común. ¡Y no piensen que lo saben todo!

Nunca devuelvan a nadie mal por mal. Compórtense de tal manera que todo el mundo vea que ustedes son personas honradas. Hagan todo lo posible por vivir en paz con todos.

ROMANOS 12:10-18

Sé amigable

—HACE UNA SEMANA QUE ESTOY AQUÍ, MAMÁ, y todavía no conozco a nadie —se quejó Paula—. Los niños tienen sus propios amigos. No me necesitan.

—Si quieres tener amigos, tienes que ser amigable —le recordó mamá.

—No empieces a darme sermones, mamá —sollozó Paula.

—Cariño, te entiendo. Yo también tengo el mismo problema —suspiró mamá—. Recién llegamos a esta ciudad; por eso creemos que los demás deben hacernos sentir bienvenidos. Pero olvidémonos de eso. Te propongo que nos esforcemos por ser amigables. Será divertido. Todas las noches podemos contarnos nuestros éxitos.

—Claro... o nuestros fracasos. —Paula era escéptica, pero decidió intentarlo.

La tarde siguiente, Paula informó:

—Le presté un lápiz a Pat, la niña que se sienta a mi lado. Vive a un par de cuadras de aquí y esta noche vendrá a casa.

Mamá le contó cómo había atrapado y devuelto al cachorrito de la vecina, que se había escapado. A consecuencia de ello, la vecina la había invitado a almorzar el sábado.

Al día siguiente, Paula ayudó a otra niña con ortografía. Mientras lo hacía, un niño que había visto en la iglesia se acercó y le hizo un par de preguntas. Los ojos de Paula destellaban mientras se lo contaba a su mamá.

Mamá había llamado a la iglesia y se había ofrecido como voluntaria para «dar una mano» con lo que necesitaran. La invitaron al estudio bíblico para mujeres al día siguiente.

Después de una semana de esforzarse por ser amigables, mamá y Paula estaban asombradas por los resultados.

—Las personas de aquí no son como eran cuando recién llegamos —comentó Paula—. Han cambiado. —Entonces, Paula se dio cuenta de quién había cambiado realmente.

¿Y TÚ? ¿Piensas que los demás son antipáticos? Tal vez tú seas inaccesible. Sonríe y háblales a otros. Busca maneras de ayudarlos. Necesitan tu amistad tanto como tú necesitas la de ellos. *B.J.W.*

PARA MEMORIZAR: El perfume y el incienso alegran el corazón, y el dulce consejo de un amigo es mejor que la confianza propia. *Proverbios 27:9*

—**HOY HUBO UNA NIÑA NUEVA EN NUESTRA CLASE** —anunció Lisa María durante la cena—. Pero no me agrada. Es una arrogante. Se sienta así. —Lisa María levantó la nariz, echó los hombros para atrás y se sentó muy derecha—. Cuando Debi le preguntó si quería saltar la cuerda con nosotras, dijo: "No, gracias", tan delicada.

—Mmm —murmuró mamá, sirviendo el pollo—. ¿No estás juzgándola precipitadamente?

Papá miró detenidamente el pollo empanizado.

—¿Qué es esto?

—Una receta nueva —dijo mamá.

—No lo quiero —enunció Mateo, el hermanito de cinco años—. No me gusta.

Lisa María se rio.

—Nunca lo has probado —dijo.

—Quiero que lo pruebes —dijo papá—. Prueba dos bocados, Mateo.

Mateo miró a su mamá.

—Ya escuchaste a tu papá —dijo ella—. Dos bocados.

Mateo levantó un poquito con la cuchara. Hizo una mueca mientras se llevaba la cuchara a la boca. Masticó y tragó.

—¡*Está* rico! —exclamó.

Mamá miró a María.

—Con tu compañera nueva estás portándote igual que Mateo con el pollo. Tienes que darle una oportunidad.

Al día siguiente, María volvió a casa desde la escuela.

—¿Adivina qué, mamá? Sí me agrada Latrice —dijo—. Se sienta así porque usa un corsé para la espalda. Por eso es que no podía saltar la cuerda. Pero no quiso decírselo a todo el mundo.

Mamá sonrió.

—Me alegra que le hayas dado una oportunidad —dijo.

¿Y TÚ? ¿Tienes miedo de probar nuevas cosas o de conocer a personas nuevas? Si las juzgas de acuerdo con tu primera impresión, podrías dejar pasar algunas experiencias maravillosas. Decide ahora darle a cada persona que conozcas la oportunidad de ser tu amiga. *B.J.W.*

PARA MEMORIZAR: No juzguen a los demás, y no serán juzgados. No condenen a otros, para que no se vuelva en su contra. Perdonen a otros, y ustedes serán perdonados. *Lucas 6:37*

DAR UNA OPORTUNIDAD

DE LA BIBLIA:

No juzguen a los demás, y no serán juzgados. Pues serán tratados de la misma forma en que traten a los demás. El criterio que usen para juzgar a otros es el criterio con el que se les juzgará a ustedes.

¿Y por qué te preocupas por la astilla en el ojo de tu amigo, cuando tú tienes un tronco en el tuyo? ¿Cómo puedes pensar en decirle a tu amigo: «Déjame ayudarte a sacar la astilla de tu ojo», cuando tú no puedes ver más allá del tronco que está en tu propio ojo? ¡Hipócrita! Primero quita el tronco de tu ojo; después verás lo suficientemente bien para ocuparte de la astilla en el ojo de tu amigo.

MATEO 7:1-5

Dales una oportunidad a las personas

2 DE OCTUBRE

EL CUADERNO

DE LA BIBLIA:

Pues Dios se complace cuando ustedes, siendo conscientes de su voluntad, sufren con paciencia cuando reciben un trato injusto. [...]

Pues Dios los llamó a hacer lo bueno, aunque eso signifique que tengan que sufrir, tal como Cristo sufrió por ustedes. Él es su ejemplo, y deben seguir sus pasos.

Él nunca pecó

y jamás engañó a nadie.

No respondía cuando lo insultaban

ni amenazaba con vengarse cuando sufría.

Dejaba su causa en manos de Dios,

quien siempre juzga con justicia.

Él mismo cargó nuestros pecados

sobre su cuerpo en la cruz,

para que nosotros podamos estar muertos al pecado

y vivir para lo que es recto.

Por sus heridas,

ustedes son sanados.

Antes eran como ovejas

que andaban descarriadas.

Pero ahora han vuelto a su Pastor,

al Guardián de sus almas.

1 PEDRO 2:19, 21-25

Imita a Cristo

AMANDA AGACHÓ LA CABEZA Y CERRÓ LOS OJOS PARA ORAR, como hacía siempre antes de almorzar. Cuando abrió los ojos, su almuerzo había desaparecido. Todos la miraban y los niños se reían disimuladamente.

—¿Quién tiene mi almuerzo? —preguntó Amanda. Todos estallaron de risa.

—Pregúntale a Dios dónde está tu almuerzo, Señorita Cristiana —dijo Brett.

En ese momento, la maestra se paró detrás de Amanda.

—Quien tenga el almuerzo de Amanda, será mejor que lo entregue ahora mismo —dijo. Brett extrajo el almuerzo que tenía debajo de su mesa. Entonces, la maestra lo echó del comedor. Pero durante el resto del día, todos los niños se burlaron de Amanda y la llamaron "Señorita Cristiana".

Cuando Amanda llegó a su casa, le contó a su madre lo que había sucedido con su almuerzo.

—Sentí tanta vergüenza, mamá —dijo—. No sé cómo actuar cuando los niños hacen eso.

—Sigue el ejemplo de Jesús —le aconsejó mamá—. ¿Qué hacía cuando se burlaban de él?

—Bueno, no contraatacaba ni respondía —replicó Amanda.

Su madre asintió.

—¿Recuerdas los cuadernos de ejercicios para escribir a mano que usabas cuando estabas aprendiendo a escribir? Tenían letras y palabras impresas. Eran el ejemplo que debías imitar. Las copiabas lo mejor que podías.

—Y ahora Jesús es mi ejemplo —dijo Amanda pensativamente—. Pero yo no puedo ser perfecta como es él.

—No, pero mira alguno de tus viejos cuadernos —sugirió mamá—. Tu caligrafía se parece mucho más a las letras ahora que cuando comenzaste. Y, a medida que sigas el ejemplo de Jesús, serás cada día más parecida a él.

¿Y TÚ? ¿Alguien se ha burlado de ti porque eres cristiano? ¿Cómo reaccionaste? La próxima vez, pregúntate: «¿Cómo se comportaría Jesús si estuviera en mi lugar?». *M.R.P.*

PARA MEMORIZAR: Pues Dios los llamó a hacer lo bueno, aunque eso signifique que tengan que sufrir, tal como Cristo sufrió por ustedes. Él es su ejemplo, y deben seguir sus pasos. *1 Pedro 2:21*

BRAD HABÍA ESTADO ORANDO para que su amigo Ted se hiciera cristiano. Ahora, Ted había aceptado ir con el grupo juvenil a un parque de diversiones, y Brad estaba contento. A lo mejor, si Ted la pasaba bien, iría a la iglesia.

El grupo la pasó genial en el parque. Mientras volvían a casa, hablaron de sus atracciones preferidas.

—Nunca subiría a esa montaña rusa —dijo Jenny.

—¿Por qué no? —preguntó Ted—. No sabes lo que te pierdes.

—Me pierdo de una atracción espantosa —dijo Jenny—. ¿Y si algo se rompiera y toda la montaña rusa se descarrilara?

—Ah, tienes que tener más fe, Jenny —se burló Ted—. La montaña rusa es segura. ¿Verdad, señor Benson? —Se dio vuelta hacia el líder juvenil.

—Es segura, pero no es infalible —dijo el señor Benson—. Verás, no importa cuánta fe tenga una persona; lo importante es dónde deposita su fe.

—¿Qué quiere decir? —preguntó Ted.

—Bueno, estas atracciones han sido probadas en su seguridad, y la gente pone su fe en ellas todos los días —respondió el señor Benson—. Sin embargo, de vez en cuando, alguna se rompe y alguien sale herido. Sin importar cuánta fe tenía la persona en esa atracción, no le sirvió. En esa ocasión, puso su fe en el objeto equivocado.

—Sí, supongo que sí —estuvo de acuerdo Ted—. Entonces, no hay nada ni nadie en quien uno realmente pueda confiar, ¿verdad? Todas las cosas y todas las personas fallan, una u otra vez.

—Todos, excepto Jesús —añadió el señor Benson—. Él nunca te fallará.

Ted parecía escéptico, pero estaba escuchando.

—Cuénteme más, señor Benson.

¿Y TÚ? ¿Dónde has puesto tu fe? ¿En las buenas obras? ¿En el bautismo? ¿En asistir a la iglesia? Solamente cuando pongas tu fe en Jesucristo recibirás la salvación. *J.L.H.*

PARA MEMORIZAR: Sin embargo, sabemos que una persona es declarada justa ante Dios por la fe en Jesucristo y no por la obediencia a la ley. Y nosotros hemos creído en Cristo Jesús para poder ser declarados justos ante Dios por causa de nuestra fe en Cristo y no porque hayamos obedecido la ley. Pues nadie jamás será declarado justo ante Dios mediante la obediencia a la ley. *Gálatas 2:16*

3 DE OCTUBRE

LA MONTAÑA RUSA

DE LA BIBLIA:

Humanamente hablando, Abraham fue el fundador de nuestra nación judía. ¿Qué descubrió él acerca de llegar a ser justo ante Dios? Que si sus buenas acciones le hubieran servido para que Dios lo aceptara, habría tenido de qué jactarse; pero esa no era la forma de actuar de Dios. Pues las Escrituras nos dicen: «Abraham le creyó a Dios, y Dios lo consideró justo debido a su fe».

Cuando la gente trabaja, el salario que recibe no es un regalo sino algo que se ha ganado; pero la gente no es considerada justa por sus acciones sino por su fe en Dios, quien perdona a los pecadores. David también habló de lo mismo cuando describió la felicidad de los que son declarados justos sin hacer esfuerzos para lograrlo:

«Oh, qué alegría para aquellos
a quienes se les perdona la
desobediencia,
a quienes se les cubren los
pecados».

ROMANOS 4:1-7

Pon tu fe en Cristo

4 DE OCTUBRE

MATEO SE PONE FURIOSO

DE LA BIBLIA:

Además, «no pequen al dejar que el enojo los controle». No permitan que el sol se ponga mientras siguen enojados, porque el enojo da lugar al diablo.

Si eres ladrón, deja de robar. En cambio, usa tus manos en un buen trabajo digno y luego comparte generosamente con los que tienen necesidad. No empleen un lenguaje grosero ni ofensivo. Que todo lo que digan sea bueno y útil, a fin de que sus palabras resulten de estímulo para quienes las oigan.

No entristezcan al Espíritu Santo de Dios con la forma en que viven. Recuerden que él los identificó como suyos, y así les ha garantizado que serán salvos el día de la redención.

Líbrense de toda amargura, furia, enojo, palabras ásperas, calumnias y toda clase de mala conducta. Por el contrario, sean amables unos con otros, sean de buen corazón, y perdónense unos a otros, tal como Dios los ha perdonado a ustedes por medio de Cristo.

EFESIOS 4:26-32

No pierdas los estribos

¡PUM! El tobillo de Mateo chocó contra una silla del comedor. ¡*Crac!*, hizo la silla cuando Mateo la pateó con su pie descalzo.

—¡Ay! —dijo Mateo y se sentó para masajearse el tobillo y los dedos doloridos—. ¡Silla estúpida! —gritó Mateo.

En ese momento, entró papá. Levantó la silla y preguntó:

—¿Con quién estás tan enojado, hijo?

—Estoy enojado con la silla —contestó Mateo.

—Lamento que te hayas lastimado —dijo papá—. Pero, en realidad, no estás enojado con la silla, ¿verdad? No es más que un objeto.

Mateo puso mala cara.

—No, supongo que no —reconoció—. Pero ¿cuál es el problema? ¿A quién le importa si le grité a la silla? No puede oírme.

—No, la silla no puede, pero Dios sí —respondió papá—. ¿Te parece que a Dios le agrada cuando gritas y pateas los muebles cada vez que algo no sale como quieres? —Mateo agachó la cabeza. No era la primera vez que papá le hablaba acerca de su enojo—. Eres responsable de tus actos y de las cosas que salen de tu boca —continuó papá—. Mostrar tu temperamento no hará desaparecer tu enojo. Solo lograrás que tú y quienes te rodean se pongan más tensos.

—Bueno, ¿qué debo hacer? —refunfuñó Mateo.

—Maneja tu enojo a la manera de Dios —respondió papá—. Ora para que Dios te ayude a expresarlo de una manera constructiva. Haz lo que puedas para resolver el problema, como caminar más lento por el comedor.

—Trataré, papá —dijo Mateo. Se dio vuelta hacia la silla y sonrió—. Disculpa, silla. Antes de gritarte de nuevo, lo pensaré dos veces.

¿Y TÚ? ¿Te enojas cuando las cosas no resultan como quieres? ¿Controlas tu enojo o dejas que te controle? Pídele a Dios que te ayude a dominar tu enojo de la manera correcta. *S.L.K.*

PARA MEMORIZAR: Mejor es ser paciente que poderoso; más vale tener control propio que conquistar una ciudad. *Proverbios 16:32*

—¡MIREN TODA ESA GENTE! —exclamó Andy.

—Sí —respondió papá—. Más vale que este desfile sea bueno, o desearé haberme quedado en casa. —Avanzaba muy despacio con el tránsito—. Muchos carros doblan aquí —agregó—. Tal vez conozcan un lugar con estacionamiento. —Giró a la derecha, siguiendo al carro que iba delante de él. Pero en lugar de encontrar un lugar donde estacionar, vieron que iban hacia una salida que conducía a la autopista—. Ay, no —se quejó papá—. ¡Nunca vi el letrero de la interestatal! —Miró con mala cara al carro de adelante—. Muchísimas gracias, señor —gruñó.

Mamá se rio.

—Ah, ¿entonces es culpa de él?

—¿Y el carro que viene atrás? —preguntó Andy—. También nos siguió. ¿Eso es culpa tuya?

—No —dijo papá—. Ellos deberían haberse fijado hacia dónde se dirigían.

—Me suena a alguien que conozco —comentó mamá, mirando a Andy.

Andy se ruborizó. La noche anterior había justificado su conducta revoltosa durante el paseo en carreta, diciendo que todos los demás hacían lo mismo. Él solamente seguía el ejemplo de los muchachos mayores. Al mismo tiempo, se había empecinado con que no era responsable de que su hermanita copiara su comportamiento.

—A veces tendemos a olvidar que Dios nos dio un cerebro a cada uno. Su propósito es que lo usemos en lugar de seguir ciegamente a la gente —dijo papá—. Por otra parte, él espera que vivamos de manera tal que los demás quieran imitarnos.

¿Y TÚ? Dios te dio un cerebro. ¿Estás usándolo para pensar por ti mismo? ¿Eres un buen ejemplo para otros? Los demás están observándote. Guíalos por el camino correcto. *H.W.M.*

PARA MEMORIZAR: No permitas que nadie te subestime por ser joven. Sé un ejemplo para todos los creyentes en lo que dices, en la forma en que vives, en tu amor, tu fe y tu pureza. *1 Timoteo 4:12*

5 DE OCTUBRE

LOS SEGUIDORES

DE LA BIBLIA:

Y ahora, amados hermanos, les damos el siguiente mandato en el nombre de nuestro Señor Jesucristo: aléjense de todos los creyentes que llevan vidas ociosas y que no siguen la tradición que recibieron de nosotros. Pues ustedes saben que deben imitarnos. No estuvimos sin hacer nada cuando los visitamos a ustedes. En ningún momento aceptamos comida de nadie sin pagarla. Trabajamos mucho de día y de noche a fin de no ser una carga para ninguno de ustedes. Por cierto, teníamos el derecho de pedirles que nos alimentaran, pero quisimos dejarles un ejemplo que seguir. Incluso mientras estábamos con ustedes les dimos la siguiente orden: «Los que no están dispuestos a trabajar que tampoco coman».

Sin embargo, oímos que algunos de ustedes llevan vidas de ocio, se niegan a trabajar y se entrometen en los asuntos de los demás. Les ordenamos a tales personas y les rogamos en el nombre del Señor Jesucristo que se tranquilicen y que trabajen para ganarse la vida. En cuanto al resto de ustedes, amados hermanos, nunca se cansen de hacer el bien.

2 TESALONICENSES 3:6-13

Sigue a Jesús, no a la gente

6 DE OCTUBRE

JOE DEFIENDE SU POSICIÓN

DE LA BIBLIA:

Algunos estaban en oscuridad y en
    una profunda penumbra,

presos del sufrimiento con
    cadenas de hierro.

Se rebelaron contra las palabras de
    Dios;

se burlaron del consejo del
    Altísimo.

Por eso los doblegó con trabajo
    forzado;

cayeron, y no hubo quien los
    ayudara.

«¡Socorro, SEÑOR!», clamaron en
    medio de su dificultad,

y él los salvó de su aflicción.

Los sacó de la oscuridad y de la
    profunda penumbra;

les rompió las cadenas.

Que alaben al SEÑOR por su gran amor

y por las obras maravillosas que ha
    hecho a favor de ellos.

Pues rompió las puertas de bronce de
    su prisión;

partió en dos los barrotes de
    hierro. [...]

Envió su palabra y los sanó;

los arrebató de las puertas de la
    muerte.

Que alaben al SEÑOR por su gran amor

y por las obras maravillosas que ha
    hecho a favor de ellos.

SALMO 107:10-16, 20-21

*No contraigas
malos hábitos*

—¡**MUCHACHOS, MIREN LO QUE ENCONTRÉ!** —Joe levantó de la acera un pedacito de cadena—. Apuesto a que no pueden romperlo.

Bill y Adam lo examinaron.

—Apuesto a que tú tampoco puedes —dijo Bill.

Otro amigo, Carl, ni siquiera miró la cadena.

—Vamos, Joe, eres el más pequeño —dijo—. Métete por esta valla y consíguenos algunas fresas. —A través de una rendija en la valla, Joe pudo ver el terreno con fresas del señor Wilken—. Anda ya —lo alentó Carl.

Joe no quería meterse en el patio del señor Wilken. Pero ¿qué pensarían de él sus amigos si no quería acatar sus planes? ¿Se burlarían de él si les decía por qué no quería hacerlo? La cadena que todavía tenía en su mano sudada le dio una idea. Joe respiró hondo.

—Soy cristiano —dijo—, y me preocupa caer en malos hábitos que serán difíciles de dejar. Aunque lo intentáramos con toda nuestra fuerza, no podríamos romper los eslabones de esta cadena. Y si sacamos cosas de los huertos de otras personas, podríamos caer en la costumbre de robar: un hábito que probablemente no podamos abandonar.

—¿Qué son unas pocas fresas? —resopló Carl—. Vamos, muchachos, dejemos a este bebé y veamos qué hay en el huerto de la viejita Smith.

Bill y Adam titubearon. Entonces, Bill dijo:

—Caminaremos a casa con Joe. —Joe sonrió cuando se pusieron en marcha. Se sentía casi tan grande como los otros chicos.

¿Y TÚ? ¿Dirás que no cuando alguien te proponga robar, decir una mentira o burlarte de otra persona? Pídele a Dios que te ayude a «defender tu posición». Pídele que te mantenga alejado de contraer un hábito malo que, probablemente, no puedas dejar. Quizás ya tengas un mal hábito. Dios puede darte la fuerza que necesitas para superarlo. *B.K.*

PARA MEMORIZAR: «¡Socorro, SEÑOR!», clamaron en medio de su dificultad, y él los salvó de su aflicción. *Salmo 107:13*

A HEIDI, UNA NIÑA DE OCHO AÑOS, le encantaba subirse al regazo de su bisabuelo Berger y escuchar sus historias sobre los días que vivió en Alemania. Ese día, él le hizo una pregunta a Heidi:

—¿Qué aprendiste en la escuela dominical, pequeña?

—Estamos estudiando Mateo 5 —respondió Heidi—. Aprenderemos algunos versículos. Mi maestra los llama las bienaventuranzas.

—¡Qué bueno! —respondió él—. ¿Ya aprendiste algún versículo?

—El primero es: "Dichosos los pobres en espíritu, porque el reino de Dios les pertenece". Pero yo no sabía que uno tenía que ser pobre para ser cristiano —replicó Heidi.

—¡No tienes que serlo! —dijo el bisabuelo—. ¡Tienes que ser pobre *en espíritu*! Ser pobre en espíritu quiere decir que eres consciente de que tienes una necesidad. Me recuerda a cuando tomé la decisión de irme de Alemania y venir a Estados Unidos. En cierto modo, tuve que ser "pobre en espíritu" para querer abandonar Alemania. Es decir, tuve que reconocer mi propia necesidad. Ahora, ese paso no fue difícil. Hitler había tomado el poder, y yo veía claramente que se oponía a Dios y al cristianismo. El ejército de Hitler estaba creciendo y yo sabía que, si no me iba pronto, me obligarían a servir en él. Ah, podría haber sido orgulloso y decir: "¡Hitler nunca me encontrará!". ¡Pero eso hubiera sido ingenuo de mi parte!

—Entiendo —respondió Heidi—. Tuviste que reconocer tu necesidad de irte de Alemania para poder librarte de Hitler.

—Así es —dijo el bisabuelo, sonriendo—. Y ser pobres en espíritu significa reconocer que necesitamos que Jesús nos libere del pecado.

¿Y TÚ? ¿Te das cuenta de que necesitas ser liberado del pecado? ¿Reconoces que no puedes librarte a ti mismo? A causa de que todos son pecadores, todos necesitan que Jesús les quite el pecado. *R.E.P.*

PARA MEMORIZAR: Dichosos los pobres en espíritu, porque el reino de los cielos les pertenece. *Mateo 5:3* (NVI)

7 DE OCTUBRE

LOS POBRES EN ESPÍRITU

Las bienaventuranzas (1)

DE LA BIBLIA:

Oré al SEÑOR, y él me respondió;
    me libró de todos mis temores.
Los que buscan su ayuda estarán radiantes de alegría;
    ninguna sombra de vergüenza les oscurecerá el rostro.
En mi desesperación oré, y el SEÑOR me escuchó;
    me salvó de todas mis dificultades.
Pues el ángel del SEÑOR es un guardián;
    rodea y defiende a todos los que le temen.
Prueben y vean que el SEÑOR es bueno;
    ¡qué alegría para los que se refugian en él!

SALMO 34:4-8

Reconoce tu necesidad

8 DE OCTUBRE

LOS QUE LLORAN

Las bienaventuranzas (2)

DE LA BIBLIA:

«Escúchame, Señor, y ten misericordia de mí;

ayúdame, oh Señor».

Tú cambiaste mi duelo en alegre
danza;

me quitaste la ropa de luto y me
vestiste de alegría,

para que yo te cante alabanzas y no
me quede callado.

Oh Señor mi Dios, ¡por siempre te
daré gracias!

SALMO 30:10-12

Apénate por el pecado

—¿CUÁL ES LA SEGUNDA BIENAVENTURANZA, HEIDI?
—preguntó el bisabuelo Berger.

—Dichosos los que lloran, porque serán consolados —dijo Heidi—. ¿Eso quiere decir que es
bueno que alguien muera o que suceda algo terrible
para hacernos llorar?

El bisabuelo sonrió.

—No —contestó—. Creo que el llanto al
que se refiere aquí es el lamento por el *pecado*.
Llorar es preocuparse profundamente: al punto de
actuar. Volvamos a la comparación de mi salida
de Alemania, ¿te parece? Había algunas personas
que veían la necesidad de irse, pero no intentaron
huir. Yo sí lo intenté. Escapé de los soldados nazis
durante la noche.

—¡Qué escalofriante! —exclamó Heidi.

—Lo fue —afirmó él—. Verás, me preocupaba
tanto que hubiera hecho casi cualquier cosa para
salir de Alemania. Es triste que a algunas personas
no les haya preocupado lo suficiente para irse.

Heidi pensaba profundamente.

—¡Conozco unos chicos que son así con respecto al cielo! Saben que necesitan a Jesús, pero
parece que no les importa lo suficiente para hacer
algo al respecto. Supongo que no lloran, ¿verdad?

—Así es. —Asintió el anciano—. Y podría
ser que algunos aún no estén listos para aceptar
a Jesús. No obstante, si no lloran, ¡nunca conoce-
rán el consuelo que trae la salvación! —Hizo una
breve pausa y añadió—: También hay cristianos
que conocen del pecado que hay en su vida. Ellos
también necesitan llorar o arrepentirse, y conoce-
rán el consuelo del perdón que Dios ha prometido.

¿Y TÚ? ¿Lloras por el pecado que hay en tu vida? ¡Eso
significa que te preocupe lo suficiente para querer
cambiar! ¿Tu problema es la desobediencia, el orgullo, la
indiferencia o hablar mal de los demás? Pídele a Dios que
te perdone y que te ayude a cambiar. Él te perdonará y te
consolará. *R.E.P.*

PARA MEMORIZAR: Dichosos los que lloran, porque serán
consolados. *Mateo 5:4* (NVI)

—**BISABUELO, APRENDÍ OTRA BIENAVENTURANZA** —dijo Heidi—. "Dios bendice a los que son humildes, porque heredarán toda la tierra". En la escuela, a una niña todos la llaman "la humilde Mindy" porque es una miedosa. ¿Por qué Jesús querría bendecir a los miedosos?

—Heidi —respondió su bisabuelo—, *humilde* no significa "débil". Una persona puede ser fuerte y a la vez humilde. Yo fui humilde cuando llegué en barco a Nueva York desde Alemania.

—Me acuerdo que me contaste que lloraste de alegría cuando viste la Estatua de la Libertad —dijo Heidi—. ¡Pero eso no significa que fueras humilde! Simplemente, ¡estabas feliz por haber llegado a un país libre!

—Heidi, realmente era humilde. —El bisabuelo hizo una pausa y entonces explicó—: Ser humilde quiere decir que estás dispuesto a someter tu voluntad a otra persona y a hacer lo que *él* quiera. ¡Yo estaba dispuesto a hacer lo que fuera necesario para quedarme en esta maravillosa tierra! Posteriormente desistí de toda lealtad a Alemania y me convertí en ciudadano de este país.

—Ya entiendo. Transferiste tu lealtad de Alemania a Estados Unidos —dijo Heidi.

—Así es —dijo el bisabuelo—. Y cuando me convertí en cristiano, transferí mi lealtad por Satanás a Jesús. Sometí mi voluntad a Jesús y prometí hacer lo que él quiere. Eso es ser humilde.

—Yo también amo a Jesús, pero a veces quiero salirme con la mía —confesó Heidi.

—Ah, sí —dijo el bisabuelo—. Todos luchamos con eso. Después de convertirme en ciudadano estadounidense, a veces extrañaba Alemania. Por lo tanto, tenía que recordarme a mí mismo que era estadounidense. Lo mismo pasa cuando le entregamos nuestra lealtad a Jesús. Todos los días debemos someternos a lo que él quiere.

¿Y TÚ? ¿Amas a Jesús lo suficiente para entregarle tu lealtad y hacer cualquier cosa que él desee que hagas? ¡Esa es una de las cosas que quiere decir Jesús con ser humilde! *R.E.P.*

PARA MEMORIZAR: Dios bendice a los que son humildes, porque heredarán toda la tierra. *Mateo 5:5*

---

9 DE OCTUBRE

LOS HUMILDES

Las bienaventuranzas (3)

DE LA BIBLIA:

No dejen que ninguna parte de su cuerpo se convierta en un instrumento del mal para servir al pecado. En cambio, entréguense completamente a Dios, porque antes estaban muertos pero ahora tienen una vida nueva. Así que usen todo su cuerpo como un instrumento para hacer lo que es correcto para la gloria de Dios. El pecado ya no es más su amo, porque ustedes ya no viven bajo las exigencias de la ley. En cambio, viven en la libertad de la gracia de Dios. [...]

¿No se dan cuenta de que uno se convierte en esclavo de todo lo que decide obedecer? Uno puede ser esclavo del pecado, lo cual lleva a la muerte, o puede decidir obedecer a Dios, lo cual lleva a una vida recta. [...]

Uso la ilustración de la esclavitud para ayudarlos a entender todo esto, porque la naturaleza humana de ustedes es débil. En el pasado, se dejaron esclavizar por la impureza y el desenfreno, lo cual los hundió aún más en el pecado. Ahora deben entregarse como esclavos a la vida recta para llegar a ser santos.

ROMANOS 6:13-14, 16, 19

Somete tu voluntad

10 DE OCTUBRE

LOS QUE TIENEN HAMBRE Y SED

Las bienaventuranzas (4)

DE LA BIBLIA:

—Si quieres que creamos en ti —le respondieron—, muéstranos una señal milagrosa. ¿Qué puedes hacer? Después de todo, ¡nuestros antepasados comieron maná mientras andaban por el desierto! Las Escrituras dicen: "Moisés les dio de comer pan del cielo".

Jesús les respondió:

—Les digo la verdad, no fue Moisés quien les dio el pan del cielo, fue mi Padre. Y ahora él les ofrece el verdadero pan del cielo, pues el verdadero pan de Dios es el que desciende del cielo y da vida al mundo.

—Señor —le dijeron—, danos ese pan todos los días.

Jesús les respondió:

—Yo soy el pan de vida. El que viene a mí nunca volverá a tener hambre; el que cree en mí no tendrá sed jamás.

JUAN 6:30-35

Aprende sobre Dios

HABLAR DE LAS BIENAVENTURANZAS con su bisabuelo ayudó muchísimo a Heidi a comprenderlas. Un día anunció:

—¿Adivina qué? Mi versículo de hoy se trata de tener hambre y sed de justicia, y me parece que ya lo entendí. Creo que significa querer saber todo acerca de Dios. Pero, de cualquier modo, ¿podrías contarme una historia sobre el tema?

—Veamos —dijo el bisabuelo—. Bien, después de que llegué a este país y decidí convertirme en un ciudadano estadounidense, ¡quería aprender todo lo posible sobre Estados Unidos!

—Tuviste que aprender a hablar inglés, ¿verdad? —preguntó Heidi.

—Sí, ¡y fue difícil! Pero no me conformé solo con aprender el idioma. También quise aprender todo lo que había por conocer del país —explicó—. Tan pronto como pude hablar suficientemente bien, fui a la preparatoria nocturna y estudié la historia estadounidense. Algunos compañeros de mi clase se burlaban de cómo hablaba, pero ni siquiera eso me desalentó. Yo estaba hambriento por aprender sobre mi nuevo país.

—Bisabuelo, ¿alguna vez te sentiste decepcionado en Estados Unidos? —preguntó Heidi.

—A veces, pero sigo creyendo que este país es el mejor del mundo —dijo—. Cuanto más aprendo de él, ¡más lo quiero! Así me pasa con Dios. He tenido hambre y sed de su justicia durante muchos años. Y cuanto más estudio sobre Dios y aprendo de él, más lo amo.

¿Y TÚ? ¿Tienes hambre y sed de justicia? Dios quiere que conozcas de él todo lo que puedas. Se reveló a sí mismo en su Palabra. Estúdiala. Aprende a conocer mejor a Dios; conocerlo es amarlo. Él quiere mostrarte su justicia en tu vida. *R.E.P.*

PARA MEMORIZAR: Dios bendice a los que tienen hambre y sed de justicia, porque serán saciados. *Mateo 5:6*

—"DIOS BENDICE A LOS COMPASIVOS, PORQUE SERÁN TRATADOS CON COMPASIÓN" —leyó Heidi mientras estudiaba un nuevo versículo—. Bisabuelo, ¿qué es la compasión?

—Veamos en el diccionario —propuso él.

Heidi corrió a buscar el diccionario y juntos encontraron la palabra.

—Mostrar compasión significa perdonar o tener misericordia —dijo Heidi.

—Sí —dijo el bisabuelo—, y Dios tuvo la misericordia más grande y maravillosa de todas. Está dispuesto a perdonar nuestros pecados en lugar de darnos el castigo que merecemos. Quiere que imitemos su ejemplo y que seamos compasivos con los demás.

—¿Alguien fue compasivo contigo cuando viniste a Estados Unidos? —preguntó Heidi.

—En efecto, lo fueron —dijo el bisabuelo—. Cuando fui a pedir empleo en el almacén que estaba cerca de nuestro departamento, el hombre con el que hablé me mostró una lista de muchachos que estaban antes que yo en la fila por el empleo. Cuando me di vuelta para irme, entró el dueño de la tienda. Debe haber visto la expresión de desaliento que tenía en mi rostro, porque me detuvo y me hizo un montón de preguntas.

—Conseguiste el empleo —interrumpió Heidi.

—Correcto —dijo el bisabuelo—, solo que no fue *el* empleo. Fue un empleo que el dueño creó para mí.

—¿Trabajaste mucho tiempo ahí? —preguntó Heidi.

—Bastante tiempo —contestó el bisabuelo—. Y el dueño fue compasivo conmigo más de una vez. Cometí muchos errores, pero nunca me despidió.

¿Y TÚ? ¿Eres compasivo y perdonas, o tratas de vengarte de las personas que te hacen daño? Si ves a alguien que le cuesta hacer la tarea o que necesita un amigo para terminar de hacer un trabajo, ¿eres compasivo y lo ayudas? Si te muestras compasivo con los demás, Dios dice que también será compasivo contigo. *R.E.P.*

PARA MEMORIZAR: Dios bendice a los compasivos, porque serán tratados con compasión. *Mateo 5:7*

11 DE OCTUBRE

LOS COMPASIVOS

Las bienaventuranzas (5)

DE LA BIBLIA:

Dale a cualquiera que te pida; y cuando te quiten las cosas, no trates de recuperarlas. Traten a los demás como les gustaría que ellos los trataran a ustedes.

Si solo aman a quienes los aman a ustedes, ¿qué mérito tienen? ¡Hasta los pecadores aman a quienes los aman a ellos! Y si solo hacen bien a los que son buenos con ustedes, ¿qué mérito tienen? ¡Hasta los pecadores hacen eso! Y si prestan dinero solamente a quienes pueden devolverlo, ¿qué mérito tienen? Hasta los pecadores prestan a otros pecadores a cambio de un reembolso completo.

¡Amen a sus enemigos! Háganles bien. Presten sin esperar nada a cambio. Entonces su recompensa del cielo será grande, y se estarán comportando verdaderamente como hijos del Altísimo, pues él es bondadoso con los que son desagradecidos y perversos. Deben ser compasivos, así como su Padre es compasivo.

LUCAS 6:30-36

Sé compasivo

12 DE OCTUBRE

LOS DE CORAZÓN PURO

Las bienaventuranzas (6)

DE LA BIBLIA:

Mientras caminaban, alguien le dijo a Jesús:

—Te seguiré a cualquier lugar que vayas.

Jesús le respondió:

—Los zorros tienen cuevas donde vivir y los pájaros tienen nidos, pero el Hijo del Hombre no tiene ni siquiera un lugar donde recostar la cabeza.

Dijo a otro:

—Ven, sígueme.

El hombre aceptó, pero le dijo:

—Señor, deja que primero regrese a casa y entierre a mi padre.

Jesús le dijo:

—¡Deja que los muertos espirituales entierren a sus propios muertos! Tu deber es ir y predicar acerca del reino de Dios.

Otro dijo:

—Sí, Señor, te seguiré, pero primero deja que me despida de mi familia.

Jesús le dijo:

—El que pone la mano en el arado y luego mira atrás no es apto para el reino de Dios.

LUCAS 9:57-62

Mira a Jesús

—**BISABUELO, ESTA BIENAVENTURANZA DICE** que los de corazón puro verán a Dios. ¿Qué quiere decir ser de corazón puro? —preguntó Heidi.

El bisabuelo parecía pensativo.

—Ser de corazón puro significa que el amor de Dios nos llena de tal manera que no hay lugar para el pecado —respondió—. Nuestros pensamientos y nuestras acciones deben centrarse en él, Heidi. No debemos ser indecisos.

—¿Indecisos? —preguntó Heidi, desconcertada.

El bisabuelo asintió.

—Pedro, un amigo que vino de Alemania conmigo, era indeciso. De lo único que parecía hablar era de nuestra tierra natal. Nunca aprendió a querer a Estados Unidos, porque siempre lo comparaba con Alemania. Las montañas aquí no eran tan bonitas, las ciudades no eran tan limpias, etcétera, etcétera. Yo solía decirle que dejara de mirar a Alemania para que pudiera mirar a Estados Unidos, pero nunca lo hizo. Murió siendo un hombre muy amargado. Quería ser un ciudadano de esta tierra, pero también quería aferrarse a su antigua patria.

—Pero tú también querías a Alemania, ¿verdad, bisabuelo? —preguntó la niñita—. ¿Cómo hiciste para olvidar a Alemania?

—¡Decidí hacerlo! —dijo enfáticamente su bisabuelo—. A pesar de que realmente quería a Alemania, ¡tomé la decisión de que Estados Unidos sería mi nuevo hogar y de no mirar atrás!

—Eso me recuerda a una canción que cantamos en la escuela dominical —dijo Heidi y empezó a cantar—: He decidido seguir a Cristo. No vuelvo atrás; no vuelvo atrás.

—Exactamente, Heidi —coincidió el bisabuelo—. Si estás decidida y tus pensamientos están puestos solamente en Jesús, serás de corazón puro.

¿Y TÚ? ¿Cómo puedes mantener pura tu vida? Llenando tu mente y tu corazón de cosas buenas. Ten cuidado con lo que miras, escuchas y lees. *R.E.P.*

PARA MEMORIZAR: Dios bendice a los que tienen corazón puro, porque ellos verán a Dios. *Mateo 5:8*

—¿A QUE NO SABES? —dijo Heidi, agarrando su Biblia de la repisa y yendo a sentarse al lado del bisabuelo—. Nancy y Raquel son amigas, pero estuvieron enojadas durante todo el día. Hoy, para nuestra clase de arte, teníamos que dibujar una de nuestras cosas favoritas, y ambas dibujaron un arcoíris. Nancy se puso furiosa; dijo que Raquel la había copiado. Luego Raquel se enojó, diciendo que había sido su idea primero. —Heidi suspiró mientras abría su Biblia en Mateo 5, lista para aprender una nueva bienaventuranza.

—¿Y qué hiciste? —preguntó el bisabuelo.

—Tanto Nancy como Raquel querían jugar conmigo en el recreo —respondió Heidi—. Les dije que lo haría si dejaban de pelear. Pero las dos siguieron enfadadas, así que jugué con Alyssa. Mamá dijo que podía invitar a Nancy y a Raquel para que se queden a dormir en casa el sábado por la noche y vayan a la iglesia con nosotros. Nos divertiremos; quizás les guste la iglesia e, incluso, aprendan a dejar de pelear.

—¡Bien! —dijo el bisabuelo, sonriendo—. Tal vez acepten a Jesús como su Salvador gracias a tu invitación. Ahora, Heidi, pongámonos a trabajar en tu siguiente bienaventuranza. Creo que te parecerá interesante porque se aplica a ti.

Heidi miró su Biblia abierta.

—"Dios bendice a los que procuran la paz, porque serán llamados hijos de Dios" —leyó lentamente. Cuando levantó la vista hacia el bisabuelo, su rostro se iluminó con una gran sonrisa—. ¿Hoy procuré la paz?

—Yo diría que sí —respondió él—. No solo trataste de promover la paz entre tus amigas, sino que además hiciste algo para presentarles a Jesús.

¿Y TÚ? Cuando tus amigos discuten, ¿escuchas todos los detalles y sumas tus propios comentarios? ¿O tratas de pacificar las cosas entre ellos? Ayudar a las personas para que se lleven bien es muy bueno. Además, asegúrate de orientar a tus amigos hacia Jesús, el que da la paz que dura. *R.E.P.*

PARA MEMORIZAR: Dios bendice a los que procuran la paz, porque serán llamados hijos de Dios. *Mateo 5:9*

13 DE OCTUBRE

LOS QUE PROCURAN LA PAZ

Las bienaventuranzas (7)

DE LA BIBLIA:

Pues el reino de Dios no se trata de lo que comemos o bebemos, sino de llevar una vida de bondad, paz y alegría en el Espíritu Santo. Si tú sirves a Cristo con esa actitud, agradarás a Dios y también tendrás la aprobación de los demás. Por lo tanto, procuremos que haya armonía en la iglesia y tratemos de edificarnos unos a otros.

ROMANOS 14:17-19

Sé un pacificador

14 DE OCTUBRE

EL CASCANUECES

DE LA BIBLIA:

Fue despreciado y rechazado:

hombre de dolores, conocedor del
dolor más profundo.

Nosotros le dimos la espalda y
desviamos la mirada;

fue despreciado, y no nos importó.

Sin embargo, fueron nuestras debilidades las que él cargó;

fueron nuestros dolores los que lo
agobiaron.

Y pensamos que sus dificultades eran
un castigo de Dios;

¡un castigo por sus propios
pecados!

Pero él fue traspasado por nuestras
rebeliones

y aplastado por nuestros pecados.

Fue golpeado para que nosotros
estuviéramos en paz;

fue azotado para que pudiéramos
ser sanados.

Todos nosotros nos hemos extraviado
como ovejas;

hemos dejado los caminos de Dios
para seguir los nuestros.

Sin embargo, el SEÑOR puso sobre él

los pecados de todos nosotros.

ISAÍAS 53:3-6

Jesús recibió tu castigo

—MAMÁ, HOY EN EL GRUPO BÍBLICO aprendimos que algunas personas no irán al cielo cuando mueran. —Mimí se veía preocupada mientras tomaba una nuez pecana y la colocaba entre las abrazaderas del cascanueces—. Me asustó. ¿Y si yo no voy al cielo? —Apretó los extremos del cascanueces, pero la nuez se deslizó.

—Tú le pediste a Jesús que sea tu Salvador —le recordó mamá.

Mimí asintió.

—Sí, pero todavía me preocupo por eso a veces —confesó. Apretó nuevamente el cascanueces, esta vez sosteniendo la nuez con los dedos—. ¡Ay! —gimió cuando la nuez volvió a escaparse y el cascanueces le apretó el dedo. Los ojos de Mimí se llenaron de lágrimas y se llevó el dedo a la boca—. No volveré a meter los dedos ahí —declaró.

—Yo no tengo miedo de meter el dedo en el cascanueces —alardeó su hermano Antonio—. ¡Mira! —Metió el dedo en el cascanueces pero, antes de apretarlo, colocó un palito al lado de su dedo. Cuando lo apretó, el palito mantuvo abiertas las abrazaderas del cascanueces, impidiendo que tocara su dedo—. ¿Ves? —se rio—. Ni siquiera me duele.

Mimí miró a su hermano con mala cara, pero mamá dijo:

—Acabas de darnos un buen ejemplo, Antonio. —Se dio vuelta hacia Mimí—. Mira, cariño, Antonio merecía apretarse el dedo porque se comportó como un creído, ¿verdad? Pero el palito recibió el castigo que merecía su dedo. Jesús aceptó todo el castigo que nos correspondía. Por eso, no tienes que preocuparte por no ir al cielo.

¿Y TÚ? Si aceptaste a Jesús como tu Salvador, no tienes que preocuparte por no ir al cielo. Si no crees que Jesús perdona tus pecados y te da la vida eterna, habla con un amigo cristiano o con un adulto de confianza y pregúntale cómo puedes hacerlo. *H.W.M.*

PARA MEMORIZAR: Pero él fue traspasado por nuestras rebeliones y aplastado por nuestros pecados. Fue golpeado para que nosotros estuviéramos en paz; fue azotado para que pudiéramos ser sanados. *Isaías 53:5*

JEREMÍAS IBA A HACER SU PRIMER VIAJE EN AVIÓN, pero se sentía tan triste y sombrío como el día que lo rodeaba. Sus padres estaban divorciándose y él se iría a vivir con sus abuelos por un tiempo.

Mientras abordaban el avión, su abuela le preguntó:

—¿Tienes miedo?

Por dentro decía: *¡Sí, tengo miedo! Tengo miedo de todo.* Pero no dijo nada. Mientras el avión aceleraba su recorrido por la pista, enormes gotas de lluvia salpicaban las ventanillas. *Como lágrimas*, pensó Jeremías. Cuando el avión se levantó del suelo, Jeremías sintió que el corazón se le subía a la garganta.

La abuela lo tomó de la mano.

—No tengas miedo, Jeremías. Dios nos cuidará. —Jeremías sabía que la abuela se refería a algo más que el viaje en avión. Quería creerle, pero no podía—. Pasaremos directamente a través de estas nubes oscuras, Jeremías —le explicó—. Durante algunos minutos estaremos rodeados por una niebla espesa. Pero espera a que estemos por encima de las nubes.

De pronto estaban en las nubes. El interior del avión se oscureció. Luego, también repentinamente, una luz brillante entró a raudales a través de las ventanillas. Jeremías entrecerró los ojos al apretar su nariz contra el avión.

—Es hermoso —dijo con voz entrecortada.

La abuela asintió.

—Sí. Por encima de las nubes, el sol está brillando. —Jeremías se dio vuelta y miró a su abuela, que sonreía con dulzura—. Nuestra familia está atravesando una tormenta, Jeremías. Las cosas se ven bastante oscuras. Pero Dios tiene el control. Un día, pronto, nos abriremos camino entre las nubes, y la vida volverá a llenarse de belleza y de felicidad.

¿Y TÚ? ¿Estás atravesando una tormenta en tu vida? ¿Le temes al futuro? Recuerda que, a pesar de que no podamos verlo, el sol está brillando. Aunque no puedas sentir a Dios, él está cerca. *B.J.W.*

PARA MEMORIZAR: Miren, Dios ha venido a salvarme. Confiaré en él y no tendré temor. El SEÑOR Dios es mi fuerza y mi canción; él me ha dado la victoria. *Isaías 12:2*

POR ENCIMA DE LAS NUBES

DE LA BIBLIA:

Dios es nuestro refugio y nuestra fuerza;

siempre está dispuesto a ayudar en tiempos de dificultad.

Por lo tanto, no temeremos cuando vengan terremotos

y las montañas se derrumben en el mar.

¡Que rujan los océanos y hagan espuma!

¡Que tiemblen las montañas mientras suben las aguas!

Un río trae gozo a la ciudad de nuestro Dios,

el hogar sagrado del Altísimo.

Dios habita en esa ciudad; no puede ser destruida.

En cuanto despunte el día, Dios la protegerá. [...]

El SEÑOR de los Ejércitos Celestiales está entre nosotros;

el Dios de Israel es nuestra fortaleza. [...]

«¡Quédense quietos y sepan que yo soy Dios!

Toda nación me honrará.

Seré honrado en el mundo entero».

SALMO 46:1-5, 7, 10

No tengas miedo; confía en Dios

16 DE OCTUBRE

¿QUIÉN TIENE LA RAZÓN?

DE LA BIBLIA:

No te pido solo por estos discípulos, sino también por todos los que creerán en mí por el mensaje de ellos. Te pido que todos sean uno, así como tú y yo somos uno, es decir, como tú estás en mí, Padre, y yo estoy en ti. Y que ellos estén en nosotros, para que el mundo crea que tú me enviaste.

Les he dado la gloria que tú me diste, para que sean uno, como nosotros somos uno. Yo estoy en ellos, y tú estás en mí. Que gocen de una unidad tan perfecta que el mundo sepa que tú me enviaste y que los amas tanto como me amas a mí.

JUAN 17:20-23

Los cristianos son uno en Cristo

—PAPÁ, EN NUESTRA IGLESIA hacemos las cosas de una manera distinta de como las hacen en la iglesia de Clint —dijo Kenny un día—. Tuvimos una discusión por eso. Él decía que su iglesia tiene la razón, y yo decía que la mía está en lo correcto. ¿Cuál tiene realmente la razón?

Antes de que papá pudiera intentar responderle, los hermanos menores de Kenny entraron en la cocina, con un teclado. Lo pusieron sobre la mesa.

—Queremos tocar una canción que nos enseñó papi —anunció Kathy, y procedieron a hacerlo. Al principio, apretaban prudentemente las teclas, y Kenny creyó reconocer "Estrellita, ¿dónde estás?". Pero luego se volvió evidente que estaban tocando dos canciones diferentes.

—Eso suena horrible —declaró Kenny—. Me parece que necesitan un maestro nuevo.

—¡Un momento! —protestó papá—. El problema no es el maestro. Ellos no están siguiendo mis instrucciones.

Cuando los niños se fueron, papá le sonrió a Kenny.

—Te aseguro que mi intención no era que tocaran así —dijo—. Pero lo que acaba de pasar me recuerda a lo que les sucede a los cristianos. Prácticamente puedes escuchar a Dios diciendo: "Esta no era mi intención" mientras nos observa. Jesús quería que todos sus seguidores "tocaran la misma canción". Quería que todos los cristianos trabajaran juntos.

—Pero ¿qué canción deberíamos tocar? ¿Cuál es la manera correcta: la de la iglesia de Clint o la de nuestra iglesia? —preguntó nuevamente Kenny.

—La manera de Dios es la correcta —respondió papá—. Y cualquier iglesia que crea en la Biblia y la enseñe como la verdadera Palabra de Dios es buena.

¿Y TÚ? ¿Alguna vez discutiste con personas de otra iglesia? Si van a iglesias que concuerdan con la Biblia, entonces dejen de discutir. Jesús quiere que trabajemos juntos. *K.R.A.*

PARA MEMORIZAR: Pues hay un solo cuerpo y un solo Espíritu, tal como ustedes fueron llamados a una misma esperanza gloriosa para el futuro. Hay un solo Señor, una sola fe, un solo bautismo, un solo Dios y Padre de todos, quien está sobre todos, en todos y vive por medio de todos. *Efesios 4:4-6*

RYAN TOCÓ LA PRIMERA PÁGINA DE SU PARTITURA.
Luego, recordó cómo se habían reído disimuladamente los chicos cuando su madre lo llamó para
que entrara a practicar. Se preguntaba si algún niño
se reiría de él cuando tocara el domingo en la iglesia. Se sentó al piano y miró fijamente la partitura.

—¿Por qué paraste? —le preguntó mamá.

—No quiero tocar en la iglesia —dijo Ryan—.
El piano es para niñas.

—Eso no es cierto —protestó mamá, apoyando
sus manos sobre los hombros de Ryan—. Dios te
dio un talento excepcional, y quiere que lo uses.

—No puedo —contestó Ryan. Mamá no insistió para que Ryan siguiera practicando su número
especial, pero sí le pidió que pensara en ello y orara.

Esa noche, Ryan estaba preparando un regalo
para su hermana Abby. Era una muñequera como
la que usaban muchos niños de la escuela.

—Gracias —dijo Abby cuando lo abrió en su
cumpleaños.

Unos días después, Ryan se quejó:

—Abby, nunca usas la muñequera que te hice.

—Bueno, es que realmente no es como las que
usan las otras chicas —le explicó Abby.

Después de que Abby salió del cuarto, mamá
miró a Ryan.

—Es doloroso cuando te ocupas especialmente
de hacer un regalo para alguien, pero esa persona
no lo usa —observó.

Ryan asintió con tristeza. Mientras reflexio-
naba en las palabras de su madre, alguien llamó a
la puerta. Ryan atendió.

—¿Quieres jugar a la pelota? —lo invitó Adam,
el vecino de al lado.

Ryan titubeó.

—Primero voy a practicar el piano —dijo.

¿Y TÚ? ¿Tienes un don que no estés usando? Tal vez te dé
mucha vergüenza utilizarlo. Tal vez no quieras esforzarte
por desarrollarlo. Dios te dio dones, y a él le agrada
cuando los usas. *K.R.A.*

PARA MEMORIZAR: Antes no tenían identidad como
pueblo, ahora son pueblo de Dios. Antes no recibieron
misericordia, ahora han recibido la misericordia de Dios.
1 Pedro 2:10

LOS DONES QUE NO SE USAN

DE LA BIBLIA:

Dios, en su gracia, nos ha dado dones
diferentes para hacer bien determinadas cosas. Por lo tanto, si Dios
te dio la capacidad de profetizar,
habla con toda la fe que Dios te haya
concedido. Si tu don es servir a otros,
sírvelos bien. Si eres maestro, enseña
bien. Si tu don consiste en animar
a otros, anímalos. Si tu don es dar,
hazlo con generosidad. Si Dios te ha
dado la capacidad de liderar, toma la
responsabilidad en serio. Y si tienes
el don de mostrar bondad a otros,
hazlo con gusto.

No finjan amar a los demás;
ámenlos de verdad. Aborrezcan lo
malo. Aférrense a lo bueno. Ámense
unos a otros con un afecto genuino y
deléitense al honrarse mutuamente.
No sean nunca perezosos, más bien
trabajen con esmero y sirvan al
Señor con entusiasmo. Alégrense por
la esperanza segura que tenemos.
Tengan paciencia en las dificultades y
sigan orando.

ROMANOS 12:6-12

Usa tus dones

18 DE OCTUBRE

UN PRECIO A PAGAR

DE LA BIBLIA:

Ten misericordia de mí, oh Dios,
   debido a tu amor inagotable;
a causa de tu gran compasión,
   borra la mancha de mis pecados.
Lávame de la culpa hasta que quede
   limpio
   y purifícame de mis pecados.
Pues reconozco mis rebeliones;
   día y noche me persiguen.
Contra ti y solo contra ti he pecado;
   he hecho lo que es malo ante tus
   ojos.
Quedará demostrado que tienes
   razón en lo que dices
   y que tu juicio contra mí es justo.
[...] Devuélveme la alegría;
   deja que me goce
   ahora que me has quebrantado.

SALMO 51:1-4, 8

*El pecado trae
aflicción*

ESTO ES TAN ABURRIDO, pensaba Brenda mientras caminaba fatigosamente detrás de su madre en el supermercado.

—¿Puedo dar una vuelta mientras tú esperas en la fila de la fiambrería? —preguntó. Su madre titubeó, pero le dio permiso.

Veré cuántas vueltas puedo dar alrededor de este pasillo y el siguiente antes de que la mujer de la fiambrería llame el número de mamá, pensó Brenda.

—¡Oh, no! —murmuró Brenda mientras terminaba la cuarta vuelta—. ¡Mamá es la próxima! —Aceleró la velocidad y dobló la curva corriendo. Su brazo se desplazó y ¡plaf! Dos frascos grandes de compota de manzana se estrellaron contra el piso.

Su madre llegó rápidamente. Luego, acompañó a Brenda al mostrador de servicio al cliente. Brenda apenas podía contener las lágrimas mientras le contaba a la subgerente lo que había sucedido.

—Alguien limpiará lo que se ensució inmediatamente —le aseguró la mujer.

—Y Brenda pagará los frascos —dijo su madre. Mientras caminaban hacia la caja, mamá agregó—: Yo pagaré ahora los frascos rotos, pero tú tendrás que devolverme el dinero de tus propios ahorros.

—Pero no tengo mucho dinero. Y lamento mucho lo que hice —gimoteó Brenda.

Su madre la abrazó.

—Yo sé que lo lamentas, pero los frascos siguen rotos e igualmente tendrás que pagarlos. —Hizo una pausa—. Así son las cosas con el pecado —agregó—. Cuando nos arrepentimos y confesamos nuestro pecado, Dios nos perdona. Pero el pecado sigue teniendo consecuencias.

¿Y TÚ? ¿Te ves haciendo cosas que no deberías hacer? Cuando eso ocurra, cuéntale a Dios lo que hiciste y pídele perdón. Pero no olvides que, aunque ya fuiste perdonado, todavía puede que haya un precio a pagar. *N.E.K.*

PARA MEMORIZAR: ¡Libra a tu siervo de pecar intencionalmente! No permitas que estos pecados me controlen. Entonces estaré libre de culpa y seré inocente de grandes pecados. *Salmo 19:13*

MIENTRAS LA FAMILIA NELSON IBA CAMINO A LA GRANJA DEL ABUELO, Dillon y su hermanita discutían por todo. Finalmente, papá dijo:

—Si escucho una palabra más, cuando lleguemos se irán directamente a la cama.

La primera persona que vio Dillon en la granja fue su primo Pablo. Un ratito después, cuando los niños se sentaron en las ramas del viejo roble, Dillon dijo:

—El cumpleaños del abuelo es casi tan emocionante como la Navidad.

—Claro —estuvo de acuerdo Pablo—. Es la única ocasión, además de la Navidad, en la que se junta toda la familia.

Dillon asintió y dijo:

—Ahí están tío Ryan y tía Linda. Pero no veo a tío José y a su familia.

—No vendrán —dijo Pablo—. Tío José y su hermana, tía Linda, están enojados entre ellos.

—Es hora de cantar "Feliz cumpleaños" y abrir los regalos —avisó la madre de Dillon. Los niños bajaron atropelladamente para sumarse a la multitud en el gran porche delantero.

Después de que el abuelo abrió los regalos y sopló las sesenta y dos velitas, se puso de pie. Todos se quedaron callados.

—Muchas gracias por venir. Y gracias por estos lindos regalos —dijo—. Pero mi deseo de cumpleaños es que mis hijos se amen. ¿Puede un padre ser feliz si sus hijos lo aman, pero no se aman entre ellos?

Nadie habló durante varios minutos. Entonces tía Linda se levantó.

—Llamaré a José y le pediré perdón. Todavía tiene tiempo para venir.

Esa noche, durante la vuelta a casa, no hubo berrinches y todos estuvieron de acuerdo con Dillon cuando dijo:

—Me alegro de que el deseo del abuelo se haya cumplido.

¿Y TÚ? ¿Amas a tus padres? Entonces ama a tus hermanos y a tus hermanas. ¿Amas a tu Padre celestial? Entonces ama a sus hijos: otros cristianos. *B.J.W.*

PARA MEMORIZAR: Y él nos ha dado el siguiente mandato: los que aman a Dios deben amar también a sus hermanos creyentes. *1 Juan 4:21*

19 DE OCTUBRE

EL DESEO DEL PADRE

DE LA BIBLIA:

Si alguien dice: «Amo a Dios», pero odia a otro creyente, esa persona es mentirosa pues, si no amamos a quienes podemos ver, ¿cómo vamos a amar a Dios, a quien no podemos ver? Y él nos ha dado el siguiente mandato: los que aman a Dios deben amar también a sus hermanos creyentes.

1 JUAN 4:20-21

Ámense unos a otros

20 DE OCTUBRE

¡CUIDADO! ¡ES CONTAGIOSA!

DE LA BIBLIA:

Cómo me gustaría que esos perturbadores que quieren mutilarlos a ustedes mediante la circuncisión se mutilaran ellos mismos.

Pues ustedes, mis hermanos, han sido llamados a vivir en libertad; pero no usen esa libertad para satisfacer los deseos de la naturaleza pecaminosa. Al contrario, usen la libertad para servirse unos a otros por amor. Pues toda la ley puede resumirse en un solo mandato: «Ama a tu prójimo como a ti mismo», pero si están siempre mordiéndose y devorándose unos a otros, ¡tengan cuidado! Corren peligro de destruirse unos a otros.

Por eso les digo: dejen que el Espíritu Santo los guíe en la vida. Entonces no se dejarán llevar por los impulsos de la naturaleza pecaminosa.

GÁLATAS 5:12-16

Las actitudes son contagiosas

SERENA DEJÓ CAER SUS LIBROS SOBRE LA MESITA. Mientras se desplomaba en el sofá, suspirando, su madre levantó la vista.

—¿Qué pasó?

—Tuve un día terrible —se quejó Serena—. No le caigo bien a la señora Carson. Y Brenda consiguió el solo de la canción que yo quería. Y...

—¡Bueno, bueno! —la interrumpió su madre—. ¿Qué es esto, el festín de autocompasión de Serena?

Serena se levantó de un brinco.

—Sabía que no me entenderías. ¡Nadie entiende!

Al ratito, la madre escuchó palabras de enfado provenientes de la habitación de su hija. La puerta se abrió y salió Sandra, llorando.

—Madre, dile a Serena que me deje en paz.

La madre frunció el ceño.

—Niñas —empezó a decir, pero fue interrumpida por el teléfono. Minutos después, volvió donde estaban las niñas—. Amy está en el hospital.

—¿Qué pasó? —preguntó Serena—. ¿Podemos ir a verla? —Amy era su prima.

—No, pero debemos orar por ella —respondió su madre—. El doctor cree que contrajo meningitis. La mantienen aislada porque es contagiosa. Únicamente sus padres tienen permitido entrar a su habitación, y deben usar mascarillas y batas estériles. —Miró a Serena y continuó—: Las enfermedades no son lo único contagioso. Las actitudes también lo son.

—¿Las actitudes? —preguntó Serena.

—Sí, las actitudes —repitió su madre—. Cuando llegaste a casa, Serena, tenías una mala actitud. No pasaron cinco minutos, y esa actitud contagió a toda la familia. Si tu actitud no mejora, quizás tenga que aislarte: dejarte sola en tu cuarto por un rato.

Serena bajó la mirada. Sabía que lo que su madre decía era verdad.

—Trataré de portarme mejor —prometió.

¿Y TÚ? ¿Tu mala actitud ha contagiado a tu familia? ¿O alguna otra persona de tu familia tiene una mala actitud? Contarréstala con una sonrisa o con palabras amables. No te contagies; ¡resístela! *B.J.W.*

PARA MEMORIZAR: Crea en mí, oh Dios, un corazón limpio y renueva un espíritu fiel dentro de mí. *Salmo 51:10*

—HOLA, JAMAL. —Ken saludó nerviosamente a su amigo. Siempre que veía a Jamal, se sentía culpable. Eso era porque Ken había aceptado a Jesús como su Salvador, pero nunca se lo había dicho a Jamal. Quería hacerlo, nada más que tenía miedo de que Jamal se riera de él.

—¿Qué recibiste ayer por tu cumpleaños? —preguntó Jamal.

Ken levantó su mano izquierda y le mostró un nuevo guante de béisbol.

—¿Qué te parece?

Jamal sonrió.

—Yo también podría usar uno como ese.

—Me lo regalaron mis abuelos —dijo Ken—, y esta camisa me la dio mi hermano. Mis padres me regalaron una patineta.

—¡Guau! —Jamal soltó un silbido—. Yo podría usar todas esas cosas.

—Bueno, pero no las puedes tener —rio Ken. De pronto, pensó en el regalo de la vida eterna que había recibido un mes antes. Ese era un regalo que Jamal podía recibir. Tomó aire profundamente—. Hace un mes... —Se detuvo con temor a terminar—. Recibí un regalo de Dios: el perdón de mis pecados.

—¿Cómo? —preguntó Jamal—. ¿De qué rayos estás hablando?

—Recibí el regalo de la vida eterna y, si tú también lo quieres, puedes recibirlo también. —Ken terminó rápidamente—. Tengo que irme. Adiós. —Se fue deprisa por la calle mientras Jamal se quedaba mirándolo. Ken estaba seguro de que no lo había hecho muy bien. Al mismo tiempo, sabía que, por lo menos, había sido un comienzo. *Esta semana voy a invitar a Jamal a la iglesia*, decidió. *Se lo preguntaré mañana.*

¿Y TÚ? Con tus amigos, ¿hablas de todo y de lo que sea, excepto del Señor? ¿Tienes miedo de darles tu testimonio? Si eres cristiano, Dios te ha dado un regalo maravilloso, y ellos también pueden recibirlo. Háblales del tema. *H.W.M.*

PARA MEMORIZAR: Pero el Señor estuvo a mi lado y me dio fuerzas, a fin de que yo pudiera predicar la Buena Noticia en toda su plenitud, para que todos los gentiles la oyeran. Y él me libró de una muerte segura. *2 Timoteo 4:17*

21 DE OCTUBRE

EL REGALO PARA COMPARTIR

DE LA BIBLIA:

Pues la gracia de Dios ya ha sido revelada, la cual trae salvación a todas las personas. Y se nos instruye a que nos apartemos de la vida mundana y de los placeres pecaminosos. En este mundo maligno, debemos vivir con sabiduría, justicia y devoción a Dios, mientras anhelamos con esperanza ese día maravilloso en que se revele la gloria de nuestro gran Dios y Salvador Jesucristo. Él dio su vida para liberarnos de toda clase de pecado, para limpiarnos y para hacernos su pueblo, totalmente comprometidos a hacer buenas acciones.

Debes enseñar estas cosas y alentar a los creyentes a que las hagan. Tienes la autoridad para corregirlos cuando sea necesario, así que no permitas que nadie ignore lo que dices.

TITO 2:11-15

Da tu testimonio de Cristo

22 DE OCTUBRE

PALABRAS DESCONSIDERADAS

DE LA BIBLIA:

Los que somos fuertes debemos tener consideración de los que son sensibles a este tipo de cosas. No debemos agradarnos solamente a nosotros mismos. Deberíamos ayudar a otros a hacer lo que es correcto y edificarlos en el Señor. Pues ni siquiera Cristo vivió para agradarse a sí mismo. Como dicen las Escrituras: «Los insultos de aquellos que te insultan, oh Dios, han caído sobre mí». Tales cosas se escribieron hace tiempo en las Escrituras para que nos sirvan de enseñanza. Y las Escrituras nos dan esperanza y ánimo mientras esperamos con paciencia hasta que se cumplan las promesas de Dios.

Que Dios, quien da esa paciencia y ese ánimo, los ayude a vivir en plena armonía unos con otros, como corresponde a los seguidores de Cristo Jesús. Entonces todos ustedes podrán unirse en una sola voz para dar alabanza y gloria a Dios, el Padre de nuestro Señor Jesucristo.

Por lo tanto, acéptense unos a otros, tal como Cristo los aceptó a ustedes, para que Dios reciba la gloria.

ROMANOS 15:1-7

Edifica a los demás

LOS ALUMNOS DE LA ACADEMIA CRISTIANA LAKEVIEW SE MIRARON unos a otros con recelo. Acababan de enterarse de que, la noche anterior, ¡uno de los alumnos había tratado de suicidarse!

—Nunca hubiera imaginado que los niños cristianos se deprimieran tanto —fue la reacción de Susan—. Eric sabe que Dios lo ama. ¿Qué lo llevó a hacer una cosa así?

—No es tan simple —respondió Kevin—. Tú tienes muchos amigos. —Kevin bajó la vista hacia su escritorio y continuó—: Recuerdo cuando nos burlamos de Eric en la clase de gimnasia. Nunca pensé que se lo tomaría tan en serio.

—Pero es muy inteligente —recalcó Brad—. ¿No se dio cuenta de que todos quisiéramos ser tan inteligentes como él?

—No siempre parecemos reconocer las cualidades positivas que tenemos —puntualizó la señora Kelley—. A veces nuestras debilidades parecen captar toda nuestra atención. —Tomó su Biblia—. Como cristianos, contamos con la certeza de saber que Dios nos ama y nos acepta tal como somos —continuó—. Además, tenemos la responsabilidad de amar a los demás como Dios nos ama a nosotros. Escuchen Efesios 4:29: "No empleen un lenguaje grosero ni ofensivo. Que todo lo que digan sea bueno y útil, a fin de que sus palabras resulten de estímulo para quienes las oigan".

Kevin levantó la vista seriamente.

—Estoy seguro de que no todas las cosas que le dije a Eric fueron estimulantes. Me gustaría tener otra oportunidad de ser su amigo de verdad.

La señora Kelley sonrió de manera comprensiva.

—Oremos para que tengan esa oportunidad.

¿Y TÚ? ¿Eres cuidadoso con las cosas que les dices a otros? A veces las palabras desconsideradas pueden parecer inofensivas o graciosas, pero pueden llegar a lastimar al otro. Dios quiere que tu vida refleje su amor por las personas. Demuestra el amor de Dios por medio de tus palabras amables. *D.L.R.*

PARA MEMORIZAR: No empleen un lenguaje grosero ni ofensivo. Que todo lo que digan sea bueno y útil, a fin de que sus palabras resulten de estímulo para quienes las oigan. *Efesios 4:29*

CHRISTY ESTABA EMOCIONADA POR EL REGALO de cumpleaños que le había enviado tía Peggy. Era un certificado de regalo para que Christy pudiera hacerse un corte de cabello y una permanente. Sonaba divertido. ¡Pero eso fue antes de que Christy supiera cuál sería el resultado!

—¡Madre, no puedo ir así a la escuela! —gimió cuando terminaron de hacerle la permanente—. ¡Todos los chicos se reirán de mí!

—¿Por qué deberían reírse de ti? —la provocó el hermano de Christy, Joe—. Realmente te pareces un poco a un caniche, pero, más allá de eso, te ves bien.

—Madre —volvió a lloriquear Christy.

—Basta, Joe —dijo su madre—. Christy ya se siente suficientemente mal, sin necesitar que te burles de ella. En realidad, el cabello te queda muy bien, Christy. Solo que no estás acostumbrada a usarlo así.

Christy se miró al espejo y frunció el ceño. Sabía que su madre la haría ir a la escuela al día siguiente, y pensar en ello era demasiado horrible.

La madre observó la expresión malhumorada en el rostro de Christy.

—Querida, recuerda que el Señor ha dicho que no es la apariencia exterior lo que importa, sino lo que hay en el interior. El corte de cabello más sofisticado del mundo no compensa una mala actitud y una mirada malhumorada. Por otra parte, si eres tan agradable y alegre como sueles ser, tu cabello no tendrá importancia.

Christy sabía que eso era cierto. Lo importante era su corazón, no su peinado. ¡Le pediría al Señor que la ayudara a prestar más atención al aspecto interior que a la apariencia exterior!

¿Y TÚ? ¿Te importa más el peinado más moderno y la última moda que tu belleza interior? Sí, es importante estar arreglada, limpia y atractiva, ¡pero a Dios le interesa más tu corazón que tu cabello rizado o tu camisa nueva! *L.M.W.*

PARA MEMORIZAR: Pero el Señor le dijo a Samuel: «No juzgues por su apariencia o por su estatura, porque yo lo he rechazado. El Señor no ve las cosas de la manera en que tú las ves. La gente juzga por las apariencias, pero el Señor mira el corazón». *1 Samuel 16:7*

EL CORAZÓN, NO EL CABELLO

DE LA BIBLIA:

Ahora bien, el Señor le dijo a Samuel:

—Ya has hecho suficiente duelo por Saúl. Lo he rechazado como rey de Israel, así que llena tu frasco con aceite de oliva y ve a Belén. Busca a un hombre llamado Isaí que vive allí, porque he elegido a uno de sus hijos para que sea mi rey. [...]

Invita a Isaí al sacrificio, y te mostraré a cuál de sus hijos ungirás para mí.

Así que Samuel hizo como el Señor le indicó. Cuando llegó a Belén, los ancianos del pueblo salieron a su encuentro temblando.

—¿Qué pasa? —le preguntaron—. ¿Vienes en son de paz?

—Sí —contestó Samuel—, vine para ofrecer un sacrificio al Señor. Purifíquense y vengan conmigo al sacrificio.

Luego Samuel realizó el rito de purificación para Isaí y sus hijos y también los invitó al sacrificio.

Cuando llegaron, Samuel se fijó en Eliab y pensó: «¡Seguramente este es el ungido del Señor!».

Pero el Señor le dijo a Samuel:

—No juzgues por su apariencia o por su estatura, porque yo lo he rechazado. El Señor no ve las cosas de la manera en que tú las ves. La gente juzga por las apariencias, pero el Señor mira el corazón.

1 SAMUEL 16:1, 3-7

La belleza interior es lo que cuenta

24 DE OCTUBRE

¡QUÉ DESASTRE!

DE LA BIBLIA:

Muéstrame la senda correcta, oh
SEÑOR;

señálame el camino que debo
seguir.

Guíame con tu verdad y enséñame,

porque tú eres el Dios que me
salva.

Todo el día pongo en ti mi esperanza.

Recuerda, oh SEÑOR, tu compasión y
tu amor inagotable,

que has mostrado desde hace
siglos.

No te acuerdes de los pecados de
rebeldía durante mi juventud.

Acuérdate de mí a la luz de tu amor
inagotable,

porque tú eres misericordioso, oh
SEÑOR.

El SEÑOR es bueno y hace lo correcto;

les muestra el buen camino a los
que andan descarriados.

Guía a los humildes para que hagan lo
correcto;

les enseña su camino.

El SEÑOR guía con fidelidad y amor
inagotable

a todos los que obedecen su pacto y
cumplen sus exigencias.

SALMO 25:4-10

*Sigue las instrucciones
de Dios*

—NO SÉ CÓMO LOGRARÉ TERMINAR TODO HOY —dijo mamá durante el desayuno—. Esta mañana tengo varias diligencias por hacer y, como sea, tendré que encontrar algún momento para hacer un pastel de cumpleaños para Tomás.

—¡Yo puedo hacer el pastel de Tomás! —dijo Julie—. Antes me dijiste que es fácil. Además, Tomás solo tiene dos años ¡y comerá cualquier cosa!

—Bueno, está bien —aceptó mamá con indecisión—. La mezcla para pastel y la cobertura están en la alacena. Asegúrate de seguir las instrucciones.

Julie empezó a hacer el pastel tan pronto como su mamá se fue. Leyó las instrucciones, y estaba a punto de verter la mezcla en el recipiente cuando sonó el teléfono. Era su amiga Estefanía.

Cuando Julie colgó el teléfono, se puso a hacer el pastel, recordando lo que había leído antes. Al menos, lo que creía recordar. Pero cuando el pastel estuvo listo, no tenía un buen aspecto. Cuando se enfrió, lo cubrió cuidadosamente, pero no sirvió de nada. El pastel estaba seco y Tomás, que tenía la fama de comer las cosas más raras, no quiso tocarlo.

—¡Qué desastre! —exclamó mamá—. ¿No seguiste las instrucciones?

—Las leí, pero entonces me llamó Estefanía y no las miré otra vez —explicó Julie—. Creí que estaba haciéndolo correctamente.

—Así es como muchas personas viven la vida —comentó papá—. Escuchan un sermón o leen la Biblia de vez en cuando y, con eso creen que saben todo lo necesario. Pero se olvidan lo que escucharon. Dios da instrucciones, pero algunos las ignoran, y su vida se convierte en un desastre total: ¡como ese pastel! Prestarles atención a las instrucciones es un principio importante que debemos aprender.

¿Y TÚ? ¿Sigues las instrucciones que el Señor da en su Palabra? Es importante que todos los días pases tiempo en la Palabra de Dios para que sepas cuáles son esas instrucciones. *L.M.W.*

PARA MEMORIZAR: Busca su voluntad en todo lo que hagas, y él te mostrará cuál camino tomar. *Proverbios 3:6*

CUANDO LA MADRE DE RYAN FUE A BUSCARLO a la escuela, no la miró. Ella había ido por él porque él y otros muchachos habían sido sorprendidos fumando; Ryan se sentía demasiado avergonzado para decir algo.

La lluvia caía a cántaros sobre el parabrisas mientras manejaban en silencio. Cuando tomaron la colina que ascendía hacia su casa, el carro patinó y derrapó. Las calles estaban siendo reparadas, ¡y eran un caos!

—Ten cuidado, mamá —exclamó Ryan—, o acabaremos en la zan...

En ese preciso instante, ¡el carro patinó otra vez y se deslizó dentro de la zanja! Mamá cambió las velocidades y sacudió el carro, pero fue inútil.

—No queda más remedio que caminar a casa y llamar a la grúa —dijo, suspirando. Entonces caminaron fatigosamente colina arriba.

Esa noche, cuando papá llegó a casa, Ryan hizo todo lo posible para mantener la atención de papá en el carro. Pero el momento tan temido llegó cuando papá preguntó qué había sucedido en la escuela.

—Yo no quería fumar —dijo Ryan—. Pero lo hice porque no quería que los chicos pensaran que soy un bebé.

Papá frunció el ceño.

—Creí que me habías dicho que no te gustó andar por un camino resbaladizo —dijo.

Ryan lo miró, desconcertado.

—¿Qué tiene eso que ver con esto?

—Bueno —dijo papá—, cuando pasas mucho tiempo con la gente equivocada es como estar en un camino resbaladizo. Y hoy derrapaste muy mal en la escuela. Tú eres cristiano; sin embargo, elegiste amistades que te presionan para que hagas cosas que sabes que están mal. Con los amigos adecuados, la vida sería mucho más fácil.

¿Y TÚ? ¿Estás juntándote con la gente equivocada? Si es así, podrías tener muchísimos problemas. Elige amigos sabios, quienes te ayudarán y no serán un impedimento para vivir para Cristo. *B.J.W.*

PARA MEMORIZAR: Detesto las reuniones de los que hacen el mal y me niego a juntarme con los perversos. *Salmo 26:5*

25 DE OCTUBRE

EN LA ZANJA

DE LA BIBLIA:

Pues siempre estoy consciente de tu amor inagotable,

y he vivido de acuerdo con tu verdad.

No paso tiempo con mentirosos

ni ando con hipócritas.

Detesto las reuniones de los que hacen el mal

y me niego a juntarme con los perversos.

Me lavo las manos para declarar mi inocencia.

Vengo ante tu altar, oh SEÑOR,

entonando un cántico de gratitud,

y contando de todas tus maravillas.

Amo tu santuario, SEÑOR,

el lugar donde habita tu gloriosa presencia.

No permitas que sufra el destino de los pecadores

ni me condenes junto con los asesinos.

Tienen las manos sucias de maquinaciones malignas

y constantemente aceptan sobornos.

Pero yo no soy así; llevo una vida intachable;

por eso, rescátame y muéstrame tu misericordia.

Ahora piso tierra firme,

y en público alabaré al SEÑOR.

SALMO 26:3-12

Elige las amistades correctas

26 DE OCTUBRE

MACK, EL MONO

DE LA BIBLIA:

Como dicen las Escrituras:
«No hay ni un solo justo,
   ni siquiera uno.
Nadie es realmente sabio,
   nadie busca a Dios.
Todos se desviaron,
   todos se volvieron inútiles.
No hay ni uno que haga lo bueno,
   ni uno solo». [...]

Pues nadie llegará jamás a ser justo ante Dios por hacer lo que la ley manda. La ley sencillamente nos muestra lo pecadores que somos.

Pero ahora, tal como se prometió tiempo atrás en los escritos de Moisés y de los profetas, Dios nos ha mostrado cómo podemos ser justos ante él sin cumplir con las exigencias de la ley. Dios nos hace justos a sus ojos cuando ponemos nuestra fe en Jesucristo. Y eso es verdad para todo el que cree, sea quien fuere.

ROMANOS 3:10-12, 20-22

Necesitas a Jesús

PATTI ESCUCHÓ CON ENTUSIASMO CUANDO el señor Dan empezó a hablar.

—Estoy feliz de estar aquí —dijo el señor Dan—, y ahora me gustaría pedirle a mi amigo Mack que me acompañe en la plataforma. —Por primera vez, Patti notó un títere peludo y marrón, colgando de sus brazos en el piano—. Ven aquí, Mack —llamó el señor Dan, pero Mack no se movió—. Bueno, supongo que Mack no colaborará —dijo el señor Dan—. Creo que sé qué debo hacer. Tengo que chasquear los dedos, soltarlo, y Mack cobrará vida. —Cuando el señor Dan lo hizo, Mack terminó apilado en el suelo. Los niños se rieron.

Finalmente, el señor Dan miró a los niños y a las niñas de la primera fila, donde Patti estaba sentada.

—¿Qué necesita Mack? —les preguntó.

Patti levantó bien en alto su mano.

—Tiene que meter su mano adentro de él y hacerlo moverse —dijo cuando el señor Dan la señaló.

—Tienes toda la razón —afirmó el señor Dan—. Podría hablarle a Mack desde ahora hasta que llegue la hora de irnos a casa, y Mack seguiría sin moverse. Sin mí, Mack no puede hacer nada. —Hizo una breve pausa—. ¿Sabían que lo mismo sucede con las personas? Jesús les dijo a sus discípulos: "Separados de mí, no pueden hacer nada". No podemos entrar en el cielo por nuestros propios medios. Y no podemos vivir la vida cristiana por nuestra cuenta.

Patti escuchó atentamente el resto de la presentación del señor Dan. *Tengo que averiguar más sobre ser una cristiana,* pensó.

¿Y TÚ? ¿Conoces a Jesús como tu Salvador? Si no, habla con un amigo o con un adulto cristiano de confianza para averiguar más. *C.V.M.*

PARA MEMORIZAR: Ciertamente, yo soy la vid; ustedes son las ramas. Los que permanecen en mí y yo en ellos producirán mucho fruto porque, separados de mí, no pueden hacer nada. *Juan 15:5*

MIENTRAS JEFF GIRABA EL DIAL DE SU RADIO NUEVA, contaba las estaciones que podía captar.

—Papá, ¿cómo puedo encontrar tantas estaciones? —preguntó Jeff—. Conté treinta.

—Las ondas sonoras de todas esas estaciones están aquí, en esta sala. Tu radio es un "receptor", de modo que capta las diversas ondas sonoras y permite que las escuches.

—El hombre que inventó la radio debe haber sido muy inteligente —dijo Jeff.

—Sí —afirmó papá—, pero el que hizo que tú puedas escuchar los sonidos es aún más inteligente.

—Te refieres a Dios, ¿no, papá? —preguntó Jeff.

—Así es —dijo papá—. Tu oído puede captar la voz más baja, pero también puede recibir sonidos muy fuertes. En una habitación ruidosa, tu oído puede identificar determinada voz que quieres escuchar, desconectando los otros ruidos. Y como tienes dos oídos, sabes de qué dirección proviene cada sonido, y también a qué distancia está.

—Entonces, los oídos son como una radio —dijo Jeff—. Ambos reciben ondas sonoras.

Papá asintió.

—Y así como tu radio puede ser sintonizada para recibir todo tipo de sonidos de diferentes estaciones, también tus oídos pueden recibir toda clase de sonidos distintos. ¿Siempre les regalas a tus oídos la clase adecuada de sonidos?

Jeff bajó la mirada al acordarse de los chistes que había escuchado con sus amigos.

—Jeff —continuó papá—, cuídate de no ahogar la voz de Dios con los sonidos del mundo.

***

¿Y TÚ? ¿Estás usando tus oídos para escuchar los sonidos adecuados? ¿La música que escuchas honra a Dios? ¿Los chistes, las historias y los programas que escuchas le agradan? Agradece a Dios por escuchar, ¡y prométele que usarás tus oídos para escuchar cosas buenas! *C.V.M.*

***

PARA MEMORIZAR: Los oídos para oír y los ojos para ver: ambos son regalos del Señor. *Proverbios 20:12*

27 DE OCTUBRE

LOS SONIDOS CORRECTOS

DE LA BIBLIA:

¿Cómo puede un joven mantenerse puro?

Obedeciendo tu palabra.

Me esforcé tanto por encontrarte;

no permitas que me aleje de tus mandatos.

He guardado tu palabra en mi corazón,

para no pecar contra ti.

Te alabo, oh SEÑOR;

enséñame tus decretos.

Recité en voz alta

todas las ordenanzas que nos has dado.

Me alegré en tus leyes

tanto como en las riquezas.

Estudiaré tus mandamientos

y reflexionaré sobre tus caminos.

Me deleitaré en tus decretos

y no olvidaré tu palabra.

SALMO 119:9-16

Escucha a Dios

28 DE OCTUBRE

EN LA OSCURIDAD

DE LA BIBLIA:

Pues Dios amó tanto al mundo que dio a su único Hijo, para que todo el que crea en él no se pierda, sino que tenga vida eterna. Dios no envió a su Hijo al mundo para condenar al mundo, sino para salvarlo por medio de él.

No hay condenación para todo el que cree en él, pero todo el que no cree en él ya ha sido condenado por no haber creído en el único Hijo de Dios. Esta condenación se basa en el siguiente hecho: la luz de Dios llegó al mundo, pero la gente amó más la oscuridad que la luz, porque sus acciones eran malvadas. Todos los que hacen el mal odian la luz y se niegan a acercarse a ella porque temen que sus pecados queden al descubierto, pero los que hacen lo correcto se acercan a la luz, para que otros puedan ver que están haciendo lo que Dios quiere.

JUAN 3:16-21

Camina a la luz de Dios

EL GRUPO JUVENIL LLEGÓ A LA IGLESIA para las actividades a puertas cerradas justo antes del anochecer. Vieron que la tormenta estaba armándose, de modo que se juntaron rápidamente en el salón social para cenar. De pronto, ¡la tormenta se desató! Un rayo cayó sobre un cable de alta tensión y la iglesia quedó envuelta por la oscuridad.

—Solo hay que esperar que la tormenta pase —recomendó el señor Crane.

Al principio, los niños se amontonaron en el lugar donde estaban, pero pronto se acostumbraron a la oscuridad. Ignoraron la recomendación del líder y empezaron a moverse.

—Kelley, hay un ratón en tu pierna —gritó Michael.

—Deja de molestarme —rio Kelley. En ese instante, Vanessa rozó la pierna de Kelley con un plato de papel. Kelley gritó fuerte y saltó hacia atrás, golpeándose la rodilla contra la mesa.

—¡Basta! —dijo el señor Crane—. Siéntense, antes de que alguien se lastime.

De mala gana, el grupo se tranquilizó.

—Es un buen momento para hacer los devocionales —propuso el señor Crane—. Piensen en cómo se asustaron esta noche, apenas se cortó la luz. Pero, luego, se acostumbraron a la oscuridad. Pronto, les gustó asustar a los demás, sin pensar en los peligros. —El señor Crane hizo una pausa; entonces, añadió—: Para los cristianos, Cristo es nuestra luz. Si caminamos en su luz, estamos a salvo, pero si deambulamos en la oscuridad del pecado, hay peligros. Puede ser que nos acostumbremos a la oscuridad y que nos guste porque oculta lo que estamos haciendo. No nos damos cuenta del peligro hasta que nos lastimamos. Pidámosle a Dios que nos ayude a caminar en su luz.

¿Y TÚ? Si todo lo que haces saliera a la luz, ¿cómo te sentirías? ¿Satisfecho o avergonzado? Cristo es tu luz. No tropieces en la oscuridad del pecado cuando puedes caminar en la luz. *J.L.H.*

PARA MEMORIZAR: Si vivimos en la luz, así como Dios está en la luz, entonces tenemos comunión unos con otros, y la sangre de Jesús, su Hijo, nos limpia de todo pecado. *1 Juan 1:7*

TIFFANY ESTABA EMOCIONADA. Era domingo por la mañana: el día que ella y sus dos amigas, Sara y Julia, iban a cantar en la iglesia. Las últimas dos semanas habían ensayado su canción varias veces. Ahora, Tiffany estaba parada en la puerta de la iglesia, esperando a sus amigas. Tenía la esperanza de que esta fuera la primera de muchas veces que las tres niñas cantaran juntas. También había orado para que su tía, que no era cristiana, viniera a la iglesia ese día.

—¿Estás nerviosa? —le preguntó Julia mientras subía corriendo la escalera de la iglesia—. Anoche casi no pude dormir.

—Un poco —accedió Tiffany—, pero mamá oró conmigo y le pedimos al Señor que nos ayude a las tres a cantar lo mejor posible.

En ese momento, David, el hermano de Sara, pasó caminando.

—¿Dónde está Sara? —preguntaron ambas niñas.

—Ah, ¿no se enteraron? —David parecía sorprendido—. Nuestros vecinos la llamaron anoche, y Sara se fue con ellos al nuevo museo de ciencias.

¡Tiffany y Julia se miraron la una a la otra! ¿Cómo pudo hacer esto Sara? Rápidamente fueron a buscar al pianista, quien les aseguró que cantarían de todas maneras.

Bien, efectivamente, las niñas cantaron, y lo hicieron bien. Incluso la tía de Tiffany lo dijo. Pero Tiffany y Julia sabían que hubiera sonado mejor si Sara hubiera cantado con ellas.

—Esta no será la última vez que alguien te decepcione —le dijo la mamá a Tiffany—. Algunas personas no tienen sentido de la responsabilidad. Pero Dios espera lealtad de sus hijos.

—Supongo que a veces todos decepcionamos a alguien —dijo Tiffany—. Pero, cada vez que sienta la tentación de echarme atrás a último momento, recordaré esta experiencia.

¿Y TÚ? ¿Tomas con seriedad tus responsabilidades? Recuerda que la lealtad es importante para dar testimonio de Cristo. *L.M.W.*

PARA MEMORIZAR: Ahora bien, alguien que recibe el cargo de administrador debe ser fiel. *1 Corintios 4:2*

29 DE OCTUBRE

UN TRÍO DE DOS PERSONAS

DE LA BIBLIA:

También el reino del cielo puede ilustrarse mediante la historia de un hombre que tenía que emprender un largo viaje. Reunió a sus siervos y les confió su dinero mientras estuviera ausente. Lo dividió en proporción a las capacidades de cada uno. Al primero le dio cinco bolsas de plata; al segundo, dos bolsas de plata; al último, una bolsa de plata. Luego se fue de viaje.

El siervo que recibió las cinco bolsas de plata comenzó a invertir el dinero y ganó cinco más. El que tenía las dos bolsas de plata también salió a trabajar y ganó dos más. Pero el siervo que recibió una sola bolsa de plata cavó un hoyo en la tierra y allí escondió el dinero de su amo.

Después de mucho tiempo, el amo regresó de su viaje y los llamó para que rindieran cuentas de cómo habían usado su dinero. El siervo al cual le había confiado las cinco bolsas de plata se presentó con cinco más y dijo: «Amo, usted me dio cinco bolsas de plata para invertir, y he ganado cinco más».

El amo lo llenó de elogios. «Bien hecho, mi buen siervo fiel. Has sido fiel en administrar esta pequeña cantidad, así que ahora te daré muchas más responsabilidades. ¡Ven a celebrar conmigo!».

MATEO 25:14-21

Toma en serio las responsabilidades

30 DE OCTUBRE

¿DE QUÉ LADO ESTÁS?

DE LA BIBLIA:

No finjan amar a los demás; ámenlos de verdad. Aborrezcan lo malo. Aférrense a lo bueno. Ámense unos a otros con un afecto genuino y deléitense al honrarse mutuamente. No sean nunca perezosos, más bien trabajen con esmero y sirvan al Señor con entusiasmo. Alégrense por la esperanza segura que tenemos. Tengan paciencia en las dificultades y sigan orando. Estén listos para ayudar a los hijos de Dios cuando pasen necesidad. Estén siempre dispuestos a brindar hospitalidad.

Bendigan a quienes los persiguen. No los maldigan, sino pídanle a Dios en oración que los bendiga. Alégrense con los que están alegres y lloren con los que lloran. Vivan en armonía unos con otros. No sean tan orgullosos como para no disfrutar de la compañía de la gente común. ¡Y no piensen que lo saben todo!

Nunca devuelvan a nadie mal por mal. Compórtense de tal manera que todo el mundo vea que ustedes son personas honradas.

ROMANOS 12:9-17

Da testimonio por medio de tu vida

—VEN CONMIGO EL DOMINGO. Escucharás más de Jesús. —La voz de Dana llegó hasta la cocina, donde su madre trabajaba. Dana hablaba por teléfono con su nueva amiga, Janice.

Al ratito, la madre escuchó que Dana y su hermano conversaban mientras jugaban a las damas.

—Te pillaron espiando durante el examen de ortografía, ¿verdad? —preguntó Leví.

—Sí —reconoció Dana.

—¿Recibieron a una niña nueva en tu aula? —preguntó Leví.

Dana asintió.

—Janice; es un desastre. Vive en ese edificio viejo sobre la calle Cherry. —Dana miró hacia arriba cuando su madre y su hermanita Nicole entraron en el cuarto.

—¿De qué lado estás, Dana? —preguntó Nicole.

—Del rojo —bromeó Dana mientras movía una dama negra.

—No es cierto —protestó Nicole—. Jugaste con una negra.

Dana se rio, pero su madre no.

—A Nicole le resulta fácil ver de qué lado estás realmente —comentó su madre—. Espero que a Janice también le sea fácil.

Dana se quedó mirando a su madre.

—¿Qué se supone que significa eso?

—Escuché tus conversaciones con Janice y con Leví —respondió su madre—. Estaba contenta de que le dieras testimonio a Janice, pero dudo que la hayas deslumbrado. Nicole no creyó lo que le dijiste cuando vio el movimiento que acabas de hacer. Janice no creerá en tu testimonio cuando observe cómo te "mueves" en la escuela.

—Pero yo realmente estoy del lado de Dios —insistió Dana—. Soy cristiana y quiero que Janice se haga cristiana.

—Entonces tendrá que ver que Jesús marca una diferencia en tu vida —dijo su madre—. Hoy me temo que no podría darse cuenta.

¿Y TÚ? Cuando la gente vea tus acciones, ¿creerá que estás del lado del Señor? Las acciones son mejores que las palabras. Que tus acciones demuestren que le perteneces a Jesús. *H.W.M.*

PARA MEMORIZAR: Vivan en armonía unos con otros. No sean tan orgullosos como para no disfrutar de la compañía de la gente común. ¡Y no piensen que lo saben todo! *Romanos 12:16*

—¿DÓNDE VAS, PAPÁ? —preguntó Kevin.

—Espera y verás —dijo papá, guiñándole un ojo.

—"Madame Margarite, espiritista, quiromante" —leyó Sara mientras el coche pasaba al lado de un letrero sobre la calle principal—. Hágase adivinar el futuro aquí.

—Me gustaría conocer el futuro —dijo Laura—. ¿Me invitará Brad a ir a la fiesta?

—¿Cuánto cuesta que te digan el futuro, papá? —preguntó Kevin.

—No lo sé —respondió papá— y nunca lo averiguaré. La Palabra de Dios advierte en contra de recurrir a videntes.

—¿Por qué? —dijeron al unísono Sara, Laura y Kevin.

—Sería divertido conocer el futuro —sostuvo Kevin.

—Imaginen que la Navidad pasada hubiéramos sabido que la abuela Snider iba a tener un derrame cerebral a la semana siguiente. ¿Hubiéramos disfrutado la Navidad? —preguntó papá.

—No, supongo que no —contestó Laura.

—Y los videntes no siempre tienen razón. Un joven recibió la información de que heredaría un montón de dinero —dijo papá—. Empezó a comprar cosas caras, pagándolas con sus tarjetas de crédito. A fin de año, en lugar de recibir todo ese dinero, ¡estaba sumamente endeudado! Las personas que basan su vida en predicciones falsas viven de manera peligrosa —les advirtió papá.

Laura dijo:

—Aprendí un salmo que decía que ir a un vidente es "seguir el consejo de los malos".

Los niños se alegraron cuando papá frenó el carro en el estacionamiento de una heladería.

—El futuro es el secreto de Dios. El Señor quiere que confiemos en él, así como ustedes confiaron en mí hoy. En su sabiduría, Dios nos esconde los sufrimientos y nos prepara muchas sorpresas.

¿Y TÚ? ¿Te preocupa el futuro? Preocuparse es pecado porque significa que no confías en Dios. Cuando te sientas tentado a preocuparte, recuerda que Dios te ama y que él tiene todo bajo control. *B.J.W.*

PARA MEMORIZAR: Qué alegría para los que no siguen el consejo de malos, ni andan con pecadores, ni se juntan con burlones. *Salmo 1:1*

31 DE OCTUBRE

ESPERA Y VERÁS

DE LA BIBLIA:

Miren los pájaros. No plantan ni cosechan ni guardan comida en graneros, porque el Padre celestial los alimenta. ¿Y no son ustedes para él mucho más valiosos que ellos? ¿Acaso con todas sus preocupaciones pueden añadir un solo momento a su vida?

¿Y por qué preocuparse por la ropa? Miren cómo crecen los lirios del campo. No trabajan ni cosen su ropa; sin embargo, ni Salomón con toda su gloria se vistió tan hermoso como ellos. Si Dios cuida de manera tan maravillosa a las flores silvestres que hoy están y mañana se echan al fuego, tengan por seguro que cuidará de ustedes. ¿Por qué tienen tan poca fe?

Así que no se preocupen por todo eso diciendo: «¿Qué comeremos?, ¿qué beberemos?, ¿qué ropa nos pondremos». Esas cosas dominan el pensamiento de los incrédulos, pero su Padre celestial ya conoce todas sus necesidades. Busquen el reino de Dios por encima de todo lo demás y lleven una vida justa, y él les dará todo lo que necesiten.

Así que no se preocupen por el mañana, porque el día de mañana traerá sus propias preocupaciones. Los problemas del día de hoy son suficientes por hoy.

MATEO 6:26-34

*Confía a
Dios tu futuro*

1 DE NOVIEMBRE

LO IMPORTANTE

Los diez mandamientos (1)

DE LA BIBLIA:

Jesús contestó: «Ama al Señor tu Dios con todo tu corazón, con toda tu alma y con toda tu mente». Este es el primer mandamiento y el más importante.

MATEO 22:37-38

Pon a Dios en primer lugar

CUANDO ANDY SE HIZO CRISTIANO, ¡estaba entusiasmado con su nueva fe! Pasaba mucho tiempo leyendo la Biblia y orando. Oraba, especialmente pidiendo que sus padres se convirtieran al cristianismo. También aprendía las Escrituras.

Pero todo eso fue antes de que Andy empezara su nuevo pasatiempo. Ahora, lo único en lo que pensaba eran las carreras de bicicletas BMX.

El padre de Andy se alegró de que el nuevo pasatiempo de Andy lo tuviera tanto tiempo ocupado.

—Estabas empezando a preocuparme, Andy. Estabas tomándote demasiado en serio eso de la iglesia. Pero ahora que te importan tanto las carreras de BMX, actúas más normal.

Andy se sintió culpable. ¿Estaba permitiendo que las carreras se volvieran demasiado importantes en su vida?

El domingo por la mañana, Andy se despertó con los truenos y una lluvia torrencial. Sabiendo que la carrera de BMX se cancelaría, fue a la escuela dominical.

La lección era sobre los diez mandamientos. Andy se los había aprendido de memoria, de modo que cuando el señor Helms pidió que alguien dijera el primero, levantó la mano.

—No tengas ningún otro dios aparte de mí —enunció cuando el maestro le dio la palabra. Entonces, el señor Helms preguntó qué significaba eso—. Significa que las personas que viven en África y en lugares por el estilo no deben adorar ídolos —respondió Andy.

—Sí —afirmó el señor Helms—, pero además ¡significa que tampoco nosotros debemos permitir que nada se vuelva más importante que Dios!

Andy pensó en las palabras de su padre y en lo importantes que habían empezado a ser para él las carreras de BMX. En silencio, le pidió perdón a Dios. Luego le pidió a Dios que lo ayudara a ser un buen testimonio para sus padres.

¿Y TÚ? ¿Hay algo en tu vida que has permitido que se vuelva prioritario por encima de Dios? Podría ser un pasatiempo, un programa de televisión u otra persona. Aun las cosas buenas se vuelven malas si dejas que sean como «dioses» en tu vida. Pídele a Dios que te ayude a mantenerlo a él en primer lugar. *R.E.P.*

PARA MEMORIZAR: No tengas ningún otro dios aparte de mí. *Éxodo 20:3*

—¡SUSAN, DEJA DE MIRARTE AL ESPEJO! —exclamó la señora Morgan.

—Ay, madre, quiero lucir de la mejor manera posible. Este peinado nuevo me hace ver varios años mayor, ¿cierto? —Mientras decía esto, Susan empezó a mirarse al espejo otra vez. Más tarde, Susan y su madre fueron de compras al centro comercial. La madre suspiró cuando se dio cuenta de que Susan le sonreía constantemente a su reflejo en las vidrieras de las tiendas.

Después de cenar, papá leyó los diez mandamientos. Entonces, la familia habló de qué significaba cada uno.

—"No te harás imagen, ni ninguna semejanza" —leyó papá de la versión Reina Valera—. ¿Qué les parece que significa "semejanza"? —preguntó.

—Los ídolos —respondió Susan inmediatamente—, como los que hacen los pueblos de otros países para rendirles adoración. Y nuestra maestra de la escuela dominical dijo que nosotros también debemos tener cuidado de no adorar estatuas ni imágenes de Jesús. Dijo que muchas personas adoran la estatua o la imagen en lugar de adorar a Dios mismo.

La sonrisa de su madre se transformó en un gesto reprobatorio al ver que mientras Susan hablaba, estaba admirando su reflejo en la ventana de la cocina, al otro lado de la mesa. Justo en ese momento, Brent, con solo ocho años, habló:

—Bueno, yo no sé qué es una semejanza, ¡pero me parece que algunas niñas adoran su propia imagen!

Toda la familia miró a Susan, quien se sonrojó cuando su madre dijo:

—Técnicamente, la explicación de Susan sobre "semejanza" es más correcta, pero creo que Brent tiene razón.

—Creo que últimamente he estado muy obsesionada con mi apariencia —reconoció Susan—. Trataré de mejorar.

¿Y TÚ? ¿Adoras a algún ídolo? ¿Alguna vez se te puede acusar de adorar a tu propia imagen? No está mal que quieras lucir lo mejor posible, pero no seas culpable de «postrarte» o «servirte» a ti mismo. Sirve a Cristo. *R.E.P.*

PARA MEMORIZAR: No te hagas ninguna clase de ídolo ni imagen de ninguna cosa que está en los cielos, en la tierra o en el mar. *Éxodo 20:4*

2 DE NOVIEMBRE

NADA DE ÍDOLOS

Los diez mandamientos (2)

No te hagas ninguna clase de ídolo ni imagen de ninguna cosa que está en los cielos, en la tierra o en el mar. No te inclines ante ellos ni les rindas culto, porque yo, el SEÑOR tu Dios, soy Dios celoso, quien no tolerará que entregues tu corazón a otros dioses. Extiendo los pecados de los padres sobre sus hijos; toda la familia de los que me rechazan queda afectada, hasta los hijos de la tercera y la cuarta generación. Pero derramo amor inagotable por mil generaciones sobre los que me aman y obedecen mis mandatos.

ÉXODO 20:4-6

Adora únicamente a Dios

3 DE NOVIEMBRE

NO USAR EN VANO

Los diez mandamientos (3)

DE LA BIBLIA:

No hagas mal uso del nombre del SEÑOR tu Dios. El SEÑOR no te dejará sin castigo si usas mal su nombre. [...]

Debes guardar fielmente todos mis mandatos poniéndolos en práctica, porque yo soy el SEÑOR. No deshonres mi santo nombre, porque demostraré mi santidad entre el pueblo de Israel. Yo soy el SEÑOR quien te hace santo.

ÉXODO 20:7; LEVÍTICO 22:31-32

El nombre de Dios es santo

DAVID MIRABA SU PROGRAMA TELEVISIVO preferido mientras mamá y papá leían el periódico. Era un programa cómico. David se rio cuando en la historia sucedió un incidente incómodo, y el protagonista del programa dijo: «¡Dios mío!».

Al oírlo, papá levantó la vista del periódico.

—David, ¿cómo puedes reírte cuando las personas usan mal el nombre de Dios de esa manera? —preguntó—. Dices que amas a Dios pero parece que te olvidaste que su nombre es santo.

—Lo sé, papá —respondió David seriamente—. Ojalá no blasfemaran tanto en la tele, pero ¿qué puedo hacer con todos esos insultos?

—Puedes apagar el programa —dijo mamá—. Luego, podrías informarle al canal de televisión y a quienes auspician el programa que no te gustan las malas palabras.

—Buena sugerencia —coincidió papá.

David pensó en lo que le había dicho su madre. Lo discutió con sus amigos y con el líder de su grupo de jóvenes en la iglesia. Pronto, David se puso al frente de una campaña por «Una programación televisiva más limpia». Muchos de los chicos decidieron ayudarlo. A través de la biblioteca de la ciudad, consiguieron las direcciones de los anunciantes publicitarios y les escribieron cartas objetando el lenguaje soez del programa. Dijeron que si las empresas seguían auspiciando programas de esa clase, ellos y sus familias dejarían de comprar los productos. También se contactaron con el canal de televisión y le hicieron saber cómo se sentían.

A veces era difícil saber si su campaña por «Una programación televisiva más limpia» beneficiaba a alguien. Pero ellos sabían que estaban haciendo lo correcto.

¿Y TÚ? ¿Has escuchado decir tantas veces «¡Ay, Dios mío!» o «¡Por Dios!», que ya ni siquiera te molesta? Cuando hablas con tus amigos y usan en vano el nombre de Dios, ¿les pides que no lo hagan? Quizás podrías empezar tu propia campaña para promover un lenguaje más limpio en la televisión. *R.E.P.*

PARA MEMORIZAR: No hagas mal uso del nombre del SEÑOR tu Dios. El SEÑOR no te dejará sin castigo si usas mal su nombre. *Éxodo 20:7*

—PAPI —PREGUNTÓ HEIDI—, ¿por qué vamos a la iglesia los domingos? La iglesia de Carolyn se reúne los sábados. Me dijo que la Biblia dice que el sábado es el *sabbat*.

—Tiene razón en que en el Antiguo Testamento, el *sabbat* era como nuestro sábado. Pero si dice que nuestra iglesia se equivoca por congregarse los domingos, no puedo estar de acuerdo con eso. Los creyentes del Nuevo Testamento se reunían el *primer* día de la semana. Eso se menciona en Hechos 20:7 y en 1 Corintios 16:2 —respondió papá.

—¿Por qué cambiaron?

—Porque Jesús resucitó de la tumba el domingo —explicó papá—. Por eso lo llamamos el "día del Señor", Heidi.

—Ah, bueno, se lo diré a Carolyn —dijo Heidi y se marchó de la sala. Pero Heidi era curiosa y analizaba mucho las cosas; por eso, a los pocos minutos, volvió—. Papi, ¿todavía tenemos que guardar el día del *sabbat* como día santo, como dice en los diez mandamientos?

—Sí y no —dijo papá, riendo—. En el Antiguo Testamento, vivían bajo la ley. Nosotros no, pero seguimos creyendo que Dios quiere que apartemos uno de los siete días para servirlo. Por eso recordamos la Resurrección los domingos y tratamos de guardar ese día santo para Dios.

—¿Te digo algo? —preguntó Heidi con solemnidad—. Sherri y su familia hicieron un picnic en la playa el domingo pasado, ¡y fueron a nadar! No guardaron ese día como santo, ¿verdad?

—¡Uy! —le advirtió papá—. Hay cosas que yo considero que nuestra familia debería hacer otros días de la semana, pero tengamos cuidado. No tenemos un conjunto de normas estrictas como tenían en el *sabbat* del Antiguo Testamento. Romanos 14 dice que no debemos juzgar a los demás en estas cuestiones.

¿Y TÚ? ¿Apartas un día por semana para adorar y honrar al Señor? Si no lo haces, habla con tus padres para averiguar cómo pueden hacerlo. *R.E.P.*

PARA MEMORIZAR: Acuérdate de guardar el día de descanso al mantenerlo santo. *Éxodo 20:8*

4 DE NOVIEMBRE

MANTENERLO SANTO

Los diez mandamientos (4)

DE LA BIBLIA:

Acuérdate de guardar el día de descanso al mantenerlo santo. Tienes seis días en la semana para hacer tu trabajo habitual, pero el séptimo día es un día de descanso y está dedicado al SEÑOR tu Dios. Ese día, ningún miembro de tu casa hará trabajo alguno. Esto se refiere a ti, a tus hijos e hijas, a tus siervos y siervas, a tus animales y también incluye a los extranjeros que vivan entre ustedes. Pues en seis días el SEÑOR hizo los cielos, la tierra, el mar, y todo lo que hay en ellos; pero el séptimo día descansó. Por eso el SEÑOR bendijo el día de descanso y lo apartó como un día santo.

ÉXODO 20:8-11

Guarda el domingo como día especial

5 DE NOVIEMBRE

PADRE Y MADRE

Los diez mandamientos (5)

DE LA BIBLIA:

Honra a tu padre y a tu madre. Entonces tendrás una vida larga y plena en la tierra que el SEÑOR tu Dios te da. [...]

Hijos, obedezcan a sus padres porque ustedes pertenecen al Señor, pues esto es lo correcto. «Honra a tu padre y a tu madre». Ese es el primer mandamiento que contiene una promesa: si honras a tu padre y a tu madre, «te irá bien y tendrás una larga vida en la tierra».

ÉXODO 20:12; EFESIOS 6:1-3

Honra a tus padres

ANTES DE COMENZAR LA CLASE DE LA ESCUELA DOMINICAL, todos los niños del sexto grado se reunieron afuera. No se dieron cuenta de que, cerca de ellos, había una ventana abierta ni de que su maestro escuchaba cada comentario que hacían.

Mark empezó la conversación:

—¿Qué hicieron ayer?

—Mi viejo me hizo ayudarlo a pintar nuestro sótano —se quejó Manuel.

—Bueno, mi vieja invitó a sus padres todo el día —dijo Terry—. Los dos están casi sordos. Me pasé todo el día hablando más fuerte después de que decían: "¿Qué?".

Mark también tenía una queja:

—Elena y Jorge me hicieron lavarles el carro.

Todos se rieron. Luego, Manuel dijo:

—Mark, ¿cómo haces para llamar a tus viejos por su nombre de pila?

Mark se rio.

—¿Estás bromeando? Si alguna vez se los dijera en la cara, el viejo Pelón me despellejaría vivo. En casa tengo que decirles "señor" y "señora".

En ese momento, sonó el timbre y los muchachos entraron a la clase en una sola fila. El señor Beach preguntó:

—¿Cuántos conocen los diez mandamientos? —Algunas manos se levantaron y, cuando el señor Beach le hizo un gesto con la cabeza, Mark los recitó rápidamente.

—Bien —dijo el señor Beach—. Ahora, ¿cuántos se dan cuenta de que acaban de quebrantar uno de esos mandamientos hace algunos minutos? —Esta vez, nadie levantó la mano, pero hubo muchas miradas de desconcierto.

—Piensen en el quinto mandamiento —dijo el señor Beach—. Dice: "Honra a tu padre y a tu madre". Ahora, piensen en la charla que tuvieron antes de la clase. —Después de hablar sobre el tema, el señor Beach les dio una tarea que debían hacer para la semana siguiente. Era poner en práctica el quinto mandamiento.

¿Y TÚ? ¿Honras a tus padres cuando están frente a ti y te burlas de ellos a sus espaldas? De ser así, estás quebrantando el quinto mandamiento. ¡Pídele a Dios que te perdone y te ayude a honrar a tus padres! *R.E.P.*

PARA MEMORIZAR: Honra a tu padre y a tu madre. Entonces tendrás una vida larga y plena en la tierra que el SEÑOR tu Dios te da. *Éxodo 20:12*

JULIANA SE DESPERTÓ CON UN MALHUMOR TERRIBLE. Tenía que exponer una reseña oral sobre un libro en la escuela, y no se había preparado bien. Además, llovía a cántaros. ¡La humedad le rizaría y encresparía el cabello!

Juliana y su hermano José llegaron a la puerta del baño al mismo tiempo.

—¡Ay! —gritó José cuando Juliana lo agarró del brazo—. ¡Mamá, Juliana me empujó contra la pared!

Cuando Juliana salió del baño, su madre estaba esperándola.

—Estoy lista para que me des una explicación. ¿Qué hizo José para merecer esto? —Le mostró a Juliana el gran rasguño que tenía el niñito en su brazo.

—¡Se cruzó en mi camino, eso hizo! —dijo Juliana en voz alta—. Mi autobús llega veinte minutos antes que el suyo. He tratado de hacerle entender al pequeño sarnoso que yo debería ser la primera en entrar al baño siempre, ¡pero no quiere escucharme!

—Juliana, me avergüenza cómo te estás portando —la regañó su madre—. José no te hizo nada esta mañana. Ahora, ¡pídele disculpas y baja a desayunar!

—¡Disculpa! —dijo Juliana poniendo mala cara. Luego, mientras iba hacia la cocina, susurró—: ¡Pero te odio, bebé llorón!

Luego del desayuno, la familia tuvo su devocional. La madre pidió que papá leyera Mateo 5:21-22 y Juan 3:15.

—Jesús está enseñando los diez mandamientos —dijo papá—. Aquí, explica que enojarse con alguien sin ningún motivo, u odiarlo, es tan malo a los ojos de Dios como matar.

Juliana parecía impactada cuando miró a José. ¡Indudablemente, no quería ser una asesina!

—Lo siento —susurró.

¿Y TÚ? ¿A veces te enojas con las personas sin ningún buen motivo? Cristo dijo que alguien que sea culpable de estas cosas es como haber quebrantado el sexto mandamiento. «Te odio» son palabras que jamás debemos usar. *R.E.P.*

PARA MEMORIZAR: No cometas asesinato. *Éxodo 20:13*

NO COMETAS ASESINATO

Los diez mandamientos (6)

DE LA BIBLIA:

No cometas asesinato. [...]

Han oído que a nuestros antepasados se les dijo: «No asesines. Si cometes asesinato quedarás sujeto a juicio». Pero yo digo: aun si te enojas con alguien, ¡quedarás sujeto a juicio! Si llamas a alguien idiota, corres peligro de que te lleven ante el tribunal; y si maldices a alguien, corres peligro de caer en los fuegos del infierno.

Por lo tanto, si presentas una ofrenda en el altar del templo y de pronto recuerdas que alguien tiene algo contra ti, deja la ofrenda allí en el altar. Anda y reconcíliate con esa persona. Luego ven y presenta tu ofrenda a Dios.

ÉXODO 20:13; MATEO 5:21-24

El odio mata

7 DE NOVIEMBRE

NO COMETAS ADULTERIO

Los diez mandamientos (7)

DE LA BIBLIA:

No cometas adulterio. [...]

Han oído el mandamiento que dice: «No cometas adulterio». Pero yo digo que el que mira con pasión sexual a una mujer ya ha cometido adulterio con ella en el corazón. Por lo tanto, si tu ojo —incluso tu ojo bueno— te hace caer en pasiones sexuales, sácatelo y tíralo. Es preferible que pierdas una parte de tu cuerpo y no que todo tu cuerpo sea arrojado al infierno. Y si tu mano —incluso tu mano más fuerte— te hace pecar, córtala y tírala. Es preferible que pierdas una parte del cuerpo y no que todo tu cuerpo sea arrojado al infierno.

ÉXODO 20:14; MATEO 5:27-30

Mantente puro

UN DÍA, CARL STONE Y SU AMIGO BRAD FUERON a la playa con el papá de Carl. El señor Stone tuvo que volver al carro a buscar una revista, de modo que los niños creían que estaban solos. Mientras volvía a la playa, el señor Stone oyó su conversación.

—Oye, Carl, ¿viste a esa chica que estaba acostada en la playa, por allí? —preguntó Brad.

—¿Dices la que tenía puesto ese bikini rosado? —respondió Carl—. ¡Qué bronceado tenía!

—¿A quién le interesa el bronceado? ¡Mira ese cuerpo! Si el traje de baño le queda tan bien, ¡me pregunto cómo será sin nada puesto! —dijo Brad con una risita.

—¡Shhh! Ahí viene mi papá —dijo Carl.

El señor Stone estaba muy preocupado y oró en silencio para que Dios le mostrara cómo enseñarles a los muchachos una lección especial. Mientras volvían a casa, dio inicio al tema:

—Muchachos, ¿conocen los diez mandamientos?

—¡La mayoría de ellos! —contestó Brad. Luego, él y Carl empezaron a recitarlos.

Cuando llegaron al séptimo, el señor Stone los interrumpió:

—¿Saben qué quiere decir ese?

—Nuestro maestro de la escuela dominical dice que adulterio se refiere al pecado sexual —respondió Carl—. Dice que significa que se supone que debemos tener relaciones sexuales solo con la persona con quien nos casemos.

—Eso es cierto, Carl —respondió su padre—. Pero, en el Nuevo Testamento, Jesús dijo que si un muchacho mira a una chica con lujuria en su corazón, es lo mismo que tener relaciones con ella. "Lujuria" significa querer hacer el tipo de cosas que sabemos que son el privilegio que Dios reserva solamente para los que están casados. Es importante que le pidamos a Dios que nos ayude a mantenernos puros en nuestra mente y en nuestro cuerpo, para él.

¿Y TÚ? ¿Te gustaría tener contacto sexual con un chico o con una chica? Recuerda: Dios quiere que reserves tu cuerpo para el matrimonio. Pídele a Dios que te ayude a mantener puros tu mente y tu cuerpo. *R.E.P.*

PARA MEMORIZAR: No cometas adulterio. *Éxodo 20:14*

MIGUEL SE ALEGRÓ CUANDO SE ENTERÓ de que sus compañeros en el proyecto de Ciencias serían Ben y Dean. Todo el mundo sabía que Ben era el niño más inteligente de la clase y que Dean era el mejor artista. *¡No tendré que hacer nada!*, pensó Miguel.

Los tres niños decidieron construir un volcán a escala. Ben haría la parte científica y resolvería cómo hacerlo entrar en erupción. Dean haría el volcán. Miguel, para su consternación, tenía que escribir un informe. *A lo mejor, Ben lo hará por mí*, pensó.

La noche previa a la feria científica, Miguel llamó a Ben.

—¡Socorro! —gritó—. ¡Me olvidé de hacer el informe! —Ben se enojó, pero aceptó hacerlo.

La tarde siguiente, la señorita Pope anunció:

—El mejor proyecto de este año es el volcán realizado por Ben, Miguel y Dean. Niños, ustedes sacarán una A.

Miguel no estaba tan feliz como pensó que estaría. Recordó que la Biblia decía que un hombre no tiene derecho a comer a menos que trabaje; por lo tanto, eso significaba que él no tenía derecho a recibir un premio por algo en lo cual no había trabajado.

Al día siguiente, Miguel le explicó a la señorita Pope:

—Me siento como un ladrón, como que le robé una A, así que yo no merezco una A.

—Miguel, realmente te respeto por confesarme esto —dijo la señorita Pope—. Tendré que ponerte una F en el proyecto; pero, si pudiera calificarte por tu honestidad, ¡tendrías una A+!

¿Y TÚ? No es necesario que robes cosas para ser un ladrón. Si no quieres trabajar cuando están pagándote por trabajar, estás robando tiempo. Si recibes una calificación que sabes que no te ganaste, estás robando la nota. Toma la determinación, con la ayuda de Dios, de no robar. *R.E.P.*

PARA MEMORIZAR: No robes. *Éxodo 20:15*

8 DE NOVIEMBRE

NO ROBES

Los diez mandamientos (8)

DE LA BIBLIA:

No robes. [...]

Si eres ladrón, deja de robar. En cambio, usa tus manos en un buen trabajo digno y luego comparte generosamente con los que tienen necesidad.

ÉXODO 20:15; EFESIOS 4:28

No seas un ladrón

9 DE NOVIEMBRE

NO DES FALSO TESTIMONIO

Los diez mandamientos (9)

DE LA BIBLIA:

No des falso testimonio contra tu prójimo. [...]

Un testigo honrado dice la verdad;

un testigo falso dice mentiras.

Algunas personas hacen comentarios hirientes,

pero las palabras del sabio traen alivio.

Las palabras veraces soportan la prueba del tiempo,

pero las mentiras pronto se descubren.

El corazón que trama el mal está lleno de engaño;

¡el corazón que procura la paz rebosa de alegría!

Nada malo le sucederá a los justos,

pero los perversos se llenarán de dificultades.

El Señor detesta los labios mentirosos,

pero se deleita en los que dicen la verdad.

ÉXODO 20:16; PROVERBIOS 12:17-22

No mientas

LA CLASE DE TERCER GRADO de la escuela dominical estaba estudiando la vida de Moisés. Cuando llegaron al relato de los diez mandamientos, hablaron de uno o dos por semana. Luego de que cada uno fue analizado, Jenny sonrió y pensó de manera engreída: *¡Yo nunca he hecho eso!*

En la lección de hoy, habían comenzado con el noveno mandamiento.

—¿Quién puede decirme qué significa? —preguntó la señora Bennetto.

Tina levantó la mano bien alto:

—Anoche, miré un nuevo programa de televisión. Se llamaba *La sala de tribunales en vivo*. Ahí había testigos. Eran personas que tenían que contar qué sabían sobre el caso. Lo que decían era su testimonio.

—Sí, así es —dijo la señora Bennetto. —Pero, ¿qué es el *falso* testimonio?

Mary Lynn levantó la mano.

—Falso testimonio sería cuando alguien en esa sala miente.

Jenny sonrió, pensando para sí misma: *Jamás he tenido que ir a un tribunal ni prestar testimonio; así que también estoy bien en este mandamiento. ¡Creo que no he quebrantado ninguno de los diez mandamientos!*

—Dar falso testimonio no se refiere solo a la corte —estaba diciendo la señora Bennetto—. Cada vez que decimos algo que no es verdad, somos culpables de testificar falsamente.

—¿Habla de cuando decimos alguna mentirita? —preguntó Jenny incrédulamente. La señora Bennetto asintió—. ¿Aunque no sea más que una mentirita piadosa? —volvió a preguntar Jenny.

—Para Dios, la mentira no tiene niveles —declaró la señora Bennetto—. Una mentira es una mentira.

Incluso Jenny tuvo que reconocer que había mentido. Se dio cuenta de que ella también necesitaba el perdón de Dios.

¿Y TÚ? ¿Alguna vez creíste que eras perfecto? Puede que no hayas matado a nadie ni hayas adorado ídolos, pero si alguna vez dijiste algo que no es cierto, mentiste. Mentir es pecado, y el pecado es ofensivo para Dios. Así que confiesa tu pecado y deja que Jesús te ayude a no cometerlo otra vez. *R.E.P.*

PARA MEMORIZAR: No des falso testimonio contra tu prójimo. *Éxodo 20:16*

LA BICICLETA DE JERÓNIMO ERA SU OBJETO FAVORITO en todo el mundo. Era de un color plateado brillante y lustroso, y él andaba en ella todos los días. Incluso podía hacer caballitos montando en ella.

Luego, su vecino Tim recibió una bicicleta de montaña nueva con veintiuna velocidades. Era de color azul metalizado y tenía velocímetro, manillar acolchado, un cómodo asiento anatómico, un espejo retrovisor y un foco delantero. ¡Jerónimo pensaba que nunca había visto algo tan precioso!

Mamá y papá comenzaron a notar que Jerónimo ya no salía tanto a andar en bicicleta. Un día, papá vio que Jerónimo se quedaba mirando a Tim, quien manejaba su bicicleta de montaña nueva.

—Creo que ya descubrí qué está pasando con Jerónimo —le susurró papá a mamá—. Tiene celos por la bicicleta de Tim. Espero que esto no dure demasiado tiempo.

Esa noche, a la hora del devocional familiar, papá leyó los diez mandamientos. Jerónimo se preguntaba por qué, pero no tardó mucho en llegar la respuesta. Cuando papá llegó al último, lo leyó de esta manera:

—No codicies la casa de tu prójimo. No codicies la esposa de tu prójimo, ni su siervo, ni su sierva, ni su buey, ni su bicicleta de montaña ni ninguna otra cosa que le pertenezca.

—¡Ahí no dice eso! —exclamó Jerónimo.

—No, pero quizás debería —insinuó papá. Entonces, oró pidiéndole al Señor que perdonara a cada uno de ellos por desear o codiciar algo que le pertenecía a otra persona. También le pidió a Dios que les diera contentamiento con lo que tenían.

¿Y TÚ? ¿Alguna vez deseaste algo que le pertenecía a otra persona: quizás una bici nueva, un videojuego, figuritas coleccionables o ropa? La Biblia a eso lo llama codicia, ¡y codiciar es pecado! Debemos aprender a contentarnos con lo que tenemos. Pídele a Dios que te ayude. *R.E.P.*

PARA MEMORIZAR: No codicies la casa de tu prójimo. No codicies la esposa de tu prójimo, ni su siervo, ni su sierva, ni su buey, ni su burro, ni ninguna otra cosa que le pertenezca. *Éxodo 20:17*

10 DE NOVIEMBRE

NO CODICIES

Los diez mandamientos (10)

DE LA BIBLIA:

No codicies la casa de tu prójimo. No codicies la esposa de tu prójimo, ni su siervo, ni su sierva, ni su buey, ni su burro, ni ninguna otra cosa que le pertenezca. [...]

No amen el dinero; estén contentos con lo que tienen, pues Dios ha dicho:

«Nunca te fallaré.

Jamás te abandonaré».

ÉXODO 20:17; HEBREOS 13:5

No codicies

11 DE NOVIEMBRE

LOS AGUJEROS DE LOS CLAVOS

DE LA BIBLIA:

Es cierto que todos cometemos muchos errores. Pues, si pudiéramos dominar la lengua, seríamos perfectos, capaces de controlarnos en todo sentido.

Podemos hacer que un caballo vaya adonde queramos si le ponemos un pequeño freno en la boca. También un pequeño timón hace que un enorme barco gire adonde desee el capitán, por fuertes que sean los vientos. De la misma manera, la lengua es algo pequeño que pronuncia grandes discursos.

Así también una sola chispa puede incendiar todo un bosque. De todas las partes del cuerpo, la lengua es una llama de fuego. Es un mundo entero de maldad que corrompe todo el cuerpo. Puede incendiar toda la vida, porque el infierno mismo la enciende.

El ser humano puede domar toda clase de animales, aves, reptiles y peces, pero nadie puede domar la lengua. Es maligna e incansable, llena de veneno mortal. A veces alaba a nuestro Señor y Padre, y otras veces maldice a quienes Dios creó a su propia imagen. Y así, la bendición y la maldición salen de la misma boca. Sin duda, hermanos míos, ¡eso no está bien!

SANTIAGO 3:2-10

Piensa; después, habla

BRAD SE DIRIGÍA HACIA LA SALA cuando su hermano Kevin atravesó la puerta y chocó contra Brad.

—Fíjate por dónde caminas, imbécil —gritó Brad.

—Sabes que no debes insultar a las personas —dijo papá duramente.

Brad suspiró.

—Pido disculpas. —Pero entonces sonó el teléfono, y Brad lo atendió.

—¿Hola? Ah, ¿cómo estás, Jasón? Sí, escuché el rumor sobre la señora Simpson. ¿Puedes creer que teníamos una maestra alcohólica? ¿Te habías dado cuenta de cómo se le trababan las palabras cuando estaba en clase? Ah, papá me necesita para algo.

—Vas a pedirle disculpas a Jasón por todo ese chismerío que acabo de escuchar —dijo papá—. ¿Sabías que el esposo de la señora Simpson está enfermo? —le preguntó—. Tiene que quedarse despierta por la noche, cuidándolo. No es raro que esté cansada en clase.

—Ah, no lo sabía. Llamaré a Jasón para disculparme.

—Primero, acompáñame al taller —dijo papá. Tomó un martillo y algunos clavos—. Quiero que claves estos clavos hasta como a la mitad en esta tabla.

Brad obedeció con una mirada perpleja.

—Ahora, saca los clavos. —Brad lo hizo—. Brad, últimamente tus palabras han sido tan penetrantes como estos clavos. Han hecho daño. Decir lo siento está bien. Sin embargo, mira esta tabla. ¿Qué ves?

—Los agujeros de los clavos —dijo Brad.

—Exacto —dijo papá—. Puedes pedir disculpas y ser perdonado, pero nunca podrás retirar todo el dolor que has causado.

Brad levantó la tabla.

—Entiendo lo que quieres decir, papá. Trataré de ser más cuidadoso con mis palabras.

¿Y TÚ? ¿Dices cosas sin cuidado, que hieren los sentimientos o la reputación de otros? Pedir disculpas puede brindarte el perdón, pero nunca borrará completamente el daño. Pídele ayuda al Señor. *M.R.P.*

PARA MEMORIZAR:

Pusiste a prueba mis pensamientos y examinaste mi corazón durante la noche; me has escudriñado y no encontraste ningún mal. Estoy decidido a no pecar con mis palabras. *Salmo 17:3*

—¡NO SOPORTO A MANUEL! —explotó Brandon—. Es tan fanfarrón: dice que conoció al alcalde, que compraron un carro nuevo, que irán a Bermuda, que su papá está en el concejo municipal. ¡Bla, bla, bla!

—No le tienes envidia, ¿cierto? —preguntó mamá.

—¡No! —Resopló Brandon—. Solo estoy cansado de que presuma. Cuando no hace eso, está diciendo malas palabras. Mamá, ¿por qué Dios permite que él tenga tantas cosas buenas, siendo que se ríe de los cristianos y usa lenguaje soez?

—Qué buena pregunta —dijo mamá—. A mí también solía molestarme. —Fue interrumpida por Misty, que entró en la sala dando fuertes pisotones.

—¡Qué malo que es el viejo Matlock! —se quejó Misty—. Puso barricadas en la vereda frente a su casa para que Denise y yo no podamos andar en bicicleta por ahí. Denise dice que deberíamos hacer algo para desquitarnos de él.

—¡Ah, no! —Mamá negó con la cabeza—. ¿Se acuerdan de lo que leímos en la Biblia esta mañana? ¿Qué decían esos versículos que hicieras con el señor Matlock?

—Que lo ame —balbuceó Misty.

—Eso no es todo —le recordó mamá—. ¿Qué más?

Brandon respondió por Misty:

—Orar por él y hacerle el bien.

—¿Quieres hacer galletitas, Misty? —preguntó mamá—. Podrías llevarle algunas al señor Matlock.

—¡Debes estar bromeando! —Misty estaba estupefacta.

Mamá sacudió la cabeza.

—No, no bromeo. La mejor manera de lidiar con tus enemigos es convertirlos en tus amigos. —Mientras sacaba el libro de cocina, se dio vuelta hacia Brandon—. Dios dice que oremos por nuestros enemigos y que devolvamos bien por mal —dijo mamá—. Él está dándoles la oportunidad de pasar de ser enemigos a amigos.

¿Y TÚ? ¿Hay alguien que te trata mal? Prueba la fórmula que usó Jesús. Ama a tus enemigos y ora por quienes te persiguen. *B.J.W.*

PARA MEMORIZAR: Bendigan a quienes los persiguen. No los maldigan, sino pídanle a Dios en oración que los bendiga. *Romanos 12:14*

12 DE NOVIEMBRE

BIEN POR MAL

DE LA BIBLIA:

Han oído la ley que dice: «Ama a tu prójimo» y odia a tu enemigo. Pero yo digo: ¡ama a tus enemigos! ¡Ora por los que te persiguen! De esa manera, estarás actuando como verdadero hijo de tu Padre que está en el cielo. Pues él da la luz de su sol tanto a los malos como a los buenos y envía la lluvia sobre los justos y los injustos por igual. Si solo amas a quienes te aman, ¿qué recompensa hay por eso? Hasta los corruptos cobradores de impuestos hacen lo mismo. Si eres amable solo con tus amigos, ¿en qué te diferencias de cualquier otro? Hasta los paganos hacen lo mismo. Pero tú debes ser perfecto, así como tu Padre en el cielo es perfecto.

MATEO 5:43-48

Ama a tus enemigos

13 DE NOVIEMBRE

EL CAMINO EQUIVOCADO

DE LA BIBLIA:

Esto es lo que dice el SEÑOR de los Ejércitos Celestiales: «¡Miren lo que les está pasando! Han sembrado mucho pero cosechado poco; comen pero no quedan satisfechos; beben pero aún tienen sed; se abrigan pero todavía tienen frío. Sus salarios desaparecen, ¡como si los echaran en bolsillos llenos de agujeros!».

Esto es lo que dice el SEÑOR de los Ejércitos Celestiales: «¡Miren lo que les está pasando!».

HAGEO 1:5-7

Jesús es el camino correcto

—¡DEBERÍAN HABER VISTO A BRIANNE HOY! —rio Jim mientras la familia empezaba a cenar. Su hermana le lanzó una mirada desagradable—. Las niñas querían jugar fútbol de toque con nosotros, así que las dejamos jugar hoy. ¿Saben qué hizo Brianne? Cuando recibió la pelota, ¡corrió hacia la línea de meta equivocada! Estuvo a punto de anotar un touchdown para el equipo equivocado. ¡Qué risa!

Brianne también se rio de sí misma de mala gana.

—Te entiendo —la consoló papá—. Ha pasado antes, ¡y a profesionales! En 1929, un tipo llamado Roy Riegels jugaba para los Osos Dorados de California. Una vez, cuando le pasaron la pelota, arrancó hacia la línea de meta equivocada, decidido a todo o nada. Finalmente, uno de sus compañeros de equipo logró derribarlo a unos pocos metros de la línea de meta. Pero su equipo igualmente perdió el partido.

—Menos mal que era solo un juego —comentó su madre—. No obstante, aquí hay una lección importante para nosotros. Algunas personas corren como locos en el juego de la vida, y no se dan cuenta de que están yendo en el sentido equivocado.

—Es cierto —dijo papá—. Muchas personas se esfuerzan por vivir una buena vida. De hecho, sus "buenas obras" a veces opacan las acciones de los cristianos. Pero a pesar de esas "buenas obras", siguen siendo pecadores porque se niegan a reconocer a Jesús como el único camino al cielo. A fin de cuentas, descubrirán que se equivocaron de camino. ¡Qué tragedia!

—Qué triste —declaró Brianne—. Tal vez yo no supe hacia dónde correr en el partido de fútbol, pero te aseguro que estoy contenta de conocer el camino al cielo.

¿Y TÚ? ¿Estás corriendo en el sentido equivocado en la vida? Así es si tratas de entrar al cielo por otro medio que no sea Jesucristo. *H.W.M.*

PARA MEMORIZAR: Delante de cada persona hay un camino que parece correcto, pero termina en muerte. *Proverbios 14:12*

—¡ESTOY HARTO DE QUE ME DEN ÓRDENES! —se quejó Brad mientras guardaba su bicicleta—. Siempre hay alguien diciéndome que es la hora de levantarme, de tomar el autobús, del timbre. Alguna vez me gustaría hacer lo que yo quiero hacer cuando me dé la gana hacerlo.

Papá levantó la vista de su mesa de herramientas.

—Suponte que no hubiera reglas ni horarios, Brad.

—¡Eso sería genial! —exclamó Brad.

—No estoy seguro —respondió papá—. Sin embargo, solo por gusto, imaginemos que nos despertáramos una mañana y todos pudiéramos hacer lo que quisiéramos. ¿Qué harías?

—Me iría a pasar el día al zoológico —contestó Brad.

—¿Cómo llegarías allí?

—Tú me llevarías —respondió Brad.

—Bueno, quizás. Pero recuerda que yo no tengo que hacer nada que no quiera hacer.

—Ah, tú también querrías ir al zoológico —le dijo Brad.

—Está bien —aceptó papá—. Entonces, subimos al carro y arrancamos hacia el zoológico. No estoy seguro de que lleguemos. No existen las reglas, ¿recuerdas? No hay leyes de tránsito. Todos conducen exactamente como se les antoja; es decir, hasta que chocan con alguien.

Brad silbó.

—No podemos eliminar las leyes de tránsito. Me parece que sí necesitaremos reglas para algunas cosas.

—¡Correcto! —afirmó papá—. Cuando Dios creó este mundo, organizó todo. El universo funciona según sus leyes y con sus tiempos. Aun el sol debe cumplir un horario. —Papá miró su reloj—. De acuerdo a mi horario, ya casi es hora de almorzar. ¿Te gustaría una hamburguesa?

¿Y TÚ? ¿Te quejas seguido porque tienes que hacer cosas «con horarios»? ¿Preferirías posponerlas? Trabajar con la familia y con amigos de una manera organizada hace la vida mucho más fácil. Decídete a cumplir «con los horarios». *B.J.W.*

PARA MEMORIZAR: Quienes lo obedezcan no serán castigados. Los sabios encontrarán el momento y la forma de hacer lo correcto. *Eclesiastés 8:5*

14 DE NOVIEMBRE

LOS HORARIOS OLVIDADOS

DE LA BIBLIA:

Hay una temporada para todo,
un tiempo para cada actividad bajo el cielo.

Un tiempo para nacer y un tiempo para morir.

Un tiempo para sembrar y un tiempo para cosechar.

Un tiempo para matar y un tiempo para sanar.

Un tiempo para derribar y un tiempo para construir. [...]

Un tiempo para abrazarse y un tiempo para apartarse.

Un tiempo para buscar y un tiempo para dejar de buscar.

Un tiempo para guardar y un tiempo para botar. [...]

Un tiempo para callar y un tiempo para hablar.

Un tiempo para amar y un tiempo para odiar.

Un tiempo para la guerra y un tiempo para la paz. [...]

Sin embargo, Dios lo hizo todo hermoso para el momento apropiado. Él sembró la eternidad en el corazón humano, pero aun así el ser humano no puede comprender todo el alcance de lo que Dios ha hecho desde el principio hasta el fin.

ECLESIASTÉS 3:1-3, 5-8, 11

Los horarios no son malos

15 DE NOVIEMBRE

ADIVINEN QUÉ ANIMAL ES

DE LA BIBLIA:

Había un hombre llamado Nicodemo, un líder religioso judío, de los fariseos. Una noche, fue a hablar con Jesús:

—Rabí —le dijo—, todos sabemos que Dios te ha enviado para enseñarnos. Las señales milagrosas que haces son la prueba de que Dios está contigo.

Jesús le respondió:

—Te digo la verdad, a menos que nazcas de nuevo, no puedes ver el reino de Dios.

—¿Qué quieres decir? —exclamó Nicodemo—. ¿Cómo puede un hombre mayor volver al vientre de su madre y nacer de nuevo?

Jesús le contestó:

—Te digo la verdad, nadie puede entrar en el reino de Dios si no nace de agua y del Espíritu. El ser humano solo puede reproducir la vida humana, pero la vida espiritual nace del Espíritu Santo. Así que no te sorprendas cuando digo: "Tienen que nacer de nuevo". [...]

Pues Dios amó tanto al mundo que dio a su único Hijo, para que todo el que crea en él no se pierda, sino que tenga vida eterna.

JUAN 3:1-7, 16

Nace de nuevo

EN LA FIESTA DE LA ESCUELA DOMINICAL, Lori escuchaba ansiosamente a la señorita Ellen, quien explicaba el próximo juego.

—Tom será "Eso" primero. Jugará a ser un animal. El primero que adivine qué animal es, será "Eso" entonces.

Tom se dejó caer, apoyándose sobre sus manos y rodillas. Luego, abrió la boca y ladró.

—¡Eres un perro! —gritó Pedro.

Ahora, era el turno de Pedro. Se acostó de panza y serpenteó por el salón.

—¿Eres un gusano? —preguntó alguien.

Pedro sacudió la cabeza. Mientras reptaba, sacó la lengua rápidamente varias veces.

—Una serpiente —chilló una de las niñas y, entonces, fue su turno.

Después de que fue el turno de varios niños, la señorita Ellen fue «Eso». Cruzó las manos y agachó la cabeza.

—Es una mantis religiosa —sugirió Tom.

La señorita Ellen negó con la cabeza.

—Les daré una pista —dijo—. Soy humano, pero ¿qué estoy simulando ser? —Hizo como que leía la Biblia. A continuación, se sentó y fingió estar escuchando a alguien. Gesticuló como si abriera un libro. También abrió y cerró la boca, pero no salió ningún sonido.

—Está cantando —susurró alguien, y la señorita Ellen asintió.

—Está en la iglesia —murmuró otro. Nuevamente, la señorita Ellen asintió.

De pronto, Lori tuvo la respuesta.

—¡Está fingiendo que es una cristiana! —exclamó.

—Así es —afirmó la señorita Ellen—. Quiero que piensen lo siguiente: simular ser algo no lo hace realidad. Ustedes no son cristianos a menos que nazcan en la familia de Dios.

¿Y TÚ? ¿Naciste de nuevo? Puedes actuar como un cristiano, pero no lo eres a menos que confíes en Jesús y que hayas nacido en su familia. Habla con un amigo cristiano o con un adulto de confianza para averiguar más. *H.W.M.*

PARA MEMORIZAR: Jesús le contestó: «Te digo la verdad, nadie puede entrar en el reino de Dios si no nace de agua y del Espíritu». *Juan 3:5*

—¡ESTO ES RIDÍCULO! —exclamó André. Golpeteaba el lápiz impacientemente sobre el papel que tenía frente a él—. ¡Quienquiera que haya pensado en esta tarea para la escuela dominical seguro que no conoce a Christa! Tengo que escribir diez razones por las que quiero a mi hermana, ¡y no se me ocurre ninguna!

—¡Muchas gracias! —gritó Christa desde la sala—. ¡Ya verás si vuelvo a hacerte galletas!

—¡Huy! Me olvidé de eso. —André la anotó.

—¿Qué dices de la vez que te enfermaste el año pasado y Christa te ayudó con tu tarea? —sugirió mamá.

—¿Y qué de las veces que jugué contigo a lanzar la pelota antes de un partido? —preguntó Christa—. ¿O la semana pasada, cuando te dejé usar mi bici porque la tuya tenía un neumático desinflado?

André también se había olvidado de todas esas cosas. Se dio cuenta de que Christa era una buena hermana de verdad. Se sintió culpable por todas las veces que la había insultado o molestado. Le costó reconocerlo, pero André dijo:

—Me alegro de que me hayan dado esta tarea. ¡Me ha hecho valorar a mi hermana!

—No puedo creer que estés diciendo eso —se rio Christa—. Creo que merece un festejo. ¿Qué te parece si yo, siendo la hermana maravillosa que soy, hago unas palomitas de maíz?

—¡Me parece genial! —dijo André. Escribió una cosa más en su papel: "¡Hace unas palomitas de maíz deliciosas!".

¿Y TÚ? ¿Valoras a los hermanos o las hermanas que te dio el Señor? ¿Te llevas bien con ellos o suelen pelear? Los conflictos con los hermanos no son algo nuevo. ¡Existen desde Caín y Abel! Muchas veces, los hermanos subestiman las cualidades positivas que tienen porque están demasiado ocupados peleándose. La Biblia dice que tienen que ayudarse en tiempos de dificultades. *L.M.W.*

PARA MEMORIZAR: Un amigo es siempre leal, y un hermano nace para ayudar en tiempo de necesidad. *Proverbios 17:17*

16 DE NOVIEMBRE

PROBLEMAS CON LA HERMANA

DE LA BIBLIA:

¡Qué maravilloso y agradable es
cuando los hermanos conviven en armonía!

Pues la armonía es tan preciosa como el aceite de la unción
que se derramó sobre la cabeza de Aarón,
que corrió por su barba
hasta llegar al borde de su túnica.

La armonía es tan refrescante como el rocío del monte Hermón
que cae sobre las montañas de Sion.

Y allí el Señor ha pronunciado su bendición,
incluso la vida eterna.

SALMO 133:1-3

Valora a tus hermanos y a tus hermanas

17 DE NOVIEMBRE

NO TENGO HAMBRE

DE LA BIBLIA:

Sin embargo, él sabe a dónde yo voy;

y cuando me ponga a prueba,
saldré tan puro como el oro.

Pues he permanecido en las sendas
de Dios;

he seguido sus caminos y no me he
desviado.

No me he apartado de sus mandatos,

sino que he atesorado sus palabras
más que la comida diaria.

JOB 23:10-12

*Préstale atención a tu
dieta mental*

CUANDO BRIAN LLEGÓ DE LA ESCUELA, su madre había salido; de manera que asaltó el refrigerador y la alacena. Cuando su madre volvió, él acababa de terminar su merienda, la cual consistió en patatas fritas, una gaseosa, helado y galletas.

Mamá frunció el ceño.

—La próxima vez no comas comida chatarra antes de la cena —dijo. Mientras comenzaba a preparar la comida, agregó—: Nicolás, el nieto de la señora Smith, vendrá con nosotros a la escuela dominical esta semana.

—Estoy cansado de la escuela dominical —dijo Brian, mirando una revista de historietas, sentado frente al televisor. Lo siguiente que recuerda fue que mamá estaba llamándolo a cenar. Cuando se sentó a la mesa, frunció la nariz—. No quiero nada.

—La señora Smith mandó un pedazo de pastel para el postre —dijo su madre.

Brian sonrió.

—Tal vez coma un poco de eso.

—No hasta que comas un poco de carne y verduras —dictaminó papá.

—Pero no tengo hambre —protestó Brian.

—Porque te llenaste con comida chatarra —le recordó su madre. Mientras le pasaba la cazuela, añadió—: Y es precisamente por eso que no estás disfrutando la escuela dominical.

Brian resopló.

—¿No la paso bien en la iglesia porque como patatas fritas? ¡Ay, madre!

—Sabes a qué se refiere tu madre —dijo papá—. Si no estuviéramos pendientes, te llenarías la mente con comida chatarra: programas de televisión, revistas de historietas y música a todo volumen.

La madre le pasó las verduras a Brian.

—Si no te cuidas, te enfermarás, espiritual y físicamente —añadió.

¿Y TÚ? ¿Estás llenando tus pensamientos de comida chatarra en vez de buscar el alimento espiritual sano? Dile a tu mente que cambie sus hábitos alimenticios espirituales antes de que te enfermes espiritualmente. Lee la Palabra de Dios. Escucha con atención a tu maestro de la escuela dominical y a tu pastor. Pasa tiempo con otros cristianos. *B.J.W.*

PARA MEMORIZAR: No me he apartado de sus mandatos, sino que he atesorado sus palabras más que la comida diaria. *Job 23:12*

TAN PRONTO COMO MATEO ENTRÓ POR LA PUERTA, su madre supo que algo estaba mal. Estaba callado y pensativo; no tenía su naturaleza alegre de siempre.

—¿Cómo te fue en la escuela, Mateo? —preguntó su madre.

Mateo se encogió de hombros.

—Estuvo bien.

—No pareces muy contento —comentó mamá.

Mateo titubeó.

—Tuvimos una discusión en la clase de Ciencias Sociales. Uno de los chicos empezó a hablar de la guerra nuclear y de cómo el mundo entero terminará. El señor Morgan, nuestro profesor, estaba de acuerdo con él.

—¿Qué piensas tú, Mateo? —preguntó su madre.

Mateo le sonrió levemente.

—Creo que es un poco alarmante. Hablamos de la guerra en la escuela. En la tele, hay programas sobre eso. —Mateo hizo una pausa—. ¿Tienes miedo?

—Mateo, este mundo es un lugar desordenado —respondió su madre—, pero cuando la gente cuenta historias espantosas sobre la guerra, me detengo a darle gracias al Señor porque mi futuro está en *sus* manos. Los cristianos sabemos que el Señor nos ama y nos cuida. Él sigue teniendo el control. Solo sucederá lo que él permita.

—Pero nuestro profesor dice que si todos dejaran de fabricar armas nucleares, el mundo estaría en paz y nadie pelearía —aportó Mateo.

—Eso suena bien, Mateo —respondió su madre—, pero no es lo que dice la Biblia. Los países quieren ser poderosos, y harán lo que sea para conseguir ese poder. Es ingenuo pensar que todos los países, de pronto, decidirán dejar de pelear. Siempre habrá guerras. De nuevo: recordemos que debemos depositar nuestra confianza en el Señor.

¿Y TÚ? ¿Te asustas cuando escuchas historias de guerra? Como cristiano, no tienes que tener miedo. Jesús dice que tu futuro está en sus manos. Cualquier cosa que te depare ese futuro, él estará contigo y te ayudará a superarlo. *L.M.W.*

PARA MEMORIZAR: No dejen que el corazón se les llene de angustia; confíen en Dios y confíen también en mí. *Juan 14:1*

¡GUERRA!

DE LA BIBLIA:

Cuando oigan de guerras y de levantamientos, no se dejen llevar por el pánico. Es verdad, esas cosas deben suceder primero, pero el fin no vendrá inmediatamente después.

Luego agregó:

—Una nación entrará en guerra con otra, y un reino con otro reino. Habrá grandes terremotos, hambres y plagas en muchos países, y sucederán cosas aterradoras y grandes señales milagrosas del cielo.

»Pero antes de que ocurra todo eso, habrá un tiempo de gran persecución. Los arrastrarán a las sinagogas y a las prisiones, y serán sometidos a juicio ante reyes y gobernantes, todo por ser mis seguidores; pero esa será una oportunidad para que ustedes les hablen de mí. Así que no se preocupen de antemano por cómo contestarán los cargos en su contra, porque yo les daré las palabras apropiadas y tal sabiduría que ninguno de sus adversarios podrá responderles o refutarlos. Aun sus seres más cercanos —padres, hermanos, familiares y amigos— los traicionarán. Incluso a algunos de ustedes los matarán. Todos los odiarán por ser mis seguidores, pero ni un solo cabello de su cabeza perecerá. Al mantenerse firmes, ganarán su alma.

LUCAS 21:9-19

No tengas miedo; confía en Dios

19 DE NOVIEMBRE

ÚSALA SABIAMENTE

DE LA BIBLIA:

Pero los justos florecerán como
    palmeras

    y se harán fuertes como los cedros
      del Líbano;

trasplantados a la casa del SEÑOR,

    florecen en los atrios de nuestro
      Dios.

Incluso en la vejez aún producirán
    fruto;

    seguirán verdes y llenos de
      vitalidad.

Declararán: «¡El SEÑOR es justo!

    ¡Es mi roca!

    ¡No existe maldad en él!».

SALMO 92:12-15

Vive con sabiduría

UNA TARDE, LINDA Y SU MAMÁ FUERON a un hogar de ancianos. Primero, vieron a Hattie Smith.

—¡Ya era hora de que alguien viniera de visita! —espetó la señora Smith. Luego, se quejó de la comida, de las enfermeras y del clima lluvioso.

Linda se sentía triste mientras caminaban por el corredor; pero cuando entraron en el cuarto de tía Clara, todo fue distinto. La delgada anciana, en silla de ruedas, las recibió con una sonrisa enmarcada por sus mejillas sonrosadas y arrugadas.

—¡Alabado sea el Señor! ¡Qué agradable verlas! —dijo—. Hoy tengo un gozo tan burbujeante que he estado orando para que viniera alguien con quien compartirlo. Mi compañera es Leona White. He estado hablándole del Señor, y ella lo ha invitado a entrar en su corazón. —Leona sonrió.

Cuando se fueron, Linda preguntó:

—Madre, ¿por qué son tan distintas estas señoras? Ambas son ancianas, pero tía Clara es feliz, y la señora Smith es una gruñona.

—A ver, pensemos... —propuso su madre—. ¿Recuerdas la camisa que le compramos ayer a tu padre en la venta de garaje? Compramos esa camisa y una blusa para ti también. Conseguimos todo eso por diez dólares.

—¡Es mucho por diez dólares!

—Sí, fue dinero bien invertido —dijo su madre. Luego, dijo—: Creo que tía Clara es feliz porque ha usado bien su vida y sigue haciéndolo, predicando sobre el Señor y alabándolo. Quizás la señora Smith recuerde su vida con remordimiento. ¿Tiene sentido?

—Creo que sí —dijo Linda—. Voy a dedicarle mi vida a Dios. Entonces, cuando sea vieja, yo también seré feliz.

¿Y TÚ? ¿Tienes miedo a la vejez y a la muerte? ¡No temas! Invierte tu vida sirviendo a Dios y a los demás. Él te recompensará en el cielo. Ya sea que tu vida en este mundo sea larga o corta, ¡úsala sabiamente! *S.L.K.*

PARA MEMORIZAR: Las canas son una corona de gloria que se obtiene por llevar una vida justa. *Proverbios 16:31*

—HOLA, RYAN —DIJO EL ABUELO THOMPSON—. ¿Todo óptimo con mi nieto hoy?

—¿Óptimo? ¿Qué quieres decir, abuelo? —preguntó Ryan, pero sabía que su abuelo no se lo diría. Sabía que lo haría investigar un poco.

Como era de esperar, el abuelo sonrió y dijo:

—¡Para eso están los diccionarios!

Ryan buscó rápidamente la palabra *óptimo* y leyó el significado: «Sumamente bueno». Apenas estaba cerrando el diccionario cuando su hermano mayor, que estaba en la preparatoria y a quien le gustaba creerse muy inteligente, entró por la puerta.

—Hola, Bruno —lo saludó Ryan—. ¿Todo óptimo?

Bruno miró extrañado a Ryan.

—¿De qué hablas? —le preguntó.

Ryan miró a su abuelo y le guiñó un ojo.

—Búscalo, Bruno. ¡Para eso están los diccionarios!

Mientras Bruno hojeaba el diccionario, Ryan fue a sentarse al lado del abuelo en el sillón.

—Cómo te gusta usar palabras nuevas, ¿verdad, abuelo?

El abuelo puso su brazo sobre el hombro de Ryan.

—Sí, me gusta. A mi modo de ver, el uso de las palabras es un don de Dios. Él le dio al hombre la capacidad de crear idiomas y escribir palabras que expresen ideas e invenciones. La comunicación es una parte vital de la vida. El hombre puede tomar esa capacidad que Dios le dio y abusar de ella, o puede usarla para bien.

—Mmm, nunca lo había pensado. Voy a tener presente darle gracias al Señor por darnos la capacidad de usar las palabras —dijo Ryan.

¿Y TÚ? ¿Alguna vez pensaste en la importancia de las palabras? Sin las palabras, no podrías comunicarte con los demás. Sin palabras, ¡no habría libros, conversaciones ni programas de radio! Dale gracias a Dios por las palabras. Y recuerda: las palabras más importantes son las que están en la Palabra de Dios, la Biblia. *L.M.W.*

PARA MEMORIZAR: El consejo oportuno es precioso, como manzanas de oro en canasta de plata. *Proverbios 25:11*

20 DE NOVIEMBRE

UN DÍA ÓPTIMO

DE LA BIBLIA:

Ten en cuenta lo siguiente: el Maestro fue considerado sabio y le enseñó a la gente todo lo que sabía. Escuchó con atención muchos proverbios, los estudió y los clasificó. El Maestro se esmeró por encontrar las palabras correctas para expresar las verdades con claridad.

Las palabras de los sabios son como el aguijón para el ganado: dolorosas pero necesarias. El conjunto de sus dichos es como la vara con clavos que usa el pastor para guiar a sus ovejas.

Pero ahora, hijo mío, déjame darte un consejo más: ten cuidado, porque escribir libros es algo que nunca termina y estudiar mucho te agota.

Aquí culmina el relato. Mi conclusión final es la siguiente: teme a Dios y obedece sus mandatos, porque ese es el deber que tenemos todos.

ECLESIASTÉS 12:9-13

Sé agradecido por las palabras

21 DE NOVIEMBRE

NO SER VALORADO

DE LA BIBLIA:

Enseguida Jesús vio que una gran multitud venía a su encuentro. Dirigiéndose a Felipe, le preguntó:

—¿Dónde podemos comprar pan para alimentar a toda esta gente?

Lo estaba poniendo a prueba, porque Jesús ya sabía lo que iba a hacer.

Felipe contestó:

—¡Aunque trabajáramos meses enteros, no tendríamos el dinero suficiente para alimentar a toda esta gente!

Entonces habló Andrés, el hermano de Simón Pedro: «Aquí hay un muchachito que tiene cinco panes de cebada y dos pescados. ¿Pero de qué sirven ante esta enorme multitud?».

Jesús dijo: «Díganles a todos que se sienten». Así que todos se sentaron sobre la hierba, en las laderas. (Solo contando a los hombres sumaban alrededor de cinco mil). Luego Jesús tomó los panes, dio gracias a Dios y los distribuyó entre la gente. Después hizo lo mismo con los pescados. Y todos comieron cuanto quisieron.

JUAN 6:5-11

Da gracias a Dios

ANTONIO EMPEZÓ A COMER SU CEREAL.

—No oraste —le dijo su hermana.

Antonio se encogió de hombros.

—Estoy apurado.

Era el turno de Antonio de juntar los platos del desayuno. Habitualmente, su madre le daba las gracias por ayudarla, pero hoy no dijo nada.

De camino a la escuela, Antonio vio que un niño más pequeño se tropezó y, al caer, desparramó varios libros. Antonio se apuró a ayudarlo. El niño agarró los libros y salió corriendo, sin siquiera mirar a Antonio. *¡Qué niño más desagradecido!* pensó Antonio.

En el recreo, Antonio se ofreció para repartir hojas de trabajo. Fue de una fila a otra, poniendo los papeles sobre los escritorios. Cuando terminó, su maestra levantó la vista.

—Ya puedes irte —dijo distraídamente. ¿Ni siquiera apreciaba que la hubiera ayudado?

En su recorrido de reparto de periódicos, había un anciano discapacitado por la artritis. Como le costaba mucho agacharse, Antonio siempre tocaba el timbre y le entregaba el periódico en la mano. Ese día, el hombre se quejó:

—¡Llegas tarde!

No me molesta el inconveniente adicional de esperar que abra la puerta, pensó Antonio. *Pero sería lindo saber que valora lo que hago por él.*

—¿Por qué esa cara triste, Antonio? —le preguntó la señora Brown, una vecina.

—Ah, nada importante. Pero pareciera que la gente no me valora —se quejó Antonio.

—Entiendo —dijo la señora Brown—. Estoy segura de que Dios debe sentirse así a menudo.

—¿Por qué se sentiría así?

—Bueno, yo valoro todo lo que él hace por mí —dijo la señora Brown—, pero muchas veces olvido decírselo.

Antonio asintió, pero volvió a casa pensativamente. A la mañana siguiente, en silencio, le agradeció a Dios por la comida antes de empezar a comer.

¿Y TÚ? ¿Te cansas de agradecerle a Dios por la comida? ¿Y todas las otras bendiciones? Tal vez las valores, pero ¿le agradeces a Dios por todo lo que te da? Dios disfruta que le digas «muchas gracias». *C.E.Y.*

PARA MEMORIZAR: ¡Oh Dios nuestro, te damos gracias y alabamos tu glorioso nombre! *1 Crónicas 29:13*

LA FAMILIA CARTER ESPERABA CON ANSIAS EL DÍA que pasarían en la granja.

—¡Ay, me muero de ganas de ir! —exclamó Tamara. Cuando la familia se sentó a desayunar, papá le pidió que los guiara en oración—. Querido Jesús —oró Tamara—, bendice esta comida. Que tengamos buen clima y la pasemos bien. Cuídanos. Haz que Jeremías no haga un escándalo. Amén.

Papá se quedó pensativo cuando ella terminó de orar, pero no dijo nada. Luego de un desayuno rápido, la familia se apretujó dentro del auto para viajar. Poco después, estaban disfrutando los animales de la granja. Los niños corrieron hacia los cuatro patos que peleaban por un poco de comida que habían encontrado en el suelo.

—Los patos tienen hambre —dijo Tamara—. Ojalá tuviera algo para darles de comer.

Mamá buscó dentro de la canasta para el picnic.

—Puedes darles unas galletas.

Tamara desmenuzó las galletas mientras caminaba hacia los patos. Cuando la vieron venir, los patos la rodearon inmediatamente.

—Creo que les agrado —gritó Tamara. Sin embargo, cuando se terminaron las galletas, los patos también se fueron.

—¡Ay, papi, los patos no querían estar conmigo! —gritó Tamara—. ¡Solo querían mis galletas!

Papá asintió.

—Siento que, en cierto modo, nos portamos como esos patos —dijo. Al ver la expresión desconcertada de su hija, sonrió y procedió a explicarle—: A menudo, nuestras oraciones suelen expresar más "dame" que gratitud por lo que Jesús ya hizo por nosotros.

—Creo que tienes razón —dijo Tamara, reflexiva—. La próxima vez que ore, le daré gracias al Señor por las cosas que me ha dado.

¿Y TÚ? ¿Alguna vez elevaste una oración de acción de gracias sin pedir nada? ¿Alguna vez has dicho simplemente: «Señor, te amo»? Él no solamente quiere oír tus peticiones; también quiere escuchar tu alabanza. *J.L.H.*

PARA MEMORIZAR: Dedíquense a la oración con una mente alerta y un corazón agradecido. *Colosenses 4:2*

22 DE NOVIEMBRE

EL REGALO O EL QUE REGALA

DE LA BIBLIA:

Mientras Jesús seguía camino a Jerusalén, llegó a la frontera entre Galilea y Samaria. Al entrar en una aldea, diez hombres con lepra se quedaron a la distancia, gritando:

—¡Jesús! ¡Maestro! ¡Ten compasión de nosotros!

Jesús los miró y dijo:

—Vayan y preséntense a los sacerdotes.

Y, mientras ellos iban, quedaron limpios de la lepra.

Uno de ellos, cuando vio que estaba sano, volvió a Jesús, y exclamó: «¡Alaben a Dios!». Y cayó al suelo, a los pies de Jesús, y le agradeció por lo que había hecho. Ese hombre era samaritano.

Jesús preguntó: «¿No sané a diez hombres? ¿Dónde están los otros nueve? ¿Ninguno volvió para darle gloria a Dios excepto este extranjero?». Y Jesús le dijo al hombre: «Levántate y sigue tu camino. Tu fe te ha sanado».

LUCAS 17:11-19

Da gracias antes de pedir

23 DE NOVIEMBRE

SE NECESITAN DOS

DE LA BIBLIA:

Pues Dios escogió salvarnos por medio de nuestro Señor Jesucristo y no derramar su enojo sobre nosotros. Cristo murió por nosotros para que —estemos vivos o muertos cuando regrese— podamos vivir con él para siempre. Así que aliéntense y edifíquense unos a otros, tal como ya lo hacen.

Amados hermanos, honren a sus líderes en la obra del Señor. Ellos trabajan arduamente entre ustedes y les dan orientación espiritual. Ténganles mucho respeto y de todo corazón demuéstrenles amor por la obra que realizan. Y vivan en paz unos con otros.

Hermanos, les rogamos que amonesten a los perezosos. Alienten a los tímidos. Cuiden con ternura a los débiles. Sean pacientes con todos.

Asegúrense de que ninguno pague mal por mal, más bien siempre traten de hacer el bien entre ustedes y a todos los demás.

1 TESALONICENSES 5:9-15

No pelees

MAMÁ RESPIRÓ HONDO CUANDO ESCUCHÓ las voces fuertes que venían desde el sótano. En seguida, Brad irrumpió en la cocina.

—¡Mamá, Tyler está siendo mezquino otra vez! Si se va a portar así, desearía que no viniera a casa.

—Sé que últimamente no se han llevado muy bien —dijo mamá—, pero ¿por qué no puedes ser tú el que deje de pelear?

—¿Por qué yo? Tyler es el que empieza siempre —dijo Brad, defendiéndose.

—Se necesitan dos para pelear —remarcó mamá—. Si no quieres pelear y lo ignoras cuando te provoca, no habrá ninguna discusión.

—Si no defiendo mis derechos, él pensará que soy un cobarde —protestó Brad.

—¿Sabes qué piensa Dios de todo esto? —preguntó mamá—. Él dice: "Evitar la pelea es una señal de honor; solo los necios insisten en pelear". Léelo tú mismo en Proverbios capítulo 20, versículo 3. Cualquiera puede pelear, ¿sabes? Pero se necesita de una persona sabia para poner fin a una pelea. El mismo versículo dice que es un necio quien insiste en pelear.

—¡Díselo a Tyler! —exigió Brad.

—No soy la madre de Tyler. Soy tu madre, y por eso te lo digo a ti —dijo mamá.

Brad respiró hondo.

—Está bien. Trataré de no pelear.

Varias veces en los días siguientes, Tyler trató de provocar una pelea. Usó la bicicleta de Brad sin su permiso, le lanzó piedritas y lo llamó cobarde, pero Brad simplemente no le hizo caso. Finalmente, Tyler no lo soportó más.

—¿Qué pasa contigo? —le preguntó.

Brad sonrió ampliamente.

—Lee Proverbios 20:3 —le aconsejó.

¿Y TÚ? ¿Sueles pelear con otros? Recuerda qué dice Dios sobre la persona que está predispuesta a pelear. Aunque pienses que realmente es culpa de la otra persona, evita discutir y pelear. *B.J.W.*

PARA MEMORIZAR: Evitar la pelea es una señal de honor; solo los necios insisten en pelear. *Proverbios 20:3*

ESTEFANÍA SE PUSO LA MANO SOBRE LA BOCA. Su mamá la miró mientras sacaba la cafetera.

—No vuelvas a usar esa palabra —dijo.

—Lo siento, mamá —se disculpó Estefanía—. No quise decir eso, pero muchas veces lo escucho en la escuela. —Observó cómo su madre ponía un papel blanco dentro de la cafetera—. ¿Para qué es eso?

—Este filtro —dijo su madre— permite que el agua pase, pero impide que los granos pasen hacia el café. Tú también necesitas ser un "filtro" y filtrar las cosas que escuchas y que ves. Únicamente deja que las cosas buenas se asienten y se queden contigo. Dios te ayudará.

—Trataré, madre —concordó Estefanía. Le mostró a su mamá una lista de la sección de programas televisivos del periódico—. ¿Puedo ver este programa esta noche?

Su madre leyó la descripción y negó con la cabeza.

—No es el tipo de programas que deberías ver —dijo.

—Ah, no pasa nada —se burló Estefanía—. "Filtraré" las cosas malas.

Su madre sacudió la cabeza.

—¿Sería correcto poner basura en la cafetera y esperar que el filtro lo hiciera apto como bebida?

—¡Puf! —exclamó Estefanía—. En el fondo, sé que no debo ver ese programa, pero eso que acabas de decir lo dejó más claro. No debemos echar "basura" a propósito en nuestra mente. Pero cuando no podemos evitar ver y escuchar ciertas cosas, ahí es cuando tenemos que usar nuestros filtros.

¿Y TÚ? ¿Te sorprendes diciendo o haciendo automáticamente cosas que sabes que están mal? El mejor principio es que evites estar donde escuchas o ves cosas malas. Si eso es imposible, pídele al Señor que te ayude a filtrar las malas influencias y a mantener solamente las ideas que sean buenas. *H.W.M.*

PARA MEMORIZAR: Y ahora, amados hermanos, una cosa más para terminar. Concéntrense en todo lo que es verdadero, todo lo honorable, todo lo justo, todo lo puro, todo lo bello y todo lo admirable. Piensen en cosas excelentes y dignas de alabanza. *Filipenses 4:8*

LOS FILTROS CRISTIANOS

DE LA BIBLIA:

Por lo tanto, amados hermanos, les ruego que entreguen su cuerpo a Dios por todo lo que él ha hecho a favor de ustedes. Que sea un sacrificio vivo y santo, la clase de sacrificio que a él le agrada. Esa es la verdadera forma de adorarlo. No imiten las conductas ni las costumbres de este mundo, más bien dejen que Dios los transforme en personas nuevas al cambiarles la manera de pensar. Entonces aprenderán a conocer la voluntad de Dios para ustedes, la cual es buena, agradable y perfecta.

Basado en el privilegio y la autoridad que Dios me ha dado, le advierto a cada uno de ustedes lo siguiente: ninguno se crea mejor de lo que realmente es. Sean realistas al evaluarse a ustedes mismos, háganlo según la medida de fe que Dios les haya dado.

ROMANOS 12:1-3

Mantén puros tus pensamientos

25 DE NOVIEMBRE

EL MEJOR EQUIPO

DE LA BIBLIA:

Pues el pecado de un solo hombre, Adán, hizo que la muerte reinara sobre muchos; pero aún más grande es la gracia maravillosa de Dios y el regalo de su justicia, porque todos los que lo reciben vivirán en victoria sobre el pecado y la muerte por medio de un solo hombre, Jesucristo.

Así es, un solo pecado de Adán trae condenación para todos, pero un solo acto de justicia de Cristo trae una relación correcta con Dios y vida nueva para todos. Por uno solo que desobedeció a Dios, muchos pasaron a ser pecadores; pero por uno solo que obedeció a Dios, muchos serán declarados justos.

La ley de Dios fue entregada para que toda la gente se diera cuenta de la magnitud de su pecado, pero mientras más pecaba la gente, más abundaba la gracia maravillosa de Dios. Entonces, así como el pecado reinó sobre todos y los llevó a la muerte, ahora reina en cambio la gracia maravillosa de Dios, la cual nos pone en la relación correcta con él y nos da como resultado la vida eterna por medio de Jesucristo nuestro Señor.

ROMANOS 5:17-21

Sé parte del equipo de Jesús

—¡NUESTRO EQUIPO GANÓ! —gritó Érica mientras entraba como un rayo en la casa—. ¡Mira lo que me dieron! —Mostró el listón del primer premio—. Hoy en la escuela, tuvimos una competencia de tiro con arco, ¡y mi equipo ganó!

—Y siempre dices que no eres buena para el tiro con arco —dijo mamá—. ¿Cuántos puntos hiciste?

—Ninguno, pero no importa, porque Cheryl estaba en nuestro equipo —respondió Érica—. Es la mejor arquera de la escuela, e hizo puntos suficientes para todos nosotros.

—Entonces, en realidad, ella ganó, pero todo el equipo compartió la victoria, ¿verdad? —preguntó mamá—. Bueno, me alegro de que la hayas pasado bien hoy.

Esa noche, Érica y sus padres asistieron a un servicio especial en la iglesia.

—Sé exactamente qué quiso decir el pastor esta noche cuando dijo que los cristianos son santos a los ojos de Dios —comentó Érica mientras volvían a casa—. Cuando verdaderamente creemos que Jesús es nuestro Salvador, su sangre limpia nuestro pecado. Entonces, Dios ve su rectitud en lugar de ver nuestro pecado.

—Eso me recuerda a tu victoria de hoy en el tiro con arco —dijo mamá—. De la misma manera que tú estabas en el equipo ganador, podríamos decir que nosotros estamos en el equipo de Jesús.

—Así es —estuvo de acuerdo papá—, y, así como los puntos de Cheryl valieron para todos los que estaban en su equipo, la santidad de Jesús es válida para todos los que estamos en su equipo. Todos los cristianos se benefician de la victoria de Jesús sobre el pecado.

—Y el premio que recibimos es maravilloso —agregó mamá—. ¡La vida eterna con Jesús!

¿Y TÚ? ¿Estás en el equipo de Jesús? No hay manera de que puedas «ganar puntos» por tu cuenta. Jesús ya consiguió la victoria y te invita a participar de ella. ¿Aceptarás hoy la invitación? ¡Entonces, estarás en el mejor equipo de todos! *H.W.M.*

PARA MEMORIZAR: ¡Pero gracias a Dios! Él nos da la victoria sobre el pecado y la muerte por medio de nuestro Señor Jesucristo. *1 Corintios 15:57*

UN SÁBADO, MIENTRAS MATT Y SU PADRE RASTRILLA-
BAN EL CÉSPED, Matt estaba callado.

—Papá —dijo al fin, apoyándose en su rastri-
llo—, a veces me pregunto si realmente soy cristiano. Últimamente... bueno, a veces tengo malos
pensamientos que sé que un cristiano no debería
tener.

Papá se quedó en silencio por un momento.
Luego llevó a Matt a un grupo de arbolitos y retiró
una rama para dejar a la vista el nido de un pájaro.

—Lo encontré mientras estaba podando unas
ramas —dijo papá—. ¿Notas algo raro en estos
huevos?

—Que uno es más grande que los otros.

—Eso es porque no lo puso el pájaro que hizo
este nido —explicó papá—. Lo puso un tordo.

—¿Un tordo? —preguntó Matt—. ¿Por qué
haría algo así?

—Para que el otro pájaro piense que es suyo y
cuide al pajarito cuando rompa el cascarón —respondió papá—. El problema es que la cría del
tordo generalmente es más grande y más fuerte
que los demás pajaritos y, muchas veces, les quita
la comida o los echa del nido.

—¡Qué truco más malo! —exclamó Matt—.
Es una pena que la otra ave no se dé cuenta de que
el huevo grande no es de ella. Si se diera cuenta,
podría empujarlo del nido antes que rompiera el
cascarón.

—Es cierto —afirmó papá. Luego, añadió—:
Satanás es como el tordo. Le gusta poner cosas en
nuestra mente que no son de ahí. Necesitamos la
ayuda de Dios para pensar y hacer las cosas que
están bien. Necesitamos rechazar las ideas de
Satanás y echarlas a empujones.

¿Y TÚ? ¿A veces tus pensamientos te hacen sentir que
estás haciendo algo que no deberías? No te mortifiques
por eso. Recházalos. Esto es más fácil de hacer cuando
lees la Biblia habitualmente. ¡Reemplaza los malos
pensamientos con pensamientos buenos! *S.L.K.*

PARA MEMORIZAR: Además, «no pequen al dejar que el
enojo los controle». No permitan que el sol se ponga
mientras siguen enojados, porque el enojo da lugar al
diablo. *Efesios 4:26-27*

26 DE NOVIEMBRE

LOS HUEVOS MALOS

DE LA BIBLIA:

Estén siempre llenos de alegría
en el Señor. Lo repito, ¡alégrense!
Que todo el mundo vea que son
considerados en todo lo que hacen.
Recuerden que el Señor vuelve
pronto.

No se preocupen por nada; en
cambio, oren por todo. Díganle a Dios
lo que necesitan y denle gracias por
todo lo que él ha hecho. Así experimentarán la paz de Dios, que supera
todo lo que podemos entender. La
paz de Dios cuidará su corazón y su
mente mientras vivan en Cristo Jesús.

Y ahora, amados hermanos, una
cosa más para terminar. Concéntrense en todo lo que es verdadero,
todo lo honorable, todo lo justo, todo
lo puro, todo lo bello y todo lo admirable. Piensen en cosas excelentes
y dignas de alabanza. No dejen de
poner en práctica todo lo que aprendieron y recibieron de mí, todo lo
que oyeron de mis labios y vieron que
hice. Entonces el Dios de paz estará
con ustedes.

FILIPENSES 4:4-9

*Rechaza los malos
pensamientos*

27 DE NOVIEMBRE

LA MARCA EQUIVOCADA

DE LA BIBLIA:

Dios bendice a los que soportan con paciencia las pruebas y las tentaciones, porque después de superarlas, recibirán la corona de vida que Dios ha prometido a quienes lo aman. Cuando sean tentados, acuérdense de no decir: «Dios me está tentando». Dios nunca es tentado a hacer el mal y jamás tienta a nadie. La tentación viene de nuestros propios deseos, los cuales nos seducen y nos arrastran. De esos deseos nacen los actos pecaminosos, y el pecado, cuando se deja crecer, da a luz la muerte.

Así que no se dejen engañar, mis amados hermanos.

SANTIAGO 1:12-16

El pecado deja su marca

KENT Y SU PAPÁ FUERON A LA SALA para mirar el partido de baloncesto.

—Mmm, qué curioso —dijo papá—. La imagen nunca se había visto tan mal. —Después de revisar la pantalla unos instantes, sacó una guía de un cajón y la leyó—. ¡Lo que pensé! —dijo un minuto después—. Últimamente has estado jugando muchos videojuegos, ¿verdad? —Kent asintió con la cabeza—. Según esto, si se juega un videojuego de manera prolongada en el televisor, puede empezar a dejar marcas permanentes en la pantalla —dijo papá. Luego miró seriamente a Kent y agregó—: Hablando de imágenes, hay algo que he querido hablar contigo.

—¿Qué es? —preguntó Kent.

—Tu madre me contó que encontró un calendario en tu habitación —respondió papá—. Dijo que tenía imágenes que no honran al Señor. ¿Lo tiraste a la basura? —Kent asintió—. Bien —dijo papá—, pero ¿dejó alguna marca permanente en tu mente?

Kent pareció sobresaltarse.

—¿Qué quieres decir?

—Bueno —dijo papá—, el uso excesivo de ese videojuego dejó una "marca" en la pantalla del televisor. Las imágenes que has estado mirando pueden haber dejado una marca en tu mente.

Kent miró al piso.

—Todavía pienso en las imágenes —reconoció—, especialmente cuando miro a una chica.

Papá apagó el televisor.

—Es importante que tengas cuidado con lo que haces, lo que escuchas y lo que miras —dijo—. Hablemos de algunas cosas que puedes hacer para borrar la marca que te ha quedado.

¿Y TÚ? ¿Has visto o escuchado algo malo que dejó una marca perdurable en ti? Confiésale a Dios lo que pasó, reconociendo tu falta. Pasa tiempo a diario leyendo la Biblia y orando. Llena tu vida con libros, amigos y programas que te dejen una marca positiva. *S.L.K.*

PARA MEMORIZAR: De esos deseos nacen los actos pecaminosos, y el pecado, cuando se deja crecer, da a luz la muerte. *Santiago 1:15*

ME GUSTARÍA HACERLO, PENSÓ MELISSA CUANDO LA SEÑORITA BAKER PIDIÓ a un voluntario que memorizara el Salmo 100 y lo recitara durante el programa de Acción de Gracias. *Pero si cometo un error delante de todas esas personas, me moriré.* Algunas niñas de la escuela dominical de Melissa manifestaron el mismo temor, y ninguna se ofreció como voluntaria.

Más tarde, la señorita Baker relató la historia bíblica de cuando Pedro caminó sobre el agua. Era tan buena contando historias que Melissa casi podía sentir el agua debajo de sus pies. Toda la clase pareció relajarse cuando Pedro y Jesús por fin subieron a la barca donde estaban los demás discípulos, y el mar se calmó.

—En esta historia, ¿quién cometió el error más grande? —preguntó la señorita Baker.

—Pedro —respondió Diana rápidamente.

—¿Por qué piensas que fue Pedro? —preguntó la señorita Baker.

—Tuvo miedo —insinuó Lucía.

—Y no confió en Jesús —agregó Melissa.

La señorita Baker sacudió la cabeza.

—En realidad, Pedro fue el único que, *efectivamente*, confió en Jesús. Salió de la barca mientras los demás se quedaron mirando. Los que cometieron el mayor error fueron los once discípulos que no tuvieron la fe para hacerlo. Nosotros somos muy parecidos a ellos. Uno de los peores errores que cometemos es dejar que el miedo nos impida intentar nuevas cosas.

Melissa levantó la mano rápidamente.

—Señorita Baker, memorizaré el Salmo 100 para el programa —se ofreció.

La señorita Baker sonrió.

—Gracias, Melissa.

¿Y TÚ? ¿Hay algo que quieras hacer para el Señor pero tienes miedo de intentarlo? Acuérdate de Pedro. Él lo intentó y, cuando empezó a hundirse, Jesús estuvo ahí para levantarlo. Intentar y fallar no es un error, pero es un gran error fallar por no intentarlo. *B.J.W.*

PARA MEMORIZAR: Enemigos míos, no se regodeen de mí! Pues aunque caiga, me levantaré otra vez. Aunque esté en oscuridad, el SEÑOR será mi luz. *Miqueas 7:8*

28 DE NOVIEMBRE

EL GRAN ERROR

DE LA BIBLIA:

Mientras tanto, los discípulos se encontraban en problemas lejos de tierra firme, ya que se había levantado un fuerte viento y luchaban contra grandes olas. A eso de las tres de la madrugada, Jesús se acercó a ellos caminando sobre el agua. Cuando los discípulos lo vieron caminar sobre el agua, quedaron aterrados. Llenos de miedo, clamaron: «¡Es un fantasma!».

Pero Jesús les habló de inmediato:

—No tengan miedo —dijo—. ¡Tengan ánimo! ¡Yo estoy aquí!

Entonces Pedro lo llamó:

—Señor, si realmente eres tú, ordéname que vaya hacia ti caminando sobre el agua.

—Sí, ven —dijo Jesús.

Entonces Pedro se bajó por el costado de la barca y caminó sobre el agua hacia Jesús, pero cuando vio el fuerte viento y las olas, se aterrorizó y comenzó a hundirse.

—¡Sálvame, Señor! —gritó.

De inmediato, Jesús extendió la mano y lo agarró.

—Tienes tan poca fe —le dijo Jesús—. ¿Por qué dudaste de mí?

Cuando subieron de nuevo a la barca, el viento se detuvo. Entonces los discípulos lo adoraron. «¡De verdad eres el Hijo de Dios!», exclamaron.

MATEO 14:24-33

Atrévete a intentar

29 DE NOVIEMBRE

UNA TAREA IMPORTANTE

DE LA BIBLIA:

Dado que Dios los eligió para que sean su pueblo santo y amado por él, ustedes tienen que vestirse de tierna compasión, bondad, humildad, gentileza y paciencia. Sean comprensivos con las faltas de los demás y perdonen a todo el que los ofenda. Recuerden que el Señor los perdonó a ustedes, así que ustedes deben perdonar a otros. Sobre todo, vístanse de amor, lo cual nos une a todos en perfecta armonía. Y que la paz que viene de Cristo gobierne en sus corazones. Pues, como miembros de un mismo cuerpo, ustedes son llamados a vivir en paz. Y sean siempre agradecidos.

Que el mensaje de Cristo, con toda su riqueza, llene sus vidas. Enséñense y aconséjense unos a otros con toda la sabiduría que él da. Canten salmos e himnos y canciones espirituales a Dios con un corazón agradecido. Y todo lo que hagan o digan, háganlo como representantes del Señor Jesús y den gracias a Dios Padre por medio de él.

COLOSENSES 3:12-17

Expresa tu gratitud

—MAMÁ, ¿PUEDO IR AL PARQUE Y JUGAR A LA PELOTA? —preguntó Amal.

—¿Terminaste tus cartas de agradecimiento? —le preguntó mamá.

—Lo haré más tarde —dijo Amal. Tomó el guante de béisbol que le habían mandado los abuelos por su cumpleaños. Sus tres tías le habían enviado dinero y él había gastado una parte en una camiseta de los Cardenales de San Luis.

—Ya pasó una semana desde tu cumpleaños —le recordó mamá mientras él salía corriendo de la casa.

Era el día perfecto para jugar a la pelota. Los amigos de Amal lo esperaban en el parque.

—¡Amal! Juega como campocorto —gritó Miguel. Amal se colocó rápidamente en su posición.

Luego de jugar durante casi una hora, los niños estaban acalorados y cansados. Amal dijo:

—Vamos a la tienda. Les compraré refrescos con el dinero de cumpleaños que me queda.

—¡Súper! —aceptaron.

En la tienda, cada uno eligió una lata de refresco del exhibidor. Mientras Amal iba a pagar los refrescos, un carro de bomberos pasó por la calle.

—Vayamos a ver el incendio —gritó uno de los niños, y todos salieron corriendo con sus latas.

—¡Esperen! —los llamó Amal, pero nadie le prestó atención. Amal pagó las bebidas, volvió caminando a su casa y se metió directamente en su cuarto.

Su madre lo encontró ahí un ratito después.

—¿Volviste a casa? ¿Y estás escribiendo tus cartas de agradecimiento? —Estaba sorprendida.

Amal describió cómo sus amigos habían salido corriendo detrás del carro de bomberos sin esperarlo.

—Ni siquiera me agradecieron los refrescos que les compré —dijo—. Con eso me di cuenta de lo importante que es dar las gracias.

¿Y TÚ? ¿Te tomas el tiempo de hacerles saber a los demás que aprecias lo que hacen por ti? La gratitud debería ser una característica del cristiano. Que tu gratitud sea un testimonio para otros. *L.M.W.*

PARA MEMORIZAR: Sean agradecidos en toda circunstancia, pues esta es la voluntad de Dios para ustedes, los que pertenecen a Cristo Jesús. *1 Tesalonicenses 5:18*

—MAMÁ, ¿CÓMO SABEMOS QUE NO HEMOS EVOLU-CIONADO? —preguntó un día Natán—. Mi maestro de Ciencias cree que las personas evolucionaron de los monos.

—Ten cuidado de no creer todo lo que oyes —le advirtió su madre—. A Satanás le gusta hacer que lo malo parezca bueno solo para confundirnos.

Natán apoyó la barbilla sobre sus manos.

—Bueno, sé que la Biblia dice que Dios creó todo. Lo sé desde que tengo memoria. Es que hay demasiadas similitudes entre los monos y los seres humanos.

—Me doy cuenta de que realmente lo has pensado —dijo su madre y le dio a Natán una galleta y un vaso con leche—. Hay muchísimas personas que están convencidas de que hemos evolucionado a partir de otras formas de vida. ¿Recuerdas cuando llevaste tu hámster a la escuela, cuando estaba a punto de tener bebés? ¿Alguien pensó que podía llegar una mañana y encontrar gatitos en la jaula?

—¡Claro que no! —Natán parecía desconcertado—. Los hámsteres siempre fueron hámsteres.

—Sin embargo, ¿no te parece que hay muchas similitudes entre los hámsteres y los gatitos? —preguntó su madre—. ¿Crees que habrán evolucionado unos de los otros? Natán empezaba a entender que lo que estaba enseñándole su maestro de Ciencias quizás no era tan lógico. Su madre continuó—: Me gusta pensar en las similitudes que vemos en la naturaleza como un recordatorio de la manera organizada que Dios creó el mundo. La Biblia dice que Dios creó todas las cosas para que produjeran "crías de la misma especie". En otras palabras, los monos siempre serán monos, y las personas siempre serán personas. Dios lo creó así.

¿Y TÚ? ¿Te has topado con maestros en la escuela que hacen que la evolución parezca convincente? Es fácil confundirse con los argumentos ingeniosos de quienes no creen en la verdad de la Palabra de Dios. La Biblia nos dice que nada fue hecho, excepto las cosas que Dios hizo. *D.L.R.*

PARA MEMORIZAR: Dios creó todas las cosas por medio de él, y nada fue creado sin él. *Juan 1:3*

30 DE NOVIEMBRE

NUNCA UN MONO

DE LA BIBLIA:

Así que Dios creó grandes criaturas marinas y todos los seres vivientes que se mueven y se agitan en el agua y aves de todo tipo, cada uno produciendo crías de la misma especie. Y Dios vio que esto era bueno. [...]

Entonces Dios dijo: «Que la tierra produzca toda clase de animales, que cada uno produzca crías de la misma especie: animales domésticos, animales pequeños que corran por el suelo y animales salvajes»; y eso fue lo que sucedió. [...] Y Dios vio que esto era bueno.

Entonces Dios dijo: «Hagamos a los seres humanos a nuestra imagen, para que sean como nosotros. Ellos reinarán sobre los peces del mar, las aves del cielo, los animales domésticos, todos los animales salvajes de la tierra y los animales pequeños que corren por el suelo».

Así que Dios creó a los seres humanos a su propia imagen.

A imagen de Dios los creó;

hombre y mujer los creó. [...]

Dios creó todo lo que existe en los lugares celestiales y en la tierra.

GÉNESIS 1:21, 24-27; COLOSENSES 1:16

Dios te creó

1 DE DICIEMBRE

BRASAS ARDIENTES Y PIES DESCALZOS

DE LA BIBLIA:

Cuando no se castiga enseguida un delito, la gente siente que no hay peligro en cometer maldades. Sin embargo, aunque una persona peque cien veces y siga gozando de muchos años de vida, yo sé que les irá mejor a los que temen a Dios. Los malvados no prosperarán, porque no temen a Dios. Sus días nunca se prolongarán, como lo hacen las sombras del anochecer. [...]

Gente joven: ¡la juventud es hermosa! Disfruten de cada momento de ella. Hagan todo lo que quieran hacer, ¡no se pierdan nada! Pero recuerden que tendrán que rendirle cuentas a Dios de cada cosa que hagan. [...]

No dejes que la emoción de la juventud te lleve a olvidarte de tu Creador. Hónralo mientras seas joven, antes de que te pongas viejo y digas: «La vida ya no es agradable».

ECLESIASTÉS 8:11-13; 11:9; 12:1

El pecado siempre es dañino

—HOLA, MAMÁ —DIJO TIFFANY, ENTRANDO POR LA PUERTA.

—Hola —saludó mamá—. ¿Qué hiciste en casa de Karla?

Tiffany titubeó.

—Ah, no mucho.

Mamá arqueó las cejas.

—Me estás evadiendo, Tiffany.

—Bueno... Karla quería ver una película en televisión, la cual tenía mucha violencia y malas palabras —confesó Tiffany—. Yo realmente no quería, pero era su invitada. No te preocupes, mamá, yo no permito que ese tipo de cosas me afecten.

—Perder el tiempo con cosas equivocadas es como jugar con fuego —replicó mamá—. Estaba pensando en mi prima Ana. Una vez fui de campamento con la familia de Ana. Su padre hizo una fogata. Cuando las llamas estaban apagándose, su padre lanzó agua sobre las brasas, que se volvieron grises, y el fuego pareció extinguirse.

—Ana y yo jugábamos a "tú la traes". Con sus pies descalzos, Ana casi pisó esos carbones que se veían tan grises como la arena. Se hubiera quemado ambos pies. En Proverbios, dice: "¿Acaso puede un hombre echarse fuego sobre las piernas sin quemarse la ropa? ¿Podrá caminar sobre los carbones encendidos sin ampollarse los pies?".

—Oh —dijo Tiffany—, eso fue lo que casi le pasó a Ana.

—Sí. Pero Dios no advierte literalmente sobre el fuego en este versículo —dijo mamá—. Habla sobre hacer cosas malas.

—¿Como mirar televisión basura y escuchar rock? —preguntó Tiffany—. No pensé que un poquito pudiera hacer daño.

Mamá asintió.

—Sí; como las brasas grises que parecían inofensivas, las cosas malas suelen parecer inocentes al principio. Pero hacer lo malo siempre nos perjudica.

¿Y TÚ? ¿Has tenido la sensación de que algunas cosas mundanas no te dañarán? Trata a cada cosa mala como si fuera una brasa al rojo vivo. *M.R.P.*

PARA MEMORIZAR: ¿Acaso puede un hombre echarse fuego sobre las piernas sin quemarse la ropa? ¿Podrá caminar sobre carbones encendidos sin ampollarse los pies? *Proverbios 6:27-28*

DANNY HARPER ARRASTRABA LOS PIES MIENTRAS se acercaba al señor Grant, el hombre en la silla de ruedas. Estaba visitando al anciano como parte de una "tarea cristiana asignada" por su grupo juvenil.

—Eh, soy Danny Harper, de la iglesia —se las arregló para decir.

El señor Grant invitó al muchacho para que se sentara junto a él. Entonces, el anciano empezó a contarle cómo él había ayudado a comenzar la iglesia a la que iba Danny.

—Fue en los viejos tiempos, cuando yo era un cristiano nuevo —dijo el señor Grant—. Iba de puerta en puerta, invitando a las personas para que vinieran a nuestra nueva iglesia. En esa época ¡tenía mucha energía! ¡Ah, si fuera joven otra vez! En ese momento es cuando una persona realmente puede servir al Señor.

Danny se rio. Dijo:

—Y yo que siempre creí que un chico como yo no puede hacer mucho por Jesús. Sigo pensando que, cuando sea mayor, realmente me pondré a trabajar para el Señor.

El señor Grant sacudió un dedo frente al rostro de Danny.

—No pienses de esa manera —dijo—. Los jóvenes pueden hacer mucho para el Señor. Además, ¡son puros y tienen entusiasmo por vivir! Ya me ayudaste a darme cuenta de que debo empezar a servir de nuevo a Dios, como solía hacerlo. ¡Pero tendré que esforzarme mucho para seguirle el paso a un mocoso como tú!

—¡Gracias, señor Grant! —dijo Danny—. Usted también me ayudó. La próxima vez, ¡no voy a tener tanto miedo de visitar a alguien solo porque tiene algunas canas!

¿Y TÚ? ¿Cuándo fue la última vez que te hiciste amigo de alguien mucho mayor que tú? Es posible que sientas que las personas mayores te menosprecian porque eres joven. Pero, en realidad, puedes hacer mucho por ellas, visitándolas y ayudándolas a hacer las compras o arreglando su jardín. *S.L.K.*

PARA MEMORIZAR: No permitas que nadie te subestime por ser joven. Sé un ejemplo para todos los creyentes en lo que dices, en la forma en que vives, en tu amor, tu fe y tu pureza. *1 Timoteo 4:12*

2 DE DICIEMBRE

ALGUNAS CANAS

DE LA BIBLIA:

Tito, en cuanto a ti, fomenta la clase de vida que refleje la sana enseñanza. Enseña a los hombres mayores a ejercitar el control propio, a ser dignos de respeto y a vivir sabiamente. Deben tener una fe sólida y estar llenos de amor y paciencia.

De manera similar, enseña a las mujeres mayores a vivir de una manera que honre a Dios. No deben calumniar a nadie ni emborracharse. En cambio, deberían enseñarles a otros lo que es bueno. Esas mujeres mayores tienen que instruir a las más jóvenes a amar a sus esposos y a sus hijos, a vivir sabiamente y a ser puras, a trabajar en su hogar, a hacer el bien y a someterse a sus esposos. Entonces no deshonrarán la palabra de Dios.

Del mismo modo, anima a los hombres jóvenes a vivir sabiamente. Y sé tú mismo un ejemplo para ellos al hacer todo tipo de buenas acciones. Que todo lo que hagas refleje la integridad y la seriedad de tu enseñanza.

TITO 2:1-7

Usa el regalo de tu juventud

3 DE DICIEMBRE

LOS GUSANOS DEL PECADO

DE LA BIBLIA:

Por lo tanto, mentimos si afirmamos que tenemos comunión con Dios pero seguimos viviendo en oscuridad espiritual; no estamos practicando la verdad. Si vivimos en la luz, así como Dios está en la luz, entonces tenemos comunión unos con otros, y la sangre de Jesús, su Hijo, nos limpia de todo pecado.

Si afirmamos que no tenemos pecado, lo único que hacemos es engañarnos a nosotros mismos y no vivimos en la verdad; pero si confesamos nuestros pecados a Dios, él es fiel y justo para perdonarnos nuestros pecados y limpiarnos de toda maldad. Si afirmamos que no hemos pecado, llamamos a Dios mentiroso y demostramos que no hay lugar para su palabra en nuestro corazón.

1 JUAN 1:6-10

Los «pecaditos» son peligrosos

—¡BRRR! —DIJO MÓNICA, CERRANDO LA PUERTA DELANTERA DE UN GOLPE Y SACÁNDOSE LAS BOTAS—. ¡Hace mucho frío afuera, mamá! ¿No hay alguna gorra más abrigada que pueda ponerme?

—Debe haber alguna en este armario. Todas las cosas de invierno están ahí —respondió mamá, abriendo la puerta del armario. Hurgó y sacó algunos gorros, guantes y bufandas de lana. Frunció el ceño cuando vio que varias cosas tenían grandes agujeros.

—¡Ay, no! —protestó la madre—. Las polillas entraron aquí.

—¿Polillas? —preguntó Mónica.

Su madre asintió.

—En realidad no son las polillas adultas las que comen la ropa, sino las pequeñas. Son como gusanitos.

Mónica hizo un gesto de asco.

—¡Quién hubiera pensado que unas cositas tan pequeñas podrían causar todos estos daños!

Su madre la miró rápidamente.

—Aquí tenemos un principio importante —dijo—. A veces caemos en la tentación de pensar que las "pequeñas" cosas pecaminosas que hacemos no son tan malas. Decimos alguna "mentirita piadosa" o hacemos "un poquito" de trampa. No le pegamos a nadie ni lo hacemos caer, pero somos "un poquito" malos con ellos. Reservamos solo "una parte" del dinero que sabemos que deberíamos darle a Dios. No tenemos en cuenta que, a los ojos de Dios, el pecado es pecado. Y olvidamos que, así como cada polilla pone muchísimos huevos, un "pecadito" lleva a otros pecados. —Hizo una pausa y agregó—: Sé que la idea de que un gusano se coma tus guantes te resulta repugnante. ¡Recuerda que el pecado también es repugnante!

¿Y TÚ? ¿A veces sientes que los «pecaditos» en realidad no causan ningún daño? A la larga, el pecado siempre trae consecuencias. Un «pecadito» puede facilitar que vuelvas a pecar en el futuro. Podría animar a que otros hagan cosas malas. O podría llevarte a herir los sentimientos de otras personas y decepcionarlas cuando se enteren. No permitas que el pecado «carcoma» tu vida. *S.L.K.*

PARA MEMORIZAR: Si afirmamos que no tenemos pecado, lo único que hacemos es engañarnos a nosotros mismos y no vivimos en la verdad. *1 Juan 1:8*

—CIERTAMENTE, DIOS NOS HA CONTESTADO UN MONTÓN DE ORACIONES ÚLTIMAMENTE, ¿VERDAD?— le dijo Luis a su hermana mayor, María.

—Claro que sí —estuvo de acuerdo María—. Sanó a la abuela, le dio un empleo a papá y ¡hasta nos mandó algunos amigos nuevos!

—Supongo que Dios nos dará cualquier cosa que queramos. Lo único que debemos hacer es pedirle —razonó el pequeño Luis, con sus cinco años—. ¿Tú qué quieres, María?

—Quiero un piano —respondió María—. ¿Tú qué quieres?

—Quiero una bici nueva —exclamó Luis—. Papi dijo que tendría que esperar hasta Navidad, pero yo la quiero ahora. Oye, pidámosle a Dios lo que queremos.

Esa noche, después de que mamá metió a los niños en la cama para dormir, regresó a la sala con cara de preocupación.

—En sus oraciones, María le pidió a Dios que le envíe un piano de inmediato, y Luis pidió una bicicleta.

Papá sonrió.

—Me parece que no están entendiendo el tema de las peticiones.

Luego de una semana de vigilia y espera, Luis y María fueron a hablar con su madre.

—Pensé que Dios siempre respondía nuestras oraciones —empezó María.

—Así es, María. —Su madre sabía qué vendría a continuación—. ¿Pediste algo que no recibiste?

Ambos niños asintieron.

—Pedimos una bicicleta y un piano, pero supongo que Dios no nos escuchó. Quizás deberíamos orar más fuerte —dijo Luis.

—Estoy segura de que Dios los escuchó —replicó su madre—, pero no creo que ustedes estén escuchando su respuesta. Está diciéndoles lo mismo que dijimos papi y yo. Les dice que esperen.

¿Y TÚ? ¿Estás pidiéndole a Dios algo que tus padres te dijeron que no puedes tener o que debes esperar para recibirlo? Cuando ores, escucha la respuesta de Dios. A veces él dice que sí. A veces dice que no. Y a veces, dice que esperes. Dios siempre contesta tus oraciones. *B.J.W.*

PARA MEMORIZAR: Y como sabemos que él nos oye cuando le hacemos nuestras peticiones, también sabemos que nos dará lo que le pedimos. *1 Juan 5:15*

LA RESPUESTA DE DIOS

DE LA BIBLIA:

Y estamos seguros de que él nos oye cada vez que le pedimos algo que le agrada; y como sabemos que él nos oye cuando le hacemos nuestras peticiones, también sabemos que nos dará lo que le pedimos. [...]

¿Qué es lo que causa las disputas y las peleas entre ustedes? ¿Acaso no surgen de los malos deseos que combaten en su interior? Desean lo que no tienen, entonces traman y hasta matan para conseguirlo. Envidian lo que otros tienen, pero no pueden obtenerlo, por eso luchan y les hacen la guerra para quitárselo. Sin embargo, no tienen lo que desean porque no se lo piden a Dios. Aun cuando se lo piden, tampoco lo reciben porque lo piden con malas intenciones: desean solamente lo que les dará placer.

1 JUAN 5:14-15; SANTIAGO 4:1-3

Dios contesta la oración

5 DE DICIEMBRE

EL DÍA DE LA NEVADA

DE LA BIBLIA:

Por lo tanto, amados hermanos, les ruego que entreguen su cuerpo a Dios por todo lo que él ha hecho a favor de ustedes. Que sea un sacrificio vivo y santo, la clase de sacrificio que a él le agrada. Esa es la verdadera forma de adorarlo. [...]

Así como nuestro cuerpo tiene muchas partes y cada parte tiene una función específica, el cuerpo de Cristo también. Nosotros somos las diversas partes de un solo cuerpo y nos pertenecemos unos a otros.

Dios, en su gracia, nos ha dado dones diferentes para hacer bien determinadas cosas. Por lo tanto, si Dios te dio la capacidad de profetizar, habla con toda la fe que Dios te haya concedido. [...]

No finjan amar a los demás; ámenlos de verdad. Aborrezcan lo malo. Aférrense a lo bueno. Ámense unos a otros con un afecto genuino y deléitense al honrarse mutuamente.

ROMANOS 12:1, 4-6, 9-10

No desperdicies un día

SELENA WEST ESTABA DESAYUNANDO CUANDO escuchó el anuncio en la radio:

—Los siguientes cierres de escuelas han sido anunciados debido a las bajas temperaturas y a las condiciones de hielo en las carreteras: las escuelas públicas de Springfield...

¡Eso fue todo lo que tuvo que oír Selena para enojarse!

—¿Por qué hoy? —gimió—. Planeaba ir a la casa de Karen después de la escuela. Ahora no podré visitarla. Además, ¿qué hay que hacer en casa?

Mamá miró el gesto de enojo que tenía Selena.

—Esa no es una actitud muy buena —le dijo—. El Señor te dio este día. —Selena lo sabía, pero eso no la hacía sentirse mejor. Su madre continuó—: Ya que no se te ocurre nada que hacer en el día de hoy, ¿por qué no dedicas el día a ayudar a los demás?

—¿Cómo puedo hacer eso? Ni siquiera puedo salir de casa.

—Podrías cocinar galletas para tía Barb —le propuso su madre.

—Bueno, supongo que podría hacer eso —dijo Selena, sonriendo.

—Y podrías escribir una carta para Christy Blaine —agregó su madre—. El año pasado, las dos se divirtieron mucho cuando su familia vino a casa durante su año sabático. A los misioneros les gusta recibir cartas de su tierra. Y también podrías escribirle a tu abuela.

Selena pensó en las ideas de su madre. Quizás ¡podía ser un día divertido! Era el día que Dios le había dado. Lo dedicaría a demostrar su amor a otras personas.

¿Y TÚ? ¿Qué haces cuando tienes un día libre? ¿Lo desaprovechas mirando televisión o peleando con tu hermano o con tu hermana? La próxima vez que tengas un día largo por delante, piensa cuántas cosas puedes hacer para mostrar el amor del Señor por los demás. Comienza haciendo una lista para que estés preparado. *L.M.W.*

PARA MEMORIZAR: Queridos hijos, que nuestro amor no quede solo en palabras; mostremos la verdad por medio de nuestras acciones. *1 Juan 3:18*

—¿EN QUÉ ESTÁS PENSANDO, JUAN? —preguntó su madre—. ¡Estás tan serio!

—Mi maestro de escuela dominical dijo que Dios es una Trinidad; dijo que Dios el Padre, Dios el Hijo y Dios el Espíritu Santo son una persona. ¿Cómo puede ser verdad eso? —preguntó Juan.

—Parece imposible —coincidió su madre—, pero la Biblia enseña... —El teléfono sonó, interrumpiendo su respuesta—. Era tu padre —dijo ella después de colgar—. Quiere que recoja su traje de la tintore... —El teléfono volvió a sonar—. ¿Hola? ¿Mamá? Seguro, yo te llevaré al doctor. Te veo a las tres. Adiós.

Juan le sonrió a su madre.

—La abuela también te necesita, ¿cierto?

Su madre asintió.

—Sí, y también tengo que pasar por la casa de tía Cindy. Le prometí cuidar al bebé esta tarde.

—¡Guau! ¿Qué creen las personas que eres? —preguntó Juan—. ¿Trillizas?

Su madre se rio.

—No me molesta. Soy la esposa de papá y por eso me pide que haga cosas por él. Soy la hija de mi madre; por lo tanto, me pide que la ayude. Y, como hermana de tía Cindy, solo me pide que haga de hermana.

Juan pensó un rato.

—Hermana, hija y esposa; sin embargo, eres solo una persona. ¿Así es como Dios es más de una persona?

—Quizás un poco, aunque no existe nada que puedas realmente comparar con la Trinidad —respondió su madre—. Hay algunas cosas en las que creemos porque la Biblia así lo dice, no porque las entendamos. Eso es la fe.

¿Y TÚ? ¿Dudas de lo que enseña la Biblia porque «no te parece posible»? La Biblia es la Palabra de Dios, y lo que dice es verdadero. Tú piensas con una mente humana, pero Dios es mucho más grande que nuestra mente. *A.G.L.*

PARA MEMORIZAR: Toda la Escritura es inspirada por Dios y es útil para enseñarnos lo que es verdad y para hacernos ver lo que está mal en nuestra vida. Nos corrige cuando estamos equivocados y nos enseña a hacer lo correcto. *2 Timoteo 3:16*

6 DE DICIEMBRE

NO ES IMPOSIBLE

DE LA BIBLIA:

Mis pensamientos no se parecen en nada a sus pensamientos —dice el SEÑOR—.

Y mis caminos están muy por encima de lo que pudieran imaginarse.

Pues así como los cielos están más altos que la tierra,

así mis caminos están más altos que sus caminos

y mis pensamientos, más altos que sus pensamientos.

La lluvia y la nieve descienden de los cielos

y quedan en el suelo para regar la tierra.

Hacen crecer el grano,

y producen semillas para el agricultor

y pan para el hambriento.

Lo mismo sucede con mi palabra.

La envío y siempre produce fruto;

logrará todo lo que yo quiero,

y prosperará en todos los lugares donde yo la envíe.

ISAÍAS 55:8-11

Cree todo lo que Dios dice

7 DE DICIEMBRE

LOS AMIGOS EQUIVOCADOS

DE LA BIBLIA:

No se asocien íntimamente con los que son incrédulos. ¿Cómo puede la justicia asociarse con la maldad? ¿Cómo puede la luz vivir con las tinieblas? ¿Qué armonía puede haber entre Cristo y el diablo? ¿Cómo puede un creyente asociarse con un incrédulo? ¿Y qué clase de unión puede haber entre el templo de Dios y los ídolos? Pues nosotros somos el templo del Dios viviente. Como dijo Dios:

«Viviré en ellos
    y caminaré entre ellos.
Yo seré su Dios,
    y ellos serán mi pueblo.
Por lo tanto, salgan de entre los
    incrédulos
    y apártense de ellos, dice el SEÑOR.
No toquen sus cosas inmundas,
    y yo los recibiré a ustedes.

2 CORINTIOS 6:14-17

Elige amistades cristianas

LA HERMANITA DE ALAN ESTIRÓ LA MANO.

—Toma mi mano, Alan —dijo.

—No necesito tomarte la mano —contestó él—. ¡No eres una bebé, Melinda!

—Pero mamá me agarra de la mano cuando... ¡ay! Casi me caigo —exclamó Melinda, tropezando con una grieta que había en la acera.

—¡Si vieras por dónde caminas, no tropezarías! —Alan la agarró de la mano—. Ahora, ¡apúrate! —Melinda iba charlando alegremente, pero su hermano mayor no la escuchaba. Todavía estaba enojado porque su madre le había insistido que llevara a Melinda a jugar en el parque. Él prefería mucho más quedarse jugando videojuegos. Pero a su madre no le gustaba que frecuentara el negocio de videojuegos. Y tampoco le agradaban los muchachos con los que andaba habitualmente. Esteban y Clay no eran tan malos.

Cuando Alan y Melinda volvieron a casa, vieron a su madre en el patio. Melinda corrió hacia ella, tropezó con la manguera y se cayó.

—Nunca mira por dónde camina —dijo Alan indignado.

La madre ayudó a Melinda a ponerse de pie.

—No es la única —dijo—. Tú también tienes que mirar por dónde vas, hijo. Acabo de enterarme de que esta tarde atraparon a Esteban y a Clay robando en una tienda. Me alegro de que no estuvieras con ellos. Pero si sigues saliendo con esos dos, vas camino a una gran caída.

Melinda estiró la mano para alcanzar a su hermano.

—Te tomaré de la mano, Alan, para que no te caigas.

Su madre le sonrió.

—Me temo que no podrías impedir que se cayera, pero hay alguien que sí puede. Será mejor que Alan deje que Dios lo tome de la mano.

¿Y TÚ? ¿Te has puesto a observar el camino por el que viajas, para ver qué te espera? Si sigues a la gente equivocada, terminarás cayéndote. Elige amigos que te ayuden a hacer lo correcto. *B.J.W.*

PARA MEMORIZAR: ¡Rápido! —le dijo a la gente—, aléjense de las carpas de estos hombres perversos y no toquen ninguna de sus pertenencias. De lo contrario, serán destruidos por el pecado de ellos. *Números 16:26*

—¡CARL! —GRITÓ PAPÁ CUANDO COLGÓ EL TELÉ-FONO. Por el tono de voz de papá, iba a tener problemas.

—Era tu director —dijo papá—. Me contó que hoy te mandaron a la dirección por estar holgazaneando y porque le hablaste irrespetuosamente a tu maestra.

Carl parecía molesto.

—No fue mi culpa —protestó—. Jack empezó. Además, ¡esa clase es aburrida!

—Quizás no sería tan aburrida si estudiaras tus lecciones más seguido —dijo papá con severidad.

Carl se encogió de hombros.

—Ay, papá, si estudiara todo el tiempo, ¡no me divertiría nunca!

Papá se quedó callado un momento. Entonces, dijo:

—Acompáñame a mi taller. Quiero mostrarte algo. —Después de hurgar en una caja, papá sacó una pieza gruesa de madera—. Esto perteneció al abuelo Williams —dijo.

Carl lo miró con curiosidad.

—Eso no puede valer mucho —dijo, finalmente.

—Ah, pero sí vale. Es cerezo macizo —dijo papá—. ¿Recuerdas la figura tallada a mano que mamá tiene sobre la mesita de la sala? El abuelo Williams solía tallarlas y venderlas a los coleccionistas. Las hacía con el mismo tipo de madera que esta obra.

Carl silbó.

—¡Guau! Supongo que sí debe ser valiosa, después de todo.

—Por otra parte —dijo papá—, si fuera cortada para hacer palillos de dientes, no valdría mucho. La madera debe usarse apropiadamente. Y lo mismo se puede decir de la vida. La vida es un regalo de Dios. Es importante que la uses bien. No la descuides ni la desperdicies.

¿Y TÚ? ¿Crees que lo más importante en la vida es divertirse? ¿Eres descuidado con tus deberes, o perezoso con la oración y la lectura bíblica? La vida pasa rápidamente. No la desaproveches. *S.L.K.*

PARA MEMORIZAR: Todo lo que hagas, hazlo bien, pues cuando vayas a la tumba no habrá trabajo ni proyectos ni conocimiento ni sabiduría. *Eclesiastés 9:10*

8 DE DICIEMBRE

LOS PALILLOS DE DIENTES O EL TESORO

DE LA BIBLIA:

¡Setenta son los años que se nos conceden!

Algunos incluso llegan a ochenta.

Pero hasta los mejores años se llenan de dolor y de problemas;

pronto desaparecen, y volamos.

[...] Enséñanos a entender la brevedad de la vida,

para que crezcamos en sabiduría.

¡Oh Señor, vuelve a nosotros!

¿Hasta cuándo tardarás?

¡Compadécete de tus siervos!

Sácianos cada mañana con tu amor inagotable,

para que cantemos de alegría hasta el final de nuestra vida.

¡Danos alegría en proporción a nuestro sufrimiento anterior!

Compensa los años malos con bien.

Permite que tus siervos te veamos obrar otra vez,

que nuestros hijos vean tu gloria.

Y que el Señor nuestro Dios nos dé su aprobación

y haga que nuestros esfuerzos prosperen.

Sí, ¡haz que nuestros esfuerzos prosperen!

SALMO 90:10, 12-17

Usa tu vida con cuidado

9 DE DICIEMBRE

ES HEREDITARIO

DE LA BIBLIA:

Miren con cuánto amor nos ama nuestro Padre que nos llama sus hijos, ¡y eso es lo que somos! Pero la gente de este mundo no reconoce que somos hijos de Dios, porque no lo conocen a él. Queridos amigos, ya somos hijos de Dios, pero él todavía no nos ha mostrado lo que seremos cuando Cristo venga; pero sí sabemos que seremos como él, porque lo veremos tal como él es. Y todos los que tienen esta gran expectativa se mantendrán puros, así como él es puro.

1 JUAN 3:1-3

Refleja el carácter de Dios

—¡AY, MAMÁ! ¿POR QUÉ TIENEN QUE SALIRME PECAS? —se quejó Becky mientras examinaba su nariz frente al espejo.

—Agradece que no tienes verrugas —la consoló su hermano menor, Jay—. Además, ¿qué tienen de malo las pecas? Mamá tiene pecas y es bonita.

—Eso es diferente —respondió Becky—. Es una madre, y a nadie le importa si tiene pecas.

—Realmente no me sorprende que estén apareciéndote pecas —dijo mamá—. Al fin y al cabo, yo tengo y tu abuela y tu bisabuela también tenían pecas. Son una de las características hereditarias que te he transmitido.

—¿Qué significa eso, mamá? —preguntó Jay.

—Significa que no tengo esperanzas —se lamentó Becky.

Mamá sonreía mientras explicaba:

—Significa que tienes pecas porque yo tengo pecas. Becky y tú tienen ojos marrones porque papá y yo tenemos ojos marrones. Nosotros tenemos ojos marrones porque nuestros padres tenían ojos marrones. Eres un reflejo de papi y mío.

—Creo que entiendo —dijo Jay—. Somos muy parecidos a ti y a papi porque nacimos en tu familia.

—Correcto —concordó mamá—. Quizás Becky no valore todas las características que ha heredado, pero es obvio que ella es parte de nuestra familia.

—¡Con pecas y todo! —rio Becky nerviosamente.

—¿Saben, niños? —reflexionó mama—. Los cristianos somos parte de la familia de Dios y eso también debería ser obvio.

¿Y TÚ? ¿Perteneces a la familia de Dios? Entonces debes reflejar su carácter. Debería haber más cordialidad, más buena voluntad, más actos bondadosos. En otras palabras, deberías parecerte más a Jesús cada día. *B.D.*

PARA MEMORIZAR: Miren con cuánto amor nos ama nuestro Padre que nos llama sus hijos, ¡y eso es lo que somos! Pero la gente de este mundo no reconoce que somos hijos de Dios, porque no lo conocen a él. *1 Juan 3:1*

JANA SE DESPLOMÓ SOBRE EL SOFÁ.

—No creo que Sara alguna vez se haga cristiana. Le he predicado muchísimas veces, pero no sirve de nada. Sigue yendo a ver películas obscenas y mirando esos programas de televisión que no me dejas ver. Le dije lo que pienso de todo eso, pero solo se ríe.

—Hará esas cosas hasta que tenga el poder del Señor para vencer al pecado —razonó su madre.

—Pero ella no quiere vencer al pecado —dijo Jana, sacudiendo la cabeza—. Lo disfruta.

Su madre asintió.

—Es natural. En el pecado, hay placeres temporales, pero vivir para Dios es mucho mej...

—¡Patón! ¡Vuelve con eso! —El grito de Brian sonó en la sala—. ¡Madre! ¡Patón tiene mi marcador!

El perro corrió y se metió bajo la mesa del comedor.

—Dámelo, Patón —ordenó su madre. Patón gruñó despacio.

Mamá se agachó para tomar el marcador mientras hablaba. Esta vez, Patón gruñó más fuerte.

Jana se rio.

—¡Están haciendo todo mal! —Buscó un pedacito de fiambre en el refrigerador—. ¡Toma, Patón! ¿Quieres un poco de carne? —Inmediatamente, el perro dejó caer el marcador y agarró la comida.

Mientras su madre recogía el marcador, Jana sonrió.

—Para conseguir el marcador, lo único que tuvimos que hacer fue ofrecerle algo mejor.

Entonces, la madre le dijo a Jana:

—¿Le has ofrecido a Sara algo mejor que el pecado, Jana? Le dijiste todo lo que no debe hacer, pero ¿le hablaste de todas las cosas buenas que podría lograr como cristiana?

Jana parecía sorprendida.

—No, creo que no.

¿Y TÚ? ¿Predicas diciéndoles a las personas todas las cosas que hacen mal y que tendrían que dejar de hacer? En lugar de eso, háblales de las ventajas de ser cristiano. *B.J.W.*

PARA MEMORIZAR: La bendición del SEÑOR enriquece a una persona y él no añade ninguna tristeza. *Proverbios 10:22*

10 DE DICIEMBRE

UNA OFERTA MEJOR

DE LA BIBLIA:

Entonces Pedro le dijo:

—Nosotros hemos dejado todo para seguirte. ¿Qué recibiremos a cambio?

Jesús contestó:

—Les aseguro que cuando el mundo se renueve y el Hijo del Hombre se siente sobre su trono glorioso, ustedes que han sido mis seguidores también se sentarán en doce tronos para juzgar a las doce tribus de Israel. Y todo el que haya dejado casas o hermanos o hermanas o padre o madre o hijos o bienes por mi causa recibirá cien veces más a cambio y heredará la vida eterna. Pero muchos que ahora son los más importantes en ese día serán los menos importantes, y aquellos que ahora parecen menos importantes en ese día serán los más importantes.

MATEO 19:27-30

La vida cristiana es mejor

11 DE DICIEMBRE

EL CANTO SILVESTRE

DE LA BIBLIA:

Qué alegría para los que
   no siguen el consejo de malos,
   ni andan con pecadores,
   ni se juntan con burlones,
sino que se deleitan en la ley del
   SEÑOR
   meditando en ella día y noche.
Son como árboles plantados a la
   orilla de un río,
   que siempre dan fruto en su
   tiempo.
Sus hojas nunca se marchitan,
   y prosperan en todo lo que hacen.
¡No sucede lo mismo con los malos!
   Son como paja inútil que esparce
   el viento.
Serán condenados cuando llegue el
   juicio;
   los pecadores no tendrán lugar
   entre los justos.
Pues el SEÑOR cuida el sendero de los
   justos,
   pero la senda de los malos lleva a
   la destrucción.

SALMO 1:1-6

*Elige personas
consagradas como
compañeras*

SARITA ESTABA TAN EMOCIONADA que casi no podía hablar.

—¡Mira! —gritó—. Atrapé un gorrión. ¿Puedo quedármelo, mamá? Encontré esta jaula vieja en el garaje.

La madre de Sarita miró al pájaro.

—Puedes tenerlo unos días, pero no es una buena idea tratar de convertir en mascota a los animales o aves silvestres.

—Lo sé —dijo Sarita—. Lo dejaré ir pronto. ¿Los gorriones cantan?

Su madre sonrió.

—Ah, pían y trinan, pero no tienen la voz encantadora de un cardenal o de un canario.

—Bueno, lo pondré junto a la jaula de Lorito —decidió Sarita—. Lorito le enseñará al gorrión a cantar.

Unos minutos después, preguntó si podía jugar en la casa de Angie.

Su madre frunció el ceño.

—¿Qué tienes planeado?

Sarita se encogió de hombros.

—Tiene montones de juegos para computadora y CDs. También tiene su propio televisor. Tendremos muchas cosas que hacer.

—Estoy segura de que eso es cierto —dijo su madre—, pero ¿esa es la clase correcta de actividades? ¿Por qué no invitas a Angie para que venga a casa más seguido?

Sarita respondió:

—Dice que nuestra casa es aburrida.

—Puedes ir, pero solo un rato —decidió su madre—. Si pasas tanto tiempo con Angie, es posible que dejen de gustarte tus propios juegos y CDs.

Unos días después, Sarita decidió soltar al gorrión.

—En lugar de que este pájaro aprendiera a cantar como un canario, ¡Lorito empezó a piar y a trinar como el gorrión! —le contó a su madre—. Es como Angie y yo, ¿cierto?

¿Y TÚ? ¿Crees que por hacer lo que tus amigos no cristianos quieren que hagas los ayudarás a convertirse en cristianos? ¡Ten mucho cuidado! Asegúrate de que tus amigos no cristianos no influyan en ti para que hagas lo malo. Asegúrate de que tus amigos te ayuden a elegir lo que está bien. *C.R.*

PARA MEMORIZAR: Pues el SEÑOR cuida el sendero de los justos, pero la senda de los malos lleva a la destrucción. *Salmo 1:6*

—IRÉ A BUSCARLOS A LA SALIDA DE LA ESCUELA Y LOS LLEVARÉ A VER A SU ABUELO AL HOSPITAL —les dijo su madre a Andy y a Lisa.

Andy trató de tragar, a pesar del nudo que tenía en la garganta.

—¿Se... va a morir?

Su madre respiró hondo.

—No lo sé. Solo sé que el abuelo está en las manos de Dios. Dios lo cuidará. Lo que él quiera será lo mejor para el abuelo, ¿verdad? —Las lágrimas corrieron por las mejillas de Andy—. El abuelo ha sufrido mucho últimamente —le recordó mamá—. Y desde que la abuela murió la primavera pasada, él no es feliz. Creo que el abuelo desea ver a la abuela y a Jesús.

—Pero lo necesitamos —protestó Andy—, y él no quiere dejarnos.

Lisa le dio dos dólares a Andy.

—¿Puedes guardarme estos dos dólares hasta después de la escuela? No tengo bolsillos y quiero comprarle una tarjeta al abuelo antes de que vayamos al hospital. —Andy guardó los dólares en el bolsillo. Mientras corrían a tomar el autobús, Lisa dijo—: Cuida bien mi dinero, Andy.

El día pasó muy lentamente para Andy. A cada ratito, le recordaba a Dios:

—Cuida bien a mi abuelo, Señor.

Cuando salieron de la escuela, los niños se subieron al carro de su madre.

—¿Está un poco mejor el abuelo? —preguntó Andy.

Su madre negó con la cabeza.

—No. Sigue igual.

—¿Dónde están mis dos dólares, Andy? —preguntó Lisa mientras iban a comprarle la tarjeta al abuelo. Andy sacó el dinero del bolsillo y Lisa sonrió—. Gracias por cuidar el dinero por mí.

Mientras Lisa pagaba la tarjeta, la madre se dirigió a Andy:

—Confiemos en que Dios cuidará al abuelo, como Lisa confió en que le cuidarías su dinero. El abuelo está bajo su cuidado.

¿Y TÚ? ¿Alguien que quieres está enfermo? Confíale a Dios el cuidado de esa persona. *B.J.W.*

PARA MEMORIZAR: Que tu favor brille sobre tu siervo; por causa de tu amor inagotable, rescátame. *Salmo 31:16*

12 DE DICIEMBRE

BAJO SU CUIDADO

DE LA BIBLIA:

Oh Señor, a ti acudo en busca de protección;

no dejes que me avergüencen.

Sálvame, porque tú haces lo correcto.

Inclina tu oído para escucharme;

rescátame pronto.

Sé mi roca de protección,

una fortaleza donde estaré a salvo.

Tú eres mi roca y mi fortaleza;

por el honor de tu nombre, sácame de este peligro. [...]

Pero yo confío en ti, oh Señor;

digo: «¡Tú eres mi Dios!».

Mi futuro está en tus manos;

rescátame de los que me persiguen sin tregua.

Que tu favor brille sobre tu siervo;

por causa de tu amor inagotable, rescátame.

SALMO 31:1-3, 14-16

Confía en Dios

13 DE DICIEMBRE

SIN CASTIGO

DE LA BIBLIA:

Tal vez crees que puedes condenar a tales individuos, pero tu maldad es igual que la de ellos, ¡y no tienes ninguna excusa! Cuando dices que son perversos y merecen ser castigados, te condenas a ti mismo porque tú, que juzgas a otros, también practicas las mismas cosas. Y sabemos que Dios, en su justicia, castigará a todos los que hacen tales cosas. Y tú, que juzgas a otros por hacer esas cosas, ¿cómo crees que podrás evitar el juicio de Dios cuando tú haces lo mismo? ¿No te das cuenta de lo bondadoso, tolerante y paciente que es Dios contigo? ¿Acaso eso no significa nada para ti? ¿No ves que la bondad de Dios es para guiarte a que te arrepientas y abandones tu pecado?

ROMANOS 2:1-4

Ama la compasión

EL RUIDO DEL CRISTAL ROMPIÉNDOSE HIZO que David corriera al comedor.

—¡Ayyy, Melissa! ¡Mira lo que hiciste! —dijo con la voz entrecortada. Melissa se había quedado mirando, horrorizada, los pedazos de cristal desparramados en el piso—. ¡Rompiste el jarrón favorito de mama! —exclamó David—. Es el que le regaló tío Don antes de morir.

—No pude evitarlo —dijo Melissa nerviosamente.

—¿Cuál es el problema? —Ambos niños saltaron al oír la voz de su madre. Su rostro se cubrió de tristeza cuando vio lo que había sucedido.

Melissa estalló en sollozos.

—Fue sin querer. Yo estaba buscando un lápiz y me caí. ¡Ay! Lo siento.

Mamá abrazó a Melissa.

—Bueno, bueno, cariño. No llores así.

—¿Tiene que comprarte otro? —preguntó David.

—No. Algunas cosas no pueden reemplazarse —dijo mamá con tristeza.

—Entonces, ¿vas a castigarla? —Quiso saber David. Mamá negó con la cabeza—. ¿Le darás una nalgada? —Fue la siguiente pregunta de David. Nuevamente, mamá sacudió la cabeza. David estaba pasmado—. ¿No la castigarás de ninguna manera?

—No —suspiró mamá—. Melissa ya aprendió que tiene que ser más cuidadosa.

David hizo un gesto de indignación.

—Si yo lo hubiera roto, ¡no hubiera podido sentarme durante una semana!

—¡Eso no es cierto! —dijo mamá. Luego añadió—: No te pongas celoso cuando alguien es tratado con compasión. La compasión es algo por lo que todos deberíamos estar agradecidos. ¿Quién sabe? Quizás mañana tú la necesites.

¿Y TÚ? ¿Te quejas cuando alguien no recibe el castigo que consideras que debería recibir? Dios dice que «ames la compasión», aunque sea extendida a otros. Si eres compasivo, recibirás compasión. *B.J.W.*

PARA MEMORIZAR: ¡No! Oh pueblo, el SEÑOR te ha dicho lo que es bueno, y lo que él exige de ti: que hagas lo que es correcto, que ames la compasión y que camines humildemente con tu Dios. *Miqueas 6:8*

MEG VIO CÓMO SU HERMANA MAYOR SALÍA DE CASA.

—¿Por qué no puedo ir a la biblioteca con Tamara? —preguntó—. Miraré libros mientras ella estudia.

—Meg —dijo su madre con paciencia—, casi es hora de que vayas a dormir. Tienes ocho años. Tamara está en la preparatoria. Cuando tengas su edad, también podrás ir a la biblioteca durante la noche.

—Tamara tiene un estéreo en su cuarto, va al centro comercial y... —Las palabras de Meg salieron atropelladamente.

Su madre se levantó del sillón.

—Es hora de ir a dormir —dijo—. Subiré contigo. —En la escalera, mamá se detuvo—. Meg —dijo—, cuando eras bebé, subías la escalera con las manos y las rodillas. Luego, subías conmigo de la mano, para que yo te ayudara. ¿Te acuerdas?

Meg se rio y negó con la cabeza.

—No, pero los niños pequeños hacen eso en la iglesia.

—Ahora eres mucho más grande —continuó su madre— y subes la escalera caminando. Poco a poco podrás hacer más cosas cada día. Porque ¡mira todo lo que haces ahora! La semana pasada te quedaste a dormir con tu amiga Lisa. Ahora, vas en bicicleta hasta la calle. No podías hacer esas cosas cuando tenías dos o cuatro años, ¿verdad? —Meg negó lentamente con la cabeza—. Dios nos hizo de tal manera que no tengamos que aprender todo de una sola vez —añadió su madre—. Solo debemos dar un paso a la vez.

¿Y TÚ? ¿Quisieras ser mayor ahora? ¿Crees que deberían dejarte hacer todo lo que puede hacer tu hermano o tu hermana mayor? Dios tiene un tiempo para todo. Da un paso a la vez. *D.K.*

PARA MEMORIZAR: Sin embargo, Dios lo hizo todo hermoso para el momento apropiado. Él sembró la eternidad en el corazón humano, pero aun así el ser humano no puede comprender todo el alcance de lo que Dios ha hecho desde el principio hasta el fin. *Eclesiastés 3:11*

14 DE DICIEMBRE

SOLO UN PASO

DE LA BIBLIA:

Hay una temporada para todo,
un tiempo para cada actividad bajo el cielo.
Un tiempo para nacer y un tiempo para morir.
Un tiempo para sembrar y un tiempo para cosechar.
Un tiempo para matar y un tiempo para sanar.
Un tiempo para derribar y un tiempo para construir.
Un tiempo para llorar y un tiempo para reír.
Un tiempo para entristecerse y un tiempo para bailar. [...]
Un tiempo para buscar y un tiempo para dejar de buscar. [...]
Un tiempo para callar y un tiempo para hablar.
Un tiempo para amar y un tiempo para odiar.
Un tiempo para la guerra y un tiempo para la paz. [...]

Sin embargo, Dios lo hizo todo hermoso para el momento apropiado. Él sembró la eternidad en el corazón humano, pero aun así el ser humano no puede comprender todo el alcance de lo que Dios ha hecho desde el principio hasta el fin.

ECLESIASTÉS 3:1-4, 6-8, 11

Conténtate con ser un niño

15 DE DICIEMBRE

DESAFINADO

DE LA BIBLIA:

Purifícame de mis pecados, y quedaré
    limpio;
    lávame, y quedaré más blanco que
    la nieve.
Devuélveme la alegría;
    deja que me goce
    ahora que me has quebrantado.
No sigas mirando mis pecados;
    quita la mancha de mi culpa.
Crea en mí, oh Dios, un corazón
    limpio
    y renueva un espíritu fiel dentro
    de mí.
No me expulses de tu presencia
    y no me quites tu Espíritu Santo.
Restaura en mí la alegría de tu
    salvación
    y haz que esté dispuesto a obede-
    certe.
Entonces enseñaré a los rebeldes tus
    caminos,
    y ellos se volverán a ti.

SALMO 51:7-13

*Sigue las normas
de Dios*

—¿VIENES ESTA TARDE AL CONCIERTO de Navidad de la escuela? —preguntó Katy cuando terminó su desayuno—. Melanie y yo tocaremos la flauta a dúo.

—No me lo perdería —respondió su madre. Cuando Katy se levantó de la mesa, mamá se quedó boquiabierta—. ¿De dónde sacaste esa falda?

Katy se encogió de hombros.

—Me la dio Candy. Era demasiado pequeña para ella.

—Bueno, también ¡es demasiado pequeña para ti! —concluyó su madre—. Por favor, ve arriba y cámbiate con algo decente.

—¡Ay, madre! ¡Eres tan anticuada! —Lloriqueó Katy—. Todas las chicas usan faldas como esta.

Esa tarde, cuando Katy y Melanie empezaron a tocar en el concierto, rápidamente se dieron cuenta de que había un problema. Las notas que tocaban no sonaban acordes con el piano. Avergonzadas, las niñas comenzaron a cometer errores. Cuando la canción terminó, pudieron tomar asiento y se sintieron aliviadas.

—Fue tan humillante —se quejó Katy esa noche—. Melanie y yo nos aseguramos de que nuestros instrumentos estuvieran afinados entre sí, pero no los afinamos con el piano.

—Katy, ¿recuerdas de lo que hablamos esta mañana? —preguntó su madre—. Al parecer, sentías que, si aceptabas vestir a la moda estaba bien porque "todos lo hacen". Pero podrías estar "en armonía" con los criterios mundanos y "desafinar" con los criterios de Dios.

¿Y TÚ? ¿Tienes ropa a la moda? ¿Escuchas la misma música y miras los mismos programas televisivos que miran todos? Eso está bien, siempre y cuando también cumplas con las normas de Dios. ¡Asegúrate de que estés «afinado» con él! *S.L.K.*

PARA MEMORIZAR: No imiten las conductas ni las costumbres de este mundo, más bien dejen que Dios los transforme en personas nuevas al cambiarles la manera de pensar. Entonces aprenderán a conocer la voluntad de Dios para ustedes, la cual es buena, agradable y perfecta. *Romanos 12:2*

—JEREMÍAS, PRONTO SERÁ HORA DE IR A LA CAMA —lo llamó su mamá.

—¿Puedo quedarme cinco minutos más? —rogó Jeremías—. Necesito ayuda para entender un versículo bíblico. —Jeremías estaba leyendo la Biblia, pero también intentaba huir de tener que ir a dormir.

Mamá entró en el cuarto.

—Dime qué lees, Jeremías.

—Estoy leyendo Juan, capítulo 3 —le dijo a su madre—. En el versículo 3, Jesús dijo: "Te *aseguro*". ¿Qué significa *asegurar*?

—¿Recuerdas qué te dijo papá que hagas cuando no sabes el significado de una palabra de la Biblia? —preguntó mamá.

—Dijo que la busque en una versión distinta y en el diccionario.

—¿Por qué no lo haces ahora? —dijo mamá, sonriendo.

Jeremías tomó dos Biblias de un estante, sacó el diccionario de su escritorio y abrió una de las Biblias en Juan 3:3, donde encontró las palabras: "En *verdad* te digo". En otra versión, leyó: "De cierto, de cierto te digo".

Jeremías buscó *asegurar* en su diccionario.

—Significa: "convencer" o "garantizar" según el señor Webster —le dijo a madre—. ¿Jesús quería convencernos o garantizar que lo que dijo es cierto?

—Así es. Él quería que las personas creyeran lo que estaba diciendo —respondió mamá.

—Antes leí palabras que no entendía —dijo Jeremías—. Pero nunca me tomé el tiempo de aprender qué querían decir.

—Bueno, ahora que ya sabes qué significa *asegurar* —dijo su madre—, entenderás esto: ¡te aseguro que es hora de que te vayas a la cama!

¿Y TÚ? ¿A veces te cuesta comprender las palabras usadas en la Biblia? Solo te lleva un minuto consultar el diccionario, y eso te ayudará a entender qué está diciéndote Dios. Si a pesar de hacerlo sigues sin entender, pídele a alguien que te ayude. Aprende sobre la Biblia. *L.M.W.*

PARA MEMORIZAR: Jesús le respondió: «Te digo la verdad, a menos que nazcas de nuevo, no puedes ver el reino de Dios». *Juan 3:3*

¡ES CIERTO!

DE LA BIBLIA:

Había un hombre llamado Nicodemo, un líder religioso judío, de los fariseos. Una noche, fue a hablar con Jesús:

—Rabí —le dijo—, todos sabemos que Dios te ha enviado para enseñarnos. Las señales milagrosas que haces son la prueba de que Dios está contigo.

Jesús le respondió:

—Te digo la verdad, a menos que nazcas de nuevo, no puedes ver el reino de Dios.

—¿Qué quieres decir? —exclamó Nicodemo—. ¿Cómo puede un hombre mayor volver al vientre de su madre y nacer de nuevo?

Jesús le contestó:

—Te digo la verdad, nadie puede entrar en el reino de Dios si no nace de agua y del Espíritu. [...]

Y, así como Moisés levantó la serpiente de bronce en un poste en el desierto, así deberá ser levantado el Hijo del Hombre, para que todo el que crea en él tenga vida eterna.

Pues Dios amó tanto al mundo que dio a su único Hijo, para que todo el que crea en él no se pierda, sino que tenga vida eterna. Dios no envió a su Hijo al mundo para condenar al mundo, sino para salvarlo por medio de él.

JUAN 3:1-5, 14-17

Consulta las palabras de los términos bíblicos

17 DE DICIEMBRE

PREGUNTA QUÉ PUEDES HACER

DE LA BIBLIA:

¡Que toda la tierra cante al SEÑOR!

Cada día anuncien las buenas noticias de que él salva.

Publiquen sus gloriosas obras entre las naciones;

cuéntenles a todos las cosas asombrosas que él hace.

¡Grande es el SEÑOR! ¡Es el más digno de alabanza!

A él hay que temer por sobre todos los dioses.

Los dioses de las otras naciones no son más que ídolos,

¡pero el SEÑOR hizo los cielos!

Honor y majestad lo rodean;

fuerza y gozo llenan su morada.

Oh naciones del mundo, reconozcan al SEÑOR;

reconozcan que el SEÑOR es fuerte y glorioso.

¡Denle al SEÑOR la gloria que merece!

Lleven ofrendas y entren en su presencia.

Adoren al SEÑOR en todo su santo esplendor.

1 CRÓNICAS 16:23-29

Involúcrate en la iglesia

CARLA ESTABA CANSADA DE SU IGLESIA. Le dijo a su madre:

—No saco nada de las reuniones de adoración. La música me resulta demasiado aburrida y no puedo seguir los mensajes del pastor Reese. ¡Desearía no tener que ir siempre!

Su madre le dijo que oraría con ella al respecto.

Esa semana, en la escuela, le dieron a Carla la tarea de preparar un informe oral sobre John F. Kennedy. Encontró cierta información interesante sobre él. Fue el hombre más joven en ser electo presidente, y le dispararon y murió mientras estaba en el poder.

Cuando Carla terminó su informe, le pidió a su mamá que la escuchara mientras lo practicaba. Finalizó con una cita del discurso de investidura del presidente Kennedy:

—Es muy famoso por esta frase: "No preguntes qué puede hacer tu país por ti. Pregunta qué puedes hacer tú por tu país".

Mamá se quedó en silencio.

—Bueno, ¿qué te parece? —preguntó Carla.

—Ay, disculpa —dijo mamá—. Está bien, querida, pero la última frase me hizo pensar. ¿Recuerdas que me dijiste que no podías sacar nada de los servicios de la iglesia? Quizás podríamos aplicar aquí la frase del presidente Kennedy. No preguntes qué puede hacer tu iglesia por ti, sino qué puedes hacer tú por tu iglesia.

—¡Mmm, quizás sí! —respondió Carla. Pensó mucho en ello esa semana y decidió intentarlo.

¿Y TÚ? ¿Te quedas de brazos cruzados esperando recibir bendiciones de la iglesia, o tratas de ser una bendición para los demás? En la iglesia, como en muchas otras áreas, sacas de ella tanto como pones. La verdadera adoración implica dar gloria a Dios, dar ofrendas a Dios y entregarnos nosotros mismos a Dios. *R.E.P.*

PARA MEMORIZAR:

¡Denle al SEÑOR la gloria que merece!

Lleven ofrendas y entren en su presencia.

Adoren al SEÑOR en todo su santo esplendor.
1 Crónicas 16:29

BERENICE VERTIÓ CUIDADOSAMENTE LA MEZCLA EN LA BANDEJA DE METAL, la metió en el horno y se dejó caer en una silla de la cocina.

—Las últimas —dijo—. Tan pronto como estén horneadas y frías, las pondré en una caja para la venta en la escuela.

—Por favor no te olvides de limpiar —le pidió su madre.

—Lo haré más tarde —dijo Berenice, y añadió—: a menos que lo hagas tú.

Su madre sacudió la cabeza.

—No, cariño. Estoy por irme a una reunión. Además, prometiste limpiar la cocina después de hacer las galletas.

—No sabía que cocinar todas estas galletas me llevaría tanto tiempo —contestó Berenice—. ¿No puedo ayudarte a limpiar la cocina a la hora de la cena? —Mientras echaba un vistazo al horno, agregó—: Odio la parte de limpiar.

—A la mayoría nos pasa lo mismo —dijo su madre—, pero hay que hacerlo.

A regañadientes, Berenice apiló las cucharas y los recipientes sucios en el fregadero.

—¿Puedo remojarlas nada más? —insistió—. Todo está tan pegajoso y...

—Cariño —dijo su madre—, muchísimas veces me gustaría dejarle el trabajo desagradable a otro. Pero las cosas no funcionan así. Creo que es especialmente importante que los cristianos sean fieles en todo lo que hagan. Eso significa que tenemos que hacer con alegría el trabajo completo, incluyendo las partes menos agradables.

Berenice reflexionó en las palabras de su madre. No sería justo dejarle a ella la limpieza. Con determinación, Berenice se puso a limpiar el lugar donde había trabajado.

¿Y TÚ? ¿Te gusta hacer todo lo divertido y dejarles a otros las tareas desagradables? Cuando lo haces, solo cumples con la mitad del trabajo. La próxima vez que estés frente a una tarea desagradable, recuerda que el Señor espera que seas fiel hasta en las cosas más pequeñas. *R.I.J.*

PARA MEMORIZAR: Trabajen de buena gana en todo lo que hagan, como si fuera para el Señor y no para la gente. *Colosenses 3:23*

18 DE DICIEMBRE

SOLO A MEDIAS

DE LA BIBLIA:

Cuando un sirviente vuelve de arar o de cuidar las ovejas, ¿acaso su patrón le dice: «Ven y come conmigo»? No, le dirá: «Prepara mi comida, ponte el delantal y sírveme mientras como. Luego puedes comer tú». ¿Y le agradece el amo al sirviente por hacer lo que se le dijo que hiciera? Por supuesto que no. De la misma manera, cuando ustedes me obedecen, deben decir: «Somos siervos indignos que simplemente cumplimos con nuestro deber».

LUCAS 17:7-10

«A medias» no está terminado

19 DE DICIEMBRE

VA DE NUEVO

DE LA BIBLIA:

Ora de la siguiente manera:
Padre nuestro que estás en el cielo,
que sea siempre santo tu nombre.
Que tu reino venga pronto.
Que se cumpla tu voluntad en la tierra
como se cumple en el cielo.
Danos hoy el alimento que necesitamos,
y perdónanos nuestros pecados,
así como hemos perdonado a los que pecan contra nosotros.
No permitas que cedamos ante la tentación,
sino rescátanos del maligno.

Si perdonas a los que pecan contra ti, tu Padre celestial te perdonará a ti; pero si te niegas a perdonar a los demás, tu Padre no perdonará tus pecados.

MATEO 6:9-15

Perdona sinceramente

—¿QUIÉN USÓ MIS MARCADORES? —preguntó Pedro.

—Mamá dice que se supone que debes compartir —replicó Tina.

—Y se *suponía* que tú debías cerrar bien las tapas para que no se secaran —se quejó Pedro.

—Lo siento —dijo Tina a la ligera.

—Bueno, no suenas arrepentida —replicó Pedro. Al levantarse de un salto, tiró las piezas del rompecabezas por todas partes.

—¡Pedro! —gritó Melissa, quien había estado trabajando en el rompecabezas.

—Fue sin querer —gimió Pedro.

Cuando su madre les dijo a los tres que recogieran las piezas dispersas, Tina se opuso:

—Yo estoy leyendo —dijo—. Ellos hicieron ese lío.

—Todos pueden ayudar —dijo su madre con firmeza—. Y como parece que no pueden hablarse amablemente entre ustedes, no digan una palabra por un rato. Pondré el álbum de nuestras canciones navideñas favoritas, y los quiero trabajando en silencio hasta que haya terminado todo el álbum.

Pronto, las letras de los villancicos navideños llenaron el ambiente. Mientras recogían el rompecabezas, cantaban tranquilamente "Noche de paz", hasta que el álbum, de pronto, se entrecortó y las palabras sonaron confusas. Pedro sacó el CD y trató de quitarle unas rayas.

—Parece que lo escuchamos bastante —dijo.

—Sí —coincidió su madre—. Como las palabras en nuestra casa.

—¿Cómo? ¿Qué quieres decir? —preguntó Melissa.

—Decimos: "Lo siento", "No fue a propósito" y "No es mi culpa", pero no lo decimos con sinceridad —explicó la madre—. Parecemos un disco rayado.

¿Y TÚ? ¿Eres sincero cuando dices: «Lo siento»? ¿O lo dices porque sabes que es lo que se espera que digas? El Padre Nuestro dice: «Perdónanos [...] así como hemos perdonado». Piensa en eso. Luego demuestra con tus hechos que verdaderamente has perdonado. *J.L.H.*

PARA MEMORIZAR:

Luego Pedro se le acercó y preguntó:

—Señor, ¿cuántas veces debo perdonar a alguien que peca contra mí? ¿Siete veces?

—No siete veces —respondió Jesús—, sino setenta veces siete. *Mateo 18:21-22*

CAMILA LLEGÓ A LA IGLESIA BÍBLICA del pueblo poco antes de la Navidad. Acababa de mudarse a la zona, e ir a la iglesia era una experiencia nueva para ella. No entendía muy bien las lecciones, pero el amor que le prodigaba su maestra la hacía volver cada semana.

Un día, la señorita Weaver le preguntó a Camila si podía llevar algunas ramas de pino para la fiesta navideña de la clase. La señorita Weaver dijo:

—Solo necesitamos unas ramitas para decorar las mesas.

Deseosa de complacer a su maestra, Camila aceptó traer las ramas. Pero en algunos lugares donde vendían árboles de Navidad, no tenían ninguna rama suelta, y otros le daban las ramas únicamente si compraba un árbol.

Un día, volviendo a su casa luego de la escuela, Camila vio una pila de ramas de pino en el lote de árboles navideños. Tuvo una idea. En lugar de pedir que le regalaran las ramas, compraría algunas. *No deben costar mucho*, pensó. Camila corrió a su casa a buscar un poco de dinero, pero cuando se lo ofreció al dueño de las ramas, él dijo:

—No están a la venta. —Decepcionada, Camila empezó a alejarse. El hombre la llamó rápidamente—: Señorita, son gratis. Agarre las que quiera.

Con entusiasmo, Camila recogió todas las que podía cargar. Luego, mientras decoraban las mesas, Camila le contó su experiencia a la señorita Weaver.

—Es una buena ilustración de la salvación —dijo la señorita Weaver—. Algunas personas dicen que podemos adquirir la salvación haciendo buenas obras. Pero la Biblia dice que la salvación es un regalo. No podemos ganarla ni comprarla. No se vende. Solamente podemos recibir la salvación aceptando a Jesús como nuestro Salvador.

—Ahora entiendo —dijo Camila dulcemente.

¿Y TÚ? ¿Tratas de comprar tu salvación siendo bueno, yendo a la iglesia o bautizándote? ¡Así no funciona! La salvación es un regalo de Dios. *J.L.H.*

PARA MEMORIZAR: Dios los salvó por su gracia cuando creyeron. Ustedes no tienen ningún mérito en eso; es un regalo de Dios. *Efesios 2:8*

20 DE DICIEMBRE

NO SE VENDE

DE LA BIBLIA:

Cuando los apóstoles de Jerusalén oyeron que la gente de Samaria había aceptado el mensaje de Dios, enviaron a Pedro y a Juan allá. En cuanto ellos llegaron, oraron por los nuevos creyentes para que recibieran el Espíritu Santo. El Espíritu Santo todavía no había venido sobre ninguno de ellos porque solo habían sido bautizados en el nombre del Señor Jesús. Entonces Pedro y Juan impusieron sus manos sobre esos creyentes, y recibieron el Espíritu Santo.

Cuando Simón vio que el Espíritu se recibía cuando los apóstoles imponían sus manos sobre la gente, les ofreció dinero para comprar ese poder.

—Déjenme tener este poder también —exclamó—, para que, cuando yo imponga mis manos sobre las personas, ¡reciban el Espíritu Santo!

Pedro le respondió:

—¡Que tu dinero se destruya junto contigo por pensar que es posible comprar el don de Dios! Tú no tienes parte ni derecho en esto porque tu corazón no es recto delante de Dios. Arrepiéntete de tu maldad y ora al Señor. Tal vez él perdone tus malos pensamientos, porque puedo ver que estás lleno de una profunda envidia y que el pecado te tiene cautivo.

HECHOS 8:14-23

La salvación es un regalo

21 DE DICIEMBRE

LA GENERACIÓN MAYOR

(Primera parte)

DE LA BIBLIA:

Oh Dios, tú me has enseñado desde
mi tierna infancia,

y yo siempre les cuento a los
demás acerca de tus hechos
maravillosos.

Ahora que estoy viejo y canoso,

no me abandones, oh Dios.

Permíteme proclamar tu poder a esta
nueva generación,

tus milagros poderosos a todos los
que vienen después de mí.

Tu justicia, oh Dios, alcanza los cielos
más altos;

¡has hecho cosas tan maravillosas!

¿Quién se compara contigo, oh
Dios?

Has permitido que sufra muchas
privaciones,

pero volverás a darme vida

y me levantarás de las profundi-
dades de la tierra.

Me restaurarás incluso a mayor honor

y me consolarás una vez más.

Entonces te alabaré con música de
arpa,

porque eres fiel a tus promesas, oh
mi Dios.

SALMO 71:17-22

Escucha a tus mayores

—NOS ENCONTRAREMOS AQUÍ en la iglesia el sábado por la tarde, e iremos juntos —anunció la señora Kendall—. La clase ha terminado.

Tan pronto como los niños salieron del salón, Mark se quejó:

—¿Quién quiere ir al asilo de ancianos? ¿Qué tengo yo en común con esos viejos?

Adán se encogió de hombros.

—¡No mucho! Pero debemos ir, o la señora Kendall se decepcionará.

Natalia, que venía detrás de ellos, añadió:

—La señora Kendall es la mejor maestra de escuela dominical del mundo. ¡Pero visitar un asilo de ancianos es una idea ridícula!

Adán volvió a encogerse de hombros.

—Tal vez no nos quedemos mucho tiempo.

El próximo sábado por la tarde, ocho alumnos de quinto grado se reunieron en la iglesia.

—Luego de que cantemos y leamos la Palabra, dense una vuelta y preséntense —indicó la señora Kendall.

—¿Qué les diremos? —preguntó Natalia.

La señora Kendall sonrió.

—Probablemente no tengan que decir mucho. Su principal trabajo será escuchar.

Dos horas más tarde, los niños volvieron a apiñarse en la furgoneta de la señora Kendall.

—Ese señor Wilson es listo. Fue alcalde —dijo Mark—. Ofreció ayudarme con el ensayo que tengo que escribir sobre la historia de nuestra ciudad.

—Y la señora Baker va a enseñarme a tejer a croché —dijo Natalia—. La próxima vez que venga, necesito traer... —Natalia hizo una pausa y continuó—: Vamos a venir otra vez, ¿verdad, señora Kendall?

La señora Kendall sonrió.

—Les dejo a ustedes esa decisión. Todos los que quieran volver, digan "a favor".

Un coro de "a favor" llenó el aire.

¿Y TÚ? ¿Has evitado a las personas mayores porque no sabías cómo hablarles? Muchos ancianos necesitan que alguien los escuche. Y tú necesitas escuchar lo que ellos tienen que decir. *B.J.W.*

PARA MEMORIZAR: Que cada generación cuente a sus hijos de tus poderosos actos y que proclame tu poder. *Salmo 145:4*

LA GENERACIÓN MAYOR

(Segunda parte)

DE LA BIBLIA:

Conocemos lo que es el amor verdadero, porque Jesús entregó su vida por nosotros. De manera que nosotros también tenemos que dar la vida por nuestros hermanos. Si alguien tiene suficiente dinero para vivir bien y ve a un hermano en necesidad pero no le muestra compasión, ¿cómo puede estar el amor de Dios en esa persona?

Queridos hijos, que nuestro amor no quede solo en palabras; mostremos la verdad por medio de nuestras acciones.

1 JUAN 3:16-18

Sé compasivo

LA CLASE DOMINICAL DE LA SEÑORA KENDALL **VOTÓ** por unanimidad visitar el asilo de ancianos Greenwood el cuarto sábado de cada mes. La siguiente vez que fueron, Natalia llevó hilo y aguja de croché. Mark tenía lápiz y papel para poder tomar notas sobre la historia de Canterville que le contaría el señor Wilson. Adán llevó un libro con imágenes del lejano Oeste para compartir con el señor Rowland. Los demás llevaron frutas, galletas y libros.

Después de que cantaron y leyeron las Escrituras, fueron a visitar a los amigos que habían hecho el mes anterior. Entonces, su maestra les pidió que le prestaran atención.

—La directora de actividades, la señora Nelson, nos pidió que cantemos para algunas personas que no pueden levantarse de la cama —dijo. Jay buscó su guitarra. Fueron de un cuarto a otro, cantando. Más tarde, mientras se preparaban para irse, la señora Nelson dijo—: Muchísimas gracias. Algunos de estos pacientes nunca tienen visitas.

Cuando se apiñaron en la furgoneta, Natalia habló en voz baja:

—Aprendí algo más que hacer punto de cadeneta. Aprendí lo importante que es la amabilidad.

La señora Kendall asintió en acuerdo:

—La compasión es una virtud que todos los cristianos deben tener.

—Y yo aprendí a dar gracias por mi salud —dijo Adán—. ¿Vieron a ese hombre? No podía respirar sin la máquina de oxígeno.

—Y yo aprendí lo bendecida que soy por ser su maestra en la escuela dominical. —La señora Kendall sonrió y puso en marcha la furgoneta.

¿Y TÚ? Cuando ves a personas mayores que ya no tienen la mente ágil, o a personas lisiadas o discapacitadas, ¿te burlas de ellas? ¿O tienes el deseo de ayudarlas? Si realmente eres como Cristo, serás compasivo. Eso quiere decir que te identificarás con ellas y querrás ayudarlas. *B.J.W.*

PARA MEMORIZAR: Por último, todos deben ser de un mismo parecer. Tengan compasión unos de otros. Ámense como hermanos y hermanas. Sean de buen corazón y mantengan una actitud humilde. *1 Pedro 3:8*

23 DE DICIEMBRE

LA FIESTA DE BRIAN

DE LA BIBLIA:

Esa noche había unos pastores en los campos cercanos, que estaban cuidando sus rebaños de ovejas. De repente, apareció entre ellos un ángel del Señor, y el resplandor de la gloria del Señor los rodeó. Los pastores estaban aterrados, pero el ángel los tranquilizó. «No tengan miedo —dijo—. Les traigo buenas noticias que darán gran alegría a toda la gente. ¡El Salvador —sí, el Mesías, el Señor— ha nacido hoy en Belén, la ciudad de David! Y lo reconocerán por la siguiente señal: encontrarán a un niño envuelto en tiras de tela, acostado en un pesebre».

De pronto, se unió a ese ángel una inmensa multitud —los ejércitos celestiales— que alababan a Dios y decían:

«Gloria a Dios en el cielo más alto

y paz en la tierra para aquellos en quienes Dios se complace».

Cuando los ángeles regresaron al cielo, los pastores se dijeron unos a otros: «¡Vayamos a Belén! Veamos esto que ha sucedido y que el Señor nos anunció».

LUCAS 2:8-15

La Navidad es el cumpleaños de Jesús

BRIAN HABLABA POR TELÉFONO:

—Todavía estamos en el centro comercial, mamá —dijo—. El carro no arranca. Un mecánico del taller que está enfrente está trabajando en él ahora. Papá dijo que te avisara que estaremos allí tan pronto como podamos y que "el show debe continuar", sea lo que sea que eso signifique.

Mamá sabía a qué se refería papá. Hablaba de la fiesta sorpresa de cumpleaños que habían planeado para Brian. Papá se había llevado de compras a Brian para sacarlo de la casa mientras su madre preparaba las cosas. Ahora, los invitados estaban en la sala, y mamá sabía que papá estaba diciéndole que siguiera haciéndolos jugar y entreteniéndolos.

Cuando por fin Brian irrumpió en la casa, lo recibieron al grito de "¡Sorpresa!". ¡Y realmente se sorprendió!

—Ya era hora de que llegaras —bromeó uno de los niños—. Estábamos a punto de entregarle los regalos a otro.

—¡Ay, no! —La hermana de Brian, Kelly, deslizó su manita en la de su hermano mayor—. Son de Brian. Es su cumpleaños.

Entre risas y carcajadas, Brian abrió los regalos de sus amigos. Cuando era la hora de irse, algunos de los niños le dijeron a Brian:

—Qué bueno que viniste. Tu fiesta de cumpleaños no era lo mismo sin ti.

Cuando se fueron todos los invitados, Brian se sentó a comer una porción de pastel.

—Desearía no haberme perdido los juegos —dijo—, ¡pero por lo menos el carro fue reparado a tiempo para ver a los chicos y abrir mis regalos!

¿Y TÚ? ¿Sabías que la Navidad se celebra en honor al cumpleaños de Jesús? ¿Lo tienes en cuenta cuando vas a diversas fiestas y eventos de Navidad? Ten presente a Cristo cuando celebres su cumpleaños. *H.W.M.*

PARA MEMORIZAR: María dio a luz a su primer hijo varón. Lo envolvió en tiras de tela y lo acostó en un pesebre, porque no había alojamiento disponible para ellos. *Lucas 2:7*

LA TÍA Y EL TÍO DE JAEL, quienes no eran cristianos, iban a venir a la cena navideña. Jael y sus padres habían orado para que esta Navidad, de alguna manera, Dios los ayudara a darles testimonio a tía Ellen y a tío José. Cuando llegaron, tío José entregó los regalos.

—¡Feliz Navidad, Jael! ¡Mira lo que te trajo Papá Noel!

—Casi no venimos —dijo tía Ellen—. Anoche, José se quedó hasta tarde en la fiesta de la oficina y llegó a casa más ebrio que de costumbre. —Le guiñó un ojo a su esposo, pero Jael se entristeció. ¿Esto era lo que significaba la Navidad para ella y para su tío?

A la hora de la cena, la mesa estaba repleta de comida deliciosa. Luego de que papá dio las gracias, Jael se sirvió porciones de varias cosas distintas. Ahora, lo único que le faltaba era un muslo. Revisó la mesa.

—¿Dónde está el pavo? —preguntó.

Sobresaltada, su madre se quedó mirando la mesa.

—¡El pavo! —gritó. Corrió a la cocina y volvió enseguida con una gran bandeja con carne—. El plato principal de la cena, ¡y lo olvidé por completo!

Jael se rio.

—Supongo que teníamos tantas cosas ricas que no lo extrañamos al principio —dijo.

Después de cenar, tío José se estiró.

—Esa sí que fue una buena comida —declaró—. ¡Me alegro de que alguien se haya acordado del pavo! No hubiera sido lo mismo sin él.

Papá asintió.

—Esta cena sin el pavo hubiera sido como la Navidad sin Cristo —dijo—. Muchos creen que pueden disfrutar la Navidad sin conocer a Cristo personalmente. Es cierto que tal vez la pasen bien, pero se pierden la mejor parte.

Tío José y tía Ellen se miraron el uno al otro y, entonces, se pusieron cómodos para escuchar a papá, quien comenzó a leer la historia de la Navidad en la Biblia.

¿Y TÚ? ¿Estás perdiéndote el «plato principal» de la Navidad? ¿Estás tan entretenido con las cosas «divertidas» que hay para hacer que te has olvidado completamente de Jesús? *S.L.K.*

PARA MEMORIZAR: Él ya existía antes de todas las cosas y mantiene unida toda la creación. *Colosenses 1:17*

24 DE DICIEMBRE

EL PAVO FALTANTE

DE LA BIBLIA:

En el principio la Palabra ya existía.
La Palabra estaba con Dios,
y la Palabra era Dios.
El que es la Palabra existía en el principio con Dios.
Dios creó todas las cosas por medio de él,
y nada fue creado sin él.
La Palabra le dio vida a todo lo creado,
y su vida trajo luz a todos. [...]
Aquel que es la luz verdadera, quien da luz a todos, venía al mundo. [...]

Entonces la Palabra se hizo hombre y vino a vivir entre nosotros. Estaba lleno de amor inagotable y fidelidad. Y hemos visto su gloria, la gloria del único Hijo del Padre. [...]

Cuando los ángeles regresaron al cielo, los pastores se dijeron unos a otros: «¡Vayamos a Belén! Veamos esto que ha sucedido y que el Señor nos anunció».

Fueron de prisa a la aldea y encontraron a María y a José. Y allí estaba el niño, acostado en el pesebre. Después de verlo, los pastores contaron a todos lo que había sucedido y lo que el ángel les había dicho acerca del niño.

JUAN 1:1-4, 9, 14; LUCAS 2:15-17

No te olvides de Cristo

25 DE DICIEMBRE

¡AQUÍ ESTOY!

DE LA BIBLIA:

Jesús nació en Belén de Judea durante el reinado de Herodes. Por ese tiempo, algunos sabios de países del oriente llegaron a Jerusalén y preguntaron: «¿Dónde está el rey de los judíos que acaba de nacer? Vimos su estrella mientras salía y hemos venido a adorarlo».

Cuando el rey Herodes oyó eso, se perturbó profundamente igual que todos en Jerusalén. Mandó llamar a los principales sacerdotes y maestros de la ley religiosa y les preguntó:

—¿Dónde se supone que nacerá el Mesías?

—En Belén de Judea —le dijeron.

[...] Entonces les dijo: «Vayan a Belén y busquen al niño con esmero. Cuando lo encuentren, vuelvan y díganme dónde está para que yo también vaya y lo adore».

Después de esa reunión, los sabios siguieron su camino, y la estrella que habían visto en el oriente los guio hasta Belén. Iba delante de ellos y se detuvo sobre el lugar donde estaba el niño. Cuando vieron la estrella, ¡se llenaron de alegría! Entraron en la casa y vieron al niño con su madre, María, y se inclinaron y lo adoraron. Luego abrieron sus cofres de tesoro y le dieron regalos de oro, incienso y mirra.

MATEO 2:1-5, 8-11

Entrégate a ti mismo

MUY TEMPRANO EN LA MAÑANA DE NAVIDAD, Mateo se levantó de la cama de un brinco y golpeó suavemente la puerta de su hermana. Betsy sacó de su armario una enorme caja adornada y bajó las escaleras con Mateo.

—¿Estás segura de que esto no es una idea tonta? —susurró Mateo mientras salían al porche delantero.

—A mamá y a papá les encantará —le aseguró Betsy. Levantó la tapa de la caja y Mateo se metió en ella. Luego, Betsy le dio un surtido de carteles. «Soy el niño que hará los encargos», decía uno. «Este mes, ordenaré el cuarto de Tim además del mío», decía otro. «Yo limpiaré el garaje», decía el tercero. Mateo puso estos, junto con varios otros, en un rincón de la caja. Betsy colocó la tapa sobre la caja y puso un gran moño rojo arriba.

Mateo escuchó que el timbre sonó fuerte cuando Betsy llamó a la puerta una y otra vez. Luego, escuchó que la puerta se cerró en el momento que Betsy desaparecía dentro de la casa.

De pronto, la puerta volvió a abrirse y Mateo escuchó la voz sorprendida de su papá.

—¡Epa! ¿Qué tenemos aquí? ¡Dorothy! —dijo en voz alta—. ¡Ven rápido! Llegó un regalo para nosotros. —En cuestión de segundos, mamá llegó y abrió la caja con papá.

—¡Feliz Navidad! —gritó Mateo—. Decidí regalarles a mí mismo para esta Navidad —añadió, entregándoles los letreros—. Estas son apenas algunas de las cosas que puedo hacer por ustedes.

Cuando mamá lo abrazó, tenía lágrimas en los ojos. Papá sonrió y dijo:

—¡Eres el mejor regalo que podías habernos dado!

¿Y TÚ? ¿Has pensado hoy en el hecho de que Dios te dio lo mejor que tenía? ¿Qué le has dado tú a cambio? Lo que él más quiere es que le entregues tu propio ser. ¿Le darás ese regalo? *H.W.M.*

PARA MEMORIZAR: Incluso hicieron más de lo que esperábamos, porque su primer paso fue entregarse ellos mismos al Señor y a nosotros, tal como Dios quería. *2 Corintios 8:5*

—SON LAS 6:21 DE LA TARDE —anunció Tim, mirando su nuevo reloj digital.

—Bueno, gracias por mantenernos informados —dijo su hermana Magda, mientras atendía el teléfono—. Para ti, Tim —dijo.

Cuando colgó, mamá le preguntó:

—¿Escuché que le dijiste a Sergio que no puedes jugar esta noche? Pensé que tú y tus amigos iban a ir un rato al gimnasio.

—Sí, bueno, Sergio es tan torpe —dijo Tim, mirando su reloj—. Son las...

—No cambies de tema —dijo papá—. Le mentiste a Sergio, ¿verdad?

—Ay, papá, no es nada —protestó Tim—. Quiero decir, no es importante; solo es una mentirita. —Pero mamá y papá le explicaron a Tim que Dios no lo consideraba así. Aunque no quiso reconocer que tenían razón, Tim aceptó llamar a Sergio e invitarlo para que lo acompañara al gimnasio—. No contesta —dijo unos minutos después—. Bueno, al menos lo intenté. —Se puso la chaqueta.

Cuando Tim volvió a casa, no se veía muy feliz.

—¿Qué pasó? —preguntó papá.

—Me caí —respondió Tim y estiró el brazo. Sobre la superficie del reloj, papá vio un pequeño raspón.

—Ay, qué pena —se compadeció papá—. Menos mal que es solo un pequeño raspón.

—Sí —dijo Tim—, pero pasa justo sobre los números.

—Un pequeño raspón estropea un reloj nuevo —dijo mamá—, y un "pequeño" pecado estropea el testimonio personal para el Señor.

Tim sabía qué quería decir.

—Tienes razón —reconoció.

¿Y TÚ? ¿Has dicho alguna mentira «pequeña»? ¿Fuiste un «poquito» antipático? ¿Crees que un pecado «pequeño» no importa? Sí que importa. Confiesa hasta los pecados «pequeños» y pídele al Señor que te ayude a vencerlos. *H.W.M.*

PARA MEMORIZAR: Pues el que obedece todas las leyes de Dios menos una es tan culpable como el que las desobedece todas. *Santiago 2:10*

UN PEQUEÑO RASPÓN

DE LA BIBLIA:

Así que siempre vivimos en plena confianza, aunque sabemos que mientras vivamos en este cuerpo no estamos en el hogar celestial con el Señor. Pues vivimos por lo que creemos y no por lo que vemos. Sí, estamos plenamente confiados, y preferiríamos estar fuera de este cuerpo terrenal porque entonces estaríamos en el hogar celestial con el Señor.

2 CORINTIOS 5:6-8

Los pecados «pequeños» importan

27 DE DICIEMBRE

EL AMIGO DE LOS PECADORES

DE LA BIBLIA:

Más tarde, Mateo invitó a Jesús y a sus discípulos a una cena en su casa, junto con muchos cobradores de impuestos y otros pecadores de mala fama. Cuando los fariseos vieron esto, preguntaron a los discípulos: «¿Por qué su maestro come con semejante escoria?».

Cuando Jesús los oyó, les dijo: «La gente sana no necesita médico, los enfermos sí». Luego añadió: «Ahora vayan y aprendan el significado de la siguiente Escritura: "Quiero que tengan compasión, no que ofrezcan sacrificios". Pues no he venido a llamar a los que se creen justos, sino a los que saben que son pecadores».

MATEO 9:10-13

La iglesia es para los pecadores

—NO INVITASTE A JOY BLACKBURN PARA QUE FUERA a la escuela dominical con nosotros, ¿verdad? —Tiffany casi sabía la respuesta antes de que su madre asintiera—. ¡Ayyy, mamá! —se lamentó—. ¡Joy habla fuerte y es grosera! Es todo lo que tú me dices que no sea. Me sorprende que quieras que sea amiga de ella. —Tiffany tomó un cuchillo y se puso a pelar papas para la cena.

—No quiero que seas su amiga en el sentido de hacer lo que ella hace —dijo su madre—, pero quiero que seas amable con ella.

—¡Aayy, ayy! —dijo Tiffany con voz entrecortada—. ¡Me corté la mano!

Su madre tomó un paño limpio y lo apretó fuertemente sobre la herida. Después de examinarla, decidió que sería mejor llevar a Tiffany a la sala de emergencias. Allí, un médico le cosió y vendó la mano a Tiffany. Pronto estuvieron listas para volver a casa.

—Santo cielo, qué lío que hicimos —exclamó su madre, echando un vistazo a la sala.

—No se preocupen por eso —dijo amablemente la enfermera—. Solo queremos que la mano de su hija esté sana.

Esa noche, Tiffany le mostró a su padre la mano vendada.

—Dejamos ensangrentada toda la sala de emergencias, pero no les importó —le dijo—. Solo se preocuparon por mí.

Su padre sonrió.

—Para eso son los hospitales: para cuidar a los enfermos y a los heridos.

—Son como la iglesia —reflexionó su madre—. La iglesia es un buen lugar para las personas lastimadas que necesitan a Jesús. ¿Qué sucedería si los hospitales solo dejaran entrar a los que están bien?

Tiffany suspiró.

—Te refieres a Joy, lo sé. Y tienes razón, madre. Me alegro de que vaya a la iglesia con nosotros.

¿Y TÚ? ¿Invitas solo a los chicos agradables o «populares» para que vayan a la iglesia contigo? Esta semana, busca a niños que tengan necesidades especiales e invítalos a que te acompañen a la iglesia. *B.J.W.*

PARA MEMORIZAR: No he venido a llamar a los que se creen justos, sino a los que saben que son pecadores y necesitan arrepentirse. *Lucas 5:32*

MIENTRAS SUSANA Y KEILA CAMINABAN HACIA el gimnasio, Susana preguntó:

—Keila, ¿esperas ir al cielo algún día?

—Sí, claro —respondió Keila—. Trato de ser buena.

—Pero nadie es suficientemente bueno —dijo Susana.

—Bueno, seguramente tengo más posibilidades de entrar yo que un asesino —insistió Keila cuando llegaron al gimnasio—. Llegamos. ¿Tienes tu dinero listo?

—¿Dinero? —preguntó Susana—. Mi hermano es del equipo. Pensé que podía entrar gratis.

—Lo dudo —respondió Keila—. Traje un dólar.

En la taquilla, las niñas se enteraron de que sí tenían que pagar y que los boletos costaban dos dólares cada uno.

—¡Ay, no! ¿Qué haremos ahora? —se quejó Keila—. ¡Realmente quería ver este partido!

—Keila, esto es como lo que te dije acerca de entrar al cielo —dijo Susana—. Tú tienes un dólar y yo no tengo nada. ¿Quién de nosotras entrará en el gimnasio?

—Ninguna —contestó Keila. Pero antes de que pudieran terminar su discusión, se dieron vuelta y vieron que allí estaba el padre de Susana.

—Ay, papi. ¡Me alegro tanto de verte! —exclamó Susana—. No nos alcanza el dinero para comprar los boletos.

—Yo los pagaré —respondió el padre.

Las niñas se sentaron en las gradas justo a tiempo para ver a los equipos ocupar sus puestos en la cancha.

—¿Te digo algo, Keila? —dijo Susana—, las dos logramos entrar porque mi padre pagó las entradas. Es como lo que Jesús hizo por nosotros. Él pagó el precio por comprar nuestra "entrada" al cielo.

¿Y TÚ? ¿Esperas entrar en el cielo porque eres mejor que otros? No es así como funciona. Asegúrate de no estar orgulloso de tu «dólar» (tu propia bondad) como para rechazar el «boleto gratuito» de Cristo. *M.R.P.*

PARA MEMORIZAR: Así que somos hechos justos a los ojos de Dios por medio de la fe y no por obedecer la ley. *Romanos 3:28*

28 DE DICIEMBRE

LOS BOLETOS GRATUITOS

DE LA BIBLIA:

Dios nos hace justos a sus ojos cuando ponemos nuestra fe en Jesucristo. Y eso es verdad para todo el que cree, sea quien fuere.

Pues todos hemos pecado; nadie puede alcanzar la meta gloriosa establecida por Dios. Sin embargo, en su gracia, Dios gratuitamente nos hace justos a sus ojos por medio de Cristo Jesús, quien nos liberó del castigo de nuestros pecados. Pues Dios ofreció a Jesús como el sacrificio por el pecado. Las personas son declaradas justas a los ojos de Dios cuando creen que Jesús sacrificó su vida al derramar su sangre. Ese sacrificio muestra que Dios actuó con justicia cuando se contuvo y no castigó a los que pecaron en el pasado, porque miraba hacia el futuro y de ese modo los incluiría en lo que llevaría a cabo en el tiempo presente. Dios hizo todo eso para demostrar su justicia, porque él mismo es justo e imparcial, y a los pecadores los hace justos a sus ojos cuando creen en Jesús.

¿Podemos, entonces, jactarnos de haber hecho algo para que Dios nos acepte? No, porque nuestra libertad de culpa y cargo no se basa en la obediencia a la ley. Está basada en la fe. Así que somos hechos justos a los ojos de Dios por medio de la fe y no por obedecer la ley.

ROMANOS 3:22-28

Confía en Jesús no en tu «bondad»

29 DE DICIEMBRE

AHORA ES UNA CIUDADANA

DE LA BIBLIA:

Todas estas personas murieron aún creyendo lo que Dios les había prometido. Y aunque no recibieron lo prometido lo vieron desde lejos y lo aceptaron con gusto. Coincidieron en que eran extranjeros y nómadas aquí en este mundo. Es obvio que quienes se expresan así esperan tener su propio país. Si hubieran añorado el país del que salieron, bien podrían haber regresado. Sin embargo, buscaban un lugar mejor, una patria celestial. Por eso, Dios no se avergüenza de ser llamado el Dios de ellos, pues les ha preparado una ciudad.

HEBREOS 11:13-16

La salvación no es automática

TODD LE DIO UN VISTAZO a su madre cuando colgó el teléfono.

—Te escuché decirle a la señora Lewis que serás su testigo. ¿Tuvo un accidente? —preguntó.

Su madre sonrió.

—No. La señora Lewis quiere convertirse en ciudadana estadounidense. Seré su testigo de *conducta*.

—Pero ella vive aquí —dijo Todd—. ¿No es ciudadana estadounidense?

—No —respondió su madre—. Vivir en Estados Unidos no la convierte automáticamente en una ciudadana estadounidense. Ella nació en otro país y vino cuando se casó. Ahora ha solicitado la ciudadanía.

Cuando la señora Lewis prestó juramento como ciudadana de Estados Unidos, todos salieron a tomar un helado para celebrar.

—¿Por qué decidió convertirse en ciudadana estadounidense? —le preguntó Todd.

—Había muchas cosas que antes no podía hacer —explicó la señora Lewis—. No podía votar, tener un cargo público ni hacer ciertos trabajos. Me alegro de haber renunciado a la ciudadanía de mi país de origen y haberme convertido en ciudadana de este.

—Eso es lo que pasa cuando nos hacemos cristianos —dijo papá—. Prometemos lealtad a Cristo.

—Así es —dijo mamá—. Nadie es cristiano automáticamente porque, en cierto sentido, todos hemos nacido en un "país extranjero", que es este mundo. Para convertirnos en ciudadanos del cielo, tenemos que aceptar a Jesús como Salvador.

—Y ser cristianos nos da privilegios —añadió papá—. Recibimos el perdón por nuestros pecados y un hogar en el cielo. Dios se ocupa de nuestras necesidades. Jesús ora por nosotros, y el Espíritu Santo nos guía.

—Ahora soy ciudadana de Estados Unidos —dijo la señora Lewis con orgullo—. Pero también soy ciudadana del cielo. Eso es aún mejor.

¿Y TÚ? ¿De dónde es tu ciudadanía? ¿Le has pedido personalmente a Jesús que perdone tus pecados y que sea tu Salvador? Debes tomar la decisión de convertirte en un ciudadano del cielo. *J.L.H.*

PARA MEMORIZAR: En cambio, nosotros somos ciudadanos del cielo, donde vive el Señor Jesucristo; y esperamos con mucho anhelo que él regrese como nuestro Salvador. *Filipenses 3:20*

GUIÑANDO UN OJO, BRAD SE ACERCÓ SIGILOSAMENTE por detrás de la butaca de papá y enchufó la grabadora. Apretó un botón y, un momento después, la voz de papá salió de la máquina: «¡Uf! ¡Este calor es insoportable! Te aseguro que nunca más me quejaré del frío. Pagaría lo que fuera por poder ver la nieve».

Papá levantó la vista de su periódico, sorprendido de escuchar su propia voz. Un momento antes, había dicho que el frío era insoportable y que anhelaba el calor del sol.

—¿Cuándo grabaste eso? —preguntó.

Brad rio.

—El verano pasado —respondió—. Escuchamos lo mismo cada verano y cada invierno. Solo quería que lo escucharas tú mismo.

Papá también se rio.

—Qué rápido nos olvidamos —dijo.

Mamá asintió al escuchar desde el comedor.

—Solemos quejarnos de lo que no tenemos en lugar de dar gracias por lo que sí tenemos —dijo—. Somos difíciles de complacer, ¿verdad?

—Ah, no sé —dijo Brad—. Me gusta el verano y me gusta el invierno. Soy un tipo fácil de complacer.

—¡Qué bien! —dijo su madre—. Entonces doy por sentado que lavarás los platos por mí sin quejarte. Y recordarás con gratitud la buena comida que acabas de comer.

Brad sonrió y empezó a recoger la mesa.

—Y yo palearé la entrada mientras agradezco no haber tenido que arrancar la maleza el día de hoy —anunció papá. Le palmeó el hombro a Brad—. Gracias por la buena lección, hijo.

¿Y TÚ? ¿Te quejas de la lluvia o le agradeces a Dios porque está regando el césped? ¿Murmuras contra alguien que te ignoró o le das gracias al Señor por tus amigos? ¿Ansías tener ropa nueva o das gracias por tus zapatos nuevos? Sé agradecido por lo que tienes. No estés deseando siempre otra cosa. *H.W.M.*

PARA MEMORIZAR: Ahora bien, la verdadera sumisión a Dios es una gran riqueza en sí misma cuando uno está contento con lo que tiene. *1 Timoteo 6:6*

¡QUÉ GRAN BENEFICIO!

DE LA BIBLIA:

Ahora bien, la verdadera sumisión a Dios es una gran riqueza en sí misma cuando uno está contento con lo que tiene. Después de todo, no trajimos nada cuando vinimos a este mundo ni tampoco podremos llevarnos nada cuando lo dejemos. Así que, si tenemos suficiente alimento y ropa, estemos contentos. [...]

Que todo lo que soy alabe al SEÑOR;
con todo el corazón alabaré su santo nombre.

Que todo lo que soy alabe al SEÑOR;
que nunca olvide todas las cosas buenas que hace por mí.

Él perdona todos mis pecados
y sana todas mis enfermedades.

Me redime de la muerte
y me corona de amor y tiernas misericordias.

Colma mi vida de cosas buenas;
¡mi juventud se renueva como la del águila!

1 TIMOTEO 6:6-8; SALMO 103:1-5

Sé agradecido siempre

31 DE DICIEMBRE

LAS RESOLUCIONES

DE LA BIBLIA:

Oh Dios, ¡escucha mi clamor!

   ¡Oye mi oración!

Desde los extremos de la tierra,

   clamo a ti por ayuda

   cuando mi corazón está
   abrumado.

Guíame a la imponente roca de
seguridad,

   porque tú eres mi amparo seguro,

   una fortaleza donde mis enemigos
   no pueden alcanzarme.

Permíteme vivir para siempre en tu
santuario,

   ¡a salvo bajo el refugio de tus alas!

Pues has oído mis votos, oh Dios;

   me diste una herencia reservada
   para los que temen tu nombre.

¡Añade muchos años a la vida del rey!

   ¡Que sus años abunden de generación en generación!

Que reine bajo la protección de Dios
para siempre,

   y que tu amor inagotable y tu fidelidad lo cuiden.

Entonces cantaré alabanzas a tu
nombre para siempre,

   mientras cumplo mis votos cada
   día.

SALMO 61:1-8

*Triunfa con la fuerza
de Dios*

TODOS LOS AÑOS, JACK LIMPIABA SU ESCRITORIO en Nochevieja. Generalmente encontraba muchas cosas buenas de las que se había olvidado. Pronto, su escritorio quedó atestado con papeles viejos de la escuela, la tarjeta de cumpleaños que había recibido de su hermana, latas de refrescos vacías y hasta un billete de cinco dólares. Jack estaba leyendo una lista de resoluciones para el Año Nuevo cuando alguien que llamó a la puerta de su habitación lo interrumpió.

—¿Puedo entrar?

Era papá.

—Seguro, si no te molesta el desorden —respondió Jack—. Estaba leyendo las resoluciones que hice el año pasado y que no cumplí. Aquí hay una que dice: "¡Mantener ordenado el escritorio!".

Papá sonrió, sentándose sobre la cama.

—¿Qué más escribiste?

—"Leer la Biblia a diario" —leyó Jack—. Trato de hacerlo, papá, pero generalmente estoy ocupado y me olvido. Quizás este año no haga resoluciones para el Año Nuevo. Así no dejaré de cumplirlas.

—Cuando tu madre y yo éramos recién casados, hicimos una lista de metas —dijo papá—. Pero no fue hasta que convertimos esa lista de metas en una lista de oración que vimos progreso.

—Entonces, ¿crees que debería orar por mis resoluciones de Año Nuevo? —preguntó Jack.

—Puedes dejar de hacer resoluciones o puedes pedirle a Dios que te ayude —dijo papá.

—Este año, hablaré con el Señor sobre mis metas —dijo Jack.

¿Y TÚ? ¿Tomaste una y mil veces la decisión de leer la Biblia todos los días o de hablarle a alguien del Señor? ¿Estabas decidido a hacer tus tareas escolares todas las noches, pero lo olvidaste hacia mediados del semestre? Encomienda tus planes a Dios. Pídele que te dé el valor y la fuerza para tener éxito. *D.L.R.*

PARA MEMORIZAR: Pon todo lo que hagas en manos del SEÑOR, y tus planes tendrán éxito. *Proverbios 16:3*

ÍNDICE DE PASAJES BÍBLICOS

Salmo 133:1-3	*16 de noviembre*	Mateo 5:43-48	*12 de noviembre*
Salmo 139:1-5, 23-24	*21 de enero*	Mateo 6:1-6	*19 de enero, 31 de marzo,*
Salmo 139:1-12	*28 de julio*		*12 de septiembre*
Salmo 139:14-18	*12 de julio, 31 de agosto*	Mateo 6:9-15	*19 de diciembre*
		Mateo 6:26-34	*31 de octubre*
Proverbios 1:7-9	*12 de mayo*	Mateo 7:1-5	*1 de octubre*
Proverbios 1:20-25, 28	*2 de julio*	Mateo 7:12-14	*18 de mayo*
Proverbios 6:20-23	*12 de marzo, 17 de abril*	Mateo 7:20-23	*22 de julio*
Proverbios 10:11-13, 17-21	*6 de julio*	Mateo 7:21-27	*13 de agosto*
Proverbios 10:27-32	*2 de septiembre*	Mateo 9:10-13	*27 de diciembre*
Proverbios 12:17-22	*22 de mayo, 9 de noviembre*	Mateo 10:29-30	*8 de septiembre*
Proverbios 15:29-33	*13 de marzo*	Mateo 11:28-30	*19 de febrero, 4 de julio*
Proverbios 21:21-24	*18 de abril*	Mateo 12:34-37	*21 de septiembre*
Proverbios 22:24-25, 24:1-2	*13 de julio*	Mateo 14:24-33	*28 de noviembre*
Proverbios 31:10, 26-28	*13 de mayo*	Mateo 19:27-30	*10 de diciembre*
		Mateo 22:37-38	*1 de noviembre*
Eclesiastés 3:1-3, 5-8, 11	*14 de noviembre*	Mateo 24:4-14	*26 de enero*
Eclesiastés 3:1-4, 6-8, 11	*14 de diciembre*	Mateo 25:14-21	*29 de octubre*
Eclesiastés 3:11-14	*1 de junio*	Mateo 25:34-36, 40-45	*22 de junio*
Eclesiastés 8:11-13; 11:9; 12:1	*1 de diciembre*	Mateo 25:41-45	*19 de mayo*
Eclesiastés 10:11-14	*27 de junio*	Mateo 26:69-75	*18 de marzo*
Eclesiastés 11:9–12:1	*9 de enero*		
Eclesiastés 12:1-5	*8 de junio*	Marcos 4:26-29	*27 de septiembre*
Eclesiastés 12:9-13	*20 de noviembre*	Marcos 4:36-41	*8 de abril*
		Marcos 6:7-13, 30-31	*27 de agosto*
Isaías 5:18-21	*12 de abril*	Marcos 8:34-38	*24 de marzo*
Isaías 44:21	*20 de marzo*	Marcos 12:28-34	*5 de septiembre*
Isaías 45:6-7, 9-12	*19 de marzo*	Marcos 14:3-9	*1 de febrero*
Isaías 46:3-4, 8-10	*19 de abril*		
Isaías 49:13-16	*1 de mayo*	Lucas 2:8-15	*23 de diciembre*
Isaías 53:3-6	*14 de octubre*	Lucas 2:15-17	*24 de diciembre*
Isaías 55:3, 8-11	*27 de febrero*	Lucas 2:42-44, 46-49, 51-52	*17 de mayo*
Isaías 55:8-11	*6 de diciembre*	Lucas 3:7-9	*31 de enero*
		Lucas 5:27-31	*23 de febrero*
Ezequiel 3:16-21	*2 de febrero*	Lucas 6:27-36	*5 de febrero*
		Lucas 6:30-36	*11 de octubre*
Daniel 1:3-5, 8	*20 de abril*	Lucas 9:23-26	*23 de abril*
Daniel 4:28-33	*22 de enero*	Lucas 9:57-62	*1 de abril, 12 de octubre*
		Lucas 10:38-42	*24 de abril*
Oseas 10:12-13	*25 de febrero*	Lucas 12:1-5	*25 de enero*
		Lucas 12:6-7	*20 de marzo*
Hageo 1:5-7	*13 de noviembre*	Lucas 12:8-12	*28 de junio*
		Lucas 15:3-10	*7 de julio*
Malaquías 3:14-18	*16 de enero*	Lucas 16:10-13	*30 de agosto*
		Lucas 16:13-17	*14 de septiembre*
Mateo 2:1-5, 8-11	*25 de diciembre*	Lucas 17:7-10	*18 de diciembre*
Mateo 4:17-22	*9 de junio*	Lucas 17:11-19	*22 de noviembre*
Mateo 4:18-22	*2 de mayo, 7 de agosto*	Lucas 21:9-19	*18 de noviembre*
Mateo 5:13-16	*21 de abril*	Lucas 22:54-62	*14 de junio*
Mateo 5:21-24	*6 de noviembre*	Lucas 24:1-8	*26 de septiembre*
Mateo 5:27-30	*7 de noviembre*	Lucas 24:1-9	*15 de abril*
Mateo 5:38-47	*13 de junio, 26 de julio*		

Juan 1:1-4, 9, 14	*24 de diciembre*
Juan 3:1-5, 14-17	*16 de diciembre*
Juan 3:1-7, 16	*15 de noviembre*
Juan 3:9-15	*30 de julio*
Juan 3:14-18	*25 de julio, 12 de agosto*
Juan 3:16-21	*28 de octubre*
Juan 4:7-14	*22 de febrero*
Juan 5:20-24	*25 de agosto*
Juan 6:5-11	*21 de noviembre*
Juan 6:30-35	*10 de octubre*
Juan 6:60-69	*3 de julio*
Juan 8:20-24	*25 de junio*
Juan 10:1-5, 11-14	*27 de marzo*
Juan 10:1-10	*3 de septiembre*
Juan 10:7-15	*31 de mayo*
Juan 12:34-36, 46	*16 de septiembre*
Juan 13:12-17	*21 de febrero*
Juan 14:1-6	*15 de enero*
Juan 15:5-14	*16 de abril*
Juan 15:12-17	*18 de septiembre*
Juan 17:20-23	*16 de octubre*
Juan 20:24-30	*19 de julio*
Juan 21:17-22	*30 de marzo*
Hechos 8:14-23	*20 de diciembre*
Hechos 9:36-42	*15 de mayo*
Hechos 16:1-5	*7 de enero*
Hechos 16:25-31	*7 de abril*
Hechos 22:6-15	*16 de julio*
Hechos 26:1-2, 27-29	*4 de agosto*
Romanos 2:1-4	*13 de diciembre*
Romanos 3:10-12	*16 de febrero*
Romanos 3:10-12, 20-22	*26 de octubre*
Romanos 3:10-18	*4 de mayo*
Romanos 3:22-28	*28 de diciembre*
Romanos 4:1-7	*3 de octubre*
Romanos 5:1-5	*4 de febrero*
Romanos 5:6-11	*28 de febrero, 11 de abril*
Romanos 5:17-21	*25 de noviembre*
Romanos 6:13-14, 16, 19	*9 de octubre*
Romanos 6:18-23	*3 de febrero*
Romanos 6:19-20; 7:23-24	*4 de septiembre*
Romanos 7:15-19, 23-25	*4 de junio*
Romanos 8:12-18	*26 de mayo*
Romanos 8:18-23	*10 de agosto*
Romanos 8:26-30	*29 de septiembre*
Romanos 10:9-13	*23 de marzo*
Romanos 11:33-36	*20 de febrero*
Romanos 12:1, 4-6, 9-10	*5 de diciembre*
Romanos 12:1-3	*24 de noviembre*
Romanos 12:1-5	*24 de enero*
Romanos 12:1-6	*13 de septiembre*
Romanos 12:6-12	*17 de octubre*
Romanos 12:9-17	*30 de octubre*
Romanos 12:10-18	*30 de septiembre*
Romanos 13:8-10	*14 de febrero*
Romanos 13:8-14	*14 de mayo*
Romanos 14:1-5, 10	*24 de mayo*
Romanos 14:7-8, 17-19	*17 de julio*
Romanos 14:7-12	*10 de enero*
Romanos 14:13-20	*25 de mayo*
Romanos 14:17-19	*13 de octubre*
Romanos 15:1-7	*22 de octubre*
Romanos 16:3-10	*16 de marzo*
1 Corintios 1:18-25	*13 de abril*
1 Corintios 8:8-13	*8 de marzo*
1 Corintios 9:24-27	*29 de abril, 29 de mayo*
1 Corintios 10:23-24, 31-33	*8 de agosto*
1 Corintios 11:23-28	*28 de mayo*
1 Corintios 11:23-29	*5 de marzo*
1 Corintios 12:4-10, 13	*10 de julio*
1 Corintios 12:12-22	*7 de febrero*
1 Corintios 12:12, 18-25	*26 de abril*
1 Corintios 12:20-27	*1 de septiembre*
1 Corintios 13:1-3	*28 de enero, 15 de marzo*
1 Corintios 13:1-5	*7 de junio*
1 Corintios 13:4-8	*13 de febrero*
1 Corintios 15:38, 40, 42-44	*15 de febrero*
1 Corintios 15:42-45, 51	*24 de agosto*
1 Corintios 15:50-54	*5 de junio*
1 Corintios 15:51-57	*7 de marzo*
2 Corintios 1:1-7	*11 de agosto*
2 Corintios 1:3-5, 7	*6 de mayo*
2 Corintios 5:1-2, 6-8	*24 de junio*
2 Corintios 5:6-8	*26 de diciembre*
2 Corintios 5:14-19	*3 de junio*
2 Corintios 6:14-17	*6 de septiembre, 7 de diciembre*
2 Corintios 6:15—7:1	*23 de julio*
2 Corintios 9:6-9	*20 de julio*
2 Corintios 12:6-10	*9 de abril*
Gálatas 2:16-20	*2 de agosto*
Gálatas 5:12-16	*20 de octubre*
Gálatas 5:19-21, 24-25	*12 de enero*
Gálatas 5:22–6:1	*25 de abril*
Gálatas 6:7-10	*11 de septiembre*
Efesios 1:10-14	*6 de febrero*
Efesios 1:11-14	*9 de mayo*
Efesios 2:2-7, 10	*18 de febrero*

Efesios 2:11-14	17 de agosto	Hebreos 12:5-9	9 de septiembre
Efesios 2:19-22	10 de febrero	Hebreos 12:5-10	17 de junio
Efesios 4:1-3	6 de abril	Hebreos 12:7-11	14 de julio
Efesios 4:11-13	15 de julio	Hebreos 13:5	10 de noviembre
Efesios 4:26-32	4 de octubre	Hebreos 13:5-8	22 de marzo
Efesios 4:28	8 de noviembre		
Efesios 5:1-7	23 de septiembre	Santiago 1:2-4	6 de abril
Efesios 5:1-8	29 de agosto	Santiago 1:2-5, 12	14 de abril
Efesios 6:1-3	11 de mayo, 18 de junio,	Santiago 1:12-16	26 de agosto, 27 de noviembre
	5 de noviembre	Santiago 2:14-20	11 de marzo
Efesios 6:11-18	22 de septiembre	Santiago 3:2-10	11 de noviembre
		Santiago 3:8-17	26 de febrero
Filipenses 1:3-11	27 de julio	Santiago 3:13-18	19 de agosto, 15 de septiembre
Filipenses 2:1-5	1 de agosto	Santiago 4:1-3	4 de diciembre
Filipenses 2:1-8	21 de agosto, 24 de septiembre	Santiago 4:6-10	2 de marzo, 5 de abril
Filipenses 2:13-16	5 de mayo	Santiago 4:13-15	27 de mayo
Filipenses 3:4-9	12 de junio	Santiago 5:7-8	10 de junio
Filipenses 4:4-9	9 de agosto, 26 de noviembre	Santiago 5:7-11	19 de septiembre
Filipenses 4:6-7	17 de febrero		
		1 Pedro 1:3-5	8 de mayo
Colosenses 1:10-12	5 de enero	1 Pedro 2:9-12	15 de agosto
Colosenses 1:16	30 de noviembre	1 Pedro 2:19, 21-25	2 de octubre
Colosenses 3:8-9, 12-14	4 de abril	1 Pedro 2:21-25	29 de julio
Colosenses 3:8-13	20 de mayo	1 Pedro 5:8-11	19 de junio
Colosenses 3:12-17	11 de junio,		
	29 de noviembre	2 Pedro 1:4, 19-21	11 de enero
Colosenses 3:16-21	9 de marzo	2 Pedro 3:10-14	20 de enero
Colosenses 3:22-25	3 de mayo		
Colosenses 3:23-25	9 de febrero	1 Juan 1:6-10	3 de diciembre
		1 Juan 3:1-3	9 de diciembre
1 Tesalonicenses 5:9-15	23 de noviembre	1 Juan 3:16-18	22 de diciembre
1 Tesalonicenses 5:16-19	1 de marzo	1 Juan 3:16-18, 23-24	3 de agosto
		1 Juan 4:7-12	12 de febrero
2 Tesalonicenses 3:6-7, 14-15	7 de septiembre	1 Juan 4:16-21	11 de julio
2 Tesalonicenses 3:6-13	5 de octubre	1 Juan 4:20-21	19 de octubre
		1 Juan 5:1, 9-13	30 de enero
1 Timoteo 1:12-16	28 de abril	1 Juan 5:14-15	4 de diciembre
1 Timoteo 4:6-13	1 de enero		
1 Timoteo 6:6-8	14 de marzo, 30 de diciembre	Judas 1:3-4, 12, 16-17	8 de enero
2 Timoteo 1:6-11	15 de junio	Apocalipsis 21:3, 18, 21-23	11 de febrero
2 Timoteo 1:9-14	16 de mayo	Apocalipsis 21:22-27	6 de junio
2 Timoteo 2:19-22	21 de julio		
2 Timoteo 3:14-17	25 de marzo, 10 de mayo		
Tito 2:1-7	2 de diciembre		
Tito 2:11-15	21 de octubre		
Tito 3:1-2, 8, 14	5 de agosto		
Hebreos 10:19-25	2 de junio		
Hebreos 10:22-25	28 de marzo		
Hebreos 11:13-16	29 de diciembre		

Proverbios 14:12	13 de noviembre	Mateo 5:5	9 de octubre
Proverbios 15:1	5 de febrero	Mateo 5:6	10 de octubre
Proverbios 16:3	31 de diciembre	Mateo 5:7	11 de octubre
Proverbios 16:31	19 de abril, 19 de noviembre	Mateo 5:8	12 de octubre
Proverbios 16:32	4 de octubre	Mateo 5:9	13 de octubre
Proverbios 17:17	16 de noviembre	Mateo 5:16	7 de junio
Proverbios 18:24	20 de marzo	Mateo 6:20	21 de abril
Proverbios 19:18	17 de junio	Mateo 7:21	22 de julio
Proverbios 20:3	23 de noviembre	Mateo 10:30	8 de septiembre
Proverbios 20:12	27 de octubre	Mateo 18:21-22	19 de diciembre
Proverbios 21:23	18 de abril	Mateo 25:40	22 de junio
Proverbios 25:11	20 de noviembre	Mateo 28:19	15 de junio
Proverbios 25:17	23 de mayo		
Proverbios 27:9	30 de septiembre	Marcos 1:17	7 de agosto
Proverbios 28:1	30 de junio	Marcos 3:24	24 de enero
Proverbios 29:23	2 de marzo	Marcos 4:41	8 de abril
Proverbios 31:20	15 de mayo	Marcos 6:31	27 de agosto
Proverbios 31:28	13 de mayo	Marcos 14:8	1 de febrero
Eclesiastés 3:1	1 de junio	Lucas 2:7	23 de diciembre
Eclesiastés 3:11	14 de diciembre	Lucas 4:8	9 de julio
Eclesiastés 8:5	14 de noviembre	Lucas 5:32	27 de diciembre
Eclesiastés 9:10	19 de febrero, 8 de diciembre	Lucas 6:31	28 de abril
Eclesiastés 10:12	27 de junio	Lucas 6:37	1 de octubre
Eclesiastés 12:1	9 de enero	Lucas 6:38	25 de febrero
		Lucas 9:23	24 de marzo
Isaías 5:20	12 de abril	Lucas 9:62	1 de abril
Isaías 12:2	15 de octubre	Lucas 10:20	6 de junio
Isaías 25:8	5 de junio	Lucas 12:12	28 de junio
Isaías 40:8	7 de mayo	Lucas 15:10	7 de julio
Isaías 49:16	1 de mayo	Lucas 16:10	30 de agosto
Isaías 53:5	14 de octubre	Lucas 24:6	15 de abril
Jeremías 2:32	6 de agosto	Juan 1:3	30 de noviembre
Jeremías 23:24	28 de julio	Juan 3:3	17 de agosto, 16 de diciembre
		Juan 3:5	15 de noviembre
Ezequiel 11:5	21 de enero	Juan 3:16	25 de junio
Ezequiel 18:30	18 de enero	Juan 7:24	4 de enero
Ezequiel 33:5	31 de enero	Juan 10:9	31 de mayo, 3 de septiembre
		Juan 10:27	13 de abril
Daniel 1:8	20 de abril	Juan 12:49-50	8 de junio
Daniel 4:37	22 de enero	Juan 13:34	13 de febrero
		Juan 14:1	18 de noviembre
Miqueas 6:8	13 de diciembre	Juan 14:3	15 de enero
Miqueas 7:8	28 de noviembre	Juan 15:5	26 de octubre
		Juan 15:17	18 de septiembre
Malaquías 3:6	2 de enero	Juan 16:13	13 de junio
Malaquías 3:16	16 de enero	Juan 20:29	19 de julio
		Juan 21:22	30 de marzo
Mateo 4:19	9 de junio		
Mateo 5:3	7 de octubre	Hechos 16:31	7 de abril
Mateo 5:4	8 de octubre	Hechos 22:15	16 de julio

Hechos 24:16	*23 de abril*	2 Corintios 5:17	*3 de junio*
Hechos 26:28	*4 de agosto*	2 Corintios 6:2	*3 de febrero*
		2 Corintios 6:14	*6 de septiembre*
Romanos 1:16	*29 de junio*	2 Corintios 8:5	*25 de diciembre*
Romanos 3:4	*30 de julio*	2 Corintios 9:6	*20 de julio*
Romanos 3:23	*16 de febrero*	2 Corintios 9:7	*19 de enero*
Romanos 3:28	*28 de diciembre*	2 Corintios 12:9	*21 de marzo*
Romanos 5:6	*28 de febrero*	2 Corintios 12:10	*9 de abril*
Romanos 5:8	*14 de febrero*		
Romanos 6:6	*4 de junio*	Gálatas 2:16	*3 de octubre*
Romanos 6:23	*25 de agosto*	Gálatas 2:20	*11 de abril, 2 de agosto*
Romanos 7:12	*28 de septiembre*	Gálatas 5:13	*24 de septiembre*
Romanos 8:16	*9 de mayo*	Gálatas 5:22-23	*25 de abril*
Romanos 8:18	*10 de agosto*	Gálatas 6:7	*11 de septiembre*
Romanos 10:13	*23 de marzo*		
Romanos 12:2	*15 de diciembre*	Efesios 1:14	*6 de febrero*
Romanos 12:10	*22 de febrero*	Efesios 2:8	*20 de diciembre*
Romanos 12:12	*4 de febrero*	Efesios 2:10	*18 de febrero*
Romanos 12:14	*12 de noviembre*	Efesios 2:20	*10 de febrero*
Romanos 12:16	*30 de octubre*	Efesios 4:2	*6 de abril*
Romanos 12:18	*19 de agosto*	Efesios 4:4-6	*16 de octubre*
Romanos 12:21	*26 de julio*	Efesios 4:11-12	*15 de julio*
Romanos 13:11	*14 de mayo*	Efesios 4:15	*17 de mayo*
Romanos 14:5	*24 de mayo*	Efesios 4:26-27	*26 de noviembre*
Romanos 14:7-8	*15 de agosto*	Efesios 4:29	*22 de octubre*
Romanos 14:12	*10 de enero*	Efesios 5:1	*21 de febrero, 23 de septiembre*
Romanos 14:13	*25 de mayo*	Efesios 5:8	*29 de agosto*
Romanos 14:19	*17 de julio*	Efesios 5:15	*18 de mayo*
		Efesios 5:19	*1 de julio*
1 Corintios 3:6	*27 de septiembre*	Efesios 6:1	*18 de junio*
1 Corintios 4:2	*29 de octubre*	Efesios 6:2	*15 de marzo*
1 Corintios 6:19	*4 de septiembre*	Efesios 6:11	*19 de junio*
1 Corintios 6:20	*2 de julio*	Efesios 6:17	*22 de septiembre*
1 Corintios 8:9	*8 de marzo*		
1 Corintios 10:10	*30 de abril*	Filipenses 1:3	*16 de marzo*
1 Corintios 10:13	*26 de agosto*	Filipenses 1:6	*27 de julio*
1 Corintios 10:33	*8 de agosto*	Filipenses 2:15	*5 de mayo, 16 de septiembre*
1 Corintios 11:24	*5 de marzo*	Filipenses 3:9	*12 de junio*
1 Corintios 11:26	*28 de mayo*	Filipenses 3:20	*4 de julio, 29 de diciembre*
1 Corintios 12:12	*26 de abril*	Filipenses 4:6-7	*26 de enero*
1 Corintios 12:14	*10 de julio*	Filipenses 4:8	*24 de noviembre*
1 Corintios 12:22	*1 de septiembre*	Filipenses 4:13	*8 de febrero, 17 de marzo*
1 Corintios 12:27	*7 de febrero*	Filipenses 4:19	*27 de enero*
1 Corintios 13:1	*28 de enero*		
1 Corintios 15:33	*13 de julio*	Colosenses 1:17	*24 de diciembre*
1 Corintios 15:43	*15 de febrero*	Colosenses 3:12	*4 de abril*
1 Corintios 15:57	*25 de noviembre*	Colosenses 3:13	*20 de mayo*
		Colosenses 3:16	*26 de septiembre*
2 Corintios 1:4	*6 de mayo*	Colosenses 3:17	*9 de marzo*
2 Corintios 1:5	*11 de agosto*	Colosenses 3:23	*31 de marzo, 18 de diciembre*
2 Corintios 3:18	*18 de julio*	Colosenses 3:24	*9 de febrero*
2 Corintios 5:8	*24 de junio*	Colosenses 3:25	*12 de enero*

Colosenses 4:2	22 de noviembre	1 Pedro 3:8	23 de febrero, 22 de diciembre
		1 Pedro 3:15	23 de junio
1 Tesalonicenses 5:11	26 de febrero	1 Pedro 4:10	13 de septiembre
1 Tesalonicenses 5:14	20 de febrero	1 Pedro 5:7	17 de febrero
1 Tesalonicenses 5:17	1 de marzo	1 Pedro 5:8	4 de mayo
1 Tesalonicenses 5:18	29 de noviembre		
		2 Pedro 3:11	20 de enero
2 Tesalonicenses 3:14	7 de septiembre	2 Pedro 3:18	5 de enero
1 Timoteo 4:4	17 de septiembre	1 Juan 1:7	28 de octubre
1 Timoteo 4:8	1 de enero	1 Juan 1:8	3 de diciembre
1 Timoteo 4:12	7 de enero, 5 de octubre, 2 de diciembre	1 Juan 1:9	10 de marzo
		1 Juan 2:6	16 de abril
1 Timoteo 6:6	14 de marzo, 30 de diciembre	1 Juan 2:17	24 de julio
		1 Juan 3:1	9 de diciembre
2 Timoteo 1:8	18 de marzo	1 Juan 3:2	24 de agosto
2 Timoteo 1:12	16 de mayo	1 Juan 3:18	3 de agosto, 5 de diciembre
2 Timoteo 2:15	25 de marzo	1 Juan 4:7	12 de febrero
2 Timoteo 2:19	27 de marzo	1 Juan 4:10	25 de julio
2 Timoteo 3:14	27 de febrero	1 Juan 4:16	11 de julio
2 Timoteo 3:16	6 de diciembre	1 Juan 4:19	29 de febrero
2 Timoteo 3:17	10 de mayo	1 Juan 4:21	19 de octubre
2 Timoteo 4:5	2 de febrero	1 Juan 5:12	30 de enero
2 Timoteo 4:17	21 de octubre	1 Juan 5:14	29 de septiembre
		1 Juan 5:15	4 de diciembre
Tito 3:14	5 de agosto	1 Juan 5:21	3 de marzo
Hebreos 3:13	23 de julio	2 Juan 1:8	29 de abril
Hebreos 8:10	9 de agosto		
Hebreos 9:27	25 de enero	Judas 1:17	8 de enero
Hebreos 10:24	2 de junio		
Hebreos 10:25	28 de marzo	Apocalipsis 3:20	26 de marzo
Hebreos 12:1	29 de mayo, 19 de septiembre	Apocalipsis 20:12	13 de agosto
Hebreos 12:11	14 de julio		
Hebreos 13:8	22 de marzo		
Santiago 1:3	14 de abril		
Santiago 1:15	27 de noviembre		
Santiago 2:10	26 de diciembre		
Santiago 2:17	11 de marzo		
Santiago 3:17	15 de septiembre		
Santiago 4:7	5 de abril		
Santiago 4:8	17 de enero		
Santiago 4:15-16	27 de mayo		
Santiago 4:17	19 de mayo		
Santiago 5:8	10 de junio		
1 Pedro 1:3	8 de mayo		
1 Pedro 1:22	9 de septiembre		
1 Pedro 2:9	21 de julio		
1 Pedro 2:10	17 de octubre		
1 Pedro 2:21	29 de julio, 2 de octubre		